十三經清人注疏

春秋穀梁經傳補注

上

〔清〕鍾文烝 撰
駢宇騫 郝淑慧 點校

圖書在版編目(CIP)數據

春秋穀梁經傳補注/(清)鍾文烝撰;駢宇騫,郝淑慧點校.—北京:中華書局,1996.7(2024.3 重印)
(十三經清人注疏)
ISBN 978-7-101-01289-7

Ⅰ.春…　Ⅱ.①鍾…②駢…③郝…　Ⅲ.①中國-古代史-春秋時代-史籍②穀梁傳-注釋　Ⅳ.K225.04

中國版本圖書館 CIP 數據核字(2009)第 044955 號

責任編輯:張　烈
責任印製:陳麗娜

十三經清人注疏
春秋穀梁經傳補注
(全二册)
〔清〕鍾文烝 撰
駢宇騫 郝淑慧 點校

*

中華書局出版發行
(北京市豐臺區太平橋西里 38 號　100073)
http://www.zhbc.com.cn
E-mail:zhbc@zhbc.com.cn
北京虎彩文化傳播有限公司印刷

*

850×1168 毫米 1/32 · 25¼印張 · 4 插頁 · 426 千字
1996 年 7 月第 1 版　2009 年 5 月第 2 版
2024 年 3 月第 4 次印刷
印數:9001-9500 册　定價:98.00 元

ISBN 978-7-101-01289-7

十三經清人注疏出版説明

自漢至清，經學在各門學術中占有統治的地位。經學的發展經歷了幾個不同的階段，而清代則是很重要的也是最後的一個階段。清代經學家在經書文字的解釋和名物制度等的考證上，超越了以前各代，取得了重要成果，這對我們利用經書所提供的材料研究古代的經濟、政治、文化、思想以至科技等，有重要的參考意義。

清代的經學著作，數量極多，體裁各異，研究的方面也不同。其中用疏體寫作的書，一般是吸收、總結了前人多方面研究的成果，又是現在文史哲研究者較普遍地需要參考的書，因此我們在十三經清人注疏這個名稱下，選擇這方面有代表性的著作，陸續整理出版。所選的並非全是疏體，這是因爲有的書未曾有人作疏，或雖然有人作疏，但不够完善，因此選用其它注本來代替或補充。禮書通故既非疏體又非注體，但它與禮記訓纂等配合，可起疏的作用，故也入選。大戴禮記不在十三經之内，但它與禮記(小戴禮記)是同類型的書，因此也收進去。對收入的書，均按統一的體例加以點校。

清代的經學著作還有不少有重要參考價值，這有待於今後條件許可時，按新的學科分類，選擇整理出版。

十三經清人注疏的擬目如下：

周易集解纂疏　李道平撰
尚書今古文注疏　孫星衍撰
今文尚書考證　皮錫瑞撰
尚書孔傳參證　王先謙撰
詩毛氏傳疏　陳奐撰
毛詩傳箋通釋　馬瑞辰撰
詩三家義集疏　王先謙撰
周禮正義　孫詒讓撰
儀禮正義　胡培翬撰
禮記訓纂　朱彬撰
禮記集解　孫希旦撰
禮書通故　黄以周撰
大戴禮記補注　孔廣森撰

（附王樹枏校正、孫詒讓斠補）

大戴禮記解詁　王聘珍撰

左傳舊注疏證　劉文淇等撰

春秋左傳詁　洪亮吉撰

公羊義疏　陳　立撰

穀梁古義疏　廖　平撰

穀梁補注　鍾文烝撰

論語正義　劉寶楠撰

孝經鄭注疏　皮錫瑞撰

孟子正義　焦　循撰

爾雅義疏　郝懿行撰

爾雅正義　邵晉涵撰

中華書局編輯部

一九八二年五月

點校前言

春秋是我國歷史上魯國的一部編年體的歷史著作。從現存的本子來看，上起魯隱公元年（公元前七二二年），下訖魯哀公十四年（公元前四八一年），歷十二代君主，共計二百四十餘年。其内容主要記載了春秋時期這二百四十多年中魯國以及其它諸侯國的國家大事。

一

傳統認爲春秋是孔子據魯史修訂而成。孟子滕文公下云：「世衰道微，邪說暴行有作，臣弑其君者有之，子弑其父者有之。孔子懼，作春秋，天子之事也。是故孔子曰：『知我者其惟春秋乎！罪我者其惟春秋乎！』」又云：「孔子成春秋而亂臣賊子懼。」史記孔子世家亦云：「（孔子）乃因史記作春秋，上至隱公，下訖哀公十四年，十二公。據魯，親周，故殷，運之三代，約其文辭而指博。故吴楚之君自稱王，而春秋貶之曰『子』；踐土之會實召周天子，而春秋諱之曰『天王狩於河陽』；推此類以繩當世。貶損之義，後有王者舉而開之。春秋之義行，則天下亂臣賊子懼焉。」其它文獻中也有類似的記載。現在看來，這些說法都是不可憑信的推測之辭。不少學者已經指出春秋並非孔丘筆墨，也有不少學者認爲春秋決非出自一人之手。這一點從春秋本書内也可以找到明證。楊伯峻先生在經書淺談春秋中曾歸納出三點：他認爲春秋的筆調前後不一致，體例也前後不統一。如：一、在隱公和桓公時，凡非魯國卿大夫，無論國與國盟會或統軍作戰，都不寫别國卿大夫的姓名。到莊公二十二年，春秋才寫「及齊高傒盟于防」，這是和别國卿結盟寫出他的姓名的開始。二、隱公、桓公、莊公、閔公四公時，别國卿大夫統軍出征，都只稱「某人」（即某國人）；到僖公十五年才寫出「諸侯之大夫」，還不寫出大夫的姓名；到文公三年才寫「晉陽處父帥師伐楚以救江」，寫出了别國統帥姓名；到宣公六年才寫「晉趙盾、衛孫免侵陳」，兩國帥領軍隊之卿大夫都寫出；直到成公二年，魯國及各國統帥才都歷歷寫出。三、在僖公以前，春秋多稱某國君爲某人，不稱某侯；僖公以後，僅秦楚兩國之君有時稱「秦人」、「楚人」；宣公五年以後，就是秦楚兩國之君也不稱「人」，而稱「秦伯」、「楚子」；這類例子還有很多。楊先生認爲，這是因爲時代的推移，形勢的變動，太史有死者有繼承者，因此各不相同而已。孔穎達左傳正義云：「推尋經文，自莊公以上，弑君者皆不書氏，閔公以下皆書氏，亦足以明時史之同異，非仲尼所皆貶也。」石韞玉獨學廬初稿春秋論亦云：「春秋者，魯史之舊文也。春秋總十二公之事，歷二百四十年之久，秉筆而書者必更數十人。此數十人者，家自爲師，人自爲學，則其書法，豈能盡同？」可見春秋一書並非一時一人之作，而是經過多年多人的努力才編纂而成的。除此之外，還有一點更能説明問題，即公羊傳、穀梁傳經文都在襄公二十一年十一月記載了「庚子，孔子生」，左傳雖無此文，但它在哀公十六年經文中記載了「夏四月己丑，孔子卒」，這兩事的記載，更可以明顯地看出春秋决非孔丘所作。那麽春秋和孔丘究竟有什麽關係呢？我們認爲：春秋本爲記載魯國國家大事的一部歷史著作，傳到民間以後，孔子可能以此做過傳道授業的教課書，後來由孔門弟子傳述下來。公羊、穀梁、左傳三傳經文中有關孔子生卒年月的記載，很可能是孔門弟子爲了表達對孔丘的懷念之情而所加。

二

由于春秋記事十分簡略，意義也隱晦，每叙一事，往往只有寥寥幾個字，很不容易理解，於是爲之詮釋講解的書便應運而生。據漢書藝文志記載，當時解説春秋的傳就有五家：左氏傳、公羊傳、穀梁傳、鄒氏傳、夾氏傳，漢書藝文志還説「鄒氏無師，夾氏未有書」，意思是説鄒氏傳没有人把它傳下來，夾氏傳連成文的書都没有，實際上傳下來的只有左氏傳、公羊傳、穀梁傳三種。由於師傳的不同，所以春秋三傳内容的側重點也各異。左氏傳作者主要是根據大量的材料來補充、甚至訂正春秋的脱漏和錯誤，間或有説明春秋「書法」的，但爲數極少，這也是過去今文學派認爲左氏不傳經的理由。公羊傳、穀梁傳則是以解釋春秋經文的「微言大義」和春秋「書法」爲主，敍述史事的極少。所謂「微言大義」和春秋「書法」，説穿了就是公羊傳、穀梁傳的作者利用解釋春秋經文來宣揚自己的政治主張，其中有些内容爲二傳作者各逞胸臆，有些解釋也未必合乎春秋本旨。如春秋經文隱公元年「元年春王正月」六字，本爲編年體史書記時的普通述語，而三傳的解釋就大不相同。從字數來看，左氏傳七十一字，公羊傳一百九十五字，穀梁傳最長，爲二百二十二字。從内容來看，左氏傳解釋經文僅用了「不書即位，攝也」六個字。公羊傳解釋經文的文字將近左氏傳的三倍，除説明「大一統」的觀念外，還有所謂「子以母貴，母以子貴」的原則等，文字拖沓，很難使人讀下去。穀梁傳解釋經文的文字比公羊傳還長，講所謂「春秋成人之美，不成人之惡」，「春秋貴義而不貴惠，信道而不信邪。孝子揚父之美，不揚父之惡」等，廢話極多，史事極少。可見公、穀二傳的所謂「微言大義」也未必就是大義，更未必合乎春秋的本旨。宋人葉夢得曾經指出：「公羊、穀梁傳義不傳事，是以詳於經而義未必當。」正切中公、穀二傳的通病。

三

傳統認爲公羊傳出於公羊高，穀梁傳出於穀梁赤（或云名俶，或云名喜），皆出於子夏的傳授。東漢何休春秋公羊傳序唐徐彦春秋公羊傳注疏引戴弘序云：「子夏傳與公羊高，高傳與其子平，平傳與其子地，地傳與其子敢，敢傳與其子壽。至漢景帝時，壽乃共弟子齊人胡毋子都著於竹帛。」唐楊士勛春秋穀梁傳注疏序云：「穀梁子名淑（按：當作「俶」），字元始，魯人。一名赤（按：顔師古漢書藝文志注又以爲名喜）。受經於子夏，爲經作傳，故曰穀梁傳。傳孫卿，孫卿傳魯人申公，申公傳博士江翁。其後魯人榮廣大善穀梁，又傳蔡千秋。漢宣帝好穀梁，擢千秋爲郎，由是穀梁之傳大行於世。」但從目前能看到的公羊傳和穀梁傳來看，二傳同出於子夏的説法未必可信，因爲二傳之中相互矛盾之處比比皆是。如大家所熟習的蠢猪式的宋襄公故事，公、穀二傳皆有記載，穀梁傳認爲宋襄公違背作戰原則，責罵他簡直不配做個人。而公羊傳却極度夸奬宋襄公，認爲「雖文王之戰不過如此」。一貶一褒，截然相反，如同出於子夏所傳，豈非咄咄怪事？此類例子，在公、穀二傳中還可以找到不少，所以有些學者認爲無論公羊高或者穀梁赤，都未必是子夏的學生，托名子夏，只是借以自重罷了。這一論斷，我們認爲是比較可信的。楊伯峻先生在經書淺談中認爲「無論公羊、穀梁既不出於子夏所傳，穀梁更不作於戰國。公羊傳若説作於漢景帝時，大致可信。至於穀梁傳肯定又晚於公羊傳。」關於公、穀二傳的作者，當然也不應當看作是公羊高和穀梁赤。四庫全書總目提要的作者也不相信楊士勛的「穀梁子受經於子夏，爲經作傳，故曰穀梁傳」的説法，他認爲「穀梁亦是著竹帛者題其親師，故曰穀梁傳」。四庫全書總目提要的作者還認爲「公羊傳『定公即位』一條引『子沈子曰』，何休解詁以爲後師，此傳（按：指穀梁傳。）『定公即位』一條亦稱『沈子曰』。公羊、穀梁既同師子夏，不應及後師。『初獻六羽』一條稱『穀梁曰』，傳自穀梁自作，不應自引己説。且此條又引『尸子曰』，尸佼爲商鞅之師，鞅既誅，佼逃於蜀，其人亦在穀梁後，不應預爲引據。」至於公羊傳的作者問題，四庫全書總目提要的作者更有明確的論斷，云：「今觀傳中有『子沈子曰』、『子司馬子曰』、『子女子曰』、『子北宫子曰』，又有『高子曰』、『魯子曰』，蓋皆傳授之經師，不盡出於公羊子。定公元年傳『正棺於兩楹之間』二句，穀梁傳引之，直稱『沈子』，不稱『公羊』，是並其不著姓氏者，亦不盡出公羊子。且並有『子公羊子曰』，尤不出於高之明證。」以上提要所論，我們認爲基本正確。蓋自孔子傳授春秋經之後，其弟子憑自己所接受到的一些知識並攙和自己的見解和主張各自口説流傳，弟子再傳弟子，輾轉口傳，至於若干年後才著於竹帛，沿傳至今。至於公、穀二傳中的不同甚至相互矛盾之處，我們認爲這也是古書流傳過程中的必然産物，歷代傳授春秋的經師，他們都會受到當時社會的各種因素的制約和影響，因此二傳在成書過程中必然會兼收各自在傳授中的一些見解和主張。所以我們今天看到的公羊傳與穀梁傳，其中就有一些對春秋經文解釋的不同之處，甚至有些還利用解釋經文而相互攻擊。如僖公二十二年宋襄公和楚成王戰於泓一事，二傳對同一人的同一行爲，評價完全相反。又如宣公十五年春秋經云：「冬，蝝生。」公羊傳解釋這段文字認爲「蝝生」是因爲「上變古易常，應是而有天災」，意謂由于魯國初次實行按田畝收賦稅的制度，於是上天降蝝爲災。穀梁傳却云：「蝝非災也。其曰蝝，非稅畝之災也。」他認爲「蝝生」並非因初稅畝而引起。這是對公羊傳的批判和駁斥。同一事件，評說各異。我們認爲這是公、穀二傳作者對同一事件的不同看法，同時也通過解釋這段經文來宣傳各自的政治主張，這也在情理之中。

四

公羊、穀梁二傳雖然在解釋春秋經文上有不少不同之處，但兩者皆以闡述經文的「微言大義」爲宗旨，所以在漢代很受統治者的重視。漢武帝時立公羊博士，漢宣帝時立穀梁博士。漢哀帝時，劉歆極力主張立左氏傳爲官學，曾作移讓太常博士書，因羣儒反對，直到漢平帝時才立左氏爲官學。

漢初本盛行黄老之學，文帝時，爲進一步鞏固皇權，打破「大臣專制」的局面，起用了新興力量賈誼、晁錯、公孫衍、新垣平等人，他把儒家經典立爲官學，並設置了儒學博士，開創了尊崇儒術的先河。漢景帝時，也曾一度出現過「儒老相絀」的局面，「世之學老子者則絀儒學，儒學亦絀老子」（史記老莊申韓列傳）。直到漢武帝時，儒學才真正取得「獨尊」的決定性勝利。漢書武帝紀贊云：「孝武初立，卓然罷黜百家，表章六經。」這也就是我們通常所講的「獨尊儒術」。漢武帝畢生事業主要集中在兩個方面，一個是對内大一統，一個是對外大「攘夷」，這兩點都本於所謂的春秋大義，更準確點講，可以説是由於公羊傳對春秋經的「微言大義」理解的「最準」，並有些解釋還有創造性的發明，這一些正好迎合了漢武帝的政治目的的需要，所以也就成了漢武帝完成内外事業上的理論根據和指導思想。漢書儒林傳云：「於是上因尊公羊家，詔太子受公羊春秋，由是公羊大興。」相比之下，穀梁學在漢武帝時還不太盛興，像衛太子除學習公羊傳之外，也兼學一些穀梁傳，但學者並不很多。穀梁傳的真正盛行則是在漢宣帝即位之後。

東漢時，公羊、穀梁、左氏三傳並行，公羊爲盛。魏晉南北朝時，由於社會動亂不定，政權更迭頻繁，文人士大夫或者絶經世之志而興厭世之思，或者斥責儒道之無益於天下而縱酒消懮，或者痛罵仁義禮法之不足用而寄託於老莊之虚無，於是玄學盛行，清談成風，兩漢經學傳統至此零落凋敝。到了唐代，太宗因感儒學多門，章句繁雜，欲將衆說紛紜的經義統一起來，於是詔國子祭酒孔穎達撰定毛詩、尚書、周易、禮記、左傳正義，取名五經正義，春秋三傳中僅列了左傳在内。雖後來公羊、穀梁二傳也被列入九經（易、詩、書、周禮、儀禮、禮記、左傳、公羊傳、穀梁傳）之内，但屬小經之列，也不被人所重視，所以當時任國子祭酒的楊瑒便奏言：「今明經習左氏者十無二三，……又周禮、儀禮、公羊、穀梁殆將絶廢，……請量加優獎。」（舊唐書楊瑒傳）到了宋代，儒學一反漢唐的訓詁義疏的傳統，拋開傳注，直接從經文中尋求義理。宋儒們繼承和發揮了思孟學派的「性命義理」之學，以理欲心性爲其論學對象，稱之爲「性理學」，也就是一般所說的「理學」。雖然宋代講春秋的人也不少，但都是爲了迎合宋王朝統治階級的尊王、攘夷的政治需要。明代尊崇程朱理學，用八股時文取士，更使經學陷入衰落階段。閻若璩在潛邱札記卷二中曾云：「予嘗發憤太息，三百年來，學問文章，不能上追漢唐，下及宋元者，其故有三：一壞於洪武十七年甲子定制，以八股取士，其失也陋；再壞於李夢陽等提倡古學，而不以六經爲根本，其失也俗；三壞於王守仁等講致良之學，至於以讀書爲禁，其失也虛。」他指出了明代經學衰落的根本原因。到了清代，學者對經學的研究又掀起了一個高潮，在經學研究史上可稱爲「復興時代」，而且也是經學研究的一個很重要的階段。由於雍正、乾隆時期大興文字獄，殘酷迫害有進步意識的文人志士，於是人們都不敢談論政治，而致力於對古書的輯録、整理和考證等工作。如果我們把西漢看作是春秋學研究的奠基時期的話，那麽清代則是春秋學研究的總結時期。有清一代的經學家們在對春秋文字的訓釋和名物制度的考證方面大大超越了以前各代，取得了重要成果。而且清代春秋學著作也極爲豐富，出現了一批體裁各異、研究方向也不盡相同的好著作，對於我們今天利用春秋學各書來研究古代的經濟、政治、文化、思想乃至科技等都有重要的參考意義。

五

春秋穀梁經傳補注就是清末春秋學研究著作中較有影響的一部。據作者自序云，該書動筆於道光二十五年（公元一八四五年），咸豐三年（公元一八五三年）成初稿，到咸豐九年（公元一八五九年）才初步定稿，後又幾經修改，直到同治七年（公元一八六八年）才算全部脱稿。前後歷時二十餘年，可謂用力之勤焉。作者鍾文烝，清史稿本傳云：「字子勤（清史列傳云：字殿才），嘉善人。道光二十六年舉人，候選知縣。於學無所不通，而其全力尤在春秋。因沉潛反覆三十餘年，成穀梁經傳補注二十四卷。其書綱羅衆家，折衷一是。其未經人道者，自比於梅鷟之辨僞、陳弟之談古韵，略引其緒，以待後賢。文烝兼究宋、元諸儒書，書中若釋禘祫、祖禰、謚法以及心志不通、仁不勝道者以道受命等，皆能提要挈綱，實是求是。」鍾氏在春秋穀梁經傳補注自序中云：「春秋一書，非記人事，乃記人心也。凡人事皆人心之所爲也，惟穀梁子獨得其意。」「穀梁傳者，春秋之本意也。」其序又云：「文烝九歲、十歲時，先君子親以三傳全文授讀，備承庭訓，兼奉慈箴。後來博搜諸家書，見而記，記而疑，其甚疑者則時時往來於心，不能自已。年將三十，始知穀梁源流之正，義例之精。數年之間，所見漸多，頗有所得。用是不揣檮昧，詳爲之注。存豫章之原文，擷助教之要義，繁稱廣引，起例發凡，敷暢簡言，宣揚幽理，條貫前後，羅陳異同。典禮有徵，詁訓從朔。辭或旁涉，事多創通。竊謂穀梁解春秋，似疏而密，甚約而該。經固難知，傳亦難讀，學者既潛心於兹，又必熟精他經，融貫二傳，備悉周、秦諸子及二千年説者之得失，然後補苴張皇，可無遺憾。以予淺學，蓋未之逮，唯曰實事求是，而盡心平心則庶幾矣。」漢魏以來，注穀梁者有尹更始、唐固、孔演、江熙等十餘家，自晉范寧集解行後，諸家皆廢。此後又有不少學者爲穀梁傳作注疏，如孫覺、葉夢得、侯康、許桂林、鍾文烝、柳興恩、廖平、柯劭忞等，但唯鍾氏春秋穀梁經傳補注能兼採漢學、宋學，同時對范寧集解也有所補充，可以説是目前能看到的有關穀梁傳注本中較好的一種。

鍾氏在春秋穀梁經傳補注論傳中云：「鄭君論三傳云：『左氏善於禮，公羊善於讖，穀梁善於經。」案：左氏言禮，未必盡當；圖讖起於哀、平，乃附合公羊家説爲之；鄭評二傳，竊所未安。唯『穀梁善經』一語則不可易。墨子云：『夫辯者，將以明是非之分，審治亂之紀，明同異之處，察名實之理，處利害，决嫌疑焉。摹略萬物之然，論求羣言之比，以名舉實，以辭抒意。」文烝爲此書，頗有志乎此數語，而要以『穀梁善經』一語爲準。」這也是鍾氏對穀梁傳的基本認識，也是他撰寫穀梁補注的指導思想。他在論經中又云：「傳稱夫子曰：『君子之於物，無所苟而已。石鶂且猶盡其辭，而況於人乎？故五石六鶂之辭不設則王道不亢矣。』又曰：『梁亡，鄭棄其師，我無加損焉，正名而已矣。』春秋始元終麟，止是正名而盡其辭，以明王道，此直揭全書本旨也。隱無正，唯元年有正，傳曰『謹始也』，所以正隱也。桓無王，唯元年有王，傳曰『謹始也』，所以治桓也，此特標開宗要義也。開宗之義即冒全書，故孟子以春秋爲亂後之一治，謂之天子之事，而引夫子知我罪我之言也。正名盡辭，以爲之綱，正隱治桓，以弁其首，而左氏之三體五例，公羊之三科九旨，皆不足言矣。」對經、傳的「微言大義」，鍾氏就是在上述指導思想的支配下進行闡述的。當然鍾氏的補注也並非全襲漢代今文經學家的思想和方法，在名物訓詁等方面也吸取了清代古文經學派的一些較好的做法。如：桓三年穀梁傳云：「冕而親迎，不已重乎？」范注只云：「冕，祭服。」而鍾氏補注則廣徵博引，論説了不同時代不同等級所用的冕的形制、顔色等。莊元年補注下説「性」條，更是博采衆家之説，洋洋二千五百餘言。鍾氏在補注中也有對范寧集解補充及糾正者，如隱六年傳云：「齊侯盟艾。」范注云：「艾，魯地。」補注則云：「艾，當云齊地。」鍾説近是。又如桓二年傳云：「以是知君之累也。」范注云：「累，謂從也。」補注則云：「注非也。『累』之正字本作『纍』，省作『累』。戰國策『纍』、『累』通用。玉篇『纍』字有『力僞切』一音，云『延及也』，又曰『累同上』。廣韵曰：『累，緣坐也。』緣與延同義。王逸楚辭注：『虆，緣也。』毛詩傳：『纍，蔓也。』緣、蔓皆延也。傳言『君之累』之者，謂督欲弑君，延坐及於孔父，以致先死也。」補注對傳、范注未能下按斷者，則兼采諸家之説，羅列於後，請「學者擇焉」。如哀公十二年春「用田賦」下、桓公三年「父，字謚也」下皆采取這種方法，這也是注釋古書的一種科學態度。除上述之外，補注中還有「選異」一項，專門校勘三傳經文之異同，鍾氏的態度也很客觀，很少妄下按斷。如遇到今古文兩派不同意見時，鍾氏也很少以自己所崇尚的今文學派爲是，如桓公六年春正月經文「寔來」二字，公、穀二傳皆訓爲「是來」，左氏訓爲「實來」，鍾氏在補注案語中云：「覲禮曰『伯父實來』，鄭君注：『今文「實」作「寔」。』左傳曰『翬佸實來』、『子皮實來』、『印段實往』，左氏書，古文也。杜讀從之，説亦可通。但今文家訓『是』，自有所受，不可輒改。毛詩『寔命不同』，傳云：『寔，是也。』韓詩作『實』，云『有也』，此二訓之異。」儘管鍾氏偏於今文經學，但他在這里把兩家對「寔」字的解釋如實地擺了出來，其態度還是比較公允的。當然鍾氏的補注也不免受階級和學派的局限，有些注釋也未能超越今古文學派的門户之見，有的甚至不相信科學。如哀公十三年十一月傳云「有星孛於東方」，孛即彗星的一種，也是圍繞太陽運行的一個天體，它的出現也和其它太陽系的行星一樣，是有一定規律的。而鍾氏補注却云：「今人惑於荒外新法，改九重之稱，增四七之宿，謂彗孛亦可以術推，實蕩且妄。張衡能作器候地震，而今不能，則術也不精矣。夫日食之道甚著，聖人猶不憑術，况其它乎？」他還認爲「星孛於東方」爲「天之示人」，這才是「實蕩且妄」的說法，我們今天應當以科學的態度加以批判。

六

鍾氏春秋穀梁經傳補注付梓後有光緒二年（公元一八七六年）鍾氏信美室刊本，其後又有南菁書院刊本（該本後收入續皇清經解内）、中華書局四部備要本（此本是據南菁書院續經解本校刊的）、商務印書館國學基本叢書本。這次點校工作，我們採用鍾氏信美室刻本爲底本，以南菁書院刊本爲參校本。對於穀梁傳原文的斷句，我們一依鍾氏理解爲準。對於補注中的引文，我們盡量尋找原書進行了核對，凡有錯誤之處我們都作了校正，並一一寫出校記，列於當面之末。對於鍾氏節引或有意改寫的引文，如非内容牴牾，一般逕依其舊，不加改正。對於書中的避諱字，均予回改，異體字統一改爲規範字。此外，補注卷首原有序、論經、論傳、略例、范氏原序幾項内容，這次整理時對它們的排列次序作了一些調整，即將范氏原序移至序後。由於我們在整理時已將避諱字一一回改，所以將原略例中的第六條「凡經傳中聖諱字、廟諱三字皆敬缺筆。經傳外諸應敬避者，或缺筆，或改寫，若以它字代則方匡其外。至私諱，水部、木部各一字，亦缺筆，在經不缺筆，慎辨也。」一條全部删去。原書卷末除附有律句四十韵、四言一首外，尚有書後、再書後兩篇，該兩篇爲鍾氏門人所撰，其内容與本書關係不大，所以也逕删去。

點校工作，難度較大，囿於學力識見，補注點校中必定還存在一些這樣那樣的缺點和錯誤，懇請讀者賜予批評指正。

駢宇騫　郝淑慧

一九八九年七月十五日於北京新源里

春秋穀梁經傳補注目録

序

魯之春秋，魯所獨也。孔子之春秋，孔子所獨也。魯所獨者，王禮所在，其史法較諸國爲備，故石、尚欲書春秋，當時以爲重。孔子所獨者，是非二百四十二年之中，脩其辭以明其義，子游、子夏不能贊一辭、改一字，故梁、鄭正其名，石鷁盡其辭，正隱治桓，皆卓然出於周初典策之上。夫梁、鄭之事，舊文也，而名有所必正，則其加損舊文者可知矣。石鷁之事，微物也，而辭有所必盡，則大焉者可知矣。正隱治桓，揭兩字於卷首，則全書悉可知矣。然而斯義也，左氏、公羊不能道，獨穀梁子稱述而發明之。實爲十一卷，大指總要之處，推之千八百事，無所不通。故穀梁傳者，春秋之本義也。蓋嘗論之，聖人既作春秋，書於二尺四寸之策，其義指數千，弟子口受之，自後遞相授受，録以爲傳，則穀梁之與左氏、公羊宜若無大異者。而漢博士言「左氏不傳春秋」，實以其書專主記事，不若二家純論經義。二家之中，公羊當六國之亡，穀梁去孔子近，則見聞不同。公羊五傳至其玄孫，當漢孝景時，始著竹帛。穀梁作傳，親授荀卿，則撰述亦不同。公羊爲齊學，穀梁乃魯學，則師承又不同。今觀穀梁「隕霜不殺草」之傳，據韓非書，乃夫子答哀公問春秋之語，而公羊無之。穀梁引尸子、公子啟、蘧伯玉、沈子之外，有稱「傳曰」者十，傳者，七十子所記，其來甚古，儀禮喪服傳亦有此例，而公羊又無之。舊傳與喪服傳所引，舊傳非必說春秋、說喪服之專書，而皆出七十子。喪服傳出七十子之後，或云子夏作，非也。毛詩序亦非子夏自作，有引高子語，當與公羊同時。以公羊氏所未聞，明穀梁氏之近古，以儀禮傳之可信，明春秋傳之得真，知其爲春秋之本義無疑也。左氏、公羊之失甚多，就其最淺著者，如左氏於仲子之賵，以爲桓母未死而豫賵；誤紀子伯爲紀子帛，則以君爲臣；左氏亦以臣先於君，其義不安，故於襄十六年叔老會鄭伯、晉荀偃之傳釋之曰：「爲夷故也。」杜注、孔疏以爲「諸侯之大夫與鄭伯尊卑皆平」是也。又於僖二十九年傳曰：「卿不會公、侯，會伯、子、男可也。」皆是曲爲彌縫，以申成臣得先君之說。誤尹氏爲君氏，則內外男女皆失其實。開卷之初，其謬如是。公羊妄意曹伯爲有罪，則曰甚惡也，又不能言其惡，則曰不可以一罪言也。妄意盟宋再出豹爲殆諸侯，則曰衞石惡在，是惡人之徒也。妄意西宮爲宮寢之宮，又不敢決言三宮之制，則曰以有西宮亦知諸侯之有三宮也。凡若此類，第在事實、人名、禮制之閒，亦不及穀梁遠，何論其他矣。

漢世，三傳並行，大約宣、元以前則公羊盛，明、章以後則左氏興，而穀梁之學頗微。江左中興，妄謂穀梁膚淺，不足立學，相沿至唐初，謂之小書，而穀梁之學益微。苟非有范甯、徐邈闡明於前，楊士勛輩纘述於後，則穀梁傳之在今日，幾何不爲十六篇書、三家詩之無徵不信哉？吾於此歎唐人義疏之功大也。大曆以降，經學一變，前此說春秋者，皆說三傳，主於一而兼其二，未有自我作故去取唯欲者。啖助、趙匡、陸淳之書出，而兩宋孫復、劉敞、孫覺、程子、葉夢得、胡安國、陳傅良、張洽之徒繼之，元之黃澤、趙汸用功尤深，又踵而詳之，於是三家之書各不成家，而春秋之說滋亂，至於今未已也。然而風氣日開，智慧日出，講求益密，義理益詳，則亦自有灼然不惑之說。故啖助謂穀梁意深；陸淳謂斷義不如穀梁之精；孫覺謂以三家之說校其當否，穀梁最爲精深；葉夢得謂穀梁所得尤多；胡安國謂義莫精於穀梁；蔡元定謂三傳中道理，穀梁及七八分；某氏六經奧論謂解經莫若穀梁之密。而乾道中，浦江鄭綺遂著穀梁合經論三萬言，惜不可見矣。清興，李文貞公光地變通朱子之學以治羣經，其論春秋曰：「三傳好，穀梁尤好。」迨後惠士奇父子倡古學於東南，亦云「論莫正於穀梁」。其專宗穀梁者，溧水王芝藻而後亦頗有人，而書皆不行。四庫附存目有王芝藻春秋類義折衷十六卷，載其自序謂「左傳多不可信，公羊亦多繆戾，惟穀梁猶不失聖門之舊」。又謂「公羊襲取穀梁書續爲之」。鎮江柳氏有穀梁傳學，海州許桂林有穀梁時月日釋例，道光中，阮元皆爲之序。許書今有刻本，取其一條。竊以國家二百年來經籍道盛，宜有專門巨編發前人所未發者，且以范注之略而舛也，楊疏之淺而庬也，苟不備爲補正，將令穀梁氏之面目精采永爲左氏、公羊所掩，謂非斯文之闕事乎哉？

文烝年九歲、十歲時，道光丙戌、丁亥。先君子親以三傳全文授讀，備承庭訓，兼奉慈箴。考諱棠，縣諸生，先母氏奚。後來，博搜諸家書，見而記，記而疑，其甚疑者則時時往來於心，不能自已。年將三十，始知穀梁源流之正，義例之精。數年之閒，所見漸多，頗有所得，用是不揣檮昧，詳爲之注，存豫章之元文，擷助教之要義。繁稱廣引，起例發凡，敷暢簡言，宣揚幽理。條貫前後，羅陳異同。典禮有徵，詁訓從朔。辭或旁涉，事多創通。竊謂穀梁解春秋，似疏而密，甚約而該。經固難知，傳亦難讀，學者既潛心於茲，又必熟精他經，融貫二傳，備悉周、秦諸子及二千年説者之得失，然後補苴張皇，可無遺憾。以予淺學，蓋未之逮，唯曰實事求是，而盡心平心則庶幾矣。詹體仁語真德秀，居官莅民之道曰「盡心平心」，實亦讀書要法。夫不得於心則不得於言，趙岐之拙，王弼之巧，皆失之不明。朱子曰：「解書難得分曉，趙岐孟子拙而不明，王弼周易巧而不明。」李鼎祚、衞湜之浩博，又苦於不斷，予期於明且斷而已矣。乙巳迄癸丑歲稾立，己未歲始有定本，直題補注，無取異名。疏卷二十，今二十有四。左氏、公羊之經異者具列經下，并證明之。別爲論經、傳各若干條，冠書首焉。咸豐九年己未夏五月乙未嘉善鍾文烝朝美氏自序。

自後又脩飾暢懌之，而紀之以詩，癸亥之三月也。又六歲，增易又以千百計，然後疑滯疏漏漸漸免矣。夫學欲多也，思欲專也，取羣書以治一書者，其道無以易此也。予討論百家之解，稽合四部之言，所謂思之思之，鬼神教之，蓋有之矣。所謂天下之理，眩於求而真於遇，蓋有之矣。敢自謂多且專乎哉？抑亦有二十餘年心力之勤焉，於是乎又記。時同治七年戊辰七月七日。

范氏元序

昔周道衰陵，乾綱絶紐，禮壞樂崩，彝倫攸斁，弒逆篡盜者國有，淫縱破義者比肩，是以妖災因釁而作，民俗染化而遷。陰陽爲之愆度，七耀爲之盈縮，川岳爲之崩竭，鬼神爲之疵厲。故父子之恩缺則小弁之刺作，君臣之禮廢則桑扈之諷興，夫婦之道絶則谷風之篇奏，骨肉之親離則角弓之怨彰，君子之路塞則白駒之詩賦。天垂象，見吉凶，聖作訓，紀成敗，欲人君戒慎厥行，增脩德政。蓋誨爾諄諄，聽我藐藐，履霜堅冰，所由者漸。四夷交侵，華戎同貫。幽王以暴虐見禍，平王以微弱東遷。征伐不由天子之命，號令出自權臣之門，故兩觀表而臣禮亡，朱干設而君權喪，下陵上替，僭逼理極，天下蕩蕩，王道盡矣。孔子覩滄海之横流，迺喟然而歎曰：「文王既没，文不在茲乎？」言文王之道喪，興之者在己。於是就大師而正雅頌，因魯史而脩春秋，列黍離於國風。齊王德於邦君，列於風而謂之王，亦其舊也，夫子因之耳。所以明其不能復雅，政化不足以被羣后也。劉向列女傳云，平王之後，周與諸侯無異，即孟子所謂詩亡然後春秋作。於時則接乎隱公，故因茲以託始。杜預以爲平王，東周之始王，隱公，讓國之賢君，其時相接，故春秋始隱，范所本也。史記平王三年，惠公即位，至四十九年入春秋。陸湻集傳纂例孝公二十五年，犬戎殺幽王。惠公三年，平王東遷。此啖助、趙匡之説，與史記不同。沈括云不知啖、趙得於何書，王應麟引吳仁傑鹽石新論謂出何休公羊音訓。錢儀吉云何氏爲春秋專家之學，其言必有所受，非誤也。陸又引趙云春秋始隱公，一則因平王之遷，二則賢隱之讓。陳岳云建篇首隱，所以崇讓。該二儀之化育，贊人道之幽變，舉得失以彰黜陟，明成敗以著勸誡，拯頹綱以繼三五，鼓芳風以扇遊塵。舊解以正樂爲芳風，淫樂爲遊塵。又或善之顯著者，惡之猥碎者。一字之褒，寵踰華衮之贈；片言之貶，辱過市朝之撻。德之所助，雖賤必申；義之所抑，雖貴必屈。故附勢匿非者，無所逃其罪；若翬。潛德獨運者，無所隱其名。若公弟叔肸。信不易之宏軌，百王之通典也。先王之道既弘，麟感化而來應，穀梁家皆以爲麟應春秋而至，與左氏舊説、公羊孔衍本同，與諸公羊家、史記、杜預皆異。因事備而終篇，故絶筆於斯年。公羊曰：「備矣。」元命苞云：「始於元，終於麟，王道成也。」成天下之事業，定天下之邪正，莫善於春秋。春秋之傳有三，而爲經之旨一，臧否不同，褒貶殊致，蓋九流分而微言隱，異端作而大義乖。左氏以鬻拳兵諫爲愛君，此事非春秋經。文公納幣爲用禮；穀梁以衞輒拒父爲尊祖，不納子糾爲內惡；公羊以祭仲廢君爲行權，妾母稱夫人爲合正。以兵諫爲愛君，是人主可得而脅也；以納幣爲用禮，是居喪可得而婚也；以拒父爲尊祖，是爲子可得而叛也；以不納子糾爲內惡，是仇讎可得而容也；二事補注詳之。范誤，傳不誤。以廢君爲行權，是神器可得而闚也；以妾母爲夫人，是嫡庶可得而齊也。公羊又美齊襄爲賢者，比宋襄於文王。黃仲炎以爲誤天下後世不淺。若此之類，傷教害義，不可得强通者也。凡傳以通經爲主，經以必當爲理，夫至當無二，而三傳殊説，庸得不棄其所滯，擇善而從乎？注中偶有之，要當兼取二家，而斷以本傳。既不俱當則固容俱失，若至言幽絶，擇善靡從，庸得不並舍以求宗，據理以通經乎？此已開啖、趙先聲，然注中似此者尚少。雖我之所是，理未全當，安可以得當之難而自絶於希通哉？而漢興以來，瓌望碩儒，各信所習，是非紛錯，準裁靡定，故有父子異同之論，劉向主穀梁，劉歆主左氏。石渠分爭之説。甘露元年，召名儒大議殿中，平公、穀同異。廢興由於好惡，武帝尊公羊，宣帝好穀梁。盛衰繼之辯訥，董仲舒治公羊，江公治穀梁。江公訥。斯蓋非通方之至理，誠君子之所歎息也。左氏豔而富，其失也巫；穀梁清而婉，其失也短；文簡耳，非短也。其義實視二傳爲密。公羊辯而裁，其失也俗。若能富而不巫，清而不短，裁而不俗，則深於其道者也。故君子之於春秋，没身而已矣。孫覺極取此語。升平之末，歲次大梁，先君北蕃迴軫，頓駕于吴，晉穆帝升平五年，甯父汪爲安北將軍、徐兗二州刺史。其十月，以罪免爲庶人，屏居吴郡。是年歲在辛酉。乃帥門生故吏，門生，同門後生，故吏，謂昔日君臣，江、徐之屬。我兄弟子姪，甯自謂。及謂從弟邵三子泰、雍、凱。研講六籍，次及三傳。左氏則有服、杜之注，案：范注無引服者。公羊則有何、嚴之訓，嚴氏章句，時尚未亡，何則用顔氏本，范注引之。釋穀梁傳者雖近十家，皆膚淺末學，不經師匠。江左中興，荀崧奏請立公、穀博士。詔許立公羊。云「穀梁膚淺，不足置博士」，〔一〕由此數家末學誤之也。辭

〔一〕「置」原作「立」，據晉書荀崧列傳改。

理典據，既無可觀，又引左氏、公羊以解此傳，文義違反，斯害也已。范亦多無可觀，又其以二傳殽亂本書者亦往往有，故知解經難，故知何、杜不可及。於是乃商略名例，范別爲略例百餘條。敷陳疑滯，博示諸儒同異之說。旻天不弔，大山其頽，汪卒當在簡文之世。匍匐墓次，死亡無日，日月逾邁，跂及視息，乃與二三學士及諸子弟各記所識，并言其意。業未及終，嚴霜夏墜，從弟彫落，謂邵。二子泯沒，謂雍、凱。天實喪予，何痛如之？今撰諸子之言，各記其姓名，名曰春秋穀梁傳集解。晉書云：「沈思積年，爲之集解。其義精審，爲世所重。」此當在豫章免郡後。凡解古書，集衆家記姓名者，何晏、李鼎祚之屬專記前人者也，范氏兼記同時人及其子弟者也，裴駰、李善之屬又推及所引他書之注者也。文烝附范書爲補注，兼用三例，記姓名者三百餘焉。

論經

傳稱夫子曰「君子之於物，無所苟而已。石鶂且猶盡其辭，而況於人乎？故五石六鶂之辭不設則王道不亢矣」。又曰「梁亡，鄭棄其師，我無加損焉，正名而已矣」。春秋始元終麟，止是正名而盡其辭，以明王道，此直揭全書本旨也。隱無正，唯元年有正，傳曰「謹始也」，所以正隱也。桓無王，唯元年有王，傳曰「謹始也」，所以治桓也。此特標開宗要義也。開宗之義即冒全書，故孟子以春秋爲亂後之一治，謂之天子之事，而引夫子知我罪我之言也。正名盡辭，以爲之綱，正隱治桓，以弁其首，而左氏之三體五例，公羊之三科九旨，皆不足言矣。

李光地曰：「三代學校之教，詩、書、禮、樂四術而已，自夫子贊周易，脩春秋，於是二書稍見於世。此朱子說也。文烝案：易傳不必夫子自作，下注論之。故記禮者名爲六經，而莊周之徒頗知其意者亦往往並述焉。」今案：禮記經解述孔子之言曰：「其爲人也，屬辭比事，春秋教也。」屬者，屬合之。比者，比次之。春秋之義，是是非非，皆於其屬合、比次、異同、詳略之閒見之，是其本教也。趙汸云：「春秋有筆有削，與述而不作者事異。荀子論夫子事曰：「一家得，周道舉。」楊倞注曰：「一家得，謂作春秋。周道舉，謂删詩、書，定禮、樂。」文烝案：删詩，史記文。删詩、書，讖緯文。自高弟如游、夏尚不能贊一辭，苟非聖人爲法以教人，使考其異同之故以求之，則筆削之意何由可見乎？此屬辭比事所以爲春秋之教，不得與五經同也。」莊周之言曰：「春秋以道名分。」又曰：「春秋經世，先王之志，聖人議而不辯。」道名分者，正名以順言，順言以成事。名之必可言，言之必可行也。名由於分，故曰名分，推其本，則孟子云：「所性分定。」又推其本，則大戴禮本命云：「分於道，謂之命。形於一，謂之性。」議而不辯者，假事以明義，推見以至隱。議之甚詳，而其文則但爲記事之文也。李光地論語正名章説云：「夫子脩經，不過使其言之順理，然先儒以爲制事之權衡，揆道之模範，蓋周公之禮樂在焉。而又爲孔子之刑書，皆不離乎書法，抑揚輕重，婉直微顯之閒而得之。」趙汸云：「春秋存策書之大體，而假筆削以行權，有不書，有變文，有特筆，有日月之法，而歸於辭從主人，皆所謂議而不辯者也。」

孟子曰：「王者之迹熄而詩亡，詩亡然後春秋作，晉之乘，楚之檮杌，魯之春秋，一也。其事則齊桓、晉文，其文則史。孔子曰：『其義則丘竊取之矣。』」此言春秋以義爲重也，公羊述孔子之言曰：「其辭則丘有罪焉爾。」公羊本作「詞」字，依説文當作「𧦝」，此正字也，今通用「辭」字。此又言春秋以辭爲重也。其實義卽是辭，辭卽是義。説文解「𧦝」字曰：「意内而言外。」義者内之意，辭者外之言。公羊所述卽孟子所述，而史記引孔子曰「春秋以道義」亦同旨也。是故君子之脩春秋，脩其辭以取其義也。此揚雄法言所謂「説理者莫辯乎春秋」，李軌注曰：「屬辭比事之義。」文烝案：春秋議而不辯者，邵子所謂録實事而善惡形於其中也，於文不辯，於理則辯矣。故左傳亦曰：「微而顯，婉而辨。」而非其事與文之謂也。泥於其事，溺於其文，左氏所以失也。即其辭而明其義，穀梁所以得也。公羊亦近之，而文多意少，或不知而强爲之説，故未盡善也。

左傳昭二年，晉韓宣子聘於魯，觀書於大史氏，見易象與魯春秋，曰：「周禮盡在魯矣。吾乃今知周公之德與周之所以王也。」案：易繫辭傳言「易之興也當殷之末世，周之盛德當文王與紂之事」。左傳又載衛祝佗語，魯公初封，分之祝、宗、卜、史，備物典策。杜預以典策爲春秋之制，而賈逵解周禮句云「史法最備」，然則於易見周之所以王，而亦可見周禮於春秋，見周禮而即見周公之德也」。孔穎達正義解「周公之德」二語最分明，而於周禮句未盡其意。案：禮者，治世之大名，古人每通言之，故易象、魯春秋可觀周禮，夏時坤乾，可觀夏、殷之禮。孟仲子説周頌「維天之命」則曰「美周之禮」。而周官經稱周禮，自劉歆已然。禮記明堂位曰：「魯王禮也，天下傳之久矣，君臣未嘗相弑也，禮樂刑法政俗未嘗相變也。」王禮即周禮，其未嘗相弑相變，則謂雖相弑明堂位本作「殺」字，古書凡「弑」字皆作「殺」也。説詳隱四年。而不言弑，君殺大夫，雖相變而其文不直不盡，亦史法之一端也。君子脩春秋，以史法爲經法而例立，葉酉謂夫子所本之史即韓宣子所見者，杜預不知聖人因史作經，非爲魯國脩史，於是以韓子所見爲周之舊典禮經，於夫子所本者則以爲赴告策書，諸所記註，多違舊章，故刊而正之。即此一語，見杜氏受病之處。於是有變史例以爲例者，於是有自變其例以爲變例者，此其正名盡辭以當王法，豈不尤備乎哉？夫例者義而已矣，其字古秖作「列」，見禮記服問，訓爲「等比」，說禮服說律不能外是，而春秋家亦用之。服問引傳曰：「辠多而刑五，喪多而服五，上附下附列也。」鄭君曰：「列，等比也。」徐邈：「音例。」程子曰：「大率所書事同則辭同，後人因謂之例。然有事同而辭異者，蓋各有義，非可以例拘。」此言最切當，所謂非可例拘者，今所謂變例是也。白居易云：「明則有凡例，幽則有微旨。」洪興祖云：「春秋本無例，學者因行事之迹以爲例，猶天本無度，治曆者即周天之數以爲度也。」並與程子語相發明。嘗竊謂夫子自言七十而從心所欲，不踰矩，從，依舊讀爲「縱」。春秋之書，事事有其矩，事事從心而爲之，不易變易，相因相成，欲求春秋義例者，當知斯意。然則其說如之何？曰穀梁備矣。胡承諾謂「三傳各有義例，皆不敢以私意亂聖法」是也。又謂「學者不必較量異同」，非也。

春秋十一卷，千八百餘事，萬六千五百餘言，公羊疏引春秋說云一萬八千字。義恉弘多，科條周委，至精至深，至孅至悉。王充論衡云：「孔子意密，春秋義孅。」猶周公制作禮樂之書，無鉅無細，無不備舉。劉勰文心雕龍論儀禮云：「禮以立體，據事制範，「制」，舊誤作「剬」。章條纖曲，執而後顯。」而凌廷堪作釋例，具言同中之異，異中之同，先聖後聖，其揆一也。子曰：「禮儀三百，可勉能也，威儀三千則難也。」春秋之難，讀正如此。此之謂作；孟子。此之謂游、夏不能贊一辭，文選注引史記。改一字；公羊疏引春秋說。此之謂其義竊取；此之謂見素王之文，漢書董仲舒傳。明素王之道，說

穀梁字萬六千五百五十有奇，公羊多百五十有奇。

苑。立素王之法，左傳正義引賈逵序。此之謂微；荀子。此之謂推見以至隱；史記。此之謂議而不辯；此之謂約而不速，荀子。卽杜預云「辭約義微」，趙匡云「辭簡義隱」是也。此之謂能繫心於微而致之著，春秋繁露。此之謂約其文辭而指博，史記。此之謂殺史見極，平易正直；後漢書班彪傳引傳曰。此之謂立義創意，眇思自出於胸中。論衡。統而論之，大氏明於辨是非而嚴於正名分，本之以智，約之以禮，智崇禮卑，故其制作侔天地。「智崇禮卑」四字包括萬理。

唐之中葉，啖、趙、陸始自名其學，而大致猶無變乎古，韓文公愈爲儒者宗，亦言聖人作春秋，深其文辭。至宋諸儒，因伯沖之書，益出新意，程伯子亦重陸書。皆未有言春秋不過直書其事者，唯朱子言之，學者惑焉。夫使春秋不過隨事直書，別無書法，則一良史優爲之矣。何以游、夏不能贊一辭？何以齊、魯師儒遞有授受？何以孟子謂之作？謂之亂後之一治？何以荀子謂其微？謂其約而不速？豈一切皆不足信邪？陸龜蒙復友生書云：「春秋，大典也。舉凡例而褒貶之，非周公之法所及者，酌在夫子之心，凡例本周公，用杜預說。故游、夏不能措一辭。若區區於敘事，則魯國之史官耳，孰謂之春秋哉？」陸氏此論，實不可易矣。程子謂春秋大義易見，其微辭隱，義爲難知。愚以爲劉歆言「夫子没而微言絶，七十子卒而大義乖」二語必有所本。春秋微言也，大義在其中，而弟子口受之，今其遺文卽穀梁傳也。微言者，議而不辯之謂，作傳辯之而大義出矣。伊川語大概近是。朱文公於此經固自云未學，又云終不能自信於心，又云此經簡奥，立說雖易，貫通爲難。聖人之言，平易中有精深處，則亦未嘗以直書之說爲定，且自高弟黄幹已不謂然矣。今正無容苟同焉耳。黄氏云：「其閒亦有曉然若出於微意者。」

聖人不空作，其作經，以爲典法也。故如衛、齊惡君臣同名之屬，無關筆削者，亦論其義，以詔後世，家鉉翁謂之因事垂法是矣。學者當存此意求之，庶幾可以弗畔。

春秋以義脩辭，不以記事爲重，徐邈於重耳卒下論之曰：「事仍本史而辭有損益。」又曰：「若夫可以寄微旨而通王道者，存乎精義窮理，不在記事少多。」案：堯、舜百五十載之久，孔門七十餘賢之多，而典、謨、論語，事迹人名，闊疏寥落，古人爲書，意别有在也，況聖者之制作乎？此數語包絡全旨，開釋羣疑，爲諸儒所不及，學者先識此意，乃可與論春秋矣。若欲求解經之法，則當先讀何休注，何氏固多怪妄之說，而條例文義之細密融貫，實爲古今第一，孔廣森嘗稱其體大思精。今補注中或采其語，或師其意，獲益甚多，並有孔氏通義所未及致意者。凡讀諸經典，須通全部，先定大主意，必如徐仙民則可。又須用逐句逐字之功，必如何、邵公則可。殷侑作公羊注，欲得韓子爲序，而韓子答書以爲前聞口授指略，如遂蒙開釋，章分句斷，其心曉然，直使序所注，其又奚辭？既言指略，又言章句，此真讀書之法歟？朱子曰：「必析之有以極其精而不亂，然後合之有以盡其大而無餘。」

愚自己酉歲來，最憙黄澤之學。黄氏之言，尤切中樞要者，曰：「史記事從實而是非自見，雖隱諱而是非亦終在。夫子春秋多因舊史，則是非亦與史同，但有隱微及改舊史處，始是聖人用意，然亦有止用舊文而亦自有意義者。」黄氏所獨得者，史法經法之説也。趙汸繼黄而加詳，其大致亦自足取，但因求詳之故，遂欲舉史法經法截然分之則非也。夫史法既變爲經法，則其所遵用史法者亦皆經法而非史法，史法固不可不知，而亦不可過執也。此在穀梁梁亡一傳本有端緒，何也？梁亡，鄭棄其師，義主正名，而文仍舊史，以此推之，則不論其文之加損不加損，而其義皆有所取，不計其與舊史本意同異何如也。説經者若必截分史法經法，而一一臆斷其孰爲策書本文，孰則聖人脩改，無論其未必是，卽使盡得之，亦將疑於仍舊者之無所取義，此説者之大蔽也。杜預雖專治左氏，而於釋例終篇特言之曰：「仲尼雖因舊文，固是仲尼之書也。丘明所發，固是仲尼之意也。」此實開通洞達之言，可破百家曲説。愚之此書，或有推求其爲仍舊爲改舊者，皆不違本傳之文，仍竊取征南之意。子常可作，或予許焉。

戊午冬日，病中偶思論語「麻冕」章，深悟春秋之義。子曰：「麻冕，禮也；今也純，儉，吾從衆。拜下，禮也；今拜乎上，泰也。雖違衆，吾從下。」夫純也，拜上也，皆是俗尚苟簡，積漸使然，非儉亦非泰也。但純之本意雖非儉，以義斷之，則儉也。聖人之從純，自取義於儉，此春秋因舊之比也。拜上之本意雖非泰，以義斷之，則泰也。聖人不從其泰，乃據禮以正其義，此春秋改舊之比也。

若以問十世章擬諸春秋，其理則同，其事則異。殷因於夏禮，所損益可知也；周因於殷禮，所損益可知也；其或繼周者，雖百世可知也。非因無以爲損益，非損益無以爲因，後監於前，經承乎史，是則同也。禮行於中國而不可息，魯史記則周禮也，夫子脩之，亦約以周禮，鄭衆、賈逵、服虔、潁容說。是其所以異也。或謂殷變夏，周變殷，春秋變周，淮南子。以繼周損益之事說春秋，夸矣。或又謂春秋改周之文，從殷之質，公羊家及讖緯說。用夏之忠，啖助說。以三王循環之道說春秋，妄矣。

以上諸條多定於乙丑、丙寅之閒，與世之馳騁浮辭增飾鑿説者蓋不同矣。尚有須申論者，則從心所欲，不踰矩之説也。夫魯史記之爲信史也，其體嚴，其事重也。脩之若無可脩也，以義斷之又甚難言也。而觀於穀梁傳，則述作新舊之閒，去留加損之際，章之離合，句之繁約，字之先後，亦既一一精其義而深其文辭矣。李光地曰：「春秋不過幾個字換來換去，忽如此用，忽不如此用，忽用忽不用，千變萬化，不可思議，又至穩至當。」而在聖人，不過歲月閒之事也。公羊閔因序及諸緯云：「九月經立，謂獲麟後之九月，卽春作秋成之謬説也。脩春秋在哀十一年冬，自衞反魯後，不知何時始，其成則在十四年春。」豈非無矩而有矩，有心而無心者歟？夫矩者中也，中者權也。矩者，方之所出，有上下前後左右則有中矣。中無定，故曰權。沈善登曰：「矩者方之至，而實分於圓，故其所出之綫長短不等，皆歸於圓。聖人之心，渾圓如天，因物付物，物得之卽爲矩矣。」堯曰：「允執其中。」子曰：「中庸之爲德也，其至矣乎！」又曰：「過猶不及。」孟子曰：「執中無權，猶執一也。」此之謂也。中，又謂之節。權者，因其節而節之，節性、節禮樂皆是。大氐聖人之學始於志，中於立，終於權，故四十而不惑，五十而知天命，六十而耳順，皆由立而權之節次功候也。至於七十而從心所欲，不踰矩，則權道之備，而作春秋之年也。知禮者可與立，知春秋者可與權。權者立之極至也，春秋者禮之極至也。記曰：「禮，時爲大。」孟子曰：「孔子，聖之時者也。」時者，謂中而權也。韓詩外傳作「聖之中」，所謂君子而時中。

以一事之正變言之：如正月言公卽位，正也；隱不言卽位，變也；定以六月卽位，尤變也，而言日，又變之正也；莊、閔、僖不忍言卽位，亦變之正也；桓、宣言卽位，則變之變也；公如京師，正也，而言月，正之變也；朝王，所變也，其日，變之變也；皆言朝，又變之正也；公大夫盟言日，正也，不日，變也；齊桓盟不日，則正也，其日，又正之正也；公親逆女，正也，使人逆，變也；莊親逆於齊，則亦變也；親納幣，又變也；桓使人逆而又親焉，始變終正也；文親逆而速婦之，始正終變也。

以諸事之善惡、功罪、是非、真似言之，如正隱則醇其善矣，治桓則盡其惡矣，美齊桓之正則功多罪少矣，譎晉文之譎則罪多功少矣。至如紀侯棄國、衛專避兄、荀息死不正、伯姬坐待火之類，似非而真是也。不見善人，思見有恆，不得中行，思得狂狷，此之謂也。宋襄守正非信，楚靈討罪非義，曹世子從父非孝，臧武仲多智非道之類，似是而真非也。鄉原亂德，爲德之賊，居之似忠信，行之似廉潔，此之謂也。伯夷、柳下惠，夫子自謂「我則異於是」，孟子亦言「君子不由」，又目之爲聖，謂其能興起百世，蓋夫子思狂狷有恆之意乎？其必距楊、墨何也？曰：夷、惠可師者，爲其使頑夫廉，懦夫有立志，薄夫敦，鄙夫寬也。楊、墨必距者，爲其無君無父也。推孟子之意，可徧讀天下書而進退之，莊子末篇亦近是。

凡此皆中也，皆權也。語其大要，有寬嚴焉，有輕重焉。蘇軾云：「春秋之義，立法貴嚴，而責人貴寬。是故用嚴之極，至於仁不勝道，此如論令尹子文、陳文子，憂國忘身，許其忠不許其仁，潔身去亂，許其清不許其仁也。用寬之極，至於叛而許悔，此如告冉有、原思富不當繼，然且謂其不吝而不直拒之，又不深責之；祿不當辭，然且喜其能廉而不深責之，又代爲處之也。」本朱子說。於是觀其輕重，尊尊、親親、賢賢之義皆最重，其相值則迭重。文之大事，定之即位，滅項，葬宋共公，王師敗績，欒書伐鄭，傳有明文也，此即諱昭公不知禮，告葉公父子相隱，論古而美尚德，論今而貴民稱之意也。內中國外夷狄之義最重，一值其重，則他義俱在所輕。楚莊之入，陳靈之誘蔡，吳子之戰伯舉，會欑函，會鍾離，傳有明文也，此卽夷狄有君不如諸夏之亡之意也。夫子賢楚昭、見葉公、觀吳季子之葬，子豈謂其無賢君臣哉？論中國夷狄之辨，則善惡是非不論矣。若夫進狄人則思中國之有伯也，善宋盟則喜中國之小康也。莒潰楚弒皆謹日，則又以中國君臣父子之義，公之於夷狄也，蓋海之可浮，九夷之可居，蠻貊之所可行，夷狄之所不可棄，春秋皆有其意也。

總之，讀春秋者當知其辭之深微隱約，而不可以史家之學求之。雖曰左史書動爲春秋，右史書言爲尚書，然而尚書說事者也，春秋說理者也。並本法言。說事故覽文如詭而尋理卽暢也，說理故觀辭立曉而訪義方隱也。並本文心雕龍。後人以史視春秋，一誤於杜預，則謂春秋不可無左傳；再誤於劉知幾，則謂左傳勝於春秋；異言喧豗，而斷爛朝報之說起矣。韓子答劉秀才論史書曰：「凡史氏襃貶大法，春秋已備之矣。後之作者，在據事跡實録，則善惡自見。」司馬光作通鑑，於魏紀特言之曰：「臣今所述，止欲敍國家之興衰，著生民之休戚，使觀者自擇其善惡得失以爲勸戒，非若春秋立襃貶之法，撥亂世反諸正也。」由二子之言思之，可以知史，可以知經。

至於經之何以始終也？其終易知，其始難知。易知者，文成致祥，事備絶筆，本一說也。其難知者，若謂始於元之一字，則如鄭君說禮運，天地爲本，至於四靈爲畜，以爲春秋始於元，終於麟，包之而固，非禮運之本旨。且十二公皆有元，凡史書莫不有元矣。若如公羊學者言五始，則列國史書亦皆如此，且隱惟四始，不得爲五始。每公有五始，則十二公將爲六十始矣。若依公羊謂始乎隱者，祖之所逮聞則是强爲之辭，殆習聞春秋尊祖之說而致誤矣。反覆求之，始隱之意，但當如杜預、范甯、趙匡、陳岳所論。而春秋大義，實以正隱治桓並爲始，故穀梁子兩著「謹始」之文，而正隱謹始，尤爲全書大始。劉向以正春正君建本立始發明之，具隱十一年下。實穀梁家遺說也。正隱之義，根於不言卽位，不言卽位，傳謂之無事，此亦別見一義焉。甲戌孟秋，沈善登書來曰：「春秋記千八百事，乃欲以無事發端，至獲麟絕筆，而復於無事矣。惟隱接平東遷之初而可得爲無事之文，惟麟爲王道之成而可以無事，聖人皆因其自然而已。既見義於無事，卽寓意於無言，故始於無事者，猶曰天何言哉云爾。中閒千八百事，猶曰四時行焉，百物生焉云爾。終於無事者，猶曰夫何言哉云爾。」會論語。是說也，活潑潑地，程伯子云：「會得時，活潑潑地，會不得，只是弄精神。」遂并記之。

論傳

孝經鉤命決稱孔子之言曰：「吾志在春秋，行在孝經，以春秋屬商，孝經屬參，然則得春秋之真傳者必在卜氏之門矣。」韓非子稱八儒曰：子張、子思、顏氏、孟氏、漆彫氏、仲良氏、孫氏、樂正氏。不數子夏者，子夏傳經與著書立教者異。仲良氏卽檀弓毛詩傳之仲梁子也，孫氏卽荀卿也。陸淳纂例、趙匡引應劭風俗通云：「穀梁，子夏弟子，名赤。」釋文序録引作「子夏門人」，門人卽弟子也。一名赤。楊士勛疏云：「穀梁子，名淑，字元始。魯人。釋文序録引七録同。「淑」當依孝經序正義引作「俶」。一名赤。受經於子夏，爲經作傳，傳孫卿。」陸德明釋文序録、太平御覽並引桓譚新論云：「左氏後百餘年，魯人穀梁赤爲春秋序録。」又引麋信注云：「穀梁與秦孝公同時。」案：如風俗通、楊疏之言，是穀梁子受業於子夏也；如新論、麋注之言，是穀梁子不及見子夏也。桓以爲獲麟後百餘年，桓論左傳以爲獲麟時作，非也，下辯之。而史記秦孝公渠梁之元年距獲麟百有二十一年，是爲周顯王扁之八年，魯共公奮之十六年，魏惠王罃、韓懿侯若山之十年，趙成侯種之十四年，楚宣王良夫之九年，燕文公之元年，齊威王因齊之十八年，宋剔成君之九年，衞聲公馴之十二年。其説相合也。王應麟曰：「傳載尸子語，而尸佼與商鞅同時，故麋氏以穀梁子爲秦孝公時人。然不可考，漢書但云魯學而已。」文烝案：麋南山固無他據，桓君山謂獲麟後百餘年必有據，而應仲瑗之說亦非無因。蓋穀梁受業於子夏之門人，因遂誤以爲子夏門人。史記孟子列傳云孟軻受業於子思之門人，王劭誤以「人」爲衍字，應氏之誤正相類矣。大氏穀梁子之於子夏、孟子之於子思，事同而時亦相近也。子夏傳經，必非妄語，荀子譏子夏氏之賤儒，正其衣冠，齊其顔色，嗛然而終日不言，正見門人謹守師傳之氣象。

楊疏曰：「穀梁爲經作傳，傳孫卿，孫卿傳魯人申公，申公傳博士江翁。即瑕丘江公。案：孫卿即荀卿，其没在秦始皇九年後，而燕子噲、子之時已有賢名，蓋當秦之惠王矣。」據韓非子難三篇：「燕子噲賢子之而非孫卿。」史記荀卿列傳「年五十始來游學於齊。齊襄王時而荀卿最爲老師。」又云：「春申君死而荀卿廢，因家蘭陵。」戰國楚策有孫子自趙謝春申君書。又載李園殺春申君事云，是歲秦始皇立九年矣。然則荀卿自齊之宣王，歷閔王、襄王至王建，於秦爲惠、武、昭、文、莊及始皇也。韓非與李斯俱事荀卿，其言必不誤，而史記獲麟後，周及諸國之年蓋有誤且衍者。後漢馮光、陳晃言曆獲麟至漢興百六十一年，〔一〕較史記少百十二年，似又失之。惠棟曰：

〔一〕「一」原訛作「二」，中華書局校點本後漢書律曆中校勘記云：「集解引李銳說，謂邕於甲寅元開闢至漢元年數內減去庚申元開闢至獲麟年數，餘一百六十一爲獲麟至漢元年數，因謂光、晃差少一百一十四歲。今按：甲寅元開闢至獲麟積年二百七十五萬九千八百八十歲，獲麟至漢二百七十五歲，共二百七十六萬一百六十一歲，邕以庚申元開闢至獲麟積年二百七十六萬歲減之，則獲麟至漢爲百六十一歲，明『百六十二歲』之『二』字當作『一』，今據改。」

「荀卿著書，言師不越時，隱五年傳「伐不踰時」。荀子議兵同。言天子以下廟數僖十五年傳「天子七廟」云云。荀子禮論同。及賻、賵、襚、含之義，隱元年傳。在大略篇。誥誓、盟詛、交質子之文，隱八年傳。在大略篇。諸侯相見、使仁居守，隱二年傳「仁者守」。在大略篇。以大上爲天子，隱三年傳「大上故不名」。在君子篇。皆本穀梁之説，其言傳孫卿信矣。」文烝案：荀子又云「春秋賢繆公，以爲能變也」，與公羊文十二年傳同，穀梁無其義。漢劉向治穀梁，而封事中引祭伯來以爲奔，乃用公羊。説苑亦或用公羊義，是何也？蓋聖人既没，齊、魯之閒，人自爲師，家自爲書，異説紛拏，故雖荀卿亦閒取他説。劉子政時，則公羊之學方盛，尤不能無染於其説矣。六藝論公羊春秋顔安樂弟子有劉向。

惠棟又曰：「隱元年傳云春秋成人之美，不成人之惡。僖二十二年傳云過而不改，又之，是謂之過。二十三年傳云以其不教民戰，則是棄其師也。今皆在論語中。鄭君論語序云仲弓、子夏等所撰定。論語讖亦言子夏等六十四人或作七十二人。共撰仲尼微言。論語與後世語録相似，蓋本弟子各記短簡，以便懷持，其撰次成書則在魯悼公後，以有孟敬子謚知之也。説苑孟敬子作「孟儀」，則曾子弟子公明儀是歟？禮記坊記有引論語曰，孟子題篇已法論語矣。其諸聖人之徒私淑諸人者乎？又傳中所載與儀禮、禮記諸經合者不可悉舉，故鄭君六藝論云穀梁善於經。」文烝案：穀梁又有與毛詩傳合者，王應麟所舉大侵、蒐狩二禮，其最著者也。毛公之學，出於荀卿，而傳於子夏，益知穀梁子之果爲荀卿師，而源出子夏也。又易彖象傳釋經有曰其位、漸。其吉，同人。有曰吝道也、安行也、王弼曰：「安，辭也」。並同人。偏辭也、益。依孟喜、虞翻本。志疑也。巽。有止一字者曰窮也、明也、並屯。咎也、夬。行也、困。豐。下也、井。順也、渙。憊也。既濟。穀梁文句，多與相似。易傳十篇，蓋弟子録易家舊語并述所聞於夫子者，輯比爲之。論語班易占於巫醫，明易實占書也。五十以學易，本是「亦」字，屬下句讀，明史記世家所言皆未可信也。愚之此說，與歐陽修又不同，俟後賢辨之。

釋文序録論三傳次第云：「左丘明受經於仲尼，孔安國論語注云：「魯大史劉歆以來因之，史記謂之魯君子。」公羊高受之於子夏，先儒皆云齊人，子夏弟子。風俗通同。廣韻云：「子夏門人。」穀梁赤乃後代傳聞。」此言真瞽説也。案：桓譚新論云：「左氏傳遭戰國寖廢，〔一〕後百餘年，魯人穀梁赤爲春秋，殘略，多有遺失。〔二〕又有齊人公羊高緣經文作傳，彌離其本事矣。」本釋文序録及太平御覽。鄭君釋廢疾云：「穀梁近孔子，公羊正當六國之亡。」本王制正義。觀桓、鄭之言，穀梁先於公羊明矣。而陸玄朗乃爲斯言，不亦謬乎？序録注解傳述人中亦引新論文，何不一爲檢照乎？要由漢世公羊先出，藝文志已以穀梁列公羊後。迨江左中興，妄謂穀梁膚淺，不足立博士。范甯、徐邈之後，微學幾絶，遺書僅存，遂皆申公而屈穀耳。且公羊高去子夏固遠，而左丘明

〔一〕「廢」原訛作「微」，據影宋本太平御覽及通志堂本經典釋文改。
〔二〕「多有」原作「多所」，據影宋本太平御覽及通志堂本經典釋文改。

亦非夫子同時人也。左氏載韓、魏滅智伯事有趙襄子謚，在春秋後已五十餘年，作書又當在其後，豈得以爲受經而作？桓君山謂左氏作傳後百餘年而穀梁子始爲春秋傳，亦以左傳之作卽在獲麟時。班彪則直以爲定、哀之閒，皆失之矣。穀梁與左氏時代不甚相遠，公羊則在其後，此無可疑者。公羊之學，當亦由子夏之弟子展轉相授，而去聖彌遠，意義不備，或多亂說。雖與穀梁同源，而其歸迥異。左氏爲魯太史，本不得其傳授，而能博采諸國史書，詳陳事迹，使一經本末具見，深爲有功於經。但其中與經違異、據經臆測者亦正不少其於經之取義則罕有合，趙匡所謂左氏解經淺於公、穀，誣謬實繁者也。桓君山誤以太史記事之冊爲聖門傳經之宗，不知穀梁、公羊實得其傳，而穀梁尤得所傳之正，於事雖略，未嘗多所遺失也。左氏丘明爲魯太史，作傳及國語，今姑用舊說。趙匡頗疑其不然，而葉夢得據史遷云「左丘失明厥有國語」，以爲左氏蓋左史之後，以官氏者，國語則出左丘氏。文烝案：左丘明自見論語，書題左傳似不相涉。晉、楚俱有左史，葉說似近之。國語則本不題撰人也。

杜預病世之說左氏春秋者，進不成爲錯綜經文以盡其變，退不守丘明之傳。如杜此言，苟能錯綜經文以盡其義例之變，則固不必守丘明之傳以爲義例也。愚治穀梁傳二十年，乃知傳之於經實有如杜所云錯綜盡變者，蓋魯學授受之可憑如是，惜乎元凱氏未嘗潛心。

漢書儒林傳云：「宣帝卽位，聞衞太子好穀梁春秋，以問丞相韋賢、長信少府夏侯勝及侍中樂陵侯史高，皆魯人也，言穀梁子本魯學，公羊氏迺齊學也，宜興穀梁。」斯言也，天下之公言也。春秋猶論語也，漢初，魯論語、齊論語並行，其後，孔氏壁中古文論語出，篇簡章句，與魯論大同，不若齊論多所附益，是魯學必勝齊學也。公羊作傳多齊言，且其解經多有護齊者，何足憑乎？

史記十二諸侯年表云：「孔子西觀周室，論史記舊聞，興於魯而次春秋，上記隱，下至哀之獲麟，約其辭文，去其煩重，以制義法，王道備，人事浹。七十子之徒口受其傳指，爲有所刺譏褒諱挹損之文辭不可以書見也。」儒林列傳云：「仲尼因史記作春秋，以當王法。其辭微而指博，後世學者多錄焉。」司馬遷所言史記，皆謂周及諸國之史記，故又言「因史記作春秋」，十二公。據魯，親周，故殷。又言讀史記至文公、召王，讀史記至楚復陳，此本當時公羊家謬說，以爲春秋之書乃夫子廣采諸書，約其文而爲之，非據魯史記。定十四年下辯之。此二條言口受，言多錄，其說可信，經義則口受於夫子，經文則遞相傳錄也。「錄」或作「繆」字，蓋誤。考諸董仲舒春秋繁露俞序篇有如閔子、子貢、子夏、曾子、子石、孔子弟子公孫龍也。公肩子、孔子弟子公肩定也。又疑當作「公扈子」，見公羊及說苑。世子、七十子之弟子世碩也。子池之倫，子池，未聞。皆以此經爲授受之業，但其義則徒有口說而無書，其有書亦但如穀梁子所引「傳曰」之類，實非專書，蓋至穀梁，始有專書矣。公羊作傳，

親周故殷，即新周故宋也。舊讀誤。

則當六國之亡，直至漢景帝時乃著竹帛，其初皆是口説相授，見何休注。又戴宏序云：「子夏傳與公羊高，高傳與其子平，平傳與其子地，地傳與其子敢，敢傳與其子壽。至漢景帝時，壽乃共弟子齊人胡毋子都著於竹帛。」文烝案：孔子七世孫曰子慎，當六國之亡。又四世至延年、安國，當漢景、武閒。自公羊高至壽，年數略同也。故其經字與左氏、穀梁異者，大率音同聲近之字。而傳文亦多齊言，或以語急而易他字，如以「得」爲「登」之屬。

史記儒林列傳云：「瑕丘江生爲穀梁春秋。自公孫弘得用，嘗集比其義，卒用董仲舒。」然則當時固非以瑕丘之學爲不如廣川也，以公孫氏力主之，上遂信之，天下莫敢言耳。董生自是醇儒，其説經自災異以外多合正理，惟一主公羊，故有失經本義者。揚雄法言以災異推董學，今所不取。

漢初，陸賈造新語十二篇，其第一篇道基之末引穀梁傳曰：「仁者以治親，義者以利尊，萬世不亂，仁義之所治也。」今傳中無此四語，蓋在漢志所稱穀梁外傳、穀梁章句中，而通謂之傳也。説苑、漢書、白虎通、後漢書注、大唐郊祀録所引有類此者，並詳補注。又第八篇至德之末論魯莊公事而曰「故春秋穀梁」云云，今自「梁」字以下皆缺，不知何語。觀陸生兩引穀梁，則此傳信爲周代書，并外傳、章句之屬，有非晚出者矣。

穀梁文章有二體，有詳而暢者，有簡而古者，要其辭清以淡，義該以貫，氣峻以厲，春秋謹嚴，穀梁峻厲，韓、柳二子確論。意婉以平，徵前典皆據正經，述古語特多精理，與論語、禮記最爲相似。論語述古語，如克復敬恕之類甚多，唯傳亦然。古書之不可考者多矣，如丹書敬義之訓，道經危微之言，非有大戴禮、荀子則無以知其書名。古人學問無方，豈專四術哉？至其解經之妙，或專釋，或通說，或備言相發，或省文相包，或一經而明衆義，或闡義至於無文，此乃程瑶田之論喪服傳所謂「端緒雖多，一綫不亂」。而凌曙以爲唯鄭氏能綜核不誤者也。若夫左氏得之品藻，失之浮誇；公羊得之於辯，失之於俗，具如舊說。揚雄、韓子、范序語。其解經不及穀梁，又無論矣。鄭君論三傳曰：「左氏善於禮，公羊善於讖，穀梁善於經。」案：左氏言禮未必盡當，圖讖起於哀、平，乃附合公羊家說爲之，鄭評二傳，竊所未安，唯「穀梁善經」一語則不可易。墨子曰：「夫辯者，將以明是非之分，審治亂之紀，明同異之處，察名實之理，處利害，決嫌疑焉。摹略萬物之然，王念孫謂「摹略」猶無慮。廣雅曰：「無慮，都凡也。」論求羣言之比，以名舉實，以辭抒意。」文烝爲此書，頗有志乎此數語，而要以「穀梁善經」一語爲準。

穀梁多特言君臣、父子、兄弟、夫婦，與夫貴禮賤兵，內夏外夷之旨，明春秋爲持世教之書也。家鉉翁謂三代下有國家者，所恃以扶綱常，植人極，皆春秋之大經大法而公、穀氏所傳，其實公與穀異。穀梁又往往以心志爲說，以人己爲說，桓、文之霸曰信、曰仁、曰忌，僖、文之於雨曰閔、曰喜、曰不憂，明春秋爲正人心之書也。持世教，易知也；正人心，未易知也。然而人事必本於人心，則謂春秋記人事即記人心可也。謂孟子亦欲正人心，直承上文成春秋可也。災異以人事統之，又所謂洚水警余者也。故春秋非心學，亦心學也，唯傳知之。愚至癸酉季夏而後悟之。

史之有論也，自左氏始也，述人言以評之，稱君子以斷之，即一家之書，而一時之人心見焉。霸之譎正，國之夷夏，弗論也，論强弱而已。侯王之等，臣主之分，弗論也，論曲直而已。堯、舜爲的，文、武爲首，周公爲翼，未之有也，徒有怪力亂神之論而已。士莫賢於叔肸，而惟美其後嗣之卿；女莫賢於伯姬，而乃謂之女而不婦；人心如此，何以説聖人正人心之書哉？記曰「春秋之失亂」，孟子曰「君子反經」，將去亂而反諸經，非穀梁惡乎可。

杜牧嘗言：「天儻不生夫子於中國，紛紜冥昧，百家鬭起，是己所是，非己所非。天子隨其時而宗之，誰敢非之？縱有非之者，欲何所依據而爲其辭？」至哉斯言！春秋之有穀梁傳亦猶是矣。夫春秋之爲事，非董狐、南史、左史、倚相、左丘明、司馬遷、班固之事也，乃欲以據事直書求之，或以網羅浩博，考核精審求之，不亦淺乎？春秋之爲道，非伯夷、伊尹、柳下惠之道也，況執後世儒生之見，哆口而議其義理，不亦偏且謬乎？故是己所是，非己所非，説愈多而愈無定，惟依據穀梁傳則皆有以斷之。或曰穀梁何以必可依據也？曰商子有言曰，先聖人爲書而傳之後世，必師受之，乃知所謂之名。不師受之，而人以其心意議之，至死不能知其名與其意。愚之宗穀梁，亦宗其師受而已矣。

漢書藝文志有左氏微二篇，又有鐸氏微三篇。注曰：「楚太傅鐸椒。」又有張氏微十篇，又有虞氏微傳二篇。注曰：「趙相虞卿。」史記十二諸侯年表云：「鐸椒爲楚威王傅，爲王不能盡觀春秋，采取成敗，卒四十章，爲鐸氏微。」釋文序録、左傳序、正義並引劉向別録云：「左丘明授曾申，申授吳起，起授其子期，期授楚人鐸椒。鐸椒作抄撮八卷授虞卿。虞卿作抄撮九卷授荀卿，穀梁去左氏不遠，作傳授荀卿，而左氏七傳而至荀卿，可疑也。趙匡以爲僞妄。荀卿授張蒼。」案：諸文或言微言、微傳，或言抄撮，其篇章卷數又不同，大概皆是左氏之學，記事之流，故太史公繼左氏春秋言之，而劉子政言其源出丘明也。說苑：「魏武侯問『元年』於吳子，吳子對曰：『言國君必謹始也。』〔一〕『謹始柰何？』曰：『正之。』『正之柰何？』曰：『明智』」。王應麟以爲此吳起學春秋之證。戰國策：「虞卿謂春申君曰：『臣聞之春秋，於安思危，危則慮安。』」此「春秋」二字吳師道疑涉下「王之春秋高」句而誤衍，惠棟以爲引左傳襄十一年魏絳語，非也。又年表云：「趙孝成王時，其相虞卿上采春秋，下觀近世，〔二〕亦著八篇，爲虞氏春秋。」虞卿列傳云曰：「節義稱號、揣摩、政謀，凡八篇。以刺譏國家得失。」案：此蓋即藝文志儒家之虞氏春秋十五篇，其書如今晏子春秋，與虞氏微、傳各爲一書也。

〔一〕「謹始」，說苑建本作「慎始」。「謹始」即「慎始」。

〔二〕「世」，史記十二諸侯年表作「勢」。

年表下文文言呂氏春秋，幷荀卿、孟子、公孫固、韓非各捃摭春秋以著書。至於張蒼曆譜五德，董仲舒推春秋義，皆附及耳。又疑太史公所云「爲王不能盡觀春秋，虞卿上采春秋」者，承上左丘明成左氏春秋言，兼指左傳，不專指夫子經文。戰國楚策孫子爲書謝春申君、韓非子姦劫弒臣篇並引楚王子圍、齊崔杼弒君事，與左傳大同，乃云「春秋記之」，策作「戒之」。是其證也。又當時通謂諸國史記爲春秋，如周春秋、燕春秋、宋春秋、齊春秋、晉春秋之類，揔爲百國春秋，墨子、汲冢瑣語。故晉語司馬侯言羊舌肸習於春秋，楚語申叔時言教之春秋。管子山權數篇：「春秋者，所以記成敗也。」法法篇：「春秋之記，臣有弒其君，子有弒其父者。」戰國東周策呂倉謂周文君：「春秋記臣弒君者以百數。」燕策奉陽君曰：「今臣逃而紛齊、趙，始可著於春秋。」望諸君報書：「臣聞賢明之君，功立而不廢，故著於春秋。」韓非子備內篇：「上古之傳言，春秋所記，犯法爲逆以成大姦者，未嘗不從尊貴之臣也。」此等皆是史記之通稱。唯魏策魏謂趙王言春秋罪虞公，內儲說上七術言春秋記實霜，外儲說右上子夏說春秋，略同說苑，此等則指夫子春秋，當分別觀之。史公所云，亦其比矣。左氏微、張氏微二書無可考，當亦鐸、虞之類。臧庸以張氏爲張蒼。自丘明以史說經，已有傳事不傳義之譏，此葉夢得語。朱子亦云「左氏史學，事詳而理差。」況其支流餘裔乎？

鄒氏、夾氏之書，藝文志列穀梁傳之後，其傳皆十一卷。據王吉傳「吉能爲鄒氏春秋」，「鄒」亦作「騶」。而吉上宣帝疏言：「春秋所以大一統者，六合同風，九州共貫也。」其說與公羊同，然則鄒之大體於公羊爲近，其時代或亦相近矣。志於夾氏傳注曰：「有録無書。」其下又曰：「鄒氏無師，夾氏未有書。」是知鄒氏書無傳其學者，故漢書中自王吉之外，絶無所聞。夾氏則但有口説，如景帝以前之公羊傳，未著竹帛。公羊卒著之，夾竟不著也。

范氏集解范氏名甯。案晉書，甯字武子，順陽縣人，爲豫章太守。集解者，范作注所題之名，因其父汪之說，博采諸家，并下己意。又取其長子泰、中子雍、小子凱、從弟邵之說，故曰集解。

鍾文烝詳補皆題「補曰」，以別於集解。其經下論左氏、公羊異字者，題「撰異曰」也。

元年春王正月。隱公之始年，周王之正月也。杜預曰：「凡人君即位，欲其體元以居正，故不言一年一月也。」【補曰】孔廣森曰：「古者諸侯，分土而守，分民而治，有不純臣之義，故各得紀元於其竟內。」孔氏「不純臣」之說，本五經異義公羊說及白虎通。其云「各得紀元」，又左傳義也。孔穎達引爾雅曰：「元，始也。正，長也。」文烝案：左傳曰「王周正月」，謂建子月也。月所以有建者，相承謂斗杓所指，據逸周書周月云：「是月斗柄建子，始昏，北指也。」但恒星右旋有歲差，虞夏與周已差一次，至今差二次，故祖沖之云：「月位稱建，諒以氣之所本，非謂斗指。」而戴震因據周髀北極璿機四游說之，顧觀光又考而明之，謂周髀者，繪圖之法也，其圖皆借象，非實數也。以黄赤二極聯爲一綫，於此綫上距北極五度，指一星以爲識，命曰北極。璿機一晝夜左旋一周，而過一度，恆以冬至夜半加子，春分夜半加卯，夏至夜半加午，秋分夜半加酉，十二月建之，名因之而起也。范注用杜預者最多，此以杜預曰「著於下」，其實上二句亦杜語。**雖無事，必舉正月，**【補曰】玉篇曰：「雖，詞兩設也。」疏曰：「此言無事，直據正月無即位之事，非是通一時無事。」文烝案：雜記曰「過而舉君之諱」，鄭君注曰：「舉，猶言也。」又史記載書湯誓「稱亂」爲「舉亂」，士相見、聘禮、檀弓注並曰：「稱，舉也。」則「舉」亦訓

「偁」矣。說文「再」字、爾雅「偁」字，皆訓「舉」。謹始也。謹君卽位之始。【補曰】於文無卽位之事，而當時實有其事，不可全没其實，故空書正月，以謹其始，卽十一年傳云「所以正隱」，是申足此義也。莊、閔、僖之元年，皆空書正月，皆以明其實卽位。定之元年，不空書正月，則知其實未卽位矣。不釋春者，月繫於時，史之常文也。夏正建寅，殷建丑，周建子，孔穎達謂「月改則春移」是也。不釋王者，亦史之常文，謂此建子之月乃周王之正月，無他義也。唯桓元年之書王，有謹始之義，與諸公不同，故彼傳明之也。公羊家及諸讖緯有五始之説，謂元也，春也，王也，正月也，公卽位也。此皆俗師增益，誇飾經義，不可援以説傳也。凡傳言謹者，皆謂詳其文以慎其事。凡傳專釋經之取義，如言謹，則明君子脩經取義於謹也。春秋之書，一言以蔽之，揚雄謂「説理莫辯者」是也。夫子言春秋以道義，言其義則丘竊取之，正是此意，故穀梁子釋經，專明義理，十一卷皆同。鄭君謂穀梁善於經，啖助謂穀梁意深，陸淳、孫覺、胡安國等謂穀梁最精密，葉夢得謂穀梁所得多。而李光地善承朱子之學，其論春秋家曰：「穀梁尤好，皆不易之言。」公何以不言卽位？據文公言卽位。【補曰】左氏賈逵、服虔注以爲隱、莊、閔、僖四公皆實卽位，孔子脩經，乃有不書。潁容亦以爲魯十二公國史盡書卽位也。凡傳多設疑問辭，自易文言傳已有此體。成公志也。成隱讓桓之志。【補曰】注豫探下爲説。志，意也。言成者，桓弑而讓事不成，特成之也。杜預謂諸公不行卽位之禮，劉敞極辯之。戴震曰「凡以不書卽位爲不行卽位之禮」者，非也。杜氏以爲雖不卽君位而亦改元朝廟，與民更始。夫正君臣之位，不可不有始。卽位者，正君位之始云爾。位者，命之天子，承之始封之君，非先君一人之位。雖先君不有其終，新君不可不有其始。不卽君位於改元之初，及其視朝，將不正朝位乎？苟繼故者視朝然後卽君位，亦豈得無深痛不忍之情？不廢改元朝廟，與民更始，而廢正百官，非義也。以桓之事考之，左氏言討寪氏有死者，是欲掩隱之見弑而不可，方詐爲自掩之計以治斯獄，使繼故不卽君位。處大變者，無敢或異，一行其禮，則爲忍於先君，桓何所快於行卽位之禮，而顯示國人以與聞乎弑哉？用是言之，春秋十二公皆行卽位之禮，魯史記皆書卽位也。君子脩春秋於隱不書者，終隱之身，自以爲攝，不忘先君之志，故書「春王正月」，以存其事。不書卽位，以表微。於莊、閔、僖不書者，繼故卽君位，經國之體，不可以已也。踐其位者，宜有深痛之情，異於繼正，故書「春王正月」，以存其事。不書卽位，以見其情。隱爲繼正之變文，莊、閔、僖爲繼故之正例。桓、宣亦是繼故，而書卽位。以莊、閔、僖之不書卽位者，比事類情，是爲忍於先君，是又繼故之變文也。春秋始乎隱，其事之值於變者三焉。諸侯無再娶之文，惠公失禮再娶，嘗立桓爲大子，然非隱所得而追議於先君也。上卿爲攝主，禮也，居上卿之位，攝行君之政，生不稱公，死不稱薨。隱嗣爵改元，非攝主比也。繼世之君，盡臣諸父兄弟，隱既立而猶奉桓爲大子，異於君臣之體者也。魯之禍，惠公啟之也。明乎嗣立卽位之義，君臣父子夫婦昆弟之間其盡矣乎？焉成之？【補曰】焉，安也。言君之不取爲公也。言隱意不取爲魯君也。公，君也。上言君，下言公，互辭。【補曰】明隱雖行卽位之禮，而意不取爲魯之公，如未嘗卽位也。君公雖是互辭，而「公」字是經書卽位之文，故必出於下。君之不取爲公何也？【補曰】據以下皆書公，何得有不取爲公之義？將以讓桓也。【補曰】將俟桓長讓之，自謂攝也。讓桓正乎？曰不正。隱長桓幼。【補曰】不正者，言君子之取義以爲不正也。問春秋以讓桓爲正乎？答言不以爲正也。下言「善則其不正焉何也」？加一「焉」字，意尤明也。十一年傳曰「隱十年無正，隱不自正也」，元年有「正」，所以正隱也，是卽春秋不正隱讓之微文也。正之訓是也，定也，直也，中也，善也。古讀皆平聲，如正月。隱讓所以爲不正者，下所云「成父之惡」，廢兄弟之倫，忘君父之命，以行小惠，其義多端，而兄弟之倫爲主，故注專以長幼言之。春秋成人之美，不成人之惡。【補曰】疏曰：「此云春秋成人之美，下云春秋貴義而不貴惠，顯言春秋者。上廣稱春秋之理以明之，下既以隱爲善，又惡其不正，恐人不信，故亦言春秋也。」隱不正而成之何也？將以惡桓也。不明讓者之善，則取者之惡不顯。【補曰】欲惡桓，故善隱，春秋懲惡而勸善也。其惡桓何也？隱將讓而桓弑之，則桓惡矣。【補曰】陸德明音義曰：「弑，又作『殺』。」説詳後四年。桓弑而隱讓，則隱善矣。【補曰】桓惡而隱善，故善隱以惡桓，申足上意。上言美下言善者，朱子所謂善者美之實也。善則其不正焉何也？據善無不正。春秋貴義而不貴惠，惠，謂私惠。信道而不信邪。信，申字，古今所共用。【補曰】鄭君士相見禮注曰：「古文『伸』作『信』。」儒行注曰：「信，讀如『屈伸』之『伸』，假借字也。」韋昭國語注曰：「信，古『申』字。」孝子揚父之美，不揚父之惡。先君之欲與桓，非正也，邪也。【補曰】與，予通。惠公以再娶仲子之故，嘗欲立桓爲世子。公羊稱諸侯不再娶，明再娶亦妾也。呂大圭曰：「仲子不得爲夫人，則桓不得爲適子，故曰非正也，邪也。」雖然，既勝其邪心以與隱矣。終歸之於隱，是以正道制邪心。【補曰】既，終也。毛詩傳曰：「既者，終其事。」鄉飲酒禮注：「既，卒也。」爾雅：「卒，既也。」義皆同。惠公終不敢以仲子爲夫人，故終不立桓爲世子，以隱是長庶，故以與隱。案左傳：隱母聲子，爲繼室，有謚。桓母仲子，雖再娶，無謚。是知桓母但有手文之祥，曰爲魯夫人，惠終不以爲夫人明矣。公羊不知惠欲與桓後終與隱，乃謂桓以母貴當立。諸大夫以隱長，權立隱，隱爲桓立，故欲反之桓。開卷之初，便失事實。左傳言隱立而奉桓言攝，亦不明言惠之終立隱而隱不宜爲攝，蓋由魯子孫皆桓之胤，史書不盡其辭，而左氏因之歟？己探先君之邪志而遂以與桓，【補曰】已，已隱也。爾雅曰：

「探，取也。」又曰：「試也。」則是成父之惡也。【補曰】成，卽揚也。兄弟，天倫也，兄先弟後，天之倫次。【補曰】兄弟兼適兄弟、庶兄弟言之。公羊稱諸侯壹聘九女，謂夫人八妾也。夫人之長子爲太子，太子死則立其母弟，是立適依兄弟之倫也。八妾所生子通以年長幼爲兄弟，無太子適子則立庶子最長者一人，是立庶亦依兄弟之倫也。惠公元妃孟子早卒，無太子適子，隱以長庶爲兄，宜立，桓爲弟，不宜立。周制天子諸侯立子之法，穀梁與左氏說同。以後四年傳、文十八年傳與此傳合觀之，略可見。又論之於彼二處。爲子受之父，爲諸侯受之君。隱爲世子，親受命於惠公，爲魯君，已受之於天王矣。【補曰】左傳桓稱大子，據始也。此言爲子，受之父，據終也。齊陽生正，荼不正，春秋不以陽生君荼，猶以荼受命同之正君，況隱乎？己廢天倫而忘君父，以行小惠，曰小道也。弟先於兄，是廢天倫。私以國讓，是忘君父。【補曰】小惠，非義也。小道，非道也，邪也。曰者，目經意。若隱者，可謂輕千乘之國，【補曰】千乘之國，大國也，古書皆以千乘目大國。千乘者，賦也。詩魯頌言魯制曰「公車千乘」，毛傳曰：「大國之賦千乘。」陳奐疏曰：「此賦兵之車數也。司馬法有二說：一說云九夫爲井，四井爲邑，四邑爲丘。丘，十六井，有戎馬一匹，牛三頭，是曰匹馬丘牛。四丘爲甸。甸，六十四井，出長轂一乘，馬四匹，牛十二頭，甲士三人，步卒七十二人，戈楯具備，謂之乘馬。〔一〕一說云六尺爲步，步百爲畝，畝百爲夫，夫三爲屋，屋三爲井，井十爲通。通爲匹馬，三十家，士一人，徒二人。通十爲成，成百井，三百家，革車一乘，士十人，徒二十人。十成爲終，終千井，三千家，革車十乘，士百人，徒二百人。十終爲同，同方百里，萬井，三萬家，革車百乘，士千人，徒二千人。」案：前一說甸出一乘，因是而推四甸爲縣，出四乘，四縣

〔一〕「戈楯具備，是謂乘馬」，漢書刑法志作「干戈備具，是謂乘馬之法」。

爲都，出十六乘。後一說成出一乘，終出十乘，同出百乘，與漢書刑法志同。井、邑、丘、甸、縣、都出賦法，通、成、終、同出軍法，說者混爲一制，非也。千乘亦有二說：一說以一乘七十五人計之，千乘有七萬五千人。一說以一乘三十人計之，千乘有三萬人。出軍之千乘與出賦之千乘本自不同，楚語「國馬足以行軍，公馬足以稱賦」，明不同也。文烝案：包咸論語注曰：「方里爲井，十井爲乘，百里之國，適千乘也」。何休公羊注亦曰：「十井共出兵車一乘，公侯封方百里 凡千乘，伯四百九十乘，子男二百五十乘。」其說又異。又詩言「公徒三萬」，鄭君箋以三萬爲三軍，鄭志答臨碩以爲二軍，鄭志是也。說見襄十一年。許慎五經異義曰：「公車千乘，謂大總計地出軍也；公徒三萬，謂鄉遂兵數也。」蹈道則未也。未履居正之道。【補曰】二句又申小道義也。疏曰：「伯夷、叔齊及太伯等讓國，史傳所善。今隱讓國而云小道者，伯夷爲世子，其父尚存，兄弟交讓而歸周。父沒之後，國人立其中子，可謂求仁而得仁，故以爲善。今隱公上奉天王之命，下承其父之託，百姓已歸，四鄰所與，苟探先君之邪心而陷父於不義，開篡弑之原，啟賊臣之路，卒使公子翬乘釁而動，自害其身，故謂之小道。至於太伯則越禮之高，以興周室，不可以常人難之。」文烝案：疏說是也。傳以「成志」之文著，而不正之文微，故詳言以明之。昔楚子發克蔡辭賞，荀卿子譏之曰：「反先王之道，亂楚國之法，抑卑其後世以爲私廉。」與傳論隱讓相似。師徒之說，可以互證。後來惟柳宗元論董安于能得荀卿之意。而傳所論者，君臣父子兄弟夫婦之義備焉，實夫子之遺意也。葉夢得曰：「三傳釋經各異，穀梁之言近實，惟能察事之實，所以能盡經之義。」家鉉翁曰：「此春秋垂世之法，穀梁子得之孔門高第，述之爲傳，千古一大條貫也。」又曰：「穀梁之義，無以加矣。」葉氏、家氏所見甚是。讓美則成之，惠小則不正之，此董仲舒所謂春秋常於其嫌得者見其不得。而史記世家云：「春秋約其文辭而指博。」司馬相如又以春秋義理繁茂，比之林藪，即開宗之章可見矣。抑愚因以見穀梁文章之工，隨輕重而曲直之，所謂甚峻而可以厲其氣者蓋如此。

三月，公及邾儀父盟于眛。邾，附庸之國。眛，魯地。【補曰】魯侯爵稱公者，白虎通曰：「臣子之義，心俱欲尊其君父，故皆令臣子得稱其君爲公也。」尚書曰：「公曰嗟，秦伯也。」詩云：「覃公惟私，覃子也。」禮大射經曰：「公則釋獲。」大射者，諸侯之禮，伯子男皆在也。孔穎達曰：「五等皆稱公，禮之常也。」汪克寬曰：「燕禮、大射儀、聘禮五等諸侯皆稱公，而公食大夫禮又以名篇，則謂君爲公，周之制也。」說又見僖五年注。曲禮曰：「涖牲曰盟。」傳曰：「盟，國之重也。」何休曰：「于者，於也。凡以事定地者加于例，以地定事者不加于例。」范注諸說地名皆本杜預。○【撰異曰】邾，公羊作「邾婁」，終春秋皆然。婁，力俱切。邾人語聲後曰婁，或曰齊人語。禮記檀弓同。國語、孟子諸書謂之鄒。眛，从目从午未之未。左氏作「蔑」。案：楚唐蔑亦作「唐眛」，與鄭皦蔑皆字明。說文：「蔑，勞目無精也。」「眛，目不明也。」二字蓋古通。眛，以午未之未爲聲，莫蓋切。別有「眜」字，以本末之末爲聲，莫達切，目不正也。非此字。王引之以廣韻校正說文，玉篇，考之詳矣。諸稱二家與此異字，皆據今本，并陸德明音義、陸淳纂例。其或與今不合，乃各出之。及者何？內爲志焉爾。內，謂魯也。【補曰】公羊、爾雅皆曰：「及，與也。」及者，期定於我，而彼來會我，我及之也，故曰內爲志，是魯主而外客也。用兵言及者亦然。何休曰：「焉爾，猶於是也。」儀，字也。父，猶傅也，男子之美稱也。傅，師傅。附庸之君未王命，例稱名，善其結信於魯，故以字配之。【補曰】注釋「傅」，非也。傅，讀爲夫。毛詩傳曰：「夫，傅相也。」鄭君郊特牲注曰：「夫或爲傅。」明夫、傅古通用。士冠禮記「章甫」，鄭以爲表明丈夫。又云：「甫或爲父。」古書甫、父亦通用。傳言「父猶傅」，猶曰「甫猶夫」。以其非本訓而義相近，故言猶耳。郊特牲曰：「夫也者，夫也。」夫爲男子美稱，故春秋時人名字多加父，名或加夫也。邾儀父，左傳曰「邾子克」也。案：周有王子克，字子儀，楚鬬克亦字子儀，宋桓魋之臣曰子儀克。盟會者，所以繼好息民，邾與魯最近，爲好於魯。春秋尤重之，故不言「邾克」，而言「邾儀父」，左傳所謂「貴之也」。注「附庸」三句，本杜預。其不言邾子何也？據莊十六年邾子卒稱邾子。邾之上古微，未爵命於周也。邾自此以上是附庸國。【補曰】左傳曰「未王命」，與此同。詩魯頌曰：「乃命魯公，俾侯于東，錫之山川，土田附庸。」不日，其盟渝也。日者，所以謹信，盟變，故不日，七年公伐邾是也。【補曰】爾雅曰：「渝，變也。」疏曰：「公盟皆日，故知非例不日。左氏惟大夫卒及日食以日月爲例，自餘皆否。此傳凡是書經皆有日月之例者，以日月相承，其事可悉。史官記事，必當具文，豈有大聖脩撰而或詳或略？故知無日者，仲尼略之，見褒貶耳。」文烝案：春秋無事猶空書時月，蓋本魯史舊文，豈有例當具日月者而史反遺之？後儒又以當日月而不日月者槩目爲史闕文，不知夫子所據策書，如「夏五」之屬者甚少。傳惟於「夏五」言以遠傳疑不可悉，援此例也。舊史有日，君子以後之渝盟追去日者，凡春秋之文，屬辭比事，前後相顧，彼此互明，斯乃大聖制作之義，非以爲史法也。必以不日見之者，隱之渝盟，遠在七年，不去盟日，無以顯之，與定三年盟拔同義，皆所以重盟約之信，貴邾、魯之好。桓十七年盟趡、哀二年盟句繹，則一二年間即背盟好，其爲惡事，昭然易知，故還依公大夫盟書日之常文，而其義自見，傳亦可不復發文也。眛，地名也。【補曰】公羊曰：「地期也。」疑此亦當爲「期」，涉後文「宿，邑名」而誤。

夏五月，鄭伯克段于鄢。段有徒衆，攻之，爲害必深，故謹而月之。鄢，鄭地。【補曰】舊史凡殺世子母弟皆月，君子改從時例。志者，蓋來告。說見後三年。○【撰異曰】陸淳春秋纂例曰：「『克』，公羊作『尅』。」案今公羊不作

「剋」。趙匡引汲冢紀年鄭莊公殺公子圣，說文：「圣，讀若兔，鹿窟。」克者何？能也。【補曰】爾雅同。何能也？能殺也。【補曰】訓殺，公羊同。爾雅曰：「剋，勝也。」又曰：「勝，殺，克也。」是亦同也。傳合能、殺二字以解「克」字。依說文别有从力之「勊」，古祇一字。何以不言殺？【補曰】據殺世子母弟皆言殺。見段之有徒衆也。言鄭伯能殺，則邦人不能殺矣。知段衆力彊盛，唯國君能殺之。【補曰】傳解「克」字，非解「鄭伯」字，注非也。傳言段有徒衆，變言「克」以見之，卽左傳「得儁曰克」之例，所謂「如二君，故曰克」者也。凡傳解經言見者，皆謂經文所該，使人望而可知，是所以見之。或言著者，亦見也。段，鄭伯弟也。何以知其爲弟也？【補曰】知，亦見也。周、秦之書多以知爲見。左傳曰「晉侯聞之而後喜」可知。吕氏春秋曰：「文侯不悦，知於顔色。」經文雖隱，皆有所見，問何以見之。殺世子母弟目君，以其目君知其爲弟也。母弟，同母弟也。目君，謂稱鄭伯。【補曰】目，見也，謂斥見之。何休訓如此，後皆同也。君殺大夫公子則直稱國，而不斥見君，故目君則明其爲世子母弟。不嫌段是世子者，非所嫌也。高澍然以爲大夫、公子對國言，弟、世子對君言，屬辭之審。段，弟也，而弗謂弟；公子也，而弗謂公子；貶之也。【補曰】何休曰：「貶，猶損也。」文烝案：凡言貶者，皆謂有所卑損，後儒泛以褒貶作美刺字解，非也。疏曰：「叔肸爲賢稱弟，則不賢去弟，乃是其常。而云『弗謂弟，貶之也』者，天王殺其弟佞夫，以無罪而稱弟。今段不稱公子，又不稱弟，故云貶之。又且相殺之例與尋常異，故知去弟者貶之也。」文烝案：傳解「弗謂弟」，又稱「弗謂公子」者，連類幷言之。段失子弟之道矣，【補曰】失道，故貶。賤段而甚鄭伯也。賤段，謂不稱公子公弟。甚鄭伯，謂目君也。【補曰】殺世子母弟以目君爲例者，皆是甚其惡，此亦從例。何甚乎鄭伯？甚鄭伯之處心積慮成於殺也。雍曰：「段恃寵驕恣，彊足當國。鄭伯不能防閑以禮，教訓以道，縱成其罪，終致大辟。處心積思，志欲殺弟。」【補曰】爾雅曰：「慮，謀也，思也。」墨子經曰：「慮，求也。」雍注取左傳譏失教爲說，理固如此，非傳意也，傳但據殺弟言之。處心積慮成於殺者，即上文能殺之謂，與殺佞夫言忍親、言甚之正同，譏失教之義自在其中矣。

于鄢，遠也，猶曰取之其母之懷中而殺之云爾，甚之也。段奔走，乃至于鄢，去已遠矣。鄭伯猶追殺之，何以異於探其母懷中赤子而殺之乎？君殺大夫例不地，甚鄭伯之殺弟，故謹其地。【補曰】又以謹地見甚也。

然則爲鄭伯者宜柰何？緩追逸賊，親親之道也。君親無將，將而必誅焉。此蓋臣子之道，所犯在己，故可以申兄弟之恩。【補曰】左傳周公作誓命曰：「毀則爲賊，掩賊爲藏。」注首二句本公羊他處文。案傳及公羊並以爲鄭伯殺段，左傳曰：「段入于鄢，公伐諸鄢。五月辛丑，大叔出奔共。」又曰：「不言出奔，難之也。」杜預謂「段實出奔而以克爲文，明鄭伯志在於殺，難言其奔」。杜意克亦是殺，而事實是奔。劉敞則以爲實見殺，左氏誤也。今考左傳五月之文在伐諸鄢之下，與經似不合。

秋七月，天王使宰咺來歸惠公、仲子之賵。宰，官。咺，名。仲，字。子，宋姓也。婦人以姓配字，明不忘本，因示不適同姓也。妾子爲君，賵當稱謚，成風是也。仲子乃孝公時卒，故不稱謚。平王新有幽王之亂，遷於成周，欲崇禮諸侯。仲子早卒，無由追賵，故因惠公之喪而來賵之。賵例時，書月，以謹其晚。【補曰】天王義在莊三年傳。注首二句，公羊、杜預語。公羊又曰：「曷爲以官氏？宰士也。」何休曰：「天子上士以名氏通，中士以官録，下士略稱人。」孔廣森曰：「周禮冢宰之屬，宰夫下大夫四人，上士八人，中士十有六人，旅下士三十有二人。左傳載晉聘周之辭曰：『歸時事于宰旅。』然則下士稱宰旅，中士、上士稱宰士也。」文烝案：孔說得之。服虔說左氏以爲宰夫，而孔穎達引宰夫職曰

「凡邦之弔事，掌其戒令，與其幣器財用」，以爲既掌弔事，或卽充使，其說甚核。但服、孔依左傳以爲咺貶稱名本當稱字，則必以下大夫四人當之，不可通於宰士之說，非也。凡王臣不繫官，繫官者唯宰。宰者，謂大宰，卿也。小宰，中大夫也。宰夫，下大夫也，上士也，中士也。說見僖九年。何氏謂上士以名氏通，不知宰夫之上士亦稱官也。謂中士以官錄，不知中士非屬宰夫者亦稱氏也。唯謂下士略稱人，當依用之，蓋宰旅亦同矣。惠公，史記名弗湟，孝公稱子也。仲子繫惠公，猶成風繫僖公，非夫人之辭也。直言仲子、成風，則夫人之辭也。成風違禮有謚，故稱謚；仲子無謚，故稱字。注言賵皆當稱謚，非也。「仲字子姓」五句，本何休，「平王新有」六句，本鄭君釋廢疾，見雜記正義。鄭意謂經原其情，故不如文五年之榮叔不言來耳。傳例來者，接公之辭，言之者緩辭。爾雅曰：「之，間也。」杜預曰：「歸者，不反之辭。」何休曰：「言歸者，與使有之辭，天地所生，非一家之有，有無當相通。」文烝案：舊史歸賵之屬皆月，君子或略之。母以子氏。妾不得體君，故以子爲氏。仲子者何？惠公之母，孝公之妾也。【補曰】明以惠公氏也。左氏、公羊皆以仲子爲桓公母，謂兼歸二賵。今穀梁獨異者，疏曰：「文九年，秦人來歸僖公、成風之襚。彼不先書成風，明母以子氏，直歸成風襚而已。成風既是僖母，此文正與彼同，知是惠公母也。鄭釋廢疾亦云：『若仲子是桓之母，桓未爲君，則是惠公之妾。天王何以賵之？則惠公之母亦爲仲子也。』鄭云亦爲仲子者，以左氏、公羊言仲子桓母故也。然則魯女得並稱伯姬、叔姬，宋女何爲不得並稱仲子也？」文烝案：疏申鄭確矣。左氏、公羊但知桓母爲仲子，而桓母仲子不見經者也。桓母不知沒於何時，卽沒於桓時，而當時猶未敢立妾母爲夫人，史不得書薨、書卒、書葬，故經無文也。自成風以前，妾母無爲夫人者，故隱母聲子、桓母仲子、閔母叔姜卒葬皆不見經也。隱於妾祖母，則考宮以尊之，彼三母者又無追尊之事焉。疏引歸襚爲證，公羊於彼亦誤以爲兼二襚。禮賵人之母則可，賵人之妾則不可，君子以其可辭受之。【補曰】不知天王爲是賵人母邪？賵人妾邪？君子受之，謂是賵我惠公之仲子，從其可辭也。昔孟子受宋、薛之餽金，於宋將有遠行，而辭曰餽贐，於薛有戒心，而辭曰爲兵餽，皆以可受而受，此能以春秋決事者矣。凡言君子者，謂脩春秋之君子也。孔門或稱師爲君子，故論語曰：「君子不以紺緅飾，君子溫而厲也。」易、詩、書、儀禮屢言君子，蓋伊尹所謂君國子民，是其本義。而孔子對哀公言君子者，人之成名，又其轉義也。凡傳解經多言辭，經之取義皆以辭見，故此曰「可辭」、二年曰「專行之辭」、三年曰「內辭」、「外辭」，此類不可悉數。知其辭則知其義，乃讀經之要法，實脩經之本旨也。「辭」之正字作「詞」，依説文當作「詈」。詈者，意內而言外也。其志，【補曰】志，記也。凡傳言「其志」者，猶公羊言「何以書」。何休曰：「諸言何以書者，問主書。」不及事也。常事不書。【補曰】荀子曰：「吉行五十，奔喪百里，賵贈及事，禮之大也。」此不及事，故志。不及事者，鄭云「仲子早卒」，范云「仲子乃孝公時卒」是也。鄭、范特以傳云「不及事」意之耳。惠立凡四十六年，或卒在惠之世，亦未可知矣。時因惠公之喪賵仲子，必賵惠公可知。此年無葬惠公文，左傳謂十月庚申改葬，又以賵惠公爲緩。杜預以爲惠公葬在春秋前，明惠公之賵亦不及事。傳必以爲一賵非二賵者，賵諸侯自是恆事，例所不志，及事與否，非所論也。若然，賵諸侯雖不及事不志，賵諸侯之妾母雖及事亦志，傳以妾母之義易明，不及事之義未著，故就一邊言之也。注言「常事不書」是也，但以及事爲「常事」非也。「常事不書」，本公羊語，依傳則當言「恆事不志」。傳言「恆」，公羊言「常」，傳言「志」，公羊言「書」，以「恆」爲「常」者，避漢諱也。公羊於田狩祭祀兩言「常事不書」，此史例本爲恆事，而經因之也。傳於公出親迎言「恆事不志」，此經改從恆事之例。而傳特言之，以包其餘也。田狩祭祀之屬爲恆事，全不志者也，公出親迎之屬爲恆事，雖志而略其文，猶不志也。推校全經，一一可見。賵者何也？乘馬曰賵，衣衾曰襚，貝玉曰含，錢財曰賻。四馬曰乘。含，口實。【補曰】四馬者，謂大夫以上至天子也。士不備四，士喪禮下篇「公賵、玄纁、束馬兩」是也。公羊曰「車馬曰賵」，荀子作「輿馬」。孔廣森引雜記「諸侯相賵以乘黃大輅」，明亦得有車也。衣者，兼裳爲言。衾，被也。士喪禮：「小斂，絞、衾、祭服、散衣凡十九稱。大斂，絞、紟、衾二、君襚、祭服、散衣、庶襚凡三十稱。」喪大記以爲大夫五十稱，君百稱，襚之多少，無以言之。貝，水物，古者以爲貨。玉者，蓋璧也。飯以貝，含以玉，通言之皆曰含。雜記：「天子飯九貝，諸侯七，大夫五，士三。」此所謂飯用米貝。傳不言米者，米非所歸也。周禮天子不飯貝而有飯玉，鄭君曰「碎玉以雜米」。白虎通則云：「天子飯以玉，諸侯以珠，大夫以碧，士以貝也。」周禮有「含玉」，鄭君謂柱左右䫙及在口中者。雜記：「諸侯相含，執璧將命。」左傳陳子行使其徒具含玉，又聲伯夢食瓊瑰爲含象，則大夫含兼珠玉矣。錢者，金幣之名，以銅爲之，所以貿買物，通財用，故曰錢財。先儒說泉布以爲藏曰泉，行曰布。泉、錢古今字。但據周禮「泉府」鄭衆注云「故書泉或作錢」，則疑錢爲正字，泉爲假借字。非取水泉義也。何休曰：「賵，猶覆也。襚，猶遺也。賻，猶助也。」案：四句通釋經例。荀子書略同，又云「玩好曰贈」，又云「賻賵所以佐生也，贈襚所以送死也」。

九月，及宋人盟于宿。及者何？內卑者也。宋人，外卑者也。卑者，謂非卿大夫也。【補曰】韋昭國語注曰：「卑，微也。」左氏劉歆、賈逵說。春秋之序，三命以上乃書於經，潁容以爲再命稱人；至劉敞則謂三命以名氏通，再命名之，一命略稱人。案：此皆無以言之，凡非大夫皆曰卑者。大夫卽卿，命大夫卽命卿，全傳所同。注並言卿大夫，非也。此傳解「及」兼爲内諸直書事者發例，解「宋人」兼爲列國盟會言人者發例也。列國皆有大夫，非大夫則稱人，稱人則知是卑者，此其常文。猶内之直書其事，諸小國本無大夫，雖大夫亦稱人，亦是卑之。楚之先無君無大夫，不論君臣，其常文皆稱人。戎、狄、吳、淮夷不論君臣，其常文皆無人。卑者之盟不日。凡非卿大夫盟，信之與不，例不日。【補曰】略之也。傳發通例。宿，邑名也。【補曰】此「宿」非國，故辯之。左傳後七年「宋、鄭盟于宿」，當是宿國耳。

冬十有二月，祭伯來。【補曰】何休曰：「月者，爲下卒也。」例見下四年注。案：來朝時者，經例也，史例皆月。何休又曰：「十言有二者，起十下復有二，非十中之二。」杜預釋例説有年、有鸜鵒之等，以十有一年、十有一月爲比。然則「有」與「又」異。○【撰異曰】祭，邑字，汲冢穆天子傳、説文皆作「䣝」。來者，來朝也。【補曰】以不稱使而言來，知是來朝。其弗謂朝何也？寰内諸侯，天子畿内大夫有采地，謂之寰内諸侯。【補曰】文選注引尹更始曰：「天子以千里爲寰。」寰，古「縣」字。爾雅曰：「侯，君也。」王官各君其采地，故亦稱諸侯。雖爲諸侯，不全爲國，故書曰「百里采，二百里男邦」，明采無邦名，散文或通言耳。左傳周公之胤有祭有凡，文之昭有毛、聃、原，皆采地之名。聃即九年之南。傳曰南氏姓也，則凡采皆氏也。孟子曰：「天子之卿受地視侯，大夫受地視伯，元士受地視子男。」王制曰：「天子之三公之田視公侯，卿視伯，大夫視子男，元士視附庸。」此言采地之制。禮運曰：「大夫有采，以處其子孫。」或云采取其邑之租税，不得有其土地人民。或云采，官也，因官食地，故曰采。或訓爲供王事，或訓種菜。前二説近是。國語晉文公屬百官大夫食邑，士食田，官宰食加。周禮有賞田，有加田，有士田。士田卽孟子、王制之圭田，三者又皆在采地外。總之，天子之上士以上皆有采地，春秋稱氏者皆以采氏矣。九年傳曰「季，字也」，則伯、叔皆字也。定十四年傳例曰「天子之大夫不名」，明自下大夫以上皆不名，與書卒者異例。但公羊以渠伯糾爲下大夫，則凡直稱伯、叔、季者當是上中大夫。此祭伯蓋上大夫。祭氏前有祭公謀父，後又有祭公，皆爲三公，則此來朝者當爲卿，卽是上大夫也。經又有稱父、稱子者，穀梁、公羊無明文，以意測之，稱子者上大夫，稱父者通上、中歟？非有天子之命，不得出會諸侯，【補曰】言會以包朝聘。不正其外交，故弗與朝也。【補曰】與，許也。後皆同。使人聘則不與使，自來朝則弗與朝，皆同意也。春秋之義，主於撥亂反正，凡傳或言不正其云云，或言非正也，皆以明君子取義所在，與讓桓不正同。聘弓鍭矢不出竟場，束脩之肉不行竟中，有至尊者，不貳之也。聘遺所以結二國之好，將彼我之意。臣當稟命於君，無私朝聘之道。【補曰】疏曰：「麋信云：『聘，問也。古者以弓矢相聘問。』」文烝案：若鄢陵之戰，楚子使工尹襄問郤至以弓，衛出公自城鉏使以弓問子贛是也。爾雅曰：「金鏃翦羽謂之鍭。」孫炎曰：「金鏑斷羽使前重也。」考工記曰：「鍭矢參分，一在前，二在後。」毛詩傳曰：「鍭矢參亭。」方言曰：「關西曰箭，江淮謂之鍭。」又曰：「凡箭鏃廣長而薄鐮謂之錍。」郭璞謂鍭卽今之錍箭也。竟場者，疏曰：「竟是疆界之名，至此易主，故謂之疆場。」文烝案：詩曰「疆場翼翼」，毛傳：「場，畔也。」廣雅：「疆場，限畔界也。」孔穎達謂田之疆畔。至此易主，名之爲場，義與此同。古祇作「易」字，故周易陸續本「喪羊于場」，諸家皆作「易」也。周禮鄭衆注、説文皆曰：「脩，脯也。」鄭君注曰：「薄析曰脯，捶之而施薑桂曰鍛脩。」又曰：「脩鍛，脯也。」脩與脯，析言則異，統言則同也。每一脯爲一膱，鄉射記曰：「膱長尺二寸，一膱謂之一挺，亦曰一朐。」束者十挺也，凡物十曰束。不行，猶不出，易字以便句耳。檀弓曰：「古之大夫，束脩之問不出竟。」王引之曰：「玉篇：『貳，並也。』左傳注：『貳，敵也。』天子聘遺諸侯，天子之臣亦聘遺諸侯，則是與天子相比並，相敵耦，故謂之貳。人臣不敢並於至尊，故無外交，故曰有至尊者不貳之也。」郊特牲曰：「大夫執圭而使，所以申信也；不敢私覿，所以致敬也。而庭實私覿，何爲乎諸侯之庭？爲人臣者無外交，不敢貳君也。」正與此同義。范注、楊疏以不稟命自專爲貳，禮記正義又解爲二心，皆非其訓。文烝案：聘遺器物，比並至尊，卽專命之事也。六句申言不得外交之義，兼王臣及諸侯臣言。

公子益師卒。【補曰】孝公子衆父也。何休曰：「公子者，氏也，諸侯之子稱公子，公子之子稱公孫。」案：此不去氏，義在後五年傳。大夫日卒，正也；君之卿佐，是謂股肱，股肱或虧，何痛如之？故録其卒日以紀恩。【補曰】許桂林曰：「正者，言常理也，常例也。」文烝案：大夫日卒，諸侯日卒，傳皆曰正也。又曰「葬時正也」，「日弒正卒也」，「子卒日正也」。又他釋經每曰正也，並悉同解，而其事各異。注前四句，左傳晉屠蒯語。不日卒，惡也。罪故略之。【補曰】疏曰：「益師之惡，經傳無文，蓋春秋前有其事。麋信云：『益師不能防微杜漸，使桓弒隱。若益師能以正道輔隱，則君無推國之意，桓無篡弒之情，所言亦無案據也。』」文烝案：此傳發通例也，凡大夫書卒者，公家皆有恩禮施焉，而後史書於策。晉荀盈卒未葬，平公飲酒作樂而屠蒯譎諫，知當時卿佐之喪，君爲之變，有常禮矣。至君子脩經，以日不日分別見義，仍其舊而存日者爲正，變其例而去日者爲惡，而正與正、惡與惡又各有別，則又有賢之、疏之之文。或并没其卒，皆據舊史而加損之。若柔、溺、單伯之不卒，則史所本無也。

二年春，凡年首月承於時，時承於年，文體相接，春秋因書王以配之，所以見王者上奉時承天，而下統正萬國之義。然春秋記事，有例時者，若事在時例則時而不月，月繼事末則月而不書王，書王必皆上承春而下屬於月，表年始事，文莫之先，所以致恭而不黷者，他皆放此，唯桓有月無王以見不奉王法爾。公會戎于潛。南蠻北狄，東夷西戎，皆氐羌之別種。潛，魯地。會例時。【補曰】曲禮曰：「諸侯相見於郤地曰會。」左傳曰：「會以訓上下之則，制財用之節。」戎直以號舉者，啖助曰：「凡戎狄舉號，君臣同辭。」注「南蠻」二句本杜預。杜元文曰：「戎狄夷蠻，皆氐羌之別種也，皆謂居中國，若戎子駒支者。」杜此言甚當。凡春秋之戎狄夷蠻，皆在禹貢職方九州之内，非爾雅所云「九夷八狄七戎六蠻謂之四海」者也。八荒之内爲四海，四海之内爲九州五服。胡渭説禹貢曰：「古所謂中國者，甸侯綏三服之地，所謂四夷者，要荒二服之地，皆九州之内也。所謂四海者，九州之外，東夷西戎，南蠻北狄，王者所不治也。」胡説是也。舊史會皆具月。○【撰異曰】陸淳纂例曰：「『潛』，公羊作『岑』。」案：今公羊不作「岑」。書禹貢「沱潛」、毛詩「養魚之潛」，史記、韓詩皆作「涔」。

會者，外爲主焉爾。【補曰】會者，期定於彼而我往會彼，故曰外爲主，是魯客而外主也。凡會而復盟者，如公及邾儀父盟于眛及宋人盟于宿，此類皆内爲志也。若後文公會齊侯盟于艾之屬，則外爲主也。會而不盟者，此潛之屬，皆外爲主。若是内爲志，文不得稱及以會，其書之，則曰衛侯會公于沓，鄭伯會公于棐，邾子來會公。傳發内爲志外爲主之例，則用兵從例可知，故四年伐鄭、十一年入許皆不發傳。知者慮，察安審危。【補曰】疏曰：「謂卿爲司徒，主教民察民之安危也。」義者行，臨事能斷。【補曰】疏曰：「謂卿爲司馬，司馬主斷制也。」仁者守，衆之所歸，守必堅固。【補曰】疏曰：「謂卿爲司空，司空主守也。」文烝案：慮、行，皆言出竟也；守言守國也。大戴禮虞戴德、荀子書並云：「諸侯相見，卿爲介，以其教士畢行，使仁守。」又白虎通曰：「王者出，一公以其屬守，二公以其屬從。」毛詩傳曰：「使文武之臣征伐，與孝友之臣處内。」謂尹吉甫、張仲也。○仁者守之爲守國，猶論語「仁能守之，莊以涖之」，謂守官涖官也。易繫辭傳「何以守位曰仁」，語意亦同矣。穀梁子諸言仁者，皆朱子所謂愛之理也。仁較深於愛，如言仁妻愛子，仁民愛物皆是。若以心之德言，則如左傳仲尼曰：「古也有志：克己復禮，仁也。」晉臼季曰：「臣聞之，出門如賓，承事如祭，仁之則也。」管子書管仲曰：「語曰：非其所欲，勿施於人，仁也。」此類乃衆善之大名，不可槩論。有此三者然後可以出會。【補曰】言國有此三者之臣，或從君出，或留居國，然後君可會諸侯。春秋盟會雖多，三者得人則尠。傳蓋引古書成文，通爲凡會言其正法，乃春秋文外之意。會戎，危公也。無此三者，不可以會，而況會戎乎？【補曰】注非也。此與上五句文意不相屬，乃專解經志會戎意也。以華會戎，事有可危，史有其文，君子取其義也。注誤連上爲説，疏申之曰：「人君之行，二卿從，一卿守，然後可會中國之君。桓公無三臣之策而出會齊侯，身死於外，故後桓十八年重起例，明其不可，是以此注云『無此三臣，不可以會，而況會戎乎』，兼爲桓公生此意。」楊氏説亦明暢，其實非傳意也。又曰：「此既危公而不月者，徐邈云：會戎雖危，有三臣之助，不至於難，故不月也。」文烝案：范注既誤以無三臣爲危，徐尤失之。戎而言會，卽爲危矣，不須復加月。

夏五月，莒人入向。入例時，惡甚則日，次惡則月，他皆放此。【補曰】左傳例曰「弗地曰入」。公羊曰：「入者何？得而不居也。」稱人者，小國無師無大夫，非君將，則以稱人爲常，皆從微者之文，皆是微之，與下鄭人略有異也。舊史入皆具月日。入者，內弗受也。入無小大，苟不以罪，則義皆不可受。【補曰】傳謂凡稱入者是內弗受之辭，注非也。言入則不以罪明矣。向，我邑也。自魯而言，故曰我也。【補曰】左傳以此爲向國。杜預據漢志云：「沛國向縣，古向國。」謂卽譙國龍亢縣東南之向城，於今爲鳳陽府之懷遠縣地。而莒爲今沂州府之莒州，相距且千里。蕞爾之邦，懸師遠入，事必不然。顧炎武引于欽齊乘説以爲沂州西南一百里之向城鎮，卽後篇城向、盟向、取向之向，於今爲莒州地是矣。吕大圭曰：「讀春秋之法，經之所有則從經。」文烝案：諸伐内邑，直言伐我某鄙，常文也。言伐某鄙，又言圍郈、圍成，變文也。直言入向，尤變文也。其説見下。舊史當先言伐某鄙，後言入向。

無侅帥師入極。二千五百人爲師。【補曰】無侅，公子展之孫。師者，衆之通名，言師猶言軍，如後世之言兵也。范泥周禮人數，非也，説見襄十一年。此事蒙上月。○【撰異曰】侅，左氏、公羊作「駭」，後同。奇侅非常，與「駭」聲義皆同也。帥，公羊作「率」，終春秋皆然。公羊於「帥師」字本皆作「率師」，而唐石經公羊此作「帥」，僖十五年作「率」，以後「率」、「帥」錯出，皆由轉寫亂之。入者，内弗受也。極，國也。諱滅同姓，故變滅言入。傳例曰：「滅國有三術，中國日，卑國月，夷狄時，極蓋卑國也。」内，謂所入之國，非獨魯也。【補曰】疏曰：「内弗受復言之者，恐内外不同，故兩發以同之。」文烝案：内滅皆諱言取，此言入者，蓋欲與入向連文，説見下。公羊入、取並爲諱。孔廣森以爲易曰取，難曰入。孔意以「帥師」爲文，則不得但言取，頗得其辭，未盡其義也。入向爲邑，入極則爲國，故傳特備文。賈逵説左氏以極爲戎邑，非也。舊史凡滅皆具日。苟焉以入人爲志者，人亦入之矣。【補曰】此合上入向言之，我欲入極，則人亦入我向矣。事在而志著，全經推見至隱之教也。志動而機應，此經屬辭比事之旨也。凡外來伐者皆言伐我某鄙，今特變言入向，以顯茲義。然則入極變取言入，實爲此歟？春秋亂世，日尋干戈，受師出師，内事先見，若同常文，無以寄義，故因連文書入。蓋曰天道好還，貪兵必死，己所不欲，勿施於人，乃治國之要道，開篇設戒，餘從同矣。春秋以一心正萬心，傳諸解經曰探邪志，曰處心積慮，曰以入人爲志，此類皆卓絕於左氏、公羊之外。吕祖謙曰：「史，心史也。記，心記也。」不稱氏者，滅同姓，貶也。【補曰】公羊曰：「無駭者何？展無駭也。」考左傳，無駭死而後命爲展氏，則史本書無侅，不書展無侅。但君子脩經，大夫例稱氏。左傳無駭之官，司空也，當追氏之，使經例前後畫一。今不追氏，是知爲滅同姓貶之，抑或左氏命族之文不可依用矣。後漢書李固曰：「春秋褒儀父以開義路，貶無駭以閉利門。」案：貶無侅即所以譏公也，不從隱不爵大夫去氏者，後卒從例，則此處稱氏，無所嫌也。滅同姓爲伐本，說具僖二十五年。

秋八月庚辰，公及戎盟于唐。傳例曰：「及者，內爲志焉爾。唐，魯地。」【補曰】唐，蓋即下五年之「棠」，此與上會非一事也。上是外爲主，會而不盟，此是內爲志，會而復盟，與桓元年盟越同。又論之於彼。

九月，紀履緰來逆女。不親逆則例月，重録之，親迎則例時。【補曰】爾雅曰：「逆，迎也。」注本何休。○【撰異曰】履緰，左氏作「裂繻」。陸淳曰：「誤也。」逆女，親者也。親者，謂自逆之也。【補曰】何休曰：「禮所以必親迎者，所以示男先女也。於廟者，告本也。夏后氏逆於庭，殷人逆於堂，周人逆於户。」徐彦曰：「即書傳『夏后氏逆於廟庭』云云是也。」文烝案：亦即詩齊風之俟著、俟庭、俟堂，蓋齊、魯、韓三家義也。著，即「户」，三家作「户」。使大夫，非正也。【補曰】非正，故志之，微者則不志。諸侯來親迎亦志，內出親迎則削，史文不志，皆常例也。以國氏者，爲其來交接於我，故君子進之也。傳例曰：「當國以國氏，卑者以國氏，進大夫以國氏，國氏雖同而義各有當。公子公孫纂君代位，故去其氏族、國氏，以表其無禮，齊無知之徒是也。若庶姓微臣，雖爲大夫，不得爵命，無代位之嫌。既不書其氏族，當知某國之臣，故國氏以別之，宋萬之倫是也。履緰以名繫國，著其奉國重命，來爲君逆，得接公行禮，故以國氏重之。成九年宋不書逆女，以其逆者微，今書履緰亦足知其非卑者。公羊傳曰：「春秋貴賤不嫌同號，美惡不嫌同辭。」左氏舍族之例，或厭以尊君，或貶以著罪。此傳隱公去卽位以明讓，莊公去卽位以表繼弑，文同而義異者甚衆，故不可以一方求之。【補曰】交接於我者，謂交接公也。注論國氏之例，非傳意也。傳言爲其來交接於公，故進之言紀履緰，明從小國無大夫例也。小國無大夫者，雖是大夫，皆直稱人，與列國卑者同例。若有不可不目言者則不氏，而直以國氏，亦與列國卑者同例。履緰之進，所謂不可不目言者也。傳唯於曹、莒言其無大夫，以曹、莒之列盟會，次於許，長於邾、滕以下。言曹、莒則諸小國該之，故何休言紀無大夫，最爲得旨。而范乃以宋例紀，謂履緰非卑者，誤矣。在紀則履緰非卑者，故書之，在春秋則履緰亦卑也，故書之而以國氏。

冬十月，伯姬歸于紀。伯姬，魯女。【補曰】公羊、杜預語也。何休曰：「不稱公子者，婦人外成，不得獨繫父母。」文烝案：女子許嫁則稱字，見僖九年傳。凡女子不以名行，若曰與女箇璧，則紀述之辭也，曰君之妾棄，則謙抑之辭也，曰請使重見，則親昵之辭也。何休又曰：「書者，父母恩録之也。禮，男之將取，三日不舉樂，思嗣親也。女之將嫁，三夜不息燭，思相離也。內女歸例月，恩録之。」禮，婦人謂嫁曰歸，反曰來歸。嫁而曰歸，明外屬也。反曰來歸，明從外至。反，謂爲夫家所遣。【補曰】左傳出曰來歸，公羊大歸曰來歸。從人者也。【補曰】從者，從其教令，謂從夫也，從夫故稱歸。婦人在家制於父，既嫁制於夫，夫死從長子，婦人不專行，必有從也。【補曰】此承上備言之也。制於父，制於夫，亦從也。喪服傳、郊特牲、大戴禮本命、劉向列女鄒孟軻母、魯之母師、齊杞梁妻傳，皆略同。伯姬歸于紀，此其如專行之辭何也？曰非專行也，吾伯姬歸于紀，故志之也。【補曰】疏曰：「糜信云：『不稱使者，似若專行也。』謂決魯夫人至幷稱逆者。此直云『伯姬歸』，故問之下云『吾伯姬歸，故志之也』，明佗逆者不足録，故與內夫人至異也。」其不言使何也？怪不言使履緰來逆女。逆之道微，無足道焉爾。言君不親迎而大夫來逆，故曰微也。既失其大，不復稍明其細，故不言使履緰也。【補曰】逆女本無使道，使則逆之道微矣，故不足道。此道，言也，稱也。趙汸曰：「納幣使人，禮也，逆女使人，非禮也。非禮者，禮無其文，禮無其文而稱使，是制禮也。」

紀子伯、莒子盟于密。密，莒地。【補曰】不日例在後八年傳。○【撰異曰】伯，左氏作「帛」，杜預以爲裂繻字。案趙匡引汲冢紀年同，此左氏謬而竹書因之也。趙氏曰：「左傳云『魯故也』，竹書自是晉史，亦依此文而書，何哉？明不足據。」或曰紀子伯、莒子而與之盟，紀子以莒子爲伯，而與之盟。伯，長也。【補曰】注「伯，長」，爾雅文。古有東西二伯，春秋時曰王官伯，曰侯伯。又一州之長爲牧，亦曰伯，卽方伯也。或曰年同爵同，故紀子以伯先也。年爵雖同，紀子自以爲伯而先。【補曰】此兩「或曰」與下八年異，師並疑之，傳亦並載之，非以前說爲較長也。傳於師所授，無疑信皆存。

十有二月乙卯，夫人子氏薨。夫人薨例日。夫人曰薨，從夫稱。【補曰】論語曰：「邦君之妻，君稱之曰夫人，邦人稱之曰君夫人。」何休曰：「夫人以姓配號，義與仲子同。」傳曰：「言夫人必以其氏姓。」何休又曰：「日者，恩録之，公夫人皆同例也。」夫人薨不地。夫人無出竟之事，薨有常處。【補曰】常處者，小寢也。說見莊三十二年。夫人者，隱之妻也。【補曰】隱稱公，故妻稱夫人。隱雖將讓桓，猶在君位，妻之喪或降禮，亦從正書之。疏曰：「左氏以爲桓母仲子。桓未爲君，其母稱夫人，是亂嫡庶也。公羊以爲隱母，則隱見爲君，何以不書葬？若以讓不書葬，何爲書夫人子氏薨也？」卒而不書葬，夫人之義，從君者也。隱弒賊不討，故不書葬。【補曰】君子去隱之葬，因并去其夫人之葬，明亦非以爲史法。哀十二年疏曰：「隱夫人從夫之讓，故不書葬。」程子曰：「公在故不書葬，於此見夫婦之義。」葉夢得曰：「先薨不葬，待君而後葬，周道也。」胡安國曰：「明順。」胡銓曰：「合葬。」張洽曰：「葬禮未備。」諸説皆與注異，於傳「從君」之義亦可通也。不言薨言卒者，傳便文。左氏、公羊解經皆以書不書立義，此傳多言志，少言書，古人用字之例，各有不同也。

鄭人伐衛。傳例曰：「斬樹木、壞宮室曰伐。伐例時。」【補曰】注引傳例在後五年傳。人，微者也，義在僖二十六年傳。微者，謂非卿將，言將卑也。稱人則將卑可知，不稱師則師少亦可知，是其常文也。若將尊而亦稱人，文以前則有之。疏曰：「文承月下者，日月自爲魯夫人薨。」文烝案：舊史伐皆具月，君子略之，從時例。

三年春，王二月，【補曰】何休以爲二月、三月皆有王者，二月殷正月，三月夏正月，王者存二王之後，使統其正朔，所以通三統。漢書律曆志述劉歆之言亦云：「春三月，每月書王，元之三統也。」今宜從上二年范注爲是，漢儒説不可依用，在夏、殷皆是王正月耳。既言二月、三月，則王爲周王明矣。孔穎達已有是論。己巳，日有食之。杜預曰：「日行遲，一歲一周天。月行疾，一月一周天，一歲凡十二交會。然日月動物，雖行度有大量，不能不小有盈縮，故有雖交會而不食者，或有頻交而食者。唯正陽之月，君子忌之，故有伐鼓用幣之事。」京房易傳曰：「日者陽之精，人君之象，驕溢專明，爲陰所侵，則有日食之災。不救，必有篡臣之萌；其救也，君懷謙虚，下賢受諫任德，日食之災爲消也。」【補曰】大戴禮誥志：「孔子曰：『古之治天下者必聖人。聖人有國，則日月不食，星辰不隕。』」〔一〕漢書天文志：「古人有言曰：『天下太平，五星循度，亡有逆行，日不食朔，月不食望。』」唐書曆志一行之言曰：「小雅『十月之交，朔月辛卯』，虞劆以曆推之，在幽王六年。開元曆定交分四萬三千四百二十九，入食限，加時在晝。交會而食，〔二〕數之常也。然而君子猶以爲變，詩人悼之。然則古之太平，日不食，星不孛，蓋有之矣。若過至未分，月或變行而避之；或五星潛在日下，禦侮而救之；或涉交數淺，或在陽曆，陽盛陰微則不食；或德之休明，而有小眚焉，〔三〕則天爲之隱，雖交而不食。此四者，皆德教之所由生也。」又曰：「黄初以來，治曆者始課日食疏密，及張子信而益詳。劉焯、張胄玄之徒自負其術，謂日月皆可以密率求，是專於曆紀者也。以戊寅、麟德曆推春秋日食，大最皆入食限。於曆應食而春秋不書者尚多，則日食必在交限，其入限者不必盡食。開元十二年七月戊午朔，於曆當食半強，自交阯至朔方，候之不食。十三年十二月庚戌朔，於曆當食太半，時東封泰山，還次梁、宋閒，亦不食。雖算術乖舛，不宜如此，然後知德之動天，不俟終日矣。若因開元二食，曲變交限而從之，則差者益多。」又曰：「自開元治曆，史官每歲校節氣中晷，因檢加時小餘，雖大數有常，然亦與時推移，每歲不等。杜預云：『日月動物，不能不小有盈縮，有雖交會而不食者，有頻交而食者。』是也。」又曰：「使日食皆不可以常數求，則無以稽曆數之疏密。若皆可以常數求，則無以知政教之休咎。」文烝案：大戴載三朝記、漢志引古語，後儒或疑之，然而魯史所

〔一〕「隕」原訛作「孛」，據大戴禮記誥志改。
〔二〕「食」，新唐書曆志三下作「蝕」。此段引文中「食」字，新唐書曆志三下皆作「蝕」。
〔三〕「而」原訛作「日」，據新唐書曆志三下改。

記，悉本舊章，聖人之經，所以示警。陳兵伐鼓，古之遺型，入門廢朝，禮之明訓。一行著論，推校精詳，大概得之，故張洽深取之。漢建安中，太史上言正旦當日食，劉卲以爲梓慎、裨竈，古之良史，猶占水火，錯失天時。禮記稱諸侯旅見天子，及門不得終禮者四，日食在一。然則聖人垂制，不爲變豫廢朝禮者，或災消異伏，或推術謬誤也。荀彧善其言，日竟不食，此足與一行説相證矣。堯、舜、禹時，歷年多無日食，左傳引夏書乃有辰不集房之事。楊簡之言也。春秋二百四十二年，日食三十六，并哀十四年爲三十七。而前漢二百一十二年，日食五十三。東漢而下，轉益加數，或一歲而三食，大約世愈降則日食愈數，此大運盛衰之候，與其他災異不同。趙汸之言也。杜預謂唯正陽之月伐鼓用幣者，本左氏説，蓋未可據。諸日食皆爲記異，通謂之災。左傳晉士文伯論弭災之政，一曰擇人，二曰因民，三曰從時。京房所論，其意相近。范於諸災異所引，用易傳、五行傳、月令、穀梁説及劉向、許、鄭等語，頗甚用意。以其有理，皆當存之，皆可不必深論。具説於後九年傳。○【撰異曰】食，本亦作「蝕」，後同。左氏同。諸稱三家別本之異，皆據陸德明音義。**言日不言朔，食晦日也。**【補曰】凡食晦日者，范以爲皆卽本月之晦，故於宣十年、十七年日食下更書日者，並以爲閏月。徐邈以爲皆是前月之晦。疏引徐曰：「己巳爲二月晦，則三月不得有庚戌明也。宣十年四月丙辰、十七年六月癸卯，皆是前月之晦也。則此己巳正月晦也冠以二月者，蓋交會之正，必主於朔。今雖未朔而食，著之此月，所以正其本，亦猶成十七年十月壬申而繫之十一月也，取前月之日而冠以後月，故不得稱晦。以其不得稱晦，知非二月晦也。」李廉曰：「徐説是也。」文烝案：日食必在朔，故一行曰「日月合度謂之朔，無所取之，取之蝕也。」但當時日官日御失曆，以爲前月之晦，故君子書後月以正之。謂如此己巳食者，乃二月也，非正月也。桓十七年十月食二日，亦曆之失，故不言其日而言朔。謂此十月食者，乃朔也，非二日也。莊十八年三月、僖十五年五月，皆食朔日之夜，故不言日不言朔，以明之也。春秋之文，簡而有法，於此見焉。當時所以有失曆者，蓋曆家有平朔，有定朔，自後漢劉洪乾象曆以前皆用平朔，有大月之晦日已合辰者，有承小月之後而合辰於二日者，故或失之也。君子正之，即定朔之理也。凡日食三十六，朔二十六，晦七，夜二，二日一。公羊倂二日於朔，以晦爲二日，以夜爲晦，誤矣。杜預長曆推此己巳乃二月朔。又一行大衍曆推宣八年七月甲子朔日食，長曆推宣十年四月丙辰朔，是年閏五月。大衍曆亦推四月丙辰大日食。又長曆推宣十七年六月癸卯朔，此四條皆合徐說。

其曰有食之何也？【補曰】曰，音聿。吐者外壤，食者內壤，凡所吐出者，其壤在外；其所吞咽者，壤入於內。【補曰】疏曰：「『壤』字，爲穀梁音者皆爲『傷』，徐邈亦作『傷』。麋信云：『齊、魯之閒謂鑿地出土、鼠作穴出土皆曰壤。』或當字從『壤』，蓋如麋信之言也。」文烝案：壤，亦通作「塲」。埤倉云：「塲，鼠垤也。」郭璞方言注音「傷」。闕然不見其壤，有食之者也。今日闕損而不知壤之所在，此必有物食之。有，內辭也，或，外辭也。邵曰：「食者內壤，故曰內辭；吐者外壤，故曰外辭。傳無外辭之文者，蓋時無外壤也。而曰『或外辭』者，因事以明義例爾，猶傳云『三穀不升謂之饉，四穀不升謂之康』，亦無其事。」【補曰】邵注非也。注以「內辭」指食，「外辭」指吐，吐非經所宜書也。饉康之不書，包於饑中，亦非無其事也。此二句蓋言「有」爲疑辭，與「或」字同例，但「有」之疑爲內辭，其辭最微，如「日有食之」是也。「或」之疑爲外辭，其辭較著，如周易「或躍在淵」之類。文言傳云或之者，疑之也是也，若通言之，其義不異，故周、秦、漢人之書「有」與「或」多同用。管子曰：「或者何？若然者也。」墨子曰：「或也者，不盡也。若然，不盡然」，內外辭得兼通也。莊十八年傳曰「一有一亡曰有」，爲諸「有」字發例，此則別爲一例。故卽經所無之「或」字，分內外辭以明之。「內」，卽上下文「內」字，「外」，非外壞之「外」。有食之者，內於日也。內於日，以壞不見於外。【補曰】此申上「內辭」也。韓非子曰：「日月暈圍於外，其賊在內。」言之亦緩辭，尊而詳之。案：詩小雅曰：「十月之交，朔月辛卯，日有食之。」明古人文例如此。史記秦本紀厲共公三十四年，日食。昭襄王六年，日食，晝晦。莊襄王三年四月，日食。凡日食三見。六國表秦厲共公三十四年，日食，晝晦，星見。躁公八年六月，日月食。簡公五年，日食。惠公三年，日食。獻公三年，日食，晝晦。十年，日食。十六年，日食。昭王六年，日食，晝晦。莊襄王三年，日食。凡日食九見。此十二文皆直書食，不云有食之，蓋據秦記舊文，失魯史立文之法矣。其不言食之者何也？【補曰】疏曰：「不言食之者，謂不書月食日。」文烝案：焦贛易林比之萃曰：「團團白日，爲月所食。」家人之小畜「團團」作「杲杲」。知其不可知，知也。【補曰】末「知」字，依今音讀去聲，卽爾雅、說文「智」、「𥏼」字。墨子經曰：「知，材也。」經說曰：「知也者，所以知也。」而必知此今去聲字也。又經篇及莊子並曰：「知，接也。」經說曰「知也者，以其知過物而能貌之」，此今平聲字也。論語曰：「知之爲知之，不知爲不知是知也。」末「知」字亦音「智」爲是。干寶周易注引傳曰：「不求知所不可知者智也。」王念孫以爲古書「智慧」之「智」或作「知」、「知識」之「知」亦或作「智」。據墨子他處及管子、呂氏春秋、韓非子、戰國策、淮南子諸書有以「智」爲「知」者也，二字音義互得通借，疑其本無定字，殆不然矣。何休以爲不言月食日者，其形不可得而覩，故疑言日有食之與傳義相發。而說文則曰：「有，不宜有也。」春秋傳曰：「日月有食之。」从月又聲，其引經既衍「月」字，其說又非也。有爲不宜有，蓋依放一有一亡之義而失之。至以月食日爲「有」之本義，則與「知其不可知」之義適相剌謬，必非蒼頡作書之怡矣。許氏書往往有傅會字義穿鑿字形者，不可不察。〇春秋書日食，不書月食，史法之舊也。案：詩小雅曰：「彼月而食，則維其常。此日而食，于何不臧？」漢書天文志引詩傳曰：「月食非常也，比之日食猶常也，日食則不臧矣。」此足明陰陽尊卑之義。齊履謙以爲常者謂常數，時月食已有術可推，故春秋不書，夫安見古人必不能推日食乎？此言似是而非。說又見襄二十一年。

三月庚戌，天王崩。平王也。【補曰】史記名宜臼，幽王太子。或作宜咎。日者，蓋以明正。傳於下諸侯發例，天子當亦同矣。王崩九皆日，不書葬，例在莊三年傳。高曰崩，梁山崩。厚曰崩，沙鹿崩。【補曰】墨子經曰：「厚，有所大也。」尊曰崩，天子之崩以尊也。【補曰】何休曰：「崩，大毀壞之辭。薨，小毀壞之辭。卒，猶終也。」其崩之何也？【補曰】問魯春秋何以崩天子？以其在民上，故崩之。【補曰】史承赴書崩，君子從而取義焉。何休曰：「爲天下恩痛王者。」其不名何也？【補曰】據諸侯卒名。大上故不名也。夫名者，所以相別爾。居人之大，在民之上，故無所名。【補曰】大上者，最上之稱，卽上文「在民上」也。天下一人，故不必名，又不敢斥名。

夏四月辛卯，尹氏卒。文三年王子虎卒不日，此日者，録其恩深也。○【撰異曰】尹，左氏作「君」，以爲隱母聲子。楊時曾問程伯子，伯子曰：「聲子而書曰君氏，是何義？當以尹氏爲正。」尹氏者何也？天子之大夫也。不書官名，疑其譏世卿。【補曰】案：譏世卿者，公羊之義，傳無是意也。不書名者，時魯人在周，知其卒，史因志之，非彼來赴，故略其名，而君子仍之也。或者君前臣名，時嗣王當喪未君，故不名也。不稱「尹子」者，寰內諸侯不得稱爵以卒，劉卷卒亦不言「劉子卷」也。傳言大夫，當是上大夫。上大夫者，卿也，尹氏爲卿，故有世卿之說。○公羊於尹氏、齊崔氏並曰譏世卿，世卿非禮。於黑肱來奔曰「大夫之義不得世」。五經異義載公羊、穀梁說卿大夫世則權并一姓，妨塞賢路，專政犯君，故經譏周尹氏、齊崔氏也。穀梁傳本無此意。愚義云爾者，穀梁家依放公羊爲之也。左傳隱八年衆仲曰：「官有世功，則有官族。邑亦如之。」異義載左氏説卿大夫得世禄，不得世位。父爲大夫，死，子得食其故采。如有賢才，則復升父故位也。文烝案：左氏與公羊有同有異，而左氏爲備，言卿大夫不世位，是其同也。大戴禮千乘孔子對哀公曰「爵不世」，孟子述齊桓葵丘之命曰「士無世官」，皆其證也。言子世父禄，賢則世位。又論世功官族，是其異也。商書盤庚之誥曰：「世選爾勞，予不絶爾善。」周易訟六三曰「食舊德」，許慎以爲爻位三爲三公，二爲卿大夫。食舊德者，謂食父故禄。詩文王篇曰：「凡周之士，不顯亦世。」毛傳曰：「不世顯德乎？士者，世禄也。」鄭箋曰：「謂其臣有光明之德者亦得世世在位，重其功也。」又緇衣序曰：「美武公也。父子並爲周司徒。」毛傳曰：「有德君子宜世居卿士之位焉。」又干旄曰：「在浚之郊。」毛傳曰：「古者臣有大功，世其官邑。」又裳裳者華序曰：「古之仕者世禄，刺幽王棄賢者之類，絶功臣之世。」論語曰：「興滅國，繼絶世。」許慎以爲國謂諸侯，世謂卿大夫。孟子曰：「文王之治岐也，仕者世禄。」又曰：「所謂故國者，有世臣之謂也。」此類皆左氏之證也。公羊不言得世禄與否，而王制曰：「内諸侯禄，外諸侯嗣。」又曰：「諸侯世子世國，大夫不世爵。」又曰：「諸侯之大夫不世爵禄。」蓋謂天子之大夫但得世禄，諸侯之大夫幷禄不世。疑公羊意亦相同，是一偏之説也。大氏古者官人之法，本與封建相輔，故子得世父禄，賢則幷世位，其有大功德者則世世在位，所以差别取舍，貫聯邦家，天子諸侯，實無異制。溯夫盤庚之誥，則知周因於殷，迨春秋以來，尤唯貴戚世臣是賴，雖以罪誅，皆不絶世，積貴所在，人望有歸。陳亮嘗言孟子以爲故國必有世臣，至於不得已而後使卑踰尊，疏踰戚。使人君皆得魯季友、叔肸、齊高子之倫而用之，則亦何厭於世臣而欲求天下特起之賢於不可知之際哉？愚謂陳氏此論最爲明通，設以夫子爲政於天下，亦必仰稽前典，俯順時宜。庶姓雖參，世臣自在，作經垂訓，何轉致譏？穀梁子解宋殺大夫，言司馬爲祖之位，此正春秋不譏世卿之驗。而漢世穀梁家乃用公羊爲説，誣經并誣傳矣。列國獨秦無世臣，沿及始皇，而世國與世家並廢，天下大勢於是一變。學者習於後世情事，則必以古制爲疑，傳既隱約，三朝記等又不備，故詳論焉。公羊之書言母以子貴、言大夫不世及、國君九世猶可復讐之等，皆秦人之法、戰國之論也。外大夫不卒，此何以卒之也？【補曰】不卒者，經例因史例也。於天子之崩爲魯主，故隱而卒之。隱，猶痛也。周禮大行人職曰：「若有大喪，則詔相諸侯之禮。」然則尹氏時在職，而詔魯人之弔者。【補曰】傳言爲魯主，公羊言諸侯之主，文異意同，此君子之取義也。史亦有此意而傳不論史也。辛卯與庚戌相去四十二日，王喪既赴而魯弔，四旬之内，來往千里，喪事尚急則然矣。王子虎、劉卷不日，此以其新爲魯主，恩深，故仍史文録日，所以盈隱文。

秋，武氏子來求賻。天王使不正者月，今無君，不稱使，故亦略而書時。武氏子者何也？天子之大夫也。【補曰】左氏後五年傳尹氏、武氏並稱，武氏亦上大夫歟？天子之大夫，其稱武氏子何也？【補曰】何休曰：「據宰渠氏官，仍叔不稱氏，尹氏不稱子。」未畢喪，孤未爵，平王之喪在殯。【補曰】五五斷仁謂之畢喪。三年問、荀子書皆曰三年之喪，二十五月而畢是也。孤，謂新君。未爵者，未爵命。公羊曰「父卒子未命」，謂武氏子之父已没，亦新嗣爲大夫，而新君未爵命之也。未爵命不得稱其字，故稱武氏子也。任叔之子繫其父字，此直言氏，明其父已没，不得繫之。既不録父，故不須加之爲緩辭。詩言「彼留之子」，易繫辭傳言「顔氏之子」，彼等皆是便文，非春秋文例。

未爵使之，非正也。【補曰】使之已非正。其不言使何也？據桓十五年天王使家父來求車稱使。無君也。

桓王在喪，未卽位，故曰無君。【補曰】猶公羊云「未君也」。未葬、未踰年，皆不稱王，蓋亦當稱子矣。天子諸侯並是以世子繼父，則其辭宜同。此包毛伯言之。**歸死者曰賵，歸生者曰賻，**【補曰】士喪禮下篇曰：「知死者贈，知生者賻。」疑傳「賵」字亦當爲「贈」。荀子曰：「玩好曰贈也。」凡傳發例，或有連及經外者，而覲下注，則范本已誤。**曰歸之者正也，求之者非正也。**喪事無求而有賵賻。【補曰】歸爲正禮，恆事不志，歸賵、歸含、歸襚志者，爲歸妾母，又不及事耳。求所以爲非正者，公羊曰「喪事無求」，「蓋通于下」。何休曰：「禮本爲有財者制，有則送之，無則致哀而已。不當求，求則皇皇傷孝子之心。」文烝案：求者，徵求也。定元年傳曰「請也」。言使之求賻又非正。**周雖不求，魯不可以不歸，魯雖不歸，周不可以求之。**【補曰】歸爲正，況諸侯於天子。求爲非正，況天子於諸侯。**求之爲言，得不得未可知之辭也。**【補曰】得不得，非己能主，明皆非正。如求婦之屬亦是也。**交譏之。**【補曰】何休曰：「譏，猶譴也。」文烝案：凡言譏者，與非、刺意皆相近。疏曰：「交，猶俱也。指事而書，則周、魯之非俱見。」

八月庚辰，宋公和卒。天子曰崩，諸侯曰薨，大夫曰卒，周之制也。春秋所稱，曲存魯史之義。內稱公而書薨，所以自尊其君，則不得不略外諸侯書卒，以自異也。至於既葬，雖邾、許子男之君皆稱謚而言公，各順臣子之辭，兩通其義。鄭君曰：「禮雜記上曰：『君薨，赴於他國之君，曰寡君不祿，敢告於執事。』曲禮下曰：『壽考曰卒，短折曰不祿。』君薨赴而云不祿者，臣子之於君父，雖有壽考，猶若短折，痛傷之至也。若赴稱卒，是也壽終，無哀惜之心，非臣子之辭。鄰國來赴，書以卒者，無老無幼，皆以成人之稱，亦所以相尊敬。」【補曰】注「天子曰崩」十四句，本杜預釋例，引鄭君者，駁五經異義文也，見雜記正義。大夫曰卒，對文別言之卒也，壽考曰卒，散文通言之卒也，二說當兼之。八年傳以不名爲未能同盟，明同盟皆名。諸侯既世國，名所以別之，公羊言「卒從正」是也。生不得名卒得名者，蓋春秋於内爲臨一國之言，從大上之例。於外則亦臨天下之言也。釋例言葬稱謚而言公，順臣子之辭者。生有五等，没則壹，申其臣民之稱，公羊言葬從主人是也。終春秋書卒者十八國，宋、衞、蔡、陳、鄭、齊、晉卒葬兼備，大國例也；曹、許從大國例者也；邾、薛、杞前不葬後葬，小國例也；宿，一見隱篇，故亦不葬也；滕、秦前不葬後葬，楚、莒、吴不葬，皆夷狄例也。諸侯曰卒，正也。正，謂承嫡。【補曰】宋繆公者，宣公之弟，宣公之立繆公，蓋時事宜然，所以爲正。凡自世子適子外，或立長庶，或以賢，或以卜，或以弟及，或以孫繼，諸宜爲君者，皆謂之正，天子諸侯，其制悉同，傳之言正者如此。注專言承嫡，非也。諸釋經言正也者，謂常理常例，而諸侯卒之爲正，又兼有嗣立正不正之義，故後傳屢言之，而注家據以爲説。古人文辭簡渾，大夫日卒正也，諸侯日卒正也，葬時正也，固無須分別耳。

冬十有二月，齊侯、鄭伯盟于石門。傳例曰：「外盟不日。」石門，齊地。【補曰】不日者，亦略之，注當於前盟密引例。張洽曰：「隱十一年之閒盟而不食言者，唯此石門之盟，二君終身未嘗相伐。」案杜預曰：「來告，故書。」馬驌曰：「國之大事曰會盟，曰朝聘，曰征伐，曰滅取，曰奔違，曰死喪，曰弑殺，曰災異，必有告赴，史乃承而書之。」文烝謂外相朝聘不入例，「奔違」下當加「歸復」。

癸未，葬宋繆公。○【撰異曰】繆，本亦作「穆」，左氏作「穆」。案「繆」者，假借字。曰葬，故也，危不得葬也。天子七月而葬，諸侯五月而葬，大夫三月而葬。傳例曰：「諸侯時葬，正也；月葬，故也。日者，憂危最甚，不得備禮葬也。他皆放此。」徐邈曰：「文元年傳曰『葬曰會』，言有天子諸侯之使，共赴會葬事，故凡書葬，皆據我而言葬彼，所以不稱宋葬繆公，而言葬宋繆公也。弔會之事，聞襚之命，此常事，無所書，故但記卒記葬，録魯恩義之所及，則哀其喪而恤其終，亦可知矣。若存没隔絶，情禮不交，則卒葬無文。或有書卒不書葬，蓋外雖赴卒而内不會葬。無其事則闕其文，史策之常也。穀梁傳稱變之不葬有三：弑君不葬，滅國不葬，失德不葬。言夫子脩春秋，所改舊史以示義者也。弑君之賊，天下所當同誅，而諸侯不能治，臣子不能討，雖葬事是供，義何足算？亡國之君，喪事不成，則不應書葬。失德之主，無以守位，故没葬文。傳於宋襄公著失民之咎，宋共公發非葬之問，言伯姬賢而不答，共公不能弘家人之禮。然則爲君者，外之不足以全國，内之不足以正家，皆所謂失德而終，禮宜貶者也。於時諸國多失道，不可悉去其葬，故於二君示義，而大體明矣。【補曰】凡傳言「故」者，皆謂變故，俞樾引楊倞荀子注曰「故，事變也」是也。葬具月日，知其有變，故不爲正矣。而日葬尤爲危不得葬，甚於月。此所以爲危文者，繆公逐其子馮而立其兄子與夷，卒致弑逆，其理危也。危者，危與夷，與公羊略同。書葬者，魯使卑者往會葬。孔穎達曰：「位賤非卿，不合書名，故直書其所爲之事而已。盟則云及某盟，會則云會某人，葬則云葬某王某公。若叔孫得臣如京師葬襄王，叔弓如滕葬滕成公之類。遣卿行者，皆書使名也。」何休曰：「禮，天子七月而葬，同軌畢至；諸侯五月而葬，同盟至；大夫三月而葬，同位至；士踰月，外姻至。孔子曰：『葬於北方北首，三代之達禮也，之幽之故也。』」

四年春王二月，莒人伐杞，取牟婁。傳例曰：「取，易辭也。伐國不言圍邑，言圍邑皆有所見。伐國及取邑例時，此月者，蓋爲下戊申衞君完卒日起也。凡例宜時而書月者，皆緣下事當日故也。日必繼於月，故不得不書月。

事實在先，故不得後録也。他皆放此。」【補曰】注引「易辭」例在莊九年傳，舊史伐國及取邑皆月，內取邑又日。君子略之，從時例。傳曰：稱「傳曰」者，穀梁子不親受於師，而聞之於傳者。【補曰】案：全傳稱「傳曰」者十，皆正解春秋之文，此蓋出七十子雜記之書，乃皆聞諸夫子者。穀梁子直用其成文，故特言「傳曰」以相別，當亦聞之於師也。春秋繁露稱閔子、子貢、子夏、曾子、子石、公肩子、世子、子池之倫，皆論春秋，或當時諸子皆有書也。古書通稱爲「傳」，非必說春秋之專書，猶儀禮喪服傳引傳，亦非必說喪服之專書也。喪服傳稱「傳曰」者六，其一乃在記中。竊意記出夫子前，傳出七十子後，所引舊傳則出七十子，與穀梁書相類。言伐言取，所惡也。既伐其國，又取其土，明伐不以罪，而貪其利。兩書取伐，以彰其惡。【補曰】舊傳發經通例也。謝湜曰：「伐而戰，戰雖有功，不若伐而不戰之爲善也，況戰而無功者乎？伐而入，入雖有義，不若伐而不入之爲善也，況入而無義者乎？伐而圍，圍雖以直，不若伐而不圍之爲善也，況圍不以直者乎？伐而取，取雖以順，不若伐而不取之爲善也，況取不以順者乎？凡書伐於前，而書戰、入、圍、取於後，皆甚其惡也。」諸侯相伐取地於是始，故謹而志之也。春秋之始。【補曰】公羊義同。注亦用公羊他處語。春秋之始者，託始也。內外諸取邑，史必備文，君子於外取邑皆略去，其存之者，欲以見義，外圍邑亦然。汪克寬曰：「隱公以後，爭地爭城，殺人盈野，諸侯城邑，得失無常，不足悉書，故左傳言取地。而經不書取者甚多，蓋以擅興殘民爲重，而土地之攘奪不暇論矣。」汪氏蓋本陳傅良、趙汸說。

戊申，衛祝吁弒其君完。弒君日與不日，從其君正與不正之例也。祝吁，衛公子。○【撰異曰】戊申，汲古閣左氏作「庚戌」，誤也。祝，左氏、公羊作「州」，下同。爾雅「祝」、「州」本古音同也。漢石經公羊殘碑十一年傳「弒」作

「試」字。白虎通曰：「弒者，試也。欲言臣子殺其君父不敢卒，候間伺事，可稍稍試之。」陸淳纂例曰：「殺君，公羊皆作『弒君』。」案：纂例皆本啖、趙，據此條則啖、趙、陸所據穀梁、左氏無「弒」字，諸弒君皆作「殺」。考之陸德明釋文元年傳音義曰：「弒，申志反，又作『殺』，如字，下同。」此經音義曰：「弒音試，舊作『殺』，注下同。」昭十三年音義曰：「凡弒字從式，傳本多作『殺』字。」左氏此經音義曰：「弒，本又作『殺』，同音試。凡弒君之例皆放此。」然則啖、趙、陸所據穀梁、左氏卽陸德明所見又作、舊作、多作之本也。竊意古祇有「殺」字，而上殺下及敵者相殺，讀殺，短言之。下殺上，讀殺，長言之。其字則皆从殳杀聲之字，穀梁、左氏經傳所用也。「弒」者，後出之字，从殺省式聲，或又假借「試」字，亦式聲，公羊經傳所用也。凡六藝羣書在公羊前者皆有「殺」無「弒」也，其參差混亂幷公羊中字亦不畫一者，皆寫本、槧本之失也。釋文通部說此二字雖詳，未能各從善本，唯陸淳獨得之。而此字有兩讀，無兩字，伯沖亦未知之。今知必然者，宋弒與夷、捷，晉弒卓，皆有及大夫文，傳與左傳皆言里克弒二君與一大夫，明堂位言魯君臣未嘗相弒，其字皆必當作「殺」者也。但以諸『弒』字相承已久，未便輒改，姑沿用之，而著其說於此。完，本又作「皃」，字體之異。**大夫弒其君以國氏者，嫌也，**凡非正嫡則謂之嫌。【補曰】謂非正嗣也。嫌，疑也，疑於君也。坊記曰：「貴不嫌於上。」鄭君本作「慊」字，云：「慊，或爲嫌。」王引之曰：「慊，亦嫌字也。」文烝案：凡傳言嫌者，猶公羊言當國。**弒而代之也。**【補曰】言以嫌代正也。昭十三年傳曰：「取國者，稱國以弒。」

夏，公及宋公遇于清。遇，例時。清，衛地。**及者，內爲志焉爾。**元年與宋人盟于宿，故今復尋之。八年傳曰：「不期而會曰遇」，今曰「內爲志」，非不期也，然則遇有二義。【補曰】疏曰：「重發傳者，嫌盟遇禮異，故重發以同之。「文烝案：范言有二義，非也。凡遇皆是不期而會，八年傳言之，此略耳。「內爲志」者，彼來遇我，我及之，是我爲主，矣。若是外爲主，則當言公遇宋公于清，不當言「及」。春秋內書「遇」四，無不言「及」者，蓋時無外爲主之事，或以遇事小於會，外爲主則不足書耳。**遇者，志相得也。**【補曰】得，如得大子適郢之得。相得，謂相親說，猶史記言「相中」也。易序卦傳曰：「物相遇而後聚。」爾雅曰：「遇，遻也，見也。」又曰：「偶也。」

宋公、陳侯、蔡人、衞人伐鄭。【補曰】君將常文皆稱君，皆不加言帥師者。公羊云「書重」是也。據毛詩序：「時衞使公孫文仲將。」

秋，翬帥師會宋公、陳侯、蔡人、衞人伐鄭。【補曰】左傳曰：「秋，諸侯復伐鄭。」言復伐是也。復伐而翬會之，經文自明，故傳不釋。**翬者何也？公子翬也。**【補曰】桓三年文。字曰羽父。**其不稱公子何也？**據莊二年，公子慶父帥師伐於餘丘稱公子。【補曰】注非也，當云據益師、彄稱公子，與無侅、俠不氏不同。**貶之也。**杜預曰：「外大夫貶皆稱人，內大夫貶皆去族稱名，記事之體。他國可言某人，而己之卿佐不得言魯人。」【補曰】杜自用左傳說，不宜引爲注。**何爲貶之也？與于弒公，故貶也。**【補曰】與，卽豫、預字。士昏禮記「子有吉，我與在」，古文作「豫」。鄉飲酒以下，古文其字皆同。論語有「天下而不與」，白虎通作「預」。貶義，公羊同，謂後年事豫貶於此也。案：易文言傳曰臣弒其君，子弒其父，非一朝一夕之故，其所由來者漸矣，由辯之不早辯也。韓非子引子夏曰：「春秋之記臣殺君、子殺父者，以十數矣。皆非一日之積也，有漸而以至矣。凡姦者，行久而成積，積成而力多，力多而能殺，故明主蚤絕之。」推早辯、蚤絕之義，可無疑於豫貶之法。襄五年以吳抑繒，正此之比，不可以史法論也。史法隨時記事，文有常體，自不得以後事追正前文矣。孔廣森曰：「暈貶之於始，仲遂貶之於終，皆言乎罪大惡極，足以貫其没世者也。」傳末句「貶」字下或增「之」字，誤。

九月，衛人殺祝吁于濮。濮，陳地水名。【補曰】孔廣森以爲衛地，近今淇縣，衛靈公之晉宿濮水上是也。季本、王夫之、江永略同。稱人以殺，殺有罪也。有弑君之罪者，則舉國之人皆欲殺之。【補曰】傳解本經并發通例也。人者，衆辭，下傳言之。公羊曰「討賊之辭」，亦衆辭之謂也。案傳稱桓弑隱，百姓不能去，無王之道也。而鳳韶引周禮大司馬「放弑其君則殘之」，以爲王得討之，衆不得殺之，與陳遷鶴説同，甚失其義。王討之者，正以衆欲殺之故也。罪非弑逆而稱人以殺，則亦孟子所謂國人殺之，王制所謂刑人於市，與衆棄之也。孟子言用舍殺三事，於殺獨多一句，又有「故曰」之文，知國殺之爲古語，而傳義不可易矣。祝吁之挈，不書氏族，提挈其名而道之也。【補曰】疏曰：「徐邈以挈爲轝，卽是提挈之稱。范則以爲單挈不具足之辭。」文烝案：墨子經説曰：「挈，有力也。引，無力也。」音義曰：「挈，本又作絜。」注同。失嫌也。衆所同疾，威力不足以自固，失當國之嫌。【補曰】注非也。以國氏者，嫌文也。挈者，失嫌之文也。所以得失者，爲其既殺。其月，謹之也。討賊例時也。衛人不能卽討祝吁，致令出入自恣，故謹其時月所在，以著臣子之緩慢也。【補曰】舊史討賊皆月，君子改從時例，齊人殺無知是也。于濮者，譏失賊也。譏其不卽討，乃令至濮。【補曰】殺於國者，亦無知是也。

冬十有二月，衛人立晉。立、納、入，皆篡也。大國篡例月，小國時。【補曰】左傳曰：「衛人逆公子晉于邢。」注本何休。衛人者，衆辭也。【補曰】猶言殷人、周人，義取衆。立者，不宜立者也。嗣子有常位，故不言立。

【補曰】易稱「利建侯」，左傳載衛之筮曰：「嗣吉何建？建非嗣也。」故自人言之曰立某，知皆不宜立，宜立者則自君言之，曰公卽位矣。依鄭衆周禮注，古者「立」、「位」同字，古文經公卽位皆爲「卽立」，傳二解，公羊並同。**晉之名，**【補曰】名，謂直名爲挈文，不言公子。**惡也。**惡，謂不正。**其稱人以立之，何也？**【補曰】據立王子朝稱尹氏。**得衆也。**【補曰】公羊曰：「衆之所欲立。」左傳亦曰「衆也」。**得衆則是賢也，賢則其曰不宜立，何也？春秋之義，諸侯與正而不與賢也。**雍曰：「正，謂嫡長也。夫多賢不可以多君，無賢不可以無君。立君非以尚賢，所以明有統也；建儲非以私親，所以定名分。名分定則賢無亂長之階，而自賢之禍塞矣；君無嬖幸之由，而私愛之道滅矣。」【補曰】疏曰：「言春秋者，得衆而言立，恐理不相合，故廣稱春秋以包之。」文烝案：正者，謂世子、適子、長庶子也。賢，謂庶子之賢者也。無太子、適子則立長庶子，長幼鈞則立賢，賢鈞則卜。左傳所稱周制，實春秋之義。諸侯固然，天子亦然，不得以文王舍伯邑考而立武王爲難，文王乃聖人之權，當創業之世，非常例矣。又魯自伯禽以來，一生一及，而檀弓載孔子言周制立孫，謂太子有孫而死者。春秋宋繆公以弟繼兄爲正，齊昭公、惠公或繼兄或繼弟，皆爲正，桓王以孫繼祖爲正，晉悼公以君之曾孫而亦爲正，此皆時事之宜，不拘立子之限。晉悼公之兄無慧不立，衛靈公之兄有惡疾不立，則又周制變通之法也。若公羊何休之說，有與傳及左氏不同者。公羊元年傳曰：「立適以長不以賢，立子以貴不以長。」何休曰：「子，謂左右媵及姪娣之子。禮，適夫人無子立右媵，右媵無子立左媵，左媵無子立嫡姪娣，嫡姪娣無子立右媵姪娣，右媵姪娣無子立左媵姪娣。質家親親先立娣，文家尊尊先立姪。嫡子有孫而死，質家親親先立弟，文家尊尊先立孫。其雙生也，質家據見立先生，文家據本意立後生，皆所以防愛爭。」何氏說頗詳備，不知以左右媵姪娣之子分貴賤者乃公羊之誤，不可用也。穀梁於正不正之説持之甚堅，此周人繼體之大法，春秋經世之深志。注「多賢」二句，慎子文。〇姜炳璋曰：「書立君二，衛人立晉，不告於王，慨天下之無王也。尹氏立王子朝，晉不之問，慨天下之無霸也。」文烝案：此又春秋文外之意。

春秋隱公經傳第一補注第二

穀梁　范氏集解　鍾文烝詳補

五年春，公觀魚于棠。傳例曰：「公往時，正也。正，謂無危事耳。」棠，魯地。【補曰】公羊曰：「棠者何？濟上之邑也。」劉敞曰：「觀社稱如，觀魚不稱如，内外之辨也。諸侯於其竟外可言如，竟内不可言如。」劉説是也。左傳以如棠出上，史例非經例。注引往時例在莊二十三年傳。何休曰：「觀例時。」〇【撰異曰】觀，左氏作「矢」。傳曰：常事曰視，視朔之類是。非常曰觀。觀魚之類是。【補曰】此引舊傳文，知經文舊非「矢」字。孫覺曰：「矢，言陳也。陳魚無義理。」禮，尊不親小事，卑不尸大功。尸，主。【補曰】兼言以起下。訓「主」，爾雅文。魚，卑者之事也。周禮䲣人中士、下士。【補曰】中士二人，下士四人也。傳出經「魚」字而説之。魚，即瀫、漁、瀭字。説文曰：「瀫，捕魚也。从鱻水。漁，篆文瀫，从魚。」石鼓文「鰋鯉處之，君子瀭之」，又从魚下寸。此經、傳作「魚」字，周禮作「䲣」字、「魰」字，亦作「魚」字，皆一字耳。左傳曰「觀魚」者，孔穎達引説文以爲捕魚謂之魚。魚者，猶言獵者。音義云：「本亦作漁者，依石鼓『處瀭』爲韻。」高誘呂氏春秋、淮南子注：「漁，讀如論語之『語相語』之『語』。」周禮音義：「䲣，又音御。」知此字音與水蟲本音異。公觀之，非正也。【補曰】非禮即非正。

夏四月，葬衛桓公。月葬，故也。有祝吁之難，故十五月乃葬。【補曰】疏曰：「重發傳者，前起日例，今起月例，故重發之。」文烝案：觀其謹月，知其有故，此故自指祝吁之難桓公葬緩而言，而非以緩葬爲故也。有故者，或亦五月而葬。

秋，衛師入郕。○【撰異曰】郕，公羊作「盛」，汲冢穆天子傳同。入者，内弗受也。【補曰】疏曰：「重發傳者，前起者邑，今是國，故重發之。」郕，國也。【補曰】文與入向相似，故言國以別之。又以魯有成邑，字亦作「郕」也。將卑師衆曰師。書其重者也，將卑，謂非卿。【補曰】此發全經内外通例，與公羊同。注上句亦公羊語也。有稱師而非將卑師衆者，未有將卑師衆而不稱師者，故爲通例。至於將尊師衆，内通稱某帥師，外則文以後始稱某帥師，文以前亦稱師。將尊師少，内通稱將，外則文以後始稱將，文以前稱人。將卑師少，内直書其事，外則通稱人，皆内外前後有異，未可以公羊之例爲定。葉酉説近之矣。然則文以前外稱師者，其將或尊或卑，此之稱師，非必將卑，傳但舉通例大概言之，猶禧二十六年云「人微者也」，亦此意也。凡外用兵之稱四，其例大率如此。惟如齊桓之稱人、稱師，晉襄之稱人，楚靈之稱師，晉趙盾之直稱師、直稱將，晉、宋之別於衛而稱師，齊、宋之繼公而稱人，則皆是。特爲變文，傳當文一一言之，猶有不著於傳者，固當推而知矣。燕、曹、虞諸小國無師，又無大夫，苟非君將，則無論將之尊卑，師之衆寡，皆以稱人爲常。楚之先未與中國同文，無論君臣亦皆以稱人爲常。荆、徐、吳、於越、戎狄、淮夷無論君臣，其常文皆直以號舉，此其各有等差，又皆與盟會之文相準也。中庸曰：「文理密察，足以有別也，春秋之謂乎？」

九月，考仲子之宮。失禮宗廟，功重者月，功輕者時。莊二十三年秋「丹桓宮楹」是也。【補曰】何休曰：「加之者，宮廟尊卑共名，非配號稱之辭，故加之以絶也。」絶者，卽傳所謂綴辭。考者何也？考者成之也，【補曰】成之，謂宮成而祭以成之也。路寢之屬初成則設盛食以成之，亦謂之考。爾雅、逸周書謚法同訓。成之爲夫人也。立其廟，世祭之，成夫人之禮。【補曰】謂成之爲夫人之宮也。孝公之夫人自在孝宮，仲子以妾母之宮不繫惠公，直言仲子，則夫人之宮矣。生而加夫人之稱，曰用致夫人，没而有夫人之廟，曰考仲子之宮，皆譏辭也。注言「立」，非也。説見下。禮，庶子爲君，爲其母築宮，使公子主其祭也。公當奉宗廟，故不得自主也。公子者，長子之弟及妾之子。於子祭，於孫止。貴賤之序。【補曰】喪服小記曰：「慈母與妾母不世祭也。」鄭君引此傳。又小記及雜記妾祔於妾祖姑，無妾祖姑，則中一以上從其昭穆之妾。庾蔚之曰：「妾祖姑無廟，爲壇祭之。」仲子者，惠公之母。隱孫而脩之，非隱也。非，責也。三年父喪畢，不於三年考者，又有天王崩，至此服竟乃脩之。【補曰】疏曰：「此所以書者，惠公雖爲君，其母惟當惠公之世得祭，至隱不合祭之，故書以見譏也。立者，不宜立也。不言立者，爲庶母築宮，得禮之變，但不合於隱之世祭之，故止譏其考，不譏立也。」文烝案：仲子之宮，惠公時所築也。隱探父志，脩而考之，非隱始立之，疏非也。脩舊曰新，新亦變例，所當志，此重在考，自當言考也。傳以經無新文，故特言脩，明此是脩成而考，與凡考廟小異。注凡訓「非」爲「責」者，非、誹同用。墨子經曰：「譽，明美也。誹，明惡也。」

初獻六羽。羽，翟羽，舞者所執。獻者，下奉上之辭，作之於廟，故言獻。【補曰】玉篇曰：「獻，奉也，進也，上也，奏也。」初，始也。遂以爲常。【補曰】公羊、爾雅、夏小正、傳皆同訓，猶後世之著爲令也。穀梁子曰：言穀梁子者，非受於師，自其意也。【補曰】自著穀梁子者，因下有尸子，故以相別，非必不受諸師也。穀梁子得自稱者，猶孟子書自稱孟子，莊子書自稱莊子。又其先則曾子承夫子之意作孝經，自稱曾子。「舞夏，天子八佾，諸公六佾，諸侯四佾。夏，大也。大，謂大雉。大雉，翟雉。佾之言列，八人爲列。又有八列，八八六十四人也，並執翟雉之羽而舞也。天子用八，象八風；諸公用六，降殺以兩也。不言六佾者，言佾則干在其中，明婦人無武事，獨奏文樂。【補曰】王引之曰：「夏，蓋五色羽之名也。周禮染人：『秋染夏。』鄭注曰：『染夏者，染五色。謂之夏者，其色以夏狄爲飾。禹貢曰「羽畎夏狄」是其總名，其類有六：曰翬，曰搖，曰鸐，曰甾，曰希，曰蹲。其毛羽五色，皆備成章。』舞羽，謂之舞夏，則所執羽備五色可知。樂記曰『五色成文而不亂』，蓋謂此也。」文烝案：注言每佾必八人，與馬融、王逸、蔡邕、高誘、服虔、韋昭等同。白虎通、何休、杜預六六四四之説非也。宋書傅隆論之，不言六佾四句，并上釋「初」及釋「獻」第一句皆本何休。獨奏文樂，疏謂徐邈亦同也。諸公諸侯者，公羊以爲天子三公稱公，王者之後稱公，其餘大國稱侯，小國稱伯、子、男。如公羊説，蓋諸侯包伯、子、男矣。傳及公羊并下尸子説，皆不論大夫士。儀禮少牢、特牲禮並無樂舞，而左傳載衆仲語天子八，諸侯六，大夫四，士二，非禮之正，故劉敞疑之也。凡禮，自天子至士，降殺以兩者，不殊諸公諸侯，其不及大夫士者，則諸公異等，故如六佾三軍之類，皆降於天子而崇於諸侯。初獻六羽，始僭樂矣。」下犯上謂之僭。【補曰】何休曰：「僭，齊也。下傚上之辭。」説文曰：「僭，假也。」尸子曰：【補曰】傳稱尸子曰者二，漢書藝文志諸子雜家有尸子二十篇，班氏自注曰：「名佼，魯人。秦相商君師之。鞅死，佼逃入蜀。」又史記孟荀傳曰：「楚有尸子。」裴駰引劉向别録曰：「今案尸子書，晉人也。」宋翔鳳以爲「晉」與「魯」形近而誤。魯爲楚滅，故史記以爲楚人。阮元又疑傳所稱之尸子非即佼，或當在佼前。「舞夏，自天子至諸侯皆用八佾。初獻六羽，始厲樂矣。」言時諸侯僭侈皆用八佾，魯於是能自滅厲而始用六，穀梁子言其始僭，尸子言其始降。【補曰】疏曰：「凡言初者有二意，若尸子所言是復正之初也，若初稅畝是譏事之初。」文烝案：如注、疏之意，六佾但當言近正耳，言復正非也。廣雅曰：「厲，近也。」此「厲」字或當訓「近」，未能用四佾，亦不用八佾，是始近乎樂。范未得「厲」字之訓。爾雅：「厲，作也。」郭璞引傳爲說亦不可通。王引之不用注、疏義，以爲「厲」之言「裂」也。廣雅云：「裂，裁也。」尸子之意，天子諸公諸侯皆以八佾爲正，魯用六佾則爲厲，譏其不當裁減而裁減也。○公羊曰：「僭諸公猶可言也，僭天子不可言也。」孔廣森曰：「前此羣公之宫已徧舞八佾，今於仲子降一等，猶僭諸公。春秋內大惡諱，僅因其可言者譏始於此。然六羽猶譏，八羽可知，故曰易本隱以之顯，春秋推見以至隱，此之類也。」

邾人、鄭人伐宋。邾主兵，故序鄭上。【補曰】此本杜預。

螟。禮月令曰：「仲春行夏令則蟲螟爲害。」【補曰】劉歆說五行傳「螟爲嬴蟲之孽」，何休以爲煩擾之應。蟲災也。【補曰】杜預曰：「蟲食苗心者。」羅願引漢孔臧蓼蟲賦「爰有蠕蟲，厥狀似螟」，以爲螟是無足小青蟲。孔廣森曰：「爾雅：『食苗心螟，食葉蟘，食節賊，食根蟊。』經唯書螟者，散文通矣。」甚則月，不甚則時。甚則即盡，不及歷月。【補曰】注非也。時者，七月也。災在八、九月則甚，七月則不甚。

冬十有二月辛巳，公子彄卒。杜預曰：「大夫書卒不書葬。葬者，自其臣子事，非公家所及。」【補曰】公子彄，孝公子子臧，謚曰僖伯。杜因左傳有「葬之加一等」語，故於此說其義。范引之宜在元年益師卒下。隱不爵命大夫。【補曰】其義見下九年傳。祭統曰「古者明君爵有德而祿有功，必賜爵祿于大廟，示不敢專也。故祭之日，一獻，君降立于阼階之南，南鄉，所命北面。史由君右，執策命之，再拜稽首，受書以歸，而舍奠於其廟」，是爵命大夫之禮也。左傳記衛成公使周歆、治厘爲卿，皆先服卿服，公祀先君而命之。又鄭成公卒，子駟稱官命未改，孔穎達以爲先君既葬，嗣君正位，乃得建官命臣。晉平公改服脩官，烝于曲沃，是其事如孔說，則似蓄有命者，嗣君皆須改命。但平公於既葬即位，後即烝祭，改命非正禮當然，正禮在三年喪畢後，三年傳所云是也。**其曰公子彄何也？**據八年無侅卒不稱公子。【補曰】無侅或說是貶，又非公子，注非也。當云據俠不氏。**先君之大夫也。**隱不成爲君，故不爵命大夫，公子不爲大夫，則不言公子也。【補曰】先君之大夫者，言彄爲大夫，而氏以公子，乃先君之子也。凡史書卒者，皆在大夫位，隱之大夫雖在位而不爵命，故史不書其氏，而經因之。但無侅氏爲展，俠亦非公子，皆可以不氏，見其不命，彄之氏則爲公子。公子者，或爲今君之子，或爲先君之子，故既爲繫於今君之稱，又爲繫於先君之通稱。公子彄以先君之子而爲大夫，是爲先君之大夫，既親且貴，今君雖不命之，史不得去其氏，經亦因之也。傳於此言之，則明益師亦同於彼，發全經日不日之例，於此說隱篇稱公子之義，互相明也。然則彄與益師倘是今君之子，固當去其公子之氏，而隱必無其事，故知無侅、俠必非公子。翬則爲貶也，若自隱篇而外，唯溺一貶，翬不復貶，餘悉以公子書。先君之子，今君之子，初無二例，莊二十二年傳稱「公子之重視大夫，命以執公子」，是則公子之貴不減大夫，故雖不爲大夫，例所不卒者，亦存其公子之號。公子慭非大夫，公子結、公子買、公子偃等亦未必皆爲大夫。又陳公子禦寇未命爲大夫，曹公子手莒、公子意恢皆在無大夫之國，此類皆稱公子。而范謂公子不爲大夫則不言公子，倍經反傳，後儒多用其語，謬矣。凡經、傳中列國言大夫者，皆卿也。王制曰：「諸侯之上大夫卿。」卿即上大夫，故謂卿爲大夫，天子亦以上大夫爲卿，故周禮序官有卿、有中、下大夫，則無上大夫矣。

宋人伐鄭，圍長葛。長葛，鄭邑。圍例時。【補曰】常例言圍者，皆圍國。何休曰：「以兵守城曰圍。」疏曰：「此爲久圍，故謹而月之耳。或解上文日月者，爲公子彄卒，不爲圍也。」文烝案：舊史圍皆月，君子略書時。伐國不言圍邑，此其言圍何也？據莊二年公子慶父帥師伐於餘丘不言圍也。伐國不言圍邑，書其重也。【補曰】公羊曰「邑不言圍」，故何注據伐於餘丘文，范襲之，非也。末句本襄十二年傳得之，此常例。久之也。宋以此冬圍之，至六年冬乃取之。古者師出不踰時，重民之命，愛民之財，乃暴師經年，僅而後克，無仁隱之心，而有貪利之行，故圍伐兼舉以明之。【補曰】久之者，言春秋以爲久也。墨子經曰：「久，彌異時也。」注以重命愛財說不踰時義，其說未備。詩曰：「女心悲止，征夫歸止。」毛傳曰：「室家踰時則思。」白虎通曰：「古者師出不踰時者，爲怨思也。天道一時生，一時養，人者天之貴物也，踰時則內有怨女，外有曠夫。」伐不踰時，【補曰】言不越三月也。此說正禮，明宋不然。孔穎達左傳正義據此傳知行役聘問亦不踰時。戰不逐奔，【補曰】司馬法曰：「逐奔不過百步，從綏不過三舍。」誅不填服。來服者不復填厭之。【補曰】王引之曰：「誅，謂殺戮，非特填壓之而已。填，讀爲殄，謂殄戮之也。不殄服，猶言不殺降。作『填』者，假借字耳。毛詩傳曰：『填，盡也。』爾雅曰：『殄，盡也。』集韻：『殄，或作填。』凡從真從㐱之字，多以聲近而通。」文烝案：此言戰誅，亦有仁心，因論伐并及之。苞人民、毆牛馬曰侵，斬樹木、壞宮室曰伐。制其人民，毆其牛馬，賊去之後，則可還反。樹木斬，不復生，宮室壞，不自成，故其爲害重也。【補曰】王念孫曰：「注訓『苞』爲『制』，非也。苞，讀爲俘。俘，取也。賈逵國語注曰：『伐國取人曰俘。』作『苞』者，假借字耳。爾雅曰：『俘，取也。』漢書晉灼、劉德注曰：『包，取也。』說文：『捊，引取也。或作抱。』凡從包從孚之字，多以聲近而通。」文烝案：詩采薇正義引穀梁作「拘」字，僖四年疏亦言「拘人民」，今姑從王說。言斬樹木者，古者列樹以表道也。春秋說題辭曰「伐者，涉人國内行威，有所斬壞」，依傳義也。注論害之輕重，本鄭君釋廢疾，見疏。其實亦不然，傳言斬壞，謂既俘毆又斬壞，故爲重耳，古書釋名義之文多有此例。爾雅釋饑、饉、荒與傳襄二十四年之文相出入，其最著者矣。此傳通釋經例，即凡古之侵伐者，如易言「利用侵伐」，書言「侵于之疆，殺伐用張」，亦大率皆同。所謂兵者民之殘，於是見之。趙匡、陸淳駁之，斯不然矣。

六年春，鄭人來輸平。○【撰異曰】輸，左氏作「渝」。輸者，墮也。【補曰】公羊同。詩曰「載輸爾載」亦是也。墮，謂敗壞也。又昭四年左傳「寡君將墮幣焉」，服虔曰：「墮，輸也。」則「輸」與「墮」可互訓。「輸」又與「渝」通，朱子引秦詛楚文曰「變輸盟刺」。平之爲言，以道成也。杜預曰：「和而不盟曰平。」【補曰】平、成疊韻爲訓。公羊、爾雅同。以道者，即宣十五年傳云「反義」。來輸平者，不果成也。春秋前魯與鄭平，四年翬與宋伐鄭，故來絶魯，壞前平也。【補曰】孔廣森曰：「蓋自翬伐鄭後，二國未有成，今謀與鄭成而不果。若所謂平莒及郯莒人不肯者，故得以輸平言之。歸輸於鄭人者，起鄭人不肯也」。文烝案：墮平當有兵事，平例稱人，故來墮平亦稱人。

夏五月辛酉，公會齊侯盟于艾。艾，魯地。隱行皆不致者，明其當讓也。【補曰】艾，當云齊地。杜預曰：「凡公行還不書至者，皆不告廟也。隱不書至，謙不敢自同於正君書勞策勳。」杜意隱無告廟飲至之事，史不書至，此即大夫不爵命而不氏之比也。范意似謂史書至而經去之，經本不正其讓。成志之文，止可一見，不當屢見，則知注意非也。又此注當移於後文「伐邾會中丘」下。經例：凡離會本以不致爲常。

秋七月。無事書首月，不遺時也，他皆放此。【補曰】傳在後九年。

冬，宋人取長葛。前年冬圍，至今乃得之。上有伐鄭圍長葛，言長葛，則鄭邑可知，故不繫之鄭。【補曰】何休曰：「不繫鄭舉伐者，明因上伐圍取也。」范注本杜預。杜無「言」字、「圍」字，末句作「故不言鄭也」。言取者，從易辭例。兵已經年，得爲易者，於圍文見難，於取文見易，互以相明。外取邑不志，此其志何也？久之也。【補曰】此與上傳「久之」合爲一義，明經意深疾之，故牟婁後又志。

七年春王三月，叔姬歸于紀。叔姬，伯姬之娣。至此歸者，待年於父母之國。六年乃歸。媵之爲言送也，從也，不與嫡俱行，非禮也。親逆例時，不親逆例月。許慎曰：「姪娣年十五以上，能共事君子，可以往，二十而御。」易曰：「歸妹愆期，遲歸有待。」詩云：「韓侯取妻，諸娣從之，祁祁如雲。」娣必少於嫡，知未二十而往也。【補曰】案：杜預曰：「叔姬，伯姬之娣也。至是歸者，待年於父母國，不與嫡俱行，故書。」范注本之。凡姪娣從嫡而歸，書嫡不書姪娣。叔姬爲娣，本不得書，以不與伯姬俱歸，故書。此後更無不與嫡俱歸之事者，或史文惟此一事，或是君子獨存此文，將有其末，不得不錄其本也。許慎十五、二十之說，與何休同。何又云：「八歲，備數也。」言娣又言媵者，姪娣從嫡皆謂之媵，與左右媵無異名，江有汜之詩序以爲「美媵」是也。賈逵以爲書之者，刺紀貴叔姬，殆未可據。注「親逆例時」二句已見前，此處無所取義，宜刪去。其不言逆，何也？據莊二十七年「莒慶來逆叔姬」言逆。【補曰】其事全異，不得據也。當云據言歸，當言逆。逆之道微，無足道焉爾。逆者非卿。【補曰】此二句與上二年伯姬歸紀傳、莊二十五年伯姬歸杞傳皆同。二年以不言使發義。微，謂君不親逆。無足道者，謂使也。此及莊二十五年以不言逆發義。微謂逆者，非卿。無足道者，謂逆也。莊二十五年兼爲諸内女見例，即成九年「伯姬歸宋，逆者微」之意，皆是爲嫡而不言逆之事。此則爲娣，娣或本不須卿逆，明三處之義各不同也。方苞曰：「有履緰之逆而後知叔姬之爲媵，是謂二年言逆之文以別乎叔姬特存之。」説似可通，其實非也。

滕侯卒。滕侯無名。自無名，非貶之。【補曰】謂匿其名，不通於外耳。説在下。少曰世子，長曰君，狄道也，其不正者名也。戎狄之道，年少之時稱曰世子，長立之號曰君，其非正長嫡然後有名爾，責滕侯用狄道也。【補曰】少曰世子，長曰君，不以名通於外，故曰無名，非謂不作名也。孟子稱「滕文公爲世子」，又稱「滕定公薨」，世子使然友問孟子」，趙岐據古紀世本「滕國有考公麇，其子元公弘」，疑其即定公、文公，明滕世子實有名矣。有名而不稱其名，當時滕用狄道，以爲尊世子。此滕侯，宣、成篇滕子是也。若不正而爲君者，其初固曰公子某，皆以名通。僖篇嬰齊之執、昭篇以後原寧結虞母是也。公羊釋秦伯卒，以爲秦用夷禮，匿嫡之名，當是傳聞之誤。而所云匿嫡之名，正可取證傳義。原寧結虞母四君，適皆不正，似無可疑，亦容後來滕自舍其狄道，春秋無文以別之耳。此及宣篇正而不日，成篇正而日，以後不正皆日者，滕之卒，以前不日，後日爲詳略，皆從夷狄例，不言正不正。此宜十八年傳之明文，特滕之正不正則望文可知也。不名皆不葬者，蓋君子以其狄道而削之，注以長嫡釋正，依傳世子之文，凡嫡子長庶之等，或爲世子，通得包之。

夏，城中丘。城例時。中丘，魯地。城爲保民爲之也。建國立城邑有定所，高下大小，存乎王制，刺公不脩勤德政，更造城以安民。【補曰】立城之始，意在保民，脩舊可耳。左傳子服景伯曰：「民保於城，城保於德。」范以「安」訓「保」。今案：國語注曰：「保，持也，謂持守之。」説文曰：「城，以盛民也。」民衆城小則益城，益城無極。夫保民以德，不以城也，如民衆而城小，輒益城，是無限極也。【補曰】益城者，舊有城而廓之，舊無城而營之，皆是也。上注言「高下大小」者，疏引考工記王宫門阿之制五雉，宫隅之制七雉，城隅之制九雉。門阿之制以爲都城之制，宫隅之制以爲諸侯之城制，是其高下也。先儒據考工記天子城方九里推之，以爲公七里，侯、伯五里，子、男三里。疏又引左傳「大都，不過參國之一；中，五之一；小，九之一」。是其大小也。雉者，公羊及戴禮、韓詩説五堵而雉，雉長四丈，高一丈。古周禮及左氏説三堵爲雉，雉長三丈，高一丈。凡城之志，皆譏也。此發凡例，施之於城内邑。【補曰】譏者，君子所取義，以其益城過於王制也。史書内城，皆是益城，脩舊補完，有國常事，非史所志，非經所譏也。諸譏城者，惟冬城較可，義在莊二十九年傳。

齊侯使其弟年來聘。聘例時。凡聘皆使卿執玉帛以相存問。【補曰】「聘皆」云云，本杜預。今儀禮第八篇備焉，其記曰：「久無事則聘焉，若有故則卒聘，束帛加書將命。」周禮大行人、大戴禮朝事儀並云「諸侯歲相問，殷相聘」。鄭君曰：「殷，中也。」孔廣森曰：「中，如中一以上之中，謂甲聘丙又聘。」何休曰：「不言聘公者，禮聘受之於大廟，孝子謙不敢以己當之，歸美於先君，且重賓也。」傳例凡言其者，亦緩辭，猶言之弟之兄。何休曰：「公子不言之兄弟言之者，敵體辭，嫌於尊卑不明，故加之以絶之，所以正名也。」諸侯之尊，弟兄不得以屬通。禮非始封之君則臣諸父、昆弟，匹敵之稱，人臣不可以敵君，故不得以屬通，所以遠別貴賤，尊君卑臣之義。【補曰】屬，謂弟兄之秩次。通者，自通達於他國也。喪服傳曰：「始封之君不臣諸父、昆弟，封君之子不臣諸父而臣昆弟，封君之孫盡臣諸父、昆弟。」范舉其概耳。其弟云者，以其來接於我，舉其貴者也。弟是臣之親貴者，殊别於凡庶。【補曰】接於我，謂接公也。疏曰：「叔肹稱弟，傳云『賢也』，此年稱弟，傳云『舉其貴者』，則稱弟有二義。」文烝案：傳於段侫夫謂之母弟，又昭二十年傳曰：「其曰兄，母兄也。」是明凡稱弟者皆母弟矣。左傳例曰：「凡大子之母弟，公在曰公子，不在曰弟。」又曰：「凡稱弟，皆母弟也。」數語義最明白。公羊曰：「母弟稱弟，母兄稱兄。」例亦同也。若非同母，皆曰公子。宋之辰地，是其明徵。稱弟實不止二義，見莊二十五年。

秋，公伐邾。

冬，天王使凡伯來聘。【補曰】書王聘義在後九年傳。戎伐凡伯于楚丘以歸。凡伯者何也？天子之大夫也。凡，氏；伯，字；上大夫也。【補曰】左傳有公卿之文，明亦上大夫。國而曰伐，此一人而曰伐，何也？大天子之命也。伐一人而同一國，尊天子之命。【補曰】凡言伐者，皆國也。今以伐凡伯爲文，是一人之辭，明大之。左傳稱「君行師從，卿行旅從」，非謂凡伯惟有一人。戎者，衛也。戎衛者，爲其伐天子之使，貶而戎之也。夫天子之使過諸侯，諸侯當候在疆場，膳宰致餼，司里授館，猶懼不敬。今乃執天子之使，無禮莫大焉。楚丘，衛之邑也。昭十二年晉伐鮮虞，傳曰：「晉，狄之也。」今不曰衛伐凡伯，乃變衛爲戎者，伐中國之罪輕，故稱國以狄晉。執天子之使罪重，故變衛以戎之。【補曰】疏曰：「糜信云：『不言夷狄獨言戎者，因衛有戎邑故也。』范意或然。」文烝案：自伐山戎以前，戎名皆不别，此「戎」即衛之戎邑也。左氏哀十七年傳：「衛莊公登城以望，見戎州，曰：『我，姬姓也，何戎之有焉。』」賈逵曰：「戎州，戎人之邑。」又「公踰于北方，入于戎州己氏」，又「公自城上見己氏之妻髮美」，彼時莊公在帝丘，是帝丘北接戎州也。帝丘爲漢之東郡濮陽縣。鄭志答張逸問詩楚宫云：「楚丘在濟河閒。」疑在今東郡界。而水經注引京相璠云：「濮陽城西南十五里有沮丘城。」六國時「沮」、「楚」同音，即衞之楚丘，是帝丘西南接楚丘也。詩稱「升彼虚矣，以望楚矣」，虚者，漕虚，左傳作「曹」字，是楚丘又接曹邑也。漢之濮陽，今直隸大名府之開州也。曹邑爲漢之白馬縣，今河南衞輝府之滑縣也。開州之西南，滑縣之東，數十里内乃楚丘所在。隋嘗於濮陽置楚丘縣，後改名衞南縣，今其廢縣在滑縣東六十里，春秋楚丘約略在其處也。戎州者，蓋南接帝丘，而西南附屬楚丘，同爲一邑。凡伯自魯聘還，衞之戎州人攻而執之，或未聘時奪之幣而執之。若爲直文，當言衞伐凡伯于戎。衞伐不可言也，戎伐猶可言也，故變言戎伐，而貶衞爲戎之義存焉。故傳曰「戎者，衞也。戎衞者，爲其伐天子之使，貶而戎之也。」既言戎伐，故下變言于楚丘，故傳又解之曰「楚丘，衞之邑也」。言邑者，對後文「成時爲衞都」言之，亦明即戎所屬也。杜預云：「楚丘，衞地。」又云：「在濟陰成武縣西南。」是誤爲曹國之楚丘，乃左傳襄十年宋享晉侯之地，自漢志已失之矣。

以歸，猶愈乎執也。以一人當一國，諱執言以歸，皆尊尊之正義，春秋之微旨。【補曰】孔廣森引書序以箕子歸，明以歸之文，非甚賤辭。以者，不以者也，義在哀七年傳。愈，勝也。此執猶云獲也，在經則執與獲異。執者皆是以大執小，以强執弱，是非兼有之。獲之語意較執爲重，不論其大小强弱，皆以不與之辭書。但執不可通言獲，而獲可通言執，古人之爲文辭，固多通言以便文者，故此傳以執爲獲也。此既諱獲，猶不名者，王臣非諸侯比也。

八年春，宋公、衛侯遇于垂。垂，衛地。【補曰】左傳以爲犬丘。王夫之曰：「宋地，漢之敬丘也。睢陽有堆水，字从『犬』，而音同『垂』。」不期而會曰遇。【補曰】曲禮曰：「諸侯未及期相見曰遇，相見於郤地曰會。」孔穎達正義謂未至所期之日及非所期之地而忽相見則並用遇禮相接。既及期，又至所期之地，則行會禮。然則傳所謂不期有二：一是日期，一是地期。遇者，志相得也。【補曰】重發傳者，嫌內外異故也。

三月，鄭伯使宛來歸邴。凡有所歸例時。邴，鄭邑。【補曰】此請以邴易許也。凡田邑實我取言取，實彼歸言歸，皆史文之舊也。月者，爲下入日。疏曰：「一解以擅易天子田，故謹而月之。」○【撰異曰】邴，左氏作「祊」，下同。案：古「枋柄」、「仿俩」皆同字。名宛，所以貶鄭伯，惡與地也。去其族，惡擅易天子邑。【補曰】謂惡鄭伯也。凡歸田邑之廁稱人者，皆是卑者，非大夫。此不稱鄭人，明宛是大夫。大夫當氏，今直名不氏，明惡鄭伯而貶之，猶云病公子所以譏乎公也。公羊以宛爲微者，非也。

庚寅，我入邴。徐邈曰：「『入』承『鄭歸邴』下，嫌内外文不別，故著『我』以明之。」【補曰】徐說得之，此亦是直書其事，文承「來歸」，則非卑者文也。傳例書來者，皆接公之文，明得承上顯公矣。崔子方曰：「見鄭伯雖來歸之而未定於我，待我入然後定也。」入者，内弗受也。【補曰】疏曰：「重發傳者，嫌易田與兵入異，故重發以明之。」曰入，惡入者也。【補曰】謹日以惡之。今音讀去聲字也。「惡」下「入」字各本脫，今依唐石經十行本、俞臯集傳釋義本、李廉會通本補正。邴者，鄭伯所受命於天子而祭泰山之邑也。王室微弱，無復方岳之會，諸侯驕慢，亦廢朝覲之事，故鄭以湯沐之邑易魯朝宿之田也。諸侯有大功盛德於王室者，京師有朝宿之邑，泰山有沐浴之邑，所以供祭祀也。

魯，周公之後；鄭，宣王母弟；若此有賜邑，其餘則否。許愼曰：「若今諸侯京師之地皆有朝宿之邑，周有千八百諸侯，盡京師之地不足以容，不合事理。」【補曰】以邑易魯者，杜預謂各從本國所近之宜也。注言湯沐，公羊文言沐浴。何休注文引許愼者，五經異義駁公羊説也，見王制正義。傳「也」字各本脱，今依唐石經、十行本、吕本中集解本、俞皋集傳釋義本補正。

夏六月己亥，蔡侯考父卒。諸侯曰卒，正也。【補曰】疏曰：「重發之者，宋公起例之始，蔡侯嫌爵異，故重發以明之。舉此二者，足以包宿男，故宿男不復發傳。」

辛亥，宿男卒。【補曰】宿亦書日，則日正、不日不正之例兼施於小國明矣。**宿，微國也。**【補曰】明與元年盟地異。**未能同盟，故男卒也。**【補曰】男卒，謂不名。薛伯、杞子、四秦伯，同義也。未能同盟所以不名者，以其情疏而不親，彼既赴我，則但略記其卒，雖知其名，不欲詳之也。若然，秦康公、共公亦未同盟，得書名者，彼時秦與魯稍親，故與桓公、景公、哀公、惠公異也。自餘中國諸侯及吳、楚君亦多有未同盟而名者，皆以情親故也。傳以盟是國之重事，言同盟、未同盟，足見諸國交好之合離。當時恩義之厚薄，要是大概言之，不得膠執「同盟」二字，據他經以難傳，而實失傳意也。不書名爲未同盟，左傳亦同，但左氏於滕侯卒發例云「凡諸侯同盟，於是稱名，故薨則赴以名」，又於杞子卒發例云「凡諸侯同盟，死則赴以名，禮也」。赴以名則亦書之，不然則否，此二條皆不可通於穀梁。據雜記赴辭曰「寡君不祿」則諸侯赴於諸侯未必名」，趙匡所疑是也。凡不名者，蓋皆因史之舊。宿、薛、杞不葬者，或魯不會，或史以微國而略之。

秋七月庚午，宋公、齊侯、衛侯盟于瓦屋。宋序齊上，王爵也。瓦屋，周地。【補曰】杜預曰：「齊侯尊宋，使主會。」杜是也。此亦齊僖、小伯之事。外盟不日，此其日何也？據僖十九年夏六月宋公、曹人、邾人盟于曹南不日。【補曰】凡外盟史皆書日，君子略之。諸侯之參盟於是始，故謹而日之也。世道交喪，盟詛滋彰，非可以經世軌訓，故存日以記惡，蓋春秋之始也。【補曰】曲禮曰：「離坐離立，毋往參焉。」兩謂之離，三謂之參，三以上皆爲參。王元烝曰：「前猶兩國交盟，今三國合黨，馴致列國同盟矣。前此會盟，各於其竟，今在王畿，馴致翟泉抗盟矣。」誥誓不及五帝，五帝謂黃帝、顓頊、帝嚳、帝堯、帝舜也。誥誓，尚書六誓七誥是其遺文。五帝之世，道化淳備，不須誥誓而信自著。【補曰】尚書大傳言六誓五誥，謂甘誓、湯誓、大誓、牧誓、費誓、秦誓、大誥、康誥、酒誥、召誥、雒誥也，范言七誥，蓋幷梓材、康王之誥數之，疏不數梓材，數湯誥，此枚氏古文新增之篇，若數湯誥，又當數仲虺之誥，當云八誥，知疏說非矣。范數五帝，大戴禮五帝德、世本帝繫、史記五帝本紀、白虎通說也。白虎通數三皇，於伏羲、神農外有燧人。或云祝融，鄭君中候注依運斗樞易以女媧，而軒轅、少昊、高陽、高辛、陶唐、有虞六代爲五帝，某氏尚書傳序、皇甫謐帝王世紀則以犧、農、黃帝爲三皇，少昊至舜爲五帝，是皆以五帝應有少昊。今案五帝德乃夫子答宰我語，豈容違異？魯語展禽曰：「黃帝能成命百物，以明民共財，顓頊能脩之。」中閒不言少昊，祭法亦同，則五帝無少昊甚明。又檢大戴禮帝繫及晉語，黃帝之子有兩青陽，先儒說己姓之青陽卽少皡清，名摯，亦作「質」，爲帝稱金天氏者也。姬姓之青陽卽玄囂，降居泜水，爲諸侯者也。或恐青陽唯一人，後稱少皡金天氏而實不爲帝歟？逸周書嘗麥曰「乃命少昊清司馬鳥師」，而山海經稱「少昊之國」，先儒亦頗疑之。盟詛不及三王，三王，謂夏、殷、周也。夏后有鈞臺之享，商湯有景亳之命，周武有盟津之會，衆所歸信，不盟詛也。【補曰】曲禮曰：「涖牲曰盟。」鄭君曰：「坎用牲，臨而讀其盟書。」左傳曰：「盟諸僖閎，詛諸五父之衢。」杜預曰：「詛，以禍福之言相要。」陽虎盟季桓子，又盟公，及三桓盟國人，皆盟而復詛。先儒以爲詛小於盟。盟者，盟將來；詛者，詛往過也。凡盟書所以告上下庶神，詛亦告神，事略相類。注「夏后」三句并下「齊桓」二句，皆昭四年左傳文，彼文「夏后」作「夏啟」，「會」作「誓」。又云「成有岐陽之蒐，康有酆宮之朝，穆有塗山之會」也。周禮有司盟之官，邦國有疑會同，則用盟。又有詛法，其文屢見毛詩，傳據之。許慎異義及鄭君並據之，謂當從左氏說，於禮得盟。今案傳云「不及三王」，三王，禹、湯、文、武也。或欲通此傳於周禮，謂司盟起周公，周公制禮，正是王制，不得謂在三王之外。左氏所論，但據時事，謂爲周法，實屬可疑。竊意今之周禮，未必無周公舊制，而晚周改作，漢初采集，皆當有之，先儒之辯論多矣。而趙匡言盟誓不必在周季，世皆有之，聖人豈先立此官？張子言周禮盟詛之屬，必非周公之意。所見皆尤確也。若夫覲禮，設方明以依神，本不言盟，國語叔向云「成王盟諸侯于岐陽」，與左傳椒舉言「蒐」顯然不同。而內外傳展禽之言或云「成王勞周公大公而賜之盟」，或云「王命之曰質之以犧牲」，竊謂皆未可據也。夫自少皞之衰，九黎亂德，民神雜糅，咸瀆齊盟。顓頊受之，乃命重黎，絕地天通。其後苗民弗靈，詛盟罔信。堯復育重黎之後，使復典之。三王脩堯、舜之道，先成民而後致力於神，故禮無盟詛。末世有黎、苗之德，不徵於人而徵於鬼，故幽王爲大室之盟，而小雅言屢盟出詛矣。

交質子不及二伯。 二伯，謂齊桓、晉文。齊桓有召陵之師，晉文有踐土之盟，諸侯率服，不質任也。【補曰】質，贅也。說文解「贅」字曰：「以物質錢。」解「質」字曰：「以物相贅。」此猶今人之抵押也。據左傳，春秋之初有交質子，至二伯乃不用，與上句「不及」同意。周代唯有二伯，合夏伯昆吾、商伯大彭、豕韋爲五伯。凡言周有五伯者，蓋非古義。應劭風俗通及趙鵬飛、家鉉翁、趙汸辯之明矣。誥誓「交質子」，因論盟詛并及之，以參盟甚於特盟，經特謹日，故於此發傳，荀子書有此三句，正述傳文。孔穎達於晉古文書大禹謨正義以此文爲妄，且謂穀梁傳漢初始作，其誣甚矣。

八月，葬蔡宣公。月葬，故也。【補曰】重發傳者，衞桓葬緩，此三月而葬速，嫌異故也。

九月辛卯，公及莒人盟于包來。包來，宋邑。【補曰】杜預曰：「浮來，紀邑。」○【撰異曰】包，左氏作「浮」，聲近字。可言公及人，不可言公及大夫。稱人，衆辭。可言公及人，若舉國之人皆盟也。不可言公及大夫，如以大夫敵公故也。【補曰】言公及大夫，謂既言公又言大夫氏名也。莒本無大夫，此論經盟會通例耳，非謂盟者非公，莒傳有氏名也。内與外特盟，以其無大夫，故從以公會人之例，不從齊高傒之例。稱氏名而沒公也，稱氏名不可，稱人則可者，當如注「衆辭」義。又以人是微者，微者不嫌敵公，猶周公制禮，君沐粱，大夫沐稷，士沐粱，士去君遠，不嫌其僭也。君與羣臣燕，不以公卿爲賓，而以大夫爲賓，使宰夫爲獻主。公與族燕，則異姓爲賓，膳宰爲主人，皆以位卑，不嫌其偪也。杜預亦有見於此，而孫覺嘗論之。

螟。

冬十有二月，無侅卒。無侅之名，【補曰】謂直名不氏。未有聞焉。未聞者，不知爲是隱之不爵大夫，爲是有罪貶去氏族。穀梁子不受之於師，故曰「未有聞焉」。【補曰】非不受之於師，師已疑之。如下所云。或曰隱不爵大夫也。若俠卒是。或說曰故貶之也。若無侅帥師入極是。【補曰】疏曰：「後『或曰』是也。不日則惡可知矣。」文烝案：如前說，則本不當稱氏；如後說，則本當稱氏，貶去之耳。傳於入極已發貶義，不定從後說者，蓋以無侅非公子，即不貶亦當不氏，與益師及彄不同，故以隱不爵之義列於前，序經意依違之也。貶義已見，當從前說，其惡則自於不日見之。王引之曰：「『說』字蓋衍文，『故』字亦衍文，蓋涉上四年傳而衍。」

九年春，天王使南季來聘。南氏，姓也。 南季，天子之上大夫，氏以爲姓也。所以別姓者，經有「王季子來聘」、「祭伯來」，「王」、「祭」皆非姓也，嫌與同，故別之也。【補曰】注非也。姬、姜等是姓，祭、尹、武、凡、南等是采邑，卽是氏姓，凡氏皆姓也。氏姓與桓二年「字謚」意略同。惠棟以爲南季者文王子南季載之後也。白虎通引詩傳，文王十子，末曰南季載，「南」與「周公」之「周」及諸叔管、蔡、曹、成、霍、康皆地名也。左傳、列女傳謂之「聃季」，史記作「冉季」，「南」、「聃」、「冉」三字並同。史公謂冉季載後世無所見，未之考耳。文烝案：國語富辰曰：「聃由鄭姬。」葢聃由娶鄭女而亡，又當在此後數十年閒也。注言「上大夫」，其實或上或中，無以言之。**季，字也。** 季云字者，明命爲大夫，不以名通也。【補曰】元年傳曰：「儀，字也。父，猶傅也，男子之美稱也。」以釋某父之爲字也。此傳曰：「季，字也。」以釋伯仲叔季之亦爲字也。周人稱字之法見儀禮、禮記。儀禮士冠禮「賓字」、「冠者」曰伯某甫仲叔季，唯其所當。禮記檀弓曰：「幼名冠字，五十以伯仲，死謚，周道也。」鄭君解「某甫」謂如宋孔甫及孔子爲尼甫之類，賈公彥、孔穎達並據禮緯「質家積仲，文家積叔」，兄弟不止四人則唯末者稱季。但賈謂周於二十造字時權稱伯仲，其實未呼，至五十乃加而呼之。若孔子始冠，但字尼甫，至五十乃稱仲尼是也。孔謂二十時雖云伯仲，皆配某甫而言，至五十則捨其某字，直呼伯仲。二說不同。朱子疑孔說爲是。段玉裁從賈說，以爲伯仲叔季定於天，冠時必連舉之，而不以爲五十前之常稱，但稱某甫，至五十乃稱伯某甫。又曰某甫者，儀禮、禮記、公羊注所謂「且字」也。且者，承藉於下之辭。凡冠而字，祇有一字，必五十而後以伯仲，故

鄭又誤引家甫。

下一字所以承藉伯仲也。言伯某、仲某，是稱其字，單言某甫，是稱其且字。且字之説，儀禮、禮記注各四見，公羊注三見。士喪父某甫、士虞皇祖某甫、少牢皇祖伯某、曲禮天王某甫、雜記陽童某甫，四某甫，一某，皆爲且字。檀弓「尼甫」爲且字；桓四年宰渠伯糾，「糾」爲且字；宣十五年王札子，「札」爲冠且字；定四年劉卷，「卷」爲且字。文烝案：賈、孔二説各有理，段氏解「且」字亦極詳明，何休注解「伯糾」可從，解「札」、「卷」皆不可從。總之，古之制禮，二十而冠，四十而仕，五十而後爵，位隨年異，稱謂斯殊。迨周衰禮變，多有未五十、四十未冠而命爲大夫者，而謂其稱謂之辭，悉準舊時期限，事必不然也。且春秋諸文如邾儀父、如宋之孔父則稱某父，如祭伯、凡伯、南季、任叔、榮叔、祭叔、毛伯、召伯、王季子，如蔡叔、許叔、蔡季、紀季、蕭叔，如内之單伯、夷伯、公子季友、公弟叔肸、鄭之祭仲、陳之女叔、原仲則又直稱伯、仲、叔、季，如渠伯糾、叔服則又稱伯某、叔某，如宋之山則又直稱某，如家父則又直稱父。詩有程伯休父、國語有樊仲山父、左傳有内史叔與父，連稱伯某父、仲某父、叔某父；經則無所見。又經文宋子哀爲疑義，而王人子突則何休、鄭君皆以爲字，書傳中以字繫子者亦多，凡此六科，參差歧異，今説經傳但通其可通者，未敢妄生枝蔓矣。又據經及他書，似凡伯、召伯、毛伯及單伯，皆世稱伯，任叔、榮叔皆世稱叔，南季世稱季，家父世稱父，亦未知何説也。**聘，問也。**【補曰】「聘」與「問」，對文則大聘曰聘，小聘曰問，其實聘亦是存問之義。爾雅、荀子、毛詩傳皆同也。**聘諸侯，非正也。**周禮：「時聘以結諸侯之好，殷覜以除邦國之慝，閒問以諭諸侯之志，歸脤以交諸侯之福，賀慶以贊諸侯之喜，致禬以補諸侯之災。」許慎曰：「禮：臣病，君親問之，天子有下聘之義。」傳曰「聘諸侯非正」，甯所未詳。【補曰】注首周禮下有「天子」二字，大謬，今删之。許氏異義以公羊説天子無下聘義，引周禮斷之如此，見王制正義。傳與公羊説同，故范疑傳不合周禮，其實非不合也。案：周禮大行人、大戴禮朝事儀皆先言春朝、秋覲、夏宗、冬遇、時會、殷同，鄭君曰：「此六事者，以王見諸侯爲文。」次言時聘、殷頫，鄭曰：「此二事者，亦以王見諸侯之臣使來者爲文。」又次言閒問、歸脤、賀慶、致禬，鄭曰：「此四者，王使臣於諸侯之禮也。」以此觀之，時聘是諸侯聘天子，故墨子説詩云「古者諸侯春秋朝聘天子」，毛詩傳亦云「文王率諸侯朝聘乎紂」是也。閒問是天子問諸侯，猶諸侯使人於諸侯曰聘，使人於大夫則曰問，與小聘同名，故聘禮曰「賓皮弁聘」，又曰「賓朝服問卿」是也。是故上之於下，有問無聘，分異而禮殊，禮殊而名別。王室既卑，諸侯逐進，於是變問爲聘，蓋自夷王以降，東遷以來然矣。君子學文、武之道，垂憲章之書，因史成文，明經大義。諸書王聘，皆見非正，故穀梁子承師説言之，而公羊家因之，此正可與大行人、朝事儀文相證。而説者誤解「時聘」之句，輒生疑難，惟杜諤、萬斯大能考而辨之，其識卓矣。大氏經文皆據周典爲義，故傳諸所陳制度及凡言古、言禮、言正者，亦皆依周制言之。以今之周禮五篇合諸傳，唯若盟詛、征稅之法，祭祀、田獵之文，此類頗爲乖異，自餘則可取證者多也。古書莫詳核於周禮，莫博麗於左傳、國語，學者慎擇之而已。凡朝聘之道多端，此傳曰「聘諸侯，非正也」，後傳曰「天子無事，諸侯相朝，正也」，足明諸侯朝聘於王及其自相聘俱是正矣。蕭穎士曰：「於穀梁師其簡，當於此類觀之。」

三月癸酉，大雨，震電。【補曰】大雨水而震電也。雨，依今音讀上聲，與下「雨」異。左傳以爲霖雨自三日以往。書金縢言「天大雷電以風」，天乃雨，反風，春秋不言天，不敢斥尊也。地震則言之，尊親之義。**震，雷也。電，霆也。**【補曰】段玉裁曰：「詩十月之交言『震電』，采芑、雲漢、常武言『雷霆』，震雷一也，電霆一也。古義霆、電不別，許叔重造説文始分析言之，曰：『靁，陰陽薄動生物者也。』『霆，靁餘聲鈴鈴，所以挺出萬物。』『電，陰陽激燿也。』『震，劈歷振物者。」許慎統言之謂之靁，自其振物言之謂之震，自其餘聲言之謂之霆，自其光燿言之謂之電。」王引之曰：「疏云電卽雷之光，霆者霹靂之別名，分電、霆爲二，非也。古言霆有二義：一爲霹靂之別名，爾雅云『疾雷爲霆』是也；一爲電之別名，此傳云『電，霆也』是也。開元占經電占引京房語皆以霆爲電，則謂電爲霆，西漢猶有此語。」文烝案：淮南子曰：「疾雷不及塞耳，疾霆不暇掩目。」亦謂電爲霆。又曰：「天之偏氣，怒者爲風；地之含氣，和者爲雨。陰陽相薄，感而爲雷，激而爲霆，亂而爲霧。陽氣勝則散而爲雨露，陰氣勝則凝而爲霜雪。」大唐郊祀録、太平御覽並引「陰陽相薄」三句，以爲穀梁傳。而郊祀録「霆」作「電」字，汪曰楨語予，此傳逸文，予謂此非逸文，蓋王涇及編御覽者誤記，或誤據他類書，否則當爲穀梁外傳、穀梁章句等書中語，與新語、説苑、漢書、白虎通、後漢書注所引同，並見後。「天之」二句依劉績本與范子計然合。

庚辰，大雨雪。【補曰】孔穎達曰：「不直書大雪，與大水異者，水見其在地之多，故不言大雨水，雪見其自上而下，故言大雨雪。其大雨雹亦同。」志疏數也。【補曰】疏曰：「謂災有遠近也。遠者爲疏，近者爲數。」文烝案：爾雅曰：「數，疾也。」廣雅曰：「疏，遲也。」高誘淮南子注並同。此以數而謹日，下申言之。劉向奏論日食曰：「異有小大希稠，占有舒疾緩急，而聖人所以斷疑也。」八日之閒，再有大變，陰陽錯行，故謹而日之也。劉向云：「雷未可以出，電未可以見，雷電既以出見，則雪不當復降，皆失節也。雷電，陽也。雨雪，陰也。雷出非其時者，是陽不能閉陰，陰氣縱逸而將爲害也。」【補曰】墨子經説曰：「閒，謂夾者也。」變，猶異也。災異之事，陰陽而已，傳特揭之，爲諸災異括例。錯，亂也。史於二事録日，當亦如傳所説，而傳則唯論經也。劉子政推陰陽之占明纂弒之兆，孔廣森申之曰：「易中孚傳雷之始發大壯，始君弱臣强，從解起。推是年三月癸酉，猶在漸泰之氣，雷已發聲，臣强之甚，蓋翬驕蹇，將弑君徵也。陽氣既不以時出，八日之間，陰氣又旋脅之而成雪，盛陰屬甚，臣有作威之象也。」孔又引惠士奇曰：「吳孫亮太平二年二月甲寅，大雨震電。乙卯，雪大寒。兩日之閒，一雷一雪。晉安帝義熙六年正月丙寅，雷又雪。并在一日之中。亮竟被廢，安、恭二帝，皆强臣劉裕弑之，與隱公同占也。」文烝竊謂惠、孔所言足裨劉義，但此等之學未審傳意如何。案：傳於蝝生曰「非稅畝之災也」，又於梁山崩稱輦者之言曰「天有山，天崩之，天有河，天壅之。」「君親素縞，帥羣臣而哭之。既而祠焉。」又於宋、衛、陳、鄭災稱子産之言曰「天者神，子惡知之，是人也。同日爲四國災也。」自餘諸災異，皆不言某災由某事所致，亦不言某異爲某事之兆。覩傳所言與其所不言，足明有國家者宜兢兢於人事，而不宜屑屑於天意，宜有堯、舜洚水警余之心，而不宜爲瞽史某日有災之説。蓋春秋之教，本是如此，故曰子不語怪神，子罕言命。又曰夫子之言天道，不可得聞，而及其言天，則曰天何言哉？四時行焉，百物生焉，夫何言哉？簡易切近如此而已。鄭君説論語天道爲七政變動之占，而荀子引傳曰「萬物之怪書不説」。淮南子曰「孔子作爲春秋，不道鬼神」；史記天官書曰「孔子論六經，紀異而説不書」。重規疊矩，相爲發明，是則天文五行諸占有其説而不説之驗也。高閌引商書高宗雊雉之變，祖己曰：「惟先格王，正厥事。」不言其吉凶禍福，惟正厥事，明春秋之旨亦不異也。穀梁子爲經作傳，悉本夫子之意。公羊異流而同源，故其傳自蝝生以外，皆直曰記災記異，別無他説，與穀梁正同。若左傳則雜采當時之言，而意無專主，自是史家之學異乎孔門所傳。孔穎達詩小雅及左傳正義説士文伯論日食曰：「神道可以助教，不可專以爲教，神之則惑衆，去之則害宜，故其言若有若無，其事若信若不信，期於大通而已。」此讀左傳者所不可不知矣。自漢孝武時董仲舒説公羊，於災異百餘事，一一推言其應，而何休繼之。劉向治穀梁，傳以洪範，其説時有出入。劉歆又自以其意附合左氏。今見於漢書五行志者煩蕪歧誤，

下一句作「夫何言」，依魯論語。

大約如史通內、外篇所譏。范解多采劉向語，佐以他書，擇之頗嚴，說皆近理。愚復略有輯引，附見其閒，聊以蒐取舊聞，志其大者遠者，或亦不背傳意而終未敢信也。雨月志，正也。雨得其時則月。【補曰】疏曰：「僖三年六月雨是也。」文烝案：傳明雨得正則不日，上大雨爲霖審矣。霖自癸酉始，至庚辰而轉爲雪。五行傳曰：「貌之不恭，是謂不肅。厥咎狂，厥罰恆雨。」說曰：「上嫚下暴則陰氣勝，故其罰常雨也。」

俠卒。○【釋異曰】俠，左氏作「挾」。案：漢書「俠陛」，顏注：「同『挾』。」俠者，所俠也。俠，名也；所，其氏。【補曰】疏曰：「徐邈引尹更始云：『所者，俠之氏。』今范亦云所其氏，則所者是俠之氏族。糜信以爲『所』非氏，所謂斥也。」文烝案：糜氏之意，所者斥言爲某氏之辭，猶言「某俠」也，疑糜說是。莊三年解溺爲公子溺，是魯人相傳云爾。俠別有氏，魯人失之。弗大夫者，隱不爵大夫也。俠不命爲大夫，故不氏。【補曰】弗大夫，謂直名不氏也。隱不爵命，故雖居大夫位，書卒而不氏，是明無侅亦同矣。不爵命而不氏，與列國卑者以國氏略相類。諸小國無命大夫者，欲目其人則直名，亦其比也。桓與隱異，而柔亦不氏者，柔出會時未命，非終不命，若書其卒，則必氏也。公子慭、臧孫紇非大夫，得氏者，公子之重視大夫。紇之祖父又本世大夫，又皆例所不卒，以出奔特書，故稱氏，無所嫌也。隱之不爵大夫何也？曰不成爲君也。明將立桓。【補曰】不自成爲君也，猶云不敢爲公。

夏，城郎。郎，魯邑。【補曰】方苞曰：「據左傳，元年費伯已帥師城之，至是始書，必前此城制猶未備也。」文烝案：此亦舊有城而益城之證。

秋，七月。無事焉，何以書？不遺時也。四時不具，不成年也。【補曰】不於六年發傳者，傳及左傳皆周人書，其體例無所拘限，桓元年又多二句。公羊曰：「春秋雖無事，首時過則書。」何休曰：「過，歷也。歷一時無事，則書其始月。」

冬，公會齊侯于防。防，魯地也。【補曰】近齊。○【撰異曰】防，公羊作「邴」。會者，外爲主焉爾。【補曰】疏曰：「重發傳者，嫌華戎異故也。」

十年春王二月，公會齊侯、鄭伯于中丘。隱行自此皆月者，天告雷雨之異，以見篡弒之禍，而不知戒懼，反更數會，故危之。【補曰】往月例在定八年傳。

夏，翬帥師會齊人、鄭人伐宋。翬，隱之罪人也，故終隱之世貶之。【補曰】此本公羊。何焯曰：「加貶於隱一代之中，使人因而推得其故，所謂微而顯。」

六月壬戌，公敗宋師于菅。敗例日與不日皆與戰同。菅，宋地。內不言戰，【補曰】別內於外，故不言戰，而以戰爲敗文，此蓋經改舊史以立例。舉其大者也。戰然後敗，故敗大於戰。【補曰】明內所以不言戰也。大，猶重也。敗重於戰，言敗則戰可知，故舉重而書，可損去舊文也。此事與莊十一年同，書日義於彼傳發之。

辛未，取郜。【補曰】孔廣森曰：「郜，本郜子國。宋滅郜，有其地。今爲魯取。」辛巳，取防。【補曰】於是魯有二防邑，近齊者爲東防，此爲西防。取邑不日，此其日何也？據傳三十三年伐邾、取訾樓不日。【補曰】凡內取邑，史皆日，君子略之。不正其乘敗人而深爲利，取二邑，故謙而日之也。禮不重傷，戰不逐北，公敗宋師于菅，復取其二邑，貪利不仁，故謹其日。【補曰】乘，猶因也。胡瑗以爲十一日之閒取其二邑，不日則其實不明。程端學引陳岳說甚謬。取二邑，唐石經磨改作「又取二邑」。

秋，宋人、衛人入鄭。

宋人、蔡人、衛人伐載。鄭伯伐取之。凡書取國，皆滅也。變滅言取，明其易。【補曰】伐取之、殺之、用之、刺之，凡句末言「之」者，皆緩辭例，與「日有食之」亦同也。何休曰：「不月者，移惡上三國，何非也？既不言滅，則從伐例，故略之。」○【撰異曰】載，本或作「戴」，左氏作「戴」。唐石經左氏磨改，及音義亦作「載」。案：釋名：「載，戴也。戴，載也。」孔穎達曰：「地理志云：『梁國甾縣，故載國。』古『甾』、『載』聲相近，故鄭詩箋讀『俶載』爲『熾菑』。」文烝案：「載國」字，說文、字林皆作「截」。不正其因人之力而易取之，故主其事也。三國伐載，自足以制之，鄭伯不能矜人之危而反與共伐，故獨書「鄭伯伐取之」，以首其惡，其實四國共取之。【補曰】注言四國共取，不可通也。因人之力而易取之者，解經言取之也。主其事者，謂「取之」之上加言「伐」也。因人之力所以爲易取者，易辭。取之云者，因人力而易取之之辭，因人易取，是爲蒙上之文，不爲特主其事，今加言伐，明欲爲主事之文也。加伐所以爲主事者，如三國言伐載，而鄭伯言取載，與徐人取舒同文，則三國爲主事，鄭伯亦爲主事。直言取之，但爲蒙上，不爲主事。今言伐取之，則是既爲蒙上，又爲主事也。必主之者，鄭伯因人之力，全無仁心，反得託兼弱攻昧之義，罪甚。三國不正其如此，故三國既主之，鄭伯又主之也。不蒙乎上，無以著其因人之實，不主其事，無以見因人之爲不正，是故戰不言伐，圍不言戰，入不言圍，滅不言入。而取特言伐焉，所謂其義則丘竊取之者也。如此之屬，必是改舊史之文也。家鉉翁曰：「孟子曰：『善戰者服上刑，遴諸侯者次之。」此春秋初年用法之意也。若鄭莊、宋殤者，可以當此刑矣。」

冬十月壬午，齊人、鄭人入郕。○【撰異曰】郕，公羊作「盛」。入者，内弗受也。曰入，惡入者也。【補曰】重發傳者。前日入是易田，今是兵入。郕，國也。

十有一年春，滕侯、薛侯來朝。【補曰】朝者，白虎通謂用朝時見也。傳曰：「諸侯相見曰朝。」何休曰：「不言朝公者，禮朝受之於大廟，與聘同義。」疏曰：「十是盈數，更以奇從盈，故言有，欲見一者非十中之物也。」孔穎達引干寶同。天子無事，諸侯相朝，正也。事，謂巡守、崩葬、兵革之事。【補曰】周禮大行人：「凡諸侯之邦交，歲相問也，殷相聘也，世相朝也。」大戴禮朝事儀曰：「使諸侯世相朝，交歲相問，殷相聘。」考禮脩德，所以尊天子也。【補曰】禮器曰：「禮也者，猶體也。」祭義、仲尼燕居並以爲履。鄉飲酒義曰：「德也者，得於身也。」王制曰：「考禮正刑一德，以尊于天子。」朝事儀曰：「習禮考義，正刑一德，以崇天子。」左傳曰：「朝以正班爵之義，帥長幼之序。」又朝事儀曰：「諸侯相朝之禮，各執其圭瑞，服其服，乘其輅，建其旌旂，施其樊纓，從其貳車，委積之以其牢禮之數。君使大夫迎于境，卿勞于道，君親郊勞致館，及將幣，拜迎于大門外而廟受，北面拜贶，君親致饔既，還圭，〔一〕饗食、致贈、郊送，所以相與習禮樂也。諸侯相與習禮樂，則德行脩而不流也。」諸侯來朝，時，正也。朝宜以時，故書時則正也。【補曰】謂正例不月，注非。犆言同時也，犆言，謂别言也。若穀伯綏來朝，鄧侯吾離來朝，同時來，不俱至。【補曰】音義曰：「犆，獨也。本或作

義，讀爲儀，謂等儀。

〔一〕「饔」原作「雍」，據大戴禮記朝事改。

特」。」累數皆至也。累數，總言之也。若滕侯、薛侯來朝，同時俱至。【補曰】累，積也。數，計也，目也。皆至於魯，魯則先後受之。劉敞、葉夢得等以爲旅見，非也。○陳則通曰：「來朝皆小國也，畏大國，不獲已，是以來也。鄭人曰曹畏宋，邾畏魯也。宋人曰滕、薛、郳，吾役也。晉人曰滕、薛小邾之不至，皆齊故也。不寧惟是，繒畏邾也，杞畏莒也，紀畏齊也，郜畏宋也，鄫畏吳也，穀鄧畏楚也，介葛牟畏東夷也。春秋録之，悲其無以自存，依人以爲安，亦幸其猶未亡也。春秋之末，諸姬垂盡，視昔日來朝者獨有區區之滕耳。

夏五月，公會鄭伯于時來。時來，鄭地。○【撰異曰】左氏無「五月」，張壽恭疑其脱。時來，公羊作「祁黎」，左經與此同，傳作「郲」。案：時來、祁黎古音皆同，後如曲池、毆蛇之類放此。

秋七月壬午，公及齊侯、鄭伯入許。【補曰】劉敞曰：「伐宋、敗宋、取郜、取防、朝滕、薛、入許，隱之所以弑也。德薄而多大功，慮淺而數得意也。備其四竟，禍反在内，可不哀與？孔子曰：『人無遠慮，必有近憂。』不在顓臾，而在蕭牆也。」○【撰異曰】「許」國字，説文作「䨱」，史記鄭世家有「鄦」字。

冬十有一月壬辰，公薨。【補曰】内君薨皆不名者，國所獨尊，從大上之例。十二公唯莊見名，隱、閔不葬，并不見謚，故史家之學，别有世本譜諜之書矣。左傳固史學，而此類則從略，故隱、桓、閔、文、宣、成、襄、哀之名亦皆不著。公薨不地，故也。不地，不書路寢之比。【補曰】魯史之法，備用王禮，王無弑時，史無書道。故明堂位曰魯王禮也，君臣未嘗相弑也，禮樂刑法政俗未嘗相變也。觀於晉史之書趙盾，齊史之書崔杼，則足以明體例之異焉。君子作春秋以當王法，因其舊制，更立新例。弑逆大禍，則不忍地。本不地者，乃又不日，觀其有異文，知其有變故矣。鄭玉曰：

「常事直書義自見，大事變文義始明。」方苞曰：「春秋之特文，皆所以發疑，事雖變而義非隱，無所用特文也，惟事變而義隱，然後特文以揭之，文異然後疑生，疑生然後義見。」范言路寢之比者，以桓公在外則地也。隱之，不忍地也。隱，猶痛也。【補曰】何休曰：「不忍言其僵尸之處。」○桓公與公子翬弒隱公，傳不如左氏、公羊。明言其事，但於前後略見之，傳似此者多矣。以内之大事言之，如文姜、齊襄之殺桓公，哀姜、慶父之賊般，閔、季子之討慶父，宣公、仲遂之殺惡、視，意如之出昭公，陽虎之竊國寶，左氏載其事甚詳，公羊亦明述其事，獨此傳於經各當文下既不一言，其發傳於他處者亦皆隱約其辭，而無紀録事迹之語。若此者何也？傳之釋經，主於明義，義明則止也。經文書法，簡婉深微，其實經之當文及前後文未嘗無以見之，故傳亦於當文、前後文明其義所見而止，不復叙述事迹也。全傳十一卷，義最該密，而文或簡略。季子之鴆叔牙，叔彭生之死，歸父之遣，與夫宋宣、繆之讓國，殤、閔之被弒，孔父、仇牧之死難，華元之平楚，陳袁濤塗之誤，齊桓、晉荀息之死難，齊豎刁、易牙之爭權，逢丑父之救君，陳乞之迎陽生，衛叔武之被殺，甯殖之命子，鄭弦高之犒秦師，楚莊王之赦鄭，靈王之經死，左氏、公羊皆有明文，傳絶無之。又公羊載曹子之劫齊桓，孔子之行乎季孫，曹羈之諫君，齊高子之城魯，傳亦絶無之。又公羊解經有衛石䂹、鄭高克、楚子玉、得臣、晉先軫、曹公子喜時等姓氏名字，傳皆不具。夫此數十事者，公羊高尚能得之於師，則穀梁子尤當知之，今皆隱約其辭，或没而不説，是其好從簡略矣。然則内事如獲莒挐、敗鹹、叔肸卒、叔倪卒、至自頰谷，外事如滅夏陽、盟召陵、盟葵丘、殺里克、滅黄、戰泓、敗殽、殺陽處父、弑夷皋、殺泄冶、戰鞌、盟爰婁、梁山崩、宋災、伯姬卒、殺慶封、宋衛陳鄭災、弑買、唁乾侯、戰伯舉、入楚、歸脤、會黄池，此二十七傳者何以述事獨詳？蓋作書時意有所到，偶然詳之，或以當時習知其事，習聞其義，因備述於傳。如滅夏陽一條，則戰國策魏謂趙王論晉人伐虢之事，春秋罪虞之義可相證也。桓譚謂穀梁之書殘略，多所遺失，是謂傳所不載者並是不知其事，豈其然乎？其不言葬何也？君弒，賊不討，不書葬，【補曰】此內外所同，亦經之新例。以罪下也。責臣子也。【補曰】公羊曰：「以爲無臣子也。」又曰：「子沈子曰：『葬生者之事也。』」春秋君弒，賊不討，不書葬，以爲不繫乎臣子也。」隱十年無正，隱不自正也。無正，謂不書正月。【補曰】不自正，謂不自正爲君。公羊曰：「隱將讓乎桓，故不有其正月也。」此傳以爲不自正，明讓桓是不正之事，君子取義如此也。或疑十年中正月適無事，日食適是曆誤，故得移晦入朔，改正爲二。又朝聘會遇，觀魚輸平等，適皆在時例耳，否則亦必有正。十年中或有竟春無事者，又必有正，此皆疑非所疑也。今已無正，故經因就無正起義，義隨文變，無意無必。元年有正，所以正隱也。明隱宜立。【補曰】正隱，謂正隱之爲君也。既以無正取義於不自正，故元年之正又取正隱之義，傳與元年傳「謹始」之意相因相足，見經義之深遠也。劉向說苑曰：「春秋之義，有正春者無亂秋，有正君者無危國，是故君子貴建本而重立始，謂隱元年也。」案：隱二年入向、入極；三年日食；四年伐鄭；五年螟；六年輸平；七年伐邾；八年入祊，螟；九年震電，大雪；十年伐宋，敗宋，取郜，取防；十一年入許；此皆兵戎災異之事，而皆在無正之歲。元年有正則悉無之，故曰有正春者無亂秋也。隱不自正爲君，故身弒而統絕，正其爲君，則能終享其國，子孫保之，故曰有正君者無危國也。此爲建本立始，開卷之首義，蓋穀梁家相承之說，而公羊學者因之，遂謂春秋有五始矣。

春秋桓公經傳第二補注第三

桓公，亦惠公子，隱公弟也。惠公嘗立之爲太子。史記名允。一作「軌」，與世本同。母亦曰仲子，以桓王九年即位。

穀梁　　范氏集解　　鍾文烝詳補

元年春王正月。【補曰】舊本「正月」二字退在下經「公」字上，以「王」字斷句，此以傳合經者之誤，今移而改正之。或并欲移「公即位」於此，則非全傳附經之例。凡經一事有數句者，皆以傳文隨句散附，與公羊附經之例一事爲一傳者不同。嚴可均辯之甚明，故今亦仍舊例。桓無王，【補曰】謂文無王。其曰王，何也？謹始也。諸侯無專立之道，必受國於王，若桓初立，便以見治，故詳其即位之始，以明王者之義。其曰無王，何也？【補曰】據周實有王。桓弟弑兄，【補曰】音義曰：「弟殺，本亦作『弑』，下及下注同。」案：今皆作「弑」。臣弑君，天子不能定，諸侯不能救，百姓不能去，【補曰】定，正也，安也。若宣王殺伯御，更立孝公，是救止也，謂討賊以止亂。百姓，蓋官民之通稱。去，除也，諸大夫國人共除賊也。以爲無王之道，遂可以至焉爾。【補曰】以爲無王之道，遂至於此，故文無王也。必於餘年去王而後足見此年之特書王，故傳欲申「謹始」之義而先釋「無王」之文。元年有王，所以治桓也。【補曰】治，討也。此申足上「謹始」義也。謹始即以治桓。隱之書正，曰謹始也，又曰所以正隱也；桓之書王，曰謹始也，又曰所以治桓也，文意一例，以明二字爲兩篇大要也。孟子曰：「世衰道微，邪説暴行有作，臣弑其君者有之，子弑其父者有之。孔子懼，作春秋。春秋，天子之事也，是故孔子曰：『知我者其惟春秋乎！罪我者其惟春秋乎！』」又曰：「孔子成春秋而亂臣賊子懼。」無王之道遂可以至此，孔子所以懼也。稱王治之，以大彰天下有王之義，此所以爲天子之事，而亂臣賊子懼也。內之變甚於外，桓之罪重於宣，故於桓特文以著義，明其餘皆從同矣。傳與孟子合，是聖門所傳如此。春秋經世，議而不辯，此其大者。疏曰：「范氏例云春秋上下無王者凡一百有八，桓無王者，見不奉王法；餘公無王者，爲不書月，不得書王。桓初即位，若已見治，故書王以示義。二年書王，痛與夷之卒，正宋督之弑，宜加誅也。十年有王，正曹伯之卒，使世子來朝，王法所宜治也。十八年有王，取終始治桓也。」○春秋撥亂反正，以當王法，故隱之始有正，桓之始有王，冠兩篇而冒全書者也。公羊但知隱十年無正，而不能言其義，孟子於桓篇之義則深有合焉。世衰道微，但據春秋之初以無王之道始於桓也。春秋成而亂賊懼，懼王治之也。春秋，天子之事，則以王之冒全書者言也。知我者惟春秋，公羊所謂「堯、舜之知君子」是也。罪我者惟春秋，公羊所謂「其詞則丘有罪」，又謂「主人習其讀而問其傳，未知己之有罪」是也。

公即位。杜預曰：「嗣子位定於初喪，而改元必須踰年者，繼父之業，成父之志，不忍有變於中年也。諸侯每首歲，必有禮於廟，諸遭喪繼位者，因此而改元即位，百官以序，故國史亦書即位之事於策。」【補曰】何休曰：「即者，就也。先謁宗廟，明繼祖也。還之朝，正君臣之位也，事畢而反凶服焉。」文烝案：左傳曰：「晉悼公即位于朝。」○【撰異曰】周禮小宗伯「建國之神位」，注曰：「故書『位』作『立』。」鄭司農云：「『立』讀爲『位』，古者立、位同字。古文春秋經『公即位』爲『公即立」。」段玉裁曰：「古文經者，左氏古經也。」繼故不言卽位，正也。故，謂弑也。【補曰】弑者故之實，非故之訓。繼故不言卽位之爲正，何也？曰先君不以其道終，則子弟不忍卽位也。哀痛之至，故不忍行卽位之禮。【補曰】雖實卽位而不言卽位，明其有不忍心，子弟同義，故兼言之，亦以容桓。繼故而言卽位，則是與聞乎弑也。繼故而言卽位，是爲與聞乎弑，何也？曰先君不以其道終，已正卽位之道而卽位，是無恩於先君也。推其無恩，則知與弑也，此明統例耳。與弑尚然，況親弑者？【補曰】疏曰：「桓是親弑之主，而傳論與弑之事，故知傳意本明統例耳。」文烝案：注、疏非傳意。弑逆之事非一人所能獨爲，與弑卽是親弑，故於桓曰與聞乎弑，翬曰與于弑公，宣曰與聞乎故，許止曰與夫弑者，衞獻曰知弑，皆同解也。前見故，後言卽位，皆爲與弑之辭。夫先君不正終而繼之者安然卽位，無不忍心，習其讀而深思之，知其必與乎弑矣。

三月，公會鄭伯于垂。垂，衞地也。傳例曰：「往月，危往也。」桓大惡之人，故會皆月以危之。」【補曰】何休曰：「桓弑賢君，簒慈兄，無仁義之心，與人交接則有危也。」文烝案：桓公十餘會，無不有月，知舊史月日之文最爲詳備，而君子有所去取明矣。崔子方謂「春秋之例以日月爲本」，此言深有見。劉敞乃謂穀梁窘於日月，何哉？近儒或引王充論衡謂穀梁、公羊日月之例，使平常之事有怪異之説，徑直之文有曲折之義，非孔子之心。夫唯俗儒見以爲怪異曲折，斯其爲聖人之經也。漢諸儒無敢議日月例者，獨王充妄言之，彼無師法，豈足據依？會者，外爲主焉爾。鄭伯所以欲爲此會者，爲易田故。【補曰】疏曰：「重發傳者，嫌易田與直會異故也。」

鄭伯以璧假許田。【補曰】以者，重辭，當從僖二十一年之例。玉圜肉倍好曰璧，圜剡上方下曰圭。假，借也。依説文當作「叚」，史記魯世家集解引龐信曰：「鄭以邴不足當許田，故復加璧。」十二諸侯年表鄭莊公二十九年「與魯祊，易許田。」三十三年「以璧加魯，易許田」。**假不言以，言以非假也。**實假則不應言以璧。【補曰】假則直假耳，言以璧，是易也，非假也。**非假而曰假，諱易地也。**【補曰】假可言，易不可言，故婉其文而爲諱。**禮，天子在上，諸侯不得以地相與也。**諸侯受地於天子，不得自專。【補曰】申上意也。許翰曰：「以邴近魯，許田近鄭，而以相與，利則利矣，而義不得。凡情之所便而亂之所生，春秋所謹也。」**無田則無許可知矣。**【補曰】所稼曰田，所居曰邑。許者，邑之名，以田繫邑名，無田，知亦無邑矣。諸言田，如濟西、汶陽、自漷水、龜陰、瀕東、沂西，皆繫山水名，不繫邑者，有田無邑也。其繫邑者，則兼有邑，叔弓疆鄆田是也。公羊以爲田多邑少稱田，邑多田少稱邑。趙匡改之云有邑稱邑，無邑稱田。趙説近之矣。若然，言田不必皆兼邑，直言邑者卽皆以邑見田，故疆鄆田之前直言取鄆，是其驗也。鄭以邴易許，歸邴，我入邴，直言邴，則此亦當直言許。傳言無田則無許可知者，明許下不須加言「田」以起下文也。魯頌美僖公曰「居常與許」，鄭君謂卽此許，毛傳以爲魯西鄙，當是魯西近鄭之地，而公羊乃謂諱取周田，以其近許，而繫之許，杜預從之。夫邑自名許，何關許國，宜來劉炫之規。**不言許，不與許也。**但言以璧假許而不繼田，則許屬鄭也。今言「許田」，明以許之田與鄭，不與許邑也。諸侯有功，則賜田以禄之，若可以借人，此蓋不欲以實言。【補曰】不與者，經不與得假也。假許田可言，假許不可言，故亦婉其文。案左傳楚子重請於王，取於申、呂，以爲賞田。申公巫臣曰：「此申、呂所以邑也，是以爲賦，以御北方。若取之，是無申、呂。」是古者賞田之制以田不以邑之事。**許田者，魯朝宿之邑也。邴者，鄭伯之所受命而祭泰山之邑也。用見魯之不朝於周，而鄭之不祭泰山也。**

今本「祊」，誤作「璧」。

朝天子所宿之邑謂之朝宿。泰山非鄭竟内，從天王巡守受命而祭也。擅相换易，則知朝祭並廢。【補曰】傳釋「許」連言「田」者，便文也。何休曰：「宿者，先誠之辭。」文烝案：「泰」或作「大」也。諸侯朝王，王巡助祭，皆周代大典，春秋猶有以見之。王制曰：「諸侯之於天子也，比年一小聘，三年一大聘，五年一朝天子，五年一巡守。」此與五經異義公羊説及何休注同。鄭君據左傳以爲記所言大聘與朝乃晉文、襄霸時所制，諸侯自相朝聘之法也。左傳又有「歲聘閒朝」，「再朝而會」，「再會而盟」之文，又有「諸侯五年再相朝」之文。周禮大行人、大戴禮朝事儀侯、甸、男、采、衛、要服六者，各以其服數來朝。十二歲王巡守殷國，虞書堯典五載一巡守，羣后四朝。

夏四月丁未，公及鄭伯盟于越。○【撰異曰】越，公羊本亦作「粤」。及者，内爲志焉爾。【補曰】時鄭與魯會垂而去，魯復因易田事，志在結鄭，故又會於越而盟也。此與隱盟唐同，與盟蜀、盟宋、盟皋鼬、陳袁僑盟皆異。重發傳者，垂、越地近，時又相接，嫌與盟蜀諸文爲類也。盟唐、盟越，皆與上會判爲兩事，不復書會而書及，則是内爲志。蜀、宋、皋鼬、陳袁僑之屬書及者，皆與其上會爲一，非是罷會歸國，復會而盟。上書會而下書及，自足見爲尊卑内外之常文，非是内爲志矣。用兵書及，如公孫敖救徐亦承會文，亦是也。越，盟地之名也。越，衛地也。【補曰】盟地，盟所期之地，此越亦非國，故又辯之。傳釋宿、越二文，明後文會鄧、會郕、盟黄、會穀、築臺薛、秦之屬皆從此例，故不復發傳也。杜預以垂爲衛地，越爲近垂地名。王夫之謂垂屬宋，顧棟高、江永疑越當爲曹地。

秋，大水。禮月令曰：「季秋行夏令則其國大水。」大水例時。【補曰】五行傳曰：「簡宗廟、不禱祠、廢祭祀、逆天時則水不潤下。」董仲舒曰：「水者陰氣也。」春秋考異郵曰：「陰盛臣逆，民情悲發，則水出，水災歷月而成，故例時。」高下有水，災，曰大水。【補曰】明以災書也。張尚瑗曰：「高下言田之高下。」文烝案：左傳魯弔宋曰：「天作淫雨，害于粢盛。」

冬，十月。無事焉，何以書？不遺時也。春秋編年，四時具而後爲年。編，録。【補曰】二語公羊同。備四時而後謂之年，編年而後謂之春秋也。禮運曰：「播五行於四時。」即論語云「四時行焉」是也。洪範九疇，五行居始，春秋之書，五行、五事、八政、五紀、王極、三德、稽疑、庶徵、五福、六極悉備焉，故上律天時，義之所重。王、皇同。又案：周之正月、七月，二至月也，四月、十月，二分月也，故漢志引劉歆云：「時以記啟閉，月以記分至。」

二年春王正月戊申，宋督弑其君與夷。宋督，宋之卑者，卑者以國氏。【補曰】注二語本莊十二年宋萬弑君傳文，傳於彼發以明例。左傳稱督爲大宰，宋六卿無大宰，則大宰非卿，非命卿即非命大夫，皆爲卑者，卑者宜稱人。弑君殺大夫，非衆辭皆不稱人，不可不目言之，故從卑者以國氏之例也。督本公孫後，賜氏爲華，若是大夫，當書「公孫督」，或追書「華督」矣。與夷，殤公。○【撰異曰】督，本又作「晳」，字體之異。桓無王，其曰王何也？正與夷之卒也。諸侯之卒，天子所隱痛，姦逆之人，王法所宜誅，故書王以正之。【補曰】左傳文十五年，宋華耦辭公曰：「君之先臣督得罪於宋殤公，名在諸侯之策。」此可見魯史之舊。

及其大夫孔父。【補曰】孔穎達曰：「其君者督之君，其大夫者與夷之大夫。」孔父先死，【補曰】說在下。其曰及何也？書尊及卑，春秋之義也。邵曰：「會盟言及，別內外也。尊卑言及，上下序也。」【補曰】凡及皆以尊及卑，君臣也，夫婦也，內外也，主客也，華夷也，一也。故特言春秋之義，所以廣包諸文。注未得傳意。孔父之先死何也？督欲弒君而恐不立，於是乎先殺孔父，【補曰】不立，謂事不成。公羊曰：「督將弒殤公，孔父生而存，則殤公不可得而弒也。故於是先攻孔父之家」是也。左傳亦謂先攻殺孔父，乃由督豔孔父之妻，殺而取之。啖助曰：「大夫妻乘車，不可在路而見其貌。」文烝以爲左氏好言婦女，多采無稽小說爲之，故華之傾孔也，莒之入向也，晉之討同，括也，齊之取讙、闡也，各自有其本末，而皆爲鄙言褻語所亂。此年既載奪妻事，又言因民之不堪命歸罪司馬，是其所據之書不一，學者詳之。孔父閑也。閑，謂扞禦。【補曰】孔父所以爲閑者，公羊所謂義形於色也。特言此者，明兩下相殺不志，即志之，不言殺其大夫，又或當言遂殺其大夫。今以閑，故得志，又得言其大夫，又得蒙弒君文言及，不言遂殺也。呂大圭曰：「書『及』者，以其與君存亡。」汪克寬曰：「若言遂殺，則不見其爲君而死，而大臣扞君之節不著。」其說皆是也。劉知幾以爲稱「及」則弒、殺不分，君、臣靡別，「及」宜改爲「殺」。文烝以爲古「弒」字祇作「殺」，異音同字，故其辭得以相統，說已具隱四年，劉氏妄矣。此句與上數句文意不相屬。何以知其先殺孔父也？【補曰】知，見也。言經以何文見之。曰：子既死，父不忍稱其名；臣既死，君不忍稱其名，【補曰】論君臣并及父子者，其事同也。五經異義公羊說臣子先死，君父猶名之。孔子云「鯉也死」，是已死而稱名。左氏說既沒稱字而不名，孔父先君死，故稱其字。穀梁同左氏說。鄭君以爲論語云「鯉也死」者，未葬以前也。文烝案：原仲、夷伯皆此例，說又見彼。以是知君之累之也。累，謂從也。【補曰】注非也。「累」之正字本作「絫」，省作「累」。戰國策「絫」、「累」通用。玉篇「絫」字，有力僞切一音，云「延及也。」又曰：「累，同上。」廣韻曰：「累，緣坐也」。「緣」與「延」同義。王逸楚辭注：「纍，緣也。」毛詩傳

「累，蔓也。」緣、蔓皆延也。傳言「君之累之」者，謂督欲弑君，延坐及於孔父，以致先死也。左傳引書康誥「父子兄弟罪不相及」。管子曰：「凡過黨，其在家屬，及于長家。」劉績注曰：「及，坐及也。」上言以「尊及卑」，及者，與也。此言「累之」，明凡殺大夫言及者，又爲延及、坐及之及。公羊曰：「及者何？累也。」與傳同也。凡殺言及，皆爲累，而孔父之累則爲先死。公子瑕、箕鄭父、慶寅傳皆言累，並無先死之事。事雖不同，其爲延坐一也。傳曰：「罪累上也。」又曰「以累桓也」，「累及許君也」，「衛侯累也」，皆爲緣坐延及之義，正可與此相證。而范乃訓「累」爲「從」，何休說公羊以爲「累從君而死」，齊人語。疏又引糜信云：「累者，從也。」謂孔父先死，殤公從後被弑，皆失之矣。孔廣森說公羊讀若伏生書甫刑傳「大罪勿累」，勝於舊說。又引反離騷之「湘累」李奇注謂諸不以罪死曰累，則牽合之說也。

孔氏，【補曰】此合下句字字爲義，言以字爲氏也。左傳曰孔父嘉。「嘉」，名也；「孔」，字也；「父」，美稱也。啖助以爲春秋時名「嘉」者多字「孔」，說文已言之矣。弗父何讓國？四世至正考父，宋君未賜氏族，五世至孔父，君命以其字爲氏，故左傳亦曰督攻孔氏也。史記敘孔子之先曰孔防叔，防叔爲奔魯之始祖，故據而言之，非防叔始氏孔也。孔父嘉爲孔氏，猶華父督爲華氏。

父字，謚也。孔父有死難之勳，故其君以字爲謚。【補曰】此又合上句「孔」字爲義。「父」者，美稱，連「孔」言，皆爲字，没則爲謚，故曰字謚也。左傳、世本宋大夫皆無謚，殷禮則然。孔父以字稱，得爲謚者，蓋字以表德，没稱之以易名。自周法言之，則謂之謚，以字氏爲君命，則以字謚亦君命矣。檀弓魯哀公誄孔子曰「嗚呼哀哉尼父」，與左傳同，鄭君曰：「因且字以爲之謚。」又少牢饋食禮「皇祖伯某」，鄭君曰：「伯某，且字也，大夫或因字爲謚。」引左傳魯無駭卒，請謚與族，公命之以字爲展氏，與檀弓注相合。鄭以彼傳衆仲言「諸侯以字爲謚，因以爲族」，當於「謚」字斷句，而孔穎達哀十六年正義反謂鄭錯讀，非也。傳言字謚，諸證歷歷，夫子本宋人，哀公用殷禮，竊意衆仲所述未必周制，亦據周既有謚之後而言謚也。孔賁森經學巵言說則異矣，以爲王褒賦言謚爲洞簫，謚本訓號，非始於周，特周始以行制謚耳。殷法生有名，死以字爲號，諸王以十幹稱者，皆其字。措之廟，立之主，配帝言之卽謚也。文王之父曰公季，亦其比也。周既以行制謚，宋之君皆得謚於王，而賜大夫謚皆以字，自秉殷禮，故有正考父、孔父、好父、華父、樂父、碩父、夷父之等，疑他國亦本如是，故左傳曰諸侯以字爲謚，謂諸侯賜其臣謚之禮也。魯謚夫子爲尼父，一則以夫子本殷人，一則尊聖人，不敢以末世非禮之謚謚之。衞大夫有石駘、仲駘字，不見謚法，蓋東周之初猶守禮典，當亦以字爲謚者。孔說未知是否，學者擇焉。范注甚不了，疏申之尤誤，又引舊解云：「三月既葬之後，嗣君謚之，使者以葬後始來，故得稱謚。」又云：「或當孔父以字爲謚，得據後言之。」二說皆泥於葬後之制，且未思嗣君簒立，不應爲先大夫作謚也。**或曰：其不稱名，蓋爲祖諱也。孔子故宋也。**孔子舊是宋人，孔父之玄孫。【補曰】疏曰：「案世本，孔父嘉生木金父，木金父生祁父，其子奔魯爲防叔。防叔生伯夏，伯夏生叔梁紇，叔梁紇生仲尼，是孔父是孔子六世祖。范云玄孫者，以玄者親之極至，來孫昆孫之等亦得通稱之。」文烝案：孝經鄭氏注曰「蓋者，謙辭」，謙謂謙慎，與疑辭意近。上言祖，下言故宋，謂孔子以故國視宋，不忘祖也。此或曰與後八年同，言經文亦包此義也。孔父卽不先君死，夫子亦必不稱祖名。若盟會聘問之屬，可準臨文不諱之例。今此最隱痛之事，不得斥名，後篇四殺大夫，皆不名，由此處已有諱義也。魯史本以孔父先君死稱字，君子仍之，又寓諱義。然則史惟一意，經兼二旨，故傳備言之也。○春秋因舊文爲一義，出聖筆又爲一義，相兼乃備。嘗讀詩而益信，凡詩有兩作者卽有兩義，可明證者三焉：其一，左傳富辰論常棣詩，既以爲周公作，又言召穆公作。「召穆公亦云」，鄭君解之以爲凡賦詩者，或造篇，或誦古也。其二，晉郤至曰：「世之治也，公侯扞城其民，故詩曰『赳赳武夫，公侯干城』。及其亂也，略其武夫，以爲己腹心股肱爪牙，故詩曰『赳赳武夫，公侯腹心』。」此兔罝一篇之文。而以一章爲治詩，三章爲亂詩，明是互文錯舉也。其三，毛詩以關雎爲文王之時，后妃之德。魯、韓詩則以爲康王房后，佩玉晏鳴，應門失守，畢公作諷。而觀論語夫子之言曰：「關雎樂而不淫，哀而不傷。」上句謂文王詩，下句謂康王詩，則亦兩義兼用也。劉向説苑稱傳曰：「詩無通故，春秋無通義。」此類皆是也。

滕子來朝。隱十一年稱侯，今稱子，蓋時王所黜。【補曰】此等多用杜預義。疏曰：「周公之制，爵有五等，所以擬其黜陟。今傳無貶爵之文，明降爵非春秋之義。」疏是也。滕子、薛伯、杞伯、杞子皆時王所黜。曹之爲伯，左傳所謂「曹爲伯甸」，而汲冢穆天子傳有曹侯，此穆王後黜爵之驗。

三月，公會齊侯、陳侯、鄭伯于稷，以成宋亂。稷，宋地也。以者，內爲志焉爾。【補曰】疏曰：「以者，內爲志，卽是以者不以之例。」文烝案：傳稱「以者，不以者也」，又稱「以，重辭也」，范據之謂以有二義，故疏云爾。其實內爲志又別爲義，與莊八年「以俟陳人、蔡人」同例，則以有三義也。公爲志乎成是亂也。欲會者，外也。欲受賂者，公也。【補曰】齊僖爲小伯，注上句是下句，當言欲成亂者公也。受賂自在下文，與此無涉，且三國亦皆有賂矣。家鉉翁曰：「魯桓逆黨，所以使三國成此亂者，魯也。穀梁深得聖人之意。」此成矣，取不成事之辭而加之焉，於內之惡而君子無遺焉爾。取不成事之辭，謂以成宋亂也。桓，姦逆之人，故極言其惡，無所遺漏也。江熙曰：「春秋親尊皆諱，蓋患惡之不可掩，豈當取不成事之辭以加君父之惡乎？」案：宣四年公及齊侯平莒及郯，傳曰「平者成也」，然則成亦平也，公與齊、陳、鄭欲平宋亂，而取其賂鼎，不能平亂，故書成宋亂。取郜大鼎納于大廟，微旨見矣。尋理推經，傳

關雎傳專言樂，師說如是，序混哀樂爲一，蓋後來附益。

「通故」、「通義」，繁露作「達詁」、「達辭」，王應麟引辭作例。

似失之。徐邈曰：「宋雖已亂，治之則治，治亂成不繫此一會，若諸侯討之，則有撥亂之功，不討則受成亂之責，辭豈虛加也哉？春秋雖爲親尊者諱，然亦不没其實，故納鼎于廟，躋僖逆祀，及王室之亂，昭公之孫皆指事而書。哀七年傳所謂有一國之道者，有天下之道者也。君失社稷，猶書而不隱，況今四國羣會，非一人之過，以義致譏，輕於自己兆亂，以此方彼，無所多怪。」【補曰】江熙非也。「平」訓「成」者，字義也。成則書成，平則書平者，經辭也。自杜預始爲平亂之説，以改鄭衆、服虔成就之訓，而江氏因之，且議傳失，既乖經例，又昧傳旨矣。范謂極言其惡，徐謂指事而書，説皆得之。案：昭二十二年傳曰：「亂之爲言，事未有所成也。」宋督弒與夷立馮，事已成矣，不得言亂。今曰亂、曰成之，是取不成事之辭加之於桓也。但文雖有加而意在誅惡，乃是極言之無所遺漏，所謂盡而不汙，非苟爲加文耳。論宋事，則已成，論内惡，實欲成其不成，此之謂内爲志。朱子曰：「程子所謂春秋大義數十，炳如日星者，如成宋亂之類，直著誅絶，自是分明。」文烝謂此是經特增舊史文，徐引哀七年傳，字句微異。

夏四月，取郜大鼎于宋。【補曰】左傳稱宋以郜大鼎賂公。言取者，受賂之辭也。衛寶諱取，此不諱，亦所謂無遺。戊申，納于大廟。傳例曰：「納者，内不受也。日之，明惡甚也。大廟，周公廟。」【補曰】疏曰：「此傳亦有弗受之文，而引傳例者，凡傳言内弗受，指説諸侯相入之例，今此言不受，謂周公也，恐其不合，故引例以明之。」文烝案：例在僖二十五年傳。桓内弒其君，外成人之亂，受賂而退，以事其祖，非禮也。【補曰】以亂助亂，以賂事祖，非禮如是，書不可遺，總解「會」、「取」二文也。其道以周公爲弗受也。【補曰】其道，猶言其義，此解「納」字。郜鼎者，郜之所爲也。曰宋，取之宋也。此鼎本郜國所作，宋後得之。【補曰】疏曰：「何休曰：『周家以世孝，天瑞之鼎，以助享祭，諸侯有世孝者，天子亦作鼎以賜之。禮祭天子九鼎，諸侯七，卿大夫五，元士三也。故郜國有之。」文烝案：何説自有據，恐未必爾。以是爲討之鼎也。討宋亂而更受其賂鼎。【補曰】錢儀吉曰：「討之鼎，猶檀弓其不謂之殺厲之師與？」文烝案：經著「取之宋之辭者，以是爲討之鼎故也。成亂者其實，討亂者其名。音義引麋氏云「討」或作「糾」。孔子曰：「名從主人，物從中國，故曰郜大鼎也。」主人，謂作鼎之主人也，故繫之郜。物從中國，謂是大鼎。【補曰】名從主人，謂從郜言郜。物從中國，謂從魯言大鼎。左傳稱吳壽夢之鼎、莒之二方鼎、甲父之鼎，正與郜大鼎同。孔廣森曰：「文王克崇伐密，而魯有崇鼎，晉有密須之鼓，亦是也。」文烝案：此夫子用舊史文而釋其義。公羊曰：「器從名，地從主人。」傳聞未審也。又曰：「宋始以不義取之，故謂之郜鼎。」則別爲一説，尤失之。

秋七月，紀侯來朝。隱二年稱子，今稱侯，蓋時王所進。【補曰】白虎通曰：「紀子以嫁女於天子，故增爵稱侯。」何休曰：「稱侯者，天子將娶於紀，與之奉宗廟，傳之無窮，重莫大焉，故封之百里。」○【撰異曰】紀，左氏作「杞」。朝時，此其月何也？據隱十一年春滕侯、薛侯來朝稱時。【補曰】舊史朝皆具月，君子略之。桓内弒其君，外成人之亂，於是爲齊侯、陳侯、鄭伯計數日以賂。桓既罪深責大，乃復爲三國計數至日以責宋賂。【補曰】傳及注「計」字，各本皆誤作「討」，今依音義、唐石經改正。己即是事而朝之，惡之，故謹而月之也。己，紀也。桓與諸侯，校數功勞，以取宋賂，不知非之爲非，貪愚之甚，紀不擇其不肖而就朝之。【補曰】疏曰：「桓雖不君，臣不得不臣，所以極言君父之惡，以示來世者。桓既罪深責大，若爲隱諱，便是長無道之君，使縱以爲暴，故春秋極其辭，以勸善懲惡也。」

蔡侯、鄭伯會于鄧。鄧，某地。【補曰】杜預釋例：「蔡地也。」公羊以爲鄧國，賈服從之，杜改之。范注「某」

字，或作「厶」，後皆同。左傳曰：「始懼楚也。」

九月，入杞。我入之也。不稱主名，内之卑者。【補曰】疏曰：「何嫌非我而發傳者，以隱八年云我入邴，此直云入杞，故發之。」文烝案：此内稱人之文也。陳傅良以爲内恆言大夫帥師，唯桓師非君將，皆不言大夫。陳氏又謂於晉靈公凡會盟皆不序諸侯，是天下之辭，於魯莊公凡會齊襄皆書人，是一國之辭，於魯桓公凡大夫將皆不言大夫，於宋昭公凡大夫皆不名，是一人之辭。案陳氏之説亦已巧矣，姑記之耳。

公及戎盟于唐。【補曰】不日者，蓋以桓既姦逆，又與戎盟，其事可惡，故略之歟？襄十九年傳曰：「不日，惡盟也。」

冬，公至自唐。告廟曰至。傳例曰：「致君者，殆其往而喜其反，此致君之意義也。離不言會，故以地致。」【補曰】注引例在襄二十九年傳。告廟飲酒、策勳書勞者，至之事也，左氏所據史例也。喜其反者，至之義也，經例也。注言「離不言會，故以地致」，非也。離會不致，致者，皆危之，危之故以地致，例在定十年傳。桓無會而其致何也？遠之也。桓會甚衆，而曰無會，蓋無致會也。弒逆之罪，非可以致宗廟，而今致者，危其遠會戎狄，喜其得反。【補曰】無致會者，爲其不足言會，故曰無會也。遠之者，言春秋以爲遠也。唐在竟内，非遠，以其會戎，則亦爲遠而可危，故遠之以危之。常例會夷狄不致，就本當致會者言，桓則本不當致會，故於常例所不致者特致焉。其文則從穀、瓦、頰谷、黃之例，其義則獨以危其遠爲義，與彼四事又略殊。

三年春正月，公會齊侯于嬴。嬴，齊地。

夏，齊侯、衞侯胥命于蒲。蒲，衞地。胥之爲言，猶相也。【補曰】言猶者，義相近。公羊、爾雅、何休注皆以「相」爲本訓。相命而信諭，謹言而退，以是爲近古也。申約言以相達，不歃血而誓盟。古謂五帝時。【補曰】相命即謹言。爾雅曰：「誥，誓，謹也。」曲禮曰：「約信曰誓。」戰國策、韓非子知伯曰：「吾與二主約謹矣。」此謂約謹其言，以相告命，而兩國之信，已足曉達，故不盟而退。經著此不盟之文，以是爲近古故也。傳多以「信」爲「申」，古讀「信」皆作「申」音，此「信」字則爲「人而無信」之「信」，注以爲「申」字，非也。俞樾曰：「謹，讀爲結，公羊正作『結』。爾雅之『謹』謂『約謹』，約謹即約、結一聲之轉。廣雅：『劼，勤也。』是其例。」文烝案：表記曰：「信以結之。」左傳曰：「言以結之。」讀「謹」爲「結」，於義優矣。古，謂三王時，隱八年傳有明文。注依周禮及左氏說遠指五帝，甚誤。左傳直曰「不盟也」，公羊曰「近正也」。古者不盟，結言而退。荀子曰：「春秋善胥命，而詩非屢盟，其心一也。」是必一人先，其以相言之，何也？不以齊侯命衞侯也。江熙曰：「夫相與親比，非一人之德，是以同聲相應，同氣相求。齊、衞胥命，雖有先倡，倡和理均。若以齊命衞，則功歸于齊，以衞命齊，則齊僅隨從，言其相命，則泯然無際矣。」【補曰】注非也。命令之事，必有一人爲先，而餘人後之，先者命之者也，後者從命者也。今此齊爲先，實是齊侯命衞侯，春秋正名以順言，不欲以齊命衞，故以相言之。

六月，公會杞侯于郕。郕，魯地。【補曰】此杜預下六年注，其字作「成」。○【撰異曰】杞，公羊作「紀」。郕，公羊作「盛」。

秋七月壬辰朔，日有食之，既。○【撰異曰】辰，汲古閣公羊作「申」，誤也。言日言朔，食正朔也。朔日食也。【補曰】王引之曰：「廣韻曰：『正，正當也。』言日之食，當月之朔也。正之言貞也，廣雅曰：『貞，當也。』定四年傳曰：『正是日，囊瓦求之。』亦謂當是日。」既者，盡也，【補曰】公羊同。何休曰：「光明滅盡。」毛詩傳訓「既」爲「盡」爲「終」，墨子經曰：「盡，莫不然也。」說文曰：「盡，器中空也。」有繼之辭也。盡而復生謂之既。【補曰】傳例曰：「又有繼之辭也，既亦爲有繼者。盡則復生，有既則有又，義以相轉而相足，此訓詁之理。」

公子翬如齊逆女。翬稱公子者，桓不以爲罪人也。【補曰】桓所不罪，故從常例，而仍史文。後不書翬卒者，弑君賊安死卿位，不得書卒，例在宣八年傳，蓋君子削之也。爾雅曰：「如，往也。」小爾雅曰：「如，適也。」逆女前不見納幣事者，或在卽位前，或不納幣，或納而不使卿。正月會嬴，左傳以爲成昏于齊，則知其有異常禮，疑其不納幣，或不使卿矣。逆女，親者也，使大夫非正也。【補曰】疏曰：「重發傳者，履緰外之始，翬是內之初，故重發以明外內不異。」文烝案：如者，內稱使之文也。履緰逆女，以無使道不言使，此言如者，逆女大典，不可同於臧孫辰私行之文，又不得與祭公、劉夏無別，故不言逆女于齊也。

九月，齊侯送姜氏于讙。已去齊國，故不言女。未至于魯，故不稱夫人。讙，魯地。月者，重録之。【補曰】注釋稱姜氏義，本杜預，得之。公羊以爲父母之辭，非也。上下經文，內女伯姬、叔姬等稱字，父母之辭，且以別其人也。內夫人子氏、姜氏等稱氏，夫家之辭，又各繫於其君，不待別之也。仲子稱字者，既没無謚，辭窮也。紀、季、姜亦外女稱字者，與其上文王后互見義，一從王朝之辭，一從其父母辭也。王姬不字者，別於內女也，故曰「名之必可言也，言之必可行也」。禮，送女，父不下堂，【補曰】堂，廟堂。母不出祭門，諸母兄弟不出闕門。祭門，廟門也。闕，廟觀也，在祭門之外。【補曰】闕門，卽經書雉門，諸侯之中門也。周禮祭義並云建國之神位，右社稷，左宗廟，謂中門內路寢門外之左右。鄭君說禮誤也。兄弟蓋兼女兄弟言。父戒之曰：「謹愼從爾舅之言。」【補曰】謹卽愼，疊言之耳。又愼者，誠也，靜也，審也。母戒之曰：「謹愼從爾姑之言。」【補曰】國語子夏曰：「婦學於舅姑者，禮也。」諸母般申之曰：「謹愼從爾父母之言。」般，囊也，所以盛朝夕所須，以備舅姑之用。【補曰】士昏禮記曰：「庶母及門內施鞶。」鄭君以鞶爲鞶囊，男鞶革，女鞶絲。范從鄭義，與先儒異。先儒皆以鞶爲大帶也。音義曰：「般，一本作『鞶』」，申重也。」上所論禮，皆謂壻親迎，父母以女授壻時。送女踰竟，非禮也。【補曰】齊僖過寵其女，違不下堂之禮。左傳例曰：「凡公女嫁於敵國，姊妹則上卿送之，以禮於先君；公子則下卿送之。於大國雖公子亦上卿送之。於天子則諸卿皆行，公不自送。於小國則上大夫送之。」

公會齊侯于讙。無譏乎？齊侯送女踰竟，遠至于讙，嫌會非禮之人，當有譏。【補曰】注非也。言公既不親逆，而此會又似親逆，禮所未有，問經意無譏否乎？曰爲禮也。齊侯來也，公之逆而會之，可也。爲親逆之禮。【補曰】答上問曰爲禮也，猶檀弓云其庶幾乎亡於禮者之禮也，明經意無譏也。所以然者，齊侯既以送女來至讙，則公之逆姜氏而因會齊侯可，既失於前，猶得於後。

夫人姜氏至自齊。【補曰】公與夫人同至得禮，異於莊，故無公至文，或從亘無致會例歟？何休曰：「不就讙上致者，婦人危重，故據都城乃致也。」孔廣森曰：「于讙，已入國矣。見宗廟然後致，不言至自讙者，從國有行，乃以其地致。夫人本自齊來，與往灌地而還歸者異。」何休曰：「月者，爲夫人至例，危重之。」**其不言翬之以來何也？**據宣元年遂以夫人婦姜至自齊。**公親受之于齊侯也。**重在公。【補曰】是公受之，非翬以之。親受，則幾於親逆矣。**子貢曰：「冕而親迎，不已重乎？」**冕，祭服。【補曰】冕者，以版爲幹，三十升布覆之，玄表朱裏，後高而前低，故曰冕。冕，俛也。王制、毛詩傳、白虎通古冠冕圖並言夏曰收，殷曰冔，周曰冕，其制蓋皆相似。禮器曰：「天子之冕朱緑藻，十有二旒，諸侯九，上大夫七，下大夫五，士三。」士三旒者，天子之上士耳，其中、下士及列國之士則以爵弁當冕矣。爵弁覆版略如冕，故士冠禮記、郊特牲、説文、獨斷、公羊宣元年注並言夏收、殷冔、周弁。弁者，爵弁，即冕也。爵弁雖與冕類，但冕有旒垂前而低。周禮五冕皆以旒數爲別，爵弁則無旒，而前後平，故不得冕名，而從鋭上合手之稱曰弁。又以其如雀頭色曰爵，又以其用韋不用布謂之韋弁。陳祥道據周禮言韋弁、皮弁，荀子言士韋弁，皆別無爵弁。書顧命某氏傳、釋名又並言「爵韋弁」，故知韋弁即爵弁也。周禮冕服有六，大裘而冕、衮冕、鷩冕、毳冕、希冕、玄冕也。以鄭君注言之，九章曰衮，謂畫龍也。有龍、山、華蟲、火、宗彝，畫以爲繢。有藻、粉米、黼黻，刺以爲繡。荀子稱「天子山冕」即此服也。七章曰鷩，謂華蟲也。五章曰毳，謂宗彝虎蜼也。三章曰希，刺而不畫也。一章曰玄，以其衣色言也。若言其章，則左傳晉士會黻冕是也。説文解「衮」字云「卷龍繡於下幅」，〔一〕似畫刺皆在裳，其上衣直玄而已。稱其衣曰玄，稱其裳曰衮、鷩，毳，希，黻。但衣之稱，上得兼下，故詩言衮衣、毳衣、黻衣，荀子言黼衣，而實則皆玄衣也。禮器曰：「天子龍衮，諸侯黼，大夫黻，士玄衣纁裳。」此略言之，而玄衣其所同也。士冠禮曰：「爵弁服，纁裳，純衣，緇帶，韎韐。」純衣卽玄衣也。玄

〔一〕「幅」原訛作「裳」，據説文解字衣部改。

衣、純衣者，絲衣也。衣之用絲者，獨冕服及爵弁服，尊祭服也。纁裳、緇帶、韎韐，皆士之制。據玉藻則大夫以上冕服皆素帶，其韠謂之韍。諸侯卿大夫皆赤裳赤韍，天子朱裳朱韍也。冕而親迎，謂玄冕也，士爵弁而親迎。說文「冕」或作「絻」，「兗」或作「弁」，又作「𢍚」。魯論語子見絻衣裳者、見絻者，古論語皆作「弁」。文相似，制相近，明皆貴服矣。音義曰：「迎，一本作『逆』。」孔子曰：「合二姓之好，以繼萬世之後，何謂已重乎？」【補曰】夫子答端木氏與大、小戴記對哀公略同，引之者明春秋貴親迎之意，以明桓公親受，較愈於宣、成以夫人之文也。古人愛厥妃，必先敬其主，妻者所安之主也，以愛言也，妻者内主也，親之主也，以敬言也。

冬，齊侯使其弟年來聘。【補曰】昏事畢而聘也。許翰曰：「自嬴之會至仲年來聘，備紀、姜氏如此，謹昏義也。春秋反復意有所致者，不可不察也，必有深誡其中。故志文姜悉者，閑其亂也，録伯姬詳者，矜其節也。」顧棟高曰：「會嬴至聘，一年中連書六事，皆爲昏文姜，盟防至用幣，三年中連書十三事，皆爲昏哀姜，志閨門之禍，謹履霜之漸。」

有年。有年，例時。【補曰】凡言年者，取禾一熟，年之言稔也。說文：「秊，穀孰也。从禾千聲。」言有，亦一有一亡之例。周禮以凶歲爲無年。五穀皆熟，爲有年也。【補曰】五穀，黍、稷、稻、麥、菽也。周禮、逸周書豫州、并州其穀宜五種，魯當青、兗，雖有不宜者，非全無也，不如其宜者多耳。或以麻易稻，未是，麻與桑爲類，合五穀爲七賦也。熟，成也。疏曰：「冬，五穀畢入，計用豐足，然後書之，不可繫以日月，故例時。」文烝案：有年時者，十二月納禾稼畢乃書也。書金縢言「秋，大熟，未穫」，謂周十二月以前，其下言「歲則大熟」，乃據十二月，猶詩言「歲其有」，皆與「有年」同意。此書「有年」，宜書「大有年」，公羊皆曰以喜書。此左氏昭元年傳所謂「國無道而年穀和熟，天贊之也」。胡安國本孫復說，謂桓、宣十八年，獨此二年書「有年」，他年之歉可知。方苞曰：「書『有年』，皆承歲祲也。隱五年螟，八年螟；桓元年大水，故三年有秋，喜而志之；宣自即位後，螽蝝水旱不絶書，故十六年大有秋，喜而志之；莊六年螟，七年大水，二十四年、二十五年皆大水，而其後不書『有年』者，繼災之後，稍熟不可謂有年，久則民氣漸復，雖有年不復書矣。」○黍稷之説夥矣。程瑤田曰：「今北人呼黍子、糜子、黄米、黄粱，又呼穄米、穄子，其音如『稷』者，皆即黍也。今呼高粱、紅粱、蜀粱、秫秫者，即稷也。稷米麤，所謂疏食者也。今呼穀子、小米者，則粱也。粱即禾，禾者粱之專名也。」文烝案：程氏九穀考，世所推重，其言黍是也，其言稷未盡是也，其言粱及禾非也。禾爲黍、稷、稻既秀之通名，説見莊二十八年。今之小米當爲稷，説文：「䅩，稷雪也。」釋名：「䅩，星也。」周禮注：「肉有如米者似星。」三文互證，皆言細小，則稷爲今小米可知。今之高粱當是稷中一種，廣雅曰：「藋粱，木稷也。」即高粱也，高粱高大如木，故稱木稷。既別之爲木稷，則非稷之正種。但玉藻稷食菜羹，實即論語疏食菜羹，所稱稷，當爲木稷。鄭君月令注引舊説，稷爲首種。今北人收穫，黄米最先，高粱次之，小米又次之。播種則高粱最先，小米次之，黄米又次之。是高粱、小米並合首種之名矣。若詩、三禮、左傳所謂粱者，説文但云米名，知其非穀名。楊泉物理論謂黍稷之總名曰粱，合稻、菽爲三穀。竊意黍、稷之中並有米名粱。史記索隱引三蒼曰：「粱，好粟。」韋昭國語注曰：「粱，食之精者。」蓋得其實，故左傳「粱」與「麤」對，猶毛詩「粺」與「疏」對矣。楊泉又以爲粱、稻、菽三穀各二十種爲六十，蔬果之實助穀各二十，凡爲百穀也。

木稷亦曰蜀黍。蜀，大也。

四年春正月，公狩于郎。 春而言狩，蓋用冬狩之禮。蒐狩例時，而此月者，重公失禮也。莊四年冬，公及齊人狩于郜。傳曰：「齊人者，齊侯也。其曰人何也？卑公之敵，所以卑公也。」然則言齊人者，所以人公，則譏已明矣。狩得其時，故不月。【補曰】凡史書狩，皆月也，狩與蒐，皆書地。哀十四年傳云：「狩地，知非以地遠譏。」何休云：「禮諸侯田狩不過郊。」孔穎達以爲大野是魯狩常地，皆未可據。四時之田，皆爲宗廟之事也。【補曰】田者，四時取獸之總名。何休引易曰「結繩罔以田魚」是也。何氏又曰：「已有三牲，必田者，孝子之意，以爲己之所養，不如天地自然之牲，逸豫肥美。禽獸多則傷五穀，因習兵事，又不空設，故因以捕禽獸，所以共承宗廟，示不忘武備，又因以爲田除害。」春曰田，取獸於田。【補曰】白虎通曰：「總名爲田。」何爲田除害也？春，歲之本，舉本名而言之也。夏曰苗，因爲苗除害，故曰苗。【補曰】此本杜預左傳注也。白虎通曰：「擇其未懷任者也。」鄭君解周禮謂擇取不孕任者，若治苗去不秀實者云。何休解公羊「春苗」曰：「苗，毛也。」明當毛物取未懷任者。毛卽「毦」字，擇也。公羊「夏不田」，而董仲舒繁露增入「夏獮」，異其師說。秋曰蒐，蒐，擇之，舍小取大。【補曰】此本何休也。白虎通曰：「蒐，索肥者也。」音義曰：「蒐，麋氏本又作『搜』。」周禮、左傳、爾雅春蒐、秋獮，國語云：「蒐於農隙，獮於既烝。」古書異說，不可强同。冬曰狩。狩，圍守也。冬物畢成，獲則取之，無所擇。【補曰】此亦本杜預也。白虎通曰：「守地而取之也。」疏曰：「周之十二月，夏之十月，萬物已收，故得以畢成言之。」文烝案：春、夏、秋、冬，皆用當代制，不從夏時，傳明經以非禮書也。凡四時之田，有田、苗、蒐、狩，猶四時之祭有祠、礿、嘗、烝也。失時失正，而史書於策，八者一也。終春秋不見書田、苗、祠、礿者，田苗禮簡，蒐狩禮盛，祠礿禮約，嘗烝禮豐，非禮之事，必於盛且豐者而取備焉。故或非時而狩，或非時而大蒐，或非時而亟烝，無有非時而田、苗、祠、礿者也。或值狩時而見脅於仇讐，或遇嘗時而不綴其所可綴，無有田、苗、祠、礿而蹈斯失者也。凡狩二蒐五嘗一烝二，惟蒐紅別見義，若西狩則非狩矣。孔穎達王制正義引鄭君釋廢疾謂穀梁四時田者，近孔子故也。公羊正當六國之亡，得見孔子所藏之讖緯，改爲三時田，從春秋之制。鄭與何休皆信讖緯，以爲是孔子之書，後漢之妄說也。讖緯卽用公羊，公羊世遠失實，孔廣森以爲諸侯制似取暘疏之義，亦無徵也。**四時之田用三焉，唯其所先得，**【補曰】目在下。王制天子諸侯歲三田。正義引釋廢疾謂以乾豆等三事爲田，非三時田也，與禮注異。俞樾曰：「言唯其所先得，則自以所得先後爲一、二、三之次，疑下注上殺、次殺、下殺之說未足據。」**一爲乾豆，**上殺中心，死速，乾之以爲豆實，可以祭祀。【補曰】何休曰：「一者，第一之殺也，自左膘射之，達於右髃。豆，祭器名，狀如鐙。天子二十有六，諸公十有六，諸侯十有二，卿上大夫八，下大夫六，士二。」**二爲賓客，**次殺射髀骼，死差遲。【補曰】何休曰：「二者，第二之殺也，自左膘射之，達於右脾。」**三爲充君之庖。**下殺中腸污泡，死最遲。先宗廟，次賓客，後庖廚，尊神敬客之義。【補曰】何休曰：「三者，第三之殺也，自左髀射之，達於右䯚，中腸胃污泡。充，備也。」案：公羊、王制、毛詩傳皆有此三句。

夏，天王使宰渠伯糾來聘。宰，官也。渠，氏也。天子下大夫，老故稱字。下無秋、冬二時，甯所未詳。【補曰】公羊曰：「下大夫也。」孔穎達引周禮大宰卿一人，小宰中大夫二人，宰夫下大夫四人，謂未知伯糾是何宰？今據公羊，當爲宰夫。周禮鄭衆注以詩「家伯維宰」爲宰夫，此宰夫稱宰之證。服虔以咺爲宰夫，當移以說此。渠氏亦是采，惠棟引左傳昭二十六年「劉子以王出，次于渠」是也。伯糾猶叔服，皆字也。何休曰：「天子下大夫，繫官氏且字。稱伯者，上敬老也。」老臣不名，何以糾爲且字？得之。以伯爲老稱，范用其說，實未可據。傳例：「天子之大夫皆不名耳。」左傳曰：「父在故名。」父在之義與老臣之說相反。杜預說渠爲氏，伯糾爲名。孔穎達引鄭箴膏肓云「名且字」，則渠爲名，伯糾爲字。公羊注

「繫官氏且字」，傳寫「氏」下衍一「名」字。徐彦因謂渠是名，要之皆非也。下無秋七月、冬十月者，十四年傳曰：「立乎定、哀，以指隱、桓，隱、桓之日遠矣。夏五，傳疑也。」明此亦爲世遠之故，仍史之闕，以示傳疑。傳於彼言之，則此可不發也。

五年春正月，甲戌、己丑，陳侯鮑卒。【補曰】前正與夷，後正終生，此不正者，以二日爲變文，不復須正。鮑卒，何爲以二日卒之？春秋之義，信以傳信，疑以傳疑，明實録也。【補曰】稱春秋以包全經。陳侯以甲戌之日出，己丑之日得，不知死之日，故舉二日以包也。國君獨出，必辟病潛行。【補曰】公羊曰：「怴也。甲戌之日亡，己丑之日死而得。」何休曰：「怴者，狂也。齊人語。」此注辟病，謂辟易之病，卽狂也。惠士奇説死而得。死，讀爲「屍」，謂得其屍也。案：傳明此仍舊史從赴之文。

夏，齊侯、鄭伯如紀。外相如不書，過我則書，例時。【補曰】注據下「冬」傳也。疏曰：「紀在齊東，鄭在齊西北，鄭欲如紀，則直過齊，何以二君並得過魯？蓋齊侯出竟西行而逢鄭伯，遂與至紀，途過於魯，故得記之。」文烝案：如者，朝也。左傳曰：「齊侯、鄭伯朝于紀，欲以襲之，紀人知之。」杜預曰：「外相朝皆言如。」案：外相朝言如者，略之以别於來朝之文，從内朝外之例。凡過我則有借道之禮，故或得書。

天王使任叔之子來聘。任叔，天子之大夫。【補曰】未知爲上爲中。○【撰異曰】任，左氏、公羊作「仍」。孔廣森詩聲類以爲冬、綅、蒸三類古通用，故「仍」亦作「任」。而戎菽謂之荏菽，戎與茸通，茸當音仍。集韻「戎」兼入蒸部，小雅「朋」、「戎」爲韻，邶風、大雅「仲」、「任」爲本句韻。張壽恭引史記索隱曰：「地理志東平有任縣，蓋古仍國。」任叔之子者，録父以使子也。録父使子，謂不氏名其人，稱父言子也。【補曰】廣雅曰：「詮，録，具也。」王念孫曰：「詮者，論之具也。字亦通作『譔』録者，記之具也。凡言『之』者，緩辭。」此録父以使子，明「之」亦緩辭。何休所謂辟一人也。武氏子雖未爵，父没爲大夫矣。不得録父，故無煩緩也。故微其君臣而著其父子，不正父在子代仕之辭也。君闇劣於上，臣苟進於下，蓋參譏之。【補曰】稱君以使，而所使之臣無姓氏名字，是微之。録父以使子，是著之。其辭如此者，明不正其父在子代仕也。疏曰：「闇劣、苟進止是二譏，而言參者，舊解傳言『微其君臣』，而著其父子是刺其父之不肖，而令苟進，更又刺其君臣，故曰參譏之。或以爲參者交互之義，不讀爲三，理亦得通。」文烝案：公羊曰「父老」，老者，致仕之謂。

葬陳桓公。【補曰】葬時，正也，例在成十三年傳。

城祝丘。譏公不脩德政，恃城以安民。

秋，蔡人、衛人、陳人從王伐鄭。王親自伐鄭。【補曰】稱人者，孫復以爲衆辭。文烝案：傳例公與諸國大夫會盟，大夫悉稱人，明或公會諸國卑者則同文也。王與諸侯並在焉，猶公會諸大夫也；王與諸大夫並在焉，猶公會諸卑者也。今此三國稱人，蓋蔡、衛皆君，而陳佗使大夫，通以稱人爲例。猶蜀之盟，楚人、秦人等爲大夫，而齊人爲卑者。澶淵之會，晉人爲大夫，而宋人爲卑者也。服虔以陳亂無君，而決三國皆大夫，未得稱人之旨。吕大圭謂「有天子在則諸侯稱人，有諸侯在則大夫稱人」，其言是也。謂三國皆諸侯，則未盡是也。不言天王者，趙汸曰：「凡言天，以其無上，故王不在辭端則不加天。」文烝案：此亦所謂致恭而不黷，公朝于王所亦同也。以王配謚，本無加稱。舉從者之辭也。使若王命諸侯伐鄭，書從王命者三國也。【補曰】疏曰：「糜信曰舉從者之辭，謂解經稱人也。徐邈云舉從者之辭，謂王不能以威致三國，三國自以義從耳。范以二者不通，故爲別解，謂若王不親伐。」文烝案：范是也。以王文親於伐鄭之上，未嘗沒其事之實，特其屬文爲「舉從者」之辭，謂以蔡、衞、陳主其事，不以王主其事。孫復以爲不使天子首兵是矣。若不欲爲舉從者之辭，當先言天王伐鄭，而後言蔡人、衞人、陳人從，如河陽先言王守，後言朝，是則以王主其事。左傳稱「王以諸侯」，言「以」者，豈史之舊歟？

其舉從者之辭何也？爲天王諱伐鄭也。

諱自伐鄭。

鄭，同姓之國也，在乎冀州，於是不服，爲天子病矣。

鄭，姬姓之國。冀州則近京師，親近猶不能服，則疏遠者可知。【補曰】疏曰：「徐邈云：『新鄭屬冀州。』案：爾雅兩河閒曰冀州，新鄭在河南，不得屬冀。糜信云：『韓哀侯滅鄭，遂都之。韓，故晉也，本都冀州，傳以當時言之，遂以目鄭。然則伐鄭時未有韓國，何得將後代之事以爲名？韓侯從冀州都鄭，亦不得謂鄭爲冀州也。蓋冀州者天下之中州，古者天子之常居。鄒衍書云『九州之內，名曰赤縣，赤縣之畿，從冀州而起』，故後王雖不都冀州，亦得以冀州言之。」鄭近王畿，故舉冀州以爲說。王引之曰：「士冠禮注曰：『病，猶辱也，故凡羞愧者皆曰病，』曰爲天子病矣，曰公子病矣，此類以由己羞之者言也。曰病公子，曰所以病齊侯也，此類以爲人羞之者言也。徐邈於襄八年傳注誤以爲疾病之病，楊氏於哀九年傳疏又誤以爲病患之病，古訓疏，而經説遂晦矣。」文烝案：此言同姓之親，冀州之近，猶且不服，以爲是天子之羞辱，故婉其文而諱親伐也。春秋之義，至是而止，伐而後服，在所不論。若左傳所載戰于繻葛，師敗王傷，彌不可道矣。○趙鵬飛曰：「親征非平世之事也，武王創業則親征，宣王再造則親征，成、康平世，不聞親征，有大司馬之法在也。」

大雩。雩者，旱祭請雨之名。傳例曰：「雩，得雨曰雩，不得雨曰旱。月雩，正也。時雩，不正也。」禮月令曰：「仲冬行夏令則其國乃旱。」【補曰】秋不月者，七月也。傳例在僖十一年、成七年。爾雅曰：「舞，號，雩也。」何休曰：「使童男女各八人舞而呼雩，故謂之雩。」鄭君答臨碩難周禮引董仲舒曰：「雩，求雨之術，吁嗟之歌。」祭法注曰雩之言吁嗟也。」賈逵、服虔、杜預皆曰雩之言遠也，遠爲百穀祈膏雨。賈又曰：「言大，別山川之雩，蓋以諸侯雩山川，魯得雩上帝，故稱大。」何休曰：「不地者，常地也。」鄭君論語注曰：「沂水在魯城南，雩壇在其上。」五行傳曰：「言之不從，是謂不艾。厥咎僭，厥罰恆暘。說曰，僭差也。刑罰妄加，羣陰不附，則陽氣盛，故其罰常暘也。」何休曰：「旱者，政教不施之應。」

螽。禮月令曰：「仲冬行春令則蝗蟲爲敗。」【補曰】劉歆說五行傳：「螽爲介蟲之孽。」何休曰：「蝝者，煩擾之所生。」○【撰異曰】公羊作「蝝」，後皆同，亦作「蠡」。螽，蟲災也。蚣蝑之屬。【補曰】此本杜預也。孔穎達曰：「釋蟲云：『蜤螽、蜙蝑。』揚雄方言云：『春黍謂之蚣蝑。』陸機毛詩疏云：『幽州人謂之春箕，春箕卽春黍，蝗類也。長而青，股鳴者。或謂似蝗而小，班黑，其股狀如瑇瑁文。』爾雅又有蟿螽、土螽，樊光云：『皆蚣蝑之屬。』然則螽之種類多也。」文烝案：說文曰：「螽，蝗也。」爾雅阜螽、草螽、析螽、蟿螽、土螽，李巡以爲皆分別蝗子，異方之語。唐石經初刻「蟲」上無「螽」字。甚則月，不甚則時。【補曰】疏曰：「重發傳者。經書時雩非正，故不月，螽災與之同不月，嫌其甚而不月，故發以明之。」文烝案：螽時者，亦皆七月也，災在八月以後則甚，七月則不甚。唯文三年秋雨螽于宋，甚而亦時，彼以外災特志，又加言雨，足以別之矣。此七月得雨書雩，災不甚可見，前發螟例，此發螽例，疏未得其意。

冬，州公如曹。【補曰】董仲舒曰：「州公化我，奪爵而無號。」文烝案：曹，小國，而州朝之，公非本爵明矣。稱公者，明其從此失國爲寄公，猶郭公、虞公，皆生稱公也。喪服經於失國者稱寄公，知是古之常稱。此言「如」，下言「來」，皆不言「奔」，故稱公以起之。左傳謂之「淳于公」。外相如不書，此其書何也？【補曰】不書者，經例因史例也。過我也。過我，六年「寔來」是也，將有其末，故先録其本。【補曰】注以「過我」卽下「寔來」，又用何休爲下張本之説，皆未分明。如曹者，州公本意也。書於冬者，是冬過我也。正月又言「來者」，以過相朝也。過我當書，以過相朝亦當書。疏曰：「齊侯、鄭伯如紀，無寔來亦言過我者，不必悉有下事，此因有下事，故以相發明。其齊侯、鄭伯直塗過於魯，不入國都，故不言寔來也。」

六年春正月，寔來。來朝例時。月者，謹其無禮。寔來者，是來也。【補曰】公羊曰：「猶曰是人來也。」何休曰：「不録何等人之辭。」爾雅曰：「寔，是也。」杜預曰：「寔，實也。」案：覲禮曰：「伯父實來。」鄭君注：「今文『實』作『寔』。」左傳曰翟伯實來、子皮實來、印段實往。外傳亦曰叔父使士季實來。左氏書，古文也，杜讀從之，説亦可通。但今文家訓「是」，自有所受，不可輒改。毛詩「寔命不同」，傳云：「寔，是也。」韓詩作「實」，云「有也」，此二訓之異。何謂是來？謂州公也。其謂之是來何也？以其畫我，故簡言之也。諸侯不以過相朝也。畫是相過，去朝遠。【補曰】此注尤不可曉，傳意自明也。上冬傳及此傳皆與公羊同。公羊曰：「曷爲謂之寔來？慢之也。曷爲慢之？化我也。」簡、慢義同，畫、化聲近。何休曰：「行過無禮謂之化，齊人語也。」然則畫者，魯人語也。簡言之者，謂言寔來，不言朝也。畫者，卽下句「以過相朝」是也。俞樾曰：「傳與公羊略同，惟公羊於『化我』下不置一辭，傳又申之曰『諸侯不以過相朝也」，於是其義明矣。蓋諸侯惟過天子之國必行朝禮，成十三年公羊傳所謂「不敢過天子」是也。若諸侯之於諸侯，本非臣屬，但須假道，不必相朝。而州公乃以如曹之故，道出魯竟，遂行朝禮。朝不以禮，與無禮同，故謂之畫我化我，何休行過無禮之說必有師承。又謂諸侯相過，至竟必假塗，入都必朝，今州公過魯都，不朝魯則大非傳義矣。」文烝案：俞說是也。俞又謂左氏與公、穀絶異。今案：左傳曰：「冬，淳于公如曹，度其國危，遂不復。」「六年春，自曹來朝。書曰『寔來』，不復其國也。」蓋左氏讀經不審，以爲上冬自州如曹，今春又自曹來魯，於二家言「過」、言「畫」、言「化」之旨皆不得通。唯解「來」字亦爲來朝而不復國之說，足證明公爲寄公之義，並可依用，其留曹、留魯則無以言之。

夏四月，公會紀侯于郕。○【撰異曰】郕，左氏、公羊作「成」。

秋八月壬午，大閱。【補曰】孔穎達曰：「大蒐、大閱，國之常禮。公身雖在，例不書公。比蒲、昌閒皆舉蒐地，此不言地者，蓋在國簡閱，未必田獵。昭十八年鄭人簡兵大蒐在城内，此亦當在城内。」文烝案：孔言「未必田獵」，不爲決辭，準諸此傳，不田明矣。大閱者何？閱兵車也。閱爲簡練。【補曰】左傳曰：「簡車馬也。」公羊曰：「簡車也。」今本公羊「車」下衍「徒」字。孔廣森曰：「閱義如伐閱之閱，簡義如簡稽之簡。必取名簡閱者，明主爲籌按之，周禮所謂校登其夫家之衆寡及其六畜車輦旗鼓兵器者是也。先王之治，安不忘危，存不忘亡，井牧其田野而寄軍令焉。居則有户籍田結，行則有尺籍伍符，故大師曰拱稽，大役曰抱磨，大田曰讀書契。凡所以使軍實可數，卒兩可比，然後等列辨，少長順，而坐作進退之節可習。」脩教明諭，國道也。脩先王之教，以明達於民，治國之道。【補曰】言此固治國之道也，所以起下二句。平而脩戎事，非正也。邵曰：「禮因四時田獵，以習用戎事，存不忘亡，安不忘危之道。平，謂不因田獵無事而脩之。」【補曰】周禮大宗伯：「大田之禮，簡衆也。」鄭君曰：「古者因田習兵，閱其車徒之數。」文烝謂因田習兵，每歲四時行之。因田習兵，又大加簡閱，疑當如何休説，以爲三年一行。三年一行，亦國之常，史例不志。今會屆三年之期不因田獵以行此禮，輒於城内行之，故史特志之，而經因以見非正。其日，蒐閱例時。【補曰】注因蒐以推閱也。以爲崇武，故謹而日之，【補曰】崇，重也。時史見事有異，故特志之，又日之。君子從而取義如此。蓋以觀婦人也。【補曰】觀，示也。婦人，夫人也。古文孝經傳曰：「蓋者，辜較之辭。」劉炫曰：「辜較，猶梗概也。」推傳此言，疑夫人自桓時已與聞國政，爲後來出會如師之漸。桓既從妻所好，他年國外簡閱，或與俱行，爲後來共會共如之漸。茲因子同之生，將及月辰，故夫人不出，特行事於城内，以悦之耳。於説似奇，於情或得。家鉉翁曰：「時當淫姜煽亂之始，穀梁必有所本也。」

蔡人殺陳佗。陳佗者，陳君也。其曰陳佗何也？匹夫行，故匹夫稱之也。【補曰】庶人稱匹夫。匹，偶也，言其夫婦相偶耳。人君而匹夫稱之，爲其有匹夫之行。其匹夫行柰何？陳侯憙獵，【補曰】説文曰：「喜，樂也。」「憙，説也。」顏師古曰：「『喜』下施『心』，是好憙之意。音虚記切。」説文又曰：「嗜，憙欲之也。」太玄玄衝曰：「務則憙。」又曰：「窮無喜。」憙即憙省，而與「喜」别。急就篇：「勉力務之必有憙。」皇象不誤，他本皆誤。此傳音義亦虚記反，板本皆不誤，惟唐石經誤。白虎通曰：「四時之田，總名爲獵。」蔡邕月令章句曰：「獵，捷取之名也。」淫獵于蔡，與蔡人爭禽，淫獵，謂自放恣，遺失徒衆。【補曰】是所謂匹夫行也。傳聞之誤，遂以爲姦淫。公羊似此者多。蔡人不知其是陳君也而殺之。【補曰】蔡自殺匹夫陳佗耳，不殺陳侯。何以知其是陳君也？【補曰】此「知」

字訓「見」，問於經文，何以見之？兩下相殺，不道。兩大夫相殺，不書春秋。【補曰】注言「兩大夫」，是謂卿與卿相殺。傳云「兩下」，不必兩者皆卿。兩下者，別乎君殺大夫及衆殺大夫之辭，猶言兩臣也。兩臣相殺，苟非矯王命殺世子，事涉重大，則皆以不道爲常。不道者，或是經例因史例，或專是經例，未能定也。此蔡稱人，本是衆辭，稱人而不言殺其大夫，則雖是衆辭之例，而實爲兩臣相殺之文。以兩臣相殺，常例不道，足明陳佗爲陳君也。其不地，於蔡也。【補曰】疏曰：「郲人戕繒子于繒。書地，今不地，故決之。」

九月丁卯，子同生。子同，桓公嫡子莊公。【補曰】青史氏記稱王大子生而泣，繼以卜名。而依內則，凡子生命名皆在三月之末，則此書名者，史追書也。不稱世子者，賈逵、杜預皆曰書始生也。案：禮士冠記曰：「天子之元子猶士也，天下無生而貴者也。」疑，故志之。莊公母文姜，淫于齊襄，疑非公之子。【補曰】案：左傳十八年，文姜如齊，齊侯通焉。彼時莊年已十三，次年而即位，人共見之，無所可疑。其所以疑者，時謂姜氏未嫁已亂其兄。史記齊世家、劉向列女傳、鄭君詩箋皆有其説，此致疑之由也。君子案史記既書夫人至，又志子同生，使習其讀者知夫人嫁魯，四年而生子，中閒無如齊出會之事，則文姜雖惡，而疑可釋矣。內則説大夫士生子，夫告宰名，宰書曰某年某月某日某生，而藏之。宰告閭史，閭史書爲二。以是推諸侯之禮，魯史書生，必不止此，君子於此獨存之，其爲以疑特志，不亦明乎？朱子及張大亨、高閌、趙鵬、程端學、郝敬，近儒顧棟高、方苞、牛運震、洪亮吉、張應昌皆發明穀梁之義，而惠士奇言未嫁私通最得之。楊疏亦知未嫁私通，乃謂此四年中齊襄仍尚往來，所以可疑。不謂志以破疑，反謂志以見疑，誤會傳意。其言鄙倍，且齊世子何嘗來？魯夫人何嘗往？真無稽之談也。○杜預曰：「十二公唯子同是適夫人之長子，備用大子之禮，故史書之於策。」杜意聲姜爲文公母，左傳無明文，聲姜又未知何年所娶。左傳雖以定姒爲定公夫人，而定姒爲哀公母，亦無明文，亦未知何年所娶。又以傳載公衡事推之，則成公非穆姜所生。又傳於此云「以大子生之禮舉之」，則如文篇不書子惡之生，或是未嘗備禮。杜説未審信否，依杜亦得兼通，史雖唯有此文，君子自取疑義，明不當疑也。張應昌以爲「聖筆第存其舊，而自別具妙義」是也。朱彝尊曰：「易芈以黃，易嬴以吕，易司馬以牛，其事或未足深信，惟無聖人之書法可以祛惑，史沒其文，斯疑者益甚耳。」

時曰：同乎人也。時人僉曰，齊侯之子，同於他人。【補曰】范解「同乎人」本左傳「徵舒似女」、「亦似君」之意。案：山海經：「伯陵同吳權之妻阿女緣婦。」郭璞曰：「同猶通，言淫之也。」或當依彼作解，因其名同，謂是姜氏同通乎人所生。毛詩序曰：「人以爲齊侯之子焉。」是當時齊、魯之人有此語，申上句「疑」字意也。左傳桓公曰：「是其生也，與吾同物，命之曰同。」杜預曰：「謂同日。」

冬，紀侯來朝。

七年春二月己亥，焚咸丘。日之，謹其惡。【補曰】焚之者，蓋公也。不書公，蓋諱之，或亦與前人杞後伐邾同。

其不言邾咸丘何也？據襄元年圍宋彭城言宋。【補曰】此當如何休據紀郱、鄑、郚，既無伐邾文，咸丘當繫邾。

疾其以火攻也。不繫於國者，欲使焚邑之罪與焚國同。【補曰】注又失其解，若攻不以火，則直言伐邾，不目咸丘矣。今疾其以火攻，詳其所焚之邑，則略其所繫之國也。凡書紀郱、鄑、郚，宋彭城，鄭虎牢者，變文也。伐邑、取邑、滅邑悉不繫國，常文也。蘇轍謂邑有常處，不待國別而知。其説是也。故不言邾由於言咸丘，言咸丘則由於疾焚也。經辭有體而皆相貫，傳文甚簡而有所包，當以此意讀之。疾，猶惡也。何休曰：「征伐之道，不過用兵，服則可以退，不服則可以進。火之盛炎，水之盛衝，雖欲服罪，不可復禁，故疾其暴而不仁也。」杜預以咸丘爲魯地，焚爲火田。左傳中兵事言焚者多矣，杜非也。又失時月日之例。

夏，穀伯綏來朝。鄧侯吾離來朝。其名何也？據隱十一年滕、薛來朝不名。失國也。禮諸侯不生名，失地則名。【補曰】注用曲禮文。上句亦見襄七年二十五年。失國則其以朝言之何也？據文十二年郕伯來奔不名。【補曰】疏曰：「郕伯與穀、鄧並與常例違，故據之以相決，何則？郕伯不言名而云來奔，穀、鄧書名而稱朝，二者相反，故特據之。」嘗以諸侯與之接矣，雖失國，弗損吾異日也。待之以初也。下無秋、冬二時，甯所未詳。【補曰】注「待之以初」用公羊也。言前者嘗以諸侯之禮相接，今雖失國，託寄於我，我猶以諸侯待之而用朝禮，故言朝，此史文之舊，君子所取也。何休曰：「所謂故舊不遺則民不偷。」又據禮記諸侯不臣寓公，寓公不繼世。論其事曰「獨妻得配夫，託衣食於公家，子孫當受田而耕」。疏曰：「郕伯與魯同姓，故不名以表其親。言奔以明失國，穀、鄧與魯有好，故言名以彰失國，稱朝以見和親。但入春秋以來，無同好之事，蓋春秋前有之。」文烝案：下無秋七月、冬十月者，與四年同說。

春秋桓公經傳第二補注第四

穀梁　范氏集解　鍾文烝詳補

八年春正月己卯，烝。失禮祭祀例日，得禮者時。定八年冬從祀先公是也。僖八年秋七月禘于大廟，月者，謹用致夫人耳。禘無違禮。烝，冬事也。春祭曰祠，薦尚韭卵。夏祭曰禴，薦尚麥魚。秋祭曰嘗，薦尚黍肫。冬祭曰烝，薦尚稻鴈。無牲而祭曰薦，薦而加牲曰祭，禮各異也。【補曰】詩小雅曰：「禴祠烝嘗，于公先王。」此周四時祭名。周禮、公羊、爾雅皆同。范注約何休注文。何休又曰：「祠，猶食也，猶繼嗣也。春物始生，孝子思親，繼嗣而食之，故曰祠，因以別死生。」「麥始熟可汋，故曰礿。」「礿」即「禴」字。「嘗者，先辭也。秋穀成者非一，黍先熟，可得薦，故曰嘗。」「烝，衆也，氣盛貌。冬萬物畢成，所薦衆多，芬芳備具，故曰烝。」董仲舒曰：「祠者，以正月始食韭也；礿者，以四月食麥也；嘗者，以七月嘗黍稷也；烝者，以十月進初稻也。」又曰：「春上豆實，夏上尊實，秋上机實，冬上敦實。豆實，韭也。尊實，麷也。机實，黍也。敦實，稻也。始生故曰祠，善其司也。夏約故曰礿，貴所受初也。先成故曰嘗，嘗言甘也。畢孰故曰烝，烝言衆也。」董生大恉與何氏同，此古義也。嘗、烝二字，其本義皆非祭，乃用其引申之義，蓋其由來久也。祠、礿、禘、祫，當皆是後來之禮，故特製正字。葉夢得引詩那、烈祖、楚茨，皆但言烝、嘗。又逸禮篇有烝嘗禮，有禘于大廟禮，是則時祭，烝、嘗爲重。大祭，禘其大名歟？○何休又論祭曰：「祭於室，求之於幽；祭於堂，求之於明；祭於祊，求之於遠；皆孝子博求之意也。大夫求諸明，士求諸幽，尊卑之差也。殷人先求諸明，周人先求諸幽，質文之義也。禮天子、諸侯、卿、大夫，牛、羊、豕，凡三牲曰大牢。天子、元士、諸侯之卿大夫，羊、豕，凡二牲曰少牢。諸侯之士特豕。天子之牲角握，諸侯角尺，卿大夫索牛。」案：國語觀射父曰：「天子舉以大牢，祀以會；諸侯舉以特牛，祀以大牢；卿舉以少牢，祀以特牛；大夫舉以特牲，祀以少牢；士食魚炙，祀以特牲；庶人食菜，祀以魚。」韋昭曰：「會，會三大牢。舉，四方之奠。」**春興之，志不時也。**【補曰】周正月、夏十一月，以爲不時而志者，時祭之名亦不以夏制爲準也。以春秋言之，桓嘗在八月，文大嘗亦然，建未月也。然則烝宜用戌亥月，不從夏時之冬矣。論語顏淵問爲邦，子曰：「行夏之時。」皇侃以爲顏淵魯人，問治魯國之法，孔子舉魯舊法爲答，謂田獵、祭祀、播種皆用夏時以行事，是魯之舊也。案：論語下文殷路、周冕、韶舞，皆魯國禮樂之舊，皇説甚有理。逸周書周月曰：「至於敬授民時，巡狩烝享，猶自夏焉。」竊意周、魯之初烝如此，但後來漸有變更，遂一以周時爲準。隱、桓之代，沿用已久，故田祭一失周時則即謂之非禮。而史書於策，春秋事仍本史，因即據以爲義，若論語則本魯之初制言之，故不相同也。依王制，嘗、烝皆祫，祭五廟爲時祭之祫。左傳亦稱「齊嘗于大公之廟」，此不言「烝于大廟」，十四年不言「嘗于大廟」者，主爲烝嘗，書舉祭名則義見。

天王使家父來聘。家父，天子大夫。家氏，父字。【補曰】家氏亦采也。鄭君引家父釋冠禮「某甫」，孔廣森遂以「家」爲且字，非也。疏曰：「何休云：『中大夫，故不稱伯仲。』范意或然。」文烝案：稱伯仲、稱父，蓋並通乎上、中大夫，似當時世世爲是稱。毛詩序仍叔美宣王、家父刺幽王，孔穎達謂春秋所書，別是一人，猶晉之知氏世稱伯，趙氏世稱孟，宋孔父之父正考父，其子木金父，累世同字「父」也。又大雅宣王時有皇父，小雅之皇父，序爲幽王時，鄭譜及箋爲厲王時。孔氏亦疑是傳世稱之。

夏五月丁丑，烝。烝，冬事也。春、夏興之，黷祀也，志不敬也。【補曰】公羊曰：「亟則黷，黷則不敬。」何休曰：「黷，渫黷也。」說文曰：「敬，肅也。」釋名曰：「警也。」案：敬與恭，散文通，對文則如少儀「賓客主恭，祭祀主敬」。鄭君曰：「恭在貌也，而敬又在心。」張栻曰：「心在焉，謂之敬是也。」疏曰：「一失禮尚可，故以不時言之，再失禮重，故以不敬釋之。」程子曰：「既烝復烝者，必以前烝爲不備也，其黷禮甚矣。」

秋，伐邾。【補曰】亦內稱人之文。

冬十月，雨雪。禮月令曰：「孟冬行秋令則霜雪不時。」【補曰】五行傳曰：「聽之不聰，是謂不謀。厥咎急，厥罰恆寒。」劉歆以爲大雨雪及未當雨雪而雨雪及大雨雹隕霜殺菽，皆恆寒之罰也。何休曰：「周十月，夏八月，未當雨雪，此陰氣大盛，兵象也。」文烝案：月者，例也。范引孟冬者，但取下一句之事，非以夏正解經十月，范諸引月令皆然。

祭公來，遂逆王后于紀。祭公，寰內諸侯，爲天子三公者。親逆例時，不親逆例月，故春秋左氏說曰：「王者至尊無敵，無親逆之禮。祭公逆王后，未至京師而稱后，知天子不行而禮成也。」鄭君釋之曰：「大姒之家在郃之陽，在渭之涘，文王親迎于渭，即天子親迎之明文矣。天子雖尊，其于后猶夫婦，夫婦判合，禮同一體，所謂無敵，豈施此哉？」禮記哀公問曰：「冕而親迎，不已重乎？」孔子愀然作色而對曰：「合二姓之好，以繼先聖之後，以爲天地宗廟社稷之主，君何謂已重焉？」」此言親迎繼先聖之後，爲天地宗廟社稷之主，非天子則誰乎？【補曰】公羊曰：「祭公者何？天子之三公也。」何休曰：「祭者，采也，天子三公氏采稱爵。」注引鄭君説天子當親迎，非也，下辨之。王后、王世子、王姬、王人、王師、王室，言王猶言周也。若言京師后、京師世子，則不成辭。曲禮曰：「天子之妃曰后。」后，君也。左傳稱后緡方娠，自夏然矣。何休曰：「不言如紀者，辟有外文。」其不言使焉何也？據四年天王使宰渠伯糾稱使。【補曰】不得獨據彼，當依何休云「據宰周公稱使」。不正其以宗廟之大事卽謀於我，時天子命祭公就魯，共卜擇紀女可中后者，便逆之，不復反命。【補曰】娶女所以崇宗廟，故曰宗廟之大事。卽，就也。就，成也。公羊曰：「使我爲媒可，則因用是往逆矣。」何休曰：「婚禮成於五，先納采、問名、納吉、納徵、請期，然後親迎。時王者遣祭公來，使魯爲媒可，則因用魯往迎之，不復成禮，疾王者不重妃匹，逆天下之母若逆婢妾，將謂海內何哉？」故弗與使也。【補曰】去使以譏王。遂，繼事之辭也。【補曰】疏曰：「依范氏略例，凡有十九遂事，傳亦有釋之者，亦有不釋者，此是例之首，又天子大夫嫌與諸侯臣異，故發繼事之辭。」文烝案：遂事實有二十，此所以爲繼事者，來成謀，卽往逆，趙與權曰「因而成事」是也。其曰「遂逆王后」，故略之也。以其遂逆無禮，故不書逆女，而曰王后，略謂不以禮稱之。【補曰】俞樾曰：「此『故』字衍文，蓋涉上『故』字而衍。」文烝詳繹此傳，知經注下范所引鄭説非傳意也。隱二年、桓三年傳並曰「逆女，親者也，使大夫，非正也」，彼言逆女無使道，自論諸侯之禮。此祭公之來，非有他事，乃爲逆后使之來。傳曰：「不正其以宗廟之大事卽謀於我，故弗與使也。」又曰：「其曰遂逆王后，略之也。」明若非成謀而卽往逆，則此事不爲失禮，春秋書之當曰「天王使祭公逆女于紀」。不言「王后」而言「女」，不言「來」、不言「遂」而言「使」，不如諸侯之禮，不得有使道也。范所引乃許愼五經異義及鄭君駮語，見詩大明、禮記曲禮哀公問。左傳此條諸正義及通典，其文互有詳略。諸正義引異義、禮戴説天子親迎，春秋公羊說天子至庶人娶皆當親迎。左氏說王者至尊，無體敵之義，故不親迎，使上卿逆，上公臨之。諸侯有故若疾病，則使上大夫逆，上卿臨之。許氏謹案：高祖時，皇太子納妃，叔孫通制禮，以爲天子無親迎，從左氏義。觀異義所載，不稱穀梁云何，固未可以公羊說爲穀梁說也。荀子曰：「天子無妻，告人無匹也。四海之內無客禮，告無適也。」無妻者，蓋謂稱妃不稱妻，以妃之言媲，妻之言齊，其義略異故也。既曰無妻，必無親迎之禮。左氏說謂至尊無敵，故不親迎者，正是此意。荀卿學於穀梁，必不違其師說，則穀梁說必與左氏同也。戴禮、公羊春秋非古義，而白虎通從之，鄭亦從之，不如許從古爲得也。何休說公羊襄十五年傳曰「禮逆王后當使三公」，雖違其本傳之舊說，而義則是也。詩稱文王親迎大姒，考其事當在文王卽位後。文王爲殷之諸侯，未可據以爲天子禮，毛傳亦無天子親迎之說。非若造舟爲梁傳稱天子造舟，皋門應門冢土傳稱王之郭門曰皋門，王之正門曰應門。美大王作郭門正門以致皋、應，美其社，遂爲大社，以爲因祖制而定，爲王禮。又非若六師及之傳稱天子六軍，直以天子事追述文王也。孔子對哀公稱繼先聖後者，自指周公。稱爲天地主者，自據魯得郊天而言，非謂天子有親迎禮也。孔穎達於禮記、左傳二疏不以鄭駁爲允，其說最是。啖助疑而不定，而趙匡斷從不親迎之說，不可易矣。范引異義左氏說祭公逆王后未至京師而稱后，知天子不行而禮成，此自左傳家釋稱王后之義與穀梁不同。又通典引異義左氏說公子翬如齊逆女，春秋不譏，知諸侯有故，得使卿逆。有故而得使卿，可與穀梁相補備。但桓之使翬，未聞有故，經亦未嘗不譏，其說不可用也。祭公逆后，卿亦當行。杜預曰：「卿不書，舉重略輕。」杜是也。家鉉翁據左傳莊十八年虢公、晉侯、鄭伯使原莊公逆王后于陳，不言王使，而曰虢、晉、鄭使之，以證公羊、昏禮不稱主人之義不可通於穀梁。

或曰：天子無外，王命之則成矣。四海之濱，莫非王臣，王命紀女爲后，則已成王

「適」與「敵」同。

后，不如諸侯人國乃稱夫人，或説是。【補曰】孔廣森曰：「禮女未嫁而壻死，女當改適，唯王者妃匹，至尊無偶，雖在其國，義成爲后，設遇大故，不得更許嫁，可以此經決之。」文烝案：此稱或曰者，經意既如上所説，又兼見此義也，襄十五年亦同。公羊經師傳聞有此一説，遂以爲專義矣。范據公羊，故曰「或説是」耳。

九年春，紀季姜歸于京師。季姜，桓王后，書字者，申父母之尊。姜，紀姓。【補曰】此皆本杜預。杜釋書字義本公羊，與上稱「王后」相對爲義也。逆稱王后，故歸稱季姜，若逆稱女，已從父母辭，則其歸當稱王后姜氏矣。京師義在文九年傳。不月者，程子曰：「書王國之事，不可用無王之月，故書時而已。」爲之中者，歸之也。中，謂關與婚事。【補曰】當讀「爲之中者」絶句，我爲之中者，則歸之也。歸之者，謂春秋之文書「歸」以「歸之」，經仍史之舊。何休曰：「明魯爲媒，當有送迎之禮。」

夏四月。

秋七月。

冬，曹伯使其世子射姑來朝。【補曰】言「其」者，凡世子上有目君文則爲綴辭。○【撰異曰】音義曰：「射，麋氏本作『亦』。」朝不言使，【補曰】異於聘。言使非正也。【補曰】包季姬言之。使世子伉諸侯之禮而來朝，曹伯失正矣。【補曰】國語注曰：「伉，對也。」左傳注曰：「敵也。」疏曰：「禮諸侯世子，誓於天子，攝其君則下其君之禮一等，未誓則以皮帛繼子男，此謂會同急趣王命者也。今曹伯或有疾，雖闕朝魯，未是急事，而使世子攝位來朝，故云非正也。」案：疏論諸侯適子之禮本周禮典命、大戴禮朝事儀。曹伯有疾，何休、杜預皆云爾。諸侯相見曰朝，以待人父之道，待人之子，以内爲失正矣。【補曰】待與止同義，謂處待也。直書「朝」，明魯以處曹伯之禮處之，又譏内也。左傳曰「賓之以上卿」，蓋失之。内失正，曹伯失正，世子可以已矣，則是放命也。父有争子，則身不陷於不義，射姑廢曹伯之命可。【補曰】已，止也，謂止不來也。太平御覽引麋信注曰：「放，違也。」文烝案：書康誥曰「大放王命」，堯典及孟子言「方命」，馬融、趙岐皆曰：「方，放也。」鄭君、王肅讀堯典之「方」爲「放」，謂放棄教命也。注以「廢」釋「放」亦同，以爲世子可放命，非也。傳言魯與曹伯既皆失正，則世子可以止不來矣。又言世子若止不來，則嫌是違棄父命，疑若未可。此句所以起下尸子語，文意與莊七年「則是雨說也」、定十三年「則是大利也」正同。放，各本誤作「故」，今依唐石經、陸淳微旨、太平御覽引及吕本中集解本、俞皋集傳釋義本、程端學本義改正。胡安國傳言「方命」，所據亦未誤。尸子曰：「夫已多乎道。」邵曰：「已，止也。止曹伯使朝之命，則曹伯不陷非禮之愆，世子無苟從之咎，魯無失正之譏，三者正則合道多矣。」【補曰】言世子止不來則合道多，不以放命爲嫌。荀子引傳曰從道不從君，從義不從父。唐律有子孫違犯教令及供養有闕之罪，注曰「謂可從而違，堪供而闕」，並與尸子義合也。可止不止，明又譏世子矣。程子以君病而世子出爲危道，經無此義，然亦得包之。

十年春王正月，庚申，曹伯終生卒。桓無王，其曰王何也？正終生之卒也。徐乾曰：「與夷見弒，恐正卒不明，故復明之。」【補曰】疏曰：「案范答薄氏駮云『曹伯亢諸侯之禮，使世子行朝，故於卒示譏。』則傳云正者，謂正治其罪，是與徐解不同。而引其説者，以徐説得通一家，故引之。范意仍與徐異，或以范意權答薄氏，故云譏曹伯，若正説，仍與徐同。」

夏五月，葬曹桓公。

秋，公會衞侯于桃丘，弗遇。桃丘，衞地。桓，弑逆之人，出則有危，故會皆月之。衞侯不來無危，故時。

弗遇者，志不相得也。弗，内辭也。倡會者衞，魯至桃丘而衞不來，故書「弗遇」，以殺恥。【補曰】内辭言「弗」，非内辭言「不」，經之通例。何休曰：「弗者，不之深也。」

冬十有二月丙午，齊侯、衞侯、鄭伯來，戰于郎。結日列陳則日。傳例曰：「不日，疑戰也。」【補曰】注引例在莊十年傳。凡不日者皆月，敗師日不日，皆與戰同。惟中國敗夷狄，不論其疑戰不疑戰，皆不日，略之，則又不月。夷狄相敗，皆是疑戰，皆不月。何休曰：「合兵血刃曰戰。」來戰者，前定之戰也。先已結期戰。【補曰】明從來盟之例。内不言戰，【補曰】疏曰：「内不言戰，又發傳者，公敗宋師，起例之始，此戰没公，故重發例以明之。」言戰則敗也。兩敵故言戰，春秋不以外敵内，書「戰」則敗。【補曰】史本言「我師敗績」，經改立例，惟乾時仍舊文，爲變例，注非也。春秋爲王師諱敵，爲内不諱敵，成元年傳有明文。不言戰爲舉大，隱十年傳又有明文矣。范於全傳多所未究。

不言其人，以吾敗也。不言及者，爲内諱也。【補曰】既言戰，則以所不言者示義也。來者，接公之文，明此戰是公及之。

十有一年春正月，齊人、衛人、鄭人盟于惡曹。惡曹，地闕。【補曰】劉敞曰：「此非微者也。大夫之交盟於中國自此始，故貶之也。」葉夢得從其說。文烝案：以瓦屋之例推之，此說有理，但於傳與左傳俱無徵。

夏五月癸未，鄭伯寤生卒。

秋七月，葬鄭莊公。莊公殺段，失德不葬，而書葬者，段不弟，於王法當討，故不以殺親親貶之。【補曰】疏曰：「此據晉侯殺世子不葬而發。」文烝案：突、忽更出更入，不書日，危。莊公葬者，事近在下，又非尋常小故，危理易見，故不須日。楊氏之解葬景王已發此意。

九月，宋人執鄭祭仲。祭氏，仲名。執大夫，有罪者例時，無罪者月。此月者，爲下盟。【補曰】說文：「執，捕辠人也。」案：謂拘止之。注首二句本杜預。祭仲名而疑於字，申侯名而疑於爵，古人命名不拘。但據左傳，或言祭仲足，或言祭足，是名足。公羊亦以仲爲字，蓋與單伯、女叔同義耳。疏曰：「有罪時，若鄭詹。無罪月，若季孫行父。」文烝案：范以月爲下盟，而何休云執例時。此月者，爲突歸鄭奪正，鄭伯出奔，與范異也。宋人者，宋公也。【補曰】能執他國權臣，足明其爲宋君。其曰人何也？貶之也。惡其執人權臣廢嫡立庶。【補曰】不言行人，蓋非使人。劉炫及襄十一年疏得之。疏又引舊解以爲私罪，乃以單伯儗之，非也。

突歸于鄭。突，鄭厲公，昭公之弟，莊公之子。【補曰】此「歸」亦入也，宜蒙月。曰突，賤之也。【補曰】賤其不正，故直名，猶齊小白等之國氏見嫌也。本亦當言「鄭突」，今直名者，因下文鄭世子忽出奔，方變文，稱「鄭忽」以見義，若稱「鄭突」，則上下文同，故不得也。辭雖與挈文類，實無挈義，公羊以爲挈乎祭仲，非也。曰歸，易辭也。傳例曰】：「歸爲善，自某歸次之。此傳『曰歸，易辭也』，然則『歸』有二義，不皆善矣。突篡兄之位，制命權臣，則歸無善。」【補曰】此與衞侯衎復歸于衞皆是易辭，非善辭。衞侯嫌得善，故謹日，以明知弒，此既直名以賤之，言歸無所嫌。胡安國曰：「內則權臣許之立，外則大國爲之援，而世子忽之才不能自固也，故穀梁子曰『易辭也』。」劉敞曰：「歸者，順辭也。有易辭焉，非所順而書『歸，易也。』入者，逆辭也。有難辭焉，非所逆而書『入，難也。』」范所引例在成十六年傳。祭仲易其事，權在祭仲也。易辭，言廢立在己。【補曰】申上也。注以「廢立」解「權」字，言廢忽立突，皆己主之。傳言權在祭仲，是聖門相承說經語。公羊經師，習聞其言，遂誤以爲祭仲行權，衍爲侈大之論，與納北燕伯傳之誤正同。死君難，臣道也。【補曰】君，謂忽也。宋執祭仲，脅令立突，是忽有難，仲宜死之。今立惡而黜正，惡祭仲也。【補曰】立惡，立不正也。惡祭仲，故爲易辭，以彰仲罪。劉敞駁公羊曰：「若祭仲知權者，宜效死勿聽，使宋人知雖殺祭仲，猶不得鄭國迺可矣。且祭仲謂宋誠能以力殺鄭忽而滅鄭國乎？則必不待執祭仲而劫之矣。如力不能而夸爲大言，何故聽之？且祭仲死焉足矣。又不能，是則若强許焉，還至其國而背之，執突而殺之可矣，何故黜正而立不正？」又曰：「若仲之爲者，春秋之亂臣也。」李本曰：「不言自宋歸者，上言宋執，則突自宋歸可知，文省而義自備。」此本趙汸說。

鄭忽出奔衞。忽，鄭昭公。【補曰】爾雅曰：「奔，走也。」淮南子曰：「走者，人之所以爲疾也。步者，人之所以爲遲也。」此亦宜蒙月。鄭忽者，世子忽也。【補曰】十五年文也。言非嫌。其名，失國也。其名，謂去世子而但稱忽。【補曰】疏曰：「此年去世子書名，表其失國，十五年稱世子，明其反正，故與常例不同。」常例已葬未踰年宜稱子。

柔會宋公、陳侯、蔡叔盟于折。蔡叔，蔡大夫名，未命，故不氏。折，某地。【補曰】折，當云地闕。內大夫與外君可相盟會，例在文二年傳。范解蔡叔，依杜預爲名，又申之，非也。凡内之不氏者，或不命，或未命，實皆爲卿。傳謂之大夫，而外自小國夷狄以外，其直以國氏者，雖與内之不氏相當，其實皆非卿。傳謂之卑者，皆與其稱人之文不異，特以不可不目言其人，故稱名而不稱人。此蔡叔若是卑者，則盟事本無須目言，宜稱蔡人。若如范意，以爲未命之卿，則恐史於外卿未暇細別，傳所不言，何得以柔相擬？且未命之卿，絶少之事，「叔」之爲名，又未見必然，蔡叔與許叔、蔡季、紀季同例，當依陸湻、孫復爲蔡侯之弟、蔡季之兄。經若言蔡侯之弟某，則於文不便，故特稱字。傳後言蔡季，蔡之貴者，舉「季」則可見「叔」，故此不言也。外用兵稱將、稱某帥師，皆起文，以後盟會則無此例，故蔡叔、齊高傒、莒慶、衛甯速悉書於經也。疏曰：「不日者，柔是未命大夫，雖得書名，仍從卑者例也。」柔者何？吾大夫之未命者也。【補曰】疏曰：「重發傳者，隱不成爲君，不爵大夫，故俠卒不氏。今桓成爲君，而有未命大夫，嫌有罪，故明之。」文烝案：大夫未命，故史無氏也。未命而曰大夫，明亦非卑者，故不如宿盟直書其事，蓋攝卿也。於隱曰不爵命，於桓曰未命，其事既異，傳亦各從實言之。疏以此傳爲重發，非也。柔後不卒者，何休以爲深薄桓公，不與有恩禮於大夫。文烝謂柔卒當在桓、莊之世，當是桓、莊無恩禮，史不記卒也。

公會宋公于夫鍾。夫鍾，郕地。○【撰異曰】鍾，公羊作「童」，音義、麋氏本亦作「童」，音鍾。

冬十有二月，公會宋公于闞。闞，魯地。

十有二年春正月。

夏六月壬寅，公會紀侯、莒子盟于曲池。曲池，魯地。○【撰異曰】紀，左氏作「杞」。曲池，公羊作「毆蛇」。趙匡引汲冢紀年魯桓公、紀侯、莒子盟于區蛇。

秋七月丁亥，公會宋公、燕人盟于穀丘。穀丘，宋地。【補曰】杜預曰：「燕人，南燕大夫。」孫覺曰：「時北燕猶爲山戎所隔也。」文烝案：燕稱人者，從小國無大夫例。左傳「句瀆之丘」即穀丘也。論語音義：「穀，公豆反。句瀆音鉤竇。皆古讀。」

八月壬辰，陳侯躍卒。陳厲公也。【補曰】不葬者，蓋魯不會。傳稱變之不葬有三，求諸三者而不得，又非微國夷狄，則魯不會葬可知矣。

公會宋公于虛。虛，宋地。○【撰異曰】虛，公羊作「郯」。

冬十有一月，公會宋公于龜。龜，宋地。

丙戌，公會鄭伯，盟于武父。武父，鄭地。【補曰】許翰曰：「觀隱十年見兵革之亂也，桓十一年以來見盟會之亂也，霸統興起，則無復此亂，諸侯有所一矣。是以君子不得已於斯民，而以禮樂征伐與桓、文。」

丙戌，衛侯晉卒。再稱日，決日，義也。明二事皆當日也，晉不正，非日卒者也。不正前見矣，隱四年衛人立晉是也，與齊小白義同。【補曰】疏曰：「決日義者，謂二事決宜書日，故經兩舉日文也。月則不然，縱有兩事合月，但舉一月以包之。其有蒙日明者，則亦不兩舉，故范答薄氏云：『獲且之卒，連於日食之下，可知同日是也。』」文烝案：玉篇：「決，判也。」廣韻：「決，斷也。」決日義者，謂日義有嫌，判斷以明之，與僖十六年傳「決不日而月」同意。再稱日，是決異日之嫌；是月，是決同日之嫌，經本相對見義，皆爲特文，故傳釋同也。陳傅良曰：「於以見春秋之有日例也。」邵寶曰：「史法：一是即書，一是追書，即書者紀事之職，追書者承赴之體。」

十有二月，及鄭師伐宋。【補曰】此非内卑者也。不言及之者，亦諱也。月者，爲戰日。丁未，戰于宋。非與所與伐戰也，非，責。【補曰】疏曰：「麋信云：『此傳解經書下日之意也。非，責也，言責魯反與其所與伐者戰也，謂還與鄭戰。』其言責其還與鄭戰是也。言解經下日之意則非也。」文烝案：莊二十八年，衛人及齊人戰，不言于衛，知此與鄭戰明矣。程端學詆傳不通文義，何易其言之甚邪？不言與鄭戰，恥不和也。【補曰】恥之，故不復言及鄭師，而加言于宋。於伐與戰，敗也。内諱敗，舉其可道者也。於伐宋而與鄭戰，内敗也。戰輕於敗，戰可道而敗不可道。

十有三年春二月，公會紀侯、鄭伯。己巳，及齊侯、宋公、衛侯、燕人戰。齊師、宋師、衛師、燕師敗績。徐邈曰：「僖九年傳曰：『禮柩在堂上，孤無外事。』今衛宣未葬，而嗣子稱侯以出，其失禮明矣。宋、陳稱子而衛稱侯，隨其所以自稱者而書之，得失自見矣。」【補曰】不於會上日者，趙匡以爲先行會禮，別日合戰。衛稱侯，與殽戰晉子稱人不同。疏曰：「晉爲大國，不勞自戰，故貶稱人。衛從齊、宋之命，未是大過，故譏而不貶。」文烝案：敗績，義在宣十二年傳。其言及者，由内及之也。【補曰】會則外爲主，戰則由内及，各有其義，故傳明之。常例客不言及，魯雖客，亦言及，内卽是主，不以戰之主爲主，於文不得以外及内也。但若内一國與外敵，惟内敗有及文，否則言敗某師，不言及矣。若内連諸侯之師，則以内及外，此及䆁戰是。䆁戰，魯與三國皆客也，艾陵仍以主及客，則没魯文矣，故由内及外者亦通例也。晉與秦戰，必以晉及秦，内晉而外秦也；晉與楚戰，必以晉及楚，内晉而外楚也，皆是例也，不論主客者也。**其曰戰者，由外言之也。**内不言戰，言戰則敗，今魯與紀、鄭同討，以有紀、鄭，故可得言戰。【補曰】亦包䆁戰。**戰稱人，敗稱師，重衆也。**【補曰】小國無師，君將稱君，非君皆稱人，雖以戰書，不稱師也。敗則舉衆爲重。**其不地，於紀也。**春秋戰無不地，即於紀戰，無爲不地也。鄭君曰：「『紀』當爲『己』，謂在魯也，字之誤耳。得在龍門，城下之戰迫近，故不地。」【補曰】戰于紀而不地者，上言會紀侯，故下省其文。省文者，蓋變文也。范疑之，非也。范語本何休廢疾，而鄭君釋之如此，見疏。「得在龍門」，「得」疑當作「時」，轉寫誤也。王引之曰：「六年傳曰『其不地於蔡也』，文義正與此同。蔡、紀皆國名，不得破紀爲己，傳凡目魯皆曰我，或曰内，無言己者。鄭君從公羊戰魯龍門之説，以改穀梁説，非也。」文烝案：王説甚當。公羊以不地爲近乎圍，而何休謂兵攻城池，親戰龍門。徐彦疏引春秋説，董仲舒繁露亦言之。左傳謂鄭不堪宋命，故戰不書所，戰後也。其説又異。趙匡、孫覺、胡安國詳繹經文，知是齊以三國伐紀，而魯與鄭救之，明穀梁之説最長，范注傳而反駁傳，故李廉怪之矣。

三月，葬衛宣公。【補曰】劉敞曰：「葬自内録也，君子怨不棄義，怒不廢禮，惡不忘親。」

夏，大水。

秋七月。

冬十月。

十有四年春正月，公會鄭伯于曹。【補曰】杜預曰：「以曹地，曹與會。」又隱元年注曰：「凡盟以國地者，國主亦與盟。」孔穎達曰：「會盟之地，地必有主，舉地者，地主之國，或與或否，故其國亦序於列。舉國名以爲盟地者，國主與在其中，不復序之於列，以其可知故也。會于曹，亦是例。」文烝案：左傳曰：「曹人致餼。」哀十二年傳子服景伯曰：「諸侯之會，事既畢矣，侯伯致禮，地主歸餼，以相辭也。」

無冰。皆君不明去就，政治舒緩之所致。五行傳曰：「視之不明，是謂不哲，厥咎舒，厥罰常燠。」【補曰】疏曰：「徐邈云，無冰者，常陽之異，此夫人淫泆，陰爲陽行之所致也。」何休注公羊亦然。今范云云，則非獨爲夫人也，蓋爲桓公闇於去就，不達是非，外不能結好鄰國，内不能防制夫人，又成亂助篡，貪賂廢祀，以火攻人，反與伐戰，此等皆是不明去就，政教舒緩。五行傳云「不哲」者，謂不昭哲。文烝案：「哲」字或作「悊」，楊依鄭君作「晢」，訓昭晢也。范引五行傳本劉向，劉以爲周失之舒，秦失之急，故周衰無寒歲，秦滅無燠年。傳例：「一有一亡曰有明。」言「無」者，皆一亡一有可知。趙汸曰：「常無曰有，常有曰無。」孔廣森曰：「藏冰之禮，先王所重，無以取冰，則春無以薦，夏無以須，故不曰水不爲冰而曰無冰，自人事目之之辭。」文烝案：此略同趙鵬飛說。無冰，時燠也。【補曰】疏曰：「舊解謂無冰書時。燠，煖也。「時」字上讀爲句，因即解成元年正月公卽位、二月葬宣公、三月作丘甲，無冰在其中，不是爲無冰書月可知也。此正月公會鄭伯于曹，下云「無冰」，則正月者直爲公會鄭伯，不爲無冰，何者？無冰一時之事，固當不得以月書也。徐邈亦然。今以爲成元年傳云「加之寒之辭」，則無冰亦當蒙月也。傳云「無冰，時燠也」者，謂今所以無冰者，正由時燠也。於字下讀，理亦足通。」文烝案：無冰例時，襄二十八年有著例，成元年傳又云「終時則志」，舊解及徐得之。成元年得蒙二月，此不得蒙正月。晏子春秋曰「陰冰凝，陽冰厚五寸」者，寒温節，寒温節則政平，政平則上下和，上下和則年穀熟。陰冰者，不見日之冰；陽冰者，見日之冰。王念孫校正晏子文，其說如此。言燠，明不節矣。

夏五，鄭伯使其弟禦來盟。○【撰異曰】禦，本亦作「御」，左氏、公羊作「語」。案：越地禦兒。張守節史記正義云：「今作『語兒』。」諸侯之尊，弟兄不得以屬通。其弟云者，以其來我，舉其貴者也。【補曰】疏曰：「重發例者，前弟年來聘，今禦來盟，嫌不同，故重發之。」來盟，前定也。【補曰】前定，謂盟誓之言素定；來者，接公之文，明與公盟矣。不言及，義在僖三年。不日，前定之盟不日。言信在前，非結於今。【補曰】疏曰：「此云前定之盟不日，則丙午及荀庚盟之屬是後定可知。」孔子曰：「聽遠音者，聞其疾而不聞其舒；疾，謂激揚之聲。舒，謂徐緩。望遠者，察其貌而不察其形。〔一〕貌，姿體。形，容色。【補曰】國語曰：「目之察色也，不過墨丈尋常之間。」立乎定、哀以指隱、桓，隱、桓之日遠矣。夏五，傳疑也。」孔子在於定、哀之世，而録隱、桓之事，故承闕文之疑，不書月，明皆實録。【補曰】此承孔子言而述其意。世近則無疑，疑由遠而起，故於桓篇遠日，特仍闕文，以示傳疑之義，與五年傳言「疑以傳疑」爲一經通例者，又略異也。言哀連定，言桓連隱，皆便文也。言「夏五傳疑」，以例其餘，明上四年、七年無秋七月、冬十月，皆同此義。而莊與桓接，二十二年夏五月下無事，明亦同義可知也。子曰：「多聞闕疑，慎言其餘。」又曰：「吾猶及史之闕文也。」又曰：「蓋有不知而作之者，我無是也。」春秋「月」字之闕不補，秋七月、冬十月之闕不補，夏五月不改爲夏四月，並以世遠傳疑見義，此之謂也。或謂此等闕文之理易知，何必傳疑？夫唯理所

〔一〕「察其貌而不察其形」，柯劭忞春秋穀梁傳補注云：「疑當作『察其形而不察其貌』，傳寫誤倒。」

易知，故傳疑之義得，因以見也。公羊經師，失其傳授，故其傳曰：「夏五者何？無聞焉爾。」孔廣森以穀梁說之，非公羊意也。尋公羊所說，蓋亦習聞隱、桓遠於定、哀之言，而不知即指「夏五傳疑」之屬，故隱元年、桓二年、哀十四年傳並曰「所見異辭」、「所聞異辭」、「所傳聞異辭」，定元年傳又曰「定、哀多微辭」，以爲昭、定、哀所見之世，文、宣、成、襄所聞之世，隱、桓、莊、閔、僖所傳聞之世。內大夫卒則近辭詳而遠辭略，內大惡則近辭微而遠辭顯，此皆展轉附益，致失本真者也。傳先釋「來盟」，後釋「夏五」，明「來盟」文與「夏五」相連。何休以爲莅盟、來盟例皆時，非也。莅盟、來盟例不日，皆當書月，其有不月而時者，乃是同中之異，後各當文論之。齊桓盟不日者皆月，或閒書時，其例正相似。

秋八月壬申，御廩災。御廩，藏公所親耕以奉粢盛之倉也。內災例日。【補曰】注釋「御廩」本杜預也。何休云：「御者，謂御用於宗廟。廩者，釋治穀名。火自出燒之曰災。」文烝案：國語曰：「廩于籍東南，鍾而藏之。」周禮有廩人、倉人。蔡邕月令章句曰：「穀藏曰倉，米藏曰廩。」五行傳曰：「棄法律，逐功臣，殺太子，以妾爲妻，則火不炎上。」劉向以爲御廩，夫人八妾所舂米之藏以奉宗廟者也，時夫人有淫行，挾逆心，天戒若曰「夫人不可以奉宗廟」。**乙亥，嘗。御廩之災不志，**以其微。【補曰】疏引徐邈云：「不足志。」謂內災如御廩者不足志，左傳「司鐸火」不志是也，亦史例也。**此其志何也？**【補曰】據經而問。**以爲唯未易災之餘而嘗可也。志，不敬也。**鄭嗣曰：「唯以未易災之餘而嘗然後可志也，用火焚之餘以祭宗廟，非人子所以盡其心力，不敬之大也。」【補曰】范用鄭嗣說讀可也。「志」爲句，「不敬也」爲句。疏曰：「徐邈云：『「而嘗可也」，言可以嘗。「可」上屬。』」與范注違。王念孫曰：「徐讀『可也』絕句，『志不敬也』自爲句，實得傳意。八年、文十三年、哀元年傳皆言『志不敬也』，是其明證矣。『唯』者，『雖』之借字，古二字通用。言魯人不易其災之餘而嘗者，其意若曰『雖未易災之餘而嘗』可也，則不敬莫大乎是，故書曰「壬申御廩災」、「乙亥嘗」，所以志不敬也。少儀雜記注並曰『雖』或爲『唯』。表記注曰：『唯，當爲雖。』大戴禮、墨子、荀子、戰國策、史記、漢書、列女傳多有借『唯』爲『雖』者。」天子親耕，以共粢盛，天子親耕，其禮三推。黍稷曰粢，在器曰盛。【補曰】共者，供、龔之省，說文曰：「供，設也。」一曰供給，龔給也。爾雅曰：「供、共，具也。」玉篇曰：「龔，奉也。」王后親蠶，以共祭服，王后親蠶，齊戒躬桑，夫人三繅，遂班三宮，朱綠玄黃，以爲黼黻文章。服既成，君服以祀之。【補曰】案：祭義、祭統天子籍田千畝，在南郊；諸侯籍田百畝，在東郊；王后夫人皆有公桑蠶室，在北郊。傳不言諸侯耕。夫人蠶者，舉尊以該之。范注「夫人」以下亦約祭義文，彼言「夫人親蠶」之事又錯互王后事言之，故云遂布於三宮夫人世婦之吉者，使繅其實。王后則班於所，卜三夫人之吉者；夫人則惟班於所，卜世婦之吉者而已。國非無良農工女也，【補曰】「工」亦良也。毛詩傳曰：「善其事曰工。」以爲人之所盡，事其祖禰，不若以已所自親者也。凱曰：「夫治人之道莫急於禮，禮有五經，莫重於祭。祭者，非物自外至者也，由中出者，身致其誠信，然後可以交於神明，祭之道也。」【補曰】盡，盡心力也。人之所盡，不若已自盡，故必自親之。祭統曰：「誠信之謂盡，盡之謂敬。」俞樾讀此「盡」字爲「進」，蓋未是。凱注用祭統文，頗不了也。傳言事祖禰必自親，解上「粢盛」、「祭服」之文，亦兼解下「舂米」之文，其意主說舂米，以共盛共服起之耳。何用見其未易災之餘而嘗也？【補曰】問經文何用見之。曰：甸粟而內之三宮，三宮米而藏之御廩，甸，甸師，掌田之官也。三宮，三夫人也。宗廟之禮，君親割，夫人親舂。【補曰】九章粟米術曰：「粟率五十，糲米三十，粺米二十七，糳米二十四，御米二十一。」凡禾實連稃曰粟，去穅曰米，又通言之，則糲米爲粟，粺以上爲米。段玉裁說書禹貢「四百里粟，五百里米」云：「粟者糲米，米者精米。」傳之「粟」、「米」當同彼矣。「内」卽「納」字，周禮注曰：「婦人稱寢曰宮。」宮，隱蔽之言，范以三宮爲三夫人，非也。王后之下有三夫人，此三宮則言諸侯制也。諸侯惟一夫人，夫人有三宮，猶王后有六宮也。范又引文十三年傳「夫人親舂」以證此之「三宮米」，則又以爲諸侯之夫人，其説是也。三宮之人皆舂粟，而夫人爲主，劉向所謂「夫人八妾」也。公羊僖二十年傳引魯子曰：「以有西宮，亦知諸侯之有三宮也。」是其於三宮之制猶須推而知之，益信其學之晚出。音義曰：「廩氏『宮』作『官』。」夫嘗必有兼甸之事焉，夫人親舂，是兼甸之事。【補曰】自粟而米，須兼甸。音義曰：「『兼甸』如字，十日爲甸。一本作『旬』注亦然。」案：楊疏謂夫人兼甸師，所據本作「甸」，此涉上「甸」字而誤也。今依音義正本、唐石經改正。壬申御廩災，乙亥嘗，以爲未易災之餘而嘗也。鄭嗣曰：「壬申、乙亥相去四日，言用日至少而功多，明未足及易而嘗。」【補曰】趙與權曰：「災在致齊三日前也。」

冬十有二月丁巳，齊侯祿父卒。

宋人以齊人、蔡人、衛人、陳人伐鄭。○【撰異曰】公羊作「衛人、蔡人」。以者，不以者也。不以者，謂本非所得制，今得以之也。【補曰】宋非伯者，故非所得制。伯者得以之則不言「以」。杜預釋例以爲「非例所及」是也。此發「以」字例，明惡宋也。左傳例曰：「凡師能左右之曰以。」詩箋、國語注曰：「東西之。」民者，君之本也，【補曰】孟子曰：「民爲貴，社稷次之，君爲輕。」用下敬上則君重於師，用上敬下則民貴於君，故曰「君之本。」使人以其死，非正也。刺四國使宋專用其師，輕民命也。【補曰】使人以其死者，謂驅民以聽命他國，置之死地也。自「民者」以下，又明兼惡四國也。

十有五年春二月，天王使家父來求車。【補曰】何休曰：「求例時，此月者，桓行惡，不能誅，反從求之，故獨月。」案：此與「求賻」下范注異。古者諸侯時獻于天子，以其國之所有，【補曰】時者，每歲春也。周禮小行人：「令諸侯春入貢。」職方氏：「制其貢，各以其所有。」逸周書職方同。左傳曰：「諸侯不貢車服。」周禮大宰、大行人則有器貢、服貢。故有辭讓而無徵求。【補曰】辭，以文辭告曉之。讓，譴責也。此國語所謂威讓之令、文告之辭，所以懲不貢獻者。求車，非禮也，求金甚矣。文九年，毛伯來求金。【補曰】言甚者，在喪而求，非禮尤甚也。疏曰：「不云求賻甚而云求金甚者，喪事有賻，但求之非禮，金非喪所供，故以爲甚。」文烝案：傳言「金」，以包賻也。左傳曰：「天子不私求財。」公羊曰：「王者無求。」劉向説苑説求車、求金曰：「天子好利則諸侯貪，諸侯貪則大夫鄙，大夫鄙則庶人盜。」鹽鐵論引傳曰：「諸侯好利則大夫鄙，大夫鄙則士貪，士貪則庶人盜。」何休説公羊曰：「王者求則諸侯貪、大夫鄙、士庶盜竊。」案：此三文相似，説苑「庶人」上脱「士」字，鹽鐵論誤。

三月乙未，天王崩。桓王。【補曰】史記名林，太子泄父子，平王孫。書日者，正也。周制：太子有孫而死則立孫。

夏四月己巳，葬齊僖公。【補曰】危之者，孔廣森以爲僖公寵其弟年之子公孫無知，衣服禮秩如適，卒成篡弑，幾致奪正。

五月，鄭伯突出奔蔡。【補曰】何休曰：「月者，大國奔例月，重乖離之禍，小國例時也。」文烝案：舊史大國奔皆日，小國皆月。譏奪正也。禮諸侯不生名，今名突，以譏之。【補曰】所謂惡也。

鄭世子忽復歸于鄭。【補曰】汪克寬曰：「前先書突歸，繼書忽奔；此先書突奔，繼書忽歸；突與忽之强弱見矣。」文烝案：此蒙上月。左傳曰：「六月乙亥，昭公入。」左氏别有所據，未可用也。諸侯出奔、歸國、入國例月，見執、歸國例時，説見僖三十年注。舊史大國出奔、歸、入者皆日。反正也。【補曰】疏曰：「釋其稱世子也。」孫復曰：「鄉曰忽，今曰世子忽，明忽世嫡當嗣也。」崔子方曰：「忽未踰年而失國，不成爲君，故其復歸曰鄭世子，且見當立也。」文烝案：復歸義在僖二十八年傳。言復者，明其實已爲君，宜有國也。言世子、言復，足知上稱鄭忽非嫌矣。左氏載續經哀「十六年春王正月己卯，衛世子蒯聵自戚入于衛，衛侯輒來奔」，子稱衛侯而父稱衛世子，據實爲辭，與此有合。言入不言復入，不言歸，以蒯聵未嘗一日立乎其位，又不宜有國也，其義亦當。

許叔入于許。【補曰】此在時例。許叔，許之貴者也。莫宜乎許叔。其曰入何也？其歸之道，非所以歸也。傳例曰：「大夫出奔反，以好曰歸，以惡曰入。」泰曰：「許國之貴，莫過許叔，叔之宜立，又無與二。而進無王命，退非父授，故不書曰歸，同之惡入。」【補曰】言貴者，解稱「叔」義也。案：左傳隱十一年，魯、齊、鄭入許，許莊公奔衛。鄭人使許叔居許東偏。叔者，杜預以爲莊公之弟，故爲貴。經欲顯其爲貴，又不得以弟爲文，故稱叔。叔本宜立，乃遲之十有五年，閒鄭之亂以入于許，故曰「歸之道，非所以歸」。啖助曰：「字之，善興復也。言入，志非其正也。」啖之二語，傳得包之。入例在莊六年傳，注引例在莊九年傳。

公會齊侯于蒿。【補曰】此又蒙上月。○【撰異曰】蒿，左氏作「艾」，公羊作「鄗」。陸淳、孫覺皆從穀梁。

邾人、牟人、葛人來朝。何休曰：「桓公行惡而三人俱朝事之，三人爲衆，衆足責，故夷狄之。」【補曰】公羊曰：「皆何以稱人？夷狄之也。」董仲舒說之曰：「爲其天王崩而相朝聘也。」與何氏說異。劉敞、劉絢、家鉉翁皆從董說。案：襄元年一朝二聘，別無異文者，從此可知。成五年蟲牢之盟亦同其例。杜預則以爲彼朝聘皆未聞喪，於董生此言，殆皆無以相難。今以繁露未必廣川本書，而邵公注多依胡毋生條例，姑兩存焉。若胡安國謂天王崩而相率朝弑君之賊，合兩說爲一，轉非說經之法，胡書往往如此。

秋九月，鄭伯突入于櫟。櫟，鄭邑也。突不正，書「入」，明不當受。【補曰】杜預曰：「櫟鄭別都。」疏曰：「案齊小白入于齊，傳曰以惡曰入；衛侯朔入于衛，傳曰入者内弗受也；蓋舊爲國君而入者則是内不受，若衛侯朔、鄭伯突是也。公子不正取國者則是以惡，若許叔、齊小白是也。但舊無此解，不敢輒定。或傳文互舉之，其實不異。」文烝案：互舉之說是也。嘗爲君，不言復入者，未入國都，不得言復。名者，惡也。月者，入國例。○上書忽歸，謂之鄭世子，此書「突入」，謂之鄭伯，自後唯莊四年「遇垂」一見鄭伯，又十年而有鄄之會。俞樾曰：「春秋若曰當有鄭國者忽也，終有鄭國者突也。」文烝案：左傳下十七年十月辛卯，高渠彌弑忽而子亹立；十八年七月戊戌，齊殺子亹而子儀立；莊十四年六月甲子，傅瑕弑子儀而突復立。毛詩序亦云「公子五爭春秋，悉不志何也？」葉夢得曰：「鄭亂不以告則魯不得書於策，春秋安得而見哉？春秋因人以見法，不求備於史而著其人，故曰其事則齊桓、晉文，其文則史。」李光地曰：「魯桓黨於突，當時鄭通赴告突也，非忽、亹、儀也。」文烝謂突自櫟入于鄭，不書亦不告。

冬十有一月，公會宋公、衛侯、陳侯于袲，伐鄭。袲，宋地。○【撰異曰】公羊「宋」上有「齊侯」。「袲」作「侈」。案：說文引春秋傳：「公會齊侯于袲。」地而後伐，疑辭也，【補曰】録會地於「伐」上，是遷延不進之辭，故曰

「疑辭」。非其疑也。鄭突欲篡國，伐而正之，義也。不應疑，故責之。【補曰】注非也。左氏以爲謀伐鄭，將納厲公，傳意亦如是。言疑者，諸侯亦知忽之當立，而岐意於突，卒助突也。胡安國曰：「昭公雖正，其才不足以君一國之人；厲公雖篡，其智足以結四鄰之援。諸侯不顧是非而計其强弱，始疑於輔正，終變而與邪，穀梁所謂非其疑者，非其疑於爲義，而果於爲不義也。」

十有六年春正月，公會宋公、蔡侯、衛侯于曹。

夏四月，公會宋公、衛侯、陳侯、蔡侯伐鄭。「蔡」常在「衛」上，今序「陳」下，蓋後至。【補曰】此本杜預。

秋七月，公至自伐鄭。桓無會，其致何也？危之也。桓公再助篡伐正，危殆之甚，喜得全歸，故致之。【補曰】疏曰：「公與諸侯此年爲突伐鄭，前年雖爲忽討突，疑而不用心，亦是其助，故云再助。范答薄氏駁云：『明桓伐突非本心，故言再助是也。』范必知前年爲忽伐鄭，而此年爲突伐鄭者，以前年責其疑，若是伐嫡而疑，則不足可責，明是爲忽討突也。此年傳云『危之』，若是助嫡，則不須云『危』，故知是助突討忽也。」文烝案：上伐亦是助突，范言再助是也。答薄駁及疏說非也。危致者，阻兵弗戢，以篡助篡。齊禍將發，其危甚也。唐不月，此月者，唐從凡以地致之例，致之已是危之，此從凡致伐之例，不月爲平文，加月爲危也。異事異例，故各發傳。致月例在莊二十三年傳。

冬，城向。

十有一月，衛侯朔出奔齊。朔，惠公名。朔之名，惡也。天子召而不往也。【補曰】召而不往，是其惡也。公羊亦有其事，而左傳無之，蓋隱、桓、莊、閔之篇，左氏所據，史書多殘闕，有得之傳聞者，有采用雜史者。程子曰：「朔搆急、壽二兄，使至於死，其罪大矣。然父立之，諸侯莫得而治也，天子治其舊惡而廢之宜也。」趙汸曰：「時衛立公子黔牟，而後來王人救衛，朔入于衛，放黔牟于周，則黔牟之立蓋天子之命。」

十有七年春正月丙辰，公會齊侯、紀侯盟于黄。黄，齊地。【補曰】下有郎戰、渝盟，依蹔盟，公子結盟之例則當去日，因下趡盟不去日，故亦存日以明同。

二月丙午，公及邾儀父盟于趡。趡，魯地。【補曰】不以秋伐渝盟去日者，魯渝邾盟，遠則不日，近則日。近則惡易見，不假去日，文得相變也。此與句繹同，襄二十年盟澶淵亦其比矣。儀父稱字者，重邾、魯之好，故褒之，與眛同義。於盟既責其親魯，於朝必不責其事桓，前朝自當依董生說。○【撰異曰】「公」字各本脱，今依唐石經、十行本補正。

左氏作「公會」，左傳直言「及」。

夏五月丙午，及齊師戰于郎。【補曰】左傳曰：「及齊師戰于奚，疆事也。」杜預曰：「奚，魯地。」○【撰異曰】

公羊無「夏」，左氏唐石經亦無「夏」，惟穀梁唐石經有「夏」。嚴可均曰：「孔穎達左傳序正義云：『桓十七年五月無夏，昭十年十二月無冬。』則孔所見本無『夏』字。」文烝案：陸湻、孫覺皆曰左氏、公羊無「夏」字，蘇轍本、葉夢得本、張洽本皆無今通志堂刻葉傳本剜板擠增「夏」字。「夏」字。呂本中、黃震皆曰穀梁有「夏」字。段玉裁見湻化本左氏亦無「夏」字。「郎」，左氏、公羊作「奚」。張壽恭曰：「說文。」「郎」，汝南召陵里。从邑自聲。讀若奚。」凡說文讀若之字，皆可通假，穀梁蓋假「郎」爲「奚」，後人少識「郎」字，以其與「郎」相似，故誤爲「郎」耳。」內諱敗，舉其可道者也。敗恥大，戰恥小。【補曰】重發傳者，彼與所與伐者戰，此直稱「及」以戰，嫌有異也。不言其人，以吾敗也。言人，則微者敗於微者，其恥又甚，故言「師」。不言及之者，爲內諱也。及當有人，公親帥之，恥大不可言。【補曰】此傳與戰升陘傳全同。「不言其人」四句又與來戰于郎傳三處皆同，來戰無及文，故以「不言及」爲諱，此及升陘並有及文，故以「不言及之」者爲諱。不言及之者，即是不言其人，下二句即申上二句，注非也。帥之者，亦非必公也。傳重發之者，彼不言及，此不言及之者，嫌有異也。○桓賊也，故無恕辭，桓君也，故有諱義。子曰：「舉一隅而示之，不以三隅反，則吾不復也。」子貢曰：「回也聞一以知十，賜也聞一以知二。」伯御之誅死也，不作謚，不序昭穆，而其稱公紀年以書事則十一年矣。設以君子脩之，亦若是而已矣。

六月丁丑，蔡侯封人卒。

秋八月，蔡季自陳歸于蔡。【補曰】蔡季，杜預以爲即獻武也。非出奔歸，非篡月者，爲下葬日。蔡季，蔡之貴者也。【補曰】亦解稱「季」義也。季者，何休、杜預並以爲桓侯之弟，桓侯之弟，故爲貴。桓已卒，不得以弟爲文，故稱「季」也。前十一年之蔡叔當爲季兄，叔蓋先桓侯卒，故是時季立得爲正。自陳，陳有奉焉爾。陳以力助。【補曰】公羊例曰「有力焉者也」。

癸巳，葬蔡桓侯。徐邈曰：「葬者，臣子之事，故書葬皆以公配謚，此稱侯，蓋蔡臣子失禮，故即其所稱以示過。」【補曰】劉歆、賈逵、許淑說左氏曰：「桓卒而季歸，無臣子之辭也。」杜預曰：「史書謬誤也。」二說最爲近之。何休亦以抑桓稱侯爲奪臣子辭，而其所據爲説者則不可用。徐注謂「卽其所稱以示過」，此不合事實。史記蔡世家蔡諸君自宫侯而下皆以侯配謚，無稱公者，前此宣公考父亦稱宣侯，後此文公申而下皆稱侯，左傳有哀侯、穆侯、文侯、景侯、靈侯、平侯、昭侯，皆不稱公。啖助又舉世本爲證，然則蔡臣子悉自稱侯，春秋何獨於桓侯仍其本稱？知徐爲不然矣。孔廣森曰：「五等諸侯皆得以公配謚，本周之舊制，若魯考公、煬公，齊丁公、乙公是也。然書有文侯之命題篇，則亦有謚配本爵者。」文烝案：晉未爲曲沃時皆稱某侯，此等先儒多已言之。竊意謚以公配，亦不禁人配以本爵者，周制之便俗也。雖以本爵配，而春秋必稱公者，魯策之守禮也。此葬蔡桓侯，若是史文，當如杜説；若是經意，當如劉、賈、許説，今未敢定焉。又考周初諸侯猶多沿殷舊制，不可繩以正典。周公曰周文公，而魯公不見其謚，齊大公亦無謚，丁公、乙公、癸公皆非謚也。杞之東樓公、西樓公、題公、謀娶公，亦非謚也。衛曰康叔、康伯，宋曰微子、微仲，蔡曰蔡仲、蔡伯，曹曰曹叔，晉曰唐叔，唯微子仍舊稱，餘皆以字繫地、繫國也。晉侯燮、宋公稽不見他稱，許文叔則以字配謚。德男至康男五世，乃多配以本爵。衛孝伯至貞伯五世，曹大伯至惠伯八世，多以字配謚也。此葬爲危文者，季自外歸，以貴嗣位，有危道焉。

及宋人、衛人伐邾。【補曰】及者，内卑者也，猶稱人也。許翰曰：「正月與齊爲黄之盟，五月戰焉，二月與邾爲趡之盟，八月伐之。詩曰『君子屢盟，亂是用長』，豈不然哉？」

冬十月朔，日有食之。言朔不言日，食既朔也。既，盡也。盡朔一日，至明日乃食，是月二日食也。【補曰】實亦是月朔食，日官日御失曆，以爲二日，故不言日而言朔，所以正之。

十有八年春王正月，此年書王，以王法終治桓之事。【補曰】此與元年之「治桓」以始終相對，傳於彼言之，此從可知也。宣元年之王，與他公一例，與桓不同，故其薨年無王，同於隱、莊。與夷之弒，終生之卒，則皆春月第一事，所以與隱、莊、宣之薨不同也。公會齊侯于濼。公夫人姜氏遂如齊。公本與夫人俱行至濼，公與齊侯行會禮，故先書會濼，既會而相隨至齊，故曰遂。遂，繼事之辭，他皆放此。【補曰】濼，齊、魯閒水名。注「故曰遂」以上皆本杜預。其實夫人亦行會禮也，如亦幷蒙月。○【撰異曰】「公」下各本衍「與」字，今依唐石經刪正。左氏有「與」字，段玉裁曰：「左經疑俗增之。」春秋書「及」、書「暨」未有書「與」者，僖十一年「公及夫人姜氏」，夫人偕行書例也。左傳記其始謀曰「將與姜氏如齊」，記其實事曰「公會齊侯于濼，遂及文姜如齊」，至聖人筆之曰「公夫人姜氏遂如齊」，不言「及」何？注云：「明遂在夫人也。」濼之會，不言及夫人何也？據夫人實在，當言「公及夫人姜氏會齊侯于濼」。以夫人之伉，弗稱數也。濼之會，夫人驕伉，不可言及，故舍而弗數。今書「遂如齊」，欲録其致變之由，故不可以不書，實驕伉而不制，故不言「及」。【補曰】傳解「會不言及夫人」，因以見如齊不言「及」之義，夫人會如皆非禮，此處皆未暇論之。夫人如者，父不在而歸寧也。公如者，朝也。左傳魯人告齊曰「來脩舊好，禮成而不反」，行朝禮可知。

夏四月丙子，公薨于齊。夫人與齊謀殺之，不書，諱也。魯公薨，正與不正皆日，所以別内外也。【補曰】夫人從君亦皆日，定元年傳曰「内之大事日」。其地，於外也。【補曰】疏曰：「據隱、閔不地，故決之。」文烝案：内君、内夫人、内大夫外，君苟死於外，則皆地，重其異常，故謹之也。外，謂竟外，若國都之外。薨稱公，舉上也。公，五等之上。

丁酉，公之喪至自齊。【補曰】何休曰：「加之者，喪者死之通辭也。本以別死生，不以明貴賤，非配公之稱，故加之以絶。」案：此卽傳所謂綴辭也。又曰：「凡公薨外致日者，危痛之。」朱子曰：「孔子直書，義在其中。云公會齊侯于濼、公夫人姜氏遂如齊、公薨于齊、公之喪至自齊、夫人孫于齊，此等顯然在目，雖無傳，亦可曉。」

秋七月。

冬十有二月己丑，葬我君桓公。【補曰】公夫人葬亦並日。葬我君，接上下也。言我君，舉國上下之辭。【補曰】疏曰：「公者，臣子之稱也。我君者，接及舉國上下之辭。」文烝案：注、疏以上下爲臣民，非也，臣民正皆稱公耳。廣雅曰：「接，合也。」上下，謂五等爵也，公爲五等之上，君則合上下稱之，於薨專舉其上稱，於葬兼舉其合上下之稱，四句意相貫。何休曰：「以公配謚者，終有臣子之辭。加我君者，録內也。」君弑，賊不討，不書葬。此其言葬何也？據隱公不書葬。不責踰國而討于是也。禮君父之讐，不與共戴天，而曰「不責踰國而討于是」者，時齊强大，非己所討，君子卽而恕之，以申臣子之恩。【補曰】于是，於此時也。後不復讐而釋怨，乃刺之。疏以爲公雖不能報，理當絶交，明其當恆以討爲念，而此時則姑不責其討。蘇軾謂「春秋之義，立法貴嚴，而責人貴寬」。胡安國謂「春秋立法謹嚴，而宅心忠恕」，正此之類。申臣子之恩者，謂不奪其葬也。桓公葬而後舉謚，謚所以成德也，於卒事乎加之矣。謚者行之迹，所以表德。人之終卒，事畢於葬，故於葬定稱號也。昔武王崩，周公制謚法，大行受大名，小行受小名，所以勸善而懲惡。禮天子崩，稱天命以謚之；諸侯薨，天子謚之；卿大夫卒，受謚於其君。【補曰】注首句及「大行」二句，逸周書謚法文也。案：此傳二句當以表記二句證之。人兼有衆善者，取其大善一字爲謚，卽善惡相雜。苟不至純惡無善者，亦以其善取一字爲謚。然則惡謚如幽、厲者，蓋有所不得已，故曰謚所以成德。而表記曰：「節以壹惠也。」周書謚法「爲字無多」，即論語所論兩人知同謚亦容異行。而昭、穆世近，則謚必不同。於此無以通之，推其本意，特因既葬之後，人事卒而鬼事始，舊名將諱，則新名宜尊，故別易一字爲名，以相加崇。而其中又因有所取義耳，故曰「於卒事乎加之」。而表記曰：「謚以尊名也。」爾雅：「加、崇，重也。崇，高也，充也。」內則注：「加，猶高也。」國語注：「加，猶上也。」以此意讀傳，則「也」字、「矣」字皆有意理，而此禮亦通矣。白虎通據葬定公文，明祖載而有謚。知者慮，義者行，仁者守，有此三者備然後可以會矣。桓無此三者，而出會大國，所以見殺。【補曰】疏曰：「復發傳者，隱表會戎之危，此明桓見殺之事，故重發之。」〇家鉉翁曰：「是歲由正月迄歲終，惟書魯桓所以死，不間以他事，於此見聖人之經爲誅亂賊而作。」案：家氏論經多如此，謂隱四年所書皆衞事，莊九年所書皆齊事，僖二十八年所書皆晉事，昭八年所書皆陳事，以爲春秋非史也。史者，備記當時事，春秋主乎垂法，多所不書。又謂春秋始於誅魯之亂賊而終於齊陳恆弒君之年，其說皆未必然，姑記於此。

春秋莊公閔公經傳第三補注第五

莊公，桓公世子同也。母文姜。以莊王四年即位。閔公，莊公子，史記名開，世本名啟方。母叔姜，哀姜之娣也。以惠王十六年即位。凡閔之謚，古書多作「湣」。案：漢書藝文志曰：「春秋古經十二篇。」謂左氏春秋經也。又曰：「經十一卷。」謂公羊、穀梁春秋經也。又曰：「左氏傳三十卷，公羊傳十一卷，穀梁傳十一卷。」謂左傳卷數不與經篇數同，公羊、穀梁傳卷數皆與經卷數同也。何休說公羊云：「繫閔公篇於莊公下，故十二公爲十一卷也。」公羊音義於僖十六年云：「本或從此下別爲卷。」案七志、七録、何注止十一卷，公羊以閔附莊故也。後人以僖卷大，輒分之爾。穀梁音義於莊十九年云：「傳本或分此以下爲莊公與閔公同卷。」唐石經公羊及鄂州本「僖公第五」，其下注曰「卷四」，以至「哀公第十二」，注曰「卷十一」，凡此皆何、范本十一卷之證也。三家之經，各有所受，閔不別卷者，蓋因文稀簡少，附合前篇，後易綈素，亦遂仍之。而何休以爲子未三年，無改於父之道，引傳三年稱子云云，不可通於穀梁之義。

穀梁　范氏集解　鍾文烝詳補

元年春王正月。繼弒君，不言即位，正也。繼弒君不言即位之爲正何也？據君不絶。曰先君不以其道終，則子不忍卽位也。【補曰】君無不行卽位之禮者，行其禮而不書，見嗣子之不忍。葉夢得曰：「卽位者禮也，忍不忍者情也。」孔廣森曰：「君弑，賊不討，不書葬，以義治也。君弑子，不言卽位，以仁治也。二者並春秋新意。」

三月，夫人孫于齊。桓公夫人文姜也。【補曰】何休曰：「非實孫。月者，起練祭左右。」○【撰異曰】「孫」本亦作「遜」，後同。左氏、公羊皆同。段玉裁曰：「『孫』作『遜』者，俗也。」或將左氏音義「孫」、「遜」互易者，謬。孫之爲言，猶孫也。孫，孫遁而去。【補曰】言猶者，義相近。孫遁之「孫」，義近子孫之「孫」也。爾雅：「子之子爲孫。」郭璞曰：「孫，猶後也。」後謂退在後生也。此與蒙者蒙也，徹者徹也，虛，虛也，已，已也，相似。後來又製「遜」字。爾雅曰：「遜，遯也。」孫炎曰：「遁，逃去也。」易序卦傳曰：「遯者，退也。」明亦若退在後生矣。諱奔也。【補曰】内諱公夫人奔謂之孫，公羊亦同。諱者，經例因史例也。左傳載子鱄對衛出公曰：「昔成公孫于陳，獻公孫于齊，今君再在孫。」明臣子之辭如是。奔，急辭。孫，緩辭。接練時録母之變，始人之也。夫人初與桓俱如齊，今又書者，於練時感夫人不與祭，故始以人道録之。【補曰】「接」與「際」同義，猶言會也。練者，十三月之祭，此日以練布爲冠服，故以名祭，卽小祥也。注言「以人道録之」，非傳意。王念孫曰：「傳言録者，閔録之也。人之者，仁之也。」謂於練時閔録夫人之不與祭，於是始仁之也。公羊言「念母」，此言「仁之」，其義一也。仲尼燕居注曰：「仁，猶存也。」墨子經篇曰：「仁，體愛也。」説文曰：「仁，親也。」又方言曰：「凡相憐哀，九疑、湘潭之閒謂之人兮。」中庸曰：「仁者，人也。」注曰：「人，讀如『相人偶』之『人』，以人意相存偶之言。」表記曰：「仁者，人也。」注曰：「人，謂施以人恩。」則「人」與「仁」同義。公羊成十六年傳曰：「此其言舍之何？仁之也。曰在招丘悕矣。」何休注曰：「仁之者，若曰在招丘可悲矣。閔録之辭。」表記注引公羊傳「仁之」作「人之」，古書「仁」與「人」二字多通用，義通故字亦通也。文烝案：王説是也。二句明所以特書「孫齊」義也。公羊曰：「夫人固在齊矣，其言孫于齊何？念母也。」賈逵、服虔説左氏曰：「桓公之薨，至是年三月，期而小祥，公憂思少殺，念及於母，以其罪重，不可以反之，故書孫于齊耳。」其實先在於齊，本未歸也。孔廣森以爲莊公念母，將迎而復之，乃著之曰是時固孫于齊也。前此「孫」文無所施。文烝案：他「孫」及凡奔，皆去而不反之辭，此「孫」亦獨異。不言氏姓，貶之也。哀姜有殺子之罪，輕，故僖元年曰「夫人氏之喪至自齊」，去「姜」以貶之。文姜有殺夫之罪，重，故去姜氏以貶之，此輕重之差。【補曰】此氏姓與隱九年異，男子有姓有氏姓，女子姓而已。姓卽氏，氏卽姓。僖八年傳曰「言夫人必以其氏姓」，婦人以姓爲重，且變於君之直言公也。注云云者，與左氏、賈、服説略同。賈、服以爲殺子罪輕，故孫不去姜氏。賈又以説喪至，但去姜之義。孔廣森曰：「夫人姜氏孫于邾，是内絶之之辭，絶之則無惡也。於其喪歸，乃復以小君事之，故惡之於彼。夫人孫于齊，内逆之之辭也，自後遂終以小君事之，故惡之於此，後不待貶矣。」人之於天也，以道受命，【補曰】此下申貶義也。賈子曰：「命者，制令也。」制，謂限制。令者，號令。下所云以言而在天，亦若諄諄然者也。人爲父母所生，其中有天焉。下三年傳曰「三合然後生」是也。道者，天人之際，可言可行之名也。自天之人則曰自誠明，謂之性；自人達天則曰自明誠，謂之教。性始之，教終之，道在其中矣。堯、舜性之，自誠明也，誠者天之道也；湯武身之，自明誠也，誠之者人之道也。誠之者思誠也，身之者反之，謂反身而誠也。不明乎善則不誠其身，善者所性而有也。誠言乎自成也，道言乎自道也，皆大名也。若道與德對文，則道者若大路也，德者得善於身也。其綱，親親，仁也；尊賢，義也。其殺其等，禮所生也。其目，君臣也，父子也，夫婦也，昆弟也，朋友之交也，皆道也。所以行之者，知也，仁也，勇也，皆德也。言乎心之皆有，則曰仁也，義也，禮也，知也。言乎心所同然，則曰理也，義也。此夫子、子思、孟子之精言，而傳之所指也。中庸曰：「自誠明謂之性，自明誠謂之教。」其發端則曰：「天命之謂性，率性之謂道，脩道之謂教。」陸賈曰：「天地生人，以禮義之性，人能察己，所以受命則順，順之謂道。」董仲舒曰：「明於天性，知自貴於物，然後知仁義，知仁義然後重禮節，重禮節然後安處善，安處善然後樂循理。」諸文語意皆與傳同。而陸生似卽本傳義，但陸以受命之後能順爲道，傳言「受」則已兼有順義，與下「以言受命」一例。天者，自始生而然也，天命之謂性也。受命者，終身之所受也，率性之謂道也。案下傳「三合然後生」，詩大雅曰：「天生烝民，有物有則。」左傳劉康公曰：「民受天地之中以生。」論語曰：「人之生也直。」諸「生」字皆謂始生，而左傳、論語二「生」字又爲生存生活之「生」，與始生之「生」相因爲義，可知此傳二句之說矣。○「性」之爲字，從心從生，是由始生得名，故曰生之謂性。曰性者生之質，曰與生俱生，是其訓詁然也。經傳「性」字有二解，如孝經「天地之性人爲貴」，直訓「生」也。父子之道天性，則性情之「性」也。左傳「民樂其性」，亦「生」也。協於天地之性，性情之「性」也。夫傳言「人之於天，以道受命」，而臯陶曰「天敘有典，天秩有禮」，逸書大甲曰「顧諟天之明命」。尹吉甫曰：「天生烝民，有物有則，民之秉彝，好是懿德。」劉康公曰「民受天地之中以生，所謂命也。」夫子曰「人之生也直」。子思曰「天命之謂性，自誠明謂之性」。比而觀之，性善明矣。然而孟子言性善，乃爲發前聖所未發者，可欲之謂善，無惡之謂善。孟子以爲人性但有善，無有不善，且人人所同，此「性」字真切究竟之義，其原出於中庸之言誠。而自詩、書以來，皆引而不發，子貢所謂夫子之言性與天道不可得聞者也。論語言性之文，唯曰「性相近也，習相遠也」，「唯上知與下愚不移」，其辭最渾，而其理最密，得其言，不得其意，未有不以爲善惡混者，又未有不以爲三品者，非孟子固不能辯之矣。蓋自夫子没而微言絶，學者多失其旨，於是有子賤、漆彫開、世碩、公孫尼之説，有樂記之説，有告子四章之説，有公都子所稱「告子曰」及兩「或曰」之説，大率或言静，或言動，皆有似乎相近之言。而言有性善有性不善者，則又似乎上下不移之言，今取孟子之書詳考而深繹之，人與聖人皆同類而相似，即口目耳鼻四肢之形色，其血氣心知之中，而仁義禮智具焉。斯則謂之爲天性，性不可知，於情知之，情不必專善，而以其皆有惻隱、羞惡、恭敬、是非之心，乃所謂故以利爲本者，故知其皆有仁義禮智根於心。而所性皆善，雖曰皆善，而非堯、舜之至誠，不可言性之。雖非性之，而皆可反身以思誠，即皆可以爲堯、舜。惟不思不求而不能盡其才，陷溺焉，捁亡焉。則其本相近者，倍蓰相遠，而至於無算，斯夫子所謂下愚矣。下愚從習而來，至此則亦不移。相遠之實以下愚爲極，相近之名從上知而生，此則孟子未嘗引論語而實密合論語之意，廣大精微，明白洞達，言天人性道者必至此而其説乃盡。文烝讀孟子，積久乃悟之，章句既多，用特櫽括焉。聖人與我同類，同類者相似，二語最分曉，以聖人之與人相似，即知人之與上知相近也。相似即是相近，而於所謂好惡與人相近，所謂違禽獸不遠者，近遠之文雖同，其意異也。七篇言性最先處曰，孟子道性善，言必稱堯、舜，堯、舜者，善之極，性之準，以是知論語兩「相」字必指上知也。一章再出「子曰」者，始吾於人，善人不見之例也。四德有智，即上知之「知」，明性中有知無愚，而下愚自由於習，故又曰「困而不學，民斯爲下也」。趙岐解「倍蓰無算」云：「非天獨與此人惡性，其有下愚不移者，譬如被疾不成之人，所謂童昏也。」此注是也。趙又解「湯、武反之」云：「反之於身。」明「反」非反性之謂。管子言「内静外敬，能反其性，性將大定」，莊子言「反性復初」，彼皆道家之學，異乎孟子所論也。宓子、漆彫子、世子、公孫尼子

「捁」从手，即「攪」字，王引之説。淮南子亦云。四子説，

樂記說，告子五說，皆卽是可爲善可爲不善之說，揚雄所謂善惡混也，韓子所謂中品也。

「僞」非「爲」字。

之書，見漢志，而王充論衡稱之曰：「周人世碩以爲人性有善有惡，舉人之善性養而致之則善長，〔一〕因惡性養而致之則惡長。故世子作養書一篇。〔二〕宓子賤、漆彫開、公孫尼子之徒亦論情性，與世子相出入，皆言性有善有惡。」此卽公都子所述可以爲善可以爲不善之說也。樂記亦公孫尼所作，其言曰：「人生而靜，天之性也，感於物而動，性之欲也。」民有血氣心知之性而無哀樂喜怒之常。」其言靜卽告子無善無不善之說，其言動卽告子「杞柳」、「湍水」、「食色」及以「生」訓「性」之說，亦卽可爲善可爲不善之說也。至於仁、義、禮、智、信五性爲五行物象之說，好、惡、喜、怒、哀、樂六情生於六氣之說，又有喜、怒、哀、懼、愛、惡、欲七情之說，與夫性爲陽氣，情爲陰氣，陽氣有仁，陰氣有欲之說，又有性不發爲陰，情形外爲陽之說，性其情，情其性之說。此等分論性情，皆於孟子無妨。古人言，凡有血氣，莫不知愛其類，亦曰凡有血氣，皆有爭心。言孩提之童，知愛其親，亦曰兒善訟。言人義人利，又言人患，言道心之微，兼言人心之危，此等言情言心，亦於孟子無妨。詩書所稱，不虞天性，俾爾彌爾性，並不主於論性。其曰節性者，則以好、惡、喜、怒、哀、樂之無節於內者言之，而不害其爲本自有節也。孟子又言忍性，亦節性之意也。言豈一端，各有所當，學者亦務究性善大旨而已。荀卿後出，其學深於禮，好非子思、孟子，作性惡一篇，與孟子爲難。而以性與僞對，則亦明知性之爲誠。漢儒言天地生人以禮義之性，言明於天性知自貴於物，然後知仁義，重禮節，安處善，樂循理。言天之所生，皆有仁義禮智順善之心，保定人甚固，其餘言五性者甚衆。而後來輯古文書者言恆性，說文之訓則直曰性善者也，其實於孟子之言終未能篤信而發明之，故董

〔一〕「人之」二字原脱，據中華書局諸子集成本補。

〔二〕「養書」，黄暉論衡校釋引陳世宜曰：「玉海五三引『養』下有『性』字。」

作「原性」者誤。蠻人言復[illegible]，不言[illegible]性。「善談名理」四字，潘興嗣墓誌語。鄭君解樂記「天理」亦云理猶性也，必如朱子云「在心喚做性，在事喚做理」，方得分明。張、程、朱言性，皆周子太極之學也。太極之

仲舒著書言性未可謂善。其後揚雄、荀悅及王充本性、唐韓子性原、皇甫湜之論、杜牧之辯，皆不宗孟子者也。李翺宗孟，而始爲滅情復性之說，性不可言復，且離情無以求性矣。宋周子善談名理，而程子因以有理與氣之說，張子亦有天地之性、氣質之性之說，朱子皆取以說孟子。夫天生萬物，莫不有性，故水性下，山性生，羽性輕，雪性消，玉性堅，犬性守，牛性順，馬性健，而人性則善。善謂之仁義禮智，仁義禮智之心有所同然者謂之理義。今曰性卽理也，不及在我在物之別，則語未足矣。人有性而情以見之，才以充之，形色以載之，或謂之天性，或謂之血氣心知之性，各便文以爲言。今必兼論性與氣而分論天地之性、氣質之性，則辭又費矣。且諸大儒之發明性善與論語三言終不合一，則後人安得無疑哉？周子以來，皆引易繫辭傳一陰一陽之謂道，繼之者善也，成之者性也，先道次善而後及性，與中庸、孟子所指各殊。其言道卽論語之天道，大戴禮本命言「分於道謂之命」者也，今不復繁文焉。於人也，以言受命。臣子則受君父之命，婦受夫之命。【補曰】言，謂教令也。生民之初有男女，而後有夫婦，有父子，有君臣。帝王之教，君者臣之天，父者子之天，夫者妻之天。是故子之愛親，命也，不可解於心；臣之事君，義也，無適而非君也，無所逃於天地之閒。陰之從陽，女之順夫，天地之義也。三綱之道，本諸性而垂諸教者也。以道受命，以言受命，其實一也。言或有不當受者，若傳論曹世子則亦以道爲斷也。不若於道者，天絶之也；不若於言者，人絶之也。若，順。【補曰】爾雅文也。惠士奇曰：「婦人殺夫，天與人皆絶之。」案：左傳曰：「不稱姜氏，絶不爲親，禮也。」亦謂魯當絶之。臣子大受命。言義得貶夫人。【補曰】臣，謂時史。子，謂莊公。史承公意，録母之變，存以人恩，宜大所以受命於天人者，不可不貶夫人。此君子所以示義，蓋舊有姜氏文而削之。君子亦史臣也，子則亦容時君，或言臣得連言子耳，自人之於天也。以下董仲舒繁

舉，實從易大傳三句來。

露亦有其文，董未必用穀梁，蓋古書成文也。末一句當非戚文，或董所本無矣。葉夢得曰：「有春秋之教，有春秋之法。教者施之後世，曰夫人矣，不可謂之奔，故言孫，法者行之其人，夫人之罪不可容於魯，故不書氏。」

夏，單伯逆王姬。○【撰異曰】逆，左氏作「送」。左以經諸單伯皆爲天子之大夫。案：傳有魯大夫費庈父，亦稱費伯，與單伯相似。又史記魯邑有單父，明單伯實魯大夫矣。孔廣森曰：「逆則據往之日書，先行單伯而後築館可也。送則據來之日書，時尚未有以居王姬也，是不可通也。」案：此卽張洽、俞皋說。單伯者何？吾大夫之命乎天子者也。命大夫，故不名也。單，姓也。伯，字。諸侯歲貢士于天子，天子親命之。使還其國爲大夫者不名，天子就其國命之者以名氏通也。【補曰】注言「歲貢士」者，射義言「古者天子之制，諸侯歲獻貢士於天子」，故范云爾。但據鄭君注，以歲獻爲獻國事之書及計偕物，以貢士爲三歲而貢士，則范非也。何休曰：「禮諸侯三年一貢士於天子，天子命與諸侯輔助爲政，所以通賢共治，示不獨專，重民之至。大國舉三人，次國舉二人，小國舉一人。」何注與伏生書大傳同，射義注悉依爲說，范言「天子就其國命之者以名氏通」亦非也。大夫稱名氏者，皆其君所命，君不命，則名而不氏，此乃傳之明文，范說不亦謬乎？王制曰：「大國三卿，皆命於天子；次國三卿，二卿命於天子，一卿命於其君；小國二卿，皆命於其君。」鄭君疑記文誤脫，以爲小國亦三卿，一卿命於天子，二卿命於其君。單伯後不卒，何休無說，當與柔、溺皆同。其不言如何也？據僖三十年，「公子遂如京師」言如。其義不可受於京師也。其義不可受於京師何也？曰君躬弑於齊，使之主婚姻，與齊爲禮，其義固不可受也。禮尊卑不敵，天子嫁女于諸侯，必使同姓諸侯主之。魯桓親見殺于齊，若天子命使爲主，則非禮大矣。春秋爲尊者諱，故不可受之于京師。【補曰】爾雅曰：「壻之父爲姻，婦之父爲婚。」注「天子嫁女」二句本公羊也。衰麻接弁冕，亦是義不可受，下傳乃備言之。「君躬」，各本誤作「躬君」，今依胡安國傳、俞皋集傳釋義本、李廉會通本、趙汸集傳乙正。王引之曰：「注以魯桓釋君，親釋躬。傳文誤倒，未考宋元人所見本也。」音義曰：「弑，又作『殺』。注同。」案：「殺」字是，今注未誤。

秋，築王姬之館于外。【補曰】毛詩傳、聘禮注皆曰：「館，舍也。」説文曰：「館，客舍也。」雜記曰：「公館者，公宮與公所爲也；私館者，自卿大夫以下之家也。」曾子問略同。加之者，緩辭。○【撰異曰】館，白虎通引作「觀」。築，禮也。【補曰】於禮宜築館也，築館與築邑、築臺、築囿亦同。但無虞之之事爲異，苟不爲其築于外，則史不記而經無文，成十八年傳所謂「築不志」也。何休曰：「繕故曰新，有所增益曰作，始造曰築。」説文曰：「築，擣也。」于外，非禮也。外，城外也。【補曰】於禮不當築館城外。築之爲禮何也？【補曰】據諸侯宮非一，宜不須改築館。主王姬者必自公門出，公門，朝之外門。主王姬者，當設几筵于宗廟，以俟迎者，故在公門之內築王姬之館。【補曰】朝者，治朝，治朝之外門即雉門也，雉門曰公門。言必自公門出者，所以起下二句。注末二句宜删去。於廟則已尊，於寢則已卑，爲之築，節矣。【補曰】公羊曰：「於路寢則不可，小寢則嫌，羣公子之舍則以卑矣。其道必爲之改築者也。」何休曰：「公子，女公子也，當築夫人之下，羣公子之上。」文烝案：節者，制斷也。傳意似當築廟下寢上。築之外，變之正也。築之外，變之爲正何也？【補曰】俞樾曰：「當作『爲變之正』，『爲』字『變之』字誤倒。」仇讐之人，非所以接婚姻也，【補曰】謂非可於廟中接婚姻。衰麻，非所以接弁冕也。親迎服祭服者，重婚姻也，公時有桓之喪。【補曰】喪服經曰「斬衰裳、苴絰、杖、絞帶、冠繩纓、菅屨者」，父凡服上曰衰，下曰裳，男子衰與裳殊。此言衰，則該裳矣。麻，謂首要經也。斬疏齊大小功布緦五服皆曰衰，其經皆麻。言衰麻，猶言衰經，此以配衰而足其文，非指衰之布爲麻也。弁冕，皆親迎之服，大夫以上服冕。此兼言弁，亦以足句。又弁是大名，故疏曰：「弁冕者，連言之。周禮弁師掌王之五冕，故傳亦通言之也。」趙匡曰：「言築之爲宜，不若辭之爲正也，故君子貴端本也。」孫復亦云。其不言齊侯之來逆何也？不使齊侯得與吾爲禮也。【補曰】齊侯與魯不可相爲禮，不復讐則怨不釋，即四年傳之義也。疏曰：「舊解齊侯親逆不至京師，文王親逆不至于洽，則天子諸侯親迎皆不至婦家矣。今恐不然，何者？此時王姬魯主婚，故不至京師。詩稱『親迎于渭』者，爲『造舟爲梁』張本，焉知文王不至大姒家乎？」

冬十月乙亥，陳侯林卒。諸侯日卒，正也。【補曰】疏曰：「重發之者，此共錫命相連，恐日月爲錫命錄，故明之。」

王使榮叔來錫桓公命。榮，氏。叔，字。天子之上大夫也。禮有九錫：一曰輿馬，二曰衣服，三曰樂則，四曰朱户，五曰納陛，六曰虎賁，七曰弓矢，八曰鈇鉞，九曰秬鬯，皆所以褒德賞功也。德有厚薄，功有輕重，故命有多少。何休曰：「桓，弒逆之人，王法所宜誅絶，而反錫命，悖亂天道，故不言天王也。」文五年「王使榮叔歸含，且賵」則曰「含」者，臣子之職也，以至尊行卑事，故不言天王也。三月「王使毛伯來會葬」，又曰「刺比失禮」，故亦不言天王也。甯案：僖二十四年，天王出居于鄭，不可最大矣。禮天子既有賵含之制，傳但譏二事共一使耳。言「且」，所以示譏，一事無再貶之道也。以天王之尊，會人妾祖母之葬，誠失禮矣，孰若使任叔之子來聘，使家父來求車之不可乎？此三者，皆言天王，明非義之所存。舊史有詳略，夫子因而弗革，故知曲說雖巧，致遠則滯矣。【補曰】此依杜預以榮爲氏，文五年注以榮爲采地。文元年叔服注云：「未受采邑，故不稱氏。」氏卽采地，三公至元士皆同。榮叔亦得爲中大夫也，書序有榮伯。爾雅曰：「錫，賜也。」九錫之文本何休注。何休又曰：「百里不過九命，七十里不過七命，五十里不過五命。」范謂以功德爲多少，與何異也。韓詩外傳、春秋緯、禮緯皆言九錫，書大傳則言諸侯三年一貢士，一適謂之好德，再適謂之賢賢，三適謂之有功。有功者，天子一賜以車服弓矢，再賜以秬鬯，三賜以虎賁百人，號曰命諸侯，是三錫也。但春秋錫命及左傳諸所載似皆未可援三錫九錫爲説，惟齊桓、晉文錫命爲侯伯，略相近焉。王不稱天，范駁何休甚善，然非舊史有詳略也。春秋書錫命三：桓書「王」，文書「天王」，成書「天子」，其義一也。其義一而或稱王、或稱天子者，成八年傳云「見一稱也」。但傳惟以「見一稱」釋天子而不釋王者，天子終春秋祇一見，而王則本配謚之稱，其爲見一稱易明，無待釋也。夫同此錫命一事而其文三變焉，所以得爲「見一稱」耳。至於榮叔歸含、召伯會葬，皆在文公逆祀後，則是傳所謂「文無天者」，因魯起義，非關王身。而先儒亦莫能悟，深可喟矣。大氐王不稱天，決無貶王之義，春秋言王、言天王、言天子、言王后、言公、言夫人，皆稱名之最尊者，雖有貶時，不貶於其尊稱之名也。此事蒙上月。

禮有受命，無來錫命，錫命非正也。賞人於朝，與士共之，當召而錫也。周禮大宗伯職曰「王命諸侯則儐之」，是來受命。【補曰】鄭君注曰：「儐，進之也。王將出命，假祖廟，立依前，南鄉，儐者進當命者，延之命使登，内史由王右以策命之，降再拜稽首，登受策以出，此其略也。諸侯爵禄，其臣則於祭焉。」

生服之，死行之，禮也。【補曰】公羊曰：「錫者何？賜也。命者何？加我服也。」何休曰：「言命不言服者，重命不重其財物。」孔廣森引覲禮「諸公奉篋服，加命書於其上，大史述命，侯氏降拜，升成拜，大史加書于服上，侯氏受。」

生不服，死追錫之，不正甚矣。【補曰】周禮大史賜謚，無追錫命之禮。何休曰：「禮生有善行，死當加善謚，不當復加錫。」疏曰：「書錫命者三，此追命失禮最大，故以甚言之。」文烝案：杜預釋例曰：「天子錫命，其詳未聞。諸侯或卽位而見錫，或歷年乃加錫，或已薨而追錫。魯桓薨後見錫，則亦衛襄之比也，魯文卽位見錫，則亦晉惠之比也。魯成八年、齊靈二十三年乃見錫，隨恩所加，得失存乎其事。」

王姬歸于齊。【補曰】齊侯來逆而姬歸也。何休曰：「內女歸例月，外女不月者，聖人探人情以制恩，實不如魯女。」爲之中者，歸之也。【補曰】明與紀季、姜略同。與齊桓夫人異。重發傳者，彼爲媒，此爲主也。讀同彼傳。丁溶曰：「『中』當作『主』。」疏云：「彼王姬非魯主昏。」又二年傳「爲之主者，卒之也」，明此亦當爲主。

齊師遷紀郱、鄑、郚。【補曰】爾雅曰：「遷，徙也。」蒼頡篇曰：「徙，移也。」○【撰異曰】「紀」下或有「于」字。傳所明記而先儒失之，今以夏小正傳例推知之。紀，國也；郱、鄑、郚，國也。此「國」以三言爲名。或曰遷紀于郱、鄑、郚。十年，宋人遷宿。傳曰：「遷，亡辭也。其不地，宿不復見矣。」齊師遷紀，四年復書「紀侯大去其國」者，紀侯賢，不與齊師之亡紀，故變文以見義。郱、鄑、郚之君無紀侯之賢，故不復見，從常例也。若齊師遷紀于郱、鄑、郚，當言「于」以明之，又不應復書地，當如宋人遷宿、齊人遷陽。「或曰」之說，甯所未詳。【補曰】案：傳有誤字，當云「郱、鄑、郚邑也」，或後人妄改之。紀之爲國，前已屢見，傳先言「紀，國也」者，以起下郱、鄑、郚之爲紀邑也。四年紀侯始去國，此時安得遷紀國都？豈有國遷而君猶在國者乎？公羊以爲外取邑，以爲自是始滅。杜預曰：「齊欲滅紀，故徙其三邑之民而取其地。」又論語稱「管仲奪伯氏駢邑三百」，應劭説卽此郱也。不曰齊師伐紀取郱、鄑、郚者，實是遷徙其民，且遷是亡辭，欲以著亡紀之漸也。邑得言遷，又繫紀，皆變文也。傳言紀是國都之大名，郱、鄑、郚乃其三邑，明與他例不同也。又

「鹿從」二字依孔氏說。

稱「或說」者，謂經文異本多一「于」字，猶夏小正傳說「初歲祭耒」云「或曰祭韭也」，說「鹿從」云「或曰人從」，皆記別家經之異，與此正同矣。此有「于」字者，謂遷紀都之民於其三邑，文異則義異也。諸稱「或曰」、「其一曰」者，文同而義異也，皆示傳疑兼存之，師說如是。

二年春王二月，葬陳莊公。

夏，公子慶父帥師伐於餘丘。慶父名，字仲父。【補曰】杜預曰：「莊公時年十五，則慶父，莊公庶兄。」案：慶父謚曰共，仲也。慶父所弑，乃莊之子，故不如翬、豫貶，且翬弑別無見文，慶父弑當文自見。國而曰伐，於餘丘，邾之邑也。其曰伐何也？【補曰】據凡言伐國侵國者，皆其四竟之內，不必迫近國都。雖伐於餘丘，當言伐邾。李廉曰：「經書魯大夫帥師伐國者九，獨於餘丘以邑而書伐，欲以起問者察事情也。」公子貴矣，師重矣，而敵人之邑，公子病矣。【補曰】既貴且重，乃敵一邑，病也。明特變國言邑，以顯新義。病公子，所以譏乎公也。【補曰】大夫之事皆公命。其一曰：君在而重之也。邾君在此邑，故不繼于邾，使若國。【補曰】疏曰：「一曰之說，亦解稱伐之意，言爲君在重之，使若國然，故邑亦稱伐。」文烝案：此亦解變國言邑之意。注本公羊，失之，疏亦未了。

秋七月，齊王姬卒。【補曰】何休曰：「內女卒例日，外女卒不日者，恩實輕於內女。」爲之主者卒之也。主其嫁則有兄弟之恩，死則服之，服之故書卒。禮記曰：「齊告王姬之喪，魯莊公爲之大功。」【補曰】此亦讀「爲之主者」絕句。我爲之主者，則書卒以卒之，經仍史之舊也。「主」字各本脫，今依唐石經、陸淳集傳纂例及十行本、俞皋集傳釋義本、李廉會通本補正。注引禮記檀弓文。

冬十有二月，夫人姜氏會齊侯于禚。禚，齊地。【補曰】月者，爲下卒日。文姜初如莒不月，則此亦當不月。○【撰異曰】禚，公羊作「郜」，玉篇禾部引作「䅗」。婦人既嫁，不踰竟，踰竟，非正也。【補曰】何休以爲婦人無外事，外則近淫也。此通說諸婦人踰竟事。婦人不言會，言會非正也。【補曰】會或在竟內，或在竟外，君大夫之事，非婦人事也。此說本經，亦通說下二會及享姜二會，并包杞伯姬。饗甚矣。饗在四年。【補曰】饗者，兩君之事，亦非婦人事，飲食宴樂，其情彌親，尤亂男女之別，故非正尤甚也。此指說四年事。

乙酉，宋公馮卒。【補曰】疏曰：「馮是穆公長子，與夷既弑，則馮當正，故書日。」

三年春王正月，溺會齊師伐衛。徐邈曰：「傳例曰：『往月，危往也。』齊受天子罪人，爲之興師，而魯與同，其理危也。」【補曰】徐意危往之例亦通於大夫，徐是也。傳言「會仇讎」，解溺直稱名之義，徐以危往，又別取一義。○【撰異曰】師，各本誤作「侯」，今依唐石經改正。溺者何也？公子溺也。【補曰】左氏、公羊皆所未聞。其不稱公子何也？據二年公子慶父帥師伐於餘丘稱公子。【補曰】當云據凡公子無不氏者。惡其會仇讎而伐同姓，故貶而名之也。【補曰】貶溺亦所以譏公也。溺後不卒者，何休以爲莊公薄於臣子之恩，故不卒大夫，與桓同義。文烝案：溺卒在莊世，容有其理，要亦其卒時實無恩禮，史所不書。公子彄之子哀伯達，其卒在莊世，不書亦其比也。桓、莊五十年中，自末年公子牙外，無卒大夫者，翬卒當是君子所削，其餘如柔、溺、單伯達之類，當皆是二君不加恩禮，而史不錄卒也。牙之卒，左傳稱立叔孫氏，則明其有恩禮。

夏四月，葬宋莊公。月葬故也。【補曰】重發傳者，五月而葬，非緩非速而有故，傳未有明文也。

五月，葬桓王。傳曰改葬也。若實改葬，當言「改」以明之，猶「郊牛之口傷，改卜牛」是也。傳當以七年乃葬，故謂之改葬。【補曰】此引舊傳文，公羊又同，而注猶疑之，又引「改卜牛」亦不倫矣。前者桓王之葬不書，下所謂天子志崩不志葬也，猶平王之葬亦不書也。今此改葬，故特志之。疏妄引感精符以申范，非也。依左傳，葬有闕則改葬，鄭君喪服記注謂「墳墓以他故崩壞，將亡失尸柩」者。改葬之禮緦，舉下緬也。緦者五服最下。言舉下緬上，從緦皆反其故服，因葬桓王記改葬之禮，不謂改葬桓王當服緦也。猶晦震夷伯之廟，因明天子諸侯之制，不謂夷伯非魯之大夫也。甯之先君與蔡司徒論之詳矣。江熙曰：「葬稱公，舉五等之上，改葬禮緦，舉五服之下，以喪緬藐遠也。天子諸侯易服而葬，以爲交於神明者，不可以純凶，況其緬者乎？是故改葬之禮，其服唯輕。言緬，釋所以緦也。」【補曰】國語注曰：「緬，猶邈也。」喪服記曰：「改葬緦。」韓子說喪服及此傳曰，此皆謂子之於父母，妻爲夫如子，其他皆無服，無服則弔服而加麻。緬，猶遠也。下，謂服之最輕者也。以其遠故，其服輕也。韓從江說，以范爲非。案：鄭君喪服記注：「服緦者，臣也，子也，妻也。」韓說是也。喪服傳說緦之制：「十五升抽其半，有事其縷，無事其布。」江云「易服而葬」者，疏引檀弓「弁經葛而葬，與神交之道也」，鄭君注云：「接神之道，不可以純凶，天子諸侯，變服而葬，冠素弁，以葛爲環絰，既虞卒哭，乃服受服也。」又喪服記注曰：「緦，三月而除之。」或曰郤尸以求諸侯。停尸七年，以求諸侯會葬，非人情也。【補曰】郤者，說文、玉篇云：「節，郤也。」廣韻云：「節也，退也。」此「郤尸」蓋取「退」義，謂郤退其下柩之期。尸即是柩，對文則異，散則通也。左傳曰「緩也」，是同或說，傳姑載之，本不可從。張大亨據之，遂以七年閒嘗書王命駁未葬不稱使之說。天子志崩不志葬，必其時也。何必焉？舉天下而葬一人，其義不疑也。【補曰】不志葬，謂平、桓、惠、定、靈五王，非魯不會葬，蓋魯史皆有之矣。君子以爲魯史非周史，比改立不志葬之例，取義於必其時，明其不疑於不葬也。文選注引劉兆注曰：「舉，盡也。」「其義」，文九年作「其道」，義、道一也。不志葬爲必其時，公羊亦同，獨五王不志葬者，說具襄二十八年靈王崩下。志葬故也，危不得葬也。【補曰】志葬，謂襄、匡、簡、景四王，此改葬桓王亦是也。志葬者月，甚則日。曰近不失崩，不志崩，失天下也。京師去魯不遠，赴告之命可不踰旬而至，史不志崩，則亂可知。【補曰】曰者，目經意也。不志崩，謂莊、僖、頃三王也。周有赴告，於魯爲近，地則千里，屬則文昭，理必赴崩。史不失志，今經不志，明史本無。近而失之，知其不赴，近而不赴，是失天下，君子將使人考其事，知其義也。注言不踰旬，甚言其速耳，以平王、簡王之崩觀之，當言不踰二旬。左傳例曰凡崩薨不赴則不書。方苞本程子語爲說，曰抑於此見經因魯史，有可損而不能益焉。天王之崩，雖易世以後，可考而知，而魯史所無者，不敢益也。其文則史，而義即於是乎取焉，此其較著者也。文烝案：自「天子志崩」以下，總論周諸王崩葬事。獨陰不生，獨陽不生，獨天不生，三合然後生，徐邈曰：「古人稱萬物負陰而抱陽，沖氣以爲和，然則傳所謂『天』，蓋名其沖和之功，而神理所由也。會二氣之和，極發揮之美者，不可以柔剛滯其用，不得以陰陽分其名，故歸於冥極而謂之天。凡生類稟靈知於天，資形於二氣，故又曰『獨天不生』，必三合而形神，生理具矣。」【補曰】陰謂母，陽謂父，注似未了，其解「天」字則是也。人之生，受形於母，得氣於父，稟靈於天，皆合焉而後爲人。楚辭天問曰：陰陽三合，何

本何化。」邵子曰：「氣者神之宅也，體者氣之宅也，體、氣、神卽陰、陽、天歟？」注「萬物」二句，老子文。故曰母
之子也可，天之子也可。【補曰】凡爲母之子者，皆天之子也。不言父之子者，省句以便文，從可知。尊者
取尊稱焉，卑者取卑稱焉，王者尊，故稱天子。衆人卑，故稱母子。【補曰】喪服傳曰：「禽獸知母而不知父，野
人曰，父母何算焉？都邑之士則知尊禰矣，大夫及學士則知尊祖矣。諸侯及其大祖，天子及其始祖之所自出，尊者尊統
上，卑者尊統下。」鄭君曰：「及始祖之所由出，謂祭天也。」案：此段與傳義相表裏。夫禰也，祖也，大祖也，始祖也，祭祀之
鬼神，吾心之鬼神也。故祭祀之天，吾之天也。吾之天者，三合是也。此爲道之本，教之至。說文曰：「古之神，聖人母，
感天而生子，故偁天子。」是乃漢儒聖人無父之妄說，不足據也。董仲舒繁露亦有「獨陰」以下數語，蓋是古書成文。彼無
「獨天」句，中二句作「父之子也可尊，母之子也可卑」，似是而非，當由轉寫妄改。其曰王者，民之所歸往也。【補
曰】史記正義引逸周書謚法「仁義所往曰王」，謂身有仁義爲衆所歸往也。「王」、「往」同聲爲訓。吕氏春秋曰：「帝也者，天
下之適也，王也者，天下之往也。」「適」亦「往」也。自「獨陰」以下，又論稱天子、稱王之義，推此知天王者合二稱爲稱也。
何休解天王義，以爲時吳、楚上僭稱王，王者不能正，而上自繫於天。春秋不正者，因以廣是非。劉敞、孔廣森引董仲舒
曰：「古之造文者，三畫而連其中謂之王。三者天、地、人也，而參通之者王也。」皆非傳意。

秋，紀季以酅入于齊。季，紀侯弟。【補曰】杜預用公羊文也。○【撰異曰】酅，左氏本又作「攜」。酅，紀
之邑也。入于齊者，以酅事齊也。雍曰：「紀國微弱，齊將吞幷，紀季深覩存亾之機，大懼社稷之傾，故超然遐
舉，以酅事齊，庶胤嗣不泯，宗廟永存，春秋賢之，故褒之以字。」【補曰】雍注皆非也。以酅事齊者，左傳云「紀於是乎始

判」，公羊云「請後五廟以存姑姊妹」，杜預以爲「以邑入齊爲附庸」是也。此通解「以酅入于齊」五字義。舉經句不出「以酅」二字者，省文也。傳但言「以酅事齊」，其文簡略。而左氏賈逵説以爲紀季不能兄弟同心以存國，乃背兄歸讐，書以譏之。賈明於穀梁，此數語必穀梁家義也。書「以」者，從邾庶其、衛孫林父等文之例。庶其之等，傳多云「以者，不以者也」，明此亦同義，舉後可以包前也。「黑肱以濫來奔」，傳云「來奔内，不言叛」，明以邑出奔他國者皆當舉叛爲重，故孫林父以戚出奔晉，但書叛，不書出奔，是其例也。此之以酅入于齊，亦是叛而出奔。不舉叛爲重者，或當以凡出奔不重於叛，故以叛爲重，而此之入于齊爲附庸，事不止於出奔，又重於叛，故不言出奔而言入，不得以叛爲重也。左氏、劉歆、賈逵説，以爲紀季以酅奔齊，不言叛，不能專酅，此説非也。紀季稱字者，從許叔、蔡季之例。傳言許叔，許之貴者；蔡季，蔡之貴者，明此亦以貴舉可知也。不言紀侯之弟某者，啖、趙以爲兄無惡。傳解衛侯之兄輒云：「目衛侯，衛侯累也。」則啖、趙是也。傳與左傳皆無賢紀季之義，惟公羊以稱字爲賢之，杜預遂據以改左氏舊注，范、甯因以注穀梁，後儒相沿爲説，誤矣。公羊言賢其服罪，服罪之説從齊襄復讐而起，本不可通於穀梁、左氏，且公羊但以稱字爲賢，未嘗謂其非叛，故何休注猶以叛爲言，杜、范等并失公羊本意。惟孫復、杜諤言其惡，黄仲炎言其爲自全之計，家鉉翁謂貶而非褒，程端學以爲季有罪不可以訓，蓋有合穀梁、左氏之舊義。入者，内弗受也。齊受人之邑而滅人之國，故於義不可受也。【補曰】注非也。此又言書入之義，與凡入同例也。齊受叛人之邑，非義所當受，故爲不可受之辭。言齊不可受，則紀季之罪益著，雖不言叛，叛可知也。疏曰：「此齊不可受，嫌違例，故重發之。」案：疏語亦無發明也。

冬，公次于郎。【補曰】何休曰：「次，例時。」○【撰異曰】郎，左氏作「滑」，王夫之曰：「宜以『郎』爲正。」次，止也，【補曰】何休曰：「次者，兵舍止之名。」左傳例曰：「凡師一宿爲舍，再宿爲信，過信爲次。」有畏也，欲救紀而不能也。畏齊。【補曰】不能救，是畏也。公羊同。次成諱恥，此直文者，蓋刺其畏讐。不致者，蓋舊史無之，竟内兵不告廟也。

四年春王二月，夫人姜氏饗齊侯于祝丘。饗，食也。兩君相見之禮，以非禮尤甚，故謹而月之。凡會書月著時，事有危，雖於公發例，亦無所不關。祝丘，魯地。【補曰】注首二句本杜預。訓「食」者渾言之，饗大於食與燕。如左傳鄧侯享楚文王、齊侯享魯定公之類是也。何休曰：「牛酒曰犒，加飯羹曰饗。」月者再出重也，三出不月者，省文從可知例。○【撰異曰】饗，本又作「享」。左氏作「享」。案：左傳中凡饗禮、食禮之饗，皆用「祭享」，「享獻」字，於六書爲假借，猶曲禮、月令、禮器等篇假「饗食」字爲祭享也。歆享、享國，與祭獻義相因。毛詩、儀禮、今文尚書等用「饗」者亦當爲假借，二字相亂，故記之。饗，甚矣。【補曰】覆説上傳專謂夫人也。饗齊侯，所以病齊侯也。【補曰】饗齊侯，謂春秋之文言饗以饗之，言饗又所以病齊侯，病其爲鄰國夫人加以甚非正之事也。女失既甚，男惡安辭？淫妹之事，隱然可見，故病之也。文姜與齊襄淫亂，於饗、於諸會、於如齊師皆有焉。春秋書會，但與會卞之屬一例。書如齊師，亦與他書如不殊。惟此書饗，雖亦記事之直文，而狐之綏綏，魚之遺遺，殆不可掩。夫兩君相饗從無書者，而獨書夫人饗，其爲甚且病不已明乎？

三月，紀伯姬卒。隱二年履緰所逆者。内女卒例日，伯姬失國略之，故月也。【補曰】注首句，杜預語。不日者，三十年傳以爲爲紀亡略之。時紀未亡，卒而卽亡，猶未葬，當以亡論。外夫人不卒，此其言卒，何也？【補曰】外夫人，通言諸外夫人也。不卒者，經例因史例也。吾女也。適諸侯則尊同，以吾爲之變，卒之也。禮諸侯絶旁朞，姑姊妹女子子嫁於國君者，尊與己同，則爲之服大功九月，變不服之例，然則適大夫者不書卒。【補曰】變者，既服其喪，則與常日異禮，故言變，與宣八年傳「變」字同義。注言「變不服之例」，非傳之「變」字也，此發巳嫁女書卒通例。注言適大夫不卒，疏謂莒慶、齊高固並逆叔姬，無卒文是也。

夏，齊侯、陳侯、鄭伯遇于垂。傳例曰：「不期而會曰遇。」遇者，志相得也。【補曰】鄭伯者，突也。孫覺、胡安國、高閌、陳傅良、胡寧、程公説、張洽、趙鵬飛、呂大圭皆云。

紀侯大去其國。【補曰】去，違也，離也。言「其」，亦緩辭。不月者，小國奔例。大去者，不遺一人之辭也，【補曰】葉夢得曰：「大，猶盡也。盡無麥禾曰大無麥禾，盡去其國曰大去其國。」文烝案：左氏襄十四年傳記晉伐秦事曰「乃命大還」，汪克寬引爲證，并引婦人大歸。此滅而奔也，謂之大去，有奔事，無奔文。言民之從者四年而後畢也。【補曰】謂元年既失郱、鄑、郚，而三邑之民猶有從者，至此乃合國都之民并其餘邑民，皆從君避難而去，故曰「四年而後畢」，明以紀侯得民，不欲言奔也。紀侯賢，而齊侯滅之，不言滅而曰大去其國者，不使小人加乎君子。不曰滅而曰大去其國，蓋抑無道之强以優有道之弱，若進止在己，非齊所得滅也。何休曰：「春秋楚世子商臣弑其君，其後滅江、六，不言大去。又大去者，於齊滅之不明，但知不使小人加乎君子。而不言滅，縱失襄公之惡，反爲大去也。」鄭君釋之曰：「商臣弑其父，大惡也，不得但爲小人。江、六之君又無紀侯得民之賢，不得變滅言大去也。元年冬，齊師遷紀，三年，紀季以酅入于齊，今紀侯大去其國，是足起齊滅之矣。即以變滅言大去，爲縱失襄公之惡，是乃經也，非傳也。且春秋因事見義，舍此以滅人爲罪者自多矣。」【補曰】疏曰：「言春秋有因事見義者，不得不舍此以滅人爲罪也，若晉人執虞公、梁亡之類是也。」文烝案：前文足起齊滅，既如鄭言，下文又明稱齊侯，則此文本當言齊侯滅紀，亦無嫌不明，故可不言滅也。又去者，奔之異文。若言滅，又言奔，如齊師滅譚，譚子奔莒，楚人滅弦，弦子奔黃，則紀侯爲不能死社稷而其賢隱矣，故春秋不罪紀侯者，以其賢也。言大去不疑爲罪文者，由於不言滅也。經之改舊精，傳之說經密。鄭君言齊師遷紀，不連郱、鄑、郚，亦不知彼傳誤字。

六月乙丑，齊侯葬紀伯姬。【補曰】上既不言齊侯滅紀，又不出齊師、齊人，故稱齊侯葬以著之，異於陳哀公。俞臯曰：「見齊侯之滅紀也。」胡安國曰：「如紀似禮，存季似義，葬伯姬似仁，君子惡似而非者。」外夫人不書葬，此其書葬何也？【補曰】疏曰：「此外夫人即謂吾女，吾女爲外夫人者惟當書卒，不合稱葬。」文烝案：諸外夫人及內女爲外夫人者魯多會葬，史於內女志卒亦必志葬。至君子並削之，則其存而不削者別有義矣。吾女也，失國，故隱而葬之。隱，痛也。不日卒而日葬，閔紀之亡也。【補曰】注二語本後三十年葬叔姬傳文。但彼傳是總發伯姬、叔姬卒葬四文之義，就日不日言之，此傳則直論伯姬書葬之義，以包叔姬，與彼傳義各別也。隱伯姬、叔姬之失國，猶隱宋共姬之卒災，皆於其書葬見之。至於閔紀之亡，不日卒而日葬，義由紀起，不專在二姬之身，自不可與宋共姬類論。

秋七月。

冬，公及齊人狩于郜。郜，齊地。【補曰】非也。即取諸宋者。○【撰異曰】郜，左氏作「禚」。齊人者，齊侯也。【補曰】公親出與狩，明是齊君。其曰人何也？卑公之敵，所以卑公也。内無貶公之道。【補曰】卑之猶言貶之，貶齊侯正以貶公。何爲卑公也？不復讐而怨不釋，【補曰】能復讐則善矣，既不能復則怨不可釋。苟見齊侯則殺之，故必無相見之理。刺釋怨也。【補曰】刺其釋怨相見，故爲卑公之文也。公羊釋齊人之文曰「諱與讐狩」，曰「於讐者將壹譏而已，故擇其重者而譏焉，莫重乎其與讐狩也。」公羊之言「譏」，即傳所謂「卑」、「刺」，公羊言「諱」而傳不言者，言卑刺則諱可知，明經以卑刺爲義也。若不以卑刺爲義，直以諱爲義，則當不言公而直言及齊侯，今言公及齊人則明以諱見譏。諱者其文，而卑刺者其義，故但言諱則無以知其爲卑刺，但言卑刺則諱可知也。不致者，蓋亦舊史無之，凡狩不告廟也。

五年春王正月。

夏，夫人姜氏如齊師。【補曰】孔穎達曰：「於時齊無征伐之事，不知師在何處？蓋齊侯疆理紀地，有師在紀。不言會者，往其軍内就齊侯耳，不行會禮。」師而曰如，衆也。言師衆大如國，故可以言如，若言如齊侯則不可。【補曰】此爲凡書如師、如會者發例，注末二句可删。婦人既嫁不踰竟，踰竟，非禮也。【補曰】疏曰：「復發傳者，嫌師與國異也。」孔廣森曰：「戎事不邇女器，目言『如齊師』，惡甚矣。」文烝案：如齊師之爲非禮，當與會同論，皆不若饗之甚。謝湜等説未是。

秋，郳黎來來朝。○【撰異曰】郳，公羊作「倪」。段玉裁曰：「公羊蓋作『兒』，五兮反。十五年可證。」黎，左氏作「犂」。郳，國也。黎來，微國之君，未爵命者也。黎來，名也。【補曰】未爵命於周也。左傳亦曰「未王命」，杜預曰「附庸國」。重發傳者，前稱字，此稱名，前是盟，此是朝，嫌有異也。注本左氏、公羊。

冬，公會齊人、宋人、陳人、蔡人伐衛。納惠公朔。【補曰】左傳文。是齊侯、宋公也。【補曰】公與共伐，致來王人之救，足見齊、宋君親來。不言陳侯、蔡侯者，省文。其曰人何也？人諸侯所以人公也。【補曰】人之猶言貶之卑之。其人公何也？逆天王之命也。王不欲立朔也。【補曰】案：上經言公及齊人刺釋怨而卑之，卑其相見，而諱使若不相見也。卑之之義即寓於諱之之文，則此經「人公」當亦同上諱不没公，直言及齊侯，此諱亦不没公，直言會齊侯，其諱亦正相等。但上經「卑公」專以釋怨相見起義，卑之即是諱之。此經「人公」則不專是齊、魯之故，乃以逆王命起義。會即無齊，齊即非讐，亦當人公，不專爲諱也。春秋包含萬理，而其義之重且急者乃經之本旨。陳傅良、趙汸説此伐衛及後圍郕，以爲公與仇人接，春秋終諱之。萬斯大謂使若終不相見者，其論固是，而此經本義猶未得也。圍郕不言公，亦爲諱，此經則不專爲諱。

六年春王三月，王人子突救衛。徐邈曰：「諸侯不奉王命，朔遂得篡。王威屈辱有危，故月也。」救衛於義善，故重子突功。不立，故著其危。【補曰】疏曰：「日月之例，見危者惟施於內，今施之於外者，范荅薄氏云：『王者安危，天下所繫，故亦與內同也。』」文烝案：何休曰：「救例時，此經例也，史例皆月。」○【撰異曰】三月，各本誤作「二月」，今依唐石經、十行本、呂本中集解、張洽集註、程端學本義、李廉會通改正。左氏作「正月」。王人，卑者也。【補曰】何休以爲下士稱人。杜預釋例同。稱名，貴之也。何休以爲稱子則非名也。鄭君釋之曰：「王人賤者，録則名可，今以其衛命救衛，故貴之。貴之則『子突』爲字可知明矣。此『名』當爲『字』誤爾。」徐乾曰：「王人者，卑者之稱也，當直稱王人而已。今以其能奉天子之命救衛而拒諸侯，故加名以貴之。僖八年『公會王人、齊侯』是卑者之常稱。」【補曰】案：何休注意「突」仍是名，與廢疾異。史記自序曰：「春秋褒周室，諸有尊貴文者，皆褒也。」陸淳曰：「天子無上，無以褒之，故褒子突，則王美可見也。」孫覺曰：「春秋之義，天王無褒，非無善也。其善者衆，不可以一善褒也。天王無貶，非無惡也。天王之位，非爲惡者居之，雖有惡，不加貶焉。故善天王之救衛，而書子突之字，貶王師之敗績。而以自敗爲文，蓋曰天王無褒，又其善不可掩也。則褒其臣，天王無貶，又其惡不可諱也。則書王師之自敗，所以推尊而責備之也。」善救衛也。【補曰】疏曰：「討王者有伐無救，而云『善』者，朔叛逆王命，天子廢之，立其嗣子，而遣師往救，有存諸侯之功，故曰善，不可以大平之法格之。」文烝案：疏說固通，但據周禮大司馬「及師，大合軍，以行禁令，以救無辜，伐有罪」，則大平亦有救法，書救即爲善，與上稱名貴之各一義。羅喻義曰：「春秋筆法，空處最奇。隱之薨，不地不葬，知有亂者。桓之薨，前書夫人如齊，後書夫人孫，知有淫者。衛朔之入，書王人救衛，知有天子所立之公子黔牟。」救者善，則伐者不正矣。【補曰】此句通謂凡救，凡救皆善，非善則沒其救文。如襄十一年，秦人伐晉以救鄭，彼時晉伐鄭爲近正，秦救鄭無善，春秋不言救，故言救者必善，即知伐者之非正矣。」胡安國得其解。

夏六月，衛侯朔入于衛。其不言伐衛納朔何也？據九年伐齊納糾言納。【補曰】問上經。不逆天王之命也。不與諸侯得納王之所絕。【補曰】公羊曰「辟王也」，與此同。入者，内弗受也。【補曰】此發君人通例，故重舉之。朔嘗爲君，不言復入者，方欲絶之，若其本未有國。劉歆曰：「不與復。」何用弗受也？爲以王命絶之也。【補曰】何休曰：「絶者，國當絶。」徐彦曰：「絶有二種：一是絶滅其國，一是絶去其身。」朔之名，惡也。【補曰】與「出」同義。朔入逆，則出順矣。【補曰】疏曰：「順者，比之入國爲順，仍是惡也。一解此當文自相比入爲逆，則出當爲順矣。」朔出入名，以王命絶之也。【補曰】公羊解「出」名曰「絶」，曷爲絶之？得罪于天子也。解「入」名曰絶，曷爲絶之？犯命也。

秋，公至自伐衛。【補曰】上冬伐，此秋至，歷四時之久，甚於伐楚之屬。不月者，此在不致之例，致之已足見危，不須月。惡事不致，此其致何也？據襄九年，時有穆姜之喪，會諸侯伐鄭不致。【補曰】注用公羊何休說，與襄九年本傳顯戾。當云據侵宋及伐邾取須句之屬皆不致。不致則無用見公之惡事之成也。【補曰】不致，則知其爲惡事矣，而云「不致無用見」者，此之惡事，謂公與王人戰也。戰在伐後，不致則見伐不見戰。張自超所云「似王人來救，而諸侯之師已散，衛朔自入于衛」是也，故下有分惡、殺惡文。而先以此文見惡之成，乃是特變常例，轉存史文也。僖二十六年「至自伐齊」，傳云「危之」，此亦得兼有危義，而見惡之意爲多，故言見惡也。董仲舒曰：「春秋視人所惑爲立説，以大明之，若此類不言則不見，是之謂大明。」葉夢得譏此傳，非也。

螟。【補曰】自此後無書「螟」者。高閌曰：「螟食苗心，螽無所不食，螟之爲災，較螽爲輕。春秋之初，災之輕者亦書之，及其久也，輕者不勝書，書其重者耳。」

冬，齊人來歸衛寶。【補曰】何休曰：「寶者，玉物之凡名。」説文曰：「寶，珍也。」○【撰異曰】左氏作「衛俘」，相似，故誤作「俘」耳。」文烝案：說文「孚」从爪子，古文作「𤔿」，从禾。禾，古文「保」，保亦聲。然則古字通用「寶」，或作「保」，與「俘」誤。左傳亦曰「寶」。孔穎達曰：「案說文『保』從人，𤔿省聲。古文『保』，不省。

以齊首之，分惡於齊也。使之如下齊而來我然，惡戰則殺矣。若衛自歸寶於齊，過齊然後與我，齊首其事，則我與王人戰罪差減。【補曰】注全失之。首，猶主也。下齊，齊爲我下也。言惡，言惡戰，卽上之惡事，經無戰文，故言戰以明之也。時齊率諸侯與王人戰，共敗王師，惡不可道。衛侯以爲有功，出寶賂齊，齊又讓魯。齊所以讓魯者，公羊稱齊侯曰「此非寡人之力，魯侯之力也」。明魯尤多戰功，故讓魯也。衛賂齊而齊讓魯，是受賂者魯也。郜大鼎之賂，以「取」爲文；濟西田之賂，以「齊取」爲文。取者，受賂之辭，今不言取衛寶于齊，與取郜大鼎于宋一例。而以「齊人來歸」爲文，則是以齊爲主。但言齊讓賂，不言我受賂，而齊之惡戰彰，故曰「以齊首之，分惡於齊也」。「齊人來歸衛寶」與「齊侯來獻戎捷」同文，則是經之立文，又使若齊自爲我下而來我，并不爲讓賂來，而我之惡戰隱，故又曰「使之如下齊而來我然，惡戰則殺矣」。此傳之旨，若不以取鼎、獻捷兩文觀之則不得其解。

七年春，夫人姜氏會齊侯于防。防，魯地。**婦人不會，會非正也。**【補曰】疏曰：「防是魯地，故重發傳。」

夏四月辛卯，昔，恆星不見。【補曰】各本此經下衍「夜中星隕如雨」六字，今依唐石經、十行本删正。○【撰異曰】昔，本或作「㫺」。左氏、公羊作「夜」。公羊一本無。**恆星者，經星也。**經，常也。謂常列宿。【補曰】公羊曰：「列星也。」疏曰：「周四月，夏二月，常列宿者，南方七宿也。」孔穎達曰：「月令仲春之月，日在奎，昏弧中。」鄭云：「弧在輿鬼南，則於時南方之星盡當列見。」文烝案：四方二十八宿稱經星，故木、火、金、水、土五星稱緯星，合之爲九星也。又古書星辰連文者，皆以緯星爲星，經星爲辰。謂之辰者，以二十八舍日月所會也。周禮大宗伯注疏有此說。日入至於星出謂之昔。【補曰】此以「夕」訓「昔」也。廣雅曰：「昔，夜也。」王念孫疏證曰：「凡日入以後，日出以前，通謂之夜。」左傳、列子注並訓「昔」爲「夜」。莊子音義：「昔，夜也。」案：「昔」之言「夕」也，夕時亦謂之昔，故「夕」、「昔」古通用。詩樂酒「今夕」，楚辭注引作「今昔」是也。周禮腊人注：「腊之言夕也。」依說文「昔」、「腊」本一字。不見者，可以見也。

【補曰】大戴禮夏小正傳說「參則伏」曰「星無時而不見，我有不見之時」。左傳曰：「夜明也。」

夜中，星隕如雨。如，而也。星既隕而復雨。鄭君曰：「衆星列宿，諸侯之象，不見者，是諸侯棄天子禮義法度也。」劉向曰：「隕者，象諸侯隕墜，失其所也。又中夜而隕者，象不終其性命，中道而落。」【補曰】爾雅曰：「隕，落也，墜也。」夏小正傳曰：「墜也。」注解「如雨」，非也。下論之引鄭君者，駁五經異義文，見開元占經也。漢書五行志、董仲舒、劉向以爲常星二十八宿者，人君之象也；衆星，萬民之類也。列宿不見，象諸侯微也；衆星隕墜，民失其所也。夜中者，爲中國也。不及地而復，象齊桓起而救存之也。鄉亡桓公，星遂至地，中國其良絕矣。劉向以爲夜中者，言不得終性命，中道敗也。或曰象其叛也，言當中道叛其上也。趙汸曰：「公羊稱『不脩春秋曰：雨星不及地尺而復』。」此魯史舊文。漢志永始二年二月癸未，夜過中星隕如雨，長一二丈，繹繹未至地滅，至雞鳴止。不及地尺而復，卽未至地滅也。古今星變，固有如此者。其所隕者，星之光魄，故雖多而不見在地之形。戴溪謂「積氣消散所致，蓋比他異尤重。」許翰所謂「王運終而霸統起矣」。

〇【撰異曰】隕，公羊作「霣」。後同。其隕也如雨，是夜中與？星既隕而雨，必晦暝，安知夜中乎？【補曰】春秋之文，言「如」與言「而」異，「如雨」之「雨」與「不雨」之「雨」異。左傳言「與雨偕」，劉歆、杜預讀「如」爲「而」，讀「雨」如今上聲字，范依之，皆非也。劉敞固言夜雨不足記矣，傳舉經下句以釋上句，而先設問辭。杜諤引集義得之。中者不須臾，故下言其幾，而發句如此。穀梁子、太史公文章之工，柳宗元有得焉，往往在發句處，更端處。春秋著以傳著，疑以傳疑。明實録也。【補曰】包全經。中之幾也，而曰夜中，著焉爾。幾，微也。星既隕而雨，中微難知，而曰夜中，自以實著爾，非億度而知。【補曰】著焉爾，唐石經初刻作「實著焉爾」。注第二句當删。何用見其中也？【補曰】謂史何所據。失變而録其時，則夜中矣。失星變之始而録其已隕之時，檢録漏刻，以知夜中。【補曰】時，如公羊「至平日若時」之「時」。一日夜有十二時，史記曆書謂之十二節，曲禮曰「信時日」，孔穎達亦謂四時及十二時也。時者，期也。時加子曰夜中，亦曰夜半。依素問、天官書、吳越春秋及左傳昭五年杜預注，寅曰平旦，卯曰日出，辰曰食時，巳曰隅中，午曰日中，未曰日昳，申曰晡時，酉曰日入，戌曰黄昏，亥曰人定，子曰夜半，丑曰雞鳴。范意謂史檢漏刻而録之。案周制有挈壺氏，以水火分日夜，見周禮及毛詩傳。周禮注曰：「以水沃漏，夜則火視，刻數漏之箭，晝夜共百刻，冬夏之閒有長短焉。」又説漢法曰：「大史立成法有四十八箭。」孔穎達曰：「於時春分之月，夜當五十刻，二十五刻而夜半也。」其不曰恆星之隕何也？我知恆星之不見，而不知其隕也。【補曰】我者，我魯，又君子自我也。知，見也。隕者，見其爲星而已，莫明其爲何星。我見其隕而接於地者，則是雨説也。言我見從上來接於下，然後可言雨星。今唯見在下，故曰隕星。【補曰】此亦設問辭，注非也。隕與雨皆自上下下之稱，疑隕卽是雨矣。何以言隕？

文言如雨？文意與則是放命、則是大利皆同。著於上，見於下，謂之雨；著於下，不見於上，謂之隕；豈雨說哉？解經不得言雨星而言隕星也。【補曰】此解「如雨」也。在物言著，在人言見。傳互文錯言之。著上見下，謂上下一時並見；著下不見上，謂必至下乃見。疏引徐邈以著上爲雲著上，不可通也。隕非雨說，故言「如雨」。公羊曰：「如雨者何？如雨者非雨也。非雨則曷爲謂之如雨？不脩春秋曰：『雨星不及地尺而復。』君子脩之曰：『星霣如雨。』」覩乎公羊，則傳義益明矣。夫雨星不及地尺而復者，舊史之紀實也，君子據其文改之曰星隕如雨，春秋之正名也。雨雪雨雹，時刻不絕。雨螽上下皆合，舉首卽見，衆目昭然。雨星則異，是故不直言雨，而謂之「隕如雨」也。言雨則必先言雨而後言其物，言隕則其文各隨所施，星隕與隕霜異。蕭楚謂霜以著物，然後可知，故先言隕，後言霜。星麗於天，見隕則知之，故指言星隕也。星隕又與隕石異，傳解隕石云「隕而後石」。左氏說爲隕星。杜預謂隕石者，見在地之驗，不見始隕之星。星隕如雨，見星之隕而隊於四遠，不見在地之驗也。若然，則隕者主於下之辭也。先言星，後言隕，又有主於上之辭焉，其言如雨宜也。言星不言石，又有不及地之辭焉，不須更言不及地而復也。舊史之意，經悉該之，惟尺者約計之辭，非由實定，故置而不論。○公羊之「不脩春秋」，王充解爲魯史記是也。其解「如雨」，謂雨從地上而下，星亦從天霣而復，故曰「如」，則未是也。案：雨從地上而下，亦可通於著上見下之說，但讀「雨」爲上聲，殊非傳意。而以從地起者之復於地，明從天隕者之復於天，紆曲實甚矣。至啖助以爲奔流者衆，如雨之多，引詩雨無正序語。案：隕與流異，如雨自足見多，若讀「雨」上聲而喻多，詩辭有之，非史筆也。詩、書、禮、易其文體辭例與春秋各異，詩有韻，諸經傳古書亦往往有韻。春秋無韻，他書文，春秋質也。

秋，大水。高下有水災，曰大水。【補曰】疏曰：「復發傳者，嫌大水無麥苗異於常，故重發之。」

無麥、苗。【補曰】五行傳曰：「治宮室，飾臺榭，内淫亂，犯親戚，侮父兄，則稼穡不成。」麥苗同時也。麥與黍稷之苗同時死。【補曰】魯於周禮，周書當青州、兗州之地，青州穀宜稻麥，兗州穀宜四種。四種者，黍、稷、稻、麥也。黍、稷、稻皆稱苗。何休曰：「苗者，禾也。生曰苗，秀曰禾。」何説是也。此言麥、苗，謂二穀，或二穀以上苗，猶可復種。是年不收者惟麥，一穀不升謂之嗛，不謂之饑，故冬無饑文。凡諸水旱、螟、螽之等，苟其害不至無二穀，則但書水旱、螟、螽而已。

冬，夫人姜氏會齊侯于穀。穀，齊地。婦人不會，會非正也。【補曰】疏曰：「再發傳者，穀是齊邑也。」文烝案：文姜三會，皆具發傳，明後洮陽穀卞之屬皆同義可知，故不復發也。文姜之孫齊，不言姜氏，既取義於臣子大受命，會禚以下，皆言姜氏，但以非正非禮取義者，前之辭嚴，後之辭婉也。詩曰：「人之無良，我以爲兄。」人之無良，我以爲君。」言人則無善耳，我國人猶以爲君之兄，猶以爲國小君也。此夫子之語顔淵所謂親屬之言也。春秋因事因時而抑揚輕重其文，游、夏不能贊一辭，即文姜孫會諸文可見，而穀梁之合經亦見矣。○焦袁熹曰：「夫人饗齊侯、如齊師及諸會齊侯，先儒謂皆以國事出也。夫魯既不能討齊，齊復何憚於魯？而六七年閒，二國之交日益親密，四鄰既從齊令，亦無一旅之師涉魯竟者，皆夫人之爲之也。夫人既歿，謚之曰文。婦人無武事，言文則美備，非有非常之才智，何以得此聲乎？」文烝案：金履祥已有此説，深合事情。世衰道微，邪説紛起，故魯桓、齊襄皆獲美謚，而桓妻別作謚焉。然猶爲之肆大眚者，以其淫而害夫，公議不可違耳。

春秋莊公閔公經傳第三補注第六

穀梁　范氏集解　鍾文烝詳補

八年春王正月，師次于郎，以俟陳人、蔡人。時陳、蔡欲伐魯，故出師以待之。【補曰】注用左氏賈逵注，賈用穀梁家說也。此次蓋公不在，故言師不言公，非諱也。陳、蔡稱人者，略之爲衆辭也。以者，内爲志之文，與桓二年同，書者，善之，别於他之有畏者也。次陘，非畏自明，故不假加文别之。月者，爲下治兵日。次，止也。【補曰】重發傳者，此有俟文，嫌異也。俟，待也。〔補曰〕爾雅曰：「竢，待也。」明非畏。

甲午，治兵。【補曰】不地者，于郎也，承上「次」可知。左傳曰「治兵于廟」，非也。日者，時史善而志之。又曰之，經仍之也。○【撰異曰】治，公羊作「祠」。鄭君駮五經異義曰：「公羊字誤。」案：謂聲之誤也。出曰治兵，習戰也。【補曰】兵革將出，治其事。爾雅曰：「尚威武也。」孫炎曰：「幼賤在前，貴勇力。」入曰振旅，習戰也。振，整也。旅，衆也。【補曰】爾雅曰：「反尊卑也。」孫炎曰：「尊老在前，復常法。」治兵而陳、蔡不至矣。兵事以嚴終，以嚴整終事，故敵人不至。【補曰】陳、蔡不至則治兵有效。又云兵事以嚴終者，言君子之取義如此也。兵將出而治兵，猶三年因田而大閱，亦國之常禮，史以此治兵陳、蔡不至，最有功效，故特志之，而經因以寓嚴見義。孫子曰：「將者，智、信、仁、勇、嚴也。」劉晝謂之五德。故曰善陳者不戰，【補曰】善，猶好也。陳，謂軍陳行列。此之謂也。【補曰】此嚴以終事之謂。善爲國者不師，導之以德，齊之以禮。江熙曰：「鄰國望我，歡若親戚，何師之爲？」善師者不陳，師衆素嚴，不須耀軍列陳。江熙曰：「上兵伐謀，何乃至陳？」善陳者不戰，軍陳嚴整，敵望而畏之，莫敢戰。善戰者不死，投兵勝地，故無死者。江熙曰：「辟實攻虛則不死。」善死者不亡。民盡其命，無奔背散亡者也。江熙曰：「見危授命，義存君親，雖没猶存。」【補曰】江熙説，愚有取焉。老子曰：「死而不亡者壽。」列子曰：「由生而生，故雖終而不亡。」李軌法言注曰：「仁者之壽，死而不亡，名無窮也。」此卽左傳叔孫穆子稱立德、立功、立言，雖久不廢，死而不朽也。夫生死者吉凶之極也。釋名曰：「吉，實也。凶，空也。」然則死而不亡者，以其空而猶實也。論聖賢之心，則有若無，實若虛，論鬼神之德，則無如有，虛如實，一而二，二而一也。尋老氏死而不亡之説，實合儒術，至言谷神不死，則取義玄遠，求之過深。由以道受命之説而過求之，謂之有物，謂之無明，由善死不亡之説而過求之，謂之不死，謂之無生，皆聖賢所弗論也。此五句承上廣言之，皆古書成文。漢書刑法志稱「故曰善師者不陳，善陳者不戰，善戰者不敗，善敗者不亡。舜脩百僚，咎繇作士，命以『蠻夷猾夏，寇賊姦軌』，而刑無所用，所謂善師不陳也。湯、武陳師誓衆，放禽桀、紂，所謂善陳不戰也。齊桓南服彊楚，北伐山戎，存亡繼絶，功爲伯首，所謂善戰不敗也。楚昭王國滅出亡，父老曰：『有君如是其賢也！』相與從之。或奔走赴秦，號哭請救，遂走吳師，昭王返國，所謂善敗不亡也。」疏引舊説曰：「善爲國者不師，謂古明王時，導德齊禮不起軍師，而四海賓服，則黃帝、堯、舜是也。善師者不陳，若齊桓伐楚，不設行陳而服罪也。善陳者不戰，卽此魯能嚴整終事而陳、蔡不至也。善戰者不死，若文王伐崇，因壘而崇自服也。善死者不亡，若伯舉之戰，吳雖入楚，父老致死還復楚國也。」文烝案：此皆各以意言，其解「亡」字，又並爲亡國也。鈔本、北堂書鈔引逸周書大武曰：「武有七制：一曰政，二曰攻，三曰侵，四曰伐，五曰陳，六曰戰，七曰鬬。善政不攻，善攻不侵，善侵不伐，善伐不陳，善陳不戰，善戰不鬬，善鬬不敗。」鹽鐵論曰：「善克者不戰，善戰者不師，善師者不陳。」文各有異。周書「政」即「征」字。

夏，師及齊師圍郕。郕降于齊師。【補曰】「降」義在三十年傳。○【撰異曰】兩「郕」字，公羊並作「成」，其傳曰：「成者，盛也。」其曰降于齊師何？不使齊師加威於郕也。郕，同姓之國，而與齊伐之，是用師之過也，故使若齊無武功而郕自降。【補曰】言不使齊師加威，明實齊師加威也。左傳稱：「郕降于齊師。仲慶父請伐齊師。公曰：『不可。我實不德，齊師何罪？』」蓋齊不與魯共謀，獨自以威力降郕，魯爲齊弱，郕又同姓，不欲直言齊師降郕，故婉其文，使若郕自欲降于齊，非齊以力降之也。不使齊師加威於郕，猶元年不使齊侯得與吾爲禮，四年不使小人加乎君子。注未盡其旨。公羊以爲諱滅同姓，變盛言成，又辟不言降吾師，非也。劉敞曰：「實共圍盛，改謂之成；實滅其國，改謂之降；實降於魯，又獨言齊。改白爲黑，目己爲人，皆非聖人之文也。」文烝案：郕爲紀邑。降即爲取。郕則國也。若已滅，不得但書降。

秋，師還。還者，事未畢也，【補曰】爾雅曰：「還，復，返也。」二字訓同辭異，以事未畢、事畢別之。事畢者，據其至於國，其辭曰復，呂大圭云「反其故所之辭」是也。事未畢者，據其至而未至，其辭曰還，呂大圭云「自彼反此而未至國之辭」是也。襄十九年傳曰：「還者，事未畢之辭也。」加二字則意尤明矣。凡訓詁相同字，如還復、獲得、及暨、弗不、而乃、奔孫、剌殺之類，春秋別白其辭，無所假借，蓋訓詁之法，同類相通。制作之文，正名不苟，故鄭君以論語正名爲正文字，亦自有理也。又論語曰：「君子周而不比，小人比而不周。」王引之據左傳文十八年注、哀十六年注、離騷注：「周，密也，親也，合也。」又據説文、大司馬注、吴語注：「比，密也，親也，合也。」以爲「周比」同訓。而「周」以義，「比」以利，故辨别之。王説即朱子説，最爲明確。餘如和同驕泰之旨，聞達政事之義，聖有恆言，孰非春秋之教矣。遯也。郕已降而以未畢爲文者，蓋辟滅同姓之國，示不卒其事。【補曰】注既失「未畢」之義，言「滅」又誤也。遯者，退也，逃避也。齊襄强暴，魯畏之，不敢伐其師，故退避而去。傳言此不言復、言還爲至而未至之辭者，以其退避，不欲盡其辭，與晉士匄略同也。左傳上圍郕實公自將，陳傳良以爲莊之會齊皆譏，故不言公。文烝案：齊侯或不在，而會讐伐親亦不可明言公，然則師即是公，此言「師還」者，當依趙汸以爲公至自圍郕之變文也。文十三年，公及晉侯盟，還自晉。公亦言還，故言還不嫌非公也。傳不説諱公言師者，以師之還春秋無一書，今特書之，明公在矣。惟以還義未明，故發傳以明之。

冬十有一月癸未，齊無知弒其君諸兒。【補曰】下年傳曰公孫無知。大夫弒其君，以國氏者，嫌也，弒而代之也。【補曰】重發傳者，諸兒罪重，嫌義異，故重發以明，與祝吁同。

九年春，齊人殺無知。無知之挈，失嫌也。稱人以殺大夫，殺有罪也。【補曰】疏曰：「重發之者，月與不月、地與不地之異，故重發之。」劉敞疑無知非大夫，不得解以大夫例。王念孫曰：「『大夫』二字衍文，涉上下文而衍也。僖七年疏引此無『大夫』二字。」呂大圭曰：「踰年而不以成君書之，正其爲賊也。正其爲賊者，明以賊討之也，不正其爲賊者，明不以賊討之也。」

公及齊大夫盟于暨。暨，魯地。○【撰異曰】暨，左氏作「蔇」。陸淳纂例唯云公羊作「暨」。公不及大夫。春秋之義，內大夫可以會諸侯，公不可以盟外大夫，所以明尊卑定內外也。今齊國無君，要當有任其盟者，故不得不以權通。【補曰】此及下二句文體與昭十三年傳「取國者稱國以弒」三句同也。言今可以及者，以齊無君之故，明所以不没公，又不稱齊人也。大夫不名，無君也。禮君前臣名，齊無君，故大夫不名。【補曰】言齊大夫，既以無君不稱人，則當以氏名見，今不名者，亦以齊無君故也。無君不當稱名，又不可稱字，故直書「大夫」。而公羊以爲諱與大夫盟，使若衆然。劉敞曰：「諱則没公足矣。」文烝以爲人者衆辭，使若衆，當稱人矣。盟納子糾也。不日，其盟渝也。變盟立小白。【補曰】不日又不月者，蓋以齊無君異之。當齊無君，制在公矣。【補曰】制，制義，制命之「制」。當可納而不納，【補曰】賈逵、服虔以爲齊大夫來迎子糾，公不亟遣而盟以要之，齊人歸迎小白，此穀梁家相承說也。故惡內也。【補曰】惡內者，即謂不日也。魯方積爲齊弱，幸而讐人斃，國嗣奔，大夫來迎，制皆在我，及是時而急納焉，庶幾猶可雪恥，計不出此而盟以要齊，事機既失，恥辱彌甚，故不日以惡之也。上言「不日其盟渝」，此又言「惡內」者，觀其不日，則知齊之渝盟，觀其渝盟，則知此盟惡內。在齊固無信，而所惡在內也。不致者，會大夫也。

夏，公伐齊，納糾。不言子糾而直云糾者，盟繫在於魯，故挈之也。春秋於內公子爲大夫者，乃記其奔，子糾不爲大夫，故不書其奔。鄭忽既受命嗣位，是以書其出，然則重非嫡嗣，官非大夫，皆事例所略，故許叔、蔡季、小白、重耳通亦不書出。【補曰】「納」上言「伐」者，公羊以爲伐而言納者，猶不能納也。案下有「小白入」，則公不能納糾自明。晉納捷菑言「弗克納」，又無伐事，公羊非也。此實是伐，故言伐。傳曰帥師而後納者，有伐也，謂高偃、趙鞅之屬皆以帥師當伐文，君將則不得言帥師，故此言伐也。公羊以不稱公子糾爲君前臣名，范以不稱子糾爲挈辭，言挈辭是也。孔穎達文十四年正義謂不言齊糾者，蒙伐齊文，與挈辭説異，未可用也。不言納糾于齊者，孔氏以爲此有伐齊之文，故不須言于齊。此説是也。凡納皆爲篡，此下有「入」文，則不嫌是篡。何休曰：「不月者，非納篡辭。」孔廣森以爲納不皆爲篡，納例皆時。孔説亦近是。范言許叔、蔡季之等，許叔盍本無出事，此等或書或不書，皆史例之舊也。以臧孫紇、公子慭觀之，則內奔有非卿而書者矣。外奔書弟書公子，亦不必皆卿也。又有宋萬爲卑者。○【撰異曰】左氏舊有二本，或作「納糾」，或作「納子糾」。唐定本始以有「子」字爲正。徐彦、陸德明所見左氏亦有「子」字。徐彦當是晉宋以後唐以前人，或疑爲北齊人也。沈文何據傳「鮑叔來言，子糾親也」，謂齊人稱子糾非也。此傳便文耳，猶述石碏曰「陳桓公方有寵於王」，史記仲尼弟子傳子羔曰「出公去矣」。

當可納而不納，齊變而後伐，故乾時之戰不諱敗，惡內也。何休曰：「三年溺會齊師伐衛，故貶而名之；四年公及齊人狩于郜，故卑之曰人。今親納讎子，反惡其晚，恩義相違，莫此之甚。」鄭君釋之曰：「於讎不復則怨不釋，而魯釋怨，屢會仇讎，一貶其臣，一卑其君，亦足以責魯臣子。」其餘則同，不復譏也。至於伐齊納糾，譏當可納而不納爾，此自正義不相反也。甯謂讎者無時，而可與通，縱納之遲晚，又不能全保讎子，何足以惡內乎？然則乾時之戰不諱敗，齊人取子糾殺之，皆不迂其文，正書其事，內之大惡，不待貶絶，居然顯矣。二十四年公如齊親迎，亦其類也。惡內之言，傳或失之。【補曰】此范之誤，傳釋經不誤也。齊變者，謂是時齊人已歸迎小白，卽上傳渝盟是也。當可納而不納，以致齊變，變而後伐，取敗之道，故下文直書敗績，不復爲諱，又所以惡內也。上惡內謂盟不書日，微見惡意；此惡內謂戰不諱敗，明著惡文；皆惡其當可納而不納，其義一也。當可納而不納，與復讎義不相涉，所以然者，魯所讐，齊襄也，襄已殺死，何讐之有？子糾、小白，據左傳、管子、史記，本僖之子襄之弟，卽以爲襄子，而讐子亦不爲讐，罰不及嗣，怒不可遷。是時而猶言復讐，此公羊復百世之讐之妄論，非君子意也。鄭說未爲詳備，而委曲推究，大概得之。范氏讐無時而可通之言，猶襲用公羊語，宜多誤矣。若然，魯與齊已不可以讐言，而後文如齊親迎、夫人姜氏入，又爲不可者。夫人所以崇宗廟，妃匹之愛，謂之親膚，故讐人之女子子姊妹皆不可以爲魯夫人，故曰夫言豈一端而已，夫各有所當也。程子曰：「春秋窮理之要也。」張子曰：「非理明義精，殆未可學。」今於穀梁此年兩傳，取黄澤之意而暢之，庶不謬於義理。

齊小白入于齊。【補曰】不月者，疏以爲與公伐齊同時，既伐例不月，故小白亦不月。文烝案：傳云先入，入不後於伐也，故以伐爲主。何休曰：「移惡于魯。」大夫出奔反，以好曰歸，成十四年，衞孫林父自晉歸于衞是也。以惡曰入。【補曰】以惡卽内，弗受之例。齊公孫無知弑襄公，公子糾、公子小白不能存，出亡，子糾奔魯，小白奔莒。【補曰】本左傳。齊人殺無知而迎公子糾於魯，【補曰】糾與小白皆僖公庶子，而糾爲長。襄無嗣子，立庶弟宜立長者，故齊人迎糾。公子小白不讓公子糾，先入，【補曰】齊變而後魯納糾，時小白已入。左傳亦云「自莒先入也」。孔穎達申杜曰：「伐齊納糾，始行卽書。小白入齊，得告乃書，故至齊之時出小白之後也。」又殺之于魯，故曰「齊小白入于齊」，惡之也。【補曰】僖十七年傳曰：「以不正入虚國，故稱嫌焉爾。」

秋七月丁酉，葬齊襄公。諸公子争立，國亂，故危之。【補曰】魯師雖在齊，猶有人會其葬，故史書之。不以襄之失德削史文者，賊已討，以討賊爲重。

八月庚申，及齊師戰于乾時，我師敗績。不言及者，主名内之卑者。乾時，齊地。【補曰】杜預曰：「時水在樂安界，岐流，旱則竭涸，故曰乾時。」范言内卑者，非也。案左氏、公羊戰者，公也。此無諱文，不言公者，承上伐齊可知。孫覺、趙鵬飛、程端學、趙汸得之。劉知幾謂尚書務於寡事，春秋貴於省文。趙匡謂春秋省辭以從簡。孫氏亦謂春秋之法，文從簡易。文烝以爲聘禮記言辭多則史，論語言文勝質則史，君子脩春秋變乎史矣。客言及者，由内及之。不直言師敗績者，文承齊師，故言我以相别，與我入邴同，皆屬文之宜也。不致者，此著惡内文，雖納正，亦惡事。

九月，齊人取子糾殺之。言子糾者，明其貴宜爲君。【補曰】此本公羊也。何休曰：「以君薨稱子某言之者，著其宜爲君。」文烝案：齊稱人者，略之從衆辭例。不地，亦略之。不日者，實未成君。外不言取，【補曰】不以外取於内也。宣元年、昭二十五年傳皆曰「内不言取」，其意一也。不言取者，經例因史例也。言取，病内也。取，易辭也，【補曰】凡取皆易辭，傳因以明通例。左氏、公羊例皆同。猶曰取其子糾而殺之云爾。猶言自齊之子糾，今取而殺之，言魯不能救護也。【補曰】是彼之子糾直從内取而殺之，若取物然，此所以爲病内。公羊謂「脅我使我殺之」，左傳以爲「鮑叔帥師來言」是也。此非韓穿來言之比，故不得書矣。劉敞曰：「内私人之國而奪焉，外敗人之師而脅焉，是取其子糾戮之而已矣。」葉夢得曰：「此子路、子貢所謂桓公殺公子糾者歟？」凡義所得殺者，殺在上，衛人殺祝吁、齊人殺無知是也。義所不得殺者，殺在下，齊取子糾殺之、楚誘蔡侯般殺之、蔡以沈子嘉歸殺之是也。十室之邑，可以逃難，百室之邑，可以隱死，【補曰】藏隱死罪。或云猶内外傳言逃死。以千乘之魯而不能存子糾，【補曰】言大國不如小邑。以公爲病矣。【補曰】七句又申病内意。

冬，浚洙。【補曰】杜預釋例曰：「洙水出魯國東北，西南入沇水，下合泗。」浚洙者，深洙也。【補曰】公羊訓同。毛詩傳：「浚，深也。」爾雅作「濬」，説文作「睿」。濬謂鑿深通之爲阻固。著力不足也。畏齊難。【補曰】注本公羊也。何休曰：「洙在魯北，齊所由來。」

十年春王正月，公敗齊師于長勺。長勺，魯地。不日，疑戰也。疑戰者，言不剋日而戰，以詐相襲。【補曰】疑戰，猶公羊言「詐戰」。疑、詐同意。何休曰：「詐，卒也。齊人語蓋誤。」疑戰而曰敗，勝內也。勝內，謂勝在內。【補曰】言敗則亦戰也，詐戰非戰，而謂之敗者，勝在內，舉其勝者言之，非是成敗之也。凡敗師不日者，皆非成敗之，雖發例於內，其餘亦無所不通。不致者，凡敗某師之屬皆不致，克敵而反，無危故也。

二月，公侵宋。侵時，此其月何也？【補曰】舊史侵皆月，君子略之。乃深其怨於齊，又退侵宋，以衆其敵，惡之，故謹而月之。【補曰】惡之而謹月，即往月危往之例。疏曰：「舊説以爲公與宿盟，宋方病宿，故公侵之。若此則何惡也？公與宿盟，經無其事，爲宿侵宋，傳無其文，是舊説妄。」文烝案：不致者，惡事也。

三月，宋人遷宿。【補曰】月者，例也。遷者，遷之者皆同例，惟許爲變例。疏曰：「許四遷不月者，以其小，略之如邑也。遷紀不月者，文承月下，蒙之可知也。」案疏論許遷是也，論遷紀非也。紀不入諸遷例，前辨之。遷，亡辭也。爲人所遷，則無復國家，故曰亡辭。閔二年齊人遷陽亦是也。【補曰】公羊引子沈子曰：「蓋因而臣之。」杜預以爲强遷之而取其地也。案：書堯典「竄三苗于三危」亦作「㸑三苗」。皋陶謨謂「何遷乎有苗」，書序「成王東伐淮夷，遂踐奄」，

「將遷其君于蒲姑。周公告召公，作將蒲姑」。葉夢得引此舜與成王二遷，以爲遷者但徙其地。孔傳言滅奄而徙之者，誤也。宋人遷宿、齊人遷陽亦存其君長而徙之，但諸侯所不得爲，故見譏焉。又謂周禮大司馬九伐之法有滅無遷，蓋伐得之而後遷，非以師直遷，尤見先王之慎乎遷人，非如有苗與奄亦不爲也。其不地，宿不復見也。國亡不復見經。不言滅者，言滅則殺其君，滅其宗廟社稷，就而有之，不遷其民。【補曰】葉夢得曰：「以遷人爲罪，義不在地也。」遷者，猶未失其國家以往者也。謂自遷者，僖元年邢遷于夷儀、成十五年許遷于葉之類是也。彼二傳曰「遷者猶得其國家以往者也」，此傳云「遷者猶未失其國家以往」，互文也。【補曰】未失國家，故復見，復見，故地。「遷者」較「遷之者」爲愈也，傳總明遷有二例。疏曰：「不於元年遷紀發傳者，彼以紀侯賢，經變文以示義，非正例，故不發之。遷陽不發，從此省文也。遷有二種，傳文三起例：此是亡辭之始，邢是復國之初，許獨自不月，故三發之也。范略例云：『凡遷有十，亡遷三。遷紀、遷宿、遷陽是也。好遷七，邢遷夷儀、衛遷帝丘、蔡遷州來、許遷葉、夷、白羽、容城是也。』」文烝案：范例及疏并言遷紀，非也。諸遷外如衛遷于楚丘，以不與專封不書；杞遷于緣陵，又遷于淳于，以其皆言城，略而不書；邾遷于繹、晉遷于新田、楚遷于鄀，事皆無危，史本不書。

夏六月，齊師、宋師次于郎。【補曰】月者，爲下敗宋。次，止也。畏我也。【補曰】重發傳者，嫌外内異也。

公敗宋師于乘丘。乘丘，魯地。不日，疑戰也。【補曰】孔廣森曰：「左傳『公子偃曰：「宋師不整，可敗也。」自雩門竊出，蒙皋比而先犯之。公從之。』此詐戰不日之證。」疑戰而曰敗，勝内也。【補曰】疑戰勝内。重發傳者，二師次而敗一師，嫌有異也。

秋九月，荆敗蔡師于莘，以蔡侯獻武歸。莘，蔡地。【補曰】獻武，蔡哀侯也。不書日，與雞甫異者，疑戰也。○【撰異曰】武，本亦作「舞」。左氏、公羊作「舞」。案周禮射有興武，馬融云：「與『舞』同。」**荆者，楚也。**【補曰】荆以州言，楚以國言。詩商頌謂之荆楚。**何爲謂之荆？狄之也。**【補曰】狄之，故不欲言其國名，略以州舉，此傳與後十四年傳互相備。**何爲狄之？聖人立，必後至，天子弱，必先叛，故曰荆，狄之也。**【補曰】公羊僖四年傳亦言「楚有王者則後服，無王者則先叛」。漢書賈捐之謂其「動爲國家難，自古而患之」。今考殷之中興，武丁伐荆楚，周之中興，宣王征荆蠻，並是後至先叛之事，以二代同有此患，故言必也。陳奐曰：「楚當夷、厲之際，其國漸大，侵犯中國，故宣王中興，既命方叔南征，又徙封申伯於謝邑以禦南方，其事皆在初年。至宣王之末，當楚若敖之初，左傳稱若敖啟辟山林。其喪南國之師，已載見於國語。幽王荒廢，荆叛不至，漸漸之石，是以爲刺。平王東遷，楚患尤甚，申、甫與許，並勞屯戍。魯桓之世，楚已稱王，漢陽諸姬，蠶食殆盡矣。」○李光地曰：「學者謂夫子周游諸侯之邦，采其國史而作春秋，誤也。如果夫子參采晉乘、楚檮杌而脩春秋，楚文以上，晉獻以前，翦并諸姬，滅翼作晉，其事甚章，夫子何用隱之而没其本乎？荆於是始書，始通也。秦、晉以暨晚出之吴、越，凡其入經之先後皆然也。推此例，則有赴告而後有書，舊史有書而後春秋有筆，不以他史益國史。故事有沿故而遺，其以聞見覈所因；故事又有革舊而審且信也。」文烝案：左傳例曰：「凡諸侯有命告則書，不然則否。師出臧否亦如之。雖及滅國，滅不告敗，勝不告克，不書於策。」又曰：「凡崩薨不赴則不書，旣福不告亦不書。」此自是史氏相承確鑿有據之言。杜預以爲周公之垂法，史書之舊章，蓋近之矣。穀梁雖無明文，而近不失崩一條正周有赴告之證，卽公羊亦云「卒赴而葬不告」，觀於崩卒」，則他事亦可推也。啖助乃謂公羊、穀梁不知有不告則不書之義，左氏舊解皆言從告，二者之說，俱不得中。此其所見卓絶，以論左氏則可，以論公羊、穀梁則未可。學者治穀梁，當以李氏此條及僖三十二年徐邈注爲定。蔡侯何以名也？據僖十五年秦獲晉侯不名。絶之也。何爲絶之？獲也。【補曰】公羊與此同。何休曰：「獲，得也。戰而爲敵所得。」文烝案：戰既無勇，敗又不死，未能奔亡，乃見俘獲，可絶之道。何氏又曰：「獻舞不言獲，故名以起之。」中國不言敗，此其言敗何也？據宣十二年，晉荀林父帥師及楚子戰于邲，晉師敗績，不言敗晉師。【補曰】經例：夷狄敗中國，言敗復言戰，不直言敗，與中國相敗者同文，猶外敗内之直言戰也。中國不言敗，蔡侯其見獲乎？【補曰】若不直言敗而言戰，則當先言蔡侯及荆戰于莘，而後言蔡師敗績。蔡侯既能戰，何以見獲乎？夫蔡侯所與戰者，夷狄也，非晉與秦比也。蔡侯，君也，非齊國書比也。言敗雖見衆力之盡，言戰實彰君職之虧，是其恥彌深，於文不可也。其言敗何也？釋蔡侯之獲也。【補曰】釋，解也。解釋之者，爲中國殺恥。上二句反言，此正言。以歸，猶愈乎執也。爲中國諱見執，故言「以歸」。【補曰】重發傳者，獲諸侯與王臣異也，執卽獲也。

冬十月，齊師滅譚。譚子奔莒。桓十一年，鄭忽出奔衛，傳曰「其名，失國也」。十六年，衛侯朔出奔齊，傳曰「朔之名，惡也」。然則出奔書名有二義，譚子國滅不名，蓋無罪也。凡書奔者，責不死社稷。不言出者，國滅無所出也。他皆放此。【補曰】爾雅曰：「滅，盡也。」又曰：「絶也。」何休曰：「取其國曰滅。」注解不言出，杜預用公羊文也。葉夢得曰：「孟子言周公相武王，誅紂伐奄，滅國五十，而天下大悦。蓋外内亂，鳥獸行，則滅之，先王之政也。必武王、周公而後可滅人，非武王、周公而滅人之國，交相滅之道也。」鄭玉曰：「三王之興，行一不義，殺一不辜，得天下不爲也。齊桓殺糾得國，殺一不辜矣。滅譚立威，行一不義矣。」月者，何休以爲惡不死位。文烝案：月自爲滅，兼施於奔，說見昭三十年。滅不日例在後十三年傳，舊史滅皆具月日。○【撰異曰】陸淳纂例曰：「公羊作『十有一月』。」案：今公羊亦作「十月」。譚，說文邑部作「鄿」。

十有一年春王正月。

夏五月戊寅，公敗宋師于鄑。鄑，魯地。內事不言戰，舉其大者。【補曰】重發傳者，敗菅前有伐宋文，嫌此與異也。其日，成敗之也。結日列陳，不以詐相襲，得敗師之道，故曰成也。【補曰】伯禽之誓曰「甲戌，我惟征徐戎」，是古者戰必結日。結日者得正，故日之，以成其敗之之事，公羊謂之「偏戰者」也。此爲內言敗師者發例，亦通於外，惟殽爲變例。宋萬之獲也。【補曰】獲宋萬不書者，卑者不志，又內不言獲。左傳在乘丘之役。

秋，宋大水。外災不書，此何以書？【補曰】不書者，經例因史例也。王者之後也。【補曰】魯史爲殷之後記災，而經仍之也。孔子亦殷人，則襄九年傳云「故宋」是也。於彼論之。高下有水，災，曰大水。【補曰】疏曰：「重發傳者，嫌外災，與內異也。」

冬，王姬歸于齊。其志，過我也。【補曰】此猶外相如以過我書。公羊同。何休曰：「明當有送迎之禮。」左傳謂「齊侯來逆共姬」，非也。

十有二年春王三月，紀叔姬歸于酅。酅，紀邑也。紀季所用，入于齊者。紀國既滅，故歸酅。【補曰】何休曰：「月者，恩録之。」國而曰歸，此邑也，其曰歸何也？吾女也。失國，喜得其所，故言歸焉爾。江熙曰：「四年齊滅紀，不言滅而言大去者，義有所見爾，則國滅也。叔姬來歸不書，非歸寧，且非大歸也。叔姬守節，積有年矣。紀季雖以酅入于齊，不敢懷貳，然襄公豺狼，未可闇信。桓公既立，德行方宜於天下，是以叔姬歸于酅，喜其女得申其志。」【補曰】傳曰「歸」者，歸其所也。紀國既滅，而酅爲齊附庸，猶立五廟，是得其所。家鉉翁曰：「夫死無子而終於父母家者，非正也。終於夫家，正也。」文烝案：喜而言歸者，經順魯而喜之也。言歸不嫌若嫁者，上繫紀，前有以酅文也。注「來歸」三句本杜預。

夏四月。

秋八月甲午，宋萬弑其君捷，捷，宋閔公。○【撰異曰】捷，公羊作「接」。徐彦公羊疏曰：「正本皆作『接』字，故賈氏云公羊、穀梁曰『接』是也。」案：今穀梁不作「接」。爾雅曰：「接，捷也。」二字通用。宋萬，宋之卑者也。【補曰】南宫萬非命大夫。卑者以國氏。【補曰】此發通例，明同於隱元年稱人之例，皆爲卑者也。不目言者稱人，不可不目言者直以國氏，其實一也。前發稱人之例，與内之直書其事者並言，而曹、莒諸小國無大夫者，雖大夫亦稱人，足知其亦是卑之，即楚之先，亦足兼見也。此發以國氏之例，乃與内之不氏相當，而曹、莒諸小國，雖大夫亦以國氏，知亦卑之，即楚及吴皆足兼見也。惟公子公孫弑君篡國其以國氏則爲嫌文，不入此例。

及其大夫仇牧。以尊及卑也。仇牧閑也。仇牧扞衞其君，故見殺也。桓二年傳曰：「臣既死君，不忍稱其名。」今仇牧書名，則知宋君先弒。【補曰】仇牧所以爲閑者，公羊所謂「不畏彊禦」也。疏曰：「復發傳者，孔父先君死，發傳以明閑，此則後君死，故又發傳。」文烝案：孔父爲司馬，仇牧不知何官，要以從晉荀息之例，則不從四殺大夫不稱名姓之例。

冬十月，宋萬出奔陳。宋久不討賊，致令得奔，故謹而月之。【補曰】疏曰：「無知既經三月，齊人得殺之，故書時。」文烝案：左氏載續經三年事，外大夫奔者八，而哀十四年六月，宋向魋自曹出奔衞，宋向巢來奔；十五年夏五月，齊高無平出奔北燕；十六年二月，衞子還成出奔宋。四者皆月，則知舊史外大夫奔多以月爲例，君子悉改從時例，而閒以仍舊文存月者爲變例也。據左傳，萬亦卒見討，不書殺萬者，或史本無之，或經欲別於失嫌之文。既不書殺，故亦不書葬，或者葬在殺萬前。雖書殺萬，亦不追書葬也。

十有三年春，齊人、宋人、陳人、蔡人、邾人會于北杏。北杏，齊地。〇【撰異曰】齊人，左氏、公羊作「齊侯」。是齊侯、宋公也。【補曰】齊桓初行伯事，足明親來。宋亦大國，禦說新立，明亦身在會。陳、蔡、邾君，蓋亦親至。傳不言者，略之。左傳曰：「會于北杏，以平宋亂。」孔穎達以爲新君位未定，齊爲會以安定之。孔說是也。其曰人何也？始疑之。【補曰】疑齊也。疑者，謂春秋之文也。下傳曰「信齊侯也」，二十七年傳曰「信之也」，疑之、信之，皆謂春秋之文。此即十六年傳所謂外疑之。何疑焉？桓非受命之伯也，【補曰】非受王命爲侯伯也。伯者，長也。蓋卽古所謂二伯，其在內曰王官伯，在外則曰侯伯矣。戰國策先生王升曰：「先君桓公，九合諸侯，一匡天下，天子授籍，立爲大伯。」立爲大伯者，謂二十七年賜齊侯命，既曰大伯，明是以二伯準之，卽知僖二十八年策命晉侯爲侯伯亦不異也。讀伯長言之曰霸，白虎通曰「霸者，伯也。行方伯之職。」其釋「霸」是也，其曰「方伯」蓋非也。案，王制八州八伯謂之方伯，此曲禮所謂牧，左傳所謂侯牧，周禮「八命作牧」是也。又有二伯，分天下爲左右，此曲禮、左傳所謂伯，左傳又稱侯伯、王官伯，周禮「九命作伯」是也。公羊每言上無天子，下無方伯，似以方伯爲侯伯。詩韓奕「因以其伯」，毛傳謂韓侯受命爲侯伯，又似以侯伯爲方伯。楚辭天問言「伯昌號衰，秉鞭作牧」，亦似以牧爲二伯之伯，名稱通借，所未審矣。詩旄丘序云「責衛伯」，其下文明言「方伯」，而鄭箋乃謂周之制使伯佐牧，以爲方伯者州牧也。牧之下又有州伯二人佐之，則衛宣公爲之也。下泉有郇伯，序所謂「思明王賢伯」，故傳謂二伯，而箋亦爲州伯。如鄭所云，更滋殽亂。**將以事授之者也。**言諸侯將權時推齊侯使行伯事。【補曰】注非也。此謂春秋將以伯事授桓也，此年將以伯事授之，二十七年遂以諸侯授之。此言授伯事，彼言授諸侯，其意一也。齊桓、晉文，春秋所重，故繁露言曾子、子石盛美齊侯安諸侯尊天子，而孟子亦曰其事，則齊桓、晉文是春秋之志也。楊子法言曰：「聖人之法，未嘗不關盛衰焉。堯有天下，舉大綱，命舜、禹，夏、殷、周屬其子。唐虞象刑，惟明夏后肉辟三千。堯親九族，協和萬國。湯、武桓桓，征伐四克。禮樂征伐，自天子所出。春秋之時，齊、晉實予，不膠者卓矣。」崔寔政論曰：「孔子作春秋，褒齊桓，懿晉文，歎管仲之功，豈不美文、武之道哉？誠達權救敝之理。」楊、崔所論，最合經旨，足與曾子、子石、孟子之語相屬發明者也。孟子他日又言「以力假仁者霸，五霸假之」。五霸者，三王之罪人，謂之小補，此則論語小管仲之意，亦卽僖二年傳「仁不勝道」之意，乃義理之極至，述作之指歸，而不害其爲與桓、文也。蘇洵作春秋論，謂夫子託周公之國以假天子之權，蓋曰有周公之心而後可行桓、文之專，斯言盡之矣。若夫孟子言仲尼之徒，無道桓、文之事。荀卿、董仲舒亦言仲尼之門，五尺之豎子言羞稱五伯。孟子又言不爲管仲，言以齊王猶反手，言王不待大，文王以百里。與夫司馬遷列傳、劉向新序言管仲能霸不能王，故孔子小之。凡此，亞聖之權辭，後儒之推説也。夫桓、文之事，備載於經，論語稱之，不必無道而羞稱也。管仲尊周室，豈宜以齊王？夫子小其德，非以霸小之。至孟子，則其時有異，故夫子爲東周，謂行周於魯，孟子王齊、梁則謂代周而王，而論管仲亦異也。大戴禮、孔子三朝記言周昌霸諸侯以佐紂，以文王爲西伯，故謂之霸。猶共工氏之霸九州，但其繼世遂王天下，而德又與五霸異。以位則霸，以德則王，猶後儒論漢與唐以位則王，以德則霸，此非王霸正解也。文烝昔年十四時，先君子誨以孟子各條之義，謹述遺意，因而詳之，俾衆説共貫焉。○摠之，謂春秋尊王而亦與霸可也，謂春秋貴王賤霸亦可也。尊王而亦與霸者，以位言之王霸也，故孫復、李覯、司馬光既以霸爲伯，則謂王霸無二道也。貴王賤霸者，以德言之王霸也，故孟子、荀卿、董仲舒皆以爲霸劣於王。而漢孝、宣言漢家本以霸王道雜之也，宣帝習穀梁家言，可與傳相證矣。曰可矣乎？未乎？邵曰：「疑齊桓雖非受命之伯，諸侯推之，便可以爲伯乎未也。」【補曰】曰者，目經意也。此注較下十六年注爲勝。彼注解此文謂諸侯之意，此注謂春秋之文，此注是也。春秋於此文以爲可以事授之乎？未可以事授之乎？是之謂疑。舉人，衆之辭也。稱人，言非王命，衆授之以事。【補曰】注言「衆授」，非也，其首句亦不了。上言「稱人」爲疑，又釋「疑」意。而稱人所以得爲疑者，其理未顯，故復言稱人者衆辭。齊侯從衆辭則隱其爲伯之迹，宋、陳、蔡、邾之君從衆辭則不爲從伯之文，故得爲疑也。左氏、公羊之經皆言齊侯，一字之譌，而精義泯矣。

夏六月，齊人滅遂。遂，國也。其不日，微國也。【補曰】發例以包譚也。國語曰：「軍譚、遂而不有。」葉夢得以爲妄，李廉以爲誇大桓公之辭。凡國滅不言其君者，公羊曰：「國滅君死之，正也。」何休謂舉滅國爲重。

秋七月。

冬，公會齊侯盟于柯。柯，齊地。曹劌之盟也，信齊侯也。曹劌之盟，經傳無文，蓋有信者也。公羊傳曰：「要盟可犯而桓公不欺，曹子可讎而桓公不怨，桓公之信著於天下，自柯之盟始。」【補曰】范意以公羊要劫之說爲可據，而非爲請所侵汶陽田要劫也。案：荀子稱桓公劫于魯莊，此要劫之證。戰國策屢言曹沫劫桓公，而魯連、燕太子丹皆言反地，此又因請田要劫之證，公羊蓋得之。「劌」或作「沬」者，王當云：「聲之誤。」桓盟，雖內與不日，信也。公盟例日，外諸侯盟例不日。桓大信遠著，故雖公與盟，猶不日。【補曰】此發桓盟之例，以申上句意，與公羊同。謹日所以明信，大信則不假謹之。二幽、洛姑、貫、首戴、寧毋、洮、牡丘八盟皆書月，此及召陵但書時者，此有要劫之事。召陵，楚來受盟，故略而異之，要同以不日爲義。不致者，離會也。又桓會皆不致，明安之，例在後二十七年傳。○五經異義、公羊說「復百世之讎」，古周禮說「復讎之義不過五世。」許慎謹案：魯桓公爲齊襄公所殺，其子莊公與齊桓公會，春秋不譏。又定公是魯桓公九世孫，孔子相定公，與齊會于夾谷，是不復百世之讎也。從周禮說。文烝案：公羊分別國、家，以爲國可家不可，故許氏但就國君之事折之。周禮說與國君之事亦不合。

十有四年春，齊人、陳人、曹人伐宋。【補曰】程子曰：「將卑師少曰某人。齊自管仲爲政，莊十一年而後未嘗與大衆也，其賦於諸侯亦寡矣。終管仲之身四十年，息養天下厚矣。惟救邢稱師，譏其次也。至於秦、晉，使之不號而已，不强致也，是以其功卑而易成。」胡安國曰：「蓋齊以制用兵，而賦於民薄矣。」李廉據國語、管子書，管仲制齊萬人爲軍，凡三軍，有士三萬人，以爲比之周制，誠爲簡便，故曰節制之師。此三説得之。文烝以爲兵數既少，其用之又恆少耳。自陽處父以前，師少稱人，雖尊卿爲將亦不别。

夏，單伯會伐宋。【補曰】陸淳曰：「左氏謂單伯是周大夫，若然，何得會鄄之時不列序？而言單伯會齊侯乎？」孫復、劉敞亦云。會，事之成也。伐事已成，單伯乃至。【補曰】會事之成，謂諸侯伐宋之事已成，而單伯乃會之也。因經「會」下不再出「齊人、陳人、曹人」，故特釋之，明與隱四年伐鄭異。

秋七月，荆入蔡。荆者，楚也。其曰荆何也？州舉之也。【補曰】何休曰：「州謂九州：冀、兖、青、徐、楊、荆、豫、梁、雍。」文烝案：周禮、逸周書九州曰：「楊、荆、豫、青、兖、雍、幽、冀、幷。」疏曰：「麋信云，楚子貪淫，爲息嬀滅蔡，故州舉之，是取左傳之説，非也。」此與十年傳同耳。州不如國，言荆不如言楚。【補曰】當云言荆不如言吴。荆改稱楚後，未有以國舉者。國不如名，言楚不如言介葛盧。名不如字。言介葛盧不如言邾儀父。【補曰】凡四夷舍本爵僭稱王者，州之國之，荆、徐、吴、於越是也，黜淫名也。若戎狄等爲種號，則又異矣。微國本未爵者，名之字之，邾儀父、郳黎來、蕭叔、介葛盧是也，著實録也。若寰内諸侯書字，則以不嫌而同辭矣。州劣於國，字優於名，州國一類，名字一類。傳言國不如名者，便文連言之，謂四夷不如微國耳。公羊於「國」上增「氏」與「人」，於「字」上增「子」，學者因謂春秋以七等進退諸侯，其説多不可通，宜葉夢得駁之也。

冬，單伯會齊侯、宋公、衛侯、鄭伯于鄄。鄄，衛地。○【撰異曰】宋公、衛侯，各本脱，今依唐石經、十行本補正。鄄，左氏公羊一作「甄」。復同會也。諸侯欲推桓以爲伯，故復同會于此以謀之。【補曰】十六年傳曰「外內寮一疑之」，外從北杏可以見義，故自此無疑文。內始會非公，故疑文在後。

十有五年春，齊侯、宋公、陳侯、衞侯、鄭伯會于鄄。復同會也。爲欲推桓爲伯，故復會於此。【補曰】左傳曰：「齊始霸也。」疏曰：「重發傳者，諸侯至此方信齊桓，故更發之。」文烝案：當云方伯齊桓。

夏，夫人姜氏如齊。婦人既嫁，不踰竟，踰竟，非禮也。【補曰】疏曰：「重發之者，此非淫，恐異，故發傳同之。」

秋，宋人、齊人、邾人伐郳。宋主兵，故序齊上也。班序上下，以國大小爲次，夷狄在下。征伐則以主兵爲先，春秋之常也，他皆放此。【補曰】注首二句本杜預。「班序」以下則下年「夏伐鄭」下注也。杜無「夷狄在下」句，宜删四字。○【撰異曰】郳，公羊作「兒」。

鄭人侵宋。

冬十月。

十有六年春王正月。

夏，宋人、齊人、衞人伐鄭。【補曰】杜預曰：「宋主兵也。」

秋，荆伐鄭。

冬十有二月，會齊侯、宋公、陳侯、衛侯、鄭伯、許男、曹伯、滑伯、滕子同盟于幽。幽，宋地。【補曰】杜預曰：「陳國小，每盟會皆在衛下，齊桓始霸，楚亦始彊，陳侯介於二大國之閒，而爲三恪之客，故齊桓因而進之，遂班在衛上，終於春秋。滑國都費。」○【撰異曰】板本公羊「會」上衍「公」字，唐石經亦無「公」。董仲舒繁露曰：「幽之會，莊公不往。」下十九年何注曰：「先是，鄄、幽之會，公比不至。」徐彦疏曰：「彼二經皆不言公會，故知不至矣。」陸淳纂例所據公羊已誤。左氏無「曹伯」。段玉裁曰：「此等陸氏音義所不著者。」案：纂例載之。同者，有同也，同尊周也。【補曰】疏曰：「同尊周者，諸侯推桓爲伯，使翼戴天子，即是尊周之事。」文烝案：疏未得旨。周自東遷以來，此時最爲微弱，考諸史記，前十二年莊王崩，明年僖王崩，而春秋皆不志，明雖以魯之近周，而赴告不及，故傳謂之失天下，言其微弱之甚也。左傳此一經後云：「王使虢公命曲沃伯以一軍爲晉侯。」詩無衣序云：「武公始并晉國，其大夫爲之請命乎天子之吏。」

「吏」字依陳奐訂正。

史記云，晉侯緡立二十八年，「曲沃武公伐晉侯緡，滅之，盡以其寶器賂周僖王。僖王命曲沃武公爲晉君，列爲諸侯，於是盡并晉地而有之。」夫以曲沃之三世爲逆，卒滅宗國，王法之所必誅，而敢於以賂請命，遂如其欲，則周之陵夷不振爲何如哉？齊桓勃興，始與諸侯共會盟以尊周，春秋深與之，因加言同，以顯其事。下文邾進書「子」，實由齊桓爲之請命，其與曲沃之請命，順逆相反，亦尊周之一端矣。迨乎僖崩惠立，子頹爲亂，虢、鄭胥命，綏定王家。左傳備記其事。周人不告，春秋不書也。桓力未及，君子不責也。惠之十年，再盟于幽，復申前約，於是又以同盟書，自後則存亡國，怙荆夷，而會王世子焉，會王人焉，且會宰周公，以明王禁焉。諸侯翕然歸齊，皆奬王室，不疑其無此意，不須特異其文矣。語云名生於不足，是之謂乎？不言公，【補曰】據柯盟言公。外內寮一疑之也。十三年春，會于北杏，諸侯俱疑齊桓非受命之伯，欲共以事推之可乎？今于此年諸侯同共推桓，而魯與齊讐，外內同一疑公可事齊不？會不書公，以著疑焉。同官爲寮，謂諸侯也。至二十七年同盟于幽，遂伯齊侯。【補曰】疏曰：「舊解謂會北杏不言諸侯，是外疑之也；今此會不言公，是內疑之也。自此以後，外內不復疑之，故曰一疑也。推尋范注，必不得爾。范意外內寮者，諸侯之國，或遠或近，故以外內總之。一者，同一也。」文烝案：范注非也，舊解是也。遠近之國，皆爲外，不得言內。傳言「外內寮」者，外謂宋、陳、蔡、邾，內謂魯，其於齊皆寮也。春秋之文，外則北杏稱人，一疑之；內則此不言公，一疑之。傳以內之一疑解經不言公，因蒙北杏幷言之，明外內之文相準也。柯爲離會，齊無爲伯之事，鄄是大夫會，故皆無所謂疑，與此異也。「外內寮一疑之」，文意與成十二年「上下一見」之正同。至於當時外內諸侯之疑齊與否，內與齊之有舊讐，皆無須論。范於北杏傳、此傳皆誤解。

邾子克卒。【補曰】即儀父。其曰子，進之也。附齊而尊周室，王命進其爵。【補曰】至是爵命於周則進矣。經因其進而進之。杜預曰：「蓋齊桓請王命以爲諸侯。」賈、服說以爲北杏之會時已得王命。案：邾卒無不名者，邾近魯，情最親，故雖小國，皆以名録。觀於邾，而宿男、薛伯、杞子、秦伯之不名者，明史以其疏遠而略之矣。不日者，或不正，或史以其附庸新進略之。不葬者，或魯不會，或亦是史略之。

十有七年春，齊人執鄭詹。○【撰異曰】詹，公羊作「瞻」。下同。人者，衆辭也。【補曰】實是齊侯，以衆辭稱人，明此非貶。以人執，與之辭也。與令得執。【補曰】衆辭者，與之之辭，與其執有罪也。昭八年傳曰「稱人以執大夫，執有罪也」，與此同意，皆發明諸以衆辭稱人之例，文互相備。鄭詹，鄭之卑者。【補曰】疏曰：「重發傳者，嫌有罪去氏也，知非有罪去氏者，外大夫身有罪例不去氏，祭仲之類是也。宛所以去氏者，爲貶鄭伯也。」卑者不志，此其志何也？【補曰】不志者，經例因史例也。以其逃來，志之也。【補曰】主爲逃來志。逃來則何志焉？【補曰】但當志逃來，何幷志執？將有其末，不得不録其本也。末，謂逃來。【補曰】本，謂執。録執方可言自齊逃來。鄭詹，鄭之佞人也。【補曰】説文曰：「佞，巧讇高材也。」國語注曰：「僞善爲佞。」爾雅：「壬，佞也。」公羊謂詹爲甚佞，猶書言孔壬矣。但謂微者言執，書甚佞也。直以佞故志執，與傳意小異。

夏，齊人殲于遂。【補曰】劉昵論汲冢竹書紀年曰：「齊人殲于遂，鄭棄其師，皆孔子新意，知後人案春秋經傳而爲之。」文烝案：劉謂此經是新意，蓋得之，其説棄師，則非也。竹書「棄師」之文出瑣語、晉春秋，其父所著史通明言之。昵並以爲紀年亦其疏也。○【撰異曰】殲，公羊作「瀸」。殲者，盡也。【補曰】盡，殺也。爾雅同。然則何爲不言遂人盡齊人也？無遂之辭也。【補曰】言遂人盡齊人者，以遂主其事，有遂之辭也。言齊人盡于遂者，以齊主其事，無遂之辭也。無遂則何爲言遂？【補曰】雖不以遂主事，而遂文自在。其猶存遂也。以其能殺齊戍，故若遂之存。存遂奈何？曰齊人滅遂，使人戍之，【補曰】戍，守。遂之因氏飲戍者酒而殺之，齊人殲焉。【補曰】因氏，遂大夫。杜預曰：「遂之彊宗。」此謂狎敵也。狎，猶輕也。【補曰】傳因齊事論其理，劉敞、孫覺譏之非也。許翰曰：「齊師滅譚，譚子奔莒，其君不詘也。齊人滅遂，齊人殲于遂，其民不歸也。孟子謂霸者以力服人，非心服也，力不贍也。」胡安國曰：「包胥一身，可以存楚，楚雖三户，可以亡秦，足爲强而不義之戒。」

秋，鄭詹自齊逃來。逃義曰逃。齊稱人以執，是執有罪也。執得其罪，故曰義也。今而逃之，是逃義也。【補曰】此爲凡書逃者發例。其言「來」，則從接公之例，蓋齊惡詹佞而執之，公説而受之歟？公既受之，故卑者得志矣。公羊曰：「何以書？書甚佞也。曰：『佞人來矣，佞人來矣。』」夫子告顔淵爲邦曰：「放鄭聲，遠佞人」，公羊義可通也。來奔先言來，此後言來者，葉夢得曰：「奔以適我爲志，逃以舍彼爲志也。歸入言自者，有奉之辭，承執稱逃，則不嫌有奉。」

冬，多麋。京房易傳曰：「廢正作淫，爲火不明，則國多麋。」【補曰】易傳又曰：「震遂泥，厥咎國多麋。」此以爲溺愛淫女也。劉向以爲麋色青，近青祥也。麋之爲言迷也，蓋牝獸之淫者也。是時莊公將取齊之淫女，其象先見天戒。若曰勿取齊女，淫而迷國。莊不寤，遂取之。夫人既入，淫於二叔，終皆誅死，幾亡社稷。左氏劉歆説以爲毛蟲之孽爲災。杜預曰：「麋多則害五稼，故以災書。」案：春秋諸記異，如蜮蜚雨雹之類，左傳皆謂之災也。疏曰：「魯之常獸，是歲偏多，故書多也。螟螽不言多者，螟螽是微細之物，不可以數言之。」

十有八年春王三月，日有食之。不言日，不言朔，夜食也。【補曰】與正朔、晦日、既朔皆異文，足明其爲夜食。其實夜食亦朔也。周以夜半爲朔，夜半後爲雞鳴，爲平旦，爲日出。下言「朝日」、「朝朔」，明是出後見而知之，史因書於策也。日出以前通爲夜，故曰夜食。何以知其夜食也？【補曰】謂史何所據？曰王者朝日，王制曰「天子玄冕而朝日於東門之外」，故日始出而有虧傷之處，是以知其夜食也。【補曰】疏曰：「魯事而輒言王者朝日者，言王者朝日，所以顯諸侯朝朔也。」注引王制者乃禮記玉藻文。文烝案：東門之外者，東郊也。玄冕者，每月朔朝日之服，其正月則異。大戴禮四代孔子曰：「天子盛服朝日于東堂。」孔廣森以爲「盛服者袞冕」。國語所謂「大采朝日東堂」者。明堂，東門之堂，迎日東郊，反而禮日東堂也。依書傳略説，在夏正之朔，即此三月矣。故雖爲天子，必有尊也，貴爲諸侯，必有長也。故天子朝日，諸侯朝朔。何休曰：「春秋不言月食日者，以其無形，故闕疑。」其夜食何緣書乎？鄭君釋之曰：「一日一夜，合爲一日，今朔日日始出，其食虧傷之處未復，故知此自以夜食，夜食則亦屬前月之晦，故穀梁子不以爲疑。」【補曰】朝朔者，北面朝受天子所班朔政，謂以每月朔受之於禰廟，經書視朔是也。朝日，明日尊也。朝朔，明天子長也。疏曰：「朝日、朝朔禮異，皆早旦行事，而昨夜有虧傷之處尚存，故知夜食也。」徐邈云：「夜食則星無光。」張靖箋廢疾云：「立八尺之木，不見其影。」並與范意異。文烝案：徐、張非但與范異，乃於傳外自爲説。范引鄭言屬前月晦，是謂在夜半以前，則日出安得尚有虧傷之處？吴萊又以後世事況之曰：「世之登泰山者，夜半觀海出日，人世之闇闇猶故，於此而或食，謂之食朔可矣。晝食未可也，安得不曰夜食乎？魏永安二年十月己酉，日食地下，虧從西南角起，亦是夜食。」吴氏於事類頗近，亦非傳意也。唯漢書五行志説此曰：「史推合朔在夜，明旦日食而出，出而解，是爲夜食。」斯則事核而義得矣。日食而出，出而解，較所謂「虧傷未復」語意尤明。

夏，公追戎于濟西。【補曰】何休曰：「以兵逐之曰追。」追例時。其不言戎之伐我何也？【補曰】據追齊師言侵西鄙，狄侵我言侵西鄙。以公之追之，不使戎邇於我也。邇，猶近也。不使戎得逼近於我，故若入竟望風退走。【補曰】言追伐可知矣。所追爲戎，追者爲公，故略文以示義。于濟西者，大之也。何大焉？爲公之追之也。言戎遠來至濟西，必大有徒衆，以公自追之，知其審然。【補曰】注非也。濟西猶言河陽，不限於地名，故爲大。濟西大公，猶河陽大天子也。大公者，華戎之辭，大天子者，君臣之辭。傳言「何大焉？爲公之追之」者，既以公追爲文，必言濟西以大之。公自追戎而但録其地名，如追齊師至嶲云者，以爲不可也。不言伐某鄙，不言地名，不言至首于，皆以戎故也。不致者，竟内兵也。

秋，有蜮。京房易傳曰：「忠臣進善，君不識，厥咎國生蜮。」【補曰】「不識」，漢書五行志引作「不試」，顔師古曰：「試，用也。」劉向以爲蜮生南越，越地多婦人男女同川淫，女爲主，亂氣所生，故聖人名之曰蜮。蜮，猶惑也。在水旁，能射人，射人有處，其甚者至死，南方謂之短弧，近射妖死亡之象也。時莊將取齊之淫女，故蜮至。天戒若曰，勿取齊女，將生淫惑篡弑之禍。莊不寤，遂取之。入後，淫於二叔，二叔以死，兩子見弑，夫人亦誅。○【撰異曰】蜮，本亦作「蜮」。陸淳纂例曰：「三傳皆然。」一有一亡曰有。【補曰】疏後一説。一有一亡者，謂或有有時，或有無時，言不常也。螟螽之類是常有之物，不言有也。文烝案：一，猶或也。王制「禘一犆一祫」，爾雅「泉一見一否」，夏小正傳「一則在本，一則在末」，義皆爲或也。傳言一有一亡者四，亡皆不作「無」，疑經字「無冰」之等非其舊矣。徐彦曰：「不書來者，亂氣所生，不從外來故也。」蜮，射人者也。蜮，短狐也，蓋含沙射人。【補曰】疏曰：「洪範五行傳云：『蜮如鼈，三足，生於南越，南越婦人多淫，淫女惑亂之氣所生也。』」陸璣毛詩義疏云：「蜮，短狐，一名射景，在江淮水中。人在岸上，景見水中，投人景則殺之，或謂含沙射人。入皮肌，其創如疥。」左傳及詩正義與此疏同。毛傳、説文皆曰「短狐也。」説文又曰：「似鼈，三足，以氣射害人。」音義曰：「本草謂之射工。」左傳音義同。詩音義曰：「俗呼之水弩。」陸璣前一説，徐彦引草木志同。

後一說，范所用。服虔說左傳亦同，以爲偏身淒淒或或，故爲災也。五行志「狐」作「弧」。左傳音義曰：「弧，又作「狐」。」

冬十月。

春秋莊公閔公經傳第三補注第七

穀梁　范氏集解　鍾文烝詳補

十有九年春王正月。

夏四月。

秋，公子結媵陳人之婦于鄄，遂及齊侯、宋公盟。媵，淺事也，不志。此其志何也？【補曰】凡內女出媵他國女爲夫人者，史皆詳書之，君子以爲淺事，削而不志。辟要盟也。魯實使公子結要二國之盟，欲自託於大國，未審得盟與不，故以媵婦爲名。得盟則盟，不則止，此行有辭也。【補曰】公羊十三年何休注曰：「臣約其君曰要。」又云：「要脅，欲明魯辟要盟。若直言公子結及齊侯、宋公盟于鄄，則無以見魯之本情，故存媵文，但視舊史爲略耳。」魯所以要盟者，洪咨夔、葉酉謂以背盟納遄，懼討也。何以見其辟要盟也？【補曰】問經文何以見之？媵，禮之輕者也；盟，國之重也；以輕事遂乎國重，無說。以輕遂重，無他異說，故知辟要盟耳。【補曰】考工記曰「有說」，鄭君曰：「說，猶意也。」墨子經曰：「說，所以明也。」以「遂」爲文「無說」，則辟要盟之本情足見矣。舊史盟必有日，書日未必有「遂」文。其曰陳人之婦，略之也。但爲遂事假錄媵事耳，故略言陳人之婦，不處其主名。【補曰】

何休曰：「此陳侯夫人也。」文烝案：桓八年傳曰：「其曰：『遂逆王后，略之也。』」彼稱后，此稱婦，其意相類。舊史書媵事，當有詳文。孔穎達曰：「鄄是衛之東地，蓋陳取衛女爲婦。」孔廣森曰：「鄄者，盟地，非致媵地，本送女如陳，行及于鄄也，猶曰鄫子會盟于邾，謂會曹南之盟而行及于邾也。」其不日，【補曰】桓盟本不日，結要盟與凡盟異，還宜具日。數渝，惡之也。【補曰】疏曰：「數，疾也。謂秋共盟，冬而見伐，變盟之疾。或以『數渝』爲今冬伐我西鄙，明年齊又伐我，故云數。」文烝案：明年伐我，「我」乃「戎」之誤。「數」字當如前解，此必疏所述舊説，蓋猶據未誤之本也。暨之盟曰不日，其盟渝也，又曰惡内也，此盟亦其例，桓十七年黄之盟則爲變例矣。暨盟不日，又不月，此亦不月者，蓋以辟要盟異之。

夫人姜氏如莒。婦人既嫁不踰竟，踰竟，非正也。【補曰】疏曰：「重發傳者，嫌此適異國恐别，故發傳以同之。」

冬，齊人、宋人、陳人伐我西鄙。其曰鄙，遠之也。【補曰】何休曰：「鄙者，邊垂之辭。」其遠之何也？不以難邇我國也。【補曰】亦猶十八年「不使戎邇於我」。何休曰：「榮見遠也。」文烝案：内言「鄙」者，與外直言「侵伐」文相當，哀篇直言「伐我」，則與外言「圍入」文相當。孫覺曰：「春秋外師之至，魯雖入其郛，亦皆曰鄙。侵伐他國，但曰某而已，不曰某鄙。魯必曰鄙者，蓋我國之君治國之道素脩，禦敵之道素備，彼之來寇者，乃適吾閒隙，犯吾邊鄙耳。故春秋之法内言戰，不言敗，言侵言伐，不言其至於國都，所以親之尊之而備責之也。哀八年、十一年再言『伐我』而不言『其鄙』者，春秋之終，而聖人之微旨也。穀梁言『不以難邇我國』，此深於春秋者之説也。」傳「之」字，各本脱，今依唐石經、十行本、俞皐集傳、釋義本補正。

二十年春王二月，夫人姜氏如莒。夫人比年如莒，過而不改，無禮尤甚，故謹而月之。【補曰】何休曰：「月者，再出也。不從四年已月者，異國。」○【撰異曰】吕本中曰：「公羊作『正月』。」案：吕蓋誤。婦人既嫁不踰竟，踰竟，非正也。【補曰】疏曰：「重發傳者，比再如莒失禮之甚，故詳之。」

夏，齊大災。外災例時。【補曰】疏曰：「范例云，災有十二，内則書日，外則書時。國曰災，邑曰火。」其志，以甚也。外災不志。甚，謂災及人也。【補曰】災及人故大，大故志，重人也。宋災、伯姬卒與此相似。雨螽及沙鹿、梁山崩皆以害大變重，志於魯策，亦此之類。

秋七月。

冬，齊人伐我。【補曰】「我」當爲「戎」。穀梁與左氏、公羊本同字，蓋轉寫誤也。哀以前皆書四鄙，不應此獨直文。傳於上年發書「鄙」義，不應於此無傳，知必是誤字矣。張洽曰：「戎在徐州之域，最近齊、魯，故先治之。」○【撰異曰】我，左氏、公羊作「戎」，宜從「戎」。

二十有一年春王正月。

夏五月辛酉，鄭伯突卒。【補曰】書日與齊小白同。

秋七月戊戌，夫人姜氏薨。【補曰】桓公夫人，莊公母。婦人弗目也。鄭嗣曰：「弗目，謂不目言其地也。婦人無外事，居有常所，故薨不書地。僖元年傳曰『夫人薨不地』，此言『弗目』，蓋互辭爾。定九年『得寶玉、大弓』，傳曰：「弗目，差也。」蓋此類也。」江熙曰：「文姜有弑公之逆，而弗目其罪。」【補曰】鄭是江非也。鄭不引隱二年傳，亦失之。疏曰：「隱二年著不地之例，此復發傳者，嫌有罪去地，故發之。」

冬十有二月，葬鄭厲公。【補曰】何休曰：「春秋篡明者書葬。」文烝案：篡立乃失德之大者，既有明文，魯會葬則葬之。

二十有二年春王正月，肆大眚。易稱「赦過宥罪」，書稱「眚災肆赦」，經稱「肆大眚」，皆放赦罪人，蕩滌衆故，有時而用之，非經國之常制。【補曰】此本杜預。第三句作「傳稱肆眚圍鄭」，范改之。此注言自古以來有時而用也。○【撰異曰】肆，公羊或作「佚」。眚，公羊作「省」。案：石鼓「眚車」，義作「省車」。肆，失也。眚，災也。災，謂罪惡。【補曰】惠棟曰：「『失』，讀爲『佚』，『佚』與『逸』同，謂逸囚也。古多以『失』爲『佚』。」文烝案：惠説是也。公羊曰：「肆者何？跌也。」似亦略相近。杜預襄九年左傳注、某氏堯典傳皆曰：「肆，緩也。」逸周書謚法曰：「肆，放也。」緩、放亦「佚」之意。以「災」訓「眚」者，堯典、康誥言「眚災」是也。某氏傳曰：「眚，過也。災，害也。」是就二字析言之。杜預亦曰：「眚，過也。凡罪有過有故。」故者，堯典謂之「怙終」，康誥所云「非眚惟終」。災，紀也。失，故也。紀，治理也。有罪當治理之。今失之者，以文姜之故。【補曰】墨子曰：「絲縷有紀。」説文曰：「紀，絲別也。」引伸之爲治理。爲嫌天子之葬也。文姜罪應誅絶，誅絶之罪不葬，若不赦除衆惡。而書葬者，嫌天子許之，明須赦而後得葬。【補曰】天子之葬者，謂天子之法所當葬也。文姜淫而害夫，於法無赦，魯秉周禮，猶知畏法，嫌若法所當葬，爲是故大赦於國，滌除衆罪，咸與惟新。一若文姜之淫弑亦可不論者，所以掩其生前之惡，而成其没後之禮也。賈逵說左氏曰：「文姜有罪，故赦而後葬，以説臣子也。魯大赦國中罪過，欲令文姜之過因是得除，以葬文姜。」賈之此注，即穀梁家語也。傳但言其有故，言其所爲，即其事可知，其義明。猶似乎亡於禮者之禮，而與失德不葬之旨亦足相發也。嘗論之肆眚者，即堯典所云「眚災肆赦」也。肆小眚又肆大眚者，即康誥所云「乃有大罪，非終，乃惟眚災，適爾，既道極厥辜，時乃不可殺」也。先王之世，本有其事，而觀左氏襄九年傳晉悼公肆眚圍鄭，是爲圍鄭特行赦，與魯之爲葬文姜特行大赦相類，知當時赦令皆有所爲矣。或凡赦無所爲者，史所不記，有所爲，乃記耳。

癸丑，葬我小君文姜。【補曰】何休曰：「夫人以姓配謚，欲使終不忘本也。」小君，非君也。不治其民。其曰君何也？以其爲公配，可以言小君也。【補曰】夫人與公一體，從公稱也。周制：天子至士，夫婦皆合葬，祭於廟，設誧几。祝曰：以某妃配。明夫婦精氣合也。孫覺曰：「姜氏之惡，春秋載之備矣，而薨葬皆詳書之，無貶辭焉。春秋魯史，其載魯事，有臣子之法，所以訓忠孝也。姜氏雖大惡，然魯之臣子不可不以母禮待之。」蘇轍曰：「君雖不君，臣不可以不臣；父雖不父，子不可以不子。子爲父隱，道在其中矣，而文姜之惡何損焉？」文烝案：孫、蘇皆正論，陸淳聞於師者亦略同，要因魯既不能絶文姜，則宜有臣子之禮，亦卒仲遂，致意如之意也。

陳人殺其公子禦寇。禦寇，宣公之子。【補曰】稱人者，衆辭，從殺有罪例。傳又舉例於文七年。○【撰異曰】禦，又作「御」，左氏作「御」，亦作「禦」。段玉裁曰：「左傳作『大子』，則左經當本作『世子』，史記亦云『大子』。」文烝案：左氏、史記非也。殺世子當目君，不目君，不得言「其」。言公子而不言大夫，公子未命爲大夫也。【補曰】未命爲卿。其曰公子何也？【補曰】據既非大夫，何得稱「公子」見經？公子之重視大夫，視，比。命以執公子。大夫既命，得執公子之禮。一本：大夫命以視公子。【補曰】言以公子氏者，非他氏族比，他氏族不命爲卿，則直名不氏矣。臧孫紇亦氏，內外異耳。張大亨曰：「殺公子，雖未命，必志之，惡賊親也。先王之制，公族有罪，不以犯有司。」

夏五月。以五月首時，甯所未詳。【補曰】孫復以爲「月下有脱事」是也。史文殘闕，經遂仍之，亦「夏五傳疑」之例。桓、莊相接，莊亦遠也，若在近世，多見而識其事，或可考矣。不改從始月例，明春秋無不知而作者。

秋七月丙申，及齊高傒盟于防。【補曰】母喪十三月而盟，不去日也。不言公，高傒伉也。書日，則公盟也。高傒驕伉，與公敵體，恥之，故不書公。【補曰】一君一臣，特相盟會，是臣無禮，故曰伉。處父、嬰齊並同此義。注云「書日則公盟」，本文二年傳文，傳於彼乃發之者，彼又須辨公不言如晉意，故就彼亦發之。說見彼疏。不致者，既會大夫又没公。

冬，公如齊納幣。【補曰】納幣，與諸書「納」者異。納幣，大夫之事也。【補曰】說正禮。禮有納采，采擇女之德性也。其禮用鴈爲贄者，取順陰陽往來。【補曰】昏禮納采、問名、納吉、請期、親迎皆用鴈。注本鄭君說也。有問名，問女名而卜之，知吉凶也。其禮如納采。【補曰】昏禮記曰：「敢請女爲誰氏。」鄭君曰：「謙不必主人之女。」有納徵，徵，成也。納幣以成婚。【補曰】何休曰：「納幣卽納徵。」禮曰「主人受幣，士受儷皮」是也。納徵用玄纁束帛儷皮。玄纁，取其順天地也。儷皮者，鹿皮所以重古也。」孔廣森曰：「幣者，六幣之通名。諸侯聘女以大璋皮帛。」文烝案：注言納幣以成婚者，賈公彦曰：「納幣則昏禮已成，女家不得移改。」又案：納徵前有納吉禮，得吉卜而往告也。疏曰：「傳略納吉不言，或以爲諸侯與士禮異者，非也。」有告期，告迎期。【補曰】昏禮曰：「請期用鴈，主人辭，賓許。告期如納徵禮。」謂先請於女家，後告之也。或云傳之「告」卽禮之「請」。二十八年傳曰：「告，請也。」定元年傳曰：「求者，請也。」求、請、告三字同義。竊以彼皆散文告期則禮與請，對文告非請也。四者備而後娶，【補曰】娶，謂親迎。禮也。【補曰】因納幣備言其禮，唯娶親之。公之親納幣，非禮也，故譏之。公母喪未再朞而圖婚，傳無譏文，但譏親納幣者。喪婚不待貶絶而罪惡見。【補曰】傳言「譏之」者，明經所以仍史文書其事。禮父卒則爲母齊衰三年。孔廣森以爲親納幣失之小，三年之內圖婚失之大。小者猶譏，大者可知。

二十有三年春，公至自齊。【補曰】疏曰：「二十七年傳云『桓會不致』，此與下文觀社皆書『公至』者，公羊傳云『危之也』，徐邈亦云『不以禮行，故致以見危。』范下注云：『公怠棄國政，比行犯禮，憂危甚矣。』則亦以二者爲憂危致之也。若然，定八年傳稱『致月危致』，下傳云『致月有懼』，此致不月者，以二者皆非禮而行，不假書月，危懼可知。傳以危而不月，嫌與例乖，故發傳詳之。或以爲二者皆非禮之行，與好會異，故致之，非是見危，理亦通也。」文烝案：此處二往，皆見非禮致之，已足見危，非如致會、致伐之等，須加月以危之；又非如奔喪、會葬之等，往致皆須月也。疏說未明。又案：凡春如春至，若是正月，則亦必月。春不月者，皆非正月也。

祭叔來聘。其不言使何也？天子之內臣也。祭叔，天子寰內諸侯。叔名。【補曰】疏曰：「徐邈云『祭叔爲祭公使』，則徐意以祭叔爲祭之大夫也。范以『叔』爲名，似同徐說。但舊解不然。」文烝案：杜預引穀梁，正同徐語，此必穀梁家古義。不言使，謂不言祭公使內臣，亦指祭公。范意以「使」爲王使，以「內臣」卽指祭叔，蓋失之。而疏以爲范似同徐説，又失之矣。「叔」當是字，猶任叔、榮叔。周禮大宰「施則于都鄙，而建其長，立其兩」，謂公卿及王子弟食采邑者得立兩卿，祭叔爲祭之大夫，蓋所謂兩卿者。孔穎達曰：「或是祭公之弟也。」不正其外交，故不與使也。何休曰：「南季、宰渠伯糾、家父、宰周公來聘，皆稱使，獨于此奪之何也？」鄭君釋之曰：「諸稱使者，是奉王命，其人無自來之意。今祭叔不一心於王，而欲外交，不得王命來，故去使以見之。」【補曰】范取鄭説，以爲祭叔外交無王命，故不與王得使之，非也。既無王命，則非使，何云不與王得使？若無使之者，則當爲朝，何以云聘？若以爲請命於王，非王本心，則石尚亦請命，何以得云使？此當依徐、杜説，謂不正祭公外交，故不與其得使也。趙汸曰：「不言祭公使者，王臣無外交，無其禮則不得襲其文，與卿爲君逆不稱使同。」

夏，公如齊觀社。【補曰】何休曰：「觀社者，觀祭社。社者，土地之主。祭者，報德也。生萬物，居人民，德至厚，功至大，故感春秋而祭之。天子用三牲，諸侯用羊豕。」僖三十一年公羊傳曰：「天子祭天，諸侯祭土。」何休曰：「土謂社也。天子所祭莫重於郊，諸侯所祭莫重於社，卿大夫祭五祀，士祭其先祖。」哀四年公羊傳曰：「社者，封也。」文烝案：祭社曰社，猶祭於郊曰郊。常事曰視，視朔是也。非常曰觀。【補曰】疏曰：「復發傳者，嫌觀魚、觀社異，故發之。」文烝案：此不言「傳曰」者，省文。觀，無事之辭也。言無朝會之事。以是爲尸女也，尸，主也。主爲女往爾，以觀社爲辭。【補曰】經著無事之辭者，以是爲尸女故也。意主於女，謂之尸女。莊子曰：「是其言也，猶時女也。」處女爲時所求，謂之時女，古人語如此。六經奥論説以墨子曰「燕有祖，齊有社，宋有桑林，楚有雲夢，此男女之所屬而觀也。」

家鉉翁曰：「尸女云者，盛其車服，炫惑婦人，要其從己也。」文烝案：左氏說以爲齊因祭社蒐軍實。國語曹劌曰：「齊棄太公之法而觀民於社。臣不聞諸侯相會祀也，祀又不法。」蒐軍實而曰觀民，曰不法，足與墨子相證也。無事不出竟。【補曰】說正禮。

公至自齊。公如，陳公行例。【補曰】凡往皆是，不專謂如某。往時，正也。正，謂無危懼也。皆放此。致月，故也。【補曰】故，謂變故。定八年傳曰：「致月，危致也。」於往言時，則月可知；於致言月，則時可知。互句以省文。如、往月，致月，有懼焉爾。【補曰】定八年傳曰：「往月致月，惡之也。」此皆經例。舊史凡「往」與「致」無不月者。案此及上「致」皆時，傳發經通例也。傳以桓兩「致」皆變文，莊「致」伐衞，又非常例，故於此兩「致」發之。此例之外，惟正月如某及正月至者，雖無危懼，亦必書月，據文自明，故傳無說也。王引之曰：「上言『公如』，下不須更言『如』，下『如』字蓋衍文。」

荆人來聘。善累而後進之。【補曰】累，積。其曰人何也？【補曰】據當言荆來聘，如白狄來。舉道不待再。明聘問之禮。朝宗之道，非夷狄之所能，故一舉而進之。【補曰】以聘書，故人之。不如白狄，不言朝也。公羊曰：「荆何以稱人？始能聘也。」能聘即傳所謂「舉道」。

公及齊侯遇于穀。及者，內爲志焉爾。遇者，志相得也。【補曰】疏曰：「重發傳者，公爲淫如齊，嫌異於常，故重發之。」

蕭叔朝公。微國之君，未爵命者。【補曰】杜預曰：「附庸國。」疏曰：「書名者，附庸常例。傳於儀父言字，言美稱，此傳直云『微國』，不言字，則『叔』名也。重發傳者，嫌名字異故也。」文烝案：「叔」蓋字也，故黎來後重發傳，疏從杜預爲名，又不記黎來傳何歟？其不言來，於外也。言於穀朝公也。【補曰】杜預曰：「就穀朝公，故不言來。」孔穎達曰：「穀是齊地故也。定十四年大蒐于比蒲，邾子來會公。比蒲，魯地，故言來也。」趙汸以爲蕭君至穀朝伯主，因得朝公。朝於廟，正也。【補曰】廟，大廟。於外，非正也。【補曰】以其非正，故加言公，明公一人專受之，不能尊先君共其榮。杜預曰：「凡在外朝則禮不得具，嘉禮不野合。」

秋，丹桓宮楹。楹，柱。【補曰】服虔曰：「丹，彤。楹，謂之柱。」釋名曰：「楹，亭也。亭亭然孤立，旁無所依也。」案禮言東楹西楹，劉熙就一楹言之。禮天子諸侯黝堊，黝堊，黑色。【補曰】范解「黝」字連言「堊」耳，非以「堊」亦爲黑也。疏引徐邈曰：「黝，黑柱也。堊，白壁也。謂白壁而黑柱。」文烝案：詩禮多以黝爲幽。爾雅曰：「黑謂之黝。」說文以爲微青黑色。孫炎從之。堊者，說文曰「白涂」，爾雅所謂「牆謂之堊」。山海經大次之山多堊，亦當爲白土。又有黃堊，又有白堊、黑青黃堊。據呂氏春秋云「白堊黑漆」，則直言堊者皆白也。太平御覽引此傳作「天子丹，諸侯黝堊」。王引之曰：「御覽『丹』字涉上下文『丹楹』而誤衍。廣雅云『天子諸侯廟黝堊』，正用傳文。左傳正義、北堂書鈔、白帖引傳皆同今本。」大夫倉，【補曰】孔穎達月令正義曰：「倉亦青也。遠望則倉。」士黈。黈，黃色。【補曰】音義曰：「麋氏云『張斗反』。」文烝案：其「堊」皆同，省文從可知。丹楹，非禮也。【補曰】黝、倉、黈，皆禮之所有，丹則禮之所無。

冬十有一月，曹伯射姑卒。【補曰】終生卒日葬月。自此射姑、班、襄、廬、負芻、滕、須、午、露九君卒皆月而不日，惟壽卒日，廬、負芻以踰竟故不日，射姑等七君，皆當是不正，不應八世之中獨壽得以正立。射姑前稱世子，又非不正，以意度之，或者射姑雖爲世子，本不正。班、襄諸君皆不正，蓋所謂楚國之舉恆在少者乎？傳記無文，不敢定也。班、襄、廬、滕、須葬皆時，射姑、壽、負芻、露葬皆在上事月下。午葬月，何休以爲爲下出也。○【撰異曰】射，本或作「亦」。

十有二月甲寅，公會齊侯盟于扈。桓盟不日，此盟日者，前公如齊觀社，傳曰：「觀，無事之辭。以是爲尸女也。」公怠棄國政，比行犯禮，憂危甚矣。霸主降心，親與之盟，實有弘濟之功，而魯得免於罪，臣子所慶，莫重於此。時事所重，文亦宜詳，故特謹日以著之。【補曰】注說未然。此當從孫復、程子、葉夢得說。以爲婚盟亦與諸桓盟不同，故還從常例書日也。不致者，離會例。公羊以書日爲危之。危之則當致，公羊非也。扈，鄭地。孫復以此爲齊地。

二十有四年春王三月，刻桓宮桷。【補曰】杜預曰：「刻，鏤也。」服虔曰：「桷，謂之榱。榱，椽也。」案：說文曰：「桷，榱也。」「椽，榱也。」「榱，椽也。」又曰：「椽方曰桷。」又以榱爲秦名屋椽。周謂之椽，齊、魯謂之桷。何休曰：「月者，功重於丹楹。」范例本之。或此爲下葬，故月。禮天子之桷，斲之礱之，加密石焉。以細石磨之。【補曰】斲，斫也，削也。謂以斧斤斫削木礱礪之也。密，密理也。石，謂砥也。先粗礪之，加以密砥。諸侯之桷，斲之礱之。【補曰】無密石。大夫斲之。【補曰】不礱。士斲本。【補曰】但斲其首，不達稜。達稜，見書大傳。此以上，國語晉張老對趙文子同。書大傳又云：「庶人到加。」刻桷，非正也。【補曰】非正者，非正禮，刻亦非禮之所有也。言非正不言非禮者，因下以娶讐女爲非禮，故避其文也。夫楹桷之爲物小，而禮可識也。禮所以教儉，故林放問禮之本，子曰：「禮與其奢也寧儉。」古者自天子至士，事事物物皆有等差，以爲雖貴如天子諸侯，必有其節，而不得過焉。此荀子所謂

「欲必不窮乎物，物必不屈於欲。貴賤有等，長幼有差，貧富輕重皆有稱」。魯策書以周禮書事，故重之矣。夫人所以崇宗廟也，【補曰】崇，崇奉。祭統載取夫人之辭曰：「請君之玉女，與寡人共有敝邑，事宗廟社稷。」又曰：「夫祭也者，必夫婦親之。」昏義曰：「昏禮者，將合二姓之好，上以事宗廟而下以繼後世也。」取非禮與非正而加之於宗廟，以飾夫人，非正也。非禮謂娶讎女，非正謂刻桷丹楹也。本非宗廟之宜，故曰「加」。言將親迎，欲爲夫人飾，又非正也。【補曰】漢書五行志劉歆説「莊飾宗廟，刻桷丹楹，以夸夫人」，與劉向列女傳略同。韋昭曰：「哀姜將至，當見於廟，故丹柱刻榱，以夸之。」案此一舉而三失也，言春秋所以見義。刻桓宮桷，丹桓宮楹，斥言桓宮，以惡莊也。不言新宮而謂之桓宮，以桓見殺於齊。而飾其宗廟，以榮讎國之女，惡莊不子。【補曰】新宮斥謚，則如疏之然。疏之則不恭，明有所惡矣。張自超以爲文姜新人廟，亦齊女也，葢尊文姜以尊齊。張履祥亦云：「丹刻，爲文姜也。」案：此義亦得兼見。

葬曹莊公。

夏，公如齊逆女。親迎，恆事也，不志。此其志何也？【補曰】凡公出親迎，史法自當書之，君子以爲恆事，略而不志。但直言公如某，不目其事，而別言夫人某氏至自某，則其事自明。外諸侯來親迎則書時，適無其事耳。不正其親迎於齊也。【補曰】失禮非復恆事。

秋，公至自齊。迎者行見諸，舍見諸。諸，之也。言瞻望夫人乘車。【補曰】舍，止息也。詩曰「有女同行」，是。先至，非正也。【補曰】以其非正，故書至以危之。若與夫人偕至，當但書夫人。

八月丁丑，夫人姜氏入。哀姜。入者，内弗受也。曰入，惡入者也。【補曰】疏曰：「重發傳者，嫌夫人與他例異故也。」文烝案：舊史夫人之至皆書「至」而具日，君子獨改此「至」文言「入」，又獨存其日，明與庚寅入邴、壬午入郕等同例也。王元杰曰：「削其告至之辭。」案：左傳曰「哀姜至」，舊史亦必書「至」。何用不受也？以宗廟弗受也。【補曰】國之小君而可以弗受，辭加之者，臨之以先君。其以宗廟弗受何也？娶仇人子弟以薦舍於前，其義不可受也。薦，進。舍，置。【補曰】言子弟者，或是齊襄之女，或是其妹，作傳時已不審也。公羊曰：「其言入何？難也。其言日何？難也。夫人不僂不可使入，與公有所約，然後入。」何休曰：「僂，疾也。齊人語。約，約遠媵妾也。夫人稽留，不肯疾順，公不可使即入。公至後，與公約定，八月丁丑乃入，故爲難辭也。」文烝案：公羊解書「入」書「日」之義頗近事情，未協經旨，自以穀梁爲允。妻不可以樞機寢席之事要其夫，其義僻而暗；子孫不可以讐國女見於祖禰，其義正而明。

戊寅，大夫宗婦覿，用幣。宗婦，同宗大夫之婦。【補曰】此用國語注也。賈逵、杜預注作「同姓」。左傳桓六年「子同生，公與文姜宗婦命之」，襄二年「葬齊姜，齊侯使諸姜宗婦來送葬」，杜或言同宗，或言同姓。案：左傳同姓近者爲同宗，又近爲同族，杜於二者散文通言矣。同姓之卿稱宗卿，故其妻稱「宗婦」。祭統説君與夫人祭大廟，有卿大夫士，有宗婦，亦謂同宗之婦，皆自國言之之辭也。特牲饋食禮，主婦之外又有宗婦，自家言之之辭也。若内則所言宗子、宗婦，則絶不同，彼謂大夫士大宗之婦也。國君不統宗，故禮有大宗、小宗。大宗者，君之別子爲祖，適長繼別爲宗，世世收族，雖無子，族人必以支子後之者也。小宗者，別子之諸子，其適長繼禰者爲小宗，五世服盡而遞遷者也。大宗一，小宗四。葉夢得分别禮之言宗婦有三，文烝取焉。覿，見也。【補曰】訓「見」者，渾言之，公羊、爾雅同。對文析言，卑於尊言覿，敵者言見，不見公未見諸侯是也。疏曰：「舊解言私爲覿，正爲見，今以爲不然。」禮大夫不見夫人。【補曰】宗婦宜覿，大夫不宜行婦道，非禮，故志之。何休、杜預皆云「禮夫人至，大夫執贄以見」，孔穎達以爲禮無此文，是亦不安於其説也。不言及，不正其行婦道，故列數之也。【補曰】及者，夫婦之辭。大夫行婦道則不得以尊及卑矣，故不言及，猶書公夫人姜氏也。男子之贄，羔鴈雉腒；贄，所執以至者也。上大夫用羔，取其從帥，羣而不黨也。下大夫用鴈，取其知時，飛翔有行列也。士冬用雉，夏用腒，取其耿介，交有時，别有倫也。腒，腊也。雉必用死，爲其不可生服也。夏用腒，備腐臭也。【補曰】此皆本鄭君士相見禮注。「腒」之本義爲「鳥腊」，當依説文説。此「腒」爲乾雉。婦人之贄，棗栗鍛脩。棗，取其早自矜莊。栗，取其敬栗。鍛脩，取斷斷自脩整。【補曰】注本何休而小異。周禮注曰：「大物解肆乾之，謂之乾肉。薄析曰脯，捶之而施薑桂曰鍛脩。」腊，小物全乾。士昏禮婦見舅以棗栗，見姑以腶脩。曲禮曰「婦人之摯，椇榛脯脩棗栗。」傳舉男女贄者，疏曰：「見俱不得用幣。」用幣，非禮也。【補曰】又非禮。謝湜曰：「諸侯庭實有幣，獻方物也，贄則與幣異矣。男以玉帛禽鳥，以示執此德不敢廢也；女以棗栗脯脩，以示修此職不敢廢也。今皆用幣，則是相交以財，相賂以利也。外内交賂以財利而閨門之禮亂矣。」用者，不宜用者也。【補曰】言「用」，知不宜用。公羊同。大夫，國體也，而行婦道，國體，謂爲君股肱。【補曰】墨子經曰：「體，分於兼也。」經説曰：「若二之一疋之端也。」董仲舒曰：「陰者陽之合，妻者夫之合，子者父之合，臣者君之合。」惡之，故謹而日之也。【補曰】時史以大夫覿夫人、又男女用幣，並是非禮，故特志之，又日之，君子從而取義焉。大夫而覿夫人，其事可惡，贄不足復論。

大水。【補曰】何休曰：「夫人不制，遂淫二叔。陰氣盛，故明年復水也。」文烝案：何說與漢書五行志董仲舒、劉向義同。此事在時例。

冬，戎侵曹。

曹羈出奔陳。【補曰】羈，曹大夫也。曹無大夫，以國氏而言羈者，以出奔目之也。出奔得志者，案傳曰「曹、莒皆無大夫。」其所以無大夫者，其義異也。證以盟會之序，則曹之爲國，亞於許而尊於莒，故莒書奔者必如牟夷之以地來奔乃得書，曹則羈直奔陳，公孫會直奔宋，皆書也。公羊曰：「此何以書？賢也。何賢乎曹羈？戎將侵曹，曹羈諫曰：『戎衆以無義，君請勿自敵也。』曹伯曰：『不可。』三諫不從，遂去之，故君子以爲得君臣之義也。」案：傳於下殺大夫言崇曹羈之賢，不言此奔以賢書，且羈之爲賢，必是素以賢稱，若專以出奔一事爲賢，亦非其理。凡公羊所指爲賢而論其事者，其文往往如此，似未可用也。孔廣森引韓非子曰：「夷吾束縛而曹羈奔陳，伯里子道乞，傳說轉鬻。」孔又疑卽左傳之僖負羈。案：僖負羈去此遠，孫覺以爲決非一人，是也。○【撰異曰】陸淳纂例曰：「羈，公羊作『羇』。」案：今公羊不作「羇」。

赤歸于曹。郭公。赤，蓋郭公也。何爲名也？禮諸侯無外歸之義，外歸非正也。徐乾曰：「郭公，郭國之君也，名赤。蓋不能治其國，舍而歸于曹。君爲社稷之主，承宗廟之重，不能安之而外歸他國，故但書名，以罪而懲之。不直言赤復云郭公者，恐不知赤者是誰，將若魯之微者故也。以郭公著上者則是諸侯失國之例，是無以見微之義。」【補曰】疏曰：「薄氏駁云，赤若是諸侯，不能治國，舍而歸曹，應謂之『奔』，何以詭例言『歸』乎？徐乾又云，不言郭公，疑是魯之微者，若是微者，則例所不書，何得以微者爲訾？二事俱滯，而范從之者，凡諸侯出奔其國者，或爲人所滅，或受制强臣，迫逐苟免，然後書出。今郭公在國，不被迫逐，往曹事等於歸，故以易辭言之，不得云出奔也。凡內大夫未得命者，例但書名，若使赤直名而無所繫，則文同俠等，故又云郭公也。徐乾之説理通，故范引而從之。」文烝案：此與「紀侯大去」，並奔之詭例。孔廣森以爲據其國言之則曰「大去」，據所之之國言之則曰「歸」也。稱公者，失國外歸，棄其本爵爲寄公，與州公同也。徐謂以郭公著上則是失國之例，無以見義，此説非是。孔廣森曰：「『郭公』不當倒在下，疑傳春秋者『赤』上字舊漫缺，經師相承以爲『郭公』，謙愼不敢補入正文，故著之於下耳。」孔説甚有理。傳曰「赤蓋郭公也」，公羊亦曰「曹無赤者，蓋郭公也。」蓋者，疑辭、謙辭，當實如孔所言矣。段玉裁曰：「注不直言赤，『不』字疑衍，『微之義』當作『懲之義』。」○自杜預始疑有闕誤，而杜謂、劉敞以來疑當爲郭亡，牽合管子、韓詩外傳、新序、風俗通、説文以爲説，鄭玉等訾之。

二十有五年春，陳侯使女叔來聘。女氏，叔字。其不名何也？據成三年晉侯使荀庚來聘稱名。【補曰】不得獨據彼，當云據例稱名。天子之命大夫也。【補曰】猶單伯。

夏五月癸丑，衛侯朔卒。惠公也。犯逆失德，故不書葬。【補曰】書日亦與齊小白同，本又當從鄭厲公例書葬，以其犯王命不可葬，故還去之。

六月辛未，朔，日有食之。言日言朔，食正朔也。【補曰】重發傳者，此有救變之文，嫌異常食，故發以同之。

鼓，用牲于社。【補曰】此經各本誤跳在傳言日上，今依唐石經、十行本移正。鼓，禮也。用牲，非禮也。【補曰】用者，不宜用者也。書召誥曰「用牲于郊」，彼自記事常文，與春秋異。陸淳所謂春秋之文至簡，故字皆有義，其例不可偏求之於五經也。左傳例曰：凡天災有幣無牲。天子救日，置五麾，陳五兵、五鼓；麾，旌幡也。五兵，矛、戟、鉞、楯、弓矢。【補曰】曾子問篇孔子曰：「如諸侯皆在而日食，則從天子救日，各以其方色與其兵。」周禮鼓人：「救日月則詔王鼓。」大僕：「凡軍旅田役贊王鼓，救日月亦如之。」疏曰：「五麾者，麋信云『各以方色之旌置之五處也』。五兵者，徐邈云『矛在東，戟在南，鉞在西，楯在北，弓矢在中央。』麋信與范數五兵與之同，是相傳説也。」孔廣森曰：「周禮司兵、五兵外別有五盾，則五兵數楯非也。」司馬法曰：「弓矢圍，殳矛守，戈戟助。」凡五兵長以衛短，短以救長，當從鄭君注戈殳戟酋矛弓矢爲是。又疏曰：「五鼓者，麋信、徐邈並云東方青鼓，南方赤鼓，西方白鼓，北方黑鼓，中央黄鼓。案五兵，以兵有五種，未審五鼓是一鼓有五色，爲當五種之鼓也。何者？周禮有六鼓，雷鼓、靈鼓、路鼓、鼖鼓、鼛鼓、晋鼓之等，若以爲五種之鼓，則不知六鼓之内竟去何鼓；若以爲一種之鼓，則不知六鼓之内竟取何鼓。又周禮云『雷鼓鼓神祀』，則似救日之鼓用雷鼓，但此用之於社。周禮又云『靈鼓鼓社祭』，則又似救日之鼓用靈鼓，進退有疑，不敢是正，故直述之而已。檢麋、徐兩家之説，則以五鼓者非六鼓之類，别用方色鼓而已。諸侯三者則云降殺以兩，去黑黄二色，是非六鼓之類也。下云『大夫擊門，士擊柝』，則此陳五鼓亦擊之也，但擊之時陳列於社之坐域，因五兵五麾是陳，故亦以陳言之，非謂直陳而不擊也。」諸侯置三麾，陳三兵、三鼓；【補曰】三兵三鼓，各本誤作「三鼓三兵」，今依北堂書鈔、開元占經、太平御覽引互易正。大夫擊門，士擊柝。柝，兩木相擊。言充其陽也。凡有聲，皆陽事，以壓陰氣。充，實也。【補曰】孔穎達曰：「日食，曆之常也。古之聖王，因事設戒，故鳴之以鼓柝，射之以弓矢。庶人奔走以相從，嗇夫馳騁以告衆，降物辟寢以哀之，祝幣史辭以禮之。立貶食去樂之數，制入門廢朝之典，示之以罪己之宜，教之以脩德之法，所以重天變，警人君也。天道深遠，有時而驗，或亦人之禍釁偶與相逢，故聖人得因其變，常假爲勸戒，使智達之士識先聖之幽情，中下之主信妖祥以自懼。」

伯姬歸于杞。其不言逆何也？逆之道微，無足道焉爾。【補曰】疏曰：「重發傳者，紀伯姬釋不稱使之微，此解不言逆之微，故別發傳。」案：又當引紀叔姬，叔姬爲娣，又有異，而「微」字之解則同。

秋，大水。鼓，用牲于社、于門。門，國門也。【補曰】此本杜預也。孔穎達曰：「國門謂城門。」高下有水。災曰大水。【補曰】疏曰：「重發之者，此有用牲之失，嫌異常水，故更發之。」既戒鼓而駭衆，【補曰】警鼓傳達，衆則駭動。用牲可以已矣。【補曰】孔穎達引詩雲漢、禮祭法謂爲水旱禱祭則有牲。救日以鼓兵，救水以鼓衆。【補曰】疏曰：「救日以鼓兵者，謂伐鼓以責陰，陳兵示禦侮。救水以鼓衆者，謂擊鼓聚衆，皆所以發陽。」案，董仲舒曰：「大旱雩祭而請雨，大水鳴鼓而攻社，天地之所爲，陰陽之所起也。或請焉或怒焉者何？大旱者，陽滅陰也。陽滅陰者，尊壓卑也，雖大甚拜請之而已，無敢有加也。大水者，陰滅陽也。陰滅陽者，卑勝尊也，日食亦然，自下犯上，以賤傷貴，皆逆節也，故鳴鼓而攻之，朱絲而脅之，爲其不義也。」又案：公羊曰：「于門，非禮也。」孔廣森曰：「時蓋以五祀秋祀門，故因爲水禳焉，然非禮典。」

冬，公子友如陳。【補曰】杜預曰：「公子友，莊公之母弟。稱公子者，史策之通言。」文烝案：友謚曰成季，不稱公弟，與齊年、鄭禦異文，明内外異例也。凡外書弟者，來我則以貴録，出奔見殺則以親録，亦兼見無罪殺世子亦以親録，帥師亦以親貴録。内書弟者則以賢録，然必於其卒而稱之，此皆傳之明文，惟不言帥師耳，然亦推而可知也。如者，内稱使之文，此報女叔之聘也。諸魯出朝聘，皆直書「如」，不稱「朝聘」者，何休以爲尊内。夫言「如」不言「朝聘」，安見其尊？且何以有變文言「朝」者？何以外相朝亦言「如」乎？杜預以爲不果彼國必成其禮，夫朝聘之事，既至彼國則禮無不成，不至而不成則有他文矣。且納幣莅盟之屬，豈能果彼國必成其禮？何以明書也？孫覺曰：「聘問之禮，諸侯常事，略而不書。若記其所往之事者，皆非常也。」吴澂、程端學皆曰言「如」者，内辭也。説並得之。公朝、大夫聘，皆爲恆事，恆事不志，史文之常，别内於外，非有他義。外相朝言「如」，以别於其來朝者，正由此例推之也。至如弃田、拜命、拜盟、拜葬、拜師、拜辱、聽政、聽朝聘之數，弔喪、弔敗、納賂、賀慶有言謝罪獻俘之屬，皆直書「如」，亦以恆事而不志，且其事多，於朝聘中包之也。公出奔喪會葬於大國，則亦不目其事，雖同之於恆事，而其事則覩上下文而可知，亦所以别於小國之來我者也。此等蓋亦皆史文之舊，惟莅盟、乞師、納幣、逆女舊史皆重而志之，外内同辭同例，不在恆事不志之列。至君子則以納幣之得正禮者爲恆事，成十一年言「如齊」不言「納幣」是也。以親迎爲恆事，上年傳所云是也。外來納幣亦有志有不志，來親迎則以志爲正，不志爲變，皆案經傳而可知也。内大夫出會葬者，上言「如」，下言「葬某某」，諸侯之大夫來會葬我者則皆全没其文，以别於王臣之來者，此又録内略外之例。

二十有六年春，公伐戎。○【撰異曰】公羊無「春」字，唐石經及板本脱也，陸淳所見已然。

夏，公至自伐戎。

曹殺其大夫。【補曰】孟子述齊桓公葵丘之命曰「無專殺大夫」，諸稱國以殺，皆以諸侯專殺爲罪，而大夫則多無罪者，例在僖七年十年傳。又徐幹中論以爲譏其不能以智自免，此義亦時有之。言大夫而不稱名姓，無命大夫也。徐邈曰：「于時微國衰陵，不能及禮，其大夫降班失位，下同於士，故略稱人。而傳謂之無命大夫也。」莒慶、莒挐、邾庶其、邾快皆特以事書，非實能貴，故略名而已。楚雖荆蠻，漸自通於諸夏，故莊二十三年書「荆人來聘」，文九年又褒而書名，國轉彊大，書之益詳。然當僖公、文公之世，楚猶未能自同于列國，故得臣及萩並略名。惟屈完來會諸侯以殊禮成之，楚莊王之興，爲江漢盟主，與諸夏之君權行抗禮，其勢彊于當年，而事交於内外，故春秋書之，遂從中國之例。夫政俗隆替，存乎其人，三后之姓，日失其序，而諸國乘閒，與之代興，因詳略之文則可以見時事之實矣。秦爵伯也，土據西周，班列中夏，故得稱師有大夫。其大夫當名氏，而文十二年秦術略名，蓋于時晉主魯盟，而秦方敵晉，則魯之于秦，情好疏矣。禮以飾情，情疏則禮略，春秋所以略文乎？又吳札不書氏，以成尊于上也。宋之盟，叔孫豹不書氏，以著其能恭，此皆因事而爲義。【補曰】命大夫者，命卿也。凡諸小國，其君亦皆有命卿。而云「無」者，當時小國命卿出，僅附列國卑者之末，不以爲卿也，必以爲下同於士，亦未然也。又注「荆人來聘」下當改云僖元年進書楚人，二十一年又進書大夫名，文九年又進書楚子，得臣之上，當增宜申史文詳略。因乎時事，勝於公羊家三世異辭之説。秦稱師有大夫，亦較公羊秦無大夫之言爲長。疏引薄氏駮曰：「術之名爲晉貶秦，然楚亦敵晉，何以不略而貶之？」范答之曰：「秦以交疏之故而略其臣，楚與諸夏會同，所以不略也。」無命大夫而曰大夫，【補曰】據莒殺直言公子。賢也，爲曹羈崇也。【補曰】疏曰：「薄氏駁曰：『曹羈出奔，經無歸處，曹自殺大夫，何以知是羈也？又此注雖多，未足通崇之義，徒引證據，何益於此哉？』范荅之曰：『羈，曹之賢大夫也，曹伯不用其言，乃使出奔他國，終於受戮，故君子愍之，書殺其大夫，即是崇賢抑不肖之義也。』案大夫出奔，或書出不書入，秦后子是也；或書入不書出，蔡季是也。史有闕漏，非是一般，何得以無歸之文則怪其非羈也？是范氏論崇曹羈之事也。曹羈三諫不從，是公羊之説也。」文烝案：范意曹所殺者即是羈，以莒殺意悏傳觀之，似得其實。或曰成十五年傳曰「夫人之義，不踰君也，爲賢者崇也。」彼謂崇伯姬之賢，故共公得書葬，不欲使伯姬配失德之君也。此謂崇曹羈之賢，故曹得言大夫，羈任爲大夫，不欲使居無大夫之國也。似所殺别是一人，不當如范説。

秋，公會宋人、齊人伐徐。【補曰】杜預曰：「宋序齊上，主兵。」文烝案：不致者，會人共伐，外無君也。羅泌以爲徐卽戎也。前稱戎，後稱徐，猶荆之進而稱楚也。此説亦可存。但如戎伐凡伯，非徐明矣。○【撰異曰】陸淳纂例曰：「左氏無『公』字，張洽據古本左氏亦無『公』字，今左氏有『公』字。」

冬十有二月癸亥，朔，日有食之。

二十有七年春，公會杞伯姬于洮。伯姬，莊公女。洮，魯地。【補曰】此皆本杜預。左傳曰：「非事也。」何休曰：「書者，惡公教内女以非禮也。洮，内地。女會來例皆時。」文烝案：會不致者，蓋舊史無之，會婦人亦不告廟也。

何氏又曰：「伯姬不卒者，蓋不與卒於無服。」案：無服則不卒者，亦本舊史例也，杞伯姬之無服，是當爲服而不服耳。徐彥以爲此之杞伯姬是嫁於大夫者，與上下文各爲一人，非也，何氏亦無此意。○【撰異曰】洮，本或作「桃」。

夏六月，公會齊侯、宋公、陳侯、鄭伯同盟于幽。同者，有同也，同尊周也。【補曰】疏曰：「復發傳者，前同盟于幽，諸侯尚有疑者，今外內同心，推桓爲伯，得專征伐之任，成九合之功，故傳詳其事也。」文烝案：疏言「諸侯有疑」，當改云「前未授之諸侯」，再言尊周，説見前，疏未悟。於是而後授之諸侯也。【補曰】十三年「外疑之」，十六年「内疑之」，猶未以諸侯授之，至此而後授之也。授之者，謂外序爵，內稱公。其授之諸侯何也？齊侯得衆也。【補曰】至此桓已得衆，故雖未受王命，而遂以諸侯授之。據左傳，是年冬「王使召伯廖賜齊侯命」，杜預曰：「賜，命爲侯伯。」知此盟時尚未受命。王元杰曰：「桓公創伯之始，其事亦有可觀，仗義尊周，制强服異，自其始會北杏，再會于鄄。陳、鄭之叛服無常，魯、宋之疑信未定，磨以歲月，人知有齊。王室既卑而稍尊，諸侯羣起而略定。威令已振，事權有歸，再盟于幽，陳、鄭服從，願與之盟，非出勉强。」桓會不致，安之也。桓盟不日，信之也。【補曰】四句發通例，公羊略同。信其信，仁其仁，【補曰】言春秋之意，既信桓之信，又仁桓之仁。論語曰：「桓公九合諸侯，不以兵車，管仲之力也。如其仁，如其仁。」衣裳之會十有一，未嘗有歃血之盟也，信厚也。十三年會北杏，十四年會鄄，十五年又會鄄，十六年會幽，二十七年又會幽，僖元年會檉，二年會貫，三年會陽穀，五年會首戴，七年會寧毋，九年會葵丘。【補曰】申上信也。疏曰：「論語稱九合諸侯者，貫與陽穀二會，管仲不欲，故去之。鄭釋廢疾云，自柯之明年，葵丘以前，去貫與陽穀，固已九合矣，則鄭意不數北杏。」文烝案：鄭去貫、陽穀，又去北杏，又不可加以柯，則止八會，故疏述諸説紛紛疑之。皇侃、陸德明説論語更滋舛誤，孫復則謂去北杏與單伯會鄄爲九合，其實皆非也。論語九合卽穀梁十一會，穀梁每會計之，論語則據所會之地，合二鄄爲一，二幽爲一也。俞樾以爲「九合者大概之辭，以極數言之。古人凡言數，少半言三，太半言七，舉中言五，舉極數則言九，如曰叛者九國，反者九起，皆見其至多耳。」案：俞説亦通。「歃血」，玉篇及士相見禮、音義引作「呫血」。呫，嘗也。呫，卽「鉆」字。廣雅「鉆」、「嘗」同訓「食」。兵車之會四，未嘗有大戰也，愛民也。僖八年會洮，十三年會鹹，十五年會牡丘，十六年會淮，於末年乃言之。不道侵蔡伐楚者，方書其盛，不道兵車也。此則以兵車會而不用征伐。【補曰】申上仁也。傳言「未嘗有大戰」，於四會外廣言之，侵蔡伐楚之屬俱非大戰。傳意論會則四以兵車，論侵伐則從無大戰也。國語、管子皆言兵車之會六，乘車之會三，與傳及論語相違，知其皆不足信也。自桓會不致以下，因其始得衆，授之諸侯，遂具言桓之美。

秋，公子友如陳，葬原仲。原仲，陳大夫。原氏，仲字。【補曰】此本杜預。杜又曰：「禮臣既卒不名，故稱字。」何休曰：「稱字者葬從主人。」二説當兼之。孔穎達引玉藻曰：「士於君所，言大夫没矣則稱謚若字。」又引穀梁桓二年傳。文烝案：不言葬陳原仲者，蒙如陳爲一事。左傳曰：「原仲，季友之舊也。」言葬不言卒，不葬者也。外大夫例不書卒。【補曰】有葬無卒，是不當書葬者。不葬而曰葬，諱出奔也。言季友辟内難而出，以葬原仲爲辭。【補曰】辟内難者，公羊文謂公子慶父、公子牙通乎夫人以脅公，是内難也。左傳但言共仲通哀姜，而穀梁家舊説云夫人淫於二叔，則同公羊矣。季友避内難，乃以葬原仲事請於君而行，其事非奔，其情是奔，故以出奔言之也。不諱其情則不須書其事，當直言公子友如陳，同於常文，今加言「葬原仲」，書所不當書，以其所書在此，則知其所諱在彼也。公羊曰「通季子之私行」，又曰「請至于陳」，凡大夫出竟，雖私行，皆請於君，故得以「如」爲文。以左傳考之，僖五年公孫茲如牟，左傳曰「娶焉」；文六年季孫行父如陳，傳曰「聘於陳，且娶焉」；文七年公孫敖如莒莅盟，傳曰「且爲襄仲逆」；成八年公孫嬰齊如莒，傳曰「逆也」；昭二十五年叔孫婼如宋，傳曰「宋元夫人生子，妻季平子。昭子如宋聘，且逆之」。彼五者皆有私事，亦容有請而行者，經皆直言「如」，明此公子友亦本當直言「如」矣。杜預於茲之如牟、嬰齊之如莒皆以爲聘；孔穎達以爲牟是微國，魯不應使卿聘牟，當是公孫茲請於公，因娶而聘。孔說甚有理，疑公子友亦是因葬而聘也。

冬，杞伯姬來。歸寧。【補曰】左傳文也。公羊曰：「其言來何？直來曰來。」何休曰：「直來，無事而來也。諸侯夫人尊重，既嫁，非有大故不得反，唯自大夫妻雖無事歲一歸宗。」惠士奇曰：「穀梁子稱『婦人既嫁不踰竟，踰竟非禮也』，然則夫人歸寧，非禮也。諸侯夫人父母在，使卿歸寧，没則否。」左氏襄十二年傳「秦嬴歸于楚」，「司馬子庚聘于秦，爲夫人寧」，時秦嬴母在，身不自歸而使卿寧。左傳以爲禮則凡内女嫁於諸侯，雖父母在，直書來者，皆非禮也。何氏謂夫人惟有大故得反，大故謂奔父母喪也。又謂大夫妻雖無事歲一歸宗，說見喪服傳，此謂同國也。如大夫娶乎鄰國則不可，

宣五年譏子叔姬是也。

莒慶來逆叔姬。慶，名也。莒大夫也。叔姬，莊公女。禮檀弓記曰：「陳莊子死，赴於魯，魯人欲勿哭，繆公召縣子而問焉。縣子曰：『古之大夫束脩之問不出竟，雖欲哭之，安得而哭之？今之大夫，交政於中國，雖欲勿哭，安得而勿哭。』」則大夫越竟逆女，非禮也。董仲舒曰：「大夫無束脩之餽，無諸侯之交，越竟逆女，紀罪也」。【補曰】注解慶、叔姬本杜預。莒無大夫，以國氏，而言「慶」者，以來逆目之也。僖二十五年又書「莒慶」，傳特言之，公羊以爲書此者，譏大夫越

春秋莊公閔公經傳第三補注第八

穀梁　范氏集解　鍾文烝詳補

二十有八年春王三月甲寅，齊人伐衞。衞人及齊人戰，衞人敗績。【補曰】疏曰：「伐、戰兩舉者，初伐其竟內，戰在國都，故兩舉之。」胡安國曰：「日者，戰之日也。齊伐方以是日至，衞卽與戰。」文烝案：胡說卽公羊兩言「至之日」。於伐與戰，安戰也？問在何處戰。戰衞，【補曰】疏曰：「謂衞都。」戰則是師也。【補曰】齊是霸國，既言戰非君，則宜稱齊師。其曰人何也？微之也。何爲微之也？今授之諸侯，而後有侵伐之事，故微之也。齊桓始受方伯之任，未能信著鄰國，致有侵伐之事。貶師稱人，以微之也。【補曰】注首句「方伯」當改作「侯伯」，此本左傳，非傳意。傳言「授之諸侯」，謂上年盟幽，春秋授之也。公羊曰：「衞未有罪。」董仲舒曰：「齊桓爲幽之會，衞人不來，其明年，桓公怒而大敗之。」其人衞何也？【補曰】衞爲諸姬，魯之寮國，非君言戰，亦宜稱師。以其人齊，不可不人衞也。人不可以敵于師，師不可以與人戰，故亦以衞師爲人，衞非有罪。【補曰】霸國尚稱人，不可稱衞師也。衞小齊大，其以衞及之何也？以其微之，可以言及也。【補曰】言以其微之，可從以主及客之常文，否則當以齊及衞，猶晉與秦、楚戰必以晉及秦及楚也。齊大而衞小，晉親而秦疏，晉夏而楚夷，一內之一外之也。其稱人以敗何也？【補曰】言敗、言敗績，無稱人者，敗績雖小國夷狄稱師。不以師敗於人也。人輕而師重。【補曰】宋襄特變文以責之，非常例。

夏四月丁未，邾子瑣卒。【補曰】邾卒書日始此，或是克不正瑣正。

秋，荆伐鄭。荆者，楚也。其曰荆，州舉之也。【補曰】前書荆人矣，故復發傳。

公會齊人、宋人救鄭。○【撰異曰】公羊「宋人」下有「邾婁人」。陸湻所見穀梁、左氏似無「公」字。善救鄭也。【補曰】重發傳者，嫌與王人異也。程子曰：「齊桓伯主，魯望國，宋王者後，此救鄭制楚之始，蓋天下大勢所在。」朱朝瑛曰：「齊、宋非君而公會之者，齊之南伐，以魯爲主也。」文烝案：朱說本國語、管子，得之，前伐徐亦是也。北伐以燕爲主，則伐山戎是，惟西伐以衛爲主，未見耳。不致者，會人共救，外無君也。

冬，築微。微，魯邑。築例時。【補曰】築者，以杵擣土，有所造也。○【撰異曰】微，左氏作「郿」。案：音義云「左氏作『麋』」，公羊音義同。今左氏皆作「郿」，段玉裁以爲「麋」、「眉」相假，或古作「築眉」，後加「邑」耳。山林藪澤之利，所以與民共也。【補曰】周禮注曰：「積石曰山，竹木生平地曰林，水鍾曰澤，澤無水曰藪。」又曰：「水希曰藪。」商子曰：「地方百里者，山林處什一，藪澤處什一，谿谷流水處什一，都邑蹊道處什一，惡田處什二，良田處什四。」其言「山林」，卽王制之「山陵林麓」，今商子「林」作「陵」。虞之，非正也。虞，典禽獸之官，言規固而築之，又置官司以守之，是不與民共同利也。築不志，凡志皆譏也。【補曰】虞者，掌山澤之官。廣雅曰：「虞，候望也。」惠士奇曰：「司馬相如上林賦『亭皋千里，靡不被築』，郭璞注：『皆築地令平。』」案：築之者，禁之也，凡所被築，悉爲禁地，有官守之。梁惠、成王發逢忌之藪以賜民，明舊禁而守之。齊之衡鹿舟鮫，虞候祈望，亦是也。文烝案：注言「築不志」，本成十八年傳文。「凡志皆譏」，即隱七年傳發城例文，明同例。

大無麥、禾。○【撰異曰】何休説此爲秋水所傷，即漢書五行志董仲舒説也。各本漢書載此經遂作「大水亡麥禾」，王念孫據景祐本無「水」字辨正其誤。大者有顧之辭也，【補曰】疏曰：「顧，猶待也。」案：疏非也。説文：「顧，還視也。」詩箋「旋視也」。書「大無」者，下注所謂不收甚。傳以大爲有顧者，對七年無麥苗爲説也。彼直言無，爲同時，此言大無，爲有顧。於無禾及無麥也。一災不書，於冬無禾，而後顧録無麥，故言「大」，明不收甚。【補曰】此所謂有顧之辭也。秋雖無麥而禾猶有苗，是謂之嗛，不足記於策。疏曰：「徐邈亦云『至冬無禾，於是顧録無麥』是也。」范以「大」爲不收甚，不收甚故顧録。顧録之意，無與於甚不甚，范非也，以爲甚則是也。秋既無一穀，冬所無，自一穀至於四穀，皆得顧録，故知范非也。此文稱「大無」，明是五穀俱無。禾所該者，實有四穀，故知范言「甚」則是也。穀不升，自二以上四以下皆當言饑，五穀不升當言大饑，此不言大饑者，疏曰「不言饑，舊解以爲諱，或當雖無麥禾，得糴不至饑。」案舊解與下傳文合，其説得之。若以爲得糴不至大饑，則襄二十四年不出告糴尚能自救者，何爲反至大饑也？諸饑皆由水旱螽，此無災而無麥禾者，劉向曰「土氣不養，稼穡不成」，服虔用其説，疏引徐邈亦曰「麥禾自死，不由水旱也」。蘇轍曰：「沈約宋書五行志言吳孫皓時嘗有之，苗稼豐美而實不成，百姓以饑，闔境皆然，連歲不已，此所謂大無麥禾也。」土氣養禾之理，如蘇軾詩云「露珠夜上秋禾根」，自注云：「稻方含秀，每夜露珠起於其根，纍纍然，忽自騰上，或入莖心，或垂葉端，稻乃秀實。」是其理也。禾之説，自程瑶田以來失之。案：詩豳風「十月納禾稼」，説文曰：「禾之秀實爲稼，莖節爲禾。」此禾與稼連言而別義，猶禮言禾與米也。説文又曰：「禾，嘉穀也。从木从𠂹省，𠂹象其穗。」何休公羊注曰：「生曰苗，秀曰禾。」此以禾該稼，單言禾者也。廣雅曰：「粢黍稻，其采謂之禾。」采、穗正俗字。粢即稷也。是禾者黍稷稻三穀既秀之通稱也。豳風「十月納禾稼」之下又繼之曰「黍稷重穋，禾麻菽麥」，孔穎達正義曰：「禾稼、禾麻，再言禾者，以禾是大名，非徒黍稷重穋四種而已。其餘稻秫苽粱之輩，皆名爲禾。麻與菽麥則無禾稱，故於『麻麥』之上更言『禾』字以總諸禾。此文所不見者，明其皆納之」。孔解下「禾」字大概近是，若上「禾」字則得并包麻菽麥。以詩而推春秋，明此經「禾」字既據黍稷稻，又包菽矣。定元年書「殺菽」，明魯地雖不宜菽，亦非全不種菽。此經爲大饑之變文。大饑者，五穀不升，明以禾總四穀也。又古書多有以禾與黍稻並言者，蓋皆專以稷爲禾，非禾之本義也。

臧孫辰告糴于齊。臧孫辰，魯大夫臧文仲。【補曰】辰彄之曾孫也。彄生哀伯達，達生伯氏瓶，瓶生文仲辰。○【撰異曰】陸湻纂例、張洽皆曰「辰」，穀梁作「臣」。案：今不作「臣」。國無三年之畜，曰國非其國也。【補曰】非其所有。墨子引周書「畜」作「食」、「曰」作「者」。一年不升，告糴諸侯，【補曰】升，成也。與「登」同用。一年不成，遂至告糴，是無一年之畜。告，請也。【補曰】謂求請。公羊、爾雅同。糴，糴也。【補曰】説文米部：「糴，穀也。从米翟聲。」入部：「糴，市穀也。从入糴。」出部：「糶，出穀也。从出从糴，糴亦聲。」竊意古文唯有「糴」字，訓穀，而市穀、出穀皆用其字，因「糴」之爲穀，本施於市者之稱，而「翟」字有短言長言兩讀，故从之爲聲者，兼用而異施焉。市穀則短言，讀徒歷切，从翟羽，通作「狄」，狄人通作「翟」之例。出穀則長言，讀他弔切，从守祧，亦作守濯，佻佻亦作嬥嬥，及燿、曜、藋、櫂諸音之例。後來別製从入糴、从出糴二字，分配其聲，而「糴」字罕用。作傳時已行此二字，而經文但依古文作「糴」，故傳曰「糴，糴也」，謂此「糴」字乃短言讀者，卽今之「糴」字，是所以通古今，顯聲讀。自轉寫概作入部字，遂失其精意矣。晏子春秋言「田氏糴百姓之死命」，其義猶詩之「穀我士女，民莫不穀」，明是訓穀之「糴」而通作「糴」。趙岐解孟子「遏糴」云「遏止穀糴」，「穀糴」乃漢人常語，疑亦本作古文字。何休云：「買穀曰糴。」韋昭亦云：「市穀則皆入部字也，市買者以貨財。」魯語云：「臧文仲以鬯圭與玉磬如齊告糴，齊人歸其玉而與之糴。」孔穎達引以釋何休語是也。不正，【補曰】無一年之畜，故曰不正。故舉臧孫辰以爲私行也。爲内諱，故不稱使，使若私行。【補曰】如者，内稱使之文也。今以告糴親臧孫辰之下爲急辭而後言于齊，是私行之文。何休曰：「諱使若國家不匱，大夫自私行糴也。」此上發義已備，下文反覆申明之。孫覺曰：「春秋罪莊在位之久，畜積無素。穀梁最深切。」與孫復同。國無九年之畜曰不足，無六年之畜曰急，無三年之畜曰國非其國也。【補曰】王制、賈子皆有此文。諸侯無粟，諸侯相歸粟，正也。【補曰】歸者正，告者不正，傳以正形不正，猶喪禮之賵賻，歸爲正，求爲非正。歸粟，定五年文也。粟、糴二字，廣雅同訓「穀」，但彼買而歸之或直歸之則皆曰粟，唯據買者則曰糴，故左傳曰「晉饑，秦輸之粟」，「秦饑，晉閉之糴」。左傳多古文，當亦本是「糴」字，足明春秋粟、糴異稱之義矣。沈彤曰：「案周禮大司徒職『大荒、大札，則令邦國移民、通財』，小行人職『若國凶荒，則令賙委之』，不聞有告糴之禮也。外傳以卿出告糴爲古制，其始於西周之衰乎？逸周書糴匡曰『大荒，卿參告糴』，亦記衰周之制。」如沈説，又足發明正不正之義矣。夫周亟矜窮，王政所重，救災恤鄰，叔世所崇。齊禁貯粟，晉誡薀年，二伯盟書，此焉致謹？然在無畜之國則當深自引咎，故春秋大歸粟而譏告糴，兩見其義。劉敞論告異弔災二事云：「凡物不當待於外者，己不可不内自竭也；其當待於外者，人亦不可不勉趨之也。」卽此理也。隱六年冬，京師來告饑，公爲之請糴于宋、衛、齊、鄭。不書於經。杜預謂「告饑不以王命」，或是君子諱之，沒其文耳。臧孫辰告糴于齊，告然後與之，言内之無外交也。【補曰】經言臧孫請齊而齊乃與，是知内無外交。内，謂魯君也。内無外交則臧孫私行矣。古者税什一，宣十五年注詳矣。豐年補敗，敗，謂凶年。【補曰】補者，謂豐年斂之，凶年發之。漢書食貨志引孟子曰：「狗彘食人之食而不知斂，〔一〕野有餓莩而弗知發。」〔二〕言豐不知斂，凶不知發也。常歲什一，豐年豫斂，是以能有畜。不外求而上下皆足也。【補曰】疏曰：「上謂君，下謂民。」雖累凶年，民弗病也。【補曰】累者，謂三年、六年、九年。一年不艾而百姓饑，君子非之。【補曰】疏引麋信云：「艾，穫也。」文烝案：艾，即「刈」字。國語「槍、刈、耨、鎛」，韋昭曰：「刈，鎌也。」引伸之爲穫禾芟草。傳言今特一年不穫耳，而民已病饑，故君子非之，非之故諱不言饑。使若麥禾自無，民猶不饑，以起私行之文，傳并見此意也。若然，宣公、襄公之篇皆是一年不艾而百姓饑，而直書饑者，彼無告糴文，百姓病饑，尚能自救，雖曰非之，以爲猶可言也。此則計無所出，仰給他國，得不得未可知，若直書饑，則其失愈顯，諱莫如深，故既諱如并諱饑也。其實大無麥禾，非饑而何？告糴于齊，非如而何？特立文不欲質言之耳。傳不言大饑而言饑者，便文也。左傳亦直曰「冬饑」，國語曰「魯饑」。不言如，爲内諱也。【補曰】國語言「如齊告糴」，紀事之常也，君子改舊史以立義。

〔一〕「之」原脱，據漢書食貨志下補。

〔二〕「野」原作「塗」，「弗」原作「不」，據漢書食貨志下改。

二十有九年春，新延廄。○【撰異曰】「有」字各本脫，今依唐石經補正。延廄者，法廄也。周禮天子十二閑，馬六種；邦國六閑，馬四種。每廄一閑。言法廄者，六閑之舊制也。【補曰】疏曰：「自『每廄一閑』以上，周禮校人有其事。馬六種者，彼校人云『辨六馬之屬，種馬一物，戎馬一物，齊馬一物，道馬一物，田馬一物，駑馬一物』是也，鄭云『玉路駕種馬，戎路駕戎馬，金路駕齊馬，象路駕道馬，田路駕田馬，駑馬給宮中之役』。是天子六種之馬，分爲左右廄，故十二閑也。彼又云『邦國六閑，馬四種；家四閑，馬二種』。鄭云『諸侯齊馬、道馬、田馬各一閑，駑馬則分爲三；大夫則田馬一閑，駑馬分爲三也。』」孔穎達曰：「延是廄之名，名之曰延，義不可知。」王葆曰：「廄名延廄，猶府名長府。」左氏說此以爲書不時，謂當以秋分馬還入廄時治廄。」其言新，有故也。言改故而新之。【補曰】當云因故，非改也。此發經通例。有故則何爲書也？【補曰】公羊曰：「脩舊不書。」何休曰：「新宮災後脩不書。」案：西宮大室亦是也。劉敞又言：「魯頌僖公脩泮宮得其時制，則春秋不書，詩有過厚，春秋無虛美。」古之君人者，必時視民之所勤，【補曰】勤，苦也。李軌法言注曰：「勤，苦。」高誘戰國策注曰：「苦，勤。」時視者，謂五年天子一巡守，三年二伯出述職黜陟，一年方伯行國，諸侯行邑。說見白虎通。五年一巡守，與周禮十二年之說異。民勤於力則功築罕，罕，希。民勤於財則貢賦少，【補曰】財者，貨寶穀帛之通名。周禮大宰注曰：「財，泉穀也。」坊記注曰：「財，幣帛也。」貢賦，若大宰九賦九貢及禹貢九等賦。民勤於食則百事廢矣。凶荒殺禮。【補曰】百事皆廢，況功築貢賦乎？玉藻曰：「年不順成，君衣布搢本；關梁不租，山澤列而不賦；土功不興，大夫不得造車馬。」冬築微，春新延廄，以其用民力爲已悉矣。悉，盡。【補曰】不廢功築，又頻焉，是盡也。黃仲炎引范仲淹皇祐中浙西興役之事，謂莊公豈知以此濟民，直困民爾。方苞曰：「後世興功築以救荒，上備之也。古者力役征於民則厲民甚矣。」張洽曰：「孔子以敬事而信，節用而愛人，使民以時，爲道千乘之國之法。春秋比事而書，見莊無君國子民之心，於斯三者，皆失之矣。」

夏，鄭人侵許。【補曰】張洽曰：「或齊命歟？」

秋，有蜚。穀梁說曰：「蜚者，南方臭惡之氣所生也，象君臣淫泆有臭惡之行。」【補曰】「劉向以爲蜚色青，近青眚也，非中國所有。南越盛暑，男女同川澤，淫風所生，爲蟲臭惡。是時莊公取齊淫女爲夫人，既入，淫於兩叔，故蜚至。天戒若曰，今誅絶之尚及，不將生臭惡，聞於四方。莊不寤，其後夫人與兩叔作亂，二嗣以殺，卒皆被辜。」文烝案：穀梁說言君臣淫泆者，君謂公與夫人，臣謂兩叔、慶父、牙也。爾雅曰：「蜚，蠦蜰。」郭璞曰：「卽負盤臭蟲。」劉歆說左氏據之，以爲食穀故爲災，殆非「有」字之義。一有一亡曰有。【補曰】重發傳者，物不同也。

冬十有二月，紀叔姬卒。紀國雖滅，叔姬執節守義，故繫之紀，賢而録之。【補曰】此本杜預。叔姬執節守義，固足爲賢，然非以賢録也。傳例凡内女書卒者，皆以吾爲之變，而後史得書之。叔姬既不爲嫡，又已失國，而特書卒，明當時亦爲之變也。當時以叔姬不幸遭變，終全婦道，哀其遇而重其節，故特制服，待以嫡禮，一如伯姬，史因得書卒書葬，亦悉準伯姬之文也。文既不異，其賢自明，君子因史之舊，不必言賢而録也。此一條張應昌得之矣。既書叔姬，自當繫紀，此又屬文之常，無他義。白虎通曰：「叔姬者，伯姬之娣也。伯姬卒，叔姬升于嫡，經不譏也。或曰嫡死不復更立，明嫡無二，防篡殺也。祭宗廟，攝而已，以禮不聘爲妾，明不升。」

城諸及防。諸、防，皆魯邑。可城也，傳例曰：「凡城之志皆譏。」今云可者，謂冬可用城，不妨農役耳，不謂作城無譏。」【補曰】此亦發通例。左傳曰：「書，時也。」又發例曰：「凡土功，龍見而畢務，戒事也；火見而致用，水昏正而栽，日至而畢。」以大及小也。【補曰】由嘗尊及卑之義推之，於言無所苟，亦發通例也。賈逵以爲言「及」，先後之辭，若使先後興役，當別言，不總言。

三十年春王正月。

夏，師次于成。【補曰】成，魯地，卽桓三年、六年之「郕」。○【撰異曰】左氏無「師」字，杜注以爲將卑師少，張洽引任公輔說以爲微少則不見經，知當書師。段玉裁曰：「凡次皆師也，恐左經脫字。」次，止也。有畏也。欲救鄣而不能也。畏齊。【補曰】重發傳者，前言公，此言師，嫌異故也。不言公，【補曰】據次郎言公。恥不能救鄣也。【補曰】恥者，經恥之，齊桓非讐，恥而爲諱。

秋七月，齊人降鄣。【補曰】何休曰：「月者，重於取邑。」○【撰異曰】陸淳纂例曰：「鄣，左氏作『障』。」案：今左氏不作「障」，纂例「鄣」字，刊本誤「彰」。降，猶下也。【補曰】言猶者，義相近。爾雅、夏小正傳皆曰：「降，下也。」則以爲本訓。戰國、秦、漢之際多言「下」。降，古語。下，今語也。春秋言「降」，後言「下」；春秋言「取」，後言「拔」；春秋言「敗」，後言「破」；春秋言「滅」，後言「屠」；春秋言「伐」，後言「擊」；春秋言「師」，後言「兵」。傳以「下」釋「降」。又戰泓、敗殽、入楚，傳皆有「擊」字，左傳亦時有「擊」字，蓋左、穀梁相繼作傳，時語言漸異。鄣，紀之遺邑也。【補曰】公羊同。又曰：「降之者何？取之也。取之則曷爲不言取之？爲桓公諱也。外取邑不書，此何以書？盡也。」葉夢得引周禮環人

「降圍邑」，以爲諸侯而擅納降，皆罪也。

八月癸亥，葬紀叔姬。不日卒而日葬，閔紀之亡也。【補曰】此總發紀伯姬、紀叔姬卒葬四文之義。言不日卒而日葬者，經之正例，内女卒皆日，不書葬，葬則月之，宋共姬是也。今特相反，故據以問。言閔紀之亡者，卒不日，削史之文，略其所當詳，明紀之亡也。葬日，仍史之文，詳其所當略，明閔紀之亡而欲存之也。若不特爲變文，則無以見義，故日。不日，特反常也。閔紀之亡與隱二姬之失國各自爲義，書葬乃以見隱，傳已於葬伯姬發文，故不須復發。

九月庚午朔，日有食之，鼓、用牲于社。救日用牲，既失之矣。非正陽之月而又伐鼓，亦非禮。【補曰】注兼用左氏説，非也。

冬，公及齊侯遇于魯濟。濟，水名。【補曰】杜預曰：「濟水歷齊、魯界，在齊界爲齊濟，在魯界爲魯濟，蓋魯地。」孔廣森曰：「濟水上也，斥言魯者。名山大澤，天子不以封，故謂之魯濟可，謂之我濟則不可。」左傳曰：「謀山戎也，以其病燕故也。」及者，内爲志焉爾。遇者，志相得也。【補曰】疏曰：「重發傳者，齊爲伯者，嫌與諸侯異也。」

齊人伐山戎。【補曰】自此諸戎名皆别言之，唯下「獻捷」承此直言戎，餘無直言者。案：襄二十九年傳曰：「其曰北燕，從史文也。」明此等皆從例，舉後以包前也。何休以爲山戎行進故録，非也。齊人者，齊侯也。【補曰】下「獻捷」稱「齊侯」，又後有「齊侯伐北戎」，足明親伐。左傳宰孔曰：「齊侯北伐山戎，南伐楚。」其曰人何也？愛齊侯乎山戎也。不以齊侯敵乎山戎，故稱人。其愛之何也？【補曰】據伐北戎不愛。桓内無因國，外無從諸侯，而越千里之險北伐山戎，危之也。內無因緣山戎左右之國爲內間者，外無諸侯者，不煩役寮國。【補曰】危其獨越險，故爲愛辭。則非之乎？善之也。遠伐山戎雖危，勤王職貢則善。何善乎爾？燕，周之分子也，燕，周大保召、康公之後，成王所封。分子，謂周之別子孫也。【補曰】經之北燕是也。音義曰：「分，扶問反，又如字。本或作『介』，音界。」注同。姚鼐以爲傳本作「別子」，古「別」字作「八」，因誤作「分」、作「介」，范作注時猶未誤。貢職不至，山戎爲之伐矣。言由山戎爲害，伐擊燕，使之隔絕於周室。

三十有一年春，築臺于郎。【補曰】高誘呂氏春秋注曰：「積土四方而高曰臺，臺加木爲榭。」何休曰：「禮天子有靈臺，以候天地，諸侯有時臺，以候四時。登高遠望，人情所樂動，而無益於民者，雖樂不爲也。」五經異義載公羊說天子有靈臺、時臺、囿臺，諸侯但有時臺、囿臺，皆在國之東南二十五里。

夏四月，薛伯卒。【補曰】薛改稱伯，與滕同義。不名者，國小情疏，史不記名，從宿男例。不日者，或不正，或史以微國略之。不日而猶月，足知時卒爲惡之明也。不葬者，或不會，或亦史略之。自後薛不書卒，蓋不赴。至昭三十一年，與大國同例矣。

築臺于薛。薛，魯地。

六月，齊侯來獻戎捷。獻，下奉上之辭也。春秋尊魯，故曰獻。【補曰】言獻，蓋據宗廟爲辭。劉向說苑曰「獻之周公之廟也」。宜申來不月，此月者，疏引徐邈云：「霸主服遠之功重，故詳而月之。」齊侯來獻捷者，內齊侯也。【補曰】疏曰：「徐邈云，齊還經魯界，故使人獻捷。不入國都而言來獻，敬重霸主，親而内之也。麋信亦云，言内齊侯者，解經稱來之意也。范雖不注，理亦當然。楚人使宜申來獻捷，亦稱來者，宜申身來鄉魯，接公行禮，故得稱來，與齊侯異也。」不言使，内與同，不言使也。泰曰：「齊桓内救中國，外攘夷狄，親倚之情，不以齊爲異國，故不稱使，若同一國也。」獻戎捷，軍得曰捷，【補曰】此句包宋捷言。戎菽也。菽，豆。【補曰】疏曰：「案管子云『北伐山戎，出戎菽及冬葱，布之天下』。則以戎爲豆也，故徐邈云『今之胡豆也』。」據僖二十一年傳及彼注意，則宋是中國，故捷不繫國，戎是夷狄，故繫之戎，又似不以戎爲豆。今疑不敢正，故兩載之。一解齊侯此時克山戎，并得胡豆來，故傳云『戎菽』，謂克戎之菽。」文烝案：「戎菽」之「戎」乃以名菽，非解經「戎」字，此承上句言，今此所得則戎菽是也。管子言「出戎菽」，逸周書王會亦曰「山戎戎菽」，皆足爲此傳之證。此菽所以名戎菽者，自以其産於山戎而爲名，即後世之胡豆。至若詩大雅之「荏菽」，爾雅、毛傳皆釋爲戎菽，荏戎之名，皆取大義，當如鄭君箋及孫炎注，以爲大豆與胡豆自是别物。孔晁以巨豆解周書舍人，樊光、李巡、郭璞並以胡豆解爾雅，皆失之。又案：劉向説苑曰「桓公分山戎之寶，獻之周公之廟」，蓋戎菽外又有他物。

秋，築臺于秦。秦，魯地。不正罷民三時，【補曰】罷、疲通勞也。三時，春、夏、秋。左傳曰「三時不害」，國語曰「三時務農」。虞山林藪澤之利，【補曰】築臺猶築囿，亦禁守之。且財盡則怨，力盡則懟，懟，恚恨也。【補曰】多虞利，是財盡，屢罷民，是力盡。爾雅「懟」亦「怨」也。君子危之，故謹而志之也。【補曰】凡人已相對，未有人不安而已安者，況一國之民乎？故君子危之。志其三役，明視築微爲甚矣。以有三役，故言謹也。或曰倚諸桓也，【補曰】此存或説，謂春秋所以謹而志者，非但危之，乃以依倚諸桓之行事，如下所論也。倚者，謂經文倚彼爲義。○王引之曰：「倚，讀爲奇；奇，異也。奇諸桓者，異於桓也，謂書其異於桓者以譏之。王逸楚辭注云：『奇，異也。』古字『倚』與『奇』通，字或作『畸』。莊子大宗師篇：『畸人者，畸於人而侔於天。』謂異於人而同於天，即天下篇之『倚人』也。荀子曰：『墨子有見於齊，無見於畸。』」文烝案：董仲舒繁露曰：「人受命乎天也，故超然有以倚物。」桓外無諸侯之變，【補曰】謂來侵伐之變。內無國事，【補曰】謂災喪之事。兩言無者，孟子所謂國家閒暇也。越千里之險，北伐山戎，爲燕辟地。辟，開。魯外無諸侯之變，內無國事，一年罷民三時，虞山林藪澤之利，惡內也。譏公依倚齊桓，而與桓行異。【補曰】注言「公依倚」，誤解上「倚」字也。經以魯事倚桓事，與伐戎獻捷之文相連相錯，明桓之善如彼，魯之惡如此，惡公與桓行異。張洽引孟子以爲「及是時，般樂怠敖」者也。

冬，不雨。【補曰】疏曰：「徐邈云，僖十一年傳曰『雩，不得雨曰旱』。然則此云『不雨』者，或當不雩也。」范意亦未必然，或當不言旱不爲災也。」文烝案：言不爲災是也。公羊曰「記異也」。何休引京房易傳曰：「旱異者，旱久而不害物。」徐邈説失之。傳曰「冬無爲雩」，豈得於此言雩乎？不言無雨與無冰異者，常有忽無曰無，可以然而不然曰不。易曰「密雲不雨」，古之文例皆如此。書時者，例也，與旱同。

三十有二年春，城小穀。小穀，魯邑。【補曰】左傳曰「爲管仲也」。杜預曰：「小穀，齊邑。濟北穀城縣城中有管仲井。」范不從之，范是也。左氏昭十一年傳楚申無宇曰「齊桓公城穀而寘管仲焉」，則是穀也，非小穀也。齊有穀，魯有小穀。孫復曰：「曲阜西北有小穀城。」自孫氏以來，皆從范説。趙鵬飛因此疑左氏全書多附會。段玉裁曰：「徐彦公羊疏曰『二傳作「小」字與左氏異。』此疏『作』字蓋誤，蓋是穀梁、公羊有『小』字，與左氏異也。左氏蓋本作『城穀』無『小』字。」

夏，宋公、齊侯遇于梁丘。遇者，志相得也。【補曰】疏曰：「重發傳者，外與伯者遇嫌異，故發之。」梁丘在曹、郲之閒，去齊八百里，【補曰】杜預釋例：「宋地，名梁丘，高平昌邑縣西南梁丘鄉。」非不能從諸侯而往也，辭所遇，遇所不遇，大齊桓也。辭所遇，謂八百里閒諸侯必有願從者而不之遇。遇所不遇，謂遠過宋公也。【補曰】言齊侯遠至梁丘獨遇所不必遇者，既霸而能自下，經意大之也。地以梁丘而書齊、宋，其爲大桓明矣。宋序齊上者，齊侯既往遇之，又特下之，亦大桓也。

秋七月癸巳，公子牙卒。牙，慶父同母弟。何休曰：「傳例大夫不日卒，惡也。」牙與慶父共淫哀姜，謀殺子般，而日卒何也？鄭君釋之曰：「牙，莊公母弟，不言弟，其惡已見，不待去日矣。」甯案傳例諸侯之尊，弟兄不得以屬通，蓋以禮諸侯絶朞，而臣諸父昆弟稱昆弟，則是申其私親也。宣十七年，公弟叔肸卒，傳曰「其曰公弟叔肸，賢之也。」然則不稱弟，自其常例耳。鄭君之説，某所未詳。【補曰】注首句本杜預。謚曰僖。叔牙欲廢般立慶父，而季子鴆殺之。不書刺書卒者，時爲牙立後，施以恩禮，若其自卒然，故史以卒書，而經仍之也。注引鄭君説而辨之，皆以牙爲莊公母弟，左傳不言慶父與牙爲莊之母弟，唯公羊有其文，蓋未可據。范意以此書日爲疑義。今案：此當以下文慶父事比觀之，其義乃見。慶父首惡，牙次之。慶父猶公子遂，牙猶叔孫得臣也。慶父諱奔言如，又諱其縊死，則牙卒可書日以掩惡矣。遂卒見不卒之文，則得臣卒當去日以明惡矣。首從輕重之差，咸各相稱。繹傳所言而其所不言者，皆可以三隅反，先儒或未深思也。

八月癸亥，公薨于路寢。公薨皆書其所，謹凶變。【補曰】此本杜預。路寢，正寢也。【補曰】爾雅曰：「路，大也。」路寢亦曰大寢，此君每日聽政之寢，故爲正寢。其庭曰大庭，是路門內之內朝。寢疾居正寢，正也。【補曰】平時恆寢於燕寢，或夫人之寢。詩言「與子同夢」是也。疾則移居正寢，此是正禮，自天子通於士，故士喪禮「死于適室」，記曰「士處適寢，寢東首于北墉下」。鄭君曰：「將有疾，乃寢於適室。」男子不絕于婦人之手，以齊終也。齊，絜。【補曰】此申上二句意也。男女不同寢，而寢於正寢，猶祭而齊也。士喪禮記又曰「有疾，疾者齊」，鄭曰：「正情性也。適寢者不齊不居其室。」又曰「養者皆齊」，鄭曰：「憂也。」又曰：「疾病，屬纊以俟絕氣，男子不絕於婦人之手，婦人不絕於男子之手。」喪大記兩「絕」字並作「死」。鄭曰：「君子重終，爲其相褻。」皆與傳義同也。音義曰：「『齊』本亦作『齋』。」注同。趙匡曰：「君必終於正寢，以就公卿也。大位奸之窺也，危病邪之伺也，若蔽於隱，是女子小人得行其志也。」案：趙氏此論亦得兼通，但非禮經正義矣。夫人所薨之寢，喪大記亦以爲路寢，然據毛詩傳「君聽朝於路寢，夫人聽內事於正寢」，不於夫人亦言路寢。何休、服虔、杜預皆以夫人之寢爲小寢，知夫人之正寢名小寢，與君之大寢相對也。依鄭君及孔、賈諸說，天子六寢，路寢一，燕寢五。后亦六寢，正寢一，燕寢五。諸侯三寢，路寢一，燕寢二。夫人亦三寢，正寢一，燕寢二。夫人之三寢蓋即桓十四年傳之「三宮」也。夫人三寢中之正寢，蓋即僖三十三年經之「小寢」也。但天子諸侯及后夫人之燕寢又通謂之小寢，蓋對路寢與正寢而言，未知僖所殁者是夫人正寢歟？是已與夫人之燕寢歟？疑不能明也。

冬十月乙未，子般卒。在喪故稱子。般，其名也。莊公大子。不書弒，諱也。【補曰】案：左傳是孟任之子，而慶父弒之。注略本杜預也。疏曰：「公羊傳云『君存稱世子，君薨稱子某，既葬稱子，踰年稱公』，范意亦與之同。但踰年雖在國稱公，若未葬亦不得稱侯以接鄰國。桓十三年注譏衞惠是其事也。未踰年之君例不書葬，故子野亦不書。」文烝案：公羊又曰：「有子則廟，廟則書葬。無子不廟，不廟則不書葬。」鄭君駮許氏異義曰：「未踰年君者，魯子般、子惡是也，皆不稱公。書卒，弗謚，不成於君也。廟者當序於昭穆，不成於君則何廟之立？凡無廟者，爲壇祭之。近漢諸幼少之帝，尚皆不廟祭而祭於陵。蔡邕獨斷曰『殤、沖、質，三少帝，皆以未踰年崩，不列宗廟，四時就陵上祭寢而已。』」文烝案：三少帝皆以其元年崩，蔡通謂之未踰年，視鄭爲疏。○【撰異曰】乙未，左氏作「己未」。**子卒日，正也。**襄三十一年秋九月癸巳，子野卒是也。【補曰】日者，仍史文。**不日，故也。**文十八年冬十月，子卒是也。【補曰】不日者，削史文。若亦書日，無以别於正矣。未成君，不稱薨，則皆不地，故以日不日爲例。**有所見則日。**閔公不書即位，是見繼弒者也。故慶父弒子般，子般可以日卒，不待不日而顯。【補曰】既有所見矣，故還從常例，不削舊史書日文也。君子之爲春秋，董仲舒所謂明其義之所審，勿使嫌疑者也，故惟取其文之足以明義斯已矣。既足見義，不改恆例，全經之文，皆以是求之。

公子慶父如齊。此奔也。【補曰】後文弒閔公而奔，此弒子般，明亦是奔。**其曰如何也？**據閔二年慶父奔莒，不言「如」。**諱莫如深，深則隱，**深，謂君弒賊奔，隱痛之至也，故子般日卒，慶父如齊。【補曰】深，幽深也。與公羊言「盈乎諱者」略相似。隱，微也，如「推見至隱」之「隱」。注訓「痛」，非也。言春秋諱法，莫如文之幽深者，其諱最甚。如此經不言賊臣之奔，但言如，是諱文之幽深者。其文幽深則其事微隱，如此經言如，爲幽深之文，則奔事微隱不著也。成九年傳曰「爲尊者諱恥，爲賢者諱過，爲親者諱疾」，閔公尊且親也，賊臣出奔，恥疾也；季子，賢也；不能卽討，過也；三者兼之矣。二句專解「如齊」之義，注合上子般日卒幷言之，又非也。般弑而慶父奔，事固相因，但上經本應不日，而書日，不得謂之諱。凡所不言者爲諱，書日何諱之有？

苟有所見，莫如深也。閔公不書卽位，見子般之弑，慶父出奔。【補曰】此承上二句而足成其義。凡爲諱文者，皆以其事不没而得諱，今此爲深諱之文，文深則事隱，事隱則疑於不見，不見則不可深諱，故又承上傳「有所見」之文以明之也。上傳言子般之卒，以有所見，得從常例。見者，見閔公繼故之文也。夫閔繼故則般被弑可知，卽慶父弑般而奔亦可知。文雖深諱，事不竟没，隱而有不隱者焉，則深諱可也。故曰「苟有所見，莫如深也」。「有所見」三字卽承上傳，故加一「苟」字以顯其意。凡經以有所見而從常文者，於上傳可類推；以有所見而深諱之者，又於此傳見例。

狄伐邢。【補曰】呂氏春秋曰：「中山亡邢。」高誘曰：「中山，狄國也，一名鮮虞。」文烝案：邢實未亡，言亡，非也。許翰曰：「春秋戎先見，荆次之，狄次之，而荆暴於戎，狄又暴於荆，南夷與北夷交，中國不絶若綫。使無齊桓攘服定之，豈復有諸夏哉？」

元年春王正月。繼弑君，不言卽位，正也。【補曰】疏曰：「復發傳者，以非父非君嫌異，故發之。」僖公又發之者，兄之後弟義異，故重發之。文公繼正之始，故發傳以明之。成公不發傳者，蒙之可知，故不發也。襄、昭發傳者，昭公承子野之卒，嫌其非正，故發傳以明之。昭繼子野，傳言繼正，嫌襄公與之異，故亦發傳。父子同有繼正之文，所以相發明也。或以襄非嫡夫人之子，嫌非正，故發傳。案：襄四年，夫人姒氏薨，彼注云『成公夫人，襄公母也』，明非爲母賤而發傳也」。文烝案：姒氏實是妾，或說是。又昭母歸氏亦妾也。親之非父也，兄也。尊之非君也，未踰年也。繼之如君父也者，受國焉爾。【補曰】傳重所自，故從繼弒君例。

齊人救邢。【補曰】救例時。不連上正月。善救邢也。善齊桓得侯伯之道。【補曰】重發傳者，嫌霸國獨救義異也。

夏六月辛酉，葬我君莊公。莊公葬而後舉謚，謚所以成德也，於卒事乎加之矣。【補曰】疏曰：「復發傳者，桓公被殺，莊公好終，僖公葬緩，嫌異禮，故各發傳以明之。」

秋八月，公及齊侯盟于洛姑。洛姑，齊地。【補曰】艾、柯等皆書「公會」，此書「公及」者，彼來會我也，故曰及者，内爲志，觀洛姑之盟而傳例無疑矣。此亦喪十三月而盟，隱盟昧亦近之。○【撰異曰】洛，一本作「路」，左氏作「落」。盟納季子也。【補曰】據左傳，般弒而季子奔陳，不書者，亦諱也。下言「來歸」，足知其奔矣。陸淳聞於師曰：「季子出奔不書者，慶父之難，季子力不能正，違而去之，權也；君立見召而來，義也。故聖人善其歸，不譏其去，以明變而得中，進退不違道也。」文烝案：陸說近之，然亦爲賢者諱過。胡安國亦是也。慶父則言「如」，季子則不書，又其別也。趙汸曰：「時閔公九歲耳，陳、魯方睦，季子嘗再如陳，是盟蓋季子援陳人以請於齊桓。」

季子來歸。【補曰】此在時例外，大夫歸入亦皆時。其曰季子，貴之也。大夫稱名氏，今曰子，是貴之也。子，男子之美稱。【補曰】注末句與鄭君士冠禮注同，非也。子者，士以上之貴稱，説詳「孔子生」下，又見「子叔姬卒」下。不言公子友而稱季子，是貴之，而説者皆以「季」爲字，又非也。稱字進於稱名，稱子又進於稱字，鄉射禮曰：「司正升自西階相旅，作受酬者曰某酬某子」，鄭君曰：「某者，字也。某子者，氏也。稱酬者之字，受酬者曰某子。旅酬下爲上，尊之也。」案：旅酬之禮，以尊酬卑，字酬者，子受酬者。而曰下爲上，曰尊之，知稱子實進於稱字，周禮之舊也。子既進於字則不須並稱之，但子文須有所繫。以友之氏爲季，故繫之季。儀禮「某子爲氏」，此文正同也。王季子是天子之大夫，例本當稱字，以其爲母弟，加稱子。若列國之大夫，則稱字已爲變例。稱子者無取於兼，稱齊高子自有明文，不可援王季子以相況也。季爲字，又爲氏，後文言季友爲字，此言季子爲氏，各有所當也。友之氏實爲季孫，此直言季者，言季孫而又言子，非屬文所宜也。友之身得以季孫爲氏，下條論之。傳曰其曰季子，貴之也；其曰高子，貴之也；其曰王季，王子也；其曰子，尊之也。三文或同或異，則居可知矣。○稱子進於稱字，而孝經仲尼居，曾子侍，曾子稱子，夫子但以字稱。據史記弟子傳夫子以曾子爲能通孝道，故授之業，作孝經。陶淵明五孝傳云：「曾參受而書之。」則孝經之作亦夫子之意。所以與春秋異例而類下爲上之禮者。殷仲文注曰：「夫子深敬孝道，故稱表德之字。」又論語曰「孝哉閔子騫」，夫子稱弟子不名者獨此，明皆非常之文矣。其曰來歸，喜之也。大夫出使歸不書，執然後致，不言歸國，内之人不曰來，今言來者，明本欲遂去，同他國之人也。言歸者，明實魯人也。喜之者，季子賢大夫，以亂故出奔，國人思之，懼其遂去不反，今得其還，故皆喜曰季子來歸。【補曰】公羊語同，謂經順魯而喜之。朱子以爲魯亂已甚，季子歸國，國人皆慰，故國史喜而書之。後來立僖公，安社稷，有此大功，故夫子取之，因舊史文而書之，與取管仲意同。

冬，齊仲孫來。其曰齊仲孫，外之也。魯絶之，故繫之于齊。【補曰】實是吾仲孫，繫齊以外之。公羊亦同。言來者，順外文也。案：慶父得稱仲孫，而仲孫自齊來得稱齊仲孫者。楚殺慶封，傳曰「其以齊氏何也？爲齊討也」。明慶封已爲吳大夫，本當言吳慶封，此齊仲孫之比也。下傳又曰「言齊以累桓」，明以齊桓受之，同之於齊人矣。其不目而曰仲孫，疏之也。不目，謂不言公子慶父。【補曰】公子而不言公子，但言仲孫，是疏之。不曰齊慶父者，既繫諸齊，則不欲直其文。上言季卽季孫，故連文言仲孫也。案：前後經文，仲慶父、叔牙、季友皆稱公子，其子稱公孫，其孫乃稱仲孫、叔孫、季孫，今慶父之身得稱仲孫者，仲孫、叔孫、季孫之氏雖至其孫，始爲專稱，其實當身已有此稱，已以爲氏。左傳於牙之卒曰立叔孫氏公孫兹，稱叔孫戴伯，又公子彄字子臧，稱臧僖伯，其子稱臧哀伯，亦稱臧孫達，明當時大夫通有此例，故一稱季，一稱仲孫也。諸言仲孫者，左傳皆謂之孟孫，又稱孟氏，他書皆然。白虎通云：「適長稱伯，庶長稱孟。」陸淳謂左傳諸國大夫有非庶而稱孟者，不知何故。其言齊，以累桓也。繫仲孫於齊，言相容赦有罪。【補曰】累者，緣坐也，延及也。此又申外之之義，以桓不能去慶父，又反受之，故遂同之於齊人，得爲外文也。閔公爲哀姜娣之子，而齊桓立之，慶父弑般之罪已不復論，又因慶父黨於哀姜，曲相容受，故以「累桓」之文大著其義，明洛姑未盟以前，桓未有功，且有罪也。既盟洛姑，而納季子，則黜慶父、立僖公、殺哀姜相繼見於策矣。○左傳謂「齊仲孫湫來省難」，書仲孫者，嘉之。杜預以仲孫爲字，夫書字卽是嘉之，何以不言齊侯，使若湫無君命，私來覘國，又何以得志？此不可通也。蓋時齊實有仲孫湫嘗勸齊侯務寧魯難，左氏遂以爲湫實來，魯强附於齊仲孫來之經，謂之省難，正猶隱公時魯有鄭尹氏，後人强以當尹氏卒之經也。大氏莊、閔之篇，左氏於齊、魯事多闕略。

二年春王正月，齊人遷陽。

夏五月乙酉，吉禘于莊公。三年喪畢，致新死者之主於廟，廟之遠主，當遷入大祖之廟，因是大祭，以審昭穆，謂之禘。莊公喪制未闋，時別立廟，廟成而吉祭，又不於大廟，故詳書以示譏。【補曰】此本杜預。唯第四句「大祖之廟」四字元文作「祧」一字。依聘禮注，諸侯大祖廟爲祧，遷主所在之名也。禘祫之説，自昔聚訟，文烝詳考之，周制三年一祫，五年一禘，而皆以喪畢之祭爲本。喪畢祫則後禘，喪畢禘則後祫，自爾更迭行此二祭，總之五年而再殷祭也。何休曰：「禮禘祫從先君數，朝聘從今君數。三年喪畢，遭禘則禘，遭祫則祫。」今案：此年吉禘在五月，文二年祫嘗在八月。毛詩傳又言「夏禘秋祫」，竊意遭禘年而以秋冬祭者以祫代禘，遭祫年而以春夏祭者以禘代祫也。祫者，合也。合毁廟未毁廟之主於大廟，故文二年言「大事于大廟」也。禘者，遞也。諦也，第也。遷主既遞位，因以審諦昭穆，次第尊卑，陳毁廟主於大廟，而未毁廟新舊皆特祭，故僖八年言「禘于大廟」，此年言「禘于莊公」。左傳又言禘于武公、禘于襄公、禘于僖公也。逸禮有禘于大廟篇，專言大廟者，舉大以包之，猶僖八年言「禘于大廟」亦包羣廟也。別論之於傳下及僖八、文二、宣八、昭十五、定八年諸處。吉禘者，不吉者也。【補曰】公羊曰：「其言吉何？言吉者，未可以吉也。」案：汲冢紀年康王三年「定樂歌，吉禘于先王」。春秋之例，喪畢吉祭，恆事不志，志之亦不言吉，猶當立者不言立，當以者不言以，故言吉知不吉，明未可以吉也。喪事未畢而舉吉祭，故非之也。莊公薨至此方二十二月，喪未畢。【補曰】此申上意也。公羊曰：「曷爲未可以吉？未三年也。三年矣，曷爲謂之未三年？三年之喪，實以二十五月。」何休曰：「時莊公薨，至是適二十二月，所以必二十五月者，取期再期，恩倍漸三年也。孔子曰『子生三年然後免於父母之懷』，夫三年之喪，天下之通喪』，禮士虞記曰『期而小祥』，曰『薦此常事』，又『期而大祥』，曰『薦此祥事』，『中月而禫』，是月也吉祭，猶未配。是月者，二十七月也。傳言二十五月者，在二十五月外可不譏。」文烝案傳言「吉祭」即士虞記之「吉祭」也，在士直曰吉祭，在天子、諸侯曰禘、曰祫。鄭君解士虞記曰：「當四時之祭月則祭。」左傳例曰凡君薨，卒哭而祔，祔而作主，特祀於主，烝嘗禘於廟。賈逵、服虔解之曰，三年終禘，遭烝嘗則行祭禮。此說有禘無祫，非也。鄭君解詩玄鳥、大宗伯、王制及作魯禮禘祫志皆曰魯禮三年喪畢而祫於大祖，明年春禘於羣廟，自爾之後，五年而再殷祭，一祫一禘。此說閔行吉禘，又先行祫，亦非也。何休解公羊曰：「遭禘則禘，遭祫則祫。」此說論祭年不論祭月，又非也。今以爲再期中月祥禫之後，春夏遭祭則禘，秋冬遭祭則祫，自後每六十月更迭禘祫，庶得其實也。禘祫之異，則孔穎達詩周頌正義申鄭說云「祫則合聚祭之，禘則各就其廟」是也。此不言吉禘于大廟，舉大以包。而言于莊公者，言莊公則祭大廟可知。言大廟則莊喪未畢，嫌不祭莊，據文自明，故傳不釋也。何休曰：「經舉重不書禘于大廟，嫌獨莊公不當禘，于大廟可禘者，故加吉，明大廟皆不當。」何氏之意，禘祭亦合未毁廟主於大廟，與祫同禮。而莊主未當入大廟，今閔既禘大廟，又禘新宫，何氏不知禘祫之異，非也。公羊又曰：「其言于莊公何？未可以稱宫廟也。」何休曰：「時閔公以莊公在三年之中，未可入大廟，禘之於新宫，故不稱宫廟。」又曰：「曷爲未可以稱宫廟？在三年之中矣。」何休曰：「當思慕悲哀，未可以鬼神事之。」杜預別爲一解，以是時廟之遠主未遷，莊主未入廟，故謂別立廟。別立廟則非後日之莊宫，故不得稱宫。杜氏非也，公羊是也。莊公即莊宫，以在三年中，不忍稱宮，與西宮、新宮不言謚同意。公羊又曰：「吉禘于莊公，何以書？譏。何譏爾？譏始不三年也。」賈逵說此經曰：「禘者，遞也。審諦昭穆，遷主遞位，孫居王父之處。」後漢書張純奏曰：「禘之爲言諦，諦定昭穆尊卑之義也。〔一〕禘祭以夏四月，夏者陽氣在上，陰氣在下，故正尊卑之義也。」崔靈恩曰：「禘以夏者，以審諦昭穆，序別尊卑。夏時陽在上，陰在下，尊卑有序，故大次第而祭之。故禘者，諦也，第也。」說文曰：「禘，諦祭也。」段玉裁注曰：「諦者，審諦昭穆，恐有如夏父弗忌之逆祀亂昭穆者，故於禘時審諦而定之。天子諸侯之禮，兄弟或相爲後，諸父諸子或相爲後，祖行孫行或相爲後，必後之者與所後者爲昭穆，不與族人同昭穆。」故仲尼燕居曰：「嘗禘之禮所以仁昭穆也。」中庸曰：「宗廟之禮所以序昭穆也。」○諸侯皆有禘祫二祭，趙鵬飛嘗論之。劉向五經通義言：「王者諸侯三年一祫，五年一禘。」自前漢穀梁家說已如此。而明堂位言「成王命魯禘」，祭統言「成王、康王賜魯大嘗禘」。大嘗者即祫，二文並爲特賜魯者，謂特賜以天子之禮樂也，故左傳晉荀偃、士匄曰：「諸侯宋、魯，於是觀禮。魯有禘樂，賓祭用之。」禮運孔子言「魯禘非禮」，論語言「禘自既灌，吾不欲觀」；「或問禘之說，曰不知也」；又言「知其說者之於天下」，明以魯有王禮爲異也。左傳例曰「烝嘗禘於廟」，僖八年傳曰「禘而致哀姜」，五經異義曰：「左氏說歲祫及壇墠，終禘及郊宗石室。」終者，謂孝子三年喪，終則禘於大廟，以致新死者也，漢書劉歆引國語「歲貢終王」以爲壇墠則歲貢，大禘則終王。又襄十六年冬，晉人辭於魯曰：「寡君未禘祀。」杜謂「三年喪畢之吉祭」，是左傳及傳說有吉禘，無吉祫也。劉歆、賈逵之徒皆云禘祫一祭二名，禮無差降。孔穎達王制正義曰：「左氏說及杜元凱皆以禘爲三年一大祭，在大祖之廟。傳無祫文，然則祫即禘也。取其序昭穆謂之

〔一〕「定」原作「諟」，據後漢書張純列傳改。

禘，取其合集羣祖謂之祫。」是諸儒既以喪畢之三年推諸自後之三年，又知祫必不可廢而彌縫之也。致「新死者」之言，起於致哀姜之誤，禘必於大廟，亦與此經及他傳禘羣廟之文不合；禘祫爲一，與其舊說所云歲祫終禘者又相乖戾。歲祫終禘，亦非國語本文，明其說皆不可用也。昏平公禘祀一文似可爲喪畢專行禘之證，其實有禘必有祫，但無文以見之耳。文二年之祭，傳及公羊皆爲吉祫，而左傳胥荀偃、士匄言魯有禘樂及論語、明堂位、禮運皆言魯禘不言祫者，皆是舉祫以該祫，唯祭統則備言之也。禘與祫斷非一祭，鄭衆說周禮，追享爲禘，朝享爲祫，其文稱四時之閒祀在時祭之外。鄭君說周禮，肆獻祼爲祫，饋食爲禘，其文在時享之上。公羊曰「五年而再殷祭」，漢書韋玄成等四十四人奏議釋之曰言「壹禘壹祫也」。何休曰：「殷，盛也。」謂三年祫，五年禘。劉向說苑、許慎異義、說文、春秋說並有其文，而劉氏作五經通義及張純引禮說並言三年一閏，天氣小備，五年再閏，天氣大備，故三年一祫，五年一禘，其義尤明也。異義謹案：三歲一祫，五歲一禘，此周禮也；三歲一禘，疑先王之禮也。鄭君駁之據禮讖殷之五年殷祭亦名禘，以爲三年一祫，五年一禘，百王通義，鄭說是也。周語云「日祭，月祀，時享，歲貢，終王，先王之訓也」。楚語云「古者先王日祭月享，時類歲祀」，荀子說湯武之制與周語文同，而先儒說周語多以終王爲終禘，故許氏因疑其爲先王之禮，謂其不始於周也。許此說亦是也。五歲禘爲殷禘，三歲禘爲終禘吉禘，其實本無二禮也。喪終之祭不必爲禘，而終禘之說可通，至以歲貢爲歲祫則不可曉。文二年穀梁、公羊明見吉祭有祫，左傳記鄭子張有殷祭，卽大傳大夫千祫之祭，又可見殷祭有祫，從無云歲祫者，是其爲說必誤矣。竊意歲貢之祭謂以歲計者耳，不必解爲每歲。其祭則或祫或禘，祫者三歲，禘者五歲也。終王之祭亦或祫或禘，有遭祫年而禘者，故有三年一禘之說。若遭禘年而祫，則以三年喪畢爲主，不得謂之五年一祫也。

說文亦云周禮此五句依陳壽祺校正本。

秋八月辛丑，公薨。【補曰】慶父與哀姜弑之。○【撰異曰】陸淳纂例曰：「丑，公羊作『酉』。」案：今公羊不作「酉」。不地，故也。【補曰】重發傳者，明異於桓也，下有所見。還從不地例者，不忍地也。張洽曰：「諱國惡者，臣子之禮也。存事實者，傳信之法也。聖人之經，兩存禮法，故不徒隱諱而已。而不書地，以變於常，又比事屬辭，以見其實，將使後人因例啟疑。考究始末，以知莊公不能正身齊家，致後嗣再弑，國幾滅亡，雖欲諱之，而其實終不可得而揜。究觀書法，則知左氏所謂微而顯，志而晦，婉而成章，盡而不汙，懲惡而勸善，非聖人孰能脩之者，蓋指此類而言之。其說必有所傳，而施於稱族舍族之傳則非也。其不書葬，不以討母葬子也。凡君弑賊討則書葬，哀姜實被討，而不書葬者，不以討母葬子。【補曰】莊子所謂春秋以道名分，如此類者甚微也。殺慶父不見經，殺哀姜見經，故經惟據討母爲義。孫覺不達此旨，遂議傳失，孫氏之誤，若是者多矣。又案：殺哀姜在明年七月，左傳先叙慶父之縊，次叙齊殺哀姜，容此二事皆在葬閔公後。劉敞以爲賊未討而葬，慢也。賊雖卒討，葬不追書。此說甚有理。然則傳言此者，特就經中所書，明其義之重者耳。

九月，夫人姜氏孫于邾。哀姜與弑閔公，故出奔。【補曰】月者，例也，公奔則日。何休曰：「凡公夫人奔例日。此月者，有罪。」孫之爲言，猶孫也。諱奔也。【補曰】疏曰：「重發傳者，文姜殺夫，哀姜殺子，嫌異，故重發之。」文烝案：下有所見，不深諱之。言如邾者，爲後薨于夷見罪，將有其末，宜録其本，故直書孫也。

公子慶父出奔莒。【補曰】案：內大夫奔日者，傳曰「正之」，慶父罪重，不正之者，蓋以自此不復見，即以奔文當卒刺之文，卒刺皆以不日見惡也。何休曰：「外大夫奔例皆時。」其曰出，絶之也，慶父不復見矣。慶父弑子般、閔公，不書弑，諱之。【補曰】疏曰：「慶父前奔不言『出』，書曰『如齊』，爲之隱諱，是不絶其位之辭。今不諱言『出奔』，明是絶其位也。又云慶父不復見者，明弑二君罪重，不宜復見，故特顯之矣。」文烝案：注既不釋傳文，疏又不得傳旨。傳以「出」爲絶之者，申所以絶之之意也。慶父後雖被逼縊死，經爲魯諱，又諱季子之行誅，故不復記。若此處猶諱言「如」，是使内之賊臣竟無文以顯書其罪，故直書「出奔」，以結前事，與上「如齊」之文相對，則爲絶之也。縊死既諱，故出奔不諱，不諱出奔，正以起後文之諱討賊也。是故慶父之死不復見，即所謂「諱莫如深」也。直書「出奔」則不復見其死，即所謂「苟有所見，莫如深」者也。韓子言聖人之作春秋，深其文辭，愚謂穀梁傳亦未易讀。

冬，齊高子來盟。其曰來，喜之也。其曰高子，貴之也。【補曰】此亦順魯而喜之，喜其立君以存魯也。書「來」雖接公之平文，見貴則亦見喜，明與季子來歸同矣。公羊以不名爲喜之。盟立僖公也。【補曰】季子實立僖，而齊定其位，齊立公爲君，亦是接公矣。此盟亦前定，前定之盟不日，桓盟亦不日，以是立君大事，故又不月以異之。不言使何也？據桓十四年鄭伯使其弟禦來盟言「使」。不以齊侯使高子也。齊侯不討慶父，使魯重罹其禍。今若高子自來，非齊侯所得使也，猶屈完不稱使也。江熙曰：「魯頻弑君，僖公非正也。桓公遣高傒立僖公以存魯，魯人德之，不名其使以貴之，貴其使則其主重矣。」【補曰】范注非也。不以齊侯使高子者，謂既稱高子，則不得以齊侯使爲文也。凡稱君以使者，其臣皆名，不可名則字，女叔是也。惟文繫王使者，又有稱子、稱宰、稱公之等，宰與公尊矣，子是貴稱，亦不得以諸侯使之爲文。今欲貴高子，令與季子俱稱子，故不稱齊侯使也。桓三年不以齊侯命衛侯，莊二十八年不以師敗於人，僖二十八年不以晉侯畀宋公，文意皆相似也。此經貴高子，正以美齊桓，桓之不討慶父，上有累文，與此無涉，以屈完例之，尤非其倫也。江注謂僖公非正，亦非也。僖是長庶，般既弒則僖爲正。不正者乃閔也，閔猶周之悼王，僖猶敬王矣。劉敞曰：「公羊曰『不稱使，我無君也』，非也。僖公之盟，何謂我無君？盟于暨，齊無君，文不没公即魯無君，何故没齊侯哉？」

十有二月，狄入衛。僖公二年，城楚丘以封衛，則衛爲狄所滅明矣。不言滅而言入者，春秋爲賢者諱。齊桓公不能攘夷狄救中國，故爲之諱。【補曰】公羊曰「爲桓公諱」，范注本之。賈逵曰：「不與夷狄得志於中國。」文烝案：汲冢紀年以狄爲赤翟滅。不日者，深諱之，於是懿公赤戰死，戴公申廬于曹而卒，立其弟文公。

鄭棄其師。【補曰】不書鄭高克出奔陳者，何休所謂「舉棄師爲重」，此全用舊史文，僖十九年傳言之。〇【撰異曰】棄，左氏或作「弃」。惡其長也，兼不反其衆，則是棄其師也。長，謂高克也。高克好利，不顧其君，文公惡而遠之，不能使高克將兵禦狄于竟，陳其師旅，翱翔河上。久而不召，衆將離散，高克之進不以禮，文公退之不以道，危國亡師之本。【補曰】傳言鄭伯惡其長而兼不反其衆，劉向說苑曰：「夫天之生人也，蓋非以爲君也；天之立君也，蓋非以爲位也。夫爲人君，行其私欲而不顧其人，是不承天意，忘其位之所以宜事也。如此者，春秋不予能君而夷狄之。鄭伯惡一人而兼棄其師，故有『夷狄不君』之辭。」案：此解經直言鄭也。注「衆將離散」四字當改云「衆散而歸」，其下又當增云「高克奔陳」。此事左氏、公羊、毛詩序皆同，而毛序爲詳，注全本之。高克之進，舊作「高克進之」，朱子詩序辨說曰：「當作『之進』。」趙汸屬辭從之，今據乙正也。

春秋僖公經傳第四補注第九

僖公亦莊公子，名申，閔公庶兄。母成風。以惠王十八年即位。凡僖之謚，古書多作「釐」。

穀梁　范氏集解　鍾文烝詳補

元年春王正月。繼弒君，不言即位，正也。【補曰】疏見閔元年。公羊曰：「公何以不言即位？繼弒君，子不言即位。此非子也，其稱子何？臣子一例也。」何休曰：「僖公者，閔公庶兄。禮諸侯臣諸父兄弟，以臣之繼君，猶子之繼父也。其服皆斬衰，故傳稱『臣子一例』。」

齊師、宋師、曹師次于聶北，救邢。聶北，邢地。【補曰】疏曰：「邢滅并不書入，故有救次之文。衛亡書入，故没其救次。」文烝案：邢實未滅，衛則雖欲救之已不及救，疏皆非也。次救例俱時，不連上正月。○【撰異曰】曹師，板本、左氏作「曹伯」，誤。唐石經亦作「曹師」。說文品部引春秋傳「次于嵒北」。从品相連，讀與「聶」同。段玉裁以爲此左氏經傳之古文，後人以其同音易其字，如「築麋」之改「築郿」。救不言次，據莊六年王人子突救衛不言次。言次非救也。次，止也。救，赴急之意。今方停止，故知非救也。非救而曰救何也？遂齊侯之意也。録其本意。【補曰】遂，申也，成也。如其意而申成之，故曰救，所謂春秋成人之美。杜預、蘇轍以爲「案兵待事，卒能救邢」是也。

莊公次郎、次成亦有救紀、救鄣之意，而謂之不能救，則直言次不言救，不得遂其意也。叔孫豹次雍渝亦是不能救晉，而先言救後言次者，以豹是魯臣，臣不可廢君命，故先言救爲通君命之辭，又與此遂其意者異也。是齊侯與？怪其稱師。齊侯也。何用見其是齊侯也？據經書齊師。【補曰】問經文何用見之？曹無師。曹師者，曹伯也。小國君將稱君，卿將稱人，不得稱師，言師則是曹伯也。曹君不可在師下，故知是齊侯。【補曰】前言「曹無命大夫」，此言「曹無師」，明小國無大夫，又無師也。小國無師者，國勢削弱，雖本得有一軍之制，而當時以爲不成軍也。楚之先及諸夷狄亦皆無師者，兵衆雖盛而春秋黜之。四年傳言「楚無大夫」，明亦無師矣。禮伯子男皆一軍，説見襄十一年。不説宋公者，從可知。其不言曹伯何也？以其不言齊侯，不可言曹伯也。【補曰】此猶莊二十八年「以其人齊不可不人衛。」其不言齊侯何也？以其不足乎揚，不言齊侯也。救不及事，不足稱揚。【補曰】注本公羊，非也。公羊曰：「救不言次，此其言次何？不及事也。不及事者何？邢已亡矣。孰亡之？蓋狄滅之。」公羊以邢已亡滅，故謂之不及事，非傳意也。傳言「不足稱揚」者，即指言次文。言次非救，故不足稱揚。不謂其無及，下城邢純爲美辭，此加非救之文，而後遂其意明，但愈於郎、成、雍渝，不及諸直言救之善，與下各自見義。

夏六月，邢遷于夷儀。辟狄難。夷儀，邢地。○【撰異曰】夷，公羊作「陳」。案：夷、陳聲轉義通。矢、雉、尸、夷諸字皆訓陳。陸淳所見穀梁亦作「陳」。遷者，猶得其國家以往者也。【補曰】重發傳者，彼爲遷之者發，此正解「遷」也。公羊曰：「遷者何？其意也。遷之者何？非其意也。」其地，邢復見也。非若宋人遷宿，滅不復見。

齊師、宋師、曹師城邢。是向之師也，使之如改事然，美齊侯之功也。是向聶北之師，當言

「遂」，今復列三國者，美齊桓存亡國。【補曰】向，往也，或作「鄉」，其正字作「鄉」，皆同是往之師，實非改事。何休所謂桓公宿留城之，故當言「遂」，言「遂」則不須重舉三師矣。上以不足乎揚，變爵稱師，此重舉則已揚之，故得以美爲義也。春秋讖益城唯夷儀、楚丘、緣陵，或遷或封，理合得城。昔齊去薄姑而遷臨菑，王命城之，毛詩傳以爲古者諸侯之居逼隘，則王者遷其邑而定其居，是其類。晉城杞亦是遷國，城成周則王者遷都之事也。左傳例曰凡侯伯救患分災討罪，禮也。

秋七月戊辰，夫人姜氏薨于夷。哀姜。【補曰】莊公夫人。杜預曰：「夷，魯地。」注在上年傳。范遂遺之，公羊以爲齊地。夫人薨，不地；地，故也。【補曰】變於君也。

齊人以歸。【補曰】齊稱人者，既諱之若其以喪歸，則從卑者之常文。此經各本誤跳在傳「夫人薨」上，今依唐石經、十行本移正。不言以喪歸，非以喪歸也。加喪焉，諱以夫人歸也。泰曰：齊人實以夫人歸，殺之于夷，諱，故使若自行至夷，遇疾而薨，然後齊人以喪歸也。歸在薨前，而今在下，是加喪之文也。經不言以喪歸者，以本非以喪歸也。傳例曰以者，不以者也。微旨見矣。其以歸，薨之也。以歸然後殺之。【補曰】如傳言則夷爲齊地，是歟？

楚人伐鄭。【補曰】疏曰：「不以州言之者，以楚雖荆蠻，漸自通於諸夏，國轉强大，與中國抗衡，故不復州舉之。何休云：『稱楚人者，爲僖公諱與夷狄交婚，故進之使若中國。』穀梁無交婚之事。杜預云：『荆始改號曰楚。』與傳亦不同。」文烝案：李光地曰：「將有齊桓膺懲之事，不得復舉州。」其説亦可存也。楚皆以稱人爲常，不直以國舉。

八月，公會齊侯、宋公、鄭伯、曹伯、邾人于檉。檉，宋地。【補曰】何休曰：「月者，危公會霸者而與邾、婁有辨也。」○【撰異曰】檉，一本作「朾」。公羊作「朾」。徐彦曰：「『朾』字，左氏作『檉』，亦有作『朾』字。」

九月，公敗邾師于偃。偃，邾地。【補曰】邾稱師，以我之敗之，舉其重者，與升陘異也。凡敗皆稱師，燕、邾、莒、頓、胡、沈、許皆有師，惟徐、狄、吴以國舉。衛言人，楚言爵，則變例也。疏曰：「何休云：『公怨邾人以夫人與齊，故敗之。』未知范意然不。」○【撰異曰】偃，一本作「堰」，公羊作「纓」。不日，疑戰也。疑戰而曰敗，勝内也。【補曰】重發傳者，嫌小國與齊、宋異例也。

冬十月壬午，公子友帥師敗莒師于麗，獲莒挐。麗，魯地。傳例曰獲者，不與之辭。【補曰】注引例在宣二年傳。○【撰異曰】麗，左氏作「酈」，公羊作「犂」。挐，公羊一本作「茹」。莒無大夫，【補曰】明與曹同也。舉曹、莒則邾、滕以下可知。昭十四年又言曹、莒之異。其曰莒挐何也？據非大夫不書。以吾獲之目之也。内不言獲，此其言獲何也？獲者，不與之辭，主善以内，故不言獲。據文十一年，叔孫得臣敗狄于鹹不言獲長狄。【補曰】疏曰：「内不言獲，乃是常例，至於長狄則異於餘，宜書獲以表功，而彼文略之，由重傷故也。此注據以爲證者，取不書獲之成文，不謂義旨全合。」文烝案：注是疏非也，説見敗鹹傳下。内不言獲者，經例因史例，或專是經例歟？此唯施於兵獲。惡公子之紿。紿，欺紿也。【補曰】「公子」下唐石經初刻有「友」字。紿者奈何？公子友謂莒挐曰：「吾二人不相説，士卒何罪？」【補曰】戰有甲士，有步卒。屏左右而相搏，【補曰】屏，除。搏，手搏。左傳曰：「晉侯夢與楚子搏。」漢有卞射武戲，手搏爲卞，角力爲武戲。公子友處下。左右曰：「孟勞！」孟勞者，魯之寶刀也，【補曰】刀名。見廣雅。北齊本或誤作「寶力」，見顏氏家訓。公子友以殺之。【補曰】明此獲乃殺也。

公羊曰：「大夫生死皆曰獲。」然則何以惡乎紿也？據得勝也。曰棄師之道也。江熙曰：「經書『敗莒師』，而傳云二人相搏，則師不戰何以得敗？理自不通也。夫王赫斯怒，貴在爰整，子所慎三，戰居其一。季友，令德之人，豈當舍三軍之整，佻身獨鬪，潛刃相害，以決勝負者哉？雖千載之事難明，然風味之所期，古猶今也。此又事之不然，傳或失之。」【補曰】棄師之道者，言潛刃相紿，將棄師不用也。傳謂戰畢乃相搏耳。江熙之疑非也。疏曰：「若季子無輕鬪之事，經不應書獲以惡之，經傳文符，而江熙妄難，范引其說非也。」○春秋記事不記言，傳隨事釋其義，事之本末，皆所不論，言之委悉，更無從見，而自此傳以後則稍稍詳矣。公羊晚出，掇拾較多，左傳事言並記，乃是史家之學，創始之體，劉知幾所謂左氏、漢書二家，後來祖述者也。

十有二月丁巳，夫人氏之喪至自齊。其不言姜，以其殺二子貶之也。二子，子般、閔公。【補曰】至此始貶者，公羊曰：「貶必於其重者，莫重乎其以喪至也。」孫復曰：「孫于邾不貶，不以子討母也。此而貶者，正王法也。」孔廣森以爲至此復以小君事之，故貶之，於此著其罪，兼惡臣子。文烝案：貶不言姜，猶言氏者，見莊元年注。或曰爲齊桓諱殺同姓也。【補曰】疏曰：「夫人於齊桓，非是姑姊，即是妹姪，齊桓討得其罪，疏而遠之，託言同姓。」文烝案：疏說皆非也。姑姊、妹姪即是同姓，無分親疏也。傳引或說以爲爲齊桓諱，非桓託言也。言「討得其罪」，又非或說意也，此於正說後別爲一說。謂經所以不言姜者，不主於貶夫人而主於爲齊桓諱，其義甚明。姜本齊姓，没不言則爲諱矣。上文齊殺哀姜，傳不論其是非，如或曰之意，則與左氏、公羊同。左傳曰：「君子以齊人之殺哀姜也爲已甚矣，女子從人者也。」公羊但言「桓公召而縊殺之」，而漢書鄒陽之言曰：「魯公子慶父使僕人殺子般，獄有所歸，季友不探其情而誅焉。慶父親殺閔公，季子緩追免賊，春秋以爲親親之道也。魯哀姜薨于夷，孔子曰『齊桓公法而不譎』，以爲過也。」鄒論季子事，皆本公羊文，則其論殺哀姜事亦必用公羊家舊説。而如外戚傳解光言春秋予齊桓，何休言不阿親親者，乃皆後來説也。鄒所引孔子語出論語，「法」當作「正」，「正」之古文作「疋」，「法」之古文作「金」，「正」上誤增，遂成「法」字。此訓正譎爲經權，謂齊桓專守正經，不能行權譎以免其親，是其過也。蓋齊、魯諸論語家説謂齊桓長於經而短於權，晉文長於權而短於經，與馬、鄭注異也。

二年春王正月，城楚丘。【補曰】月者，别於内城。此何休意也。楚丘者何？衛邑也。【補曰】重發傳者，起下也。衛都朝歌，在河北，楚丘則在河南，所謂東徙渡河也。漕邑亦相近。國而曰城，此邑也。其曰城何也？據元年齊師、宋師、曹師城邢。邢，國也。封衛也。閔二年，狄入衛遂滅。【補曰】國於楚丘，故言城。注當云「閔二年狄滅衛」，傳言「封衛」，以見上入爲滅也。衛與邢、杞異，衛已滅，城以封之，邢、杞未滅，但遷而城之耳。故傳與左傳皆止有「封衛」之文，不言封邢封杞也。齊桓存三亡國，雖統邢、衛、杞言之，其實邢、杞與衛小不同。公羊於邢、杞亦言已滅，亦以爲齊所封，此桓譚所謂「彌離其本事」者矣。國語言封邢，管子言封邢封杞，呂氏春秋言立邢，悉不可據。則其不言城衛何也？衛未遷也。【補曰】劉敞據詩「定之方中，作于楚宫。揆之以日，作于楚室」，序云：「文公徙居楚丘，始建城市而營宫室。」以爲夏之十月，周之十二月，衛必先徙居而後建城市，建城市而後營宫室。魯人後期，以正月會城不得云衛未遷。文烝案：劉説皆非也。詩序雖兼言城市，而詩但言作宫室，即或城與宫室並作，無妨十二月始事，正月以後畢功，春秋豈必以始事書哉？書城既不獨指魯，而謂營宮室必在遷後，尤臆且固。詩序必先言徙居者，乃文勢之便，劉氏善讀書，無容不知也。其不言衛之遷焉何也？據元年邢遷于夷儀言遷也。不與齊侯專封也。【補曰】前有入衛文，言城又言遷，則封衛之事太明，疑若與其專封矣。孟子述葵丘之命曰「無有封而不告」，雖告王，猶爲專。其言城之者，【補曰】謂直言城。專辭也。【補曰】此「專」字與「專封」之「專」異。專辭，猶言內辭。諸侯共城之，文若魯獨城然。戍陳傳曰「內辭」，歸粟于蔡傳亦曰「專辭」，所以爲專辭者，歸粟傳曰「義邇也」。李光地曰：「古之侯伯，有存亡繼絶，急病分災，攘夷狄，安諸夏之義。脩而行之，是天下之公利也。」春秋書諸侯事，如內辭者四：城楚丘、戍陳、戍鄭虎牢、歸粟于蔡是也。楚丘不城，衛入於狄矣；虎牢不戍，鄭入於楚矣；戍陳粟蔡，皆公舉也，故皆以公辭也。文烝案：穀梁言專辭、內辭者，謂其辭如此，就使魯不在列亦得爲此辭，以其是諸侯公義之舉。春秋引而近之，同諸內事，故曰義邇也。專辭、內辭，即李氏所謂公辭，但所從言之異耳。晉城杞，城成周，扶危定傾，故列序其人，以著其美，此則國已滅而城以封之，其美尤大，故從專辭例也。邢固未滅，而城邢之文上有所蒙，無庸列序，其列序則爲變文，明較杞與成周彌美也。城緣陵不劣於城杞、城成周，亦當列序。而不序者，與城邢以盛衰相對，其立文又與此相對也。故非天子不得專封諸侯，諸侯不得專封諸侯，【補曰】王引之曰：「下『不得』二字衍文，蓋涉上『不得』而衍。」雖通其仁，以義而不與也。存衛是桓之仁，故通令城楚丘，義不可以專封，故不言遷衛。【補曰】以專辭書城是通其仁，不書衛遷是斷以義。劉敞所謂以小惠評之則桓公爲有德，以大法論之則諸侯無專封，得傳旨矣。凡專辭皆爲義事，故曰義邇。既謂之仁，則義有未盡，故曰「以義而不與」，言各有當也。陸賈新語引穀梁傳曰：「仁者以治親，義者以利尊，萬世不亂，仁義之所治也。」今檢傳無此文，當是後學者説傳此條之語。漢書藝文志有穀梁外傳二十篇，穀梁章句三十三篇，此類蓋出其中歟？董仲舒曰：「春秋之所治，人與我也，所以治人與我者，仁與義也。以仁安人，以義正我，故仁之爲言人也，義之爲言我也，言名已別矣。是故春秋爲仁義法，仁之法在愛人不在愛我，義之法在正我不在正人。義者謂宜在我者，宜在我者而後可以稱義，故言義者合我與宜，以爲一言。」案董生訓「義」字甚精，其外則管子云「義者謂各處其宜」，鄭君周禮注云「能斷時宜」，意同程、朱而言尤約也。故曰仁不勝道。仁，謂存亡國。道，謂上下之體。【補曰】傳引古語，足上意也。注解「道」字，未盡其理。荀子曰：「君子處仁以義，然後仁也；行義以禮，然後義也；制禮反本成末，然後禮也。三者皆通，然後道也。」然則道者，仁、義、禮之合，故仁不勝道。抑又論之，此道蓋謂聖人之道，而專封與否，又非所計也。夫義所不得與者，專封也。竊意當日周既衰矣，衛既滅矣，設以聖人而爲齊桓亦不過告王而封之，亦必不聽其終滅。而在齊桓則謂之專封，在聖人則爲道，亦論其心而已矣。孟子曰「五霸者，摟諸侯以伐諸侯，三王之罪人也」，以摟伐爲罪，正猶以專封爲非義。然而湯伐葛、文王伐崇伐密，豈有桀、紂之命哉？又如伊尹放大甲，孟子曰：「有伊尹之志則可，無伊尹之志則篡也。」此論心不論事之明文也。傳以專封爲非義，又必曰「仁不勝道」，而後其説乃盡。孟子以摟伐爲罪，他日又必曰「以德行仁者王」，「以力假仁者霸」，五霸假之也，小補之也，而後其説乃盡。以論語夫子之言求之，管仲之力，到今受賜。言仁也，管仲之器小哉；言道也，孫綽解器小曰功有餘而德不足，是孟子德力之説，小補之義也。○愚於傳此句思之甚深，夫君子之惡惡也，有所謂誅意者矣；君子之善善也，未嘗苛求其心也。事善則善之，猶曰有功於子，可食而食之矣，夫何以其志爲哉？桓公、管仲之功著乎天下，春秋方通其仁，則夫聖人之道固所未暇論耳。雖然書不盡言，言不盡意，

墨子「義」字皆作「羛」，从弗，古文我也。王引之據周晉姜鼎銘。

故張敞曰「心之精微，口不能言也；言之微眇，書不能文也」。程子易傳序亦曰：「予所傳者辭也，由辭以得其意，則在乎人焉，是故仁不勝道，不可不察也。」讀管子之書，質實而詳密，伊、管同稱亦宜矣，而自孟子言之，則慮夫王者之道之不行也。讀墨子之書，閎肆而深奇，儒、墨同稱亦宜矣，而自孟子言之，則懼夫孔子之道之不著也。

夏五月辛巳，葬我小君哀姜。

虞師、晉師滅夏陽。○【撰異曰】夏，左氏作「下」。陸淳曰：「據上陽、下陽俱虢邑都，左氏爲是。」文烝案：漢爲大陽縣。夏、大同義，江永言之。非國而曰滅，重夏陽也。【補曰】下所謂塞邑。虞無師，【補曰】疏曰：「小國無師，傳三發之者，並是小國，不合言師。燕爲敗而重衆，故得言師。曹言師者，明其是君。虞言師者，表其先晉。以其言師不同，各舉備文耳。」其曰師何也？以其先晉，不可以不言師也。人不得居師上，貴賤之序。其先晉何也？據小不先大。爲主乎滅夏陽也。【補曰】虞主兵也，凡小國兵序上者，皆是主兵，傳於此見例。夏陽者，虞、虢之塞邑也，其地險要，故二國以爲塞邑。【補曰】虢邑接虞者也。虞，虞仲之後。虢，虢叔之後，西虢國。胡安國曰：「塞邑，猶秦有潼關，蜀有劍嶺，皆國之門户。」滅夏陽而虞、虢舉矣。【補曰】疏引徐邈云：「舉，猶拔也。」案：高誘戰國策注曰：「舉，得也。」又曰「拔也」。虞之爲主乎滅夏陽何也？【補曰】虞不應不知塞邑之不可滅，必不反出兵助晉，何得有主兵之文也？五年傳曰「虞、虢之相救」。晉獻公欲伐虢，荀息曰：「君何不以屈産之乘，垂棘之璧而借道乎虞也？」荀息，晉大夫。屈邑産駿馬，垂棘出良璧。【補曰】乘，四馬也。公羊曰「垂棘之白璧」，何休曰：「玉以尚白爲美。」凌廷堪曰：「吕氏春秋曰：『以屈産之乘爲庭實，而加以垂棘之璧，以假道於虞而伐虢。』是謂晉人聘虞行享禮時，束帛所加之璧爲垂棘之璧，庭實所設之馬爲屈產之乘也。聘禮曰：「賓裼，奉束帛，加璧享。」記曰：「凡庭實，皮馬相閒可也。」閒猶代也，晉地多馬，故聘禮享庭實用皮，而晉代以馬也。」文烝案：呂氏春秋不言聘，淩說似是而非，此專爲借道，非聘也。聘享用璧而有庭實，自是常禮，又未有不受者。下言「小國所以事大國」，言「幣重不便」，又言「不借吾道不敢受吾幣」，其非享禮明矣。借道之事，依聘禮文但用束帛，許而後受幣，故下云然也。伐虢必過虞，故借道。賈逵曰：「虞在晉南，虢在虞南。」公曰：「此晉國之寶也，如受吾幣而不借吾道則如之何？」荀息曰：「此小國之所以事大國也，此謂璧、馬之屬。彼不借吾道必不敢受吾幣，如受吾幣而借吾道，則是我取之中府而藏之外府，取之中廄而置之外廄也。」【補曰】三蒼云：「府，文書財物藏也。」虞可抃得，故言猶外府外廄。公曰：「宮之奇存焉，宮之奇，虞之賢大夫。必不使受之也。」【補曰】不使受而借。荀息曰：「宮之奇之爲人也，達心而懦，懦，弱。又少長於君。達心則其言略，明達之人言則舉綱領要，不言提其耳則愚者不悟。懦則不能彊諫，少長於君則君輕之。【補曰】杜預曰：「親而狎之，必輕其言。」且夫玩好在耳目之前，而患在一國之後，【補曰】王引之曰：「『之後』二字衍文，蓋後人增之，不可通。此論地之大小，非論時之遠近。」此中知以上乃能慮之，臣料虞君中知以下也。」【補曰】中知，疏謂猶論語「中人」也。呂氏春秋曰：「義者，百事之始也，萬利之本也，中智之所不及也。虞爵非公，故荀息不曰虞公。」公羊則曰：「虞公貪而好寶矣。」公遂借道而伐虢。宮之奇諫曰：「晉國之使者，其辭卑而幣重，必不便於虞。」虞公弗聽，【補曰】此稱虞公者，便文也。案：詩衛風言「譚公」，與齊侯、衛侯、邢侯並稱，即春秋「譚子」也。公羊鄶公與鄭伯並稱，據國語史伯言鄫，實子男之國也。紀以子而進爲侯，而杜預左傳後序引汲冢紀年紀公之甗卽傳紀侯之甗也，然則小國之君通稱某公，凡言虞公、虢公者皆同斯例，固非其爵爲公，亦不因春秋所書矣。又國語、管子言晉公、秦公、燕公、吳公，晏子春秋言齊公、魯公，是凡諸侯皆得通稱。**遂受其幣而借之道。**【補曰】如上所述，晉之滅夏陽，虞實爲之，是虞主兵也。據傳虞實未出兵，與公羊同，與左傳異。杜氏後序引汲冢紀年正與左同，似皆非。**宮之奇諫曰：**【補曰】王念孫曰：「此『諫』字衍文，蓋因上『諫』字而衍。下云云者，退而私論也。」文烝案：弗聽之後，無妨復諫。「脣亡」一句，左氏、公羊皆爲諫辭，王說未是。**「語曰『脣亡則齒寒』，其斯之謂與！」**語，諺言也。【補曰】疏依左氏也，公羊以爲記。**挈其妻子以奔曹。**【補曰】宮之奇再諫而奔，左傳在後五年再借道時，又不云奔何國。國語云「適西山」，高誘戰國策注以爲適秦。**獻公亡虢五年而後舉虞，**【補曰】五年，當依公羊爲「四年」，字之誤。疏以爲僖五年，非也。左傳以爲再借道而滅虢，還師滅虞。此以滅夏陽爲亡虢者，或以後之滅虢，實由此之滅夏陽。或傳意此年滅夏陽，後旋卽滅虢之都，與公羊郭君在夏陽之意雖異，而與其言取郭則同，皆與左傳異也。水經注引紀年曰：「晉獻公十有九年，獻公會虞師伐虢，滅下陽，虢公醜奔衞，獻公命瑕父吕甥邑於虢都。」彼書雖出後人追脩，亦由滅虢之說當時相承故也。經無滅虢文者，重夏陽，故但舉滅夏陽爲重，舊史當備文矣。**荀息牽馬操璧而前曰：「璧則猶是也，而馬齒加長矣。」**猶是，言如故。【補曰】荀息戲言也。戰國策魏謂趙王曰：「昔者，晉人欲亡虞而伐虢，伐虢者，亡虞之始也。故荀息以馬與璧假道於虞，宮之奇諫而不聽，卒假晉道。晉人伐虢，反而取虞，故春秋書之，以罪虞公。」觀魏人之言，知春秋此等之文其義著矣。

秋九月，齊侯、宋公、江人、黄人盟于貫。貫，宋地。【補曰】王夫之曰：「衛地。史記田齊世家齊伐衛取毌丘即此。」○【撰異曰】公羊作「貫澤」，下九年傳曰「貫澤之會」。貫之盟，不期而至者，江人、黄人也。【補曰】二國聞會自至，本不與結期。江人、黄人者，遠國之辭也。【補曰】以遠國辭稱人，實是其君。中國稱齊、宋，遠國稱江、黄，以爲諸侯皆來至也。【補曰】舉此四國爲徧至之辭。疏曰：「何休云：『時實晉、楚之君不至，君子成人之美，故褒益以爲徧至之辭。』事或然矣。魯不至，故不書。或以爲魯公亦在，舉大以包之。」文烝案：不至者，不獨晉、楚，如弦如虞、號，蓋皆不至也。不書公者，疏言「舉大以包」是也。江、黄不期而至，則除常會諸國之外，皆不期而至者，此桓霸之盛也。下會陽穀，即此盟之諸侯。

冬十月，不雨。不雨者，勤雨也。言不雨，是欲得雨之心勤也，明君之恤民。【補曰】注解「勤」字非也。音義曰：「勤，麋氏音『覲』。」後年同。集韻「去聲。勤，渠吝切。憂也。」春秋傳「勤雨」麋氏說，王念孫曰：「麋說是也。」「勤」字平、去二聲皆可讀，下年傳亦言「勤雨」，又言「閔雨」、言「喜雨」。閔者，憂之甚，轉之則爲喜，明勤雨、閔雨皆爲憂雨也。文二年傳言「文不憂雨」，正與僖之「勤雨」、「閔雨」相反。若以爲欲得雨之心勤，則非其意矣。古謂憂爲勤，問喪曰「服勤三年」，呂氏春秋曰「勤天子之難」，毛詩序曰「憂勤」，楚辭曰「愁勤」，皆謂憂爲勤也。文烝案：注既不知勤之爲憂，又直以書「不雨」爲說，不以每首月輒書「不雨」爲說，亦非也。僖所以爲勤雨者，正以一月不雨即憂勤之。春秋三以首月書，不加自文，使後之讀者以文公之經比類相較，則僖之勤雨自見。故傳於此三「不雨」分釋之曰「不雨者勤雨也」，又總釋之曰「一時言不雨者閔雨也」，總釋者即承分釋之文，足成其意也。十月不雨，不嫌十一月、十二月得雨者，以下有「六月雨」之文也。

楚人侵鄭。

三年春王正月，不雨。不雨者，勤雨也。【補曰】不嫌二月、三月得雨者，以下有「六月雨」也。復發傳者，此已隔年，嫌不與上「不雨」爲一事，故發以同之。此既連上，則下四月亦承此可知，故下傳省「勤雨」文。

夏四月，不雨。一時不雨則書首月。不言旱，不爲災。【補曰】此本杜預。下二句上有「傳例曰」三字。言作曰一時不雨書首月，與莊三十一年冬不雨之文相違，非傳義。傳以經美僖公，故不以歷時書，而一時輒書，繫諸首月，明其一月不雨即有勤心。因下明書雨月則不嫌五月雨，又不嫌旱竟夏也。一時言不雨者，閔雨也。經一時輒言不雨，憂民之至。閔，憂也。【補曰】閔之爲憂，謂憂雨，非謂憂民。閔者勤之至也，此合三「不雨」總釋之。閔雨者，有志乎民者也。【補曰】春秋以其閔雨爲有志乎民，不與文同也。左傳曰：「自十月不雨至于五月。不曰旱，不爲災也。」公羊亦爲記異，而三不雨各爲一事，非也。

徐人取舒。【補曰】徐夷且僭，與楚、吳、越同。直以國舉，乃其恆文，敗婁林伐莒是也。進稱人者，案左傳齊桓娶於徐，是時徐實附齊，故從中國例。伐英氏亦同也。孔廣森曰：「魯頌曰『戎狄是膺，荆舒是懲』，皆詠僖公從齊桓征伐之事。懲荆者，召陵是也。懲舒者，疑此取舒是也。蓋徐人爲中國取也。其下章曰『遂荒徐宅』，言乎徐人之服從中國也。」案：此略同林之奇、趙鵬飛、家鉉翁、李廉說。○【撰異曰】舒，玉篇邑部引作「郐」。

六月，雨。雨云者，喜雨也。喜雨者，有志乎民者也。【補曰】疏曰：「書者，明僖公得雨則心喜，是於民情深。」文烝案：不雨不言所至之月，則此必言雨，杜預謂「示旱不竟夏」是也。但上既見「閔」，則此足見「喜」，春秋以其喜爲有志乎民矣。常例周六月龍見而雩，雖雨不志，傳上年言「仁不勝道」，記事不必論心而足以見心者也。上冬至此，言勤、言閔、言喜，記事本以見心而足以論心者也。凡人事皆人心之所爲也，全經記事，全傳解經，以是求之。○莊之季年，歲荒民貧，財殫力竭，重以哀姜、慶父之亂，魯幾不國矣。僖承其敝，有恤民之心，卒成中興，頌聲以作，君子於此深致美焉。公羊家說謂其遇旱改政，躬節儉，閉女謁，放讒佞，理冤獄，誅稅民受貨者，退舍南郊，澍雨立應，或其言有所本也。

秋，齊侯、宋公、江人、黄人會于陽穀。陽穀，齊地。陽穀之會，桓公委端搢笏而朝諸侯，委，委貌之冠也。端，玄端之服。搢，插也。笏，以記事者也。所謂衣裳之會。【補曰】委貌，玄冠也。玄冠者，吉冠用黑繒爲之，夏曰母追，殷曰章甫，周曰委貌。周禮又謂之冠弁。玄端者，玄冠之服。陳奐曰：「周禮鄭衆注曰『衣有襦裳者爲端』，是端者不連裳之稱，對朝服言之也。朝服亦玄冠服，而連衣裳。士冠禮曰『主人玄冠朝服，緇帶素韠』，玄端玄裳，黄裳雜裳可也。緇帶爵韠，特牲饋食記曰特牲饋食，其服皆朝服玄冠，緇帶緇韠，唯尸祝佐食，玄端玄裳，黄裳雜裳可也。皆爵韠玄端，衣皆玄，而裳有玄、黄、襍三等之異。朝服皆不言裳，明其衣裳不殊，全似深衣爲袍，制不與玄端同矣。朝服布十五升，其類乎玄端者，一玄衣，一緇衣也。其異於深衣者，一緇衣有韠，一白布爲衣，又無韠也。」文烝案：陳說是也。續漢志注引戴聖說「朝服布上素下」，與鄭君同，疑有誤矣。任大椿引通典，漢明帝永平中，議乘輿服衣深衣制，有袍隨五時色，蓋因當時説禮家皆謂朝服如深衣袍制，故遂以爲天子之朝服，史稱賜皁袍，又稱三老五更服絺紵大袍。單衣皁緣，其以皁者，猶沿古緇衣之制也。玉藻曰：「笏，天子以球玉，諸侯以象，大夫以魚須文竹，士竹本象可也。笏度二尺有六寸，其中博三寸，其殺六分而去一。」諸侯，天下諸侯也。國語、管子皆曰「大朝諸侯於陽穀」。諸侯皆諭乎桓公之志。【補曰】疏曰：「諭，曉也，言不須盟誓。」文烝案：論語稱管仲相桓公，一匡天下。漢書注謂陽穀之會，天下從令。據疏是鄭君説也。又李賢後漢書注引穀梁傳曰「齊桓公爲陽穀之會，一匡天下」，傳無此文，亦當是後學者説傳語，在穀梁外傳、穀梁章句中。

冬，公子季友如齊莅盟。傳例曰：「莅，位也。內之前定之盟謂之莅，外之前定之盟謂之來。」【補曰】注引例後二句，昭七年傳文也。二「盟」字當爲「辭」。據左傳齊侯爲陽穀之會來尋盟，則知會陽穀公亦與，杜預注非也。公與會陽穀則貫可知。○【撰異曰】此「季」字衍文，左氏、公羊皆無「季」字。莅，左氏作「涖」，後皆同。依説文，莅、涖皆「𨽻」之假借字。莅者，位也。盟誓之言素定，今但往其位而盟。【補曰】爾雅曰：「臨、涖，視也。」郭璞曰：「察視。」廣雅曰：「位，莅也。」其不日，前定也。【補曰】與來盟同也。前定之盟不日，此又不月者，凡盟當日，故前定則月而已。齊桓盟本不日，故友往莅盟，又不月以異之，乃與柯、召陵、高子來盟一例。不言及者，以國與之也。不言其人，亦以國與之也。【補曰】疏曰：「舊解此傳是外內之通例，不據此一文而已。不言及者，以國與之，謂若外國之來盟及魯人往盟。經直舉外來爲文，不言及者，欲見以國與之也，故舉國爲主，即宣七年衞侯使孫良夫來盟。此公子季友如齊莅盟是也。不言其人，亦以國與之，謂不言來盟之類。經雖言及而不書魯之主名者，亦見舉國與之，即成三年丙午及荀庚盟是也。不言外及者，經無故也。麋信、徐邈並據當文解之，理亦通也。但據成三年傳注則宜從舊說。」

楚人伐鄭。

四年春王正月，公會齊侯、宋公、陳侯、衛侯、鄭伯、許男、曹伯侵蔡，蔡潰。傳例曰：「侵時，而此月，蓋爲潰。」【補曰】舊史潰皆具日，君子略之，從月例。潰之爲言，上下不相得也。君臣不和而自潰散。【補曰】上下，謂君及臣民也。公羊曰：「潰者何？下叛上也。」左傳例曰：「凡民逃其上曰潰。」杜預曰：「潰，衆散流移，如積水之潰，自壞之象也。」侵，淺事也。【補曰】疏曰：「侵者，拘人民，而謂之淺者，對伐爲淺也。又傳云不分其民，是拘之而不取，亦是淺之義。傳本意言桓公不深暴於蔡，纔侵之而卽潰，故因發淺例。左氏無鍾鼓曰侵，傳或當然。」侵蔡而蔡潰，以桓公爲知所侵也。責得其罪，故裁侵而潰。【補曰】明經譏蔡不譏齊，與伐沈、伐莒異也。夫古者民之於上也，或不能欺，或不忍欺，或不敢欺。民既不欺，臣亦可知。臣民同力，何有於潰？況侵事之淺乎？凡潰不以諸侯潰之爲文。重出國者，何休曰：「侵爲加蔡，舉潰爲惡蔡録。」明沈、莒亦同也。劉向說苑曰：「春秋記國家存亡以察來世，雖有廣土衆民，堅甲利兵，威猛之將，士卒不親附，不可以戰勝取功。晉侯獲於韓，楚子玉、得臣敗於城濮，蔡不待敵而衆潰，故語曰文王不能使不附之民，先軫不能戰不教之卒。」不土其地，【補曰】傳曰：「則是終土齊」。俞樾曰：「『土』讀爲『度』，周禮大司徒『以土圭土其地』，鄭君曰：『土其地，猶言度其地。』典瑞『封國則以土地』，鄭曰：『土地，猶度地也。』」不分其民，【補曰】不俘取之，蓋視凡侵尤輕。明正也。【補曰】疏曰：「論語稱齊桓公正而不譎，指謂伐楚，此侵蔡亦言正者，伐楚是責正事大，故馬、鄭指之。其實侵蔡不土其地，不分其民，亦是正事，故傳言正也。」

遂伐楚，次于陘。楚彊，齊欲綏之以德，故不速進而次于陘。陘，楚地。【補曰】此本杜預也。公羊以爲俟屈完，蓋因莊八年次郎有「俟」文，故云爾。遂，繼事也。【補曰】重發傳者，此是用兵，又是霸者，事嫌異，故也。時本爲伐楚，故侵蔡耳。齊桓用兵，自滅遂以來，若非自將則無大衆，其用諸侯之師無過二國者，今乃大舉侵蔡，則知伐楚爲本謀。葉夢得辯左傳蔡姬事，而戰國策游騰謂楚王以爲桓公「號言伐楚，其實襲蔡」，韓非書詳其事，史記亦用之，皆謬妄。次，止也。【補曰】疏曰：「次有二種：有所畏之次，即齊師、宋師次于郎，傳曰『畏我』是也；有非所畏之次，即此次于陘，傳直曰『次，止也』是也。」文烝案：此次非畏，故重發傳。謝湜曰：「書次陘，善其不以攻戰爲事。」其說得之。管子曰「至善不戰」，吳澂引孫子曰：「百戰百勝，非善之善者也；不戰而屈人之兵，善之善也。」

夏，許男新臣卒。十四年冬，蔡侯肸卒，傳曰：「諸侯時卒，惡之也。」宣九年辛酉，晉侯黑臀卒于扈，傳曰：「其地，于外也。其日，未踰竟也。」然則新臣卒于楚，故不日耳，非惡也。【補曰】案：不日者，從曹伯廬、曹伯負芻、杞伯成之例，明新臣實卒于師也。注言「卒于楚，故不日」，是以許男甯、蔡侯東國爲比，非也。傳明言死於師矣，說詳成十三年。但不日則當月，今時而不月，與蔡侯肸等同者，此處方盛美齊桓。七國之君，咸被褒録，無嫌於惡之，則書時猶書月，大氏春秋之文多從簡質。○【撰異曰】陸淳纂例曰：「『新』，公羊作『辛』。」案：今公羊不作「辛」。諸侯死於國，不地；死於外，地。【補曰】閔之變於內也。或書地名，或書其國，或書師會，皆地也。死於師何爲不地？據宣九年晉侯黑臀卒于扈地。【補曰】此地即謂師，書于師則地矣。注據黑臀，非也，當云據曹伯廬、曹伯負芻。內桓師也。齊桓威德洽著，諸侯安之，雖卒於外，與在其國同。

楚屈完來盟于師，盟于召陵。屈完來如陘師盟，齊桓以其服義，爲退一舍，次于召陵，而與之盟。召陵，楚地。【補曰】成二年，齊侯使國佐如師。己酉，及國佐盟于爰婁。傳曰「爰婁在師之外」，明召陵亦在師之外矣。左傳曰：「師進，次于陘。夏，楚子使屈完如師。師退，次于召陵。」杜預言「退舍」，范所本也。師行一舍三十里。李廉曰：「召陵恐亦楚之要地，故後來楚平王簡東國之兵於召陵。」文烝案：今許州郾城縣東即其地。桓盟不日，此又不月者，夷狄受盟與常盟異，故略其月以異之。楚無大夫，無命卿也。【補曰】疏曰：「無大夫有三等之例，曹本非微國，後削小。莒是東夷，本微國。楚則蠻夷大國，僭號稱王，其卿不命於天子。」文烝案：曹、莒等無命大夫者，其君本有命卿，而當時不以爲卿也。其楚無命大夫者，其君亦本有命卿，而春秋黜之也。其例實止有二等，皆不須以不命於天子爲說。無大夫、無師皆同意。【補曰】曰屈完何也？【補曰】略名之，當言楚完。以其來會桓，成之爲大夫也。尊齊桓，不欲令與卑者盟。【補曰】不氏則從曹、莒直名之例，是列國卑者之文。其不言使，權在屈完也。邵曰：「齊桓威陵江漢，楚人大懼，未能量敵，遣屈完如師，完權事之宜，以義卻齊，遂得與盟，以安竟內，功皆在完，故不言使。」【補曰】權在屈完，猶言權在祭仲。注言「權事之宜」，非傳之「權」字也。以義卻齊者，依左傳也。左傳屈完別自有言，不如下所云。下所云不爲完語，又在次陘前。則是正乎？曰非正也，臣無自專之道。【補曰】君臣之義，不以楚而廢也。以其來會諸侯，重之也。重其宗中國，歸有道。【補曰】若屈完者，亦變之正歟？來者何？內桓師也。來者，內辭也。內桓師，故言來。于師，前定也。【補曰】此解經上「盟」字。言來盟者，從前定之例，美其事而異之也。不言使而言來，先言于師而後言于召陵，皆變文也。若爲平文，當如齊國佐。于召陵，得志乎桓公也。屈完來盟，桓公退于召陵，是屈完得其本志。【補曰】注非也。此解經下「盟」字。再言盟者，見得志乎桓公，謂桓公得志也。公羊曰：「其言盟于師、盟于召陵何？師在召陵也。師在召陵則曷爲再言盟？喜服楚也。」案：公羊言「師在召陵」非也，其以再言盟爲喜則是也。何休言屈完來陘，退次召陵，所以補正傳說。又引春秋緯孔子曰：「書之重，辭之複，嗚呼！不可不察，其中必有美者焉。」繁露亦有其語。汪克寬曰：「盟于召陵與會于蕭魚，書法不異，皆一經特筆，美齊服楚，美晉定鄭也。」黃震述其師説曰：「來盟于師，楚有盟心，退盟召陵，齊有盟禮。」與盧仝同。得志者，不得志也，屈完得志則桓公不得志。【補曰】注非也。經見桓公之得志，以此盟乃時人所謂不得志也，故曰「得志者，不得志也」。以桓公得志爲僅矣。桓爲霸主，以會諸侯，楚子不來，屈完受盟，令問諸江，辭又不順，僅乃得志，言楚之難服。【補曰】案：傳下云「我將問諸江」，非令齊問也，注誤依左傳文。又此句與下屈完語不相屬，注亦誤會。國語賈逵注曰：「僅，猶言纔能也。」韋昭曰：「猶劣也。」經意以爲桓公退盟召陵，不窮兵力，以不得志爲得志，其得志也。劣能如此耳，美其事，複其文，其義乃著。揚子法言曰：「周康之時，頌聲作乎下，關雎作乎上，習治也。齊桓之時緼而春秋美邵陵，習亂也。故習治則傷始亂也，習亂則好始治也。」漢孝文詔曰：「堅邊設候，結和通使，休寧北陲，爲功多矣。」且無議軍，此得召陵之意。賈誼謂帝不能爲齊桓，過也。屈完曰：「大國之以兵向楚何也？」桓公曰：「昭王南征不反，【補曰】杜預曰：「昭王，成王之孫，南巡守，涉漢，船壞而溺。」案：齊以爲楚罪。菁茅之貢不至，故周室不祭。」菁茅，香草，所以縮酒，楚之職貢。【補曰】書禹貢荆州之貢「苞匭菁茅」即此也。鄭君曰：「菁茅，茅之有毛刺者。」杜預曰：「茅之爲異未審。」今案：史記封禪書管仲謂桓公「江淮之閒，一茅三脊，所以爲藉也」。水經注引晉書地理志云「泉陵縣有香茅，氣甚芳香，古貢之以縮酒」。〔一〕二者其此茅乎？菁者，蓋言菁菁然盛也。左傳言包茅縮酒，周禮鄭興注曰：「『莤』讀爲『縮』。束茅立之祭前，沃酒其上，酒滲下去，若神飲之，故謂之縮。」縮，浚也。浚者，說文「抒也」，廣雅「盪也」。鄭君曰：「縮酒，泲酒也。」又曰：「以茅縮去滓也。」不祭，謂不以菁茅祭。屈完曰：「菁茅之貢不至則諾，昭王南征不反，我將問諸江。」問江邊之民有見之者不。此不服罪之言，故退于召陵而與之盟。屈完所以得志，桓公之不得志爾。【補曰】漢水入江，言將問江神。注非也。傳因盟事，并記桓公、屈完語，得志之僅，亦其一驗，非以此便爲僅也，注都未了。○蘇轍曰：「楚人方强，齊將綏之以德，故次于陘以待之。既而楚屈完來求盟，因而許之。雖有諸侯之衆而不用，蓋伯者之師，求以服人而已，非若後世必以戰勝爲功也。二十八年，晉、楚戰于城濮，晉文公退三舍避楚，楚成得臣從之不已而後戰，方其退舍而楚還，則文公亦將不戰矣。由此觀之，桓文之於用兵皆求服人而不求必勝也。」家鉉翁曰：「蘇氏立論平實，得桓文之用心。」

齊人執陳袁濤塗。袁濤塗，陳大夫。【補曰】不月，則濤塗亦有罪。何休以爲執例時。○【撰異曰】袁，左氏作「轅」，段玉裁曰：「左氏音義『袁』本多作『轅』，乃俗人以轅、袁互易也。」文烝案：陳之袁氏或作「轅」，他書又作「爰」，難定其孰爲本字。段據北史李繪謂袁狎語以爲黄帝十二姓内有轅，當从車旁，而今國語誤爲「儇」，遂定陳大夫氏爲「轅」。今考陳袁氏爲公族，乃嬀姓，無關黄帝姓也。齊人者，齊侯也。【補曰】文承上盟，足明其爲齊侯。其人之何也？於是哆然外齊侯也。不正其踰國而執也。江熙曰：「踰國，謂踰陳而執陳大夫，主人之不敬客，由客

〔一〕「理」原作「道」，據晉書改。又「古」原作「言」，據晉書地理志改。

之不先敬主人，哆然衆有不服之心，故春秋因而譏之，所謂以萬物爲心也。莊十七年，齊人執鄭詹，傳與其執者，詹奔在齊，因執之。」【補曰】疏曰：「左氏、公羊皆以爲濤塗誤軍道。」傳與注無是言，則以濤塗不敬齊命，故執之，陳人有不服之意，哆然疏外齊侯。哆然，寬大之意也。」「萬物爲心」，莊子文。文烝案：注、疏皆失傳指。哆然外齊侯者，謂經意哆然外之，故稱人也。經所以外之者，踰國而執其大夫，以爲不正，此桓十一年之例也。濤塗之見執，當依左傳所載，齊侯初從濤塗之請，師出東方，後因鄭申侯言，仍由陳、鄭閒出，遂執濤塗。濤塗從陳侯在師，時已至陳地，齊侯執之於陳，故謂之踰國而執，是聖門相承説經語也。至於陳有不服之心，觀下一伐一侵，固亦可見。而濤塗之請，乃其實迹，公羊以爲不脩其師而執濤塗，古人之討則不然，其說亦可用也。上文「內桓師」，此文「外齊侯」，義各有當，是之謂萬物爲心，鄭玉所云「功過不相掩也。」疏解「哆然」字亦非也，哆然者，離外之意。爾雅曰：「誃，離也。」誃，即「哆」字。荀子曰「有侈離之德」，「侈」亦即「哆」字，高郵王氏父子說。

秋，及江人、黃人伐陳。【補曰】左傳曰：「討不忠也。」不言其人及之者何？內師也。【補曰】內師，魯師也。此當言內卑者，而言內師，便文也。桓十七年「及宋人、衛人伐邾」正與此同。傳特於此言內師者，疏曰：「文承齊人執濤塗下，恐非魯及故也。」吳澂曰：「時江、黃之師在其國，以其近於陳，故令伐陳也。必使魯人及之者，江、黃遠國，不可無魯主兵也。」文烝案：此亦所謂南伐以魯爲主。

八月，公至自伐楚。【補曰】月者，似爲下葬，然曹宣、許靈葬皆不月。何休曰：「凡公出，滿二時月，危公之久。」何注「二」或作「三」，誤。有二事偶則以後事致，【補曰】偶者，相當敵，言後事不小於先事也，後不小則後爲大，此爲常例。後事小則以先事致，【補曰】後小則先爲大，此爲變例。其以伐楚致，大伐楚也。鄭君曰：「會爲大事，伐爲小事。」今齊桓伐楚而後盟于召陵，公當致會。而致伐者，楚彊莫能伐者，故以伐楚爲大事。【補曰】鄭言「會大伐小」非也。凡伐與會爲偶，先會後伐，當以伐爲大，先伐後會，當以會爲大。此先伐後會而不以會爲大，明伐尤大也。定四年，侵楚盟皋鼬以會致，則依偶事致後之例，以會爲大矣。書序稱「成王東伐淮夷，遂踐奄」，其下云「成王歸自奄」，以踐奄爲大也。又稱「夏師敗績，湯遂從之，遂伐三朡」，其下云「湯歸自夏」，以勝夏爲大也。汪克寬引以證春秋，得之。又此傳特明統例耳，桓之盟會皆不致，固不謂召陵有書至之義。

葬許穆公。○【撰異曰】穆，公羊作「繆」，後謚皆同。

冬十有二月，公孫茲帥師會齊人、宋人、衞人、鄭人、許人、曹人侵陳。莊十年春二月，公侵宋，傳曰：「侵時，此其月何也？惡之，故謹而月之。」然則凡侵而月者，皆惡之。【補曰】三國伐，七國又侵，故惡之也。公孫茲，公子牙子叔孫戴伯也。自陽處父以前稱人者，皆是師少，不必將卑。魯以貴卿帥師，外亦將尊可知，但七國獨魯用大衆，恐非事情，蓋齊桓節制之兵，獨不用衆。宋以下雖或用衆，既序齊後，從而稱人耳。○【撰異曰】茲，公羊作「慈」，後同。

五年春，晉侯殺其世子申生。【補曰】殺世子母弟例時。目晉侯斥殺，惡晉侯也。斥，指斥。【補曰】目，見也。惡晉侯者，公羊云「甚之」是也。與殺母弟目言同。張洽曰：「董仲舒所謂爲人君父而蒙首惡之名。」謝湜曰：

「滅國本而君道絶，滅天性而父道絶。」

杞伯姬來朝其子。婦人既嫁不踰竟，踰竟，非正也。【補曰】此專釋「來」也。重發傳者，内女未有明文，又嫌外孫當朝也。諸侯相見曰朝，伯姬爲志乎朝其子也。【補曰】使其子伉諸侯之禮者，乃伯姬之志，書「來」已見非正，又書「朝其子」，是所以譏伯姬。伯姬爲志乎朝其子，則是杞伯失夫之道矣。凱曰：「不能刑于寡妻。」【補曰】孟子曰：「身不行道，不行於妻子，使人不以道，不能行於妻子。」言又譏杞伯也。諸侯相見曰朝，以待人父之道待人之子，非正也。【補曰】直書「朝」，明魯以處待杞伯之禮待之，又譏内也。故曰杞伯姬來朝其子，參譏也。參譏，謂伯姬、杞伯、魯侯也。桓九年，曹伯使其世子射姑來朝，譏世子。此不譏者，明子隨母行，年尚幼弱，未可責以人子之道。伯姬以莊二十五年夏嫁，至今十五年，則子幼可知。

夏，公孫茲如牟。【補曰】言如者，聘也。後皆同。左傳曰「公孫茲如牟娶焉」，説見莊二十七年。

公及齊侯、宋公、陳侯、衛侯、鄭伯、許男、曹伯會王世子于首戴。惠王之世子名鄭，後立爲襄王。首戴，衛地。【補曰】王世子不名者，别於諸侯之世子與羣王子，從大夫以上不名例也。王室事自王人救衛後，一志王姬歸齊，至此乃見王世子。○【撰異曰】戴，左氏作「止」。下同。及以會，尊之也。言及諸侯然後會王世子，不敢令世子與諸侯齊列。【補曰】會者，外爲主之文，此時王世子爲主，當如王人、宰周公等冠齊侯上而已。今書公及齊侯，從尊卑内外之常文，而移會王世子文殊之於下，明不欲與諸侯列數，是所以尊之，此蓋君子改舊史以明義。會又會，及以及，會以及，皆同也。何尊焉？王世子云者，唯王之貳也。【補曰】貳，副也。國語曰：「貳若體焉。」上貳代舉，下貳代履。云可以重之存焉，尊之也。何重焉？天子世子，世天下也。【補曰】公羊曰：「世子猶世世子也。」韓嬰詩傳曰：「所以爲世子何？言世世不絶。」

秋八月，諸侯盟于首戴。言諸侯者，前目而後凡，他皆放此。【補曰】公羊曰：「諸侯何以不序？一事而再見者，前目而後凡也。」何休曰：「省文從可知。」文烝案：魯大夫與他國序，再出名氏，公不再出者，趙匡曰：「卿恐涉他臣，公則無二也，今以爲君臣相變。」無中事而復舉諸侯何也？【補曰】據同盟新城之屬不重舉。尊王世子而不敢與盟也。【補曰】諸侯能尊王世子，經因其尊而尊之。傳於會言春秋尊之，於盟言諸侯尊王世子，其實此會此盟皆是諸侯能尊王世子，而經因爲尊文以示義，皆善桓也。盧仝曰：「此春秋尊周之微意。」尊則其不敢與盟何也？盟者，不相信也，故謹信也，不敢以所不信而加之尊者。【補曰】申上意。桓，諸侯也，不能朝天子，是不臣也。【補曰】朝者，朝京師也。王世子出會，足見桓不能朝。王世子，子也，塊然受諸侯之尊己，而立乎其位，是不子也。【補曰】疏引徐邈云：「塊然，安然也。」王引之曰：「徐訓非也。塊然，獨尊之貌。凡書傳言『塊』者，皆獨貌也。字亦作『傀』，荀子書『塊』、『傀』二字並出。」文烝案：位者，世子之位也，受尊禮而立其位，非子道，明古者世子不出會。桓不臣，王世子不子，則其所善焉何也？【補曰】經爲尊文，善桓明矣，故因以問。是則變之正也。雖非禮之正，而合當時之宜。【補曰】謂桓得變之正。天子微，諸侯不享覲，【補曰】享，獻也。不貢獻，不朝覲。桓控大國，【補曰】控，引也。扶小國，【補曰】扶，佐也。佐，謂手相助。統諸侯，不能以朝天子，亦不敢致天王，【補曰】統，總也。雖不能以諸侯朝京師，亦不敢如晉文致天王而朝之。呂祖謙論受胙請隧等事，以爲齊桓專在於扶名分，晉文則適以壞名分，見管仲、舅犯之優劣。尊王世子于首戴，【補曰】由其不敢致天王，故但致王世子而尊之於會。乃所以尊天王之命也。【補曰】尊世子正以尊王也。言命者，請於王而王命之來。世子含王命會齊桓，亦所以尊天王之命也。【補曰】世子銜王命而來會，自尊亦即以尊王命。世子受之可乎？：是亦變之正也。【補曰】亦，亦齊桓，與上同。天子微，諸侯不享覲，世子受諸侯之尊己，而天王尊矣，世子受之可也。【補曰】世子尊則天王尤尊，故可受也。自「桓諸侯也」以下，通論會盟之善。左傳曰「謀寧周也」，服、杜皆以爲王將廢世子，立王子帶，故齊桓帥諸侯會之以定其位。於此傳未能相通，或當時實有其事，而經但就文見義，以明其爲變之正，不須詳細論之耳。趙鵬飛以爲是會能假義，是盟能假信，引經解曰「義與信，伯王之器也」。家鉉翁則謂定世子之位之説深爲可疑，只當從穀梁。穀梁明變正之義，有功世教。

鄭伯逃歸不盟。以其去諸侯，故逃之也。專己背衆，故書逃。傳例曰：「逃義曰逃。」【補曰】公羊引魯子曰「蓋不以寡犯衆也」，范本之。言不盟，則知上諸侯無鄭伯。劉敞曰：「出不盟者，在盟前逃也，猶沙隨、平丘。尋其先文，如皆已盟，復得後語，乃知不與耳。」文烝案：言不者，可以然而不然之例。

楚人滅弦，弦子奔黄。弦，國也。其不日，微國也。【補曰】重發傳者，此是楚滅，嫌異也。又此奔蒙上月，而滅在時例，與黄、夔、江、六同，皆夷狄之微國也，故重發傳。

九月戊申朔，日有食之。

冬，晉人執虞公。虞公貪璧馬之寶，棄兄弟之親，拒絶忠諫之口，不圖社稷之危，故晉命行于虞，使下執上，虞同于晉，是以謂之晉人執虞公。【補曰】晉滅同姓不譏者，惠士奇曰：「夏陽之滅，以虞爲主，至此滅虞，變文言執，所以末減晉之罪而獨罪虞也。不言滅，故亦不得稱名。」文烝案：此滅宜月，不言滅，故亦不月。執不言所於地，縕於晉也。時虞已包裹屬於晉，故雖在虞執而不書其處。【補曰】疏曰：「舊解云執人例不書地，此云不地縕於晉者，凡執人不地者，亦以地理可明故也。若晉會諸侯于溴梁，執莒子、邾子；楚合諸侯于申，執徐子；皆因會而執之，則在會可知，故不假言地。至如滅人之國、執人之君，則亦是就國可知也。經若書晉滅虞，則是言其地，今不書滅虞，即不舉滅國之地，不謂執人當地也。所以不言滅虞者，晉命先行於虞，虞已屬晉，故不得言之也。或以爲執不言所於地，謂不書執虞公于虞也。縕於晉，謂虞已苞裹屬晉，故不得言也。理亦通耳。」其曰公何也？據十九年宋人執滕子嬰齊不言公。猶曰其下執之之辭也。臣民執其君，故稱公。江熙曰：「春秋有州公、郭公、虞公，凡三公，非爵也，傳以爲下執之辭。嘗試因此論之，五等諸侯，民皆稱曰公，存有王爵之限，没則申其臣民之稱。州公舍其國，故先書州公；郭公盜而歸曹，故先名而後稱郭公；夏陽亡則虞爲滅國，故宜稱虞公。三人殊而一致，三公舛而同歸，生死齊稱，蓋春秋所賤。【補曰】左傳鄭莊公曰「無寧茲許公復奉其社稷」，此告許大夫百里之辭，從其所稱以爲稱，是臣民稱公之驗。又齊公子元不順懿公，終不曰公，明常稱皆曰公也。春秋内君則稱公，外稱公者，自宋以外皆以配謚，故曰「生死齊稱，春秋所賤」也。疏曰：「州公本無舍國之事，郭公不見盜歸之文，今江爲此説而范不難者，以州公舍國，左氏有文，郭公棄位適曹，即是盜之狀。」錢儀吉曰：「注『盜』字疑當作『逃』。」其猶下執之之辭何也？【補曰】據臣出其君以自出爲文，況虞實不執君邪？晉命行乎虞民矣。虞服于晉，故從晉命而執其君。【補曰】晉命既行，可以使虞執之，故晉執而從虞稱也。縕以國言，命行以民言，皆指滅夏陽。但言民則臣兼之。虞、虢之相救，非相爲賜也，今日亡虢而明日亡虞矣。言明日，喻其速。【補曰】此又明虞借晉道一事，君子所甚惡也。前則主兵，此則不言滅，又稱公，所以大著其義。劉敞曰：「春秋之記事，原始見終，不失其實者也，故虞之滅自夏陽始，夏陽滅則虞亡矣。宮之奇、舟之僑之徒皆知之，獨其君不知，故春秋因大見其釁於滅夏陽，而深没其迹於執虞公，使天下之爲人君者從而省之，可以戒於此矣。故曰家有既亡，國有既滅，由別之不別也，可不大哀乎？」文烝案：傳不釋稱人義者，凡諸侯稱人以執諸侯，皆是衆辭，皆是與其執有罪，與稱爵斥執者相對爲文。傳於後既明稱爵斥執之非，則稱人義自足見，故諸稱人悉略之也。諸侯執大夫皆稱人，無稱爵者，故或爲貶之外之，或爲衆辭，以其執有罪而與之，文同義異，而傳亦隨事備文。執諸侯則有稱爵、稱人二例，既以稱爵，當彼貶之外之之文，則稱人者自不煩釋。

春秋僖公經傳第四補注第十

穀梁　范氏集解　鍾文烝詳補

六年春王正月。

夏，公會齊侯、宋公、陳侯、衞侯、曹伯伐鄭，圍新城。【補曰】左傳曰：「圍新密，鄭所以不時城也。」杜預曰：「實新密而經言新城者，鄭以非時興土功，齊桓聲其罪以告諸侯。」劉炫曰：「先王之制，諸侯無故不造城，造城則攻其所造，司馬法『產城攻其所產』是也。」伐國不言圍邑，此其言圍，何也？據元年楚人伐鄭不言圍。【補曰】不得獨據彼又覆。病鄭也，著鄭伯之罪也。泰曰：「諸伐國而言圍邑，傳皆以爲伐者之罪。而以此著鄭伯之罪者，齊桓行霸，尊崇王室，綏合諸侯，翼戴世子，盟之美者，莫盛於此。而鄭伯辟義逃歸，違叛霸者，是以諸侯伐而圍之。罪著于上，討顯于下，圍伐之文雖同，而善惡之義有殊，亦猶桓盟不日以明信，而葵丘之盟日之以爲美。」【補曰】疏曰：「前書逃歸，是罪著於上也；今言伐，又言圍，是討顯於下也。」文烝案：注言「罪著於上」，非卽傳所謂著罪；傳言著罪者，卽申病鄭意也；言伐復言圍，或爲伐者之罪，或爲受伐者之罪；不嫌無別者，下以伐鄭致變，偶事致後之例，亦足明之也。

秋，楚人圍許。

諸侯遂救許。伐鄭之諸侯。【補曰】此本杜預。善救許也。【補曰】疏曰：「何嫌非善？而傳言之者，以許是近楚小國，叛而即齊，嫌救之非善，故發之。」

冬，公至自伐鄭。其不以救許致何也？【補曰】據偶事，當致後。大伐鄭也。【補曰】疏曰：「大之者，鄭叛中國，外心事楚，成蠻夷之强，益華夏之弱。齊桓爲伯，討得其罪，鄭人服從，遂使世子聽命，是其大也。」文烝案：公蓋以夏末行，冬初至，未滿二時，故不月。

七年春，齊人伐鄭。

夏，小邾子來朝。【補曰】杜預曰：「郳犂來始得王命而來朝也。數從齊桓以尊周室，王命以爲小邾子。邾之別封，故曰小邾。」案：莊五年，公羊曰：「倪者何？小邾婁也。」○【撰異曰】小邾，公羊作「小邾婁」，終春秋皆然。

鄭殺其大夫申侯。【補曰】呂氏春秋謂之申侯伯。稱國以殺大夫，殺無罪也。【補曰】疏曰：「此云殺無罪，是罪鄭伯也。案：傳例失德不葬，文公不書葬，則亦失德也。枉殺卿佐，是失德之儔，未知鄭伯更有失德，爲當直由殺申侯，不可知也。」文烝案：文公不葬，非直由殺申侯，說見後卒下。

秋七月，公會齊侯宋公陳世子款、鄭世子華盟于寗毋。寗毋，某地。【補曰】當云魯地。○【撰異曰】陸淳纂例曰：「左氏陳世子款下又有鄭世子華，誤加之也。」案：今公、穀皆有之。又音義、纂例「寗」，左氏作「甯」。案：今公羊亦作「甯」。說文宀部：「寍，安也。从宀心在皿上。皿，人之食飲器，所以安人也。」丂部「寧，願詈也。从丂寍聲。」

用部：「甯，所願也。从用寧省聲。」石鼓文「天子永寍」，是訓「安」之字。今書傳盡作丂部字。晉古文書大禹謨音義辯之宀部字爲會意，猶安从女在宀中。丂部、用部二字皆从其聲，又同義，明三字並通矣。毋，左氏作「母」，音義曰：「如字。又音無。」公、穀音義曰：「音無。又茂后反。」衣裳之會也。【補曰】疏曰：「衣裳之會十有一，或釋或不釋者，省文以相包。兵車之會少，故備舉見義。此是衣裳，後歲兵車，二文相近，故傳因而別之。」

曹伯班卒。○【撰異曰】班，公羊作「般」。案：爾雅「般」訓「還」，班訓「賦」，而古書以聲同通用。

公子友如齊。【補曰】聘也。

冬，葬曹昭公。

八年春王正月，公會王人、齊侯、宋公、衛侯、許男、曹伯、陳世子款盟于洮。洮，曹地。○【撰異曰】公羊「款」下有「鄭世子華」。王人之先諸侯何也？【補曰】據是下士。貴王命也。【補曰】會者外爲主，王人爲主，是貴王命。言命者，王人奉命出會，與世子同也。傳言寰內諸侯，非有天子之命不得出會諸侯，明有天子命者得出會也。貴者，經貴之，亦由當時會實班上，猶能尊貴王命，故因而貴之以示義。諸書王朝臣出會先諸侯者，皆有王命，皆是貴之，卑者猶然，餘可知也。嘗論之齊、晉皆以外諸侯而爲伯，故自王人之微以至尹子、單子、劉子、宰周公皆據王命爲先，非周初二伯之制也。周初之二伯，自陜以東，周公主之，自陜以西，召公主之，其繼大保率西方諸侯，畢公率東方諸侯，皆以內諸侯爲伯，蓋所謂王官伯矣。齊桓、晉文與郇侯稱郇伯相似，但齊、晉既謂之侯伯，又謂之霸諸侯，亦其異也。齊、晉既爲伯，而周之卿士仍謂之王官伯，則又沿舊而通稱也。朝服雖敝，必加於上；【補曰】朝服，玄冠之服，十五升緇布衣而連裳，説見前。詩謂之「緇衣」，逸周書大匡謂之「麻衣」。諸侯視朝之服也，天子視朝則皮弁服。皮弁者，白鹿皮爲弁。士冠禮曰：「皮弁服，素積緇帶素韠。」素積者，謂裳素者縉也，其衣蓋以縞，舊説十五升白布爲之疑非。緇帶者，士制，大夫以上皮弁服皆素帶，諸侯視朝朝服，朔視朝皮弁服，天子視朝皮弁服，朔視朝玄冕，凡在朝君臣同服。論語「吉月必朝服而朝」，謂皮弁服也，與其下文「朝服立阼」異。弁冕雖舊，必加於首；【補曰】左傳景王辭於晉曰「我在伯父，猶衣服之有冠冕」，即弁冕也。冕與弁與冠散文，渾言之皆通。周室雖衰，必先諸侯。【補曰】無問會者尊卑也。六句申上意。兵車之會也。

鄭伯乞盟。以向之逃歸乞之也。向，謂五年逃首戴之盟。齊桓爲兵車之會于此，乃震服，懼不得盟，故乞得與之。不録使者，使若鄭伯自來，所以抑一人之惡，申衆人之善。【補曰】戴祖啟曰：「向也逃則今也乞矣。」文烝案：經因其乞而乞之，乞之猶上云逃之，皆謂春秋之文也。向，或作「鄉」。注不録使二句，本何休。下二句在上「逃歸」傳下。乞者，重辭也，人道貴讓，故以乞爲重。【補曰】注依定元年重請爲説，彼釋「求」義，非釋「乞」義，「求」與「乞」雖同是「重」，而「乞」又重於「求」。疏曰：「文與乞師同，故爲重辭。」得之。重是盟也。悔前逃歸，故以「重」言。【補曰】申上句。乞者，處其所而請與也，言乞，知不自來。【補曰】何休曰：「處其國上。」注音義曰：「得與音豫，下『請與』并下注『而與』同。本或作『豫』。」孔廣森曰：「與，許也，使請見許盟於齊也。」蓋汋之也。汋血而與之。【補曰】此二句與公羊同。汋，公羊作「酌」。何休曰：「酌，挹也。挹取其血。」范本之。孔廣森曰：「周官『邦汋』，鄭衆曰『汋』讀如『酌酒尊中』

之「酌」。斟酌盗取國家密事，若今時刺探尚書事然，則「酌之」之義猶言探之也。鄭屬與楚，不敢親來盟，使其世子爲乞盟，以探齊侯之意，蓋齊侯許之，故下葵丘之盟，鄭伯遂自至也。」文烝案：「汋」訓「探」亦可通。言使其世子，則據公羊經，非也。盖者，承上語辭。謝湜曰：「爲宗廟社稷主，而其始若賤者，負罪而逃，其終若賤者，哀告而乞，著其屈辱，罪其不智也。」

夏，狄伐晉。

秋七月，禘于大廟，禘，三年大祭之名。大廟，周公廟。禮記明堂位曰：「季夏六月以禘禮祀周公于大廟。」雜記下曰：「孟獻子曰，七月日至，可以有事于祖。七月而禘，獻子爲之。」案：宣九年仲孫蔑如京師，於是獻子始見經，襄十九年卒，然則失禮非獻子所始明矣。雜記之云，甯所未詳。【補曰】范依左氏說，禘爲三年大祭，因喪畢始禘，自後遂以三年爲節，不知喪畢或禘或祫，五年而再殷祭。禘實五年祭之名，言大廟以包羣廟，閔二年詳之矣。明堂位季夏六月，鄭君以爲建巳月，毛詩傳亦言夏禘秋祫。七月禘者，後世變制，非唯不始於獻子，亦必不始於此時，是雜記之誤。又禘武公在二月，禘僖公在十月，是魯禘實無常期矣。禘既無常，史例不以失時志，此志者，爲用致夫人也。月者，謹用致，非譏禘不時也。○禘有爲時祭名者，王制、祭統春曰礿，夏曰禘。郊特牲、祭義又言春禘。國語邸敬子言嘗、禘、蒸、享皆據夏、殷之禮也。商頌序長發大禘，自是殷祭之禘，别乎時祭，故言大也。禘有爲祭天地名者，祭法、魯語「周人禘嚳而郊稷」，周語禘郊之事則有全烝，魯語天子潔奉禘郊之粢盛，楚語郊禘不過繭栗。天子禘郊之事，必自射其牲，天子親舂禘郊之盛。此禘乃冬至祭昊天上帝於圜丘，夏至祭地於方丘之禮。周頌序昊天有成命郊祀天地亦通稱郊也。喪服小記、大傳不王不禘，王者禘其祖之所自出，以其祖配，此夏正月祭上帝於南郊之禮，即魯郊子丑寅三月之禮。郊而通稱禘也。周禮注以圜丘方丘幷宗廟爲三大禘。案：爾雅曰：「禘，大祭也。」「大祭」之合聲則「禘」，故凡大祭皆蒙其名矣。用致夫人。劉向曰：「夫人，成風也。致之于大廟，立之以爲夫人。」【補曰】左傳以夫人爲哀姜，果爾則當言用致哀姜。凡小君既沒有謚，不言夫人，猶君不可舍謚直言公也。公羊以爲齊之媵女。案：左氏哀二十四年傳公立公子荆之母爲夫人，宗人釁夏謂魯無此禮，是知魯君當身以妾爲妻者始於彼時，非春秋中所有，黄澤言之矣。用者，不宜用者也。【補曰】重發傳者，嫌與用幣異。致者，不宜致者也。【補曰】言致，知不宜致，宜致者則曰至自某，不曰致之，猶立與即位之異。公羊幷上句皆同，謂之用致者，始立妾母爲夫人而見於廟，用此禘禮以致之亦若夫人始嫁而告至，又若三月廟見之禮也。沈欽韓曰：「妾媵不助祭，尊成風，爲將來祔食之地，乃致成風，爲此日入廟之典也。」文烝案：左氏説以爲吉禘致新死者，而此禘非值喪畢，不得爲吉禘，故杜預推左氏之意以爲歷三禘而行其禮，紆回失實。言夫人必以其氏姓，【補曰】説見莊元年。言夫人而不以氏姓，非夫人也，【補曰】包文姜言之。哀姜去姜，出姜、穆姜去氏，次於此例。立妾之辭也，【補曰】此專言成風。非正也。夫人者，正嫡之稱，謂非崇妾之嘉號，以妾體君則上下無別，雖尊其母，是卑其父，故曰非正也。禮有君之母非夫人者，又庶子爲後，爲其母緦，是妾不爲夫體明矣。【補曰】案：庶子爲父後者，爲所生母服緦三月，謂君之庶子父卒者也。若父在，爲其母練冠麻，麻衣縓緣，既葬而除，不在五服中。不爲後者，父在同，父卒則爲其母大功九月。大夫之庶子，父在爲其母大功九月，父卒爲其母齊衰三年。爲後不爲後者皆同，凡大夫以上，他庶母皆無服，喪服經注備矣。五經異義：「今春秋公羊説妾子立爲君，母得稱夫人，故上堂稱妾，屈於適也，下堂稱夫人，尊於行國也。父母者，子之天也，子不得爵命父母，則士庶起爲人君，母亦不得稱夫人。至於妾子爲君，得爵命其母者，以妾本接事尊者，有所因緣故也。穀梁說魯僖公立妾母成風爲夫人，入宗廟，是子而爵母也。以妾爲妻，非禮也。古春秋左氏說成風得立爲夫人，母以子貴，禮也。許君謹案：尚書舜爲天子，瞽瞍爲士，明起於士庶者，子不得爵父母也。至於魯僖公，本妾子，尊母成風爲小君，經無譏文，從公羊、左氏之說。」鄭君駁云：「禮喪服父爲長子三年，以將傳重故也，衆子則爲之期，明無二適也。女君卒，貴妾繼室攝其事耳，不得復立爲夫人。魯僖公妾母爲夫人者，乃緣莊公夫人哀姜有殺子般、閔公之罪，應貶故也。近漢吕后殺戚夫人及庶子趙王，不仁，廢不得配食。文帝更尊其母薄后，非其比邪？妾子立者得尊其母，禮未之有也。」文烝案：如鄭所言，知穀梁爲正經，明有譏文，而許云無譏，非也。鄭論成風，意謂正夫人有以罪廢，妾母得成爲夫人。鄭又言宣公所以得尊其母爲夫人者，以姜氏歸齊不反之故。又杜預釋例以爲適母薨則申其母尊，孔穎達申杜曰：「哀姜既薨，成風乃正，出姜既出，敬嬴乃正，齊姜既薨，定姒乃正，襄公一世，無娶夫人之文，故齊歸得正。」今案：此等權宜之説，皆非穀梁義，唯孔説齊歸似可依用。鄭援漢事，乃光武，非文帝也。夫人之，我可以不夫人之乎？夫人卒葬之，我可以不卒葬之乎？鄭嗣曰：「君以爲夫人，君以夫人之禮卒葬之，主書者不得不以爲夫人也。成風以文四年薨，五年葬，傳終説其事。」【補曰】此有二「我」字，蓋通下二句皆夫子之言，與十九年傳「我無加損」同例也。蘇轍謂春秋所書不爲異辭者，君臣之禮。胡安國以爲譏禮所由變，薛季宣以爲不沒其實。一則以宗廟臨之而後貶焉，臣無貶君之義，故于大廟去夫人氏姓，以明君之非正。【補曰】注非也。貶者，謂貶去夫人氏姓，與文姜、哀姜、出姜之貶皆同。一則以外之弗夫人而見正焉。秦人來歸僖公、成風之襚，不言夫人。【補曰】注亦非也。以外之弗夫人而見正者，謂不直言成風，而言僖公、成風也。於彼論之，夫夫人之、夫人卒葬之者，紀其實也。貶焉、見正焉者，所謂春秋視人所惑，立説以明之也，略舉數事，以證斯文。桓也而公，我亦公之；文姜也而夫人，我亦夫人之；楚商臣、蔡般而楚子、蔡侯，我亦楚子之、蔡侯之。惑則有説焉，桓不可爲公，而王不討，疑若可也，故將公之則先謹之也。文姜不可爲夫人，而子念母，疑若可也，故既夫人之而又貶之也。不惑則無説焉，楚商臣、蔡般，夫人而知其不可爲楚子不可爲蔡侯也，故楚子之、蔡侯之，如恆文也，是故我紀其實而已矣。紀其實而無説，我寄其意而已矣。寄其意者亦所謂我無加損焉，而名亦未嘗不正也。後世史書既非聖筆，不足寄意，乃競立説，小失則乖礙文體，大失則變亂事實，自王通、沈既濟、孫樵以來，又不第如譙周、干寶、孫盛之書以模擬文句爲病矣。

冬十有二月丁未，天王崩。惠王也。【補曰】史記桓王子莊王佗，莊王子僖王胡齊，僖王子惠王閬，世本名毋涼，國語注或作「涼」。左傳崩在上年閏月無日，以爲至是來告。趙匡以來皆疑之，當是上冬有疾，至此崩也。

九年春王三月丁丑，宋公禦説卒。【補曰】宋桓公也。不葬者，疏曰：「蓋魯不會。」〇【撰異曰】禦，本亦作「御」，左氏作「御」。

夏，公會宰周公、齊侯、宋子、衛侯、鄭伯、許男、曹伯于葵丘。宰，官。周，采地。天子三公不字。宋子，襄公。葵丘，地名。【補曰】周公，名孔。葵丘，杜預釋例「宋地也」。全祖望、洪亮吉據左傳云西爲此會，從水經注爲晉地。注自末句外皆本杜預。天子之宰通于四海。宰，天官冢宰兼爲三公者，三公論道之官，無事于會盟。冢宰掌建邦之六典，以佐王治邦國，故曰通于四海。【補曰】疏曰：「傳言通於四海者，解其與盟會之事也，若直爲三公論道之官，則無事於會盟。以兼爲冢宰通於四海，爲諸侯所尊，故得出會也。一解通於四海者，解其稱官之意，與注乖。」文烝案：一解得之，於注亦不相悖。孔穎達解此傳謂「宰者六官之長，官名通於海內，故書官名」是也。孔又以爲傳兼解宰咺、宰渠伯糾，蓋自宰夫以上皆通，其説未當。宰周公以公兼卿，以其兼冢宰，通於四海，而書官。渠伯糾爲宰夫，咺爲宰夫之屬，亦書官者，因冢宰連及之也。官有正有貳有考，冢宰卿爲正，小宰中大夫爲貳，宰夫下大夫爲考，其官名俱爲宰，故通得書宰。其士則謂之殷，而上士中士視旅下士爲尊，故統於考而亦書宰。不嫌無別者，或名或字或爵，足以別之也。宋司城官屬俱來，司馬華孫官屬亦俱來，直書司城、司馬，亦其比也。至於周公出奔晉，祭公來，不言所兼之卿官，其餘自卿至中士皆不言官，明非冢宰及其貳與考，則皆略之。王子虎卒，左傳謂之王叔文公，經不言官，而國語以爲大宰，似未足據也。公羊謂宰周公是天子之爲政者。案：周初，周公以大宰攝王事，明宰實爲政，爲政故通於四海，通四海故言官，此必魯史所受周禮舊法，而君子因之。春秋時，周之爲政者不必皆大宰矣。鄭君周禮注曰：「百官摠焉，謂之冢，列職於王則稱大。」何休曰：「宰，猶治也。」干寶、賈公彦解周禮謂取調和之名。爾雅曰：「九夷、八狄、七戎、六蠻謂之四海。」李巡本爾雅。下文又云「八蠻、六戎、五狄」，與風俗通同。又古書言「四海」或爲四方之通稱，是有二義也。時蓋百官聽於冢宰，王既葬而命之出會，諸侯會葬，先出以俟乎？宋其稱子何也？未葬之辭也。【補曰】内書子者，既葬稱子，未葬稱子某。此宋子及定四年陳子未葬不名，不如子般、子野者。既出會盟，與諸國君列序，不得獨出名也。禮，柩在堂上，孤無外事，今背殯而出會，以宋子爲無哀矣。櫝木如椁，塗之曰殯。殷人殯于兩楹之閒，周人殯于西階之上。宋，殷後也。【補曰】注言殷後者，解傳「堂上」爲兩楹閒也，其實傳亦通言之。曲禮曰：「在牀曰尸，在棺曰柩。」無外事者，猶云喪不貳事也。殯者，以大斂而徙棺也。依檀弓、喪大記，天子之殯，菆塗龍輴以椁，加斧椁上，畢塗屋；諸侯之殯用輴，欑至於上，畢塗屋；大夫之殯以幬，欑置於西序，塗不暨於棺；士之殯見衽，塗上，帷之。「菆」與「欑」同字。凡柩既殯將葬，乃啟之，其未啟，謂之在殯也。疏曰：「嫌稱子合正無譏，故傳責其背殯。」文烝案：傳明經意，見其無哀也。

秋七月乙酉，伯姬卒。內女也，【補曰】疏曰：「不嫌非內女而云內女也者，明內女有書卒之義。」未適人不卒，此何以卒也？【補曰】未適人，通言內諸未嫁女也。不卒者，經例因史例也。許嫁，笄而字之，吉笄以象爲之，刻鏤其首以爲飾，成人著之。【補曰】喪服傳曰：「吉笄者，象笄也。」何休曰：「笄者，簪也，所以繫持髮，象男子飾也。服此者，明繫屬於人，所以養貞一也。字者，尊而不泄，所以遠別也。」昏禮曰：「女子許嫁，笄而醴之，稱字。」文烝案：曲禮亦與傳同。又曰「女子許嫁，纓」，內則曰「女子十有五年而笄」，雜記曰「女雖未許嫁，年二十而笄也。」字，即伯仲叔季，猶男子冠而字。耿南仲說易「女子貞不字」，直訓「字」爲許嫁，誤。易之「字」當從虞、陸說。死則以成人之喪治之。女子許嫁不爲殤，死則以成人之喪治之，謂許嫁于諸侯，尊同，則服大功九月。【補曰】何休曰：「不以殤禮降也。」

九月戊辰，諸侯盟于葵丘。【補曰】閒有事，故復舉諸侯，雖王臣及諸侯之世子大夫在焉，皆以諸侯包之。薄、宋祝、柯、重丘、皐鼬五者皆同義也。左傳謂宰孔先歸，傳無此意，國語似與內傳同，何休亦謂宰周公不與盟，似皆非。桓盟不日，此何以日？美之也。爲見天子之禁，故備之也。何休以爲卽日爲美，其不日皆爲惡也。桓公之盟不日，皆爲惡邪？莊十三年柯之盟不日，爲信，至此日，以爲美，義相反也。鄭君釋之曰：「柯之盟不日，固始信之，自其後盟，以不日爲平文。從陽穀已來至此葵丘之盟，皆令諸侯以天子之禁，桓德極而將衰，故備日以美之，自此不復盟矣。」【補曰】疏曰「毋雍泉」以下是四教之事，而論語「一匡天下」，鄭指陽穀者，據公羊之文，其實此會亦有四教，故云「從陽穀已來」云云也。十五年盟牡丘而云不復盟者，以衣裳之會不復盟，彼是兵車故也。文烝案：陽穀大朝，葵丘明禁，傳本截然明白。鄭必兼用公羊者，凡鄭君之學，主於貫通稽合，往往如此。劉蕡對策曰：「葵丘之盟特日者，美其能宣明天子之禁，率奉王官之法，故春秋備而書之。」汪克寬曰：「首戴定天下之大本，洮安天下之大勢，葵丘示天下之大法。」葵丘之盟，陳牲而不殺，所謂無歃血之盟。鄭君曰：「盟牲，諸侯用牛，大夫用豭。」【補曰】疏曰：「衣裳之會，皆不歃血，以此會極盛，故獨詳其事耳。洮會云『㳄血』者，彼兵車之會故也。」徐邈云「『陳牲者，不殺埋之，陳示諸侯而已』」。下文「加於牲上」者，亦謂活牲，非死牲。」讀書加于牲上，壹明天子之禁，壹，猶專也。【補曰】讀載書以明之，如下所云。曰：毋雍泉，專水利以障谷。【補曰】雍，遏也。說文曰：「泉，水原也。」管子書稱楚人攻宋，鄭要宋田，夾塞兩川，使水不得東流。雍泉亦謂此類。毋訖糴，訖，止也。謂貯粟。【補曰】二注皆公羊文。左傳晉盟曰「毋壅利，毋蘊年」。毋易樹子，樹子，嫡子。【補曰】何休曰：「樹立本正辭，無易本正當立之子。」毋以妾爲妻，【補曰】說文「妻」，古文「妻」，从肖女。肖，古文「貴」字，明妻者貴稱。文王之妃太姒，大雅稱「寡妻」，毛傳曰「適妻也」。孔穎達曰：「適妻唯一，故言寡。」寡者，特也。小雅之「豔妻」，魯詩作「閻妻」，或作「剡妻」，鄭據之指厲王后，以爲敵，夫曰妻。鄭是也。荀子曰「天子無妻」，謂禮之正稱，其通稱則謂后爲妻。毋使婦人與國事。女正位於內。【補曰】此謂妻也，亦容母言之，如文姜之比。戰國、秦、漢以後，母后爲攝主，春秋之世，見其端矣。公羊載四教在陽穀，無末句。孟子述葵丘五禁亦無末句，而文尤詳，曰：「葵丘之會，諸侯束牲載書而不歃血。初命曰，誅不孝，無易樹子，無以妾爲妻。再命曰，尊賢育才，以彰有德。三命曰，敬老慈幼，無忘賓旅。四命曰，士無世官，官事無攝，取士必得，無專殺大夫。五命曰，無曲防，無遏糴，無有封而不告。」彼以五命爲五禁，此則句别爲禁也。左傳不言明天子之禁而載宰孔之言，以爲齊侯不務德而勤遠略。公羊既移四教事於陽穀，乃云「葵丘之會，桓公震而矜之，叛者九國」，遂以此盟書日爲危之。國語亦記宰周公語，戰國策蔡澤亦言震矜國叛，皆他國所録，末俗所傳，違於經義。

甲子，晉侯詭諸卒。獻公也。枉殺世子申生，失德不葬。〇【撰異曰】甲子，公羊作「甲戌」，張洽曰：「甲子不應在戊辰後，合從公羊作『甲戌』。」詭，左氏作「佹」，陸淳纂例唯云公羊作「詭」。

冬，晉里克殺其君之子奚齊。【補曰】疏曰：「弑書時者，不正，且又未成君。」〇【撰異曰】殺，公羊作「弑」。案：此字或作「弑」，或作「殺」，皆音申志反。後閽弑吴子、盗弑蔡侯皆同。淮南子、董仲舒、劉向並言春秋之中弑君三十六，段玉裁以爲當作「二十六」，謂衛弑完一也，宋弑與夷二也，齊弑諸兒三也，宋弑捷四也，晉弑奚齊五也，弑卓六也，楚弑髡七也，齊弑舍八也，宋弑杵臼九也，齊弑商人十也，莒弑庶其十一也，晉弑夷皐十二也，鄭弑夷十三也，陳弑平國十四也，晉弑州蒲十五也，齊弑光十六也，衛弑剽十七也，吴弑餘祭十八也，蔡弑固十九也，莒弑密州二十也，楚弑虔二十一也，許弑買二十二也，吴弑僚二十三也，薛弑比二十四也，蔡弑申二十五也，齊弑荼二十六也。其君之子云者，【補曰】據例當直稱子也。陳侯之弟招殺陳世子偃師，重舉陳，此當言弑晉子。國人不子也。諸侯在喪稱子，言國人不君之，故繫于其君。【補曰】言經爲國人不子之辭也。疏曰：「徐邈云不子者，謂不子愛之也。非范意。」高澍然曰：「以子繫國，公也；以子繫君，私也。」文烝案：加之者，緩辭，何休所謂起先君之子。孫覺曰：「惡奚齊而里克之罪不滅，此春秋所以斷疑似之邪正，盡人情之難言，穀梁義最精。」國人不子何也？不正其殺世子申生而立之也。【補曰】經不正之。

十年春王正月，公如齊。【補曰】言如者，朝也。桓偕夫人，莊以他事行，至此始專是朝大國。如京師、如晉、如楚，皆朝也。月者，疏以爲爲下滅溫，疏非也。孔廣森說公羊曰：「公以正月如某、或正月至者，必月，重始月也，猶存君之意也。」案：孔說最爲得實。正月存君，本公羊文，穀梁亦言存公。不致者，亦從安之例。

狄滅溫，溫子奔衞。【補曰】蘇子國於溫，溫子卽蘇子。寰內諸侯，天子之上大夫也。滅奔皆蒙月，月非但施於滅。

晉里克弒其君卓【補曰】朱子曰：「里克自不當安於奚齊、卓之立，但不可殺之。」王樵曰：「不正既於奚齊見義，則於卓成其君臣之名，以正里克之罪。」文烝案：不日者，不正也。○【撰異曰】公羊作「卓子」。及其大夫荀息。以尊及卑也，荀息閑也。【補曰】荀息所以爲閑者，公羊所謂不食其言也。疏曰：「後君死。重發傳者，仇牧是卑者所殺，此爲尊卿殺之，嫌異也。」文烝案：傳曰「死君難，臣道也」，孔父、仇牧、荀息經並言及，傳並稱閑，明同義矣。柳宗元非國語曰：「息聞君之惑，排長嗣而擁非正，其於中正也遠矣。不食其言，又不可爲信，春秋類之。孔父、仇牧以激不能死者耳。孔子曰：『與其進不保其往也。』」

夏，齊侯、許男伐北戎。【補曰】有許男從伐，不危之，故不以愛辭稱人。張自超曰：「桓獨徵師於許者，前以諸侯之師伐鄭，未嘗用許師，又爲許解楚圍，故伐北戎獨致許男，不復煩諸侯也。以江、黄伐陳，以曹伐厲，以徐伐英氏，齊桓用師節制如此。」

晉殺其大夫里克。稱國以殺，罪累上也。【補曰】累者，延坐及之。上，謂君上，以罪延坐君上，明其有專殺之罪，罪君不罪臣也。申侯之殺已發殺無罪之例，此重發之者，里克弑逆，嫌例有異，故重明之也。弑逆不可云無罪，故不曰殺無罪，而曰罪累，上論其事，則有小異，要之經書其殺，專以罪君，其意一也。里克弑二君與一大夫，二君，奚齊、卓子。一大夫，荀息。【補曰】國語惠公曰「子殺二君與一大夫」，作「殺」者不誤。左傳此句及此傳作「弑」，皆誤，説具隱四年。其以累上之辭言之何也？據有罪。其殺之不以其罪也。【補曰】非討賊還，以凡殺論。其殺之不以其罪柰何？里克所爲弑者，爲重耳也。殺奚齊、卓子者，欲以重耳爲君。重耳，夷吾兄文公。夷吾曰「是又將殺我乎？」故殺之，不以其罪也。其爲重耳弑柰何？晉獻公伐虢，得麗姬，【補曰】左傳、國語、劉向列女傳謂伐驪戎所得，莊子以爲艾封人之子。獻公私之，有二子：長曰奚齊，稚曰卓子。【補曰】公羊、列女傳同。左傳、國語以爲姬娣生卓子。稚，少也。麗姬欲爲亂，亂，謂殺申生而立其子。故謂君曰：「吾夜者夢夫人趨而來曰『吾苦畏』」，夫人，申生母。【補曰】齊姜也。胡不使大夫將衛士而衛冢乎？」【補曰】胡，何通。衛士，宿衛之士，主守護者。冢，高墳。謂築宫宿衛之。公曰：「孰可使？」曰：「臣莫尊於世子，則世子可。」故君謂世子曰：「麗姬夢夫人趨而來曰『吾苦畏』，女其將衛士而往衛冢

夏，公及夫人姜氏會齊侯于陽穀。【補曰】姜氏，聲姜也。言及者，以夫及婦也。不致者，此亦離會，又會桓與柯。以下同。

秋八月，大雩。雩月，正也。【補曰】亦通九月言之。雩，得雨曰雩，不得雨曰旱。禮龍見而雩。常祀不書，書者，皆以旱也。故得雨則喜，以月爲正也；不得雨則書旱，明旱災成。何休曰：「公羊書雩者，善人君應變求索也，不雩則言旱，旱而不害物，言不雨也。就如穀梁，設本不雩，何以明之？如以不雨明之，設旱而不害物，何以別乎？」鄭君釋之曰：「雩者，夏祈穀實之禮也，旱亦用焉。得雨書雩，明雩有益，不得雨書旱，明旱災成，後得雨無及也。國君而遭旱，雖有不憂民事者，何乃廢禮本不雩禱哉？顧不能致精誠也。旱而不害物，固以久不雨別之。文二年、十年、十三年，自十有二月自正月不雨，至于秋七月是也。穀梁傳曰『歷時而言不雨，文不閔雨也』，以文不憂雨，故不如僖時書不雨。文所以不閔雨者，素無志於民，性退弱而不明，又見時久不雨而無災耳。」【補曰】爲災言旱，不爲災言不雨，左氏、公羊皆同。公羊以別災與異。

冬，楚人伐黃。

十有二年春王三月庚午，日有食之。○【撰異曰】三月，各本作「正月」，惟唐石經作「三月」，與左氏、公羊同。王引之曰：「據杜氏長曆正月辛丑朔，三月庚午朔，則作『三』者是，今據改正。」

夏，楚人滅黃。【補曰】不月者，黃與前之弦、後之夔、江、六、羣、舒等皆夷狄也，故滅皆時，傳於弦、夔略言之，於宣十五年發例。貫之盟，管仲曰：「江、黃遠齊而近楚。楚，爲利之國也，【補曰】言便於伐。若伐而不能救，則無以宗諸侯矣。」宗諸侯，謂諸侯宗之。【補曰】注以宗爲尊，非其意。風俗通曰：「宗，長也。」字林曰：「主也。」言彼求與中國會盟，而中國受之，則當終庇之。我既主諸侯爲長，可因其遠而不能救乎？管仲恐桓霸盛極而衰，難以及遠，故勸使弗受。管子書以爲管仲垂死勸桓公歸江、黃於楚，蓋記者傳聞之誤。桓公不聽，遂與之盟。管仲死，楚伐江滅黃，桓公不能救，【補曰】伐江在文之篇，傳因黃事連言之耳。又疑上經伐黃，穀梁作伐江，先儒無說，莫能明焉。疏曰：「案史記管仲卒在桓公四十一年，當魯僖十五年，與傳不合。」文烝案：史記不足據。而左傳是年冬「管夷吾平戎于王」，亦與傳異。或平戎事在前年也。傳必記管仲死者，明管仲在猶能救。故君子閔之也。閔其貪慕伯者以致滅。【補曰】閔黃即以病桓也。黃與弦皆以近楚被滅，而黃列桓盟，爲春秋所閔，故滅弦非桓病，滅黃乃病也。桓德之衰，至城緣陵而辭始著，而其端見於不救黃，則當管仲之歿也，其機伏於盟貫，則以違管仲之言也。即此一事，前後貫通，足明桓公之盛，皆由仲父之功，雖管夷吾名氏不見於經，而經意可知矣。董仲舒曰：「弗能察，寂若無能，察之，無物不在，穀梁之於春秋，善察者也。」

秋七月。

冬十有二月丁丑，陳侯杵臼卒。○【撰異曰】杵，公羊作「處」。

十有三年春，狄侵衞。

夏四月，葬陳宣公。

公會齊侯、宋公、陳侯、衞侯、鄭伯、許男、曹伯于鹹。鹹，衞地。兵車之會也。

秋九月，大雩。

冬，公子友如齊。

十有四年春，諸侯城緣陵。緣陵，杞邑。【補曰】疏曰：「左氏以爲淮夷病杞，公羊以爲徐、莒脅杞。」案：此亦城而遷之，邑卽國也。何休曰：「外城不月者，文言諸侯，非內城明矣。」案：城虎牢、城成周皆時者，皆同義。城杞上有「五月」，亦不蒙之，左傳事在六月，知亦時矣。其曰諸侯，散辭也。直曰諸侯，無大小之序，是各自欲城，無摠一之者，非伯者所制，故曰散辭。【補曰】杞雖未滅而國已危，城緣陵以遷之，宜列序其人以見美，言諸侯而不序，是散辭也。散辭與二年專辭若相對，其實城邢不必列序而序，此當列序而不序，正與元年文相對也。文七年傳曰「略之」，散辭卽是略，互相備也。嘗論之，城楚丘及戍陳、戍虎牢、歸粟，皆伯者之大美事，故皆爲內辭。城邢、城緣陵、城杞、城成周，皆伯者之尋常美事，故其文皆以列序爲常。邢、緣陵之等所以異於楚丘者，一是興滅，一但持危也。戍與歸粟所以又異於城邢、緣陵等者，危而城之，城之而事已畢，有警而以師守之，有急而以粟賙之，其功大於城也。據左傳城成周本是罷戍而城之，昭二十七年晉致諸侯之戍于周，三十二年王請於晉，令脩城以罷戍，晉人之謀曰：「與其戍周，不如城之。」天子實云，雖有後事，晉勿與知可也。是城不及戍之驗也。若然，城成周書，戍成周不書者，彼時晉霸衰微，兵力不足，不欲與戍陳、戍虎牢同辭故也。左氏謂晉致諸侯之戍，魯人辭以難，是謂魯不在，故不書。若然，城楚丘魯若不與亦將不書乎？城邢無魯又何以書也？此左氏彌縫之失也。聚而曰散，何也？據言諸侯城則是聚。諸侯城，有散辭也。桓德衰矣。言諸侯城，則非伯者之爲可知也。齊桓德衰，所以散也。何休曰：「案先是盟亦言諸侯，非散也。又穀梁美九年諸侯盟于葵丘即散，何以美之邪？」鄭君釋之曰：「九年，公會宰周公、齊侯、宋子、衞侯、鄭伯、許男、曹伯于葵丘，九月戊辰盟于葵丘，時諸侯初在會，未有歸者，故可以不序。今此十三年夏，公會齊侯、宋公、陳侯、衞侯、鄭伯、許男、曹伯于鹹，而冬公子友如齊，此聘也，書聘則會固前已歸矣。今云諸侯城緣陵而不序其人，明其散，桓德衰矣。葵丘之事，安得以難此？」【補曰】衰者，從大差小之謂。桓之末年，功成志怠，女子小人爲政，德日衰，以迄於亂。左氏引書所謂「欲敗度，縱敗禮」也。春秋明帝王之道，貴敬義之學，既以諸侯授桓，深以其縱欲不終爲惜，故傳特明之。不復言杞遷者，亦略之也，知非避封杞者。杞不言入，非封明也。○趙鵬飛曰：「脩内者王，脩外者霸。何謂内？根諸心之謂内。何謂外？徇於物之謂外。王霸之道，均依仁仗義也，均伐叛討逆也，均安中國攘夷狄也。而王以王，霸以霸，何哉？内外之異也。脩内者逸，脩外者勞，故王者之脩無勤怠，而霸者之脩有勤怠。」

夏六月，季姬及繒子遇于防。使繒子來朝。遇例時，此非所宜遇，故謹而月之。【補曰】季姬蓋莊公女。周法，字積於叔，僖女未應有稱季者，文之篇兩子叔姬，則僖女也。○【撰異曰】繒，左氏、公羊作「鄫」，終春秋皆然。左氏亦或作「繒」。周語、晉語、鄭語「繒」、「鄫」並出。戰國魏策、漢書地理志作「繒」。遇者，同謀也。魯女無故遠會諸侯，遂得淫通，此亦事之不然。左傳曰「繒季姬來寧，公怒之」，以繒子不朝，遇于防，而使來朝。此近合人情。【補曰】

疏曰：「傳例曰：『遇者，志相得也。』今云同謀者，以淫通與盟會異，故發傳。」文烝案：注、疏以「淫通」解「同謀」，非也。同謀時容有淫事，而不可以同謀爲淫，此謂男女同謀，即下「使鄫子來朝」一句是所謀也。此遇亦是不期而會之辭，志相得之義，而云同謀者，非謂遇有二例，正以男女不應志相得爲其同謀。所以相得，猶下文云「請己」，亦非謂朝有二例，以此朝則有請己爲夫人之事，故使之也。季姬稱字者，吕大圭曰：「女子許嫁，笄而字，豈其許嫁於鄫而未歸者乎？」程端學以爲雖未許嫁，既笄則字也。注以左氏駁傳，疑魯女不應遠遇諸侯。案：徐彦公羊疏曰：「何氏以爲鄫、魯相近，信使交通，男女之情，風流應合，末世無禮，容或有之。」此言足匡范失。下年經書歸鄫，而此經季姬直字不繫鄫，又以内及外，以女及男，異於齊高固以夫及婦，明左傳爲不然矣。後篇子叔姬、單伯之事，左氏亦不知而别爲説，皆不可據。**來朝者，來請己也。**使來朝請己爲妻。**朝不言使，言使非正也，**【補曰】疏曰：「重發傳者，婦人使夫，異於君使世子，故重發非正之例。」文烝案：此句謂季姬無禮。**以病繒子也。**【補曰】此句謂言使，又以病繒子，病其爲大國未嫁女，加以非正之事也。女既惑男，男亦悦女，則有苟合之事，故病之，與病齊襄同義。

秋八月辛卯，沙鹿崩。沙鹿，晉山。劉向曰：「鹿，在山下平地，臣象，陰位也。崩者，散落背叛，不事上之象。」【補曰】范以「鹿」字并爲山名，誤依杜預，與傳顯戾。言晉亦未是，説在下。不繫國者，經辭尚簡，舉山名則國可知。趙匡以爲「山自有常處」是也。公羊沙鹿、梁山並爲天下記異。孫覺以爲書之如内辭者，王道大壞，天下之人，皆反皇極，則天見其變而日食星孛，地見其妖而川竭山崩。所以召之者，在於天下，所以應之者，偏於四海，雖在於國，不得著其國。孫氏之論甚美，傳無其意，聊記之耳。○【撰異曰】陸湻纂例曰：「鹿，公羊作『鹿』。」上「鹿」字蓋「麓」之誤。陸所見穀梁、左氏皆作「麓」也。説文引春秋傳「沙麓崩」。林屬於山爲鹿。鹿，山足。【補曰】「鹿」之正字作「麓」，古文作「禁」。叢木生平土曰林，生山足曰麓，麓亦林也，别所生，異其名耳。周禮有大林麓、中林麓、小林麓。沙，山名也。【補曰】此「鹿」屬沙山，猶詩言「旱麓」。無崩道而崩，故志之也。【補曰】案：公羊曰：「沙鹿者何？河上之邑也。此邑也，其言崩何？襲邑也。」何休曰：「襲者，嘿陷入於地中。」此傳不言邑名，而以爲山足之林，無崩道而崩，即隱三年傳「厚曰崩」之例，是亦以崩爲襲陷，與公羊不異，不得但如劉向散落之解也。張洽曰：「詩所謂『高岸爲谷』謂是類。」孔廣森曰：「水經注言元城縣東有五鹿墟，墟之左右多陷城。」郡國志曰：「五鹿墟，故沙鹿是矣。」又曰「左氏稱晉卜偃云『期年將有大咎』，此時五鹿地猶屬衞，不屬晉也。」漢書又云：「晉史卜之，其繇陰爲陽雄，土火相乘，故有沙麓崩。後六百四十五年，宜有聖女興。」則因王氏徙居元城而附會説之，益非實矣。文烝案：沙鹿時屬衞，姜寶、王夫之、顧棟高、江永皆云。其日，重其變也。【補曰】趙汸曰：「地陷視山崩爲變尤重，故詳其月日以別之。」

狄侵鄭。

冬，蔡侯肸卒。【補曰】蔡穆侯。諸侯時卒，惡之也。【補曰】此發通例惡之，故略之甚也。疏引麋信曰：「肸父哀侯，爲楚所執，肸不附中國，常事父讐，故惡之。」文烝案：此即何休説也。不書葬者，疏謂或是失德，或是魯不會。言魯不會是也，言失德非也。凡時卒惡之與失德不葬，各爲一例。去葬之罪最重，時卒之譏較輕。時卒不可去葬，不葬者魯不會也。去葬亦不須時卒，則所謂一事不再譏也。

十有五年春王正月，公如齊。【補曰】孔廣森曰：「月者，正月也。」文烝案：再朝不致，猶安之。

楚人伐徐。

三月，公會齊侯、宋公、陳侯、衛侯、鄭伯、許男、曹伯盟于牡丘。牡丘，地名。【補曰】當云地闕。國語曰「築五鹿中牟」，蓋與牡丘以衛諸夏之地。管子「中牟」下有「鄴」。牡丘作「社丘」。○【撰異曰】陸淳纂例曰：「左氏『陳侯』下又有『衛侯』，公羊亦有『衛侯』，而在『陳侯』之上。」案：陸所見穀梁無「衛侯」，與今異，與今公羊亦異。程端學往往據之。兵車之會也。

遂次于匡。救徐也。時楚人伐徐。匡，衛地。【補曰】「時楚」五字贅甚。遂，繼事也。【補曰】重發傳者，時齊桓德衰，嫌義異也。次，止也，有畏也。畏楚。【補曰】疏曰：「復發傳者，前次于陘，欲綏楚以德，今而畏楚，故別發之。」

公孫敖帥師及諸侯之大夫救徐。諸侯既盟次匡，皆遣大夫將兵救徐，故不復具列諸國。【補曰】公孫敖，公子慶父子孟穆伯也。大夫不序者，何休曰：「起會上大夫君已目，故臣凡也。」范注本杜預，當依何氏爲明了。文以前征伐自諸侯出，外皆略不言其將，與内異文，但此處則本不當言將，如何氏説也。「大夫」下無「帥師」文者，文以前外不言某帥師，且帥師文在上，從内可知也。文以前外臣用兵，師衆稱師，此不言諸侯之師者，嫌若諸侯自將也。君目臣凡，不直言諸侯之大夫帥師，必別出公孫敖於上者，嫌與諸侯之前目後凡不別出公者同，所以變於君也。許、曹亦得言大夫者，因大國連言之也。言及者，由内及之上。言公會，不嫌於内爲志也。善救徐也。【補曰】重發傳者，疏曰：「徐叛楚，即齊旋爲楚所敗，嫌救非善，故發明之。」

夏五月，日有食之。夜食。

秋七月，齊師、曹師伐厲。徐邈曰：「案齊桓末年，用師及會皆危之而月也。于時霸業已衰，勤王之誠替于內，震矜之容見於外，禍釁既兆，動接危理，故月。衆國之君雖有失道，未足爲一世興衰，齊桓威攝羣后，政行天下，共得失皆治亂所繫，故春秋重而詳之，録所善而著所危云爾。」【補曰】此伐楚與國以緩徐寇也。曹稱師者，蓋與次聶北同義，齊師當亦同。疏曰：「録所善者，葵丘著日以譏美；著所危者，此年書月以見衰。」文烝案：「震矜之容」，用公羊語。

八月，螽。螽，蟲災也。甚則月，不甚則時。【補曰】疏曰：「重發傳者，嫌僖公憂民之重，災不至甚，故明之。」唐石經初刻亦無「螽」字。

九月，公至自會。莊二十七年傳曰：「桓會不致，安之也。」而此致者，齊桓德衰，故危而致之。【補曰】致之已變常例，足以見危，不須復加月。月者，已滿二時，從伐楚例。公羊以爲久，故致，當是以久加月也。下有季姬歸，又當月。

季姬歸于繒。【補曰】孫復曰：「不書逆者，微也。」

己卯晦，震夷伯之廟。【補曰】加之者，與仲子同。左傳曰：「罪之也，於是展氏有隱慝焉。」罪之謂書以罪之。杜預曰：「聖人因天地之變，自然之妖，以感動之。神道助教，唯此爲深也。」案論語曰：「迅雷風烈必變。」晦，冥也。【補曰】爾雅同訓。毛詩傳曰：「晦，昏也，昧也。」義亦相近。冥者，爾雅、毛詩傳「窈也」，説文「幽也」。公羊訓「晦」

字亦同，而意與傳異。傳云「晦，冥也」，與成十六年傳互相備，此但釋「晦」義，故曰「晦，冥也」。彼具釋書晦義，故曰「日事遇晦日晦」與書朔同例。彼疏云：「舊解以爲僖十五年傳曰『晦，冥也』者，謂月光盡而夜闇，不謂非晦日也。」舊解是也。公羊曰春秋朔有事則書，晦雖有事不書，其釋二「晦」皆曰：「晦者何？冥也。何以書？記異也。」何休以爲晝日而冥，證之他書，如史記秦本紀、六國表「日食晝晦」，如呂氏春秋云「日有鬬蝕，有晝盲」，如爾雅云「霧謂之晦」，〔一〕此等皆合公羊之意，與穀梁截然不同矣。漢書五行志劉向說穀梁二「晦」皆用公羊，楊疏則謂二「晦」一同公羊，一同左氏，不從舊解之義。孔穎達亦謂此年穀梁與公羊同，其說皆誤。孔廣森又彌縫之，據史記日食晝晦謂春秋兩見晝晦，皆適當月晦，由食既之甚乃然，其言尤鑿。竊以晦爲月盡，朔爲月一日始蘇，觀文明矣。成十六年六月丙寅朔，甲午晦，此年下有正月戊申朔，推算易矣。至於日食晝晦，春秋書食既而已，呂氏之「日鬬晝盲」，爾雅之「霧」，則春秋未有書者，公羊之説，何可通乎？汪曰楨語予此疏誤解，其實自前漢公羊盛行已失其旨。**震，雷也。**【補曰】公羊謂雷電擊之。**夷伯，魯大夫也。**夷，謚；伯，字。【補曰】據左傳是展氏之祖父也，注本杜預。杜又曰「大夫既卒書字」。劉敞、葉夢得以爲夷是氏，非展氏也。**因此以見天子至于士皆有廟。**明夷伯之廟過制，故因此以言禮。【補曰】疏曰：「傳歷言天子以下廟數，以爲過制，故震之。」文烝案：注疏非傳意，傳因大夫有廟，備言之耳。公羊桓二年何休注曰：「所以必有廟者，緣生時有宮室也。孝子三年喪畢，思念其親，故爲之立宗廟，以鬼享之。廟之爲言貌也，思想儀貌而事之。」鄭君詩箋曰：「以生時之居立宮室象貌爲之。」祭法注曰：「宗廟者，先祖之尊貌也。」**天子七廟，**祭法曰：「王立七廟，曰考廟、王考廟、皇考

〔一〕「霧」原作「霿」，據爾雅釋天改。段玉裁説文解字注云：「霚，今之霧字。一本作霿，非也。」

廟、顯考廟、祖考廟、有二祧。」遠廟稱祧。【補曰】尹更始說天子七廟據周也，見聖證論馬昭難王肅語。案逸周書作雒曰：「乃位五宫：大廟、宗宫、考宫、路寢、明堂。」大廟者，后稷廟；宗宫，文王廟；考宫，武王廟；蓋成王時止立此三廟。至其後有親廟四，乃合爲七。鎬京、雒邑當皆同制，故喪服小記曰「王者立四廟」，而韋玄成等議及石渠論及白虎通之文，周以后稷、文、武特七廟，其言正相符同。公羊成六年何休注曰：「禮天子諸侯立五廟，受命始封之君立一廟，至於子孫過高祖不得復立廟。周家祖有功，尊有德，立后稷、文、武廟，至於子孫自高祖已下而七廟。」如何氏之說，受命王立一廟者通禮也，成王立三廟者周禮也，然則武王始受命立二廟歟？二廟三廟以外，不必盡不祭，廟則止此矣。鄭君、盧植說二祧並以爲文、武，今案文穆也，武昭也；四親廟父昭則子穆，父穆則子昭；孫如祖班，通爲三昭三穆。周禮守祧奄八人，據七廟及姜嫄廟言之，蓋周公制禮，豫爲立法如此。諸侯五，曰考廟、王考廟、皇考廟、顯考廟、祖考廟。【補曰】如魯祭文王，鄭祖厲王，則皆謂之周廟，卽始封君所立一廟也，不入五廟數。凡始封君不必皆祭一世，廟則一而已。大夫三，曰考廟、王考廟、皇考廟。【補曰】盧植以爲天子之大夫。何休亦曰天子卿大夫三廟，鄭義則通列國也。天子諸侯大夫廟數，王制、禮器皆同，王制說三廟亦有大祖之廟，與祭法異者，蓋據諸侯之支子其繼爲大宗者得立始祖廟，小記、大傳所謂別子爲祖，繼別爲宗，重大宗也。異姓大夫容有爲他國公子之後者，韓詩外傳：「受命者必以其祖命之。孔子爲魯司寇，命之曰：『宋公之子弗甫何孫，魯孔丘，命爾爲司寇。』」意孔氏以弗甫爲大祖廟歟？弗甫者，宋湣公之適長子既讓國，亦別子也。鄭君解「別子」兼謂始來在此國者，解「大祖」又兼非別子而始爵者，其義益備，亦容或然耳。凡別子當身皆一廟，其後有三廟，此廟不入數，若魯三家之桓公廟是也。士二，曰考廟、王考廟。【補曰】何休曰：「天子元士二廟，諸侯之卿大夫比元士二廟，諸侯之士一廟。」文烝案：王制禮器説士一廟，鄭君以爲祖禰共廟，卽祭法云「官師一廟，曰考廟，王考無廟而祭之」是也。士亦容有大宗，而無大祖廟者，公子之重視大夫，唯大夫乃得祖之也。大夫士有廟，當必有主，從通典、徐邈説。魏書清河王懌議爲得也。又案：祭法天子、諸侯一壇一墠，大夫二壇，適士一壇，有禱則祭。大傳大夫士有大事，省於其君，干祫及其高祖。是皆不立廟而得祭，猶官師之王考無廟而祭。至於天子諸侯去墠爲鬼，大夫適士去壇爲鬼，官師去王考爲鬼，庶士庶人無廟死曰鬼，鄭君以爲凡鬼者薦而不祭，比而覩之，可見古人追養繼孝之道矣。後人泥程子、張子之言，但知高曾祖禰當通祭，遂疑古之道不卽乎人心，是惡識禮意。故德厚者流光，德薄者流卑，雍曰：「德厚者位尊，道隆者爵重，故天子遠及七世，士祭祖而已。」【補曰】疏曰：「光，猶遠也。卑，猶近也。」文烝案：「光」與「廣」同，二字古通用，荀子作「流澤廣」、「流澤狹」也。德厚者流澤於後遠，故百世不毁，祖考廟及二祧是也。德薄者流澤於後近，故親過高祖則毁，四親廟是也。又諸侯無二祧，大夫無顯考、祖考，士無皇考，亦是以德之厚薄爲差也。雍注不解「德」字、「流」字之義而飾以浮辭，則下文三語不相承接。三「德」字有二解矣。是以貴始，【補曰】謂貴始封者。德之本也，【補曰】疏曰：「所以貴受封之君者，由是德之本也。」文烝案：薦德以厚德爲本，本在始封，言始封之德厚。自天子七廟以下，大戴禮禮三本、荀子書皆略同，皆不言一廟。始封必爲祖。若契爲殷祖，棄爲周祖。【補曰】案：周公爲魯祖，大公爲齊祖亦是也。疏曰：「祖，謂廟不毁。」文烝案：卽祭法之祖考廟也。必爲祖，是貴之，此所謂流光。又左傳晉史趙曰「盛德必百世祀」，如魯語、祭法論黄帝、顓頊以下，文王世子有先聖先師之奠，亦準斯義。

冬，宋人伐曹。【補曰】許翰曰：「同盟始自相攻，桓不能一矣。」

楚人敗徐于婁林。婁林，徐地。【補曰】敗人而稱人者，楚無師也。言敗不言戰，例在昭十七年傳。前後文稱徐人，此從其常稱者。徐之稱人，實以齊故，今爲楚敗，齊救無功，不得援齊以自重，故亦不得人之。何休曰：「不月者，略兩夷狄也。」夷狄相敗，志也。【補曰】相敗雖是夷狄，亦重其事而志之。志者，經例因史例也。二句與宣十六年傳直云「周災志也」同意。

十有一月壬戌，晉侯及秦伯戰于韓，獲晉侯。韓，晉地。獲者，不與之辭，諸侯非可相獲。【補曰】疏曰：「不與之辭，宣二年傳有明例，注言之者，嫌晉侯失衆與秦得獲，故注顯之，欲明亦不與秦獲也。范別例云，凡書獲有七：謂莒挐一，晉侯二，宋華元三，蔡公子濕四，陳夏齧五，齊國書六，麟七。於晉侯著失民之咎，於公子濕彰公子之病，於華元表得衆之辭，於挐顯公子之紿。餘不發者，從可知也。」文烝案：獲爲不與之辭，惟施於兵獲，獲麟不入例，范非也。此言獲不言以歸者，傳例曰：「以歸猶愈乎執也。」秦非夷，又非入滅，晉君雖見獲，可不諱也。不言獲晉侯夷吾者，名以表獲，既言獲，不須名也。公羊曰：「君生得曰獲。」韓之戰，晉侯失民矣，【補曰】於此戰見其失民。以其民未敗而君獲也。【補曰】民未敗而君獲，謂不言晉師敗績，但言獲晉侯，是著晉侯之失民也。言獲則師敗可知，不沒其事之實，特其立文不言敗。若未敗然，所以與宋華元盡衆相救之文相對，又以別於蔡侯有釋文。

十有六年春王正月戊申朔，隕石于宋，五。劉向曰：「石，陰類也。五，陽數也。象陰而陽行，將致隊落。」【補曰】疏引異義載穀梁説云：「隕石于宋，五，象宋公德劣國小，陰類也。而欲行霸道，是陰而欲陽行也。其隕將拘執之象也。」左傳曰：「隕星也。」○【撰異曰】隕，說文石部引作「磒」。先隕而後石何也？據莊七年星隕如雨，先言星，後言隕。隕而後石也。既隕後乃知是石。于宋四竟之內曰宋，【補曰】對下宋都言。後數，散辭也，耳治也。隕石，記聞也，聞其磌然，視之則石，察之則五。【補曰】疏曰：「范取公羊爲說。」「磌」字，說文、玉篇、字林等無其字，學士多讀爲「砰」，據公羊古本並爲「磌」字，張揖讀爲「磌」，是石聲之類。劉知幾曰：「聞之隕，視之石，數之五。加以一字太詳，減其一字太略，求諸折中，簡要合理。」

臧琳曰：「今本玉篇有「磌」字，蓋孫强等增加。」

是月，六鷁退飛，過宋都。是月，隕石之月。劉向曰：「鷁，陽也。六，陰數也。象陽而陰行，必衰退。」【補曰】疏引鄭君云：「六鷁俱飛，得諸侯之象也，其退，示其德行不進，以致敗也。得諸侯是陽行也，被執敗是陰行也。」董仲舒、劉向、賈逵皆曰：「鷁，水鳥。」孔穎達引考異郵云：「鷁者，毛羽之蟲，生陰而屬於陽。」又引洪範五行傳曰：「鷁者，陽禽。」文烝案：莊子曰：「白鶂之相視，眸子不運而風化。」司馬彪曰：「相待風氣而化生也。」左傳說此曰「風也」。五行傳曰：「思心之不容，是謂不聖，厥咎霧，厥罰恆風。」○【撰異曰】公羊音義：「是月，如字，或一音徒兮反。」陸淳纂例曰：「是，公羊作『提』，誤也。」孔廣森讀从「提」。鷁，依唐石經作，說文此字左鳥右兒，引春秋傳「六鶂退飛」，或作「鶃」、「鷊」，今字多作「鷁」，穀梁、公羊皆然。左氏音義：「鷁，本或作『鶂』。」陸淳纂例：「鶂，左氏、公羊作『鷁』。」是月者，決不日而月也。欲著石日鷁月，故言是月，若不言是月，則嫌與戊申同。【補曰】此猶丙戌決日義之意，蓋魯史本亦書曰，君子改言是月。公羊曰：「是月者何？僅逮是月也。」孔廣森據初學記、鶡冠子注讀爲「提月」，與傳異。六鷁退飛過宋都，先數，聚辭也，目治也。六鷁退飛，記見也，視之則六，察之則鷁，徐而察之則退飛。【補曰】先後耳目之義，與公羊同，故注全用公羊語。大戴禮夏小正傳曰：「先言鴈而後言鄉者何也？見鴈而後數其鄉也。先鳴而後鳩何也？鳩者鳴而後知其鳩也。」小正文多如此，則春秋此等之文因乎古歟？子曰：「石，無知之物；鶂，微有知之物；【補曰】微，小也。夫知者，施於人之稱也。自人言石鶂，則一無知，一小有知矣。若謂石已非星，其本是星，鶂以風化，還以風退，則皆非耳目所及，亦不可言有知無知也。是故天高地下，萬物散殊，君子論而議之，流而不息，合同而化，君子存而不論。石無知故日之，石無知而隕，必天使之然，故詳而日之。【補曰】二十二年傳曰：「日事遇朔曰朔。」鶂微有知之物故月之。鶂或時自欲退飛耳，是以略而月之。【補曰】猶沙鹿無崩道而崩則日，梁山有崩道而崩則不日也。此夫子自述之言，足明日月之例有所加損，此爲損則彼爲加矣。君子之於物，無所苟而已。【補曰】此「君子」是夫子況論也。論語曰：「君子名之必可言也，言之必可行也。君子於其言，無所苟而已矣。」此所謂正名。董仲舒説聖人正名於言無所苟，卽引此經。石鶂且猶盡其辭，而況於人乎？【補曰】盡，謂或先或後，或日或月，皆不苟也。石無知，鶂微有知，人則自孩提之良知以至於知者之無不知，皆靈於物者也。物有差別，猶必不苟記録，人事更當何如？此通明春秋脩辭之意。故五石六鶂之辭不設則王道不亢矣。」不遺微細，故王道可舉。【補曰】亢爲人頸，引申之爲高也，舉也。舉王道者，劉軻所謂三代聖王死而其道盡留於春秋也。魯，王禮也；春秋，王法也。因王禮之舊作王法之書，此素王之説所自起，而公羊家黜周王、魯之謬言亦萌牙於是焉。韓子詩云「春秋書王法，不誅其人身」。爾雅注蟲魚，定非磊落人」。此云「五石六鶂之辭不設」，則王道不舉者，務大而緩小，學者之事也。卽小以見大，聖人之心也。耳治目治之異，無知有知之分，其稱名也小，其取類也大，故春秋王法不越乎此，亦猶關雎興於鳥，鹿鳴興於獸，乃冠風雅之首，皆孔門之教也。羅願駁穀梁以爲遺辭適宜，安取王道，不考甚矣。此六句亦夫子之言，與十九年梁亡傳皆見一經大指。在左氏則曰非聖人誰能脩之，在公羊則曰君子制春秋之義以俟後聖，在傳則直述聖言也，學者詳焉。民所聚曰都。【補曰】國所治處，衆之所歸也。都、聚雙聲爲訓，廣雅曰：「都，聚也。」又曰：「都，大也。」文九年傳曰：「京，大也。」聚、大義近，都、京意同，故左傳萇弘曰「毛得以濟侈於王都」，王子朝曰「惠、襄辟難，越去王都」，是京師稱都，猶諸侯之國都，故風俗通曰：「天子治居之城曰都，舊都曰邑。」廣雅又曰：「都，國也。」引伸之，下邑民居衆者皆曰都，亦取聚義，以明大於他邑，故古稱二年成邑，三年成都。而周禮四井爲邑，以至四縣爲都，其等差猶是也。傳不言爲王者，後記異；又不言故宋者，略之從可知。

三月壬申，公子季友卒。季友，桓公之子。大夫日卒，正也。【補曰】疏曰：「重發之者，益師明其有罪，此則顯其得正，故兩明之。」稱公弟叔仲，賢也。【補曰】叔也，仲也，舉中言之。弟者貴稱，字以表德，故足明賢，此文及公弟叔肸是也。此不如叔肸稱弟者，疏曰：「季子雖賢兄，已卒也。」公羊於此亦曰「賢也」。陸湻聞於師曰季友之殺叔牙、慶父，義也；佐閔立僖，權也。夫以義滅親，以權正國，中人之所惑，故於其卒褒之，明其得反經合道之義也。大夫不言公子公孫，疏之也。【補曰】公子公孫，繫君爲號，至親者也。奪其親辭，是爲疏之，仲遂、仲嬰齊是也。疏曰：「傳因季友之賢發起其例。」

夏四月丙申，繒季姬卒。

秋七月甲子，公孫茲卒。大夫日卒，正也。【補曰】疏曰：「又發之者，以其名而不字，又非罪非賢，故重發之。」文烝案：魯比三喪，於禮皆爲父族，周內史對宋襄公，謂今茲魯多大喪者也。

冬十有二月，公會齊侯、宋公、陳侯、衞侯、鄭伯、許男、邢侯、曹伯于淮。【補曰】杜預曰：「臨淮郡左右。」董仲舒曰：「邢未嘗會齊桓也，附晉又微，晉侯獲于韓而背之。」董義未知何據。貫、陽穀爲諸侯皆至，公羊所同也，邢是齊所存，不應不與。兵車之會也。

十有七年春，齊人、徐人伐英氏。【補曰】英氏，猶潞氏也。陸淳曰：「古者一字不成文辭，皆以氏字配之。姜氏、子氏，以氏配姓也；季氏、臧氏以氏配族也；哭於賜氏，以氏配名也；仲氏吹篪及不念伯氏之言，以氏配字也；滅赤狄、潞氏，以氏配國也；母氏聖善，以氏配親也。」

夏，滅項。【補曰】不月者，既爲齊諱，文從略，異於譚、遂，或亦夷國歟？孰滅之？桓公也。【補曰】何休曰：「以言滅，知非內也。」文烝案：文與伐英氏相接，明是齊人矣。左傳非也。何以不言桓公也？據莊十年齊師滅譚稱齊師。爲賢者諱也。【補曰】承上齊人言滅，則是桓公可知，故可爲諱。凡諱皆不沒其實也。蕭楚曰：「滅傳陽言遂，今不言遂，知是諱文。」項，國也。不可滅而滅之乎？桓公知項之可滅也，知政昏亂易可滅。而不知己之不可以滅也。霸者存恤鄰國，抑彊輔弱，義不可滅人之國。【補曰】注解「不可滅」宜在上「滅之乎」下，時桓霸功已成，故言霸者有不可滅之義，而何爲滅之乎？桓但見項有可滅之勢，遂忘此義耳。既滅人之國矣何賢乎？【補曰】滅是惡事，何猶以爲賢？君子惡惡疾其始，絕其始則得不終於惡。邵曰：「謂疾其初爲惡之事，不終身疾之。」

善善樂其終，樂賢者終其行也。邵曰：「謂始有善事則終身善之。」【補曰】兩注各前說，皆本何休。邵兩說則又公羊惡惡短、善善長之說也。古之教者，長善而後救失，古之學者，克己所以復禮，聖賢論善惡之際往往如此。桓嘗有存亡繼絶之功，故君子爲之諱也。邵曰：「存亡謂存邢、衞，繼絶謂立僖公，所以終其善。」【補曰】存亡謂城邢、城楚丘、城緣陵也。衞已亡，邢、杞將亡，皆桓所存。左傳、國語並言齊桓存三亡國，韋、杜並指魯、衞、邢，韋不誤，杜未必然，當依公羊何休說指邢、衞、杞也。孔廣森曰：「明既有此功，乃得覆惡，併解滅譚、遂不諱意也。」文烝案：此所謂春秋之義，以功覆過除罪。傳「桓」字下各本皆有「公」字，蓋涉公羊文而衍，今依唐石經刪正。

秋，夫人姜氏會齊侯于卞。卞，魯地。○【撰異曰】卞，俗「弁」字。陸淳纂例曰：「公羊、左氏或作『弁』。」國語曰「魯有弁費」，檀弓有弁人。

九月，公至自會。桓會不致，而今致會，桓公德衰，威信不著，陳列兵車，又以滅項往會，既非踰年乃反，故往還皆月以危之。【補曰】月者，與上十五年同，此較上尤久。彼盟而月，此會而亦月，是從往月致月有懼之例。

冬十有二月乙亥，齊侯小白卒。此不正，其日之何也？據二十四年晉侯夷吾卒不書日。【補曰】不得獨據夷吾，又在時卒例，當云據例不日。其不正前見矣。【補曰】既有所見，還依常例，與子般卒傳同。彼言其見於後者，此則言其見於前者，兩處發傳，餘從可推。公羊哀三年傳曰「春秋見者不復見」，意正相類，又以明君子大居正，非以齊桓功德之盛，遂不論其正不正也。其不正之前見何也？以不正入虚國，故稱嫌焉爾。莊九年，齊小白入于齊，貶不稱公子。虚國，謂齊無人。傳例曰：「以國氏者嫌也。」

春秋僖公經傳第四補注第十一

穀梁　范氏集解　鍾文烝詳補

十有八年春王正月，宋公、曹伯、衞人、邾人伐齊。○【撰異曰】公羊「宋公」下有「會」字，孔廣森曰：「衍字也。」非伐喪也。伐喪無道，故謹而月之。【補曰】非責也。疏曰：「侵伐書月，惟施於內，今亦施之於外者，齊桓以安危所繫，故書月以表之。宋襄欲繼齊桓之業，故亦謹而月之。」

夏，師救齊。魯師。善救齊也。【補曰】疏曰：「以魯昔與齊仇讐，恐救之非善，故發例。」文烝案：重發傳者，嫌內兵獨救義異也，疏非也。

五月戊寅，宋師及齊師戰于甗。齊師敗績。甗，齊地。【補曰】上稱宋公，此稱宋師，宋公與伐而不與戰也。公羊以此解「戰」上言「伐」之義。戰不言伐，【補曰】疏曰：「春秋之例，戰伐不並舉，此上有伐文，今又言戰，是違常例。」案：公羊曰戰不言伐，圍不言戰，入不言圍，滅不言入，書其重者也。客不言及，言及，惡宋也。何休曰：「戰言及者，所以別客主直不直也，故文十二年晉人、秦人戰于河曲，兩不直，故不云及。今宋言及，明直在宋，非所以惡宋也。」即言及爲惡，是河曲之戰爲兩善乎？又穀梁以河曲不言及，略之也，則自相反矣。鄭君釋之曰：「及者，別異客主耳，不施於直與不直也。直不直自在事而已，義兵則客直，宣十二年夏，晉荀林父帥師及楚子戰于邲，晉師敗績是也；兵不義則主人直，莊二十八年春，衛人及齊人戰，衛人敗績是也。今齊桓卒未葬，宋襄欲興霸事而伐喪，於禮尤反，故反其文。以宋及齊，即實以宋及齊，明直在宋。邲之戰直在楚，不以楚及晉何邪？秦、晉戰于河曲，不言及，疾其亟戰爭舉兵，故略其先後。」【補曰】疏曰：「鄭云邲戰直在楚者，公羊意如此，故據之難何休。」文烝案：言戰先言伐，亦是惡宋可知，傳省文也。據左傳桓無適子，嘗與管仲屬孝公於宋襄公，以爲大子。而雍巫因寺人貂薦羞，爲無虧請，又許之。無虧者，長庶也。上伐是齊立無虧而宋納孝公，此戰是齊人既殺無虧將立孝公，不勝，四公子之徒遂與宋戰。當時一伐一戰，同役異情，但君子承史脩經，專舉大義，事之細曲，多在所略。史書伐齊戰甗，伐喪之罪，無所可逃，經因存月以非之，反其及文以惡之。伐戰並舉，又寓其意，使後人讀此卒後葬前之文，而宋襄伐喪之罪益著，則其事之細曲固不必論。有欲詳考之者，而孝公之不宜納亦足明矣。聖人之經，簡易正大，而曲折微妙之恉在其中。家鉉翁説晉荀吴伐鮮虞曰「存大節而略細故，春秋法也」，此言最是，學者當一以穀梁斷之。

狄救齊。善救齊也。【補曰】疏曰：「善狄能憂中國。」文烝案：重發傳者，嫌與諸夏異也。

秋八月丁亥，葬齊桓公。豎刁、易牙争權，五公子争立，故危之。【補曰】注上句公羊，下句左傳。

冬，邢人、狄人伐衛。狄其稱人何也？【補曰】據當言邢人及狄，如晉人及姜戎。春秋亦有不稱人而不言及者，伐秦伐晉之白狄，伐吴之淮夷是也。但姜戎、白狄、淮夷皆複字，或言及或不言及，皆可成文。若狄則單字，不稱人則必言及，既言及，可不稱人矣。陸淳、杜諤、趙鵬飛、黄仲炎、吴澂、程端學等以爲狄稱人者便文，猶書吴人、鄫人，不知便文可言及也。凡單字所以有不成文者，荀子曰「累而成文，名之麗也。」麗，即「儷」字，謂配偶也。吳言人，梁言山，漷言水，皆其類。善累而後進之，累，積。【補曰】善積而後進，故不於救稱人，而於伐稱人。救是善事，但不若書聘爲舉道，故與荆人不同也。聘稱人，爲進夷狄之文，救稱人則與中國文同，非其救前已有善事，不得遽進。伐衞所以救齊也，何休曰：「卽伐衞救齊，當兩舉，如伐楚救江矣。又傳以爲江遠楚近，故伐楚救江，今狄亦近衞而遠齊，其事一也。義異何也？」鄭君釋之曰：「文三年冬，晉陽處父帥師伐楚救江，兩舉之者，以晉未有救江文，故明言之。今此春，宋公、曹伯、衞人、邾人伐齊；夏，狄救齊；冬，邢人、狄人伐衞；其爲救齊可知，故省文耳，事同義又何異？」【補曰】傳以是春衞伐齊，是夏狄救齊，今狄又伐衞，故言所以救齊，申釋伐之所以爲善也，此經自不得有救文。功近而德遠矣。伐衞，功近耳，夷狄而憂中國，其德遠也。【補曰】狄有何功德可言近遠？指衞、齊尤曲，注非也。此句謂齊桓也，桓之功近在中國，而桓之德遠及夷狄，故狄與邢共救之也。君子於齊桓之歿，未忍遽忘之。此及下二十年兩稱狄人，傳於此曰「伐衞所以救齊，功近而德遠」，於二十年曰「邢小，其爲主何也？爲主乎救齊」，明夫救齊一事，深當聖意。文施於進狄，而義起乎崇齊，木瓜之思，下泉之志，國若是其章章也。夫宋輔桓以霸者也，邢、衞則皆桓所存也，宋與衞伐齊而邢、狄能救之，齊與狄盟于邢而衞卒滅之，故春秋自伐齊至於滅邢，惡宋、衞而善邢、狄。屢書不一書，其意皆相貫也。何休、孫復以爲狄稱人者，善救齊。孫覺曰：「傷中國而罪諸侯也。中國無道則孔子欲居九夷，諸侯伐齊，狄能救之，則進之曰人，皆所以傷中國也。」

十有九年春王三月，宋人執滕子嬰齊。【補曰】滕宣公也。宋公稱人者，滕有罪也。執諸侯，自戎蠻子赤以外皆不名，滕獨名。滕自昭篇以前卒皆不名，獨名於其執，蓋狄道正長嫡不以名通，史於此書名，見非正也。趙與權曰：「齊桓之伯，執不及君，已爲薄矣，宋襄效之而執虞人之君，其能免乎？」程端學曰：「出乎爾者反乎爾，故楚執宋公矣。」文烝案：執諸侯大夫，常例皆時，當如何休說。此月者，惡宋襄無道。又前此執虞公爲執之變文，此乃執君之始也，故謹之。

夏六月，宋公、曹人、邾人盟于曹南。曹南，曹之南鄙。【補曰】蓋國之南近都城。○【撰異曰】宋公，公羊作「宋人」，陸淳從公羊。

繒子會盟于邾。己酉，邾人執繒子，用之。○【撰異曰】上繒子，汲古閣公羊作「鄫人」，誤。唐石經亦作「鄫子」。微國之君，因邾以求與之盟。與，厠豫也。【補曰】之盟，是盟也。謂上曹南盟即解此經「盟」字。孔廣森曰：「不言如會者，未至曹南也。邾在曹東繒西，將如曹南，道出其國。」人因己以求與之盟，己迎而執之。惡之，故謹而日之也。【補曰】惡邾子，故執，特謹日，尚不論及用也。稱人者，從衆辭例。凡執諸侯爲衆辭者，皆是與其執有罪。此執言用，邾惡易見，雖爲衆辭，無嫌於罪繒而與邾。用之者，叩其鼻以衈社也。衈者，釁也，取鼻血以釁祭社器。【補曰】疏曰：「論語云『以杖叩其脛』，則叩謂擊也。」文烝案：范言釁器，非也。衈社者，以血釁社，謂祭社也。周禮小子：「掌珥于社稷，祈于五祀。」鄭衆曰：「珥社稷，以牲頭祭也。」鄭君曰：「珥，讀爲『衈』，祈，或爲『刉』。刉衈者，釁禮之事也。」山海經「祈聃用魚」，郭璞曰：「以血塗祭爲聃。」聃，亦「衈」字也。公羊曰「叩其鼻以血社」，左傳曰「宋公使邾文公用鄫子于次睢之社，欲以屬東夷」。何休曰：「不言社者，本無用人之道。言用之，已重矣，故絶其所用處也。」又案：用人甚無道，亦蒙日也。繒子不名，異於蔡世子友者。繒子例不記卒，此以被用記耳。雖爲魯壻，不得名。趙汸曰：

「小國之君不卒則亦不名，故邾㦸繒子亦不名。」其説是也。

秋，宋人圍曹。【補曰】沈棐曰：「伐齊盟曹南，從宋者惟曹、邾，善曹以親諸侯可也。而專事威强，欲以力爭，不亦難乎？」

衛人伐邢。

冬，會陳人、蔡人、楚人、鄭人盟于齊。會無主名，内卑者也。四國稱人，外卑者也。杜預曰：「地於齊，齊亦與盟。」【補曰】案：左傳陳穆公請脩好於諸侯，以無忘齊桓之德。冬盟于齊，脩桓公之好也。楚人、鄭人，時之班次，與襄五年吳人、繒人亦同。但吳班多在末，以不稱人殊會爲常文，故其稱人序繒上者可別見義。楚班本不定，稱人而序，或在末，或不在末，皆爲常文，無他義也。卑者盟，不日宿月，此不月者，以楚初與盟，故略之甚。○【撰異曰】公羊作「公會」，唐石經、左氏同。趙汸曰：「魯有救四公子之嫌，終孝公世，僖公未嘗如齊，卒爲仇敵，此盟決非公往。」

梁亡。自亡也。【補曰】實是秦滅，而以「亡」爲文，明其自亡也。疏據下「力役」之文，謂梁之土地必爲人所取，似同公羊「魚爛而亡」，亦同左氏「秦得之也」。湎於酒，【補曰】飲酒齊色曰湎。淫於色，【補曰】荒放於妻妾。心昏耳目塞，【補曰】言君以湎淫致昏塞。上無正長之治，【補曰】正長，通言卿大夫，正亦長也，謂官之長也。周禮曰「建其長，立其兩，建其正，立其貳」，對文析言之耳。疊言以圓文則不別。此言長官不事其事。大臣背叛，【補曰】言無忠臣。民爲寇盜。【補曰】言有亂民也，兼此數者，必亡之道。梁亡，自亡也。【補曰】言以其如上所云，故爲自亡。如加力役焉，湎不足道也。如使伐之而滅亡，則淫湎不足記也，使其自亡，然後其惡明。【補曰】言湎，該淫色以下五句，此二句承上自亡反言之。春秋亡國多矣，而此與紀侯大去皆不加力役，紀賢而滅天也。所謂君如彼何哉？彊爲善而已，故書曰紀侯大去其國，閔之而全之也。梁湎而亡，人也，所謂家必自毀而後人毀之，國必自伐而後人伐之，故書曰「梁亡」，罪之而著之也。舉此二義則餘皆可推，春秋其至矣乎？傳其備矣乎？張洽曰：「春秋變法以書諸侯自取滅亡者有二：晉人執虞公，猶言兵已加頸而不自知也；梁亡，言國自亡而不之覺也。此胡氏所謂如化工之賦形異於畫筆之肖像。」張略本蘇轍說。**梁亡，鄭棄其師，我無加損焉，正名而已矣。**【補曰】此下皆夫子自述之言也，不言子曰者，傳省文。疏曰：「不葬有三，爲齊桓諱滅項之類，是改舊也；梁亡、鄭棄其師之屬，是因史之文也。」文烝案：加損者，猶史記云筆削也；正名者，卽論語答子路爲政必先正名，名不正則言不順，言不順則事不成。朱子或問用馬融說，以爲「使事物之名各得其正而不紊」是也。君子於魯史之文有所加損，以其名不正，故加損以正之。孟子引夫子之言曰「其義則丘竊取之」，而莊子以爲「春秋道名分」，卽此謂也。其或在史舊文，已足見義，其名既正，不須加損，則此梁亡、鄭棄其師之屬是也。劉知幾引汲冢瑣語，晉春秋獻公十七年鄭棄其師，其文正同，足與魯史相證，故知穀梁子無虛語也。二事所以爲正名者，具如下文所論。**梁亡，出惡正也。**正，謂政教。【補曰】正，卽「政」字。吕氏春秋曰「斑馬正」，以「正」爲「政」，荀子書尤多。出，猶發也，行也。惡，依今音讀入聲，與下異。劉蕡對策引用此傳曰「上出惡政」，胡安國傳亦曰「心昏而出惡政」，皆是也。始於耽酒色，中於失官守，終於醸羣盗，皆緣君之無道，積漸使然，故總言出惡政，爲君人者之明監大誡。左傳言梁伯亟城罷民，公羊家言梁君隆刑峻法，亦足兼之矣。以出惡政而亡，故正其名，直云梁不言秦滅之。**鄭棄其師，惡其長也。**長，謂高克。【補曰】鄭伯以惡其長而棄師，故正其名，直云鄭，不罪主將高克，此二事適合聖意，故無可加損也。加損正名者，脩春秋之大宗指，左氏、公羊皆言「脩」，穀梁言「加損」，言脩、言加損皆在文辭之閒。而一經之事迹，皆史氏之本書，從可見焉。故曰「蓋有不知而作之者，我無是也。多聞擇其善者而從之，多見而識之，知之次也。」又曰「吾猶及史之闕文也」，故春秋作也，猶述也。

二十年春，新作南門。作，爲也。【補曰】爾雅同。有加其度也。更加使大。【補曰】杜預曰：「魯城南門也，本名稷門。僖公更高大之，今猶不與諸門同，改名高門也。」案：史記孔子世家記齊人歸女樂事曰「陳於魯城南高門外」。言新，有故也，非作也。責其改舊制。【補曰】新可耳，不宜作，作，故志之。論語：「魯人爲長府。閔子騫曰：『仍舊貫，如之何？何必改作？』子曰：『夫人不言，言必有中。』」汪克寬曰：「僖公之篇無城築土功之事，庶幾其能愛民矣，而猶有南門之過制。」南門者，法門也。法門，謂天子諸侯皆南面而治，法令之所出入，故謂之法門。【補曰】法門與法廄同意，禮法所得有也。諸侯之城，四面皆有門，皆是法門。此新作者，則魯城南門。注牽合南面爲義，以法令解「法」字，皆非也。南門固嚮明，非以此專法門之稱也。何休說公羊以爲諸侯軒城，缺南面以受過。説文：「䡍，缺也。古者城缺其南方，謂之䡍。」

夏，郜子來朝。【補曰】公羊曰：「失地之君也。何以不名？兄弟辭也。」何休曰：「明當尊遇之，異於鄧、穀。」案：左傳：「郜，文之昭也。」郜爲宋滅，蓋滅而復封歟？○【撰異曰】陸湻纂例曰：「郜，穀梁作『邾』。」案：陸氏蓋據誤本。

五月乙巳，西宮災。謂之新宮，則近爲禰宮，言閔公非僖公之父，故不言新宮也。【補曰】父爲考，考廟稱禰，禰之言邇也。成三年傳曰：「新宮者，禰宮也。」近，猶似也。爲，於也。僖之頌稱閟廟曰「新廟奕奕」，自據時人恆稱，非春秋文例矣。觀於閔、僖之閒，可知受國爲人後之禮。據文二年傳，知其相爲昭穆，據此傳，知其不稱考禰。祭法所謂考廟、王考廟者，言其常法耳，非以爲稱，其稱之，則直言謚也。昭穆之次，人定也；祖禰之名，天定也；此制禮之精意也。以謚言之，則如疏之然，故不言閔宮而云西宮。【補曰】成三年傳曰：「迫近不敢稱謚，恭也。」莊二十四年傳曰：「斥言桓宮，以惡莊也。」若論禮之正稱，則以宮配謚。以是爲閔宮也。【補曰】宮言西，見爲閔宮也。凡寢與廟必南鄉，而賈公彥周禮守祧疏曰：「立廟之法，后稷廟在中央，當昭者處東，當穆者處西，皆別爲宮院。」又聘禮疏曰：「諸侯有五廟，大祖廟居中，二昭居東，二穆居西。廟皆別門，門外兩邊皆有南北隔牆，隔牆中夾通門，又謂之閤門。」此賈據冢人葬法以推廟制，知其相並排列，與阮諶禮圖同。閔爲穆，廟居於最西，故言西宮，足明其爲閔宮也。史記魯世家魯公伯禽，子考公酋；弟煬公熙，子幽公宰，弟魏公濞弒幽公而立；子厲公擢，弟獻公具；子真公濞，弟武公敖，子懿公戲；兄括之子伯御弒懿公而立；周宣王殺伯御，立懿公之弟孝公稱；子惠公弗湟以後入春秋。計自伯禽至閔十七君，而伯御誅死，既無謚，必無廟。伯禽廟爲世室，不毁，其初實爲昭廟。伯禽以下，考穆煬昭，幽穆魏昭，厲穆獻昭，真穆武昭，懿穆孝昭，惠穆隱昭，桓穆莊昭，故閔爲穆也。公羊以此爲小寢内之西宮，甚誤。宮寢之宮，經皆言寢，不言宮，自楚宮外，言宮皆爲廟。

鄭人入滑。

秋，齊人、狄人盟于邢。【補曰】案：左傳「爲邢謀衞難也。」狄稱人，與衞人及狄盟異，明亦特文。外盟不日，此又不月者，以與狄共盟，故略之甚。邢爲主焉爾。【補曰】爲主，卽所謂外爲主也。凡會盟以國地者，其國則左傳所謂「地主」，地主必皆與於會盟，故亦謂之爲主矣。疏以公會鄭伯于曹，曹必不爲主，但邢能救齊，今盟于邢，故知歸功於邢，以爲主，不謂盟國都者例能爲主。案：疏合下三句爲解，非此句之意。此句正爲會盟國都者見例，特大概言之，原不必皆主會主盟。上年盟于齊，脩桓公之好，惟彼一事當是地主主盟耳。邢小，其爲主何也？其爲主乎救齊。十八年，邢人、狄人伐衛以救齊是也。【補曰】此申足上意。言邢是小國，而有爲主之文何也？以前曾與狄人共救齊，故盟則爲主，救齊既善，盟善可知。狄進稱人，亦同前義可知。傳但論其事，不復釋義者，從前傳悉包之也。王引之曰：「下『其』字衍文，蓋涉上句而衍。」

冬，楚人伐隨。隨，國也。

二十有一年春，狄侵衛。【補曰】已見義，仍從恆稱。

宋人、齊人、楚人盟于鹿上。宋爲盟主，故序齊上。鹿上，宋地。【補曰】此本杜預。外盟不日，此又不月者，與十九年盟齊同義。

夏，大旱。傳例曰：「得雨曰雩，不得雨曰旱。」【補曰】注引傳例固是，但此時得雨亦不言雩，龍見常祀，不志也。旱時，正也。【補曰】疏曰：「凡非八月、九月而雩者，皆書時以見非正，書秋、書冬是也。其旱則例皆時何者？旱必歷月，非一月之事，故書時爲正也。宣七年秋大旱，亦蒙例可知。」文烝案：六月乃常雩之時，竟六月無雨，故得謂之旱。宣七年則竟九月，雩不得雨，謂之旱也。若非盡夏秋一時之久，不得爲旱矣。不言不雨者，爲災也。左傳曰：「是歲也，饑而不害。」張大亨曰：「志大旱而不曰饑者，荒政行也。」趙汸曰：「歲猶有入也。」陸佃爾雅新義曰：「春秋於僖初書雨，已而書雩，已而書旱，公德衰矣。」

秋，宋公、楚子、陳侯、蔡侯、鄭伯、許男、曹伯會于雩。雩，宋地。雩或爲「宇」。【補曰】楚於此始書「子」，而後文獻捷、戰泓、圍宋、還晉「楚人」，從其常文，則此書「子」者，乃特筆以見義。下年傳曰「不顧其力之不足而致楚成王」，明宋公强致楚君，自取執辱，故書「楚子」以顯之。○【撰異曰】雩，范見或本作「宇」，左氏作「盂」，公羊作「霍」。徐彦曰：「左氏作『盂』，穀梁作『雩』，蓋誤，或所見異。」錢大昕曰：「『盂』，有『吁』音，『雩』亦有『吁嗟』之義，故字又轉爲『霍』，猶左傳蔡公孫盱卽公孫霍也。」執宋公以伐宋。【補曰】不言楚執者，公羊曰「不與夷狄之執中國也。」文烝案：此不言楚，不疑其非楚，與昭四年會申、執徐子異文者，此一時彼一時。徐又夷也，彼從盟戚、執曹伯之正例，此爲變例。以，重辭也。傳例曰：「以者，不以者也。」此傳及定七年齊人執衛行人北宫結以侵衛傳皆曰「以重辭也」，然則以有二義矣。國之所重，故曰重辭。【補曰】尚有内爲志一義，范失之。

冬，公伐邾。【補曰】不致者，惡事也。

楚人使宜申來獻捷。楚稱人者，爲執宋公貶。【補曰】注用公羊，非也。焦袁熹曰：「會雩書『楚子』者，欲見宋致其君，乃招執辱，自餘卽復以書人爲平文。」高澍然曰：「萩聘之前書爵，惟會雩特文，餘皆恆辭書人。」焦、高説是。文承伐宋而言使，亦不疑其非楚君也。書宜申者，以其來我，故得録名，與萩同義，傳於彼發之。捷，軍得也。【補曰】重發傳者，此所得非萩，嫌異故也。其不曰宋捷何也？據莊三十一年齊侯來獻戎捷。不與楚捷於宋也。不與夷狄捷中國。

十有二月癸丑，公會諸侯盟于薄。會雩之諸侯。【補曰】薄，宋地，史記宋世家作「亳」，二字古通用。左氏哀十四年傳宋景公曰：「薄，宗邑也。」明「薄」卽「亳」矣。會者，外爲主焉爾。【補曰】疏曰：「重發之者，以釋者是公，嫌會非是外爲主，故發例以明之。」文烝案：疏言釋者是公，非也。傳重發外爲主之例，正明是楚子主之。

釋宋公。【補曰】此經各本誤跳在傳「會者」上，今依唐石經、十行本移正。外釋不志，此其志何也？【補曰】內獲言歸之，霸國執有言歸復歸者，自餘悉不志，經例因史例也。以公之與之盟目之也。【補曰】以公在，故目言楚之釋。齊履謙曰：「雩、薄皆宋地，諸侯見執，竟外曰歸，竟內曰釋。」不言楚，不與楚專釋也。何休曰：「春秋以執之爲罪，不以釋之爲罪，責楚子專釋，非其理也。公羊以爲公會諸侯釋之，故不復出楚耳。」鄭君釋之曰：「不與楚專釋者，非以責之也。傳云外釋不志，此其志何也？以公之與之盟目之也。言公與諸侯盟而釋宋公，公有功焉，與公羊義無違錯。」【補曰】何既失之，鄭又非也。不與楚專釋，與上以公盟目之文意不相屬。公羊所云不可通於傳，胡安國引傳文以公羊爲誤，胡氏是也。傳言不與專釋者，明非楚所得專執，故亦非楚所得專釋也。傳但解經釋不言楚，則上執不言楚亦包其義。上執無傳，故於此特明之。焦袁熹曰：「楚執之，楚釋之，不言可見，其事著也。無楚執、楚釋之文，不使夷狄得加於中國，其文隱也。」李光地曰：「立文如此，真可謂婉而成章。」文烝案：盟不致者，會夷狄也，宋、蜀皆同。

二十有二年春，公伐邾取須句。【補曰】不致者，言伐、言取，事尤惡。左傳以須句爲國，邾滅之，而公反其君。劉敞、胡瑗、孫覺、葉夢得、趙鵬飛、呂大圭、黄震、李廉皆以爲無此事。○【撰異曰】「有」字各本脱，今依唐石經補正。「句」，公羊作「朐」，後同。

夏，宋公、衛侯、許男、滕子伐鄭。

秋八月丁未，及邾人戰于升陘。升陘，魯地。【補曰】戰則是師也，不言邾師者，從小國無師例。○【撰異曰】升，左氏或作「登」。案：左傳凡「升」下字皆用「登」。陘，玉篇邑部引左氏傳作「郅」。內諱敗，舉其可道者也。不言其人，以吾敗也。不言及之者，爲內諱也。【補曰】案：左傳戰者公也。重發傳者，齊大國稱師，邾小國稱人，嫌有異也。

冬十有一月己巳朔，宋公及楚人戰于泓，宋師敗績。【補曰】案：左傳楚人亦楚子也。宋主楚客，故以宋及。以晉、楚之戰例之，又當內宋。泓，宋水名。日事遇朔曰朔。【補曰】日事，事在日例者。春秋三十有四戰，【補曰】案：春秋書戰者二十三，直書敗者十七，凡四十。而云三十有四戰者，蓋去萋林、箕、貿戎、交剛、長岸、檇李不數，六者皆略書時故也。鹹書日，大原蒙上月，故亦併數。未有以尊敗乎卑，以師敗乎人者也。【補曰】言自此泓戰外，無如此立文者。三十三年，秦稱師而爲晉人所敗，亦是以師敗乎人。彼晉人是晉君，亦與此楚人相似，但以彼文直從敗狄之例，故不據爲義也。以尊敗乎卑，以師敗乎人，則驕其敵。【補曰】王逸楚辭注「倨簡曰驕」，謂若齊頃公敗於鞌也。頃公與四國大夫戰，不如此以楚君稱人，傳亦大概言之耳。文子曰「義兵王，應兵勝，忿兵敗，貪兵死，驕兵滅。」襄公以師敗乎人而不驕其敵何也？【補曰】傳倒句以便文。言師敗不言尊敗，省文。責之也。【補曰】若不責之則當書楚子，或書楚師，或可稱宋人敗績，如衞之於齊。泓之戰，以爲復雩之恥也。前年宋公爲楚所執。【補曰】楚伐宋而宋與戰，欲復前恥。雩之恥，宋襄公有以自取之，伐齊之喪，執滕子，圍曹，爲雩之會，不顧其力之不足而致楚成王，成王怒而執之，【補曰】明上四事皆譏文。淮南子曰：「侯而求霸者必失其侯，霸而求王者必喪其霸也。」不説伐鄭者，在會雩後略之。家鉉翁以穀梁抑宋與楚爲陋。穀梁但言成王怒而執之，何嘗與楚哉？故曰：禮人而不答則反其敬，愛人而不親則反其仁，治人而不治則反其知。【補曰】反者，反求諸己，改行飭躬也。此引古語，與孟子文同。自取之則宜自反之也，春秋以忠恕爲教，正己而不求於人，因人而益求諸己。徐幹中論曰：「怨人之謂壅，怨己之謂通。」又曰：「孔子制春秋，詳內而略外，急己而寬人，皆此理也。傳中多以人己爲説，唯是尤深。」過而不改，又之，是謂之過，又，復。【補曰】此用論語文，論語無「又之」二字。襄公之謂也。【補曰】張洽引孟子以爲疾狹雖甚，而德慧術智未有以增益其所不能者也。古者被甲嬰冑，【補曰】甲，鎧。嬰，加也。冑，兜鍪。非以興國也，則以征無道也，豈曰以報其恥哉？【補曰】興國，若齊桓伐楚也。征無道，若湯伐葛、文王伐崇密也。夫湯、文之事，義兵也；齊桓伐楚，近乎義兵者也。宋襄報其恥則始於貪兵，卒於忿兵，雖曰應兵，實類驕兵也。二十八年下胡安國曰：「春秋時用兵者，非懷私復怨，則利人土地。詩云『不忮不求，何用不臧』，不忮則能懲忿，不求則能窒欲，然後貪憤之兵亡矣。」成二年下亦云然。程子説詩及朱子説詩初解皆同，論語引之則又學者之事也。傳言自取之恥不宜報，明泓戰有敗道。宋公與楚人戰于泓水之上，【補曰】公羊曰：「期戰于泓之陽。」司馬子反曰：【補曰】疏曰：「麋信云子反當爲子夷。」文烝案：麋説可從。「夷」之爲「反」，形近而誤也。左傳公子目夷，字子魚，傳固不必全同。楚衆我少，鼓險而擊之，勝無幸焉。」若要而擊之，必可破，非僥倖也。【補曰】言鼓者，何休謂軍法以鼓戰，以金止。險者，左氏、公羊謂楚人未盡濟、泓也。疏曰：「以小敵大，克之不名徼幸。」王念孫曰：「注疏皆非也。宋非楚敵，但可僥幸以取勝耳。無，猶莫也。乘其在險，鼓而擊之以取勝，莫有幸於此者。」襄公曰：「君子不推人危，不攻人厄，【補曰】推，排也。須其出，須其出險。【補曰】出險者，盡濟、泓也。既出，旌亂於上，陳亂於下。」【補曰】公羊宣十二年何休注曰：「緇廣充幅，長尋曰旐，繼旐如燕尾曰旆，加文章曰旂，錯革鳥曰旟。」注：「旄首曰旌。」兩言亂者，時楚人未成列，儼嚴不整。子反曰：「楚衆我少，擊之，勝無幸焉。」【補曰】謂乘其未成列，鼓而擊之以取勝，則亦莫有幸於此者。左傳曰：「勍敵之人，隘而不列，天贊我也。」是兩「幸」字之義。襄公曰：「不鼓不成列，列，陳。【補曰】何休曰：「不戰未成陳之師。」須其成列，【補曰】疑當更疊「成列」字，屬下句。而後擊之。」則衆敗而身傷焉，七月而死。何休曰：「卽宋公身傷，當言公，不當言師。成十六年楚子敗績是也。又成十六年傳曰『不言師，君重于師也』，卽成十六年是二十二年虚言也，卽二十二年是十六年非也。」鄭君釋之曰：「傳說楚子敗績曰四體偏斷，此則目也；此言君之目與手足有破斷者，乃爲敗矣。今宋襄公身傷耳，當持鼓軍事，無所害，而師猶敗，故不言宋公敗績也。傳所以言『則衆敗身傷焉』者，疾其信而不道，以取大辱。」【補曰】傳承上詳述戰事，以起下文。倍則攻，敵則戰，少則守。【補曰】孫子曰：「用兵之法，十則圍之，五則攻之，倍則分之。敵則能戰，少則能守，不若則能避之。」王念孫曰：「能，猶乃也。言宋少於楚，宜堅守不戰，戰已可責。」人之所以爲人者，言也，人而不能言，何以爲人？【補曰】墨子經曰：「言，口之利也。」莊子曰：「言者，所以在意。」言之所以爲言者，信也，言而不信，何以爲言？【補曰】於文「信」从人言，説文以爲會意字。墨子經曰：「信，言合於意也。」鬼谷子曰：「信者，明也。」説文「誠也」，釋名「申也」。信之所以爲信者，道也，信而不道，何以爲信？【補曰】吕氏春秋曰：「所貴信者，爲其遵所理也。」各本誤作「何以爲道」，今依鈔本、北堂書鈔引改正。道之貴者時，其行勢也。凱曰：「道有時，事有勢。何貴於道？貴合於時。何貴於時？貴順於勢。宋公守匹夫之狷介，徒蒙恥於夷狄，焉識大通之方至道之術哉？」【補曰】勢者，時之所趨，孟子所謂待時乘勢。戰國策亦曰：「時勢者，百事之長也。」老子曰：「以正治國，以奇用兵。」孫子曰：「水因地而制流，兵因敵而制勝，兵無常勢，水無常形。」是其義也。又言宋欲以少敵衆，當用子夷之謀，合於時勢，今又違之，重自取辱，明春秋責之者深。程子易傳曰：「知時識勢，學易之大方也。」又曰：「時之盛衰，勢之强弱，學易者所宜深識也。」愚謂春秋之書亦如是。○左傳但言宋襄求霸，而公羊言襄之戰得正道，君子大之，比之文王，於是有宋襄列五霸之説，於是有商頌美襄公之説。紛紛之論，甚不足據，若以敗績爲正，夫子何以言我戰則克乎？陸賈新語以爲宋襄輕用師而尚威力，至死於泓水之戰，春秋傷之。與穀梁合，最得經旨。

二十有三年春，齊侯伐宋，圍閔。【補曰】閔，宋邑。○【攗異曰】閔，左氏。公羊作「緡」。伐國不言圍邑，此其言圍何也？不正其以惡報惡也。前十八年，宋伐齊之喪是惡也。今齊乘勝而報，是以惡報惡也。【補曰】胡銓、趙鵬飛、家鉉翁並謂齊孝公以怨報德，此似是而非也。宋伐齊喪，立孝公，自一人言之則以立我爲德，自一國言之則以伐喪爲惡，春秋貴義而不貴惠，故當以惡論。

夏五月庚寅，宋公茲父卒。桓公之子襄公。【補曰】左傳曰：「傷於泓故也。」與上傳合。公羊於上圍緡曰「疾重故」，亦謂重故創。何休則以爲喻。○【撰異曰】茲，公羊作「慈」。茲父之不葬何也？失民也。【補曰】失民則失德明矣。蔡景不忍使失民則葬。其失民何也？【補曰】據上言「宋師敗績」，不如晉侯戰韓有失民文，今亦以失民爲義何也？以其不教民戰，則是棄其師也。爲人君而棄其師，其民孰以爲君哉？何休曰：「所謂教民戰者，習之也。春秋貴偏戰而惡詐戰，宋襄公所以敗于泓者，守禮偏戰也，非不教其民也。孔子曰：『君子去仁，惡乎成名？造次必於是，顛沛必於是』，未有守正以敗而惡之也。公羊以爲不書葬爲襄公諱背殯出會，所以美其有承齊桓、尊周室之美志。」鄭君釋之曰：「教民習戰而不用，是亦不教也。詐戰謂不期也，既期矣，當觀敵爲策，倍則攻，敵則戰，少則守。今宋襄公于泓之戰違之，又不用其臣之謀而敗，故徒善不用賢良不足以興霸主之功，徒信不知權譎之謀不足以交鄰國會遠疆，故易譏鼎折足，詩刺不用良，此説善也。」【補曰】傳用論語文，言以不教之民戰者謂之棄師，今宋襄昧於衆寡，暗於時勢，率爾一戰，是亦不教而棄師之類也。君自棄師，民孰君之？故曰失民也。春秋於韓著失民之文，於泓則爲責文，無失民文，要其所以責之者，即爲其有失民之道。失民在於棄師，與鄭棄其師亦不同而同也。注「故徒善」以下鄭引考異郵文也，見詩大明正義引箴膏肓，正義但有「徒信」三語，文略耳，「會遠疆」作「定遠疆」。李琪曰：「春秋於襄公之終不以伯録，茲父卒略不書葬，與秦、楚之君無別矣。」

秋，楚人伐陳。

冬十有一月，杞子卒。莊二十七年稱伯，今稱子，蓋爲時王所黜。【補曰】杞，成公也，不名，從宿男例。杞於魯非壻卽外孫，當時猶以宿、薛待之，鄫子、郯子亦魯壻，皆不記卒矣。不日者，或不正，或史略之。不葬者，或不會，或亦略之。自此入襄篇，與大國同例。

二十有四年春王正月。

夏，狄伐鄭。

秋七月。

冬，天王出居于鄭。襄王也。天子以天下爲家，故所在稱居。【補曰】避弟子帶之難也。注本杜預。傳所謂居其所不月者，王奔異於諸侯，不嫌與小國同例。天子無出，王者無外，言出則有外之辭。【補曰】無出者文，無出也。凡言出者，皆施於奔。言出奔，爲有出之文，直言奔則爲無出之文，王子瑕、王子朝是也。瑕、朝皆天子之臣，天子之臣有奔道，無出道，故文無出。天子之身無奔道，故文無所謂奔，亦無出也。左氏與傳同。公羊曰「王者無外」，曲禮曰「天子不言出」，亦皆同也。易言「王用出征」，書言「王出郊」，王出在應門之內。王制言「天子將出，類乎上帝」，彼皆道其實之辭。春秋之文，別自有例，斯蓋周禮之舊，典策所守，君子因而用之，以爲一經之恆辭正例也。周不言出，猶內不言來，或臨天下，或臨一國，王臣因乎王，內臣因乎君。出，失天下也。江熙曰：「天子必巡守然後行，故河陽之守，全天王之行也。平王東遷，其詩不能復雅而列爲國風，襄王奔鄭，不得全天王之行則與諸侯不異，故書出也。夫子祖述堯、舜，憲章文、武，斯文是作，不以道假人。傳言失天下，闕然如有未備。」【補曰】江注多不明白。失天下者，卽謂奔也，天子無所謂奔，故無出。既言出，則奔可知。出文即爲奔文，奔則失天下，是出者失天下之辭也。諸侯言出奔爲失國，天子言出爲失天下，事正相類也。是時王實出奔，在鄭氾地，既非會諸侯之比，又與居狄泉不同，經爲失天下之辭，自是直文。但春秋爲尊者諱，爲親者諱，内諱出奔，言孫不欲直爲失國辭。王不諱出，則明以直文，爲特文矣。春秋之辭，婉直文質，唯變所適。傳順經意作解，前後皆相貫通。此傳曰「失天下」，而成十二年傳曰「一見之」，謂一見其文，以明其義，從魯莊「一疑之」例，寓王風閔周之心也。又春秋聖者之作，或一言兼衆義，或有義而無文。傳言「失天下」凡二，莊、僖不志崩爲失天下，蓋以起齊桓之存周也，義之無文者也。襄言出爲失天下，蓋以起晉文之存周也，義之兼見者也。自後頃王亦不志崩，周公又言出，殆皆承前爲義。**居者，居其所也。**【補曰】此釋書「居」義，兼爲凡書「居」者發例也。**雖失天下，莫敢有也。**邵曰：「雖實出奔而王者無外，王之所居則成王畿，鄭不敢有之以爲國。」【補曰】邵注未喻傳旨。莫，無也。有，有天下也。二句説所以言出又言居之義。言天子失天下猶加居所之文者，以爲君臣之義，無所逃於天地之閒，天下雖失，無敢有之者，則居其所者固自若。書出，不沒其實；書居，深正其名也。陸淳、趙汸以爲禮天子適諸侯，諸侯避正寢，納管鑰而館於廟，故曰天子無客禮，莫敢爲主焉。文烝案：明年四月，晉侯納王，不告，故不志。高澍然以爲春秋即其事其文取義，非備記載之書，不必具首尾，舊史所無，不增益也。○嘗以春秋之義推諸他事，測其異同，如厲王三十七年流於彘。彘者，晉地，猶鄭之氾也。流亦出奔也，苟非特文，不可言出，當依狄泉之例，書曰王居于晉矣。厲流之後，不別立王，諸侯釋位，以閒王政，凡十四年，又當依公在乾侯之例，每歲書曰王在晉矣。若後世房州之事則又不同，具説於公在乾侯下。

晉侯夷吾卒。傳曰：「諸侯時卒，惡之也。不葬，篡文公而立，失德。」【補曰】晉惠公也。篡立及韓戰失民，固是失德，但此從蔡侯肸時卒之例，非從宋公茲父不葬之例，以魯不會葬不書葬耳。左傳惠公卒在上年九月，是年正月秦納公子重耳入桑泉，二月入于曲沃，殺懷公。國語云，十月惠公卒，十二月秦伯納公子。疑晉語得之。其月蓋此年之月歟？

二十有五年春王正月丙午，衞侯燬滅邢。【補曰】日例在宣十五年傳。○【撰異曰】「有」字各本脫，今依唐石經補正。燬之名何也？據宣十二年楚子滅蕭不名。不正其伐本而滅同姓也。絕先祖支體尤重，故名以甚之。【補曰】注用何休也。本，謂先祖。大戴禮禮三本、荀子書皆曰：「天地者，性之本；先祖者，類之本；君師者，治之本。」周公、康叔皆文之昭也，邢，周公之胤也。此傳、左氏、公羊並同。曲禮亦曰「諸侯滅同姓名」。孔廣森曰：「滅同姓名，唯謂滅周之同姓，若齊之於萊，楚之於夔，彼雖自爲同姓，而於王家則爲庶姓，罪猶差輕。」文烝案：十八年後春秋惡衞，至是名燬，爲燬之終事，意足而文備矣。○此經「燬」字，從無異辭，黎錞、杜諤、朱子乃以爲因下衞侯燬卒傳寫之誤。苟不深考，不知其似而非。

夏四月癸酉，衞侯燬卒。

宋蕩伯姬來逆婦。伯姬，魯女，爲宋大夫蕩氏妻也，自爲其子來迎婦。【補曰】此本杜預。婦人既嫁不踰竟，宋蕩伯姬來逆婦，非正也。【補曰】疏曰：「復發傳者，嫌爲求婦爲禮，故發之。」文烝案：大夫妻有歸宗之禮，據此傳則嫁他國者不得矣。或傳并欲爲大夫妻明義，故又發之。姑逆婦亦非正也。**其曰婦何也？緣姑言之之辭也。**【補曰】其姑逆之，故於逆稱婦，不嫌與逆婦姜同。公羊亦同也。後求婦亦從此例，故不發。案：白虎通曰：「外屬小功已上不得娶，故春秋傳曰譏娶母黨也。」穀梁及公羊漢時皆有外傳、有章句，白虎所引蓋出其中，是説逆婦及求婦二經歟？

宋殺其大夫。其不稱名姓，以其在祖之位，尊之也。何休曰：「曹殺其大夫亦不稱名姓，豈可復以爲祖乎？」鄭君釋之曰：「宋之大夫盡名姓，禮公族有罪，刑于甸師氏，不與國人慮兄弟也，所以尊異之。孔子之祖孔父累於宋殤公而死，今骨肉在其位而見殺，故尊之，隱而不忍稱名氏。若罪大者，名之而已，使若異姓然，此乃祖之疏也。曹殺其大夫，自以無大夫不稱名氏耳。春秋辭同事異者甚多，隱去即位以見讓，莊去即位爲繼弒，是復可以比例非之乎？」【補曰】何説固無理，鄭亦失之。祖謂孔父也，左傳稱大司馬孔父，又稱孔父爲司馬，在祖之位，在司馬之位也。宋自此殺大夫者四，春秋皆不稱名姓。此經，左氏無傳。文七年書「宋人殺其大夫」，左傳謂殺公孫固、公孫鄭，而樂豫舍司馬，史記謂殺大司馬公孫固。然則固、鄭二子，當依孔穎達説爲孤卿之官，而固則以大司馬爲孤，其下又有樂豫爲司馬，屬於固也。成十五年書「宋殺其大夫山」，左傳云蕩澤爲司馬，謂之子山。文八年則明書「宋人殺其大夫司馬」。以彼諸文推此年所殺，明亦是司馬可知，穀梁之説未可輕議，而左傳事迹抑亦十得七八矣。此傳二句，通四經言之，孔父不稱名，曰爲祖諱，四經不稱名姓，曰以其在祖之位尊之，明四經亦爲諱也。孔父諱而四經皆諱者，盈乎諱之意。古者官有世功則有官族，故宋魚氏世左師之位，魯三卿司徒司馬司空、三桓亦各世其位，故宋司馬之位，孔氏所不忍言也。孝經首章引大雅云

「無念爾祖，聿脩厥德」，匡衡以爲孔子特著之。春秋與孝經同義，而公羊以始隱爲祖所逮聞，亦習聞尊祖之説而誤也。但四經雖皆諱名姓，而或直云大夫，或稱官，或稱字，或稱國，或稱人，傳或言或不言，則又同中之異，後當文各論之。鄭云「罪大者名之而已」者，謂山也。山稱國以殺，不得爲罪大。山是字，亦非名也。疏曰「祖之疏」，古本或作「禮之疏」，言同姓與異姓不別則於禮法爲疏也。○四殺大夫，其文微乎微矣，公羊經師失其義，乃於此年、文七年、八年造爲宋三世內娶之説，甚不可通。宋襄夫人王姬，襄王之姊也，謂之內娶，不亦謬乎？

秋，楚人圍陳，納頓子于頓。納者，內弗受也。【補曰】此發通例。圍一事也，納一事也。【補曰】圍陳事在陳，納頓子于頓事在頓。而遂言之，怪其異事而辭相連，有似遂事之辭。【補曰】謂經文不再出楚人也。蓋納頓子者陳也。圍陳使納頓子。【補曰】注語最圓足，楚人納頓子，是楚人又非楚人，公子比弒其君，是公子比又非公子比，事正相類。傳以文例特異，故言「蓋」，爲疑辭。疏引鄭釋廢疾謂有似晉陽處父伐楚救江之文，其説不了。

葬衞文公。【補曰】屬上生名之，失德甚明，故不如茲父去葬。時者，從正例。

冬十有二月癸亥，公會衞子、莒慶，盟于洮。衞稱子，在喪。洮，魯地。【補曰】衞已葬稱子者，未踰年故也。三十三年傳曰晉人者，晉子也。彼是踰年而未葬，傳以子稱之，明必已葬且踰年乃得稱本爵矣。杜預以莊二十七年之洮爲魯地，僖八年之洮爲曹地。曹地之洮，三十一年始屬魯，左傳所謂「分曹地自洮以南，東傅于濟」也。此年杜又云魯地，孔穎達以爲誤。莒無大夫，其曰莒慶何也？以公之會目之也。小國無大夫，以公與會，故進之。時有衞子，則無敵公之嫌。【補曰】此傳宜善讀之，若此盟無衞子，直是公會之則本可不目言其人，當從包來之例稱莒人，不當從書獿、書來逆、書來奔之例稱莒慶。今得目言者，以公之與衞子會之，故目之。傳不言以公之與衞子會之，但言以公之會者，傳意特大概言之，亦以下傳於衞甯速特發其義，故此不具說。注末二語卽本下傳，其說是也。莒慶與衞甯速無異義，但莒無大夫，因事目之，則直以國氏，此其異也。何休曰：「莒無大夫，書莒慶者，尊敬壻之義。」杞伯、繒子皆無尊敬之文。何說非也。不致者，會惟兩君，從離會例。

二十有六年春王正月己未，公會莒子、衞甯速盟于向。向，莒地。【補曰】卽隱二年莒所入者，後屬魯，故桓十六年城向，後又屬莒，故宣四年取向。○【撰異曰】速，公羊作「遬」。案：「遬」者籀文。公不會大夫，【補曰】謂不書氏名也。襄八年傳曰「不可言公及大夫」，莊九年傳曰「公不及大夫」，皆同義。其曰甯速何也？【補曰】據翟泉、蜀、澶淵大夫皆稱人也。內君外臣，特相盟會，其文皆沒公，自參以上不沒公，則宜稱人。以其隨莒子，可以言會也。【補曰】外亦有君，不以伉爲嫌，故可稱氏名以會也。不致，與洮同。

齊人侵我西鄙，公追齊師，至巂，弗及。【補曰】巂，齊地。○【撰異曰】巂，左氏作「酅」，亦或作「巂」。陸淳纂例曰：「公羊、左氏或作『酅』。」左氏音義：「戶圭反，一音似轉反。」公穀音義皆又「似兖反」。段玉裁曰：「似轉、似兖字當作『巂』，非也。」弗，十行本、左氏誤作「不」，葉夢得、呂本中所見已然。人，微者也。【補曰】謂將卑師少。自陽處父以前有將尊師少而稱人者，傳但大概言之。侵，淺事也。【補曰】輕於伐也。重舉例以起下。公之追之，非正也。【補曰】不煩君自追。至巂，急辭也。以急辭言之，明不至巂。【補曰】疏曰：「文承追齊師之下，卽云至巂，是急辭也。據文與公追戎于濟西異。」弗及者，弗與也，弗與戰也。【補曰】說文：「及，逮也。」爾雅：「逮，與也。」注非。可以及而不敢及也。畏齊師。【補曰】明亦在不例。其侵也曰人，其追也曰師，以公之弗及，大之也。大之，謂變人言師。【補曰】師者，通稱不別之辭，故爲大。追而弗及者，公也，不得仍言齊人也。凡大夫將，師少稱人，衆稱師，專稱也。敗稱師，追稱師，乞師，棄師，取師，如師，會師，卒于師之類，通稱也。齊履謹、高澍然得之。弗及，內辭也。弗及者，若曰我自不及耳，非齊不可及。【補曰】注非也。此承上「可以及而不敢及」句申言之，凡可以然而不然者，經皆言不，今變文言弗，是爲內辭。若曰齊師已去，追之弗及，非可以及而不敢及也。其實至嶲下加言弗及，則其不敢及亦足見矣。此所以爲內辭者，追既非正，又不敢及，不可言也。凡言弗，皆內辭。非竟內兵不致者，既弗及，若猶未出竟。

夏，齊人伐我北鄙。【補曰】許翰曰：「齊孝圍宋邑，又侵伐魯不已，與桓公下宋桓、魯莊之意正相反，霸業所以隳矣。」文烝案：齊侵伐魯，不西則北，齊魯之西皆濟水也，魯之北岱也，岱陰齊也。國語說齊桓公地南至于䱷陰，西至于濟，北至于河，東至于紀酅。管子「䱷」作「岱」，「河」作「海」。江永約計魯竟以爲北與齊分泰山，西與曹分濟水，南近邾滕，西南至金鄉、魚臺、單縣，鄰於宋，東跨蒙陰，抵諸城，濱海，東南鄰於莒。案：此皆非齊、魯初封之竟也。晏子春秋云「吾先君太公受之營丘，爲地五百里」，管子說桓公云「地方三百六十里」，明堂位云「成王封周公於曲阜，地方七百里」，史記云「封伯禽、康叔於魯、衞地，各四百里」，孟子諸書則謂公侯地皆方百里。孟子又云「今魯方百里者五」，周公封魯、大公封齊，皆方百里。

衞人伐齊。

公子遂如楚乞師。【補曰】公子遂，莊公子東門襄仲。何休曰：「稱師者，正所乞名也。乞師例時。」乞，重辭也。雍曰：「人道施而不有，讓而不取，故以乞爲重。」【補曰】重發傳者，前盟例，此師例也。注亦以定元年重請爲說。求、乞二文所同，非乞文所獨也。重者，重師，傳於成十三年明言之。公羊曰：「乞者何？卑辭也。曷爲以外內同若辭？重師也。」杜預注曰：「乞，不保得之辭。」釋例曰：「凡乞者，深求過理之辭。」何重焉？重人之死也，【補曰】申上句。非所乞也。【補曰】非所乞而乞也。上言師所以稱乞，此言乞莫重於師，顧前乞盟文。師出不必反，戰不必勝，故重之也。【補曰】言有死道，又申重人之死也。公羊兩「不必」作「不正」。論語曰：「子之所慎，齊、戰、疾。」史記趙奢謂其妻曰：「兵，死地也，而括易言之，破趙軍者必括也。」亦得此意。董仲舒曰：「僖公親任季子，國家安寧，季子卒之後，魯不支鄰國之患，直乞師楚耳。」趙鵬飛曰：「僖自公子友卒而用公子遂，善惡判矣。」張洽曰：「僖公初年，頗有意於治國，務農閔雨，國以殷富。中年以來，民事既荒，國備不立。齊人再伐，已不能支，而遠乞師以刷其恥。孔子罪臧文仲竊位，蓋爲其從公子遂如楚，爲國無謀也。使其立展禽以爲政。所以輔僖公者，必有道矣。」文烝案：書曰「知人則哲，安民則惠」，所謂皋陶謨可以覲治也。僖以能安民得之，以不能知人失之，左傳此行有臧文仲。

秋，楚人滅夔，以夔子歸。【補曰】夔子不名者，略夷狄微國，猶誘戎蠻子殺之不名。○【撰異曰】兩「夔」字，公羊並作「隗」。唐石經穀梁「夔子」作「夔人」，誤也。夔，國也。不日，微國也。【補曰】重發傳者，此有以歸文，又在時例明也。疏曰：「此是夷狄之微國，故從時例。」以歸，猶愈乎執也。【補曰】重發傳者，前敗中國書月書名，此滅夷狄微國不月不名，有異故也。此執亦即獲也，凡諱獲言以歸者，其義多端。中國獲王臣則諱，爲王臣諱也；夷狄獲中國則諱，爲中國諱也；皆不專施於入滅者也。中國獲中國、中國獲夷狄則亦諱，諱中國之暴也，此專施於入滅者也。夷狄獲夷狄則亦諱，諱夷狄之盛也，亦專施於入滅者也。王臣非士不可名，其餘諸侯既諱其獲，則生名以顯之，不名者，略也。傳欲因同以見異，故於此重發例。

冬，楚人伐宋，圍閔。○【撰異曰】閔，左氏、公羊作「緡」。伐國不言圍邑，此其言圍何也？以吾用其師目其事也，【補曰】吾將用之，故幷目彼事。非道用師也。楚人出師，爲魯伐齊，而中道以伐宋，故伐、圍兼書，所以責楚。【補曰】此句公羊同。何休曰：「時以師與魯未至，又道用之，於是惡其視百姓之命若草木，不仁之甚也。稱人者，楚未有大夫，未得稱師，楚自道用之，故從楚文。

公以楚師伐齊，取穀。【補曰】楚稱師，以公之以之，舉其重者也。何休曰：「稱師者，順上文。」以者，不以者也。民者，君之本也。使民以其死，非其正也。雍曰：「兵，不祥之器，不得已而用之，安有驅民于死地，以共假借之役乎？」【補曰】疏曰：「重發傳者，彼據外，此據內，故重詳之。」文烝案：首句乃明惡內之義，注未能了，說在桓十四年。

公至自伐齊。惡事不致，此其致之何也？危之也。以蠻夷之師伐鄰近大國，招禍深怨，危亡之道。【補曰】以夷伐鄰，伐而又取，皆惡也。疏曰：「莊六年，公至自伐衛，傳曰『見公惡事之成也』，與此不同者，互文起義。其實此亦見惡，彼亦危之。」文烝案：傳固互文，而此則危之之意爲多，故言危之，與彼略異。

二十有七年春，杞子來朝。

夏六月庚寅，齊侯昭卒。【補曰】無虧既死，則昭爲正，故書日。○【撰異曰】昭，或作「照」。

秋八月乙未，葬齊孝公。【補曰】危之者，潘繼兄而立，雖得正，危道也。

乙巳，公子遂帥師入杞。

冬，楚人、陳侯、蔡侯、鄭伯、許男圍宋。楚人者，楚子也。【補曰】序諸國君上，足明其爲楚君。」其曰人何也？人楚子，所以人諸侯也。【補曰】從其書人之常文，乃所以人諸侯，非謂此之書人不爲常文。其人諸侯何也？不正其信夷狄而伐中國也。何休曰：「哀元年，楚子、陳侯、隨侯、許男圍蔡不稱人，明不以此故也。」鄭君釋之曰：「時晉文爲賢伯，故譏諸侯不從而信夷狄也。哀元年，時無賢伯，又何據而當貶之邪？甯謂定、哀之世，楚彊盛，故諸侯不得不從耳。」江熙曰：「夫屈信理對，言信必有屈也。宋、楚戰于泓，宋以信義而敗，未有闕也。楚復圍之，我三人行，必有我師，諸侯不能以義相帥，反信楚之曲，屈宋之直，是義所不取。信曲屈直猶不可，況乃華夷乎？楚以亡義見貶則諸侯之不從，不待貶而見也。然則四國信楚而屈宋，春秋屈其信而信其屈，貶楚子于兵首，則彼碌碌者以類見矣，故曰人楚子所以人諸侯。」【補曰】疏曰：「鄭云無賢伯，范言楚彊盛者，二者相接也。爲當時無賢伯，楚又彊盛，故諸侯不得不從泓之戰。傳譏宋公，而江熙云『宋以信義而敗，未有闕』者，據宋不能量敵强弱，致師敗身傷，故譏之。其於信義，實未有所闕，而楚復圍之，故貶楚子也。」文烝案：江注以義相帥。「帥」當作「師」，轉寫誤也。江用公羊爲說，不可通於傳。疏曲通之，非也。傳但論華夷，豈論曲直哉？諸侯信夷狄而伐中國，故人之以貶之，人楚正所以人諸侯，義甚明白。楚自萩聘次厥貉以前，君臣稱人，其常文也，非以稱人特爲貶楚辭也。

十有二月甲戌，公會諸侯，盟于宋。地以宋者則宋得與盟，宋圍解可知。【補曰】杜預曰：「宋方見圍，無嫌於與盟，故直以宋地。」杜說是也。范注本何休，何氏以此盟歸功於僖，因有是說，不可依用。葉夢得曰：「盟于宋之國外，是亦宋矣。」文烝案：此與曹南不同。不致，與薄同。

春秋僖公經傳第四補注第十二

穀梁　范氏集解　鍾文烝詳補

二十有八年春，晉侯侵曹，晉侯伐衛。再稱晉侯，忌也。鄭嗣曰：「曹、衛並有宿怨于晉，君子不念舊惡，故再稱晉侯以刺之。」【補曰】詩曰「維予胥忌」，毛傳曰：「忌，怨也。」説文曰：「忌，憎惡也。」再稱晉侯，各爲一事，明其既怨憎於曹，又怨憎於衛，凡有舊惡，無不念也。常例當言遂伐衛，爲繼事辭。張洽曰：「報施救患，取威定伯，文公君臣之規模也，故先侵曹伐衛。若以大義興師，則當先於乞師伐齊之魯，從楚圍宋之陳、蔡、鄭、許也。晉乃舍而攻曹、衛者，陳、蔡、鄭、許邇楚者也，曹、衛邇宋者也。楚始得曹而新昏於衛，時方圍宋，晉欲釋宋之圍，致楚而與之戰也。」文烝案：二説深合事情，而晉文初念，實主修怨，故經以忌爲義。張洽又據左傳事迹以爲文公終始徇私報怨，得之矣。

公子買戍衛，不卒戍，刺之。刺，殺也。内諱殺大夫，故謂之刺，蓋取周禮三刺之法。【補曰】公子買，子叢也。爾雅曰：「戍，遏也。」韓嬰詩傳曰：「戍，舍也。」毛曰「守也」。莊十七年何休注曰：「以兵守之曰戍。」説文人部「伐」、戈部「戍」並从人持戈。廣韻：「戍，從人荷戈。」王筠曰：「廣韻所據是也。詩『何戈與祋』，又『役』之古文作『伇』，從殳從人，皆同意。」李巡爾雅注曰：「卒，事之已也。」范注「刺，殺」，爾雅文。孟子言「刺人而殺之」，則二字亦微異。內諱殺大夫謂之刺，本公羊。諱者，經例因史例也。明堂位説魯君臣未嘗相弒，「弒」本是「殺」字，君爲臣殺則書「薨」書「卒」，臣爲君殺則書「刺」，是所謂未嘗相殺，皆魯史舊法也。晉語曰「刺三郤」、「刺欒盈」亦本晉史辭歟？刺取，三刺之法，本杜預。案：周禮小司寇司刺：「壹刺曰訊羣臣，再刺曰訊羣吏，三刺曰訊萬民。」先名後刺，殺有罪也。【補曰】此猶外之稱人以殺也。有罪故不日，從不日卒見惡之例。不發傳者，刺偃重，舉正例，此亦從例可知。何休曰：「內殺大夫例，有罪不日，無罪日，外殺大夫皆時。」公子啟曰：公子啟，魯大夫。【補曰】疏曰：「舊解云公子啟即公子偃。啟書日者，啟無罪。今觀上下文勢，理恐不然。」猶襄二十三年傳引蘧伯玉曰耳。「不卒戍者，可以卒也。可以卒而不卒，譏在公子也，刺之可也。」【補曰】「不卒戍」一句，蓋時既聽察其辭，而斷獄弊訟，麗法議罪者也。「不」之一字，律之定論，經之通例也。至於公之附楚以敵晉，經所不論。既戍矣，則以不卒戍爲罪也，公子啟解其義而其事可知。左氏、公羊徒滋曲説，而後世史書但云某官某有罪棄市，或云有罪自殺，則以實事爲虛辭矣。○史記、漢書以來，以天子爲本紀，編年記事取法春秋，雖視古經爲繁，不若古經之密。至於言罕褒諱，事無黜陟，史通所論，更不必言也。

楚人救衛。【補曰】鄭玉曰：「見晉伐所必救，能致城濮之戰也。」

三月丙午，晉侯入曹，執曹伯，畀宋人。入者，內弗受也。日入，惡入者也。【補曰】疏曰：「重發之者，以晉文初霸，嫌得入中國，故發傳以明之。」以晉侯而斥執曹伯，惡晉侯也。惡其忌怨深。【補曰】凡諸侯執諸侯稱爵。斥執者，皆是惡之之辭，傳幷明通例也。晉文執曹伯、執衛侯，兩文相對甚明，解此以見彼。畀，與也。【補曰】公羊同。爾雅作「予」。祭統曰：「畀之爲言，與也。」其曰人何也？不以晉侯畀宋公也。畀，上與下之辭，故不以侯畀公。哀四年夏，晉人執戎蠻子赤歸于楚，使楚子治其罪，今執曹伯不言歸于宋而言與宋人者，是使宋公拘執之。【補曰】此猶桓三年不以齊侯命衛侯也。人者，衆辭，故不嫌也。注首二語連上「畀與也」句作解。左傳曰：「執曹伯，分曹、衛之田以畀宋人。」葉夢得以爲此經當曰「畀宋人田」，不言田者，經成而亡之。又謂穀梁不見其事，左氏見之而不能辨。汰哉斯言，且安見左傳必不誤乎？傳上文「乘軒者三百人」，明是因曹風「三百赤芾」之文，誤以爲實。程子曰：「詩但言其多耳，曹國小，豈容有三百？知左氏誤者多也。」

夏四月己巳，晉侯、齊師、宋師、秦師及楚人戰于城濮，楚師敗績。【補曰】左傳謂晉侯一戰而霸也。時楚使得臣將師，楚無師無大夫，故戰稱人也，敗稱師，與燕同義。傳例中國敗夷狄，言敗不言戰，舉其大者也。又不論其疑戰不疑戰，皆不書日。中國雖與之結日列陳，既能敗之，則不欲詳之也。楚較他夷狄爲進，故不直言敗楚師，而結日之戰得書日。○【撰異曰】齊師，唐石經作「齊侯」，誤也。

楚殺其大夫得臣。【補曰】宜申以其來我書至，此與有大夫者同文，但仍未得氏也。楚殺得臣、公子側，皆責軍之將也，經自以殺大夫見義耳。文不蒙上，不論此等情事。

衛侯出奔楚。

五月癸丑，公會晉侯、齊侯、宋公、蔡侯、鄭伯、衛子、莒子，盟于踐土。衛稱子者，時衛侯出奔，國更立君，非王命所加，未成君，故曰子。踐土，鄭地。【補曰】衛子，衛侯之母弟夷叔武也。杜預曰：「叔武攝位受盟，非王命所加，從未成君之禮，故稱子而序鄭伯之下。」諱會天王也。實會天王而文不言天王，若諸侯自共盟然，是諱之也，所謂譎而不正。【補曰】下有「王所」文，會天王可知，故可爲諱也。不如齊桓外內有疑文者，從桓已足見義。又據左傳，是月己酉「王命尹氏及王子虎、內史叔興父策命晉侯爲侯伯」，在癸丑前五日，是則晉文既受命，無所可疑，故與齊桓異文。傳前言桓非受命之伯，則晉文既受命亦足以明也。不致者，會天王譎而不正，是惡事。○說左傳者謂王官之宰臨盟，先同姓，後異姓。又先衞後蔡，春秋所書會之次，非盟之次也。案：此說欲以左傳合經，殆非也。竊意周之宗盟，異姓爲後，此是盟詛初行時舊制則然，自齊桓以異姓主盟，其制變矣。衞或舊在蔡上，後來亦變矣。公羊曰「其序則齊桓、晉文，其會則主會者爲之」，最得其實。言其序、其會，則盟在其中矣。左傳衞祝佗稱周府之載書云：「王若曰，晉重、魯申、衞武、蔡甲午、鄭捷、齊潘、宋王臣、莒期。」此周人自據舊制記而藏之也。至謂皐鼬之盟，長衞於蔡，則左氏求合踐土載書，虛增之也，所以知周府載書非鑿空。而皐鼬、長衞不可信者，彼上文分魯公、分康叔、分唐叔云云，其數典必皆有據，而謂君以軍行則祝出竟，若嘉好之事，祝無事焉，則與經侵楚之文亦顯相乖刺，明彼傳須分別觀之。而釋例、正義皆曲說也。又此踐土盟，左傳謂王子虎盟諸侯于王庭，與傳言會天王似亦不合。

陳侯如會。如會，外乎會也，於會受命也。外乎會，不及序也。受命于會，故書如會。

公朝于王所。朝不言所，言所者，非其所也。非京師朝。【補曰】此發書所例也。詩小雅云「自天子所」，天子之所，覲禮云「女順命于王所」，考工記云「不屬于王所」，鄘風又有「公所」之文，彼皆當時恆稱。春秋脩辭則別有義例也。胡安國曰：「周制：十有二年，王乃時巡，諸侯各朝於方嶽。亦何必於京師於廟然後爲禮乎？古者天子巡守於四方有常時，諸侯朝於方嶽有常所。其宮室道塗，可以豫脩，故民不勞，其供給調度，可以豫備，故國不費。今天王下勞晉侯，公朝于王所，則非其時與地矣。然則天子在是，其可以不朝乎？天子在是而諸侯就朝，禮之變也。春秋不以諸侯就朝爲非，而以王所非其所爲譏，正其本之意也。」文烝案：胡云「天王下勞」者，依杜預說。公羊以爲致天子，傳及公羊皆以河陽爲再致，杜說非也。此傳與下朝傳互相備。

六月，衞侯鄭自楚復歸于衞。【補曰】何休曰：「復歸，例皆時，此月者，爲下卒出也。」公羊以復歸與歸爲二，故何氏有此例，不可通於傳。復歸與歸同，奔歸與執歸則異。奔歸月，執歸時，下三十年，徐邈說得之。自楚，楚有奉焉爾。【補曰】疏曰：「重發傳者，自楚，嫌與中國異也。」復者，復中國也。歸者，歸其所也。中國，猶國中也。【補曰】注凡訓中國爲國中者，隨文爲義。詩「中谷」爲谷中，戰國策「東山之君」爲山東，古人語多如此。君實有國，舊爲君，故言復也，此發復歸通例。鄭之名，失國也。【補曰】疏曰：「重起失國之例者，以鄭非大罪，故出奔不名，惡其藉楚之力，故入名以表失國，嫌出入異，故傳發之。」文烝案：出不名則入名，明失國也。出既不名，故傳重舉例耳，不必言惡其藉楚之力。

衞元咺出奔晉。【補曰】訟殺叔武也。不書衞侯殺其弟武者，時不以告，史本無之。

陳侯款卒。【補曰】陳穆公也。前稱世子非不正，蓋不蒙上月，在惡之之例。何休曰：「賤其歧意於楚。」何氏本解不日義，合諸傳例，則宜時也。不葬者，魯不會。

秋，杞伯姬來。莊公女。來歸寧。

公子遂如齊。聘也。【補曰】不應注於此，宜删。

冬，公會晉侯、宋公、蔡侯、鄭伯、陳子、莒子、邾子、秦人于温。陳稱子，在喪也。【補曰】温，晉地，本温國，狄滅之，襄王以賜晉文。杜預曰：「陳共公稱子，先君未葬也。」宋襄公稱子，自在本班。陳共公稱子，降在鄭下，陳懷公稱子而在鄭上，蓋主會所次。」○【撰異曰】陸淳纂例曰：「左氏『晉侯』下有『齊侯』。」案：今公羊亦有之。邾子，板本，左氏作「邾人」，誤。唐石經亦作「邾子」。諱會天王也。復致天子。【補曰】此下言王守，其爲會天王尤明。

天王守于河陽。河陽，晉地。【補曰】守，巡守也。孟子引晏子對齊景公曰：「天子適諸侯曰巡守。巡守者，巡所守也。」所守爲守，巡之亦爲守。白虎通曰：「巡者，循也。守者，牧也。爲天循行守牧民也。」文選注引禮記逸禮亦曰「天子巡行守牧也。」「巡守」字經典古書多通用「狩」。○【撰異曰】守，左氏、公羊作「狩」，左亦一作「守」。全天王之行也。時實晉文公召王，以臣召君，不可以訓，因天子有巡守之禮，故以自行爲文。【補曰】全者，深正其義，下句是也。踐土言朝，直承會下，此再致天子，失禮尤重，故須特爲全文。注前三語本左傳。爲若將守，而遇諸侯之朝也。【補曰】此所謂全也。杜預左傳後序引汲冢紀年「周襄王會諸侯于河陽」，知此守卽是上會，河陽卽是温，非別有巡守之事。但論其事，則會卽是守，論其文，則既言會又言守，若別有守事然，故曰爲若將守而遇朝也。李琪引紀年之文云：「睹此則尊王之辭，信爲仲尼特筆。」李氏以爲春秋有述有作，小事則述舊而紀録，大事始作以制義也。左氏、公羊以此守为狩郎、狩郜之狩，左傳又謂晉侯使王狩，皆失之。李廉曰「此非講武之狩，蓋假巡狩之禮以爲辭」是矣。爲天王諱也。【補曰】晉下陵而王上替，諱之以全之。水北爲陽，山南爲陽。日之所照曰陽。【補曰】北爲陽則南爲陰，南爲陽則北爲陰。溫，河陽也。【補曰】晉之河北，土田衆多，溫亦其一邑耳。下文云「溫，河北地」是也。黄仲炎、趙與權得之。
壬申，公朝于王所。朝於廟禮也，於外非禮也。諸侯朝王，王必於宗廟受之者，蓋欲尊祖禰，共其
榮。【補曰】言朝于王所，不得言如京師，是足明其非禮。重發傳者，嫌朝王與諸侯相朝異也。獨公朝與？諸侯盡朝
也。【補曰】起下「主善以內」句。左傳曰：「晉侯召王，以諸侯見。」其日，以其再致天子，故謹而日之。【補
曰】起下「目惡以外」句。時史本以其一歲再朝，特書日以見非常，君子從而取義焉。公羊曰：「其日何？録乎內也。非公獨
朝，何録之有？」主善以內，目惡以外。主善以內，謂公朝于王所。目惡以外，言再致天子。【補曰】主善，謂言
朝。目惡，謂謹日。此猶桓十三年傳言「由內及之，由外言之」。言曰公朝，逆辭也，而尊天子。鄭嗣曰：「若公
朝于廟則當言公如京師，而今言公朝，是逆常之辭。雖逆常而曰公朝王所，是尊天子。」【補曰】申上善意也。辭有逆之而
順者，名之正，辭之盡。會于溫，言小諸侯。溫，河北地，以河陽言之，大天子也。溫、河陽同耳。小諸
侯，故以一邑言之，尊天子，故以廣大言之。【補曰】猶言東巡守，西南北巡守，因上言尊天子，覆解上經。日繫於月，
月繫於時，【補曰】杜預左傳序曰：「記事者，以事繫日，以日繫月，以月繫時，以時繫年。」孔穎達曰：「繫者，以下綴上，
以末連本之辭。」壬申公朝于王所，其不月，失其所繫也，【補曰】杜預曰：「壬申，十月十日。」以爲晉文公
之行事，爲已顛矣。以臣召君，顛倒上下，日不繫于月，猶諸侯不宗于天子。【補曰】此與「目惡」意相足。夫天子
作民父母，以爲天下王，禮樂征伐出焉，朝覲訟獄謳歌歸焉，天下之人皆繫於天子，百世不可易。故於功盛事顛者，既謹
其日，又去所繫，辭微而義切矣。左氏不得其說，又無從益其月，故其傳亦遂於冬下直述經文，而繼以丁丑云云。疏漏之

迹顯然，闕疑之意則善。

晉人執衞侯，歸之于京師。【補曰】稱人以執，執有罪，在晉文爲伯討也，與上及成十五年二文皆相對。一年之中，一人之身，六稱晉侯而一稱晉人，同文異義，異文異義，於此爲信。案：左傳衞侯先期入，叔武喜而走出，前驅射而殺之。胡銓以爲此康誥所謂兄大不友于弟，與父不慈，子不祗，弟不共，皆民彝之不可泯亂，當速由文王作罰者也。此入而執，【補曰】亦晉侯入衞而執，謂自温渡河入衞也。温在河北，京師及衞在河南。案：左傳曰：「衞侯與元咺訟，甯武子爲輔，鍼莊子爲坐，士榮爲大士。」此晉侯入衞之後聽其訟於衞也。又曰：「衞侯不勝，殺士榮，刖鍼莊子，謂甯俞忠而免之。執衞侯，歸之于京師，寘諸深室。」此正説經文也。又曰：「元咺歸于衞，立公子瑕。」此説下經文。言咺訟既直，乃得書其歸也。夫咺在晉而衞侯得與訟，則咺從晉侯在温，即隨入衞可知也。王在温而歸衞侯于京師，則是時王將反京師可知也。左傳並載於會温後，又其後舉王守公朝二經，乃是補序前事，故以「是會也」一句爲更端也。又以壬申公朝、丁丑圍許二句相接，壬申至丁丑六日，明入衞等事皆中閒四日事也。杜預並以爲十月，釋例又疑是十二月也。其不言入何也？【補曰】據曹言入。不外王命於衞也。入者，自外來，伯者以王命討衞，衞王之土，故曰不外王命。歸之于京師，緩辭也，辭閒容之，故言緩。【補曰】與成十五年歸于京師相對爲緩急。斷在京師也。【補曰】申上緩辭意，明得正。天子爲天下朝覲訟獄所歸，此年備見。

衞元咺自晉復歸于衞。【補曰】此公羊所謂「君入則己出，君出則己入」。自晉，晉有奉焉爾。【補曰】疏曰：「又發傳者，嫌霸者與凡諸侯異。」復者，復中國也。歸者，歸其所也。【補曰】大夫爲國體，與君共國，復還居位則皆言復。重發傳者，嫌大夫與君異，故發以同之。

諸侯遂圍許。會溫諸侯。許比再會不至，故共圍之。【補曰】此本杜預。遂，繼事也。繼事，會于溫而圍許。【補曰】重發傳者，齊桓是伐與救與次，晉文是圍，並霸者之事，故詳之也。疏曰：「會溫已訖，中閒有事，或恐不相繼，故發傳以明之。」謝湜曰：「諸侯朝王，許獨違命，書『遂圍許』，得討叛之義。」俞皐引項氏說以爲晉文公經略中外，自今年春自北而南，夏自南而北，冬復自北而南，明年春復自南而北，始歸於晉。文烝案：冬會乃再出也。

曹伯襄復歸于曹。三月爲晉侯所執，今方歸。復者，復中國也。【補曰】重發復例者，此未復而言復，將陳其義，故重舉以同之。曹伯本宜言復，以其言復於圍許前，獨爲變例。天子免之，因與之會。其曰復，通王命也。免之于宋，身未反國，因會于許，即從反國之辭，通王命。

遂會諸侯圍許。【補曰】段玉裁曰：「左經亦作『圍許』，傳作『于許』者，謂會諸侯於圍許之師也，彼時曹無師。」遂，繼事也。【補曰】疏曰：「恐被釋而遂與常例異，故重發之。」文烝案：曹伯會事之成。重言諸侯者，順繼事之文也。經通王命言復，使若身既反曹，自曹來會，不可直言會圍許。

二十有九年春，介葛盧來。介，國也。葛盧，微國之君，未爵者也。【補曰】重發傳者，此朝而不言朝，嫌又異也。公羊曰「夷狄之君」。其曰來，卑也。【補曰】疏曰：「郳黎來亦未得爵命而稱朝，此謂卑賤之，故直言來矣。」公羊曰：「何以不言朝？不能乎朝也。」即襄十八年注云「不能行朝禮」是也。文烝案：公不在亦得言來者，葛盧未見公輒反，至冬復來見公，其事甚明，故無嫌也。

公至自圍許。【補曰】此二事偶，則以後事致之例，若無圍許事，則會溫再致天王亦不致。

夏六月，公會王人、晉人、宋人、齊人、陳人、蔡人、秦人，盟于翟泉。翟泉，某地。【補曰】當云周地，卽昭二十三年之狄泉也。案：左傳晉狐偃、宋公孫固、齊國歸父、陳轅濤塗、秦小子憖皆大夫也，惟蔡無名氏，或是闕，或卑者也。宋序齊上，孔穎達謂公孫固爲大司馬，尊也。自晉以下皆稱人者，傳例曰：「可言公及人，不可言公及大夫，故不稱氏名也。」左傳以王人爲王子虎，是否未可知。不日者，晉文不至，諸國皆大夫，既序其人則去其日，亦所以略之。不致，順略文。○【撰異曰】左氏無「公」字，左傳有之。陸淳纂例唯云「公羊作『公會』。」翟，公羊作「狄」，二字通用。

秋，大雨雹。雹者，陰脅陽，臣侵君之象。陽氣之在水雨則溫熱，陰氣薄而脅之不相入，轉而成雹。【補曰】此本劉向也。漢書五行志劉以爲「盛陽雨水，溫煖而湯熱，陰氣脅之不相入，則轉而爲雹，盛陰雨雪，凝滯而冰寒，陽氣薄之不相入，則散而爲霰。故沸湯之在閉器，而湛於寒泉，則爲冰，及雪之銷，亦冰解而散，此其驗也。故雹者陰脅陽也，霰者陽薄陰也，春秋不書霰者，猶月食也。僖公末年信用公子遂，遂專權自恣，將至於殺君，故陰脅陽之象見。」臧琳曰：「范注當以此補正之。」文烝案：不月者，蓋歷月。

冬，介葛盧來。

三十年春王正月。

夏，狄侵齊。

秋，衛殺其大夫元咺。稱國以殺，罪累上也，以是爲訟君也。元咺訟君之罪于伯者，君忌之，使人殺之而後入。案：宣九年陳殺其大夫泄冶，傳曰：「稱國以殺其大夫，殺無罪也。」此傳曰：「稱國以殺罪，累上也。」凡稱國以殺大夫，或殺無罪，或罪累上，參互不同，略當近半。然則稱國以殺有二義：泄冶忠賢而君殺之，是君無道也；衛侯雖有不德，臣無訟君之道，元咺之罪亦已重矣。然君子之道，譬之于射，失諸正鵠，反求諸身，衛侯不思致訟之愆，躬自厚之義，過而不改，而又怨忌，上下皆失，故曰罪累上。【補曰】疏曰：「言有二義者，殺無罪，罪全在君；罪累上，上下俱失。」文烝案：注說甚正，然非有二義也。傳意里克、丕鄭父、元咺、甯喜之屬罪惡固不可掩，而春秋書之，專以罪君。大夫之罪，經所不論，罪累上與殺無罪，其例無異，特以里丕之等，究不可云殺無罪，故謂之罪累上，非謂君子有所分別其閒，同一稱國之文，而有二義也。此重發傳者，里、丕弑逆，嫌與異也。又言以是爲訟君者，言經著累上之辭者，以是爲訟君故也。訟君者致殺之由，君臣無獄，是不待言，但君而爲臣所訟，君之失道甚矣。於此而專殺大夫，則其罪自在君上。春秋之義，主於責己，不主於責人，注言「譬之於射」者是也，故爲「累上」之文也。傳明言訟君，而陸湻論上執衛侯之傳以爲不知有與元咺訟事，何謬之甚？衛侯在外，其以累上之辭言之何也？待其殺而後入也。【補曰】胡安國曰：「此春秋誅意之效也。」赦事誅意，漢人語。公羊言稱國以殺者，君殺大夫之辭，以此傳及殺陽處父傳觀之，較然明矣。

及公子瑕。公子瑕累也，【補曰】孔父已言累，重發傳者，非以君及臣，又非必先死，嫌非延及坐及也。以尊及卑也。【補曰】重發傳者，非以君及臣，公子又是貴稱，嫌兩臣無尊卑，專是延坐，非訓與之及也。據左傳元咺立瑕爲君，瑕實不成君，經不以爲君，與王子朝奔楚同。

衛侯鄭歸于衛。徐邈曰：「凡出奔歸月、執歸不月者，奔則國更立主，若故君還入，必有戰爭禍害，所以謹其文。執者，罪名未定，其國猶追奉之，歸無犯害，故例不月。」【補曰】舊爲君不言復歸者，高澍然曰：「拘於京師而歸，不書復内京師也。」高説最是。國内皆王土，言歸又言復則嫌若有外，故曹成公亦同也。曹共公特奉王命耳，本不在京師，故未復言復以見義。

晉人、秦人圍鄭。

介人侵蕭。【補曰】近上介兩來魯，新結親好。今此用師，特來告魯，故得書於策。君子仍之，明春秋事悉如舊也。○嘗論魯之史記，書内事皆有體，書外事皆承告，不漏不蕪，最爲嚴重。至君子脩春秋，殺史見極，平易正直，既約其文辭矣。有幷削去其事者，觀於所書，皆可互見。如公卽位不書，公至不書，納幣、來納幣不書，來媵、媵他國不書，子生不書，天王不葬，内弑君不葬，内女不葬，夷狄不卒，變之三不葬，内不言戰，外不言圍邑、取邑之屬是也。若其不可以書、不書互見者則固悉書不削，用還魯史舊章。史所書亦書，雖細必載，内事如公子慭出奔齊，外事如介人侵蕭之屬是也。史所不書亦不書，雖大弗紀，内事如公子友以僖公適邾不書，外事如齊隰朋帥師會秦師納晉惠公、秦師伐晉納晉文公不書之屬是也。諸王崩皆書，而莊、僖、頃不書，襄王之出居鄭書而入王城不書，敬王之居狄泉入成周書，而處姑猶入王城又不書，惠王之處鄭入王城則悉不書，皆因舊也。下三十二年徐邈注所謂事仍本史而辭有損益者，最爲平允得實。而陳傅良、趙汸每以左傳事之不見經者臆求聖人書不書互見之旨，則介人用師，孤文細事，左傳所無，經亦何所互見而存諸？雖有發明，適滋繳繞，學者未可以其專門鉅製而輕信之矣。

冬，天王使宰周公來聘。【補曰】周公名閲。天子之宰通於四海。【補曰】疏曰：「復發傳者，前是會，此是聘，嫌異，故重發之。」

公子遂如京師，遂如晉。以尊遂乎卑，【補曰】疏曰：「傳言此者，『遂』是繼事之辭，以辭有善惡，故傳分別明之。」文烝案：公子結以輕遂重，今公子遂以尊遂卑，明其事各異。此言不敢叛京師也。何休曰：「大夫無遂事。」案：襄十二年季孫宿救台，遂入鄆，惡季孫不受命而入也。如公子遂受命如晉，不當言遂。」鄭君釋之曰：「遂固受命如京師、如晉，不專受命如周，經近上言天王使宰周公來聘，故公子遂報焉，因聘于晉，尊周，不敢使並命。使若公子遂自往然，即云公子遂如京師、如晉，是同周于諸侯，叛而不尊天子也。公羊傳有美惡不嫌同辭，何獨不廣之於此乎？」甯謂經同而傳異者甚衆，此吾徒所以不及古人也。【補曰】葉夢得説此經合於傳義，與鄭説相發。鄭云「受命如京師如晉」者，謂本當言公子遂如京師、公子遂如晉，各爲一事，即葉云「大夫以二事行」，引盟衡雍、盟暴之文是也。鄭云「同周於諸侯，叛而不尊天子」者，謂再出公子遂，連文並書，見其並出命而並受命，則似叛京師，即葉云「疾不專於王」是也。鄭云「尊周，使若公子遂自往然」者，謂以繼事之文，別其尊卑，其義明其不敢叛，其辭則從入鄆之例，即葉云「諱爲之辭，若大夫之專事然」是也。然則此爲不敢叛，入鄆爲不受命，辭同而義異，所以不嫌者。葉氏曰「大夫之遂有曰盟、曰城、曰入者矣，聽於人則可盟，兵在己則可城可入，此遂而可得爲者也。內大夫如，皆聘也，必有禮焉，非遂之所能爲也。」案：葉氏此論最明確。公羊兩傳皆曰「公不得爲政」，蓋未達乎此。○許翰曰「若意其遣使京師，必以有故於晉，非是則未往，説經者不當如是。」

三十有一年春，取濟西田。曹田。【補曰】公羊曰「晉侯執曹伯班其所取侵地於諸侯」，左傳以爲晉分曹地予魯也。書取者，魯使人取之，據左傳、國語臧孫辰實往，是與盟宿、入杞之屬異，亦直書之者，志其事而略其人，故從卑者之文，蓋凡直書其事者有此二例矣。若祭祀蒐閱之屬，則是國之大事，其例又殊，城築浚直以其事志，則卑者尸之。

公子遂如晉。

夏四月，四卜郊，謂之郊者，天人相與交接之意也。不言郊天者，不敢斥尊也。昔武王既崩，成王幼少，周公居攝，行天子事，制禮作樂，終致大平。周公薨，成王以王禮葬之，命魯使郊，以彰周公之德，祭蒼帝靈威仰，昊天上帝，魯不祭。【補曰】疏曰：「范惟言天人相與交接，故謂之郊，或當亦以在南郊就陽位而祭也。」文烝案：周公薨云云者，今文尚書金縢説也。此注全本何休。又明堂位、祭統並言成王賜魯郊禘，而禮運載孔子曰：「魯之郊禘，非禮也，周公其衰矣。」公羊亦曰「魯郊非禮也。」劉歆引呂氏春秋「魯惠公使宰讓請郊廟之禮於天子，天子使史角往，惠公止之」，以爲魯有天子禮樂，殆周之末王所賜，非成王也。今以穀梁、左氏都不論及，姑依明堂位、祭統、金縢説可耳。又鄭君謂魯有郊無圜丘，注末三句本之。郊、丘爲二，其説可從。靈威仰之説出於緯書，不可用也。傳曰郊享道也。貴其時，大其禮。郊特牲論郊曰：「郊之祭也，迎長日之至也，大報天而主日也，兆於南郊，就陽位也。」於郊，故謂之郊，萬物本乎天，人本乎祖，此所以配上帝也。郊之祭也，大報本反始也。孝經曰：「周公郊祀，后稷以配天。」凡卜郊皆謂卜郊日。龜曰卜，蓍曰筮。不從，【補曰】不從，不吉也。書曰：「龜從筮從。」乃免牲。【補曰】牲，特牲也，用騂犢。郊特牲曰：「牲用騂，尚赤也；用犢，貴誠也。」王制曰：「祭天地之牛，角繭栗。」猶三望。鄭君曰：「望者，祭山川之名也。」謂海也，岱也，淮也。非其疆界則不祭。禹貢曰：「海、岱及淮惟徐州。」徐，魯地。【補曰】此鄭駁五經異義文，見詩閟宮正義。公羊以爲祭大山、河、海，鄭以淮易河。左傳所謂三代命祀祭不越望也。公羊高，齊人，蓋據齊法。齊地在岱陰，又東至于海，西至于河也。魯因郊而望，列國則無郊有望矣。賈、服、杜說左氏曰：「三望，分野之星、國中山川。」何休曰：「禮祭天牲角繭栗，社稷宗廟角握，六宗五嶽四瀆角尺，其餘山川視卿大夫，天燎地瘞，日月星辰布，山縣水沈，風磔雨升。燎者，取俎上七體，與其珪寶在辨中，置於柴上燒之。」夏四月，不時也。郊，春事也。【補曰】明堂位曰：「魯君孟春祀帝于郊，配以后稷。」鄭君曰：「孟春建子之月，傳以子、丑、寅三月皆爲郊時，在哀元年。然則明堂位言其最先所卜月耳。」雜記孟獻子曰：「正月日至，可以有事於上帝。」是魯以正月爲常也。左傳例稱啟蟄而郊，又載孟獻子曰：「郊祀后稷，以祈農事也。是故啟蟄而郊。郊而後耕。」啟蟄在建寅月，是魯又以三月爲常也。竊意子月之郊，義專報本，寅月之郊，禮兼祈穀，蓋周以冬日至圜丘祭天爲報祭，夏正郊祭天爲祈祭。魯無圜丘之祭，故但於子、丑、寅月郊祭，通祈、報爲一歟？四卜，非禮也。郊，春事，四卜則入夏。【補曰】卜法亦在哀元年。四卜者：前月下辛，第四卜也；十二月下辛卜正月上辛，初卜也；不從則正月下辛卜二月上辛，二卜也；不從則二月下辛卜三月上辛，三卜也；又不從則當於三月上辛免牲而不郊。今此三月下辛又卜四月上辛，四卜矣，而又不從，乃於四月免牲而不郊，故曰「夏四月，不時也。四卜，非禮也。」不時，非禮，經所以書，若使卜從而以上辛郊則亦書也。免牲亦當在上辛。不日者，何休所謂不郊則不日也。免牲者，爲之緇衣纁裳，有司玄端，奉送至于南郊。免牛亦然。玄端黑衣，接神之道。玄纁者，天地之色也。南郊天位，歸之于陽也。全曰牲，傷曰牛，牛有變而不郊，故卜免牛。【補曰】七入爲緇，玄六入，相似也。纁卽纁，赤黄色也。杜預曰：「免，猶縱也。」孔穎達曰：「縱放不殺之也。」何休曰：「禮卜郊不吉則爲牲作玄衣纁裳，使有司玄端，放之於南郊。明本爲天，不敢留天牲。」范注後四句皆哀元年傳文。免牲，免牛皆先卜。乃者，亡乎人之辭也。亡乎人，若曰無賢人也。凱曰：「其猶易稱『闃其戶，闃其無人』，詩云『巷無居人』，譏僖公不共致天變。」【補曰】注以「亡」爲無，以「人」爲賢人，凡傳言「亡乎人」者，注皆如此解之，皆非也。王引之曰：「亡，讀存亡之亡。亡者，不在也。凡言亡乎人者，皆謂不在乎人。荀子曰『制與在我，亡乎人』，與，讀爲舉。舉，皆也。言制皆在我而不在人，是亡乎人爲不在乎人之證也。管子曰『邪行亡乎體，違言不存口』，莊子曰『其在彼邪亡乎我，在我邪亡乎彼』，淮南子曰『物物者亡乎萬物之中』，是『亡乎』爲『不在乎』之證也。禮檀弓曰『亡於禮者之禮也，其動也中』，荀子曰『禮以順人心爲本，故亡於禮經而順人心者皆禮也』，又曰『然則鬭與不鬭邪，亡於辱之與不辱也，乃在於惡之與不惡也』，又曰『故治亂在於心之所可，亡於情之所欲』，又曰『吾所以得三士者，亡於十人與三十人中，乃在百人與千人之中』，淮南子曰『聖亡乎治人而在於得道，樂亡於富貴而在於得和』，是又『亡於』爲『不在於』之證也。詩唐風曰『予美亡此』，禮祭法曰『有天下者祭百神，諸侯在其地則祭之，亡其地則不祭』，公羊傳曰『季子使而亡焉』，是又亡此爲不在此，亡其爲不在其，亡焉爲不在焉之證也。」文烝案：王說是也。李光地以爲「亡乎人」猶俗言「不由人」，意亦是也。王氏又以此年及宣三年、成七年、十年、襄七年「亡乎人」之「人」爲指有司，宣八年「亡乎人」之「人」爲指公子遂，則皆失之。成七年傳云：「其，緩辭也。曰亡乎人矣，非人之所能也。」然則人者對天之稱，不在乎人者在乎天也。李光地以爲「無可柰何之意」是也。乃免牲，乃不郊，乃免牛，皆以凶變言乃，此無可如何之事也。至黄乃復，至河公有疾乃復，皆以疾言乃。至河乃復，亦以著有疾言乃，此又無可如何之事也。至穀聞齊侯卒乃還，既爲善之文，雖責專命，猶從疾例，則亦無可如何之事也。趙汸以爲不得已曰乃，即傳意也。至於定、哀不敬之文，但言其備災無道，絶非國無賢君之謂，其於「乃」字之義本不相涉，彼二經固無「乃」字也。凡「乃」皆亡乎人之辭，惟定十五年「乃克葬」爲急辭，彼與宣八年以「乃」與「而」二文相對爲緩急也。猶者，可以已之辭也。望，郊之細也，不郊無望可也。已，止也。【補曰】公羊同。注二語本左傳。何休曰：「譏尊者不食而卑者獨食。」

秋七月。

冬，杞伯姬來求婦。婦人既嫁不踰竟。杞伯姬來求婦，非正也。【補曰】疏曰：「重發傳者，嫌國君之妻異，故明之。」

狄圍衛。

十有二月，衛遷于帝丘。帝丘，衛地。【補曰】杜預曰：「故帝顓頊之虚，故曰帝丘。」

三十有二年春王正月。

夏四月己丑，鄭伯捷卒。【補曰】鄭文公也。不葬者，棄師失民，與宋襄同例。○【撰異曰】捷，公羊作「接」。

衛人侵狄。

秋，衞人及狄盟。【補曰】何休曰：「不地者，起因上侵就狄盟也。」杜預曰：「就狄廬帳盟。」趙鵬飛曰：「再舉衞人，侵一事也，盟一事也。」文烝案：外盟不日，此又不月者，與二十年盟邢同義。

冬十有二月己卯，晉侯重耳卒。晉自莊、閔已前不書于春秋，又不言文公之入及鄭忽之殺，何乎？徐邈通之曰：「案詩序及紀年、史記晉昭公之後大亂五世，又鄭忽之後有子亹、子儀，且事出記傳而經所無殊多。誠當有不告故不書者，諸侯有朝聘之禮、赴告之命，所以敦其交好，通其憂虞，若鄰國相望而情志否隔，存亡禍福，不以相闕，則它國之史無由得書，故告命之事絶則記注之文闕，此蓋内外相與之常也。魯政雖陵遲而典刑猶存，史策所録，不失常法，其文獻之實足徵，故孔子因而脩之，事仍本史而辭有損益，所以成詳略之例，起褒貶之意。若夫可以寄微旨而通王道者，存乎精義窮理，不在記事少多，此蓋脩春秋之本旨。師資辯説日用之常義，故穀梁子可不復發文而體例自舉矣。」【補曰】書日者，正也。注因文公論晉事，因晉事廣説春秋，今更裨而足之。不告故不書，左傳例如此。劉知幾史通曰：「汲冢瑣語有晉春秋，記獻公十七年事。」又曰：「瑣語、〔晉〕春秋載魯國閔公時事，〔一〕言之甚詳。斯則聞事必書，無假相赴。」子玄所説，未知何如。而魯史皆承赴告，其理實無可疑，君子脩春秋，辭有損益，事無損益，主於因辭明義，不以記事爲重。公羊所云「其辭則丘有罪焉」，孟子所云「其義則丘竊取之」，而歐陽脩以爲聖人著書，足以法世而已，故據其所得而脩之。意亦近是。至注謂魯之史策，不失常法。其説亦確，但未詳盡耳。案：明堂位曰：「魯王禮也，天下傳之久矣。」左傳昭二年晉韓起見魯春秋曰：「周禮盡在魯矣，吾乃今知周公之德。」賈逵注曰：「史法最備。」定四年衞祝佗言封魯公時有「備物典

〔一〕「瑣語晉春秋」，原脱「晉」字，據四部叢刊影印張鼎思本史通補。

策」，杜預注曰：「春秋之制」。由此觀之，知魯史記事之法實有王者之禮，周公之典迥與他國不同。傳稱石尚欲書春秋，是周人亦重其記載也。

三十有三年春王二月，秦人入滑。滑，國也。【補曰】滑，近鄭之國。將言秦人虛國，故先言滑國也。莊元年言郱、鄑、郚邑也，亦先言紀國也，文例正同耳。左傳秦欲襲鄭及滑，鄭商人弦高犒其師，乃入滑而還于殽，稱師以敗也，于彭衙稱師以戰也。此稱人則師少之文，其將爲百里之子孟明視，卽敗于殽之秦師也。

齊侯使國歸父來聘。

夏四月辛巳，晉人及姜戎敗秦師于殽。【補曰】殽，晉山名。公羊曰：「其言及姜戎何？姜戎微也。」案：十八年伐衞，狄不言「及」而稱人，傳曰「進之」；又宣八年伐秦、成九年伐晉、白狄不言「及」；昭四年伐吳淮夷不言「及」；昭五年伐吳、徐人、越人不言「及」而稱人；蓋彼從列數之文，此取以尊及卑之義也。此役晉君實親在，故不得列數。伐吳則楚子主之，故與伐衞、伐秦、伐晉同文也。疑戰不日，敗夷狄亦不日，此日者，公羊曰「盡也」，蓋惡晉不仁而謹之，與得臣敗狄皆爲變例。○【撰異曰】公羊無「師」字。殽，公羊本又作「肴」。不言戰而言敗何也？【補曰】據例，兩夷狄曰敗，中國敗夷狄亦曰敗，餘言戰言敗，前韓後彭衙，皆同例。狄秦也。【補曰】明在敗夷狄例，非是成敗之。其狄之何也？【補曰】據秦稱師，非徐、狄、吳比。秦越千里之險，【補曰】謂襲鄭。入虛國，滑無備，故言虛國。進不能守，退敗其師，【補曰】疏曰：「舊解進不能守謂入滑而去，退敗其師謂敗于殽。」王引之曰：「疏又云『本或別進字』

者，疏文「别」字下脱一「有」字，蓋疏所據本無「進」字，其舉傳句亦無「進」字。又記别本有「進」字者，於後也，當從疏所據正本無「進」字爲是。」徒亂人子女之教，無男女之别，【補曰】史記趙世家扁鵲云「秦穆公曰帝告我，霸者之子且令而國男女無别」，又云「襄公敗秦師於殽而歸縱淫」，扁鵲傳亦同，傳所云即其事也。疏以亂人子女爲入滑之時縱暴亂，非也。秦之爲狄，自殽之戰始也。明秦本非夷狄。【補曰】如上所云，皆狄道也，故自殽戰狄秦則遂以秦爲狄。秦爲狄者，穆公不卒，康公始卒，至惠公而後日，是準諸滕、楚、莒、吴諸國爲狄文也。孫覺曰：「春秋書敗秦師則甚秦之惡而狄秦，尚書載穆公自誓則許其改過而新之，蓋聖人之意惟其事之善否所在耳。」趙鵬飛、鄭玉、汪克寬皆各有説。文烝案：荀子曰「春秋賢繆公，以爲能變」，即公羊文十二年「秦伯使遂」傳語。而公羊又曰：「其爲能變柰何？惟諓諓善竫言，俾君子易怠。而況乎我多有之，惟一介斷斷焉無他技，其心休休，能有容，是難也。」數語皆用秦誓文。然則賢繆公能變者，乃推尚書録秦誓之意以説春秋，而春秋實無是義，書記言，春秋記事，各不相同。公羊亂其家法，而左氏則美穆公用孟明，尤流俗之論也。秦伯將襲鄭，【補曰】何休曰：「輕行疾至，不戒以入。曰襲，此下追敍上年事。」百里子與蹇叔子諫曰：【補曰】百里子，百里奚也。左傳無百里奚諫，下哭師送子亦獨蹇叔耳。音義曰：「百，或作『伯』。」「千里而襲人，未有不亡者也。」秦伯曰：「子之冢木已拱矣。何知？子之輩皆已老死矣。拱，合抱也。言其老無知。師行。【補曰】公羊曰「師出」，此亦當爲「出」，涉下「師行」而誤。或云上謂始行，下謂遂行。百里子與蹇叔子送其子而戒之曰：【補曰】百里奚之子孟明視也。同時爲帥者又有西乞術、白乙丙，俱見左傳。左傳又曰「蹇叔之子與師」，史記以爲西乞、白乙皆即蹇叔之子。呂氏春秋又謂蹇叔子曰申與視，高誘以申爲白乙丙也。女死必於殽之巖唫之下，其處險隘，一人可以要百人。我將尸女於是。」尸女者，收女尸。【補曰】二句相屬爲義。唫者，「崟」之借字。音義曰：「本或作『崟』。」說文曰：「巖，厓也。」崟，山之岑崟也。厓者，山邊。岑者，山小而高。廣雅曰：「岑崟，高也。」公羊作「嶔巖」，楚辭招隱士「嶔」、「崟」二字並出。左傳曰：「晉人禦師必於殽，殽有二陵焉。其南陵夏后皋之墓也，其北陵文王之所辟風雨也，必死是閒，余收爾骨焉。」「二陵」即傳巖崟之下也。「必死是閒，余收爾骨」即傳之死必於巖崟之下，尸女於是也。何休說公羊，杜預說左氏皆以爲其處深阻險隘，故料其必死於此。范注本之。王引之曰：「皆非也。言女必在此閒戰死，不可在他處，吾將於此收女尸。死有定所，乃可收也。呂氏春秋蹇叔謂其子曰『女死不於南方之岸，必於北方之岸，爲吾尸女之易』是其證也。」師行，百里子與蹇子叔隨其子而哭之，秦伯怒曰：「何爲哭吾師也？」二子曰：「非敢哭師也，哭吾子也。我老矣，【補曰】依孟子書百里奚去虞入秦，年已七十，時虞未滅也，至此蓋年百歲餘。彼不死則我死矣。」畏秦伯怒，故云彼我要有死者。晉人與姜戎要而擊之殽，【補曰】要，遮也，明在疑戰例，又非是成敗之。匹馬倚輪無反者。倚輪，一隻之輪。【補曰】倚，唐石經初刻作「奇」。嚴可均曰：「漢書五行志引此作『觭』。」服虔曰：「觭，音奇偶之奇。」師古曰：「觭，隻也。」則漢世穀梁本是「觭」字，後省「角」旁直作「奇」。音義：「奇，居宜反，或於綺反。」是陸所據范本作「奇」或作「倚」也。文烝案：方言曰：「倚、踦，奇也。自關而西，秦、晉之閒，凡全物而體不具謂之倚，梁、楚之閒謂之踦。」公羊作「隻輪」，何休曰：「隻，踦也。」明諸字俱通。何又曰：「皆喻盡。」晉人者，晉子也。【補曰】別姜戎言及，又下危文公葬，足明襄公親之。傳言「晉子」，爲踰年未葬稱子之明文，亦侵伐稱子之著例。其曰人何也？【補曰】晉是霸國，言戰言敗雖非君，猶宜稱師。微之也。何爲徹之？不正其釋殯而主乎戰也。【補曰】劉向説苑曰：「好戰之臣不可不察也，羞小恥以搆大怨，貪小利以亡大衆，春秋有其戒，晉先軫是也。先軫欲要功獲名，則以秦不假道之故請要秦師，襄公聽先軫興兵，要之殽擊之，匹馬隻輪無脱者，大結怨搆禍於秦，接刃流血，伏尸暴骸，糜爛國家，十有餘年，卒喪其師衆，禍及大夫，憂累後世。」漢書五行志劉向以爲晉不惟舊而聽虐謀，結怨彊國，四被秦寇，禍流數世。惠士奇曰：「秦、晉自殽之後，兵連不息，秦遂合於楚，卒爲晉患，故春秋於殽戰狄秦而微晉，交譏之。晉不敗秦，何害於霸而汲汲焉背殯要秦哉？」孔廣森曰：「下經曰『癸巳葬晉文公』，諸侯之禮，遡朝五廟，先葬五日而啟，自辛巳以迨癸巳十二日耳，則是時已當戒啟期矣，乃釋哀廢禮。佳兵遺嘗，不臣不子，孰此爲甚？」

癸巳，葬晉文公。日葬，危不得葬也。【補曰】危者，危晉襄背殯用兵。文爲霸主，又異於齊桓緩葬，故特發傳，以明同義。

狄侵齊。

公伐邾，取訾樓。【補曰】不致者，伐而取惡事也。○【撰異曰】樓，左氏作「婁」。公羊作「取叢」，亦作「取菆」。徐彥疏曰：有「作『鄒』字者。」孔廣森曰：「鄒，卽『訾婁』之合聲，猶壽夢爲『乘』，『句瀆』爲『穀』是也就作『叢』、『菆』字亦當讀如『鄒』，叢與諏、陬等字並从取，古諧聲本同。」

秋，公子遂帥師伐邾。

晉人敗狄于箕。箕，晉地。【補曰】晉不稱師以敗之者，以敗夷狄，故略之也。言敗不言戰，例在成十二年傳。

何休曰：「不月者，略微者與夷狄也。」案：當專是略夷狄。

冬十月，公如齊。【補曰】孔廣森曰：「月者，蓋公有疾而行，故危之。」

十有二月，公至自齊。【補曰】月者，爲下薨日。

乙巳，公薨于小寢。小寢，非正也。小寢，内寢，非路寢。【補曰】范以小寢爲内寢，本杜預經注。左傳曰：「卽安也。」服虔曰：「小寢，夫人寢也，譏其近女室。」杜亦曰：「夫人寢也，譏公就所安，不終於路寢。」疏曰：「傳發此例者，以隱、閔不地，桓公非正，今僖公雖好卒而没於婦人之手，故發傳以惡之。」楊亦謂是夫人之正寢也。左傳八年「夫人不薨于寢則不殯于廟」，服虔曰：「寢，謂小寢也。」案：周禮：「宮人掌王之六寢之脩。」鄭君注曰：「路寢一，小寢五。」又引玉藻「路寢聽政，小寢釋服」之文，斷之云「是路寢以治事，小寢以時燕息焉」。又引春秋「薨于路寢」、「薨于小寢」之文，斷之云「是則人君非一寢明矣」。然則鄭意以僖所薨之小寢爲君之燕寢，不以爲夫人正寢。

隕霜不殺草。京房易傳曰：「君假與臣權，隕霜不殺草。」【補曰】劉向以爲今十月，周十二月。於易五爲天位，爲君位，九月陰氣至五，通於天位，其卦爲剥，剥落萬物，始大殺矣。明陰從陽命，臣受君令而後殺也。今十月，隕霜而不能殺草，此君誅不行，舒緩之應也。未可殺而殺，舉重也。可殺而不殺，舉輕也。重，謂菽也。輕，謂草也。輕者不死，則重者不死可知。【補曰】傳合定元年爲説。韓非子曰：「魯哀公問於仲尼曰：『春秋之記曰：「冬十二月霣霜不殺草。」何爲記此？』仲尼對曰：『此言可以殺而不殺也。夫宜殺而不殺，桃李冬實，天失道，草木猶犯干之，而況於人君乎？』」王應麟曰：「以論語『焉用殺之』言觀之，乃法家者流託聖言耳。」文烝案：胡安國疑其與宰我戰栗之對相似，王氏

草，今本誤「菽」。

因有此論，但韓非後五句或非夫子之言，而前數語問答當實有之，正穀梁所本見「不」字之通例。

李梅實。京房易傳曰：「從叛者兹謂不明，厥妖木冬實。」【補曰】劉向以爲周十二月，今十月也，李梅當剥落，今反華實，近草妖也。先華而後實，不書華，舉重者也。陰成陽事，象臣顓君作威福。董仲舒引記曰：「不當華而華，易大夫，不當實而實，易相室。」孔廣森曰：「此於洪範五行屬木不曲直。五行傳曰田獵不宿，飲食不享，出入不節，奪民農時及有姦謀則木不曲直。」實之爲言，猶實也。實，子。【補曰】注解上「實」字也。李梅子中有核人，於植物中屬覈物也。下「實」字是名實、虛實之實，與孫字同意。

「覈」即「核」字。

晉人、陳人、鄭人伐許。

十三經清人注疏

春秋穀梁經傳補注

下

〔清〕鍾文烝 撰
駢宇騫 郝淑慧 點校

春秋文公經傳第五補注第十三

文公，僖公子，史記名興。母聲姜。以

穀梁　范氏集解　鍾文烝詳補

襄王二十六年即位。

元年春王正月，公即位。繼正，即位，正也。繼正，謂繼正卒也。隱去即位以見讓，桓書即位示安忍，莊、閔、僖不言即位，皆繼弒。【補曰】杜預曰：「先君未葬而公即位，不可曠年無君。」文烝案：公羊言一年不二君，不可曠年無君，杜用爲說。踰年未葬得稱公者，自己國臣民稱之，成、定並同。李賢後漢書注引穀梁傳曰：「承明繼體則守文之君也。」傳無此文，蓋後學者說傳語，在外傳及章句中。

二月癸亥，日有食之。○【撰異曰】公羊作「癸亥朔」，王引之據漢書五行志以爲「朔」是衍字。師古注劉向傳所引已衍。案：陸淳纂例所據本、唐石經本皆誤衍。

天王使叔服來會葬。傳例曰：「天子、大夫稱字，蓋未受采邑，故不稱氏。字者貴稱，故可獨達也。」【補曰】左傳曰「內史叔服」，周禮內史中大夫一人，下大夫二人，叔服蓋下大夫也。注引稱字例在定十四年傳，依後王子虎卒傳前一說，則叔服本王子，不以王子氏，蓋省文也。此事在時例。葬曰會，言會，明非一人之辭。其志，重天子之禮也。諸侯喪，天子使大夫會葬，禮也。【補曰】此本公羊、杜預也。疏後一說，此釋得書所由。五年傳解會葬之處，二者互言之。文烝案：此不獨互言也。傳文至簡，每以一傳包前後經文，此以天子使人會葬爲重，則以知諸侯使人會葬爲恆事也。以會葬僖公爲重，則以知凡公與夫人之喪，天子使人含賵之等皆爲恆事也。又以知賵仲子、含賵成風志者亦爲重也，又以知會葬成風志者尤爲重也。若然，傳於賵仲子言不及事，於含賵成風言兼事不周事，又別爲解者，彼二文又兼有是義，傳但就一邊言之也。諸侯之禮有志者，邾、滕之奔喪會葬則以君親來志也，秦襚成風則與賵仲子略同也，亦皆重之之義。

夏四月丁巳，葬我君僖公。薨稱公，舉上也。葬我君，接上下也。僖公葬而後舉謚，謚所以成德也，於卒事乎加之矣。【補曰】疏曰：「重發傳者，桓不以禮終，僖則好卒，二者既異，故傳詳之。」

天王使毛伯來錫公命。毛，采邑。伯，字也。天子上大夫也。【補曰】亦不知爲上、爲中。此事蒙上月。○【撰異曰】錫，左氏、唐石經及宋本作「賜」，段玉裁曰：「非也。」禮有受命，無來錫命，錫命非正也。【補曰】疏曰：「重發傳者，桓薨後見錫，此卽位見錫，嫌其得正，故傳發之。」劉敞據韓嬰詩傳及鄭君詩箋說，以爲嗣君三年喪畢以士服見於王，王於廟命之，錫之黻冕圭璧。文公喪未畢而命之，成公喪既畢而不受命於天子，皆非禮。何休以爲古者三載考績，三考黜陟幽明。文公新卽位，功未足施而錫之，非禮也。何氏自據九錫爲說。

晉侯伐衞。

叔孫得臣如京師。【補曰】叔孫得臣，公子牙孫莊叔。左傳曰：「如周拜。」

衞人伐晉。

秋，公孫敖會晉侯于戚。禮卿不得會公侯，春秋尊魯，內卿大夫可以會外諸侯。戚，衞地。【補曰】注首句本左氏盟翟泉傳。彼傳曰「在禮卿不會公侯，會伯子男可也」，杜預曰：「大國之卿當小國之君，故可以會伯子男。」文烝案：此左氏一家之言，未可用也。注末句卽下年盟垂斂傳文，又加一「卿」字。其實傳之大夫卽卿也。傳不於柔會宋公、陳侯發例，又不於此發例者，隨意而發，非有深義。疏曰：「傳以伯者至尊，不可云得會。」非也。

冬十月丁未，楚世子商臣弑其君髡。鄭嗣曰：「商臣，繆王也。髡，文王之子成王也。不言其父而言其君者，君之於世子有父之親，有君之尊，言世子所以明其親也，言其君所以明其尊也，商臣於尊親盡矣。」【補曰】鄭嗣注本何休。何云：「言君者所以明有君之尊，又責臣子當討賊也。」此删一句，不如本文爲善，末句增足，淺贅。髡之被弑，爲其欲黜世子。○【撰異曰】髡，左氏作「頵」。日髡之卒，所以謹商臣之弑也。夷狄不言正不正。徐乾曰：「中國君卒，正者例日，篡立不正者不日，夷狄君卒皆略而不日，所以殊夷夏也。今書日，謹識商臣之大逆爾，不以明髡正與不正。」【補曰】此與成九年莒潰同意，此謹無父，彼謹無君也。孟子曰：「無父無君是禽獸也。」程子曰：「禮一失則爲夷狄，再失則爲禽獸，愚觀穀梁兩傳，而知聖人有憂之也，是故中國詳之，夷狄略之，中國也而夷狄則亦略之，夷狄也而禽獸乃更詳之，文相錯而義相成也。是故夷狄之辭，無時而可同中國者也，君臣父子之教，有時而不論，中國夷狄者也。推之全經而皆通，俟之百世而不惑。」

公孫敖如齊。

二年春王二月甲子，晉侯及秦師戰于彭衙，秦師敗績。彭衙，秦地。【補曰】李光地曰：「敗秦師于殽，罪秦也。及秦師戰敗績，稍恕秦也。」文烝案：此戰甲子，郯戰乙卯，戰以喪禮處之，故子卯不避。○【撰異曰】衙，公羊或作「牙」。

丁丑，作僖公主。作，爲也，爲僖公主也。爲僖公廟作主也。主，蓋神之所馮依，其狀正方，穿中央，達四方。天子長尺二寸，諸侯長一尺。【補曰】公羊曰「爲僖公作主」，故何注加一「廟」字解之，范襲之，非也。「狀正方」以下亦本何休也。徐彥謂皆孝經說文。孔廣森曰：「案：山海經曰『桑封者，桑主也，方其下而鋭其上，而中穿之，加金，主之有穿』，此其足證者。覲禮設方明以依神，方明以木爲之，方四尺而設六玉。」鄭君曰：「設玉者，刻其木而著之，若然，六面皆刻而午貫相通，其所謂穿中央達四方者歟？設玉加金事亦同矣，蓋古主之遺象。」疏曰：「麋信引衛次仲云：宗廟主皆用栗，右主八寸，左主七寸，廣厚三寸。若祭訖，則内於西壁埳中，去地一尺六寸。右主謂父也，左主謂母也。」范注與何休、徐邈同，與衛氏異。其藏之也，白虎通亦云藏之西壁，或如衛說。去地高下則無文以明之。文烝案：麋所引衛宏說，據漢書儀，則帝主九寸，后主七寸，藏太室西壁埳中，祭則設座於埳下。立主，【補曰】説正禮。喪主於虞，禮平旦而葬，日中反而祭，謂之曰虞，其主用桑。【補曰】虞，安也，以安神。天子九虞，諸侯七，卿大夫五，士三。既虞，埋重於道左而有主。吉主於練，期而小祥，其主用栗。【補曰】疏曰：「案：莊公之喪已二十二月，仍譏其爲吉禘，今方練而作主，猶是凶服。而曰吉主者，三年之喪，至二十五月猶未合全吉，故公子遂有納幣之譏。莊公喪制未二十五月而禘祭，故譏其爲吉。此言吉者，比之虞主，故爲吉也。此雖爲練作之主，終入廟以辨昭穆，故傳以吉言之。」文烝案：檀弓曰：「殷練而祔，周卒哭而祔，孔子善殷。」夫隮祔於祖必有主，主必爲吉主，明周之吉主，卒哭作之，故左傳例曰，凡君薨，卒哭而祔，祔而作主。而舊説解此句爲「喪主」，失其實也。此傳及公羊皆至練時作主，似據殷制，或者殷、周之禮，諸侯得通用。抑或魯有王禮，避周從殷，皆未可知矣。注用桑、用栗，皆本公羊。何休曰：「夏后氏以松，殷人以柏，周人以栗。」杜預亦同，但不説夏耳。何休又曰：「埋虞主於兩階之閒，易用栗也。」虞用桑者，桑猶喪也，取其名與其麤觕，所以副孝子之心。練用栗者，取其戰栗謹敬。禮士虞記曰：「桑主不文，吉主皆刻而謚之。」蓋爲禘祫時別昭穆也。疏曰：「徐邈注盡與之同，范亦當不異。」孔廣森據五經異義載公羊及禮戴説，虞主埋於堂兩楹之閒，又一説埋之於廟北墉下，以爲何氏所稱非師説。

作僖公主，譏其後也。僖公薨至此已十五月。【補曰】蓋是時練祭後期歟？公羊曰：「欲久喪而後不能也。」何休以爲文公亂聖人制，欲服喪三十六月，十九月作練主，又不能卒竟，故以十五月。

作主壞廟有時日，於練焉壞廟，禮親過高祖則毁其廟，以次而遷。【補曰】注以「毁」訓「壞」，非也。脩壞曰壞，猶捆汙曰汙，治亂曰亂，古人語如此。所脩之廟謂死者祖之廟，於今君爲曾祖，卽他日之新宫也。必脩之者，練之明日，當以所作主祔於此廟。據士虞禮記、檀弓「卒哭而祔」者，以祭之明日，知練而祔者亦以祭之明日也。既祔，仍以其主復於寢，卽左傳所謂「特祀於主」。鄭君士虞記注曰：「凡祔已，復於寢，如既祫，主反其廟。」是也。曾子問曰：「當七廟五廟無虛主，虛主者，惟天子崩、諸侯薨與去其國、與祫祭於祖爲無主耳。吾聞諸老聃曰：『天子崩，國君薨，則祝取羣廟之主而藏諸祖廟。』禮也。卒哭成事而後主各反其廟。」推此知練而祔者，練而各反廟，廟無虛主，又無二主，則各主皆如舊，而所祔新主之復於寢必也。迨大祥禫後，三年喪畢，然後今君高祖之父遷。依公羊馮君章句則遷廟之主藏於大祖大室北壁中，既遷則謂之毁廟，乃以曾祖之主遷焉，而新主遷於曾祖之處謂之新宫。大戴禮有諸侯遷廟篇，卽喪畢遷主新宫之禮，其末云「擇日而祭」，蓋卽閔二年傳、士虞記之吉祭或禘或祫者也。朱子據遷廟篇君臣皆玄服，明其爲除喪而遷。張履又據君臣皆乘車，且有「出入門及大溝渠」之文，明其爲從寢之廟，其説皆是也。自來説穀梁者皆以壞廟爲毁廟，則與大戴之遷廟相混，鄭君士虞記注、盧辯遷廟篇注、孔穎達王制正義、賈公彦周禮鬯人疏遂謂自寢遷廟在練時。楊氏疏曰：「作主在十三月，壞廟在三年喪終，而傳連言之者，此主終入廟，入廟卽易檐，其事相繼，故連言之，非謂作主壞廟同時也。或以爲練而作主之時則易檐改塗，故此傳云『於練壞廟』，於傳文雖順，舊説不然，故不從之，直記異聞耳。」至朱子則曰：「穀梁言壞舊廟，不言遷新主，安知其非於練而遷舊主，於三年而納新主邪？」朱子此語可謂破的，但其言壞舊廟遷舊主亦沿舊解之誤。張履作毁廟論、祔祭論，知穀梁所言爲殷制，然亦但謂毁廟非遷廟。竊以毁廟云者，名有廢除，事殊墮壞，且穀梁不應此句説遠廟而下文説新宫，其不可通也甚矣。壞廟之道，易檐可也，改塗可也。將納新神，故示有所加。【補曰】范此解可用。練之明日祔，亦得云納新神也。檐，屋櫋聯也。説文檐爲梍，梍爲梠，梠爲楣，楣爲秦名屋櫋聯。齊謂之㢦，楚謂之梠。何休説新宫云「易其西北角」。塗者，堊飾壁，禮所謂白盛也。兩言可者，略辭。大戴禮有諸侯釁廟篇，成廟，釁之以羊，君臣亦皆玄服，與遷廟篇相次，彼時事多，練則略矣。易檐改塗爲壞廟之道，則壞爲脩壞，而廟指新宫甚明。

三月乙巳，及晉處父盟。晉大夫陽處父。不言公，處父伉也，【補曰】疏曰：「重發傳者，高傒存氏，處父去族，嫌異，故重發之。」爲公諱也。諱公與大夫盟，去處父氏。公親如晉，使若與其君盟，如經言邾儀父矣。不書地者，公在晉也。莊二十二年秋七月丙申，及齊高傒盟于防，不去高傒氏者，公不親如齊，不與其君盟，於恥差降。」【補曰】爲公諱者，釋經去處父氏與公羊同也。去氏所以爲諱者，卑者以國氏，既不言公，則若內卑者與外卑者盟，是全乎諱也。如晉與大夫盟較莊之盟防，其恥尤甚，故爲之諱，亦緣盟既書日，不嫌非公，得以成其諱文，故下文遂云「何以知其與公盟？以其日也」。注謂若邾儀父，本何休說，頗迂曲，宜删去「公親如晉」三句。何以知其與公盟？【補曰】問經文何以見之？以其日也。【補曰】存日以見公盟。何以不言公之如晉？所恥也。【補曰】盟於晉都而晉君不出，卑公已甚，是所恥也。出不書，反不致也。【補曰】出不言公如，故反亦不致，皆諱恥也。既以去大夫氏爲諱出，反又諱者，諱莫如深也。不地而存日則有所見矣，故諱恥從深。

夏六月，公孫敖會宋公、陳侯、鄭伯、晉士縠盟于垂斂。垂斂，鄭地。【補曰】不日者，蓋以盟事可惡，如祝、柯之例歟？或以霸國大夫盟數國之君始於此，與齊高傒又不同，故特變其例以示異。左傳稱士縠爲司空，晉司空非卿，以爲能堪卿事，故書。○【撰異曰】縠，本又作「穀」，唐石經作「穀」，左氏、公羊作「縠」，左亦又作「穀」。斂，左氏作「隴」，徐彦公羊疏曰：「左氏作『垂隴』。」內大夫可以會外諸侯。【補曰】言可者，時既多有其事，春秋別內於外，異其辭耳。傳特發此，又明外大夫不可也。或傳欲以此意明此盟不日之義，故不於上年會戚發之。唐石經無「外」字。

自十有二月不雨，至于秋七月。建午之月，猶未爲災。【補曰】杜預曰：「周七月，今五月也，不雨足爲災，不書旱，五穀猶有收。」文烝案：不雨之文不在七月下者，雨而後書不雨，則七月雨矣，其文不得在下。胡安國、程端學說皆非也。月令正義引鄭君釋廢疾曰「春秋凡書二十四旱」，考異郵說「分爲四部」，各有義焉。孔廣森曰：「今檢經實二十六旱，凡大雩十九，大旱二，不雨二，歷時不雨加自文者三，是爲四部。昔夏侯勝以洪範諫昌邑王曰「天久陰而不雨，臣下有謀上者」。文公之篇書久不雨者三，卒致仲遂逆謀，嗣子遘禍，此其效也。」文烝案：漢書五行志曰「皇極之常陰，劉向以爲春秋亡其應，一曰久陰不雨」是也，孔因附成爲說。歷時而言不雨，文不憂雨也。僖公憂民，歷一時輒書不雨，今文公歷四時乃書，是不勤雨也。不憂雨者，無志乎民也。無恤民志。【補曰】言春秋以爲無志也。疏曰：「莊三十一年冬不雨，不發傳者，以一時不雨輕故也。下十年、十三年意亦與此同，故十三年省文不發。」

八月丁卯，大事于大廟，躋僖公。大事，祫也。時三年之喪未終而吉祭於大廟，則其譏自明。【補曰】疏曰：「杜預言『其譏已明』，謂前已書吉，則此亦同譏。范云『其譏自明』，謂不待譏責，其惡足顯。」文烝案：何休曰：「不言吉祫者，就不三年不復譏，略爲下張本。」又案：躋僖公亦遂以爲常，不言初者，定篇有從祀文，不須加初，從可知。○【撰異曰】躋，周禮大宗伯注引作「隮」。大事者何？大是事也，著祫嘗。祫，合也。嘗，秋祭。【補曰】公羊曰：「大事者何？大祫也。大祫者何？合祭也。」蓋未知祫嘗之說。祫嘗者，祫而兼嘗，謂先祫而後嘗也。詩魯頌曰「秋而載嘗」，毛傳曰：「諸侯夏禘則不礿，秋祫則不嘗，唯天子兼之。」毛謂諸侯之禘祫當廢五廟一時之祭，魯則祫而兼嘗，不廢時祭，乃天子之禮，故特言秋而載嘗，即傳祫嘗之說也。祫而兼嘗則不得直書祫，以其是天子禮，故特大是事以著之。言著祫嘗者，申上「大是事」一句意也。傳與毛傳多通，此文宜以毛爲證。何休云：「禮天子特禘特祫，諸侯禘則不礿，祫則不嘗。」與毛亦同也。禘當行於周之夏，而魯之中葉，禘無常月，不兼行時祭。禮惟八月之祫嘗爲宗廟極盛之祭，故詩頌僖公但言嘗不言禘，而春秋禘不書大事也。祭統言成王、康王賜魯外祭郊社，內祭大嘗禘，以一「大」字貫嘗禘二文。大禘卽明堂位之六月禘，大嘗則明堂位所未備，即此傳祫嘗也。祭統前舉夏殷之時祭，春礿夏禘，秋嘗冬烝，又詳言禘嘗之義，篇末乃言大嘗大禘，既以承前文，又以別前文也。此祭在八月，而國語以爲蒸，韋昭謂用冬祭之禮，乖謬不可據也。崔靈恩曰：「祫以秋者，以合聚羣主，其禮最大，必秋時萬物成熟，大合而祭之。祫者，合也。說文曰：『祫，大合祭先祖親疏遠近也。』」祫

祭者，毁廟之主陳于大祖，未毁廟之主皆升，合祭于大祖。

祫祭者，皆合祭諸廟已毁未毁者之主於大祖廟中，以昭繆爲次序，父爲昭，子爲繆。昭南鄉，繆北鄉，孫從王父坐也，祭畢則復還其廟。【補曰】此約何休注文。何休曰：「大祖，周公之廟。陳者，就陳列大祖前。大祖東鄉，昭南鄉，穆北鄉，其餘孫從王父。父曰昭，子曰穆，昭取其鄉明，穆取其北面，尚敬，自外來曰升。」文烝案：周公爲魯大祖，周則后稷歟？或曰后稷爲始祖，文王爲大祖，蓋非也。通典引逸禮曰「祫祭七尸」。公羊「合祭」作「合食」，又繼之曰「五年而再殷祭」。韋玄成、劉向以來，皆言三年祫，五年禘，通典引徐邈曰「五年再殷，凡六十月中，分每三十月殷」，徐說非也。禘以夏，祫以秋，由禘而祫纔二十餘月，已踰二年，故言三年祫。由祫而禘，有三十餘月，距前禘凡六十月，爲五年也。禘與祫其禮略同，所以異於祫者，王肅聖證論引禘于大廟逸禮云「其昭尸穆尸，其祝辭總稱孝子孝孫」，又云「皆升合於大祖」。通典引禘于大廟禮「毁廟之主升合食而立二尸」，又云「獻昭尸如穆尸」，又云「毁廟之主，昭共一牢，穆共一牢」。又引韓嬰詩傳云「禘取毁廟之主，皆升合食於大祖」。又劉向五經通義云：「禘者，諦也。取已遷廟主，合食大祖廟中。」據此諸文，知禘不及未毁廟主。春秋經傳多直云禘于某公，知未毁廟皆特禘，但如世室武宮之等。親盡而廟不毁，親盡則必就大廟昭穆之列，不毁則又比親廟特禘之禮也。禮以禘于大廟名篇，亦兼見親廟等之特禘，故祝辭兼稱孝子。周頌序、雝「禘大祖」，大祖謂后稷，其文言孝子、言皇考、言烈考文母，蓋亦

據親廟二祧言。或序之大祖，實指文王歟？何休以爲禘異於祫者，功臣皆祭。案：周禮有「功祭于大烝」，何説非也。○祫之名亦多矣，五經異義左氏説「歲祫及壇墠，終禘及郊宗石室」。歲祫似是歲一祫，或是祫以歲計，卽三歲之殷祭，而皆與通典引劉歆、賈逵所言之祫不同。又左傳大夫亦有殷祭，據大傳言「大夫士有大事，省於其君，于祫及其高祖」，是大夫士殷祭亦名祫也。又時祭亦有稱祫者，王制曰「天子犆礿，祫禘祫嘗祫烝；諸侯礿犆，禘一犆一，祫嘗祫烝祫」，彼舉夏、殷四時祭名，而犆祫之文或上或下，祫與犆對，不專祭稱，但以其合祭親廟主於大廟亦謂之祫。其實穀梁之祫嘗謂祫而兼嘗，王制之祫嘗謂於嘗則祫。穀梁之祫，三歲一祫；王制之祫，一歲三祫，二祭截然不同。曾子問言「祫祭於祖，則祝迎四廟之主」，渾言祫祭則二祭得兼包也。又士虞記古文「始虞之祭謂之祫事」，鄭君曰「以與先祖合爲安。」此則殷祫、時祫之外更有祫名也。躋，升也。【補曰】公羊、爾雅同。爾雅作「陞」。先親而後祖也，逆祀也。舊説僖公，閔公庶兄，故文公升僖公之主於閔公之上耳。僖公雖長，已爲臣矣，閔公雖小，已爲君矣，臣不可以先君，猶子不可以先父，故以昭穆父祖爲喻。甯曰：「卽之於傳則無以知其然，若引左氏以釋此傳，則義雖有似而於文不辨。高宗，殷之賢主，猶祭豐于禰，以致雊雉之變，然後率脩常禮。文公偵倒祖考，固不足多怪矣。親謂僖，祖謂莊。【補曰】疏曰：「親謂僖，祖謂閔，僖繼閔而立，猶子之繼父，故以昭穆祖父爲喻，此於傳文不失。而范謂莊爲祖，其理非也。」文烝案：傳以祖父爲喻，當如舊説及疏，若下文昭穆之説則依段氏説爲順，見閔二年。又論於下。逆祀則是無昭穆也。【補曰】閔爲穆，僖則昭也。逆者，謂升僖於穆，北面西上，閔繼而東，并同爲穆，是無宗廟昭穆之禮。國語亦曰「非昭穆也」。兄弟所以異昭穆者，以受國爲人後爲重，既異昭穆，卽與父子相繼無異。僖雖不禰閔，而閔世次當考廟，於僖有禰道，故文雖不祖閔而閔世次當王考廟，於文有祖道。上文以僖爲親，閔爲祖，而左氏曰「子不先父」，公羊曰「先禰後祖」，其説逆祀，皆與傳同，由其相爲昭穆，故舉以相喻也。此説詳具於後漢周舉議奏。賈公彦周禮冢人疏、劉敞爲兄後議、趙汸左傳補注、當代通人萬斯同、金榜、段玉裁、孔廣森等皆所依用。范引舊説謂升僖於閔上者，卽何休説也。何休云「升，謂西上」，惠公與莊公當同南面西上，隱、桓與閔、僖當同北面西上，繼閔者在下，緣僖爲庶兄，置於閔上，是未思兄弟同昭穆之説，於三傳、國語實不可通也。無昭穆則是無祖也，【補曰】此祖謂大祖也，昭穆相繼，皆承大祖之統。無祖則無天也，祖，人之始也，人之所仰天也。【補曰】天者，祖之所自出，非以祖爲天也。古人稱王者天，大祖亦謂配天，范因致誤。故曰文無天，【補曰】文無天，猶言隱十年無正、桓無王、桓無會、定無正也，此指下五年經王使不稱天而言。劉逢禄説公羊引傳此數語亦如是解之。春秋言天之文，唯施於王，一言天子，義亦不異，大祭大變，都不斥言，故知文公無天，指彼二文明矣。言故曰者，是聖門相承之説。無天者是無天而行也。【補曰】此猶釋隱十年無正曰隱不自正；釋桓無王曰無王之道，遂可以至；釋定無正曰定之始，非正始。曰，見無以正也，明彼經著無天之文者，是見文公之無天而行也。自「逆祀則是」以下極論躋僖之惡，以解無天之文，明爲春秋所深惡也。五經異義「從左氏説爲大惡，不從公羊、董仲舒説爲小惡」是也。昭穆祖天，遞推而上，亦莊三年傳母子天子之義也。又嘗論之，禮器：「孔子曰：『臧文仲安知禮？夏父弗綦逆祀而弗止也。』」左傳載之，謂文仲「從逆祀」，不知彼文論魯事，故無禮不知者臧孫罪也。春秋書王法，故無天者文公惡也。君子不以親親害尊尊，此春秋之義也。尊卑有序，不可亂也。【補曰】親親者，僖於閔爲兄，於文爲父，宜親僖也。尊尊者，閔於僖爲君，於文有祖，道宜尊閔也。親親尊尊，人道之大，二者一揆，尊理常伸。僖兄也，而無升道，不以親禰害其尊祖也。桓君也，而有治文，不以親公害其尊王也。文姜母也，而有絶道，不以親母害其尊父也。哀姜小君也，而有弗受文，不以親夫人害其尊先公也。蒯聵父也，而亦有弗受文，不以親父害其尊王父也。諸若此類，皆春秋之義，傳承上推本廣言之也。疏曰：「稱春秋者，以嫌疑之閒，須取聖證。」案：疏説固可通，要是廣有所包，故言春秋也。

冬，晉人、宋人、陳人、鄭人伐秦。

公子遂如齊納幣。喪制未畢而納幣，書非禮。【補曰】如得禮，經當直言如齊，不仍史文。公羊曰：「譏喪娶也。」以爲娶雖在三年之外，而三年之内不圖婚，三年之恩疾，有人心焉者宜於此焉變也。董仲舒曰：「春秋之論事莫重乎志，納幣之月在喪分，故謂之喪娶。」

三年春王正月，叔孫得臣會晉人、宋人、陳人、衛人、鄭人伐沈。沈潰。沈，國也。潰之爲言，上下不相得。

夏五月，王子虎卒。叔服也。【補曰】叔服書王子書名者，卒例也。左傳成元年尚載叔服語，此傳則與公羊同。此不卒者也。何以卒之？外大夫不書卒。【補曰】疏曰：「重發之者，尹氏則以爲魯主，此爲會葬，事異，故重發之。」以其來會葬，我卒之也。會葬在元年。【補曰】史書卒者，自以其來赴卒之，所以赴我者，則以其嘗會葬我故也，此君子所取義也。五年會葬成風者不卒，彼不赴故也。彼文或作毛伯，則卽後書札子殺者。或曰以其嘗執重以守也。僖二十四年，天王出居于鄭，叔服執重任以守國。【補曰】或説以會葬者不書卒，此自以其執重而來赴，而君子取其義也。如或說，蓋不以王子虎爲叔服，叔服下大夫耳，安得執重以守？是亦如左傳以爲王叔文公，國語所謂太宰文公也。

秦人伐晉。

秋，楚人圍江。

雨螽于宋。○【撰異曰】公羊「螽」皆作「蠓」，獨此亦是「螽」字。外災不志，此何以志也？【補曰】疏曰：「重發之者，志災或爲王者之後，或爲甚而録之，故不得一例。」曰災甚也。【補曰】此以甚志，明雖非王者，後亦志也。公羊諸螽皆爲記災，唯此雨螽及哀十二年十二月螽爲記異，與傳不同也。公羊定元年傳曰「異大乎災」，何休曰：「異者，非常可怪，先事而至者。災者，有害於人物，隨事而至者。」成十六年「雨，木冰」，傳曰「志異也。」其甚柰何？茅茨盡矣。茅茨猶盡則嘉穀可知。茨，蒺藜。【補曰】疏曰：「徐邈云：『禾稼既盡，又食屋之茅茨。』范與徐異。」王樵曰：「徐說嘗驗有之。」著於上見於下，謂之雨。【補曰】傳以星宜言隕，螽宜言雨，董仲舒所謂「或降於天，或發於地」，不可同也，故重發例。漢書五行志說此經引穀梁傳曰「上下皆合言甚」，傳無此句，蓋亦後學者說傳語，在外傳及章句。案：左傳曰「隊而死也」，公羊曰「死而墜也」，疏曰：「公羊與考異郵皆云『螽死而墜於地』，故何休云『螽猶衆也，死而墜者，象宋羣臣相殘害也，禍自上下異之云爾』。今穀梁直云『茅茨盡矣。著於上見於下謂之雨』，與讖違，是爲短。鄭君云『穀梁意亦以宋薄德，後將有禍，故螽飛在上，墜地而死。』言茅茨盡者，著甚之驗，於讖何錯之有乎？」文烝案：公羊言異也，故董仲舒、何休言大夫專恣，據後事推之；穀梁言災也，故劉向言宋殺大夫無罪，據前事推之。鄭君意崇讖緯，姑作調人以災異爲一，不復截然分別，於理固通，但非昔人家法，亦學者所當知矣。至於董、劉、何、鄭所推之是非，可姑無論耳。

冬，公如晉。

十有二月己巳，公及晉侯盟。【補曰】凡朝而盟、來聘而盟者，皆言及，以内及外，以尊及卑之常辭也，不入内爲志之例。

晉陽處父帥師伐楚救江。【補曰】自此外大夫始稱某帥師、稱將。汪克寬曰：「書帥師百有三十，僖以前書帥師僅九，皆内大夫，文、宣以後，外大夫多書帥師，定、哀之閒尤數數書之，大夫之强可見矣。」文烝案：文以前列國亦有大夫爲將，且帥重師者。趙汸本陳傅良説，以爲雖卿將但稱人，將尊師少與將卑師少者同，雖卿帥重師但稱師，將尊師衆與將卑師衆者同，以征伐自諸侯出，其臣之尊卑不足辨，此夫子修春秋於内從其恆稱以見實，而於外變文以示義也。至文以後，征伐自大夫出，則大夫將書大夫矣。張應昌以爲楚大夫將則至成六年始見，高澍然以爲秦稱人、稱師爲達例，終春秋大夫未强，故不見大夫將，二國皆小異也。吕大圭以爲大夫而交政於中國自晉文翟泉之盟始，大夫而專征伐之權自晉襄伐楚救江始。○【撰異曰】左氏「楚」下有「以」字，段玉裁曰：「淺人所增。」文烝案：劉敞春秋權衡曰：「公羊脱『以』字。」後來皆依劉説，段氏獨得。此伐楚，其言救江何也？江遠楚近，伐楚所以救江也。時楚人圍江，晉師伐楚，楚國有難，則江圍自解。【補曰】江遠未易可救，伐楚正所以救之，此與宣元年救陳皆未至所救之國。彼以下有「會棐林」文，得直言救，此不得直言，故須言伐楚矣。伐楚亦不直言者，張自超以爲商臣弑君，疑於得討賊之義。又諸侯之用師於楚者，唯齊桓一書伐，晉定一書侵，使於處父之師直書伐，則前繼齊桓而後駕晉定，故必曰救江。張説亦有理，要以救者遂其意，致其志。凡救皆是善文，明此亦善之，與諸直言救者一例也。若然，傳言「伐楚所以救江」，而傳十八年云「伐衞所以救齊」，其救自爲一事；宣元年云「伐鄭所以救宋」，於經別無救文；三者辭同意異，又須分別觀之也。

四年春，公至自晉。

夏，逆婦姜于齊。【補曰】出姜也。其曰婦姜，爲其禮成乎齊也。婦禮成于齊，故在齊便稱婦。【補曰】婦者，已配之稱，謂成昏也。禮大夫以上不問舅姑在否，皆至三月見宗廟，然後成婦禮。劉向列女宋恭伯姬、齊孝孟姬傳皆有是言，賈、服、何氏說春秋並同。曾子問曰：「女未廟見而死，歸葬於女氏之黨，未成婦也。」其逆者誰也？親逆而稱婦，或者公與？何其速婦之也！鄭嗣曰：「皆問者之辭。問者以使大夫逆例稱女，而今稱婦，爲是公親逆與，怪稱婦速，故反覆推之。」【補曰】逆便稱婦，明非姑婦之婦矣，知是公逆。曰：公也。【補曰】公親逆，故不月。其不言公何也？據莊二十四年公如齊逆女言公。非成禮於齊也。非，責。【補曰】失禮重，故沒公文，而以稱婦見其失。若不責其成禮於齊，則但當言公如齊，從親迎恆事不志之例。而下書夫人婦姜氏至自齊，史舊文蓋本言「公如齊逆女」，或當言「逆婦爲變文」，下蓋有「夫人婦姜氏至自齊」之文也。曰婦，有姑之辭也。【補曰】此言稱婦有二義也，下無至文，明逆與至共文，以逆文爲至文也，逆稱婦爲夫婦之婦，至稱婦，又爲姑婦之婦，至所以別有姑無姑者，見宣元年何休說。其不言氏何也？【補曰】據從魯辭，凡姓皆以氏配。貶之也。何爲貶之也？夫人與有貶也。邵曰：「夫人能以禮自防，則夫婦之禮不成於齊，故譏公而夫人與焉。」【補曰】疏曰：「宣元年已有傳，今復特發之者，彼書夫人，此直云婦姜，嫌文異，故彼此明之。然彼稱夫人，又書至，此不然者，公羊傳曰『其謂之逆婦姜于齊何？

娶乎大夫者略之也』。徐邈亦以爲不書至，不稱夫人，下娶賤略之。若以諸侯下娶大夫，便爲略賤，則大夫亦不得上娶諸侯，且天子得下婚諸侯，何爲諸侯不得下娶大夫？是公羊之言不可以解此也。蓋不稱夫人不言至者，以其婦禮成於齊，故異於餘稱。傳云『夫人與有貶也』者，解不稱氏之意，非釋不稱夫人也。」文烝案：不稱夫人者，文不得言逆夫人也。不言至者，遂已稱婦姜，婦有二義，足以包至，不須言至矣。何休曰：「稱婦姜至，文也，逆與至共文。」其說是也。劉敞曰：「禮之於人大矣，是存則存，是亡則亡。文公之不能保其後嗣者，由無以刑其妻也，夫人之不能安其位者，由無以謹於禮也，此正始之道也。」劉用左傳卿不行之說，而謂夫人不能早避喪娶之辱，今斷章取之。

狄侵齊。

秋，楚人滅江。

晉侯伐秦。【補曰】程端學曰：「楚滅江不恤而躬伐秦，伐楚則遣大夫，晉侯之報復，情不可掩矣。」

衛侯使甯俞來聘。○【撰異曰】徐彥公羊疏曰：「正本作『速』字，故賈氏云公羊曰『甯速』是也。」段玉裁曰：「衛甯速見僖二十六年，即甯莊子也。僖二十八年、三十年左傳皆記武子事，則此聘必武子矣。公羊非也。公羊彼作『遬』，此亦當作『遬』。」

冬十有一月壬寅，夫人風氏薨。僖公母，風姓。【補曰】當云僖公妾母。○【撰異曰】段玉裁曰：「據杜氏長曆，十一月庚子朔，十二月庚午朔，又稱十二月無壬寅，五年正月四日也。日月必有誤，則杜所據本實作『十有二月壬寅』。」楊昌霖曰：「今三家經皆作『十有一月』，蓋據杜說改之。十一月庚子朔，三日得壬寅，然非經之舊矣。」

五年春王正月，王使榮叔歸含，且賵。含，口實也。禮記曰：「飯用米貝，弗忍虛也。諸侯含用玉。」榮叔，天子之上大夫也。榮，采地。叔，字。【補曰】注首句本公羊。尸所沐米，即以飯之。依鄭君禮記注，天子飯用黍，諸侯用粱，大夫用稷，天子之士亦用粱，諸侯之士用稻也。貝亦飯所用，諸侯飯以貝而含以玉，通言之皆爲含，故隱元年傳曰「貝玉曰含」，已論之矣。元年王使皆稱天，此與下會葬王使皆不稱天者，所謂文無天也。桓之春月，有月無王，文之於王使，有王無天，其意相類也。傳於此不言者，文屬王使而義起躋僖，故就彼傳一言之。荀子曰：「春秋之微也。」又曰：「春秋言是其微也。」又曰：「春秋約而不速，於此爲甚矣。」含，一事也；賵，一事也；兼歸之，非正也。禮含賵禭各異人。【補曰】孔廣森曰：「禮上客弔含，上介致賵。」其曰且，志兼也。【補曰】加且以顯其兼。以上公羊並同。其不言來，不周事之用也。何休曰：「四年夫人風氏薨，九年秦人來歸僖公、成風之禭，最晚矣，何以言來？」鄭君釋之曰：「秦自敗于殽之後，與晉爲仇，兵無休時，乃加免繆公之喪而來，君子原情不責晚。用，或作辭。」【補曰】不言來，若其不接公，以其不周事，若不致諸公然。趙匡曰：「春秋之文從簡，加減一字皆有義。」文烝案：周，猶給也，不給事，即下言早晚。賵以早，乘馬曰賵，乘馬所以助葬，成風未葬，故書早。而含以晚。已殯，故言晚。國有遠近，皆令及事，理不通也。禮雜記曰：「含者執璧將命，曰『寡君使某含』，相者入告。出曰『孤某須矣』。含者入，升堂致命，子拜稽顙。含者坐委於殯東南，有葦席，既葬，蒲席。降，出反位。」明君之於臣有含賵之義，所以助喪盡恩。含不必用，示有其禮。【補曰】疏曰：「舊解以爲傳言含賵，上關天子之於諸侯及夫人耳。雜記所云，唯論諸侯自相於何者，諸侯及夫人於天子，有疾當告，天子遣使問之，有喪則致含，故未殯足以及事。其諸侯相於，示其禮而已，不責其晚也。今恐不然，范云不通，是傳之不通，何得天子與諸侯禮異？明范以傳爲非也。」文烝案：疏說頗得范意，其實范謂「含不必用」與傳亦得兼通。此含距喪三月，傳譏其晚，豈謂含必在殯前哉？疏引鄭君釋廢疾云：「天子於二王後之喪，含爲先，襚次之，賵次之，賻次之，餘諸侯含之賵之，小君亦如之。於諸侯之臣，襚之賵之，其諸侯相於，如天子於二王後；於卿大夫，如天子於諸侯；於士，如天子於諸侯之臣。」京師去魯千里，王室無事，三月乃含，故不言來以譏之。文烝以爲鄭君最得之矣。此「以」字各本作「已」，「賻次之」句，依箴膏肓增。與上句岐異，今依唐石經、左傳正義引及俞皋集傳釋義本改。二字通用。

三月辛亥，葬我小君成風。

王使毛伯來會葬。【補曰】毛，當爲「召」。榮叔、召伯皆大夫，不知其上中。○【撰異曰】毛，左氏、公羊作「召」。疏曰：「左氏、公羊及徐邈本並云『召伯』，此本作『毛伯』，疑誤。」文烝案：左傳曰「召昭公。」會葬之禮於鄙上。從竟至墓，主爲送葬來。【補曰】通謂凡會葬也。下年傳曰「處父主竟上之事」，杜預曰：「來不及葬，不譏者，不失五月之內。」

夏，公孫敖如晉。

秦人入鄀。

秋，楚人滅六。

冬十月甲申，許男業卒。○【撰異曰】徐彥公羊疏曰：「業，正本作『辛』字。」

六年春，葬許僖公。

夏，季孫行父如陳。行父，季友孫。【補曰】季文子也。行父之父齊仲，名無佚。

秋，季孫行父如晉。

八月乙亥，晉侯驩卒。○【撰異曰】驩，公羊作「讙」。周語字从「馬」，晉語从「言」。

冬十月，公子遂如晉。【補曰】月者爲葬。

葬晉襄公。【補曰】杜預曰：「卿共葬事，文、襄之制也。」案：左傳古者使下大夫。

晉殺其大夫陽處父。稱國以殺，罪累上也。【補曰】重發傳者，衞成在外，晉襄已葬，嫌不同也。襄公已葬，其以累上之辭言之何也？【補曰】疏曰：「徐邈解『襄公已葬』謂春秋之例，君殺無罪之大夫則是失德，不合書葬，今襄公書葬則是無罪。而『以累上之辭言之者，以襄公漏泄陽處父之言故也。舊解亦云襄公罪輕，故不追去葬文。今以爲傳云襄公已葬者，謂卒哭日久，葬在前，殺在後，是罪累不合及君，故起累上之問，非是釋合書葬以否。君漏言也。【補曰】何休曰：「自上言泄下曰漏。」上泄則下闇，下闇則上聾，且闇且聾，無以相通。臣闇不言，君無所聞，上下否塞。【補曰】王引之曰：「闇與瘖同。瘖謂不言，聾謂無聞也。晏子曰：『臣下重其爵位而不言，近臣則暗，遠臣則唫。』晏子春秋曰：『近臣嘿，遠臣瘖。』又曰：『朝居嚴則下無言，下無言則上無聞矣。下無言則吾謂之瘖，上無聞則吾謂之聾。』說苑曰：『嚴則下喑，下喑則上聾，聾、喑不能相通。』語意並與此同。說文『闇』，从門音聲。」古讀『闇』

若「陰」，故與「瘖」多通用。」夜姑殺者也，殺處父。【補曰】左氏、公羊略同。夜姑之殺柰何？曰晉將與狄戰，使狐夜姑爲將軍，【補曰】時將中軍者直稱將軍也。國語鄭人以詹伯爲將軍，當晉文公時，晉將軍爲正卿，故宣二年傳曰「子爲正卿」。趙盾佐之。陽處父曰：「不可。古者君之使臣也，使仁者佐賢者，不使賢者佐仁者。邵曰：「賢者，多才也，戰主于攻伐。仁者，有惻隱之恩，不如多才者有權略。」【補曰】此亦仁者居守之意。案：論語「事其大夫之賢者，友其士之仁者也」，又徐彥引古之賢仁也，又毛詩傳「國君友其賢臣，大夫士友其宗族之仁者」，皆以仁次於賢，可與傳相證。劉敞傳改「仁」爲「能」，後儒遂謂穀梁子不識「仁」字，真一曲之見也。字有數義，言非一端，已論於隱二年。今趙盾賢，夜姑仁，其不可乎！」襄公曰：「諾。」謂夜姑曰：「吾始使盾佐女，今女佐盾矣」。稱處父語以語之，故傳曰漏言也。夜姑曰：「敬諾。」襄公死，處父主竟上之事，待諸侯會葬在鄙上。【補曰】「之」字各本脱，今依唐石經、劉敞傳、吕本中集解本、俞皐集傳釋義本補正。夜姑使人殺之，君漏言也。親殺者夜姑，而歸罪於君，明由君言而殺之，罪在君也，故稱君以殺。故士造辟而言，詭辭而出，辟君也，詭辭而出，不以實告人。【補曰】王引之曰：「辟，當爲『膝』，隸字『膝』、『辟』之左右旁皆相似，故『膝』誤爲『辟』也。造，讀爲蹙，蹙者，促也，近也。蹙膝而言者，君臣促膝密語，不使左右聞之也。漢、魏、六朝、唐人文言造膝，言造膝之言，言造膝詭辭者，如魏志中山恭王傳、舊唐書李吉甫傳、漢郎中鄭固碑等共十二事皆用此傳語，蓋舊本多作『造膝』，范本傳寫誤耳。」曰用我則可，不用我則無亂其德。此士對君言之辭。【補曰】用，謂用其言。亂其德，猶詩云「二三其德」，不用而商之於人，是二三也。韓子進士策問曰：「問書稱『汝則有大疑，謀及乃心，謀及卿士』，以至於庶人、龜筮。考其從違，以審吉凶，則是聖人之舉事與爲，無不與人共之。」於易則又曰：「君不密則失臣，臣不密則失身，機事不密則害成。」春秋亦有譏漏言之詞，又似不與人共而獨運者，是二説者其信有是非乎？抑所指各殊而學者不之能察也？樊汝霖注引蘇洵曰：「聖人之道，有經有權有機。曰經者，天下之民舉知之可也；曰權者，民不得而知之矣，羣臣知之可也；曰機者，雖羣臣亦不得而知之矣，腹心之臣知之可也。」此書與易、春秋所指各殊也。

晉狐夜姑出奔狄。○【撰異曰】夜，左氏、公羊作「射」。案：古讀「夜」若「豫」，讀「射」若「序」。

閏月不告月，猶朝于廟。禮天子以十二月朔政班告于諸侯，諸侯受於禰廟，孝子尊事先君，不敢自專也。言朝者，緣生以事死，親存朝朝莫夕，不敢泄鬼神，故事畢感月始而朝之。【補曰】疏曰：「范別例云『書不告朔有三，皆所以示譏』，則此文一，公四不視朔二，襄二十九年公在楚三。」文烝案：范以公在楚入例，乃用左氏説，又不以不告月爲不班朔，而以書不告爲譏，皆涉左傳，非也。此注自「孝子」以下皆本何休。公羊亦以不告朔解不告月。何休曰：「禮諸侯受十二月朔政於天子，藏於大祖廟，每月朔朝廟，使大夫南面奉天子命，君北面而受之，比時使有司先告朔，慎之至也。受於廟者，孝子歸美先君云云。」何休又曰：「朝者，因視朔政爾。」又後十六年四不視朔，注曰不舉不朝廟者，禮月終，於廟先受朔政乃朝，明王教尊也。朝廟私也，故以不視朔爲重。何氏之意，以此告朔卽論語之告朔，告朔後乃受朔政。受朔政者，卽後之視朔是也。受朔政後乃朝廟，則此之朝廟是也。范依十六年傳改大祖廟爲禰廟，亦以此告朔卽論語之告朔。十六年傳注援論語之文證受朔之事，似以告朔卽是受朔，此注又似以受朔政與朝廟爲一，謬矣。何氏説此禮節次自是明順，今惟以禰廟易其所謂大祖廟可耳。以祭法考之，禰廟、王考廟、皇考廟皆月祭，然則朝廟者祭此三廟也。先以餼羊告朔於禰廟，乃受朔政，乃復朝祭於三廟。不告月者何也？不告朔也。【補曰】告朔，猶言班朔，卽周禮「大史頒告朔于邦國」，亦卽十六年傳云「天子告朔於諸侯」，下傳「天子不以告朔」是也。公羊之告朔亦此意。大戴禮虞戴德孔子曰：「天子告朔於諸侯，率天道而敬行之，以示威於天下。」又用兵孔子曰：「夏桀、商紂不告朔於諸侯。」皆與論語之告朔異。「四不視朔」言公，不告月不言公，知是論天子班朔之事矣。不告月不郊，與凡言不者皆略異。不告朔則何爲不言朔也？閏月者附月之餘日也，積分而成於月者也。一歲三百六十日餘六日，又有小月六，積五歲得六十日，而再閏，積衆月之餘分以成此月。【補曰】附月，附於前月也。王念孫曰：「古書『於』、『爲』二字同用，『成於月』，成爲月也。僖二十年『近爲禰宮』，近於禰宮也。」公羊曰「天無是月」，又曰「是月非常月」，孔廣森曰：「非年年常有之月也。說文『閏』字下解曰『餘分之月，五歲再閏。』」戴震曰：「日循黃道右旋，斜絡乎赤道而南北者，寒暑之故也。其隨大氣而左，準赤道爲出沒者，晝夜之故也。凡三百六十五日，小餘不滿四分日之一，日躔發斂一終，月道斜交乎黃道，凡二十七日，小餘過日之半，月逡其道一終，日月之會，凡二十九日。小餘過日之半，以起朔，十二朔，凡三百五十四日有奇分，而近歲終，積其差數置閏月，然後時序之從乎日行發斂者以正，故堯典曰『朞三百有六旬有六日，以閏月正四時，成歲』。」文烝案：閏所附月無常月，不得定名爲某月朔，故變告朔言告月也。若日事遇朔曰朔，則不言閏月可。天子不以告朔，而喪事不數也。閏是叢殘之數，非月之正，故吉凶大事皆不用也。【補曰】十二月各有其政，著在明堂、月令，閏所附無常月，則無常政，故天子不班告朔，此正解經「不告月」三字，當與閏月連讀見義。下句言喪服以年計者，其行事不宜數是月，指葬齊景公言也。猶之爲言，可以已也。郊然後三望，告朔然後朝廟，俱言猶，義相類也。既廢其大而行其

「正四時」從史記。

細，故譏之。【補曰】注非也。因視朔，故朝廟，因天子班告朔，故視朔，不告月則無視朔之禮，何以朝廟爲乎？故爲「可以已」之辭也。文於閏朝廟者，亦桓公黷祀之類，時魯君臣以僖公爲聖賢，故服喪欲久，祫嘗躋主，閏猶朝祭，皆過乎禮，或容此朝祭專於禰廟矣。蘇轍、胡安國以爲此言「猶」者，幸其不已之辭。劉敞意林引王安石説以爲不郊矣。幸其猶三望，不告朔矣，幸其猶朝于廟，愈乎已則可矣。劉氏自爲説則曰，以爲可以已者，是猶逐其父者，而謂之曰，可并逐母也。以爲愈乎已者，是猶紾兄之臂者，而曰我且徐之也。君子不然，彼不郊而三望，自謂猶愈乎已，故譏之；彼不告朔而朝廟，自謂猶愈乎已，故非之。文烝案：王氏此説，蘇軾亦同，二蘇、王、胡既失其義。劉氏書當時謂其用意太過，此類是也。猶三望，猶朝于廟，猶繹，事異辭同，從傳爲允。疏曰：「重發傳者，前爲三望發，此是朝廟，嫌異，故重明之。范例猶有五等，發傳者三，僖三十一年猶三望，獨發傳者，據始也。宣三年、成七年皆不發傳者，從例可知也。此年發傳者，朝廟與三望異也。宣八年猶繹，發傳者，嫌仲遂有罪，得不廢禮，又繹祭與朝廟禮異故也。」

七年春，公伐邾。

三月甲戌，取須句。取邑不日，此其日何也？據僖二十六年公伐齊取穀不日。不正其再取，故謹而日之也。僖二十二年，公已伐邾取須句，過而不改，於此爲甚，故録日以志之。【補曰】疏曰：「哀元年冬，仲孫何忌帥師伐邾；二年王二月，季孫斯、叔孫州仇、仲孫何忌帥師伐邾，取漷東田及沂西田。彼比年伐邾而取兩邑，經不書日。今僖之與文，父子異人，特言謹而日之者，以文公是不肖之君，緩主逆祀，取邑致討，不得序列於諸侯，譏其過而不改，故録曰以見惡。」文烝案：哀公時，魯屢虐邾，其惡易見，故取漷東、沂西自從常例書時，其月者，爲下事起耳。此則相隔十九年，父子異人，恐其惡不明，故日以顯之。疏説未了。不致者，以是惡事故。

遂城郚。【補曰】郚，魯邑。遂，繼事也。因伐邾之師。【補曰】當云因取須句之師。重發傳者，上是伐國取邑，此是城，嫌非繼事也。

夏四月，宋公壬臣卒。【補曰】宋成公也。不日者，葢不正。不葬者，或是宋亂魯不會。○【撰異曰】壬，本或作「王」，唐石經作「王」，左氏、公羊作「王」。左亦或作「壬」。

宋人殺其大夫。稱人以殺，誅有罪也。【補曰】重發傳者，此非討賊，又無名氏，故重舉衆辭之例。疏曰：「昭公杵臼未卽位，國内無君，故不稱名氏，從未命大夫例。」文烝案：疏非也。不稱名氏，在祖之位也。據左傳，所殺者，公孫固、公孫鄭也，二子皆孤卿之官，固則爲大司馬，僖二十五年論之備。惟稱人是有罪之辭，恐左氏所載有是非失實者。史記宋世家曰：「成公卒，成公弟禦殺太子及大司馬公孫固而自立爲君。宋人共殺君禦而立成公少子杵臼，是爲昭公。」其事與左傳異，而以公孫固爲大司馬最爲可據，以昭公爲少子不正，又足明後文弑不書日之義。

戊子，晉人及秦人戰于令狐。令狐，秦地。【補曰】言秦地者，依傳在外之文爲説也。左傳曰：「戊子，敗秦師于令狐，至于刳首。己丑，先蔑奔秦。」杜預曰：「從刳首去也。令狐在河東，當與刳首相接。」釋例土地名令狐在晉地名中，刳首在秦地名中，杜據左傳僖二十四年秦納晉公子，濟河，圍令狐；成十一年晉侯在令狐，秦伯不肯涉河，使史顆盟晉侯于河東；故知令狐是晉地，在河東，接秦刳首。而經文當據刳首爲説。今臆測之，或令狐一地而兩屬，如閻爲晉地，而周亦得有闔田之比。其屬秦者，别名刳首，蓋又如温之有郗。郗者，杜預以爲温别邑，温已屬晉，而郗田猶屬周，正與刳首相類。周、晉争郗，皆以温爲言。説文解「郗」字曰：「晉之温地。」是郗亦通稱温，正猶經之通稱令狐矣。以戰爲文，兩不稱師，又不言某師敗績者，皆是略之。河曲亦同也，略之亦因其亟戰。傳於河曲始言亟戰者，河曲尤甚，又有變文。公羊兩傳皆曰「何以不言師敗績？敵也。」失之。

晉先蔑奔秦。○【撰異曰】蔑，公羊作「眛」，「眛」下有「以師」二字。眛，今本作「昧」，唐石經不誤，徐彦曰：「左氏、穀梁作『先蔑』。」不言出，【補曰】何休曰：「據楚囊瓦俱戰而奔言出。」在外也。【補曰】在外，在竟外也。公羊亦曰「遂在外也」。何休曰：「起其生事，成於竟外，從竟外去。」徐彦曰：「以此言之，則令狐非晉地，伯莒爲楚地亦明矣。」文烝案：二句包公孫敖、公孫歸父言之。輟戰而奔秦，以是爲逃軍也。輟，止也。爲將而獨奔，故曰逃軍。【補曰】此又言經於止戰之後，特著奔秦之文者，以是爲逃軍故也。冉有用矛於齊師，孔子曰：「義也。」子路曰：「魯有事於小邾，不敢問故，死其城下可也。」然則逃軍者，人臣之大罪，楚囊瓦事正與此同，傳亦并爲彼見義。

狄侵我西鄙。

秋八月，公會諸侯、晉大夫盟于扈。扈，鄭地。其曰諸侯，略之也。晉侯新立，公始往會，晉侯不盟，大夫受盟。既以喪娶，又取二邑，爲諸侯所賤，不得序于會，諱使若扈之盟，都不可知，故略之。【補曰】疏後一説，諸侯不序，使若扈之盟，諸侯都不可知。文烝案：范本公羊何休説，非也。傳云「略之」者，與城緣陵同義。彼傳曰「散辭」，亦是略之，此曰「略之」亦是「散辭」，文異而意互相備，一見桓德之衰，一著晉霸之衰。吕大圭謂此與十五年、十七年皆略而不序者，莫有主是盟之辭，齊履謙亦以爲散盟、散會之辭，其説皆是也。緣陵之城，未知公在否，公雖在，亦當不出公，此異於城，故言公也。上言諸侯則下言晉大夫，屬文之宜也。既略之，故不日，亦不致。左傳載諸國爲齊侯、宋公、衞侯、陳侯、鄭伯、許男、曹伯、晉趙盾。

冬，徐伐莒。

公孫敖如莒莅盟。莅，位也。其曰位何也？前定也。其不日，前定之盟不日也。【補曰】疏曰：「重發傳者，以徐伐莒，而往莅盟，嫌非兩國交盟之例，故明之。」文烝案：此不日又不月者，文承「伐」下，從伐例，蓋以徐伐爲主。

八年春王正月。

夏四月。

秋八月戊申，天王崩。襄王。【補曰】左傳、史記皆名鄭。范注贅。王崩不去天者，事不涉魯，不得取義於公。

冬十月壬午，公子遂會晉趙盾盟于衡雍。衡雍，鄭地。

乙酉，公子遂會雒戎盟于暴。鄭地。【補曰】四日不能再出。不爲繼事辭者，内大夫兩事並受命則各書之，此常例也。又兩事並在日例，言日則不言遂，亦是常例。疏以爲下事若直言遂會雒戎，恐遂爲繼事辭，兩名不辨，故再稱公子。案：疏非也。疏據公羊一事再見則卒名，傳無是例。○【撰異曰】公羊「雒」上有「伊」字，穀梁、左氏皆或作「伊、雒之戎」，音義云：「誤。」左氏音義云：「後人妄取傳文加耳。」暴，公羊本又作「曝」，俗字也。

公孫敖如京師，弔周喪。【補曰】左傳文也。公不奔喪，非禮也。說見定元年。不至復。丙戌，奔莒。【補曰】言不者，可以然而不然之例。○【撰異曰】「至」下各本衍「而」字，今依唐石經刪正。左氏有「而」字，文烝案：左氏經如桓十八年之「與」字，三年之「以」字，及此「而」字，皆非文例，當由後人妄增。不言所至，未如也，若其已行，當如公子遂至黃乃復，今不言所至而直言復，知其實未如也。未如則未復也。未如而曰如，不廢君命也。雍曰：「受命而出，義無私留，書如京師，以顯命行。于下不書所至，以表不去之罪。」未復而曰復，不專君命也。復者，事畢之辭，未如，故知其未復。加畢事之文者，言君命無輒專之道。【補曰】言復不言乃者，未如未復，無所至，皆其人自爲之，乃文無所施。其如，非如也；其復，非復也。【補曰】其如非如京師，又不返。唯奔莒之爲信，【補曰】言如言復，皆爲奔起，明其意在奔莒，左傳謂從莒女已氏也。不言出，公羊曰：「遂在外也。」杜預曰：「受命而出，自外行。」即上年例云在外，蓋踰竟則即東行，亦以見其未如未復也。故謹而日之也。【補曰】意在奔莒則有罪，故言日以謹之。賈逵說左氏曰：「日者，以罪廢命，大討也。」本傳義也。歸父無罪，故有遂文，不言日也。疏曰：「襄二十三年冬十月乙亥，臧孫紇出奔邾，傳曰『其日』，正臧孫紇之出也。注云正其有罪，彼云正其有罪，則此亦正其有罪。兩處發傳者，此其如非如，其復非復，臧孫則實奔，嫌其意異，故舉二者以包其餘。成十六年冬十月乙亥，叔孫僑如出奔齊亦同此例，故不復發之。若然，僑如亦是有罪書日，而彼注引徐邈云『禮大夫去』云云與此異者，書日之義有二種之意：一爲正罪，一爲兼君恩。知者以閔二年公子慶父出奔莒，文承九月下而不書日，傳稱慶父不復見，明罪重合誅，故去日以見恩絶，則書日者有恩可知。以此推之，歸父、公子憖不書日之從例可知也。然歸父有罪，非成公逐之者，歸父父殺嫡立庶，宜世不長，魯人逐之，實得其罪，但惡成公逐父之使耳。不言歸父，無罪也。」文烝案：慶父、歸父、公子憖不日之義各異，疏不得其說。歸父之父有罪，歸父何罪乎？徐邈君恩之說，無當於傳。魯於慶父、歸父亦非無恩，皆不可通也。○此事後人書之則曰丙戌公孫敖出奔莒而已。春秋出名氏於上，録日於下，加三句六字，去「出」字，事備而義精矣。左傳曰「以幣奔莒」，不書，不可書也。家勤國曰：「公不奔喪而卿行，是諸侯不有天子；敖如京師不至復，是大夫不有諸侯。」

螽。【補曰】蒙上月。

宋人殺其大夫司馬。司馬，官也。【補曰】亦曰司武。馬者，武也。其以官稱，無君之辭也。何休曰：「近上七年，宋公壬臣卒，宋人殺其大夫不言官，今此在三年中言官，義相違。」鄭君釋之曰：「七年殺其大夫，此實無君也，今殺其司馬，無人君之德耳。司馬、司城，君之爪牙，守國之臣，乃殺其司馬，奔其司城，無道之甚，故稱官以見輕慢也。」傳例稱人以殺，殺有罪也，此上下俱失之。【補曰】十五年注以「無君爲不臣」是也，鄭説非也。不稱名姓，在祖之位也。左氏事迹可徵，其是非予奪，皆未可信。但此與上七年皆稱人以殺，稱人則已見罪，而彼直云殺其大夫，此復稱官者，蓋因下事書宋司城二文相連，不可空言大夫，無以相別，故下言司城，則此言司馬，而因此司馬之文又以見祖位及在祖位者之實，乃爲前後諸文之樞紐，此聖者之作，自然之妙也。傳因下文稱官，是無君之辭，故於此亦順而言之，不可以辭害意。左傳稱其人曰「大司馬公子卬」。

宋司城來奔。司城，官也。其以官稱，無君之辭也。【補曰】宋避先君武公名，變司空爲司城。【補曰】疏曰：「重發傳者，嫌奔殺異也。」文烝案：列國官名，自行人以外內外無書者，此欲表其無君，何以必稱其官？蓋其時司城官屬悉來奔，實如左傳之説，故稱官以著之。崔氏舉族皆出則書齊崔氏，司城官屬皆來則書宋司城，各從其實，其義一也。若然，經以其官屬皆來稱官，而傳釋爲無君之辭者，官屬悉奔，朝廷空虛，擅權無君，於斯爲著。傳所云無君即指其以官屬來也，是知上文司馬乃因此司城之文而書以相別。傳於上亦釋爲無君者，釋文雖同，其意異也。司城名氏，左傳曰「蕩意諸」。來奔者不言出，舉其接我也。【補曰】疏曰：「此是來奔之始，故發傳。郕伯、宋子哀等不發者，從此例可知。」文烝案：此言接我者，亦接公也。或有公不在而言來奔者，當與介葛盧同例，亦容不至國都，大概是以接公爲文。

春秋文公經傳第五補注第十四

穀梁　　范氏集解　　鍾文烝詳補

九年春，毛伯來求金。【補曰】金，黃金也。凡金幣，黃爲上，此亦求賻之類。傳曰：「錢財曰賻」，錢者赤金爲之，若是赤金，當言賻矣。漢書食貨志曰：「大公爲周立九府圜法：黃金方寸，而重一斤；錢圜函方，輕重以銖。」○或疑此金是赤金未鑄爲錢者，左傳：「鄭伯朝楚，楚子賜之金，曰：『無以鑄兵！』故以鑄三鍾。」明是赤金也。求車猶可，求金甚矣。凱曰：「求俱不可，在喪尤甚。不稱使者，天子當喪未君也。」【補曰】喪求甚於凡求，求金又甚於求賻。注解不稱使，本公羊，即隱三年例云「無君也」。彼無君，謂未踰年，又當如左傳說爲未葬。此無君，則左傳云「未葬」是也。公羊兩處並云「當喪未君」，又因此經謂未三年不稱王，且曰「以天子三年然後稱王」，亦知諸侯於其封內三年稱子。考之於經，景王未三年，書「天王殺其弟佞夫」，敬王未三年，書「天王居于狄泉」，魯閔公未三年，上附莊卷，而其稱公作謚，繫世入廟，仍同他公。穀梁、左氏皆無義例，則公羊未可信也。坊記曰：「未没喪不稱君。」曲禮曰：「天子未除喪，曰予小子。生名之，死亦名之。」皆與公羊說同。案：論語子張曰：「書云：『高宗諒陰，三年不言。』何謂也？」子曰：「何必高宗，古之人皆然。君薨，百官總己以聽於冢宰三年。」又孟子稱堯崩舜立，舜崩禹立，禹崩啟立，皆在三年喪畢後。竊意公羊、坊記、曲禮所言者自是先代之制，而周世則不然。呂大圭據顧命、康王之誥疑彼時已變制矣。

夫人姜氏如齊。歸寧。【補曰】姜氏，謂出姜。此書非禮也。范本杜預，依左傳例。何休則以爲奔父母喪。父母者，齊大夫家也，蓋未可據。下有二月、三月，則此如是正月，上求金不以此如特出月，明夫人與公異例。

二月，叔孫得臣如京師。【補曰】月者，爲葬日。京，大也。師，衆也。【補曰】二訓，公羊、爾雅同。言周，必以衆與大言之也。【補曰】何休曰：「天子之居，地方千里，周城千雉，宫室官府，制度廣大，四方各以其職來貢，莫不備具，所以必自有地者。治自近始，故據土與諸侯分職而聽其政焉。」

辛丑，葬襄王。【補曰】公不親會葬，非禮也。說見定元年。天子志崩不志葬，舉天下而葬一人，其道不疑也。【補曰】不志葬，不疑於不葬，猶諸侯之時葬正也。魯史之制，宜辟周史，故得以不志葬爲義，若周史則不得矣。列國亦各有史，故略書時者則爲正，凡春秋之文，以簡約爲主。志葬，危不得葬也。不得備禮葬。【補曰】志葬者，以月爲例，猶諸侯之月葬故也。疏曰：「重發傳者，桓王七年始葬，襄王則七月而葬，嫌異，故重發之。」文烝案：桓是改葬，志葬猶不志也，彼傳亦不說，桓重發之者，所以起下。日之，甚矣，其不葬之辭也。王室微弱，諸侯無復往會葬。【補曰】葬天子而加日，甚於危不得葬，直是不葬之辭，猶諸侯之日葬危不得葬也。不葬之辭，謂非舉天下而葬一人之辭也。注以諸侯無復往會葬解之，當改言無復親往則通。

晉人殺其大夫先都。

三月，夫人姜氏至自齊。【補曰】疏曰：「范例云，夫人行有十二，例時，此致而書月者，豈以非禮而致，故書月以刺之，餘文書月者，當條皆有義耳。夫人行十二者，文姜七如齊，再如莒，聲姜會齊侯于陽穀、于卞，幷數此出姜是十二也。」文烝案：夫人行例時，至例月。何休曰：「月者，婦人危重，從始至例。」卑以尊致，病文公也。夫人行例不致，乃以君禮致，刺公寵之過。【補曰】注末句非也，病不可以爲刺。文公嬖頃熊而姜氏無寵，反言寵之過，非事實也。傳言夫人以君禮致，儼如國君然，是由公之不知禮，故足爲病也。夫人所以不得致者，婦人既嫁不踰竟，既無踰竟之事，安有告廟飲至之禮？故公宜致，夫人不宜致，始嫁宜致，既嫁不宜致。文姜、聲姜雖踰竟，皆不行告至之禮也。禮雜記及何休說皆言夫人得奔父母喪，宜出則卽宜致，傳所不言，似未足據矣。疏引徐邈云卑以尊致者，文公娶齊大夫女爲妻，故初逆姜氏，不稱夫人，今致以夫人禮，與逆自違，故疾公也。案：徐用公羊說，而以前不稱夫人爲卑，此稱夫人爲尊，殆非傳意。

晉人殺其大夫士縠及箕鄭父。○【撰異曰】縠，本又作「縠」，左氏、公羊作「縠」。稱人以殺，誅有罪也。【補曰】重發傳者，此有「及」文，嫌異故也。鄭父，累也。【補曰】重發傳者，鄭父非公子，嫌異故也。

楚人伐鄭。

公子遂會晉人、宋人、衛人、許人救鄭。【補曰】案：左傳晉趙盾、宋華耦、衛孔達皆大夫也，稱人者，非霸國獨用兵，猶從伐沈之例。

夏，狄侵齊。

秋八月，曹伯襄卒。

九月癸酉，地震。穀梁說曰：「大臣盛，將動有所變。」【補曰】國語伯陽父曰：「陽伏而不能出，陰迫而不能烝，於是有地震。」注引穀梁説，蓋以爲陽微陰盛，君弱臣强之象。此年之震，疏曰：「何休、徐邈並云由公子遂陰爲陽行，專政之所致也。」孔廣森曰：「昭二十三年八月乙未地震，越二日丁酉，周地亦震，南宫極死而經不書，知諸書地震皆據魯。」

震，動也。【補曰】公羊、爾雅同也。隱、僖篇「震」既訓雷，以雷能動物，故「震」之義又爲動。凡一字數義者，皆如此。易卦之震，其本義爲動，不爲雷，震與動，古今語也。説卦傳曰：「震，動也。」是以今語通古語，爲震卦之本訓，八卦皆同也。晏子春秋稱「維星絶，樞星散，地其動」，又稱「鉤星在駟心之閒，地其動」，是當時通言地動。春秋言地震不言地動者，策書用字之例，皆因乎古也。地不震者也，【補曰】何休曰：「天動地静者常也。」文烝案：素問、周髀算經及書考靈耀説地亦圓而動不止，但人不覺其動，故曰不震者也。管子曰：「天曰虚，地曰静。」震，故謹而日之也。【補曰】疏曰：「范例云，地震五，例日。」

冬，楚子使萩來聘。【補曰】會雩書楚子，别欲見義，其後還書人，則書子斷自此始。蘇轍曰：「至是齊、晉日衰，楚人接迹於中國，於是書其君臣，與諸侯比。」孔廣森曰：「商臣弑父而得稱子以使者，其罪惡固不待貶絶而見。」文烝案：韓子詩云：「春秋書王法，不誅其人身。」許翰稱之，當以此意求之。若如周子云「春秋正王道」，又云「誅死者於前」，便未及此。韓子説春秋曰：「不誅其人曰謹，嚴曰深。」其文辭皆甚確。〇【撰異曰】萩，或作「菽」。段玉裁曰：「『茮』之俗也。」左氏、公羊作「椒」，公羊亦或作「萩」。案：古讀「椒」若「萩」也。楚無大夫，無命卿。其曰萩何也？以其來，我褒之也。【補曰】褒之，猶言進之，以其來我，故進之而得目言萩也。楚君初見新意，楚臣猶依舊例。

秦人來歸僖公、成風之襚。【補曰】稱秦人無君臣者，從遠國例略之，或微者也。不去來者，原情不責之，見上五年注。既不責之，故亦不月。張洽曰：「時秦、楚交病中國，秦欲伐晉而歸襚於魯，猶楚欲圖北方而萩來聘也。」秦人弗夫人也，言秦人弗以成風爲夫人，故不言夫人。【補曰】若以成風爲夫人，當直言成風，今繫僖公言之，明爲弗夫人之辭。孔廣森難傳曰：「若妾母必以其子氏者，令惠公、僖公尚在，何以稱之？」文烝案：宰咺、秦人兩事本以歸妾母志，其以可辭受之，因以見正者，適因惠、僖已没故也，若二公尚在，則亦直文見譏矣，此不足疑也。范以不言夫人爲弗夫人之辭，非也。正嫡夫人亦未有既没而稱夫人者，夫人乃生時之稱，唯何休知之，後儒皆不省。即外之弗夫人而見正焉。見不以妾爲妻之正。【補曰】秦人蓋曰此所以襚僖公之成風者，故可因以見正，繫諸僖公，就使秦襚莊公之成風，君子亦必以其可辭受之，因以見正也。志者，與賵仲子略同。孔穎達曰：「是時服除已久，始來弔贈，當以變禮待之。」檀弓曰：「衛將軍文子之喪，既除喪而後越人來弔，主人深衣練冠待於廟，垂涕洟。子游曰：『將軍文氏之子其庶幾乎？亡於禮者之禮也，其動也中。』」

葬曹共公。

十年春王三月辛卯，臧孫辰卒。

夏，秦伐晉。【補曰】何休曰：「謂之秦者，晉先眜以師奔秦，可以足矣，而猶不知止，故夷狄之。」孫復曰：「晉自令狐之戰不出師者三年，其厭戰之心可見，而秦又起此役，故曰秦以狄之。」孫覺曰：「以其易世相讐，但曰秦以狄之。」程子曰：「秦唯以報復爲事，夷狄之道也。」文烝案：四說大概得之，但以師奔秦，非穀梁之義，令狐後晉不出師，又與左傳不合耳。傳稱秦之爲狄，自殽之戰始，而此文狄秦，仍爲變例者。彼傳秦爲狄，惟於書君卒見其義，自餘猶從中國例。秦君狄也，秦國非狄也，秦君以有狄道而狄之。秦國本周舊都也，其取義與滕相似。

楚殺其大夫宜申。僖四年傳曰「楚無大夫」，而今云「殺其大夫」者，楚本祝融之後，季連之胄也，而國近南蠻，遂漸其俗，故棄而夷之。今知內附中國，亦轉强大，故進之。【補曰】前已書殺其大夫得臣矣，非自此始進楚也。內附中國亦不始此，荆人來聘，宜申獻捷，彼時何嘗不與中國親？亦何嘗不强大乎？文之時，晉衰而楚益强，於諸書楚子見其義，不得説之於此。范之疏而不檢甚矣。

自正月不雨，至于秋七月。【補曰】汪克寬曰：「正月上不繫王者，歲首書王，所以著一歲十二月皆承天子之正朔，故此年及十三年總書不雨，但紀月數而已，非歲首比也。」歷時而言不雨，文不閔雨也。不閔雨者，無志乎民也。【補曰】重發傳者，此專在本年，嫌異也。

及蘇子盟于女栗。女栗，某地。蘇子，周卿士。【補曰】女栗當云地闕。下句本杜預。王卿之執政者，左傳謂之卿士，故杜以卿士言之，是天子之上大夫也。杜又曰：「僖十年，狄滅溫，蘇子奔衛。今復見，蓋王復之。」傳例曰：「及者何？內卑者也。」趙匡、劉敞、葉夢得以爲公及之，諱而不與，蓋非。左傳曰：「頃王立故也。」案：此奉王命，當在喪畢後，未必蒙月。左氏以爲秋七月，特據經測之。不月者，以卑者與王臣特盟，故略而異之，同諸盟齊，不從宿例。自此周復微。○【撰異曰】女，公羊或作「汝」。栗，各本誤作「粟」，今依音義、唐石經改正。

冬，狄侵宋。

楚子、蔡侯次于厥貉。厥貉，某地也。【補曰】亦當云地闕。左傳曰：「將以伐宋。」孫覺曰：「此次遂稱楚子，下伐麇又以爵書，自是楚益强。」○【撰異曰】厥，公羊作「屈」。

十有一年春，楚子伐麇。○【撰異曰】麇，公羊作「圈」。

夏，叔彭生會晉郤缺于承匡。承匡，宋地。【補曰】叔彭生，公子牙孫叔仲惠伯。張大亨曰：「文之篇六卿並見。」文烝案：成篇亦有六卿。○【撰異曰】唐石經初刻「叔」下有「仲」字，磨改去之。左氏音義云：「叔彭生本或作叔仲彭生，『仲』衍字。」板本、左氏有「仲」字。匡，作「筐」，唐石經皆不誤，滈化本、他宋本同。

秋，曹伯來朝。

公子遂如宋。

狄侵齊。【補曰】左傳曰「鄋瞞侵齊，遂伐我」，謂卽下長狄。

冬十月甲午，叔孫得臣敗狄于鹹。【補曰】敗夷狄，雖非疑戰不日，此日者，蓋大得臣之功。公羊以爲其言敗，其日，其地，皆大之也。鹹，魯地。不言帥師而言敗，何也？據僖元年公子友帥師敗莒師于麗，獲莒拏，稱帥師。【補曰】前伐沈救鄭乃稱將不稱帥師之例，此言敗，則當言帥師矣。内事言敗，非公也，不直言師則言某帥師。直敗一人之辭也。【補曰】欲明所敗者一人，故不以衆辭加之。一人而曰敗何也？【補曰】據敗亦衆辭。以衆焉言之也。言其力足以敵衆。傳曰：長狄也，弟兄三人，【補曰】何休以爲相類如兄弟，非親兄弟，與左傳異。

弟兄，唐石經初刻及各本皆作「兄弟」，誤涉公羊文，今依石經磨改及十行本、俞皋集傳釋義本、李廉會通本乙正。佚害中國，佚，猶更也。【補曰】佚，即「迭」字，故訓更。孟子「迭爲賓主」，張鎰所見本或作「佚」。宋本大戴禮禮三本「情文佚興」，元本作「迭」。音義曰：「害，本又作『宕』。」案：各本皆同，音義一本作「宕」，如是「宕」字，范應有注。楊疏言「更害中國」，所據本亦作「害」，今依音義正本、楊疏、唐石經改正。瓦石不能害。肌膚堅强，瓦石打擿，不能虧損。【補曰】打，當从木。叔孫得臣，最善射者也。射其目，身横九畝。廣一步長百步爲一畝。九畝，五丈四尺。斷其首而載之，眉見於軾。兵車之軾，高三尺三寸。【補曰】軾者，車前曲木，左右曲向後，接兩輢。何休説長狄，蓋長百尺，杜預以爲蓋長三丈。何據考異郵云「兄弟三人，各長百尺，別之國，欲爲君。」又據關中記云「秦始皇二十六年有長人十二，見於臨洮，身長百尺，皆夷狄服」。杜據魯語云：「僬僥氏長三尺，短之至，長者不過十之。」其長短皆與傳小異也。此長狄，公羊以爲記異，蓋如臨洮之見，偶然之事。左傳則鄋瞞國也。孔穎達説左傳曰：「如傳文，長狄有種，種類相生，當有支胤，唯獲數人。云其種遂絶，深可疑之。國語仲尼之言以爲自虞以來，命守封、嵎之山，賜以淶姓，則是世爲國主，縣巤四代，安得更無支屬唯有四人？且君爲民心，方以類聚，不應獨立三丈之君，使牧八尺之民。又三丈之人誰爲匹配？豈有三丈之妻爲之生産乎？人情度之，深可惑也。」文烝案：孔氏特發此疑，今姑存而不論。左傳有可信者，論於下。然則何爲不言獲也？據莒挐言獲。【補曰】此非所據也。如上所云，在獲例，不在敗例，何爲以敗言之，不言獲邪？曰：古者不重創，不禽二毛，故不言獲，爲内諱也。不重創，恤病也。不禽二毛，敬老也。仁者造次必於是，顛沛必於是，故爲内諱也。既射其目，又斷其首，爲重創。鬢髮白，爲二毛。【補曰】左傳宋襄公曰：「君子不重

淶，即「釐」字，作「漆」者誤。

傷，不禽二毛。」傷卽創也。月令曰：「瞻傷察創。」鄭君曰：「創之淺者曰傷。」此對文也，散文則通，故說文、廣雅云：「傷，創也。」廣雅又云：「創，傷也。」說文亦云：「刅，傷也。」或作「創」。此並王念孫廣雅疏證說也。重創、禽二毛，皆爲不仁，獲之爲言也，亦重創、禽二毛之屬也，故變文言敗，而不言獲，所以爲內諱。尋傳意，本汎論事理，非指射目斷首爲重創，注失其解，於理不通矣。傳先言「直敗一人」，「以衆言之」，卽引舊傳記其事，以明此敗異於他敗。非敗獨得言敗者，大之也。又解不言獲之義，以明此獲通於他獲。實獲皆不言獲者，諱之也。疏曰：「長狄兄弟，更害中國，禍害爲深，得臣能立功於一時而標名於萬代，其庸大矣。若其不諱，何以不書？且晉獲潞子尚書於經，魯獲長狄棄而不錄，詳內略外之義，豈其然哉？知內不言獲之例不施於此也。」案：疏說迂曲，此卽內不言獲之例耳。公子友欺紿棄師則言獲以惡之，得臣殺敵致果則不言獲以諱之，惡者變文，諱者常文，諱輕於惡，凡內所以不言獲者，正是諱耳。此傳曰諱莒拏，傳曰惡華元，夏豁傳曰不與非與，義皆相通。○射禮以中爲獲，鄭君鄉射注曰：「射，講武田之類也，因是見爲國之思患而防也。」春秋以獲爲敗，傳曰爲內諱也，因是見用兵以不殺爲武也。其之齊者，王子成父殺之，則未知其之晉者也。【補曰】公羊與此同。據左傳，魯所獲者僑如。齊王子成父所獲者榮如，在齊惠公之二年，傳誤作齊襄公，當依史記正之。晉所獲者焚如，在滅潞時。又宋獲緣斯在春秋前，宋武公時衞獲簡如在齊獲之後。緣斯者，僑如之先，僑如弟曰焚如，焚如弟曰榮如。季弟曰簡如。襄三十年晉師曠言：「叔孫莊叔敗狄于鹹，獲長狄僑如及虺也、豹也，而皆以名其子。」左傳人名事迹當非虛妄，大氐左氏考史，博采而尚詳，聖門解經，核實而舉要。

十有二年春王正月，郕伯來奔。【補曰】公羊曰：「失地之君也。何以不名？兄弟辭也。」左傳：「郕，文之昭也。」何休曰：「月者，前爲魯所滅，今來見歸，猶當加意厚遇之。」文烝案：魯前與齊共圍郕，非滅也，或至此始失國耳。左傳以爲郕世子，趙匡、劉敞疑之。月者，以是同姓兄弟，故仍史文録月。舊史小國君奔皆月，君子皆略之從時例。○【撰異曰】郕，公羊作「盛」。

杞伯來朝。僖二十七年稱子，今稱伯，蓋時王所進。

二月庚子，子叔姬卒。其曰子叔姬，貴也，公之母姊妹也。同母姊妹。【補曰】公羊曰：「其稱子何？貴也。其貴柰何？母弟也。」與傳意同。傳以父爲男子之美稱，於子則直曰貴之、尊之，不言男子，明女子亦得通稱，故大夫以上稱子，則其妻稱內子。今以君之母姊妹貴，故舉其貴者，猶母弟稱弟，母兄稱兄，皆以同母爲貴也。何休曰：「不稱母妹而繫先君言子者，遠別也。禮男子不絕婦人之手，婦人不絕男子之手」，何氏遠別之義可用，其言繫先君非也。孔廣森又引詩齊侯之子、東宮之妹，以爲君之母妹貴有殊矣。其一傳曰：許嫁以卒之也。【補曰】稱「其一傳曰」者，蓋引舊傳爲更端之辭，或「其一」二字衍也。疏曰：「上傳言母姊妹貴，故録卒。下傳言許嫁諸侯，故録卒。似上下意乖者，傳欲見雖貴非許嫁不書，上下足成，非乖也。許嫁乃書卒者，以其卽貴之漸故也。徐邈云：『上傳云子叔姬者，杞夫人見出，故不言杞。下傳云許嫁者，言是別女，非杞叔姬也，理亦足通。』」文烝案：疏説及徐皆非也。「貴」釋書「子」義，「許嫁」釋書「卒」義，不泥「其一」二字，則文意甚明。僖九年伯姬卒已發傳，重起例者，此稱子，嫌有異，故舉舊傳重明之。公羊亦正如是。男子二十而冠，冠而列丈夫，三十而娶；女子十五而許嫁，二十而嫁。禮二十而冠，冠而在丈夫之列。譙周曰：「國不可久無儲貳，故天子諸侯十五而冠，十五而娶。娶必先冠，以夫婦之道，王教之本，不可以童子之道治之。禮十五爲成童，以次成人，欲人君之早有繼體，故因以爲節。書稱成王十五而冠，著在金縢，周禮媒氏曰：『令男三十而娶，女二十而嫁。』內則云：『女子十五而笄。』說曰許嫁也，是故男自二十以及三十、女自十五以及二十皆得以嫁娶，先是則速，後是則晚。凡人嫁娶，或以賢淑，或以方類，豈但年數而已，若必差十年乃爲夫婦，是潑賢淑方類，苟比年數而已，禮何爲然哉？則三十而娶，二十而嫁，說嫁娶之限，蓋不得復過此爾。故舜年三十無室，書稱曰鰥。周禮云，女子年二十有未嫁者，仲春之月，奔者不禁，奔者，不待禮聘，因媒請嫁而已矣。甯謂禮爲夫之姊妹服長殤，年十九至十六，如此，男不必三十而娶，女不必二十而嫁明矣，此又士大夫之禮。」【補曰】引譙周者，五經然否論文也，見通典所引說成王冠。疏曰：「注言此又士大夫之禮者，謂喪服所言，多陳士大夫之禮，猶不待二十，明諸侯以上早娶，禮在不疑。」文烝案：三十、二十之文，周禮內則、大戴禮本命、書大傳、毛詩傳皆同，五經異義從左氏說。人君早娶，以三十、二十爲庶人禮。王肅聖證論謂三十、二十者，男女嫁娶之限，禮言其極，不是過耳。男十六精通，二十而冠，女十四血化，十五而許嫁，於此以往，皆可嫁娶。以爲此家語孔子對哀公之言也。幷官聖妃，家語記其娶，謂孔子年十九，凡此並可與譙、范說相證矣。白虎通引穀梁傳曰：「男二十五繫心，女十五許嫁，感陰陽也。」通典引同，今傳無此文，亦是爲穀梁學者說傳語，在外傳及章句。

「并官聖妃」四字見漢碑。又廣韻引魯先賢傳孔子妻并官氏，明刻家語始

夏，楚人圍巢。

秋，滕子來朝。

誤「并」爲「幷」。

秦伯使術來聘。術，秦大夫。【補曰】術不氏，從楚、吴例也。秦非楚、吴比，有師則亦得有大夫，但觀温之會，秦人序莒、邾君下，翟泉之盟，秦人序陳、蔡大夫下，皆在最末，秦雖親晉，當時猶以遠國視之也。殽戰後，與晉世讐，遂合於楚，春秋於是乎狄秦，既遠且狄，不可與萩札異例。莊二十六年徐邈説有未盡者。○【撰異曰】術，公羊作「遂」。徐彦曰：「左氏、穀梁皆作『術』字，經亦有作『術』字者，疑『遂』字誤。」案：月令「徑術」，學記「術有序」，鄭君謂即周禮「遂」字，聲近「遂」。答張逸云：「述，讀如『遂事不諫』之『遂』。」

冬十有二月戊午，晉人、秦人戰于河曲。河曲，晉地。【補曰】公羊曰：「河曲疏矣，河千里而一曲也。」

不言及，秦、晉之戰已亟，故略之也。亟，數也。夫戰必有曲直，以一人主之，二國戰鬭數，曲直不可得詳，故略之，不言晉人及秦人戰。【補曰】亟訓數者，頻數也。爾雅曰：「屢，亟也。」又曰：「亟、屢、數，疾也。」曲直之説，與戰甗傳注引鄭君説異，非也。及者，以主及客，晉、秦之戰，則必以晉爲主，此略之不言晉及者，爲其亟戰也。若然，罪晉爲其亟戰，明十年罪秦亦同，傳於此發之，舉一隅使人以三隅反也。鄭伐許亦爲其一歲再伐，亦足包其義，傳文至簡至密，細心則知，葉夢得、程端學妄譏此傳何哉？趙鵬飛曰：「夫有血氣者莫不有忿心，人之所以異於豺狼者，以其忿而能懲耳。今秦、晉忿而不懲，俱斃而後已，與豺狼何異？故以鏖鬬目焉。」

季孫行父帥師城諸及鄆。○【撰異曰】鄆，公羊作「運」，此字後皆同。稱帥師，言有難也。【補曰】疏曰：「凡城之志皆譏，此傳不解譏與不譏，直釋其帥師之意耳。但此城得時，又畏莒争鄆，書雖是譏，情義通許，故傳以『有難』釋之，不言譏之意。」文烝案：城直言城者，其常也。卿親帥師則有難矣，傳發通例也。此城鄆，汪克寬以爲莒、魯之争實始此。

十有三年春王正月。

夏五月壬午，陳侯朔卒。【補曰】陳共公也。不葬者，蓋魯不會。

邾子蘧篨卒。【補曰】邾文公。○【攷異曰】唐石經左氏初刻作「籧蒢」，後並磨去艸頭。板本同初刻。唐石經公羊初刻並从竹，後並改从艸。板本則上字从艸，下字从竹，惟穀梁石經、板本皆並从竹，爲得其正。段玉裁曰：「二字並當从竹。籧篨，竹席也，此以器爲名。」

自正月不雨，至于秋七月。

大室屋壞。屋者主於覆蓋，明廟不都壞。【補曰】何休曰：「言屋者，重宗廟，詳録之。」案：爾雅曰：「壞，毀也。」說文曰：「毀，缺也。」此當蒙月，謹之。左傳曰「秋七月」。○【攷異曰】大，公羊作「世」。漢書五行志曰：「大室屋壞。」穀梁、公羊經曰「世室」。案：穀梁以「世」釋「大」，志因謂經同公羊也。大室屋壞者，有壞道也，譏不脩也。【補曰】疏曰：「高者有崩道，下者有壞道，既有壞道而書之者，譏魯久不繕脩。」文烝案：公羊曰：「久不脩。」杜預釋例曰：「大室之屋，國之所尊，朽而不繕，久旱遇雨，乃遂傾穨，不共之甚，故特書之。」中庸曰：「春秋脩其祖廟。」大室，猶世室也。世世有是室，故言世室。【補曰】大、世義相近。孔穎達論世子、世叔申之屬，左氏經作「世」字，傳皆爲「大」，明古「世」、「大」義通。公羊曰：「世世不毁。」范用其意。周公曰大廟，爾雅曰：「室有東西廂曰廟。」伯禽曰大室，羣公曰宮。爾雅曰：「宮謂之室，室謂之宮。」然則其實一也，蓋尊伯禽而異其名。【補曰】伯禽，周公子魯公也。三句通釋經例，與公羊同。周之后稷廟稱大廟，文、武稱世室，親廟稱某宮，是天子亦同。禮宗廟之事，君親割，割牲。夫人親舂，舂粢盛。【補曰】疏曰：「徐邈云：『禮記曰「君執鸞刀而封牲」，彼據初殺牲之時，非是割牲之事。』徐言非也。」文烝案：國語觀射父曰：「天子禘郊之事，必自射其牲，王后必自舂其粢。諸侯宗廟之事，必自射牛、刲羊、擊豕，夫人必自舂其盛。」周禮射人：「祭祀則贊射牲。」鄭君曰：「烝嘗之禮，有射豕者。」敬之至也。爲社稷之主，而先君之廟壞，【補曰】社稷之主，謂君也。禮運孔子曰：「天子祭天地，諸侯祭社稷。」明諸侯所祭，社稷最重，故以稱之。蔡邕獨斷曰：「天子社稷，土壇方廣五丈，諸侯半之。社稷二神同功，故同堂別壇，俱在未位。」條牒論曰：「稷壇在社壇西，俱北嚮，營並壇共門。或曰在社壇北。」五經異義今孝經說：「社爲土神，稷爲穀神，句龍、后稷其配食者。」鄭君從其說。極稱之，志不敬也。極稱，言屋壞不復，依違其文。【補曰】所謂盡而不汙也。漢書五行志載左氏說曰：「前堂曰大廟，中央曰大室；屋，其上重屋尊高者也，象魯自是陵夷，將墮周公之祀也。」賈逵、服虔、杜預注皆以爲「大廟之室」，此不可通於穀梁、公羊。而陳奐作詩傳疏合以爲一，以爲大廟者路寢大廟，即明堂、月令左右介中央之大廟，實爲明堂大廟，鄭君所謂大寢南堂者也。明堂位曰：「大廟，天子明堂。」此明堂爲路寢明堂，周、魯同制也。魯自魏公之世，以大廟爲周公廟，厲公之世以大廟大室爲魯公廟，至五廟中別有大祖廟，乃是文王廟，即左傳之周廟，絶非大廟，其在周，則懿王之世以文王爲文世室，孝王之世以武王爲武世室。世室即路寢之大廟，大室雖並稱世室，而前堂大廟則爲文王廟，中央大室則爲武王廟。凡陳氏所說，新奇繆盭，學者宜辨之矣。一經之義，羣籍所關，固須參會而通，亦不可牽合爲說。得則爲康成氏之括囊大典，網羅衆家，

介、个，正俗字。

不得則爲夏侯建之章句小儒，破碎大道，二百年來之經術，當以是權之。方東樹欲一概抹倒，則亦過也。

冬，公如晉。

衞侯會公于沓。沓，地也。【補曰】當云地闕。○【撰異曰】公羊無「公」字。

狄侵衞。

十有二月己丑，公及晉侯盟。還自晉。○【撰異曰】左氏「還」上有「公」字。還者，事未畢也。【補曰】疏曰：「莊八年『師還』，傳曰『遯也』，嫌不得如彼例，故復發傳。春秋還例有四，范別例云三者，蓋直據內爲三，不數晉士匄。」自晉，事畢也。【補曰】疏曰：「以其與致文同也。」文烝案：事畢者，返至國也。事未畢者，返而在路也。本但當爲至國之辭，以有他事，加在路之辭，不可没其本辭也。

鄭伯會公于棐。棐，鄭地。【補曰】兩書會公者，公爲主也，謝湜得之。兩會皆不盟，故書之如此，邾子來會亦同。若會而復盟，則當書曰公及衞侯盟于沓，公及鄭伯盟于棐，公及邾子盟于比蒲，從凡內爲志之文矣。是故會戎于潛、會齊侯于防，戎爲主，齊爲主也。會公于沓、會公于棐，來會公，公爲主也。○【撰異曰】棐，公羊作「斐」，亦或作「棐」。

十有四年春王正月，公至自晉。【補曰】此亦後事小則以先事致之例。孔廣森曰：「月者，正月也。」文烝案：公一出三爲諸侯所桀，於事無危，故劉敞據以駁危致之例，必如孔說乃通。

邾人伐我南鄙。

叔彭生帥師伐邾。

夏五月乙亥，齊侯潘卒。【補曰】齊昭公也。不葬者，或是齊亂，魯不會。

六月，公會宋公、陳侯、衞侯、鄭伯、許男、曹伯、晉趙盾。癸酉，同盟于新城。新城，宋地。【補曰】七年略不序，此從常文。此盟同外楚，事較善也。不於會上日者，趙匡以爲既行會禮，別日又盟。不地會與溴梁異者，以同外楚爲重，雞澤並同義也。盟不復舉諸侯者，無中事，故馬陵、柯陵、雞澤、戲、京城北、平丘六者皆同義也，惟首戴別欲見義。張洽曰：「許自晉文、襄圍伐後，始與盟會。」文烝案：左傳七年盟扈已有許。同者，有同也，同外楚也。【補曰】齊霸同盟同尊周，晉霸同盟同外楚。晉盟至此言同者，時楚强盛，晉不能制，非若文、襄之世。不疑不同，外之不須言同也。七年之盟及此後晉盟不言同者，皆本無外楚之事。

秋七月，有星孛入于北斗。劉向曰：「北斗貴星，人君之象也；弗星，亂臣之類。」言邪亂之臣將並弒其君。【補曰】漢書五行志：「劉以爲君臣亂於朝，政令虧於外，則上濁三光之精，五星贏縮，變色逆行，甚則爲孛。北斗，人君象；孛星，亂臣類，篡弒之表也。星傳曰『魁者，貴人之牢』。又曰『孛星見北斗中，大臣諸侯有受誅者』。一曰魁爲齊、晉。夫彗星較然在北斗中，天之視人顯矣，史之有占明矣，時君終不改寤。是後，宋、魯、莒晉、鄭、陳六國咸弒其君，齊再弒焉。」文烝案：左傳載叔服言：「不出七年，宋、齊、晉之君皆將死亂。」劉所本也。月者，歷日也。孛之爲言，猶茀也。【補曰】言猶者，義相近也。案：說文「孛」者，𣎵部字，與「𡿺」字爲聯緜疊韻之字。「𡿺」亦𣎵部字。「茀」者艸部字。𣎵爲艸木盛𣎵𣎵然，𡿺孛爲艸木之皃，茀爲多艸，是二字之本義相近也。就本義引申之，則「孛」爲凡盛之偁，「茀」爲凡多之偁，以

「茀」釋「孛」，猶以「多」釋「盛」也。孛星光芒四出，蓬蓬孛孛然，以其光盛，故謂之孛，以其光多，故釋以茀也。又「誖」、「悖」字从孛，「拂」字从弗，皆有亂義，凡物盛多則易亂。董仲舒以孛星爲闇亂之貌，何休以爲邪亂之氣，「孛」之爲「茀」，兼取亂義也。孛、茀古又同音，凡字義相類者聲多相同，或相近似也，此訓詁之理也。昭十七年有星孛于大辰，左傳載申須語謂之彗，五行志向、歆說及杜預依之。公羊曰：「孛者何？彗星也。」何休曰：「狀如篲。」爾雅曰：「彗星爲欃槍。」郭璞曰：「亦謂之孛。」而左傳昭二十六年齊有彗星，晏子春秋、史記齊世家並載晏子語，以爲孛甚於彗，是孛與彗異矣。今案：齊、魯至近，不應魯不見齊星，竊疑孛大而彗小，故書孛不書彗。漢書文穎注分別彗、孛、長三星，未知古法如何？但對文則孛、彗有別，散文則通言彗，故經書「孛」而左氏、公羊以爲「彗」。爾雅又以「彗」該「孛」也。開元占經引尸子與爾雅同，又引荆州占天棓、天槍、天欃、茀星四者皆爲彗。其曰入北斗，斗有環域也。據孛于大辰及東方皆不言入，此言入者，明斗有規郭，入其魁中也。【補曰】注「規郭」解「環域」。環域者，營域也。入魁中，即公羊所云「北斗有中也」。春秋運斗樞曰：「北斗七星：第一天樞，第二旋，第三機，第四權，第五衡，第六開陽，第七摇光。」第一至第四爲魁，第五至第七爲杓，合而爲斗。開元占經引河圖曰：「北斗第一星開樞受，第二星提旋序，第三星機耀緒，第四星權拾取，第五星玉衡拒，第六星開陽紀，第七星摇光吐。」

公至自會。

晉人納捷菑于邾，弗克納。○【撰異曰】捷，公羊作「接」。是郤克也。【補曰】左傳曰「晉趙盾」，公羊曰「郤缺」。疑「克」字誤。其曰人何也？【補曰】不稱帥師，猶當稱將。微之也。何爲微之也？長轂五百乘，長轂兵車，四馬曰乘，一乘甲士三人，步卒七十二人，五百乘合三萬七千五百人。【補曰】轂在輪中央，兵車之輪高六尺六寸，轂長三尺二寸，以其長五分之，與下得一，與外得三，於內外閒留一以置輻。曰長轂者，指輿外所見之尺九寸二分以爲名也。注一乘七十五人之數本司馬法，而司馬法又有一説：一乘甲士十人，步卒二十人。金鶚曰：「江永以爲『七十五人者，丘甸之本法；三十人者，調發之通制』，其説是也。一乘三十人，戰止用二十五人，以步卒五人將重車。重車者，每兵車五乘而一乘，一乘亦二十五人，杜牧孫子注所謂『炊家子十人固守，衣裝五人，廄養五人，樵汲五人』是也。」金説合周禮「五伍爲兩」之文，確不可易。此之五百乘，凡一萬二千五百人，爲一軍之制。古禮大國三軍，此已得其半，故爲多也。左傳曰：「以諸侯之師八百乘。」公羊曰：「革車八百乘。」緜地千里，過宋、鄭、滕、薛，敻入千乘之國，欲變人之主，緜，猶彌漫。敻，猶遠也。變人之主，謂時邾已立貜且，邾小國，而言千乘者，大郤克之事。【補曰】敻與迥、洞通。韓詩曰「于嗟敻兮」，此千乘就大國之賦言耳，賦與軍異法，説見隱元年。至城下然後知，何知之晚也。征不廟算，正其得失。勞師遠涉，乃至城下，邾以義拒，然後方悟。貶之曰人，不亦宜乎？【補曰】注言邾以義拒，依左氏、公羊也。弗克納，未伐而曰弗克何也？【補曰】納稱帥師，皆爲伐文，此不言帥師，知無伐事，故曰未伐。克，能也，勝也。弗克其義也。非力不足，義不可勝。【補曰】公羊郤缺曰：「非吾力不能納也，義實不爾克也。」傳例曰：「弗，内辭也。」趙匡曰：「弗克納，言失之於初而得之於末也，愈乎遂也。」捷菑，晉出也，貜且，齊出也。姊妹之子曰出。【補曰】公羊同。注用爾雅文。何休以爲外孫。貜且正也，捷菑不正也。正，適。【補曰】左傳「邾文公元妃齊姜生定公，二妃晉姬生捷菑」，一正一不正，故其義弗克，四句申上意也。不正則當言邾捷菑，見嫌直名者，挈於郤克也。捷菑不正非君，故可以霸國大夫挈之。糾正本不當繫國，宜言公子或言子，亦挈者內君納之故也。孔穎達以爲捷菑不言邾者，下有「于邾」之文，又引劉炫云「已去邾國，又非邾君，故不稱邾捷菑也」。

九月甲申，公孫敖卒于齊。【補曰】案：左傳敖奔而復，復而又適莒，至是又求復，許之。將來，及齊而卒。奔大夫不言卒，而言卒何也？據閔二年公子慶父出奔莒後不言卒。【補曰】不言卒者，經例因史例也。爲受其喪，不可不卒也。【補曰】將有其末，不得不録其本。其地，於外也。成十七年，公孫嬰齊卒于貍脤。傳曰「其地，未踰竟」。宣八年，仲遂卒于垂。垂，齊地，然則地或踰竟，或未踰竟。凡大夫卒在常所則不地，地者，皆非其常所，隨其所在而書其地耳，不係於踰竟與不踰竟。【補曰】注殊費辭。踰竟者，竟外外也。未踰竟者，國都之外亦外也。內君、內夫人、內大夫、外君苟死於外，無不地者，無二例也。疏曰：「垂不發傳者，此及貍脤既發傳，而垂非他國都，又非魯竟內，在兩端之閒，故不復釋。」

齊公子商人弑其君舍。○【撰異曰】音義：「殺，音試，本又作『弑』。」舍未踰年，其曰君何也？【補曰】據弑奚齊稱君之子，其正例當直稱子，此當言弑齊子。成舍之爲君，所以重商人之弑也。舍不成君，則殺者非弑也。【補曰】注言殺者非弑，奚齊亦在二十六弑君之內，注非也。傳意在「重」字，卽公羊所云「成死者而賤生者」也。禮雜記曰：「君薨，大子號稱子，待猶君也。」鄭君曰：「謂未踰年也。」明凡未成爲君者皆有可成之爲君之理，但春秋不成奚齊獨成舍者，張洽曰「以獻公殺適立庶而奪之，以舍之正而與之」是也。此類王通所謂輕重之權衡，曲直之繩墨也。董仲舒曰：「春秋痛之中有痛，無罪而受其死者，申生、奚齊、卓子是也；惡之中有惡者，已立之，已殺之，不得如他臣之弑君者，齊公子商人是也。故晉禍痛而齊禍重，春秋傷痛而憝重，是以奪晉子繼位之辭，予齊子成君之號，詳見之也。」董言「己立之，己殺之」，本公羊文。憝，惡也。今繁露本作「敦」。商人其不以國氏何也？據隱四年衛祝吁弒其君完不言公子。不以嫌代嫌也。春秋以正治不正，不以亂平亂，舍不宜立，有不正之嫌，商人奪權，有當國之嫌，故不書國氏，明不以嫌相代。【補曰】案：左傳記齊桓之子曰，武孟無虧也，惠公元也，孝公昭也，昭公潘也，懿公商人也，公子雍也，皆異母兄弟，内嬖如夫人者所生。孝公、昭公日卒爲正，後此惠公日卒亦爲正，皆時事之宜也。今昭公卒而舍立，左傳但言「子叔姬妃齊昭公生舍」，不言舍不宜立，明舍非不正。范注失之。傳言嫌者，謂舍未踰年，有未成君之嫌耳。舍之不日何也？未成爲君也。【補曰】疏曰：「若舍不正，雖成君亦不合書日，而去未成君者，春秋不正見者，雖庶亦得書日，鄭伯突、齊侯小白是也。今商人爲不欲以嫌代嫌，故不去公子，則舍不正之嫌，前已著見，不正已見，例當書日，爲未成君，故不日耳。」文烝案：疏説甚辯，實曲説也。一句之文，何云前見乎？舍正宜日，實未成君，故不日。

宋子哀來奔。其曰子哀，失之也。言失其氏族，不知何人。【補曰】疏曰：「舊解失之者，謂未達稱子之意」。非范意。文烝案：范以「失其氏族」解「失」字，疏引舊解以「未達稱子意」解「失」字，其意皆是，其辭皆非也。失之者，謂子哀不氏而稱子，師説失其傳也。傳云「失之」，即公羊云「無聞焉爾」。公羊言「無聞」者三：紀子伯也，夏五也，宋子哀也。傳於紀子伯備「或曰」之文，於「夏五」發傳疑之義，惟此與公羊同。家鉉翁曰：「穀梁、公羊皆以爲無所考，後儒不必强爲之説，左傳高哀爲卿，不義宋公而出，遂來奔。書曰子哀，貴之。」家氏以爲在卿大夫之位，見君之危，委而去之，爲臣不忠，罪莫大焉，乃謂春秋貴而不名，以苟免爲見幾，有傷名教。

冬，單伯如齊。單伯，魯大夫。【補曰】莊元年、十四年之單伯，蓋其祖父也。孫復、張洽嘗言之，通皆不卒者，與柔、溺同。若是王臣，不得言「如」，公羊言「王者無外」，何休以爲言「如」則有外也。

齊人執單伯。【補曰】若是王臣，又不可言執。私罪也，【補曰】解經不言行人也。公羊曰：「稱行人而執者，以其事執也；不稱行人而執者，以己執也。」單伯淫于齊，齊人執之。【補曰】淫于齊，是私罪也，下言叔姬同罪，此言淫于齊，是謂單伯至齊與子叔姬淫矣。然則傳亦如左傳以子叔姬爲舍之母，與公羊「道淫」之說異。

齊人執子叔姬。【補曰】稱子者，亦母姊妹。母姊妹有兩叔姬者，賀家字積於仲，文家字積於叔，男女所同也。前當是妹，此當是姊。左傳曰「子叔姬妃齊昭公」，前無「歸齊」文者，蓋與鄭伯姬同。叔姬同罪也。【補曰】與單伯同罪，言淫也，同罪則同執。不言齊人執單伯及子叔姬者，男女之際，非夫婦不可言及也。劉敞雖不用同罪之説，亦曰此一事也。曷爲再言齊人，嫌也。程端學亦曰不可以臣及君夫人也。公羊曰「使若異罪然」，未得其義。不直言遂執子叔姬者，當用公羊此語。

十有五年春，季孫行父如晉。

三月，宋司馬華孫來盟。司馬，官也，其以官稱，無君之辭也。泰曰：「擅權專國，不君其君，緣其不臣，因曰無君。上司馬、司城皆不名，而此獨名者，以華孫奉使出盟，爲好於我，故書官以見專，録名以存善。」【補曰】案：華孫無君，而必稱司馬以著之者，義與司城同。左傳云「其官皆從之」，此得其實。官屬皆從，故不得不稱官也。盟會之事，卿行旅從而已，今乃空其官屬，無留治政者，非專擅無君之人安得若是？故傳曰「無君之辭也」。左氏服虔說以爲華耦侈而不度，空官廢職，魯人貴之，非君子貴之，可與傳義相證也。此與奔異，故又發傳也。左傳華孫名耦，而注以孫爲名，非也。胡安國謂猶季孫、叔孫、仲孫、臧孫之類。今考厚氏，亦稱厚孫，或作后孫，皆是當時呼之如此。春秋宋司馬爲祖之位，不可言其名，故但謂之華孫。此非被殺，亦不可言其名者，以其既著司馬之文，故不欲名之，來盟是善事，非來奔比，故彼直云司城，而此不直云司馬也。不稱使者，方欲爲無君之辭，故不言使，異於孫良夫。傳「其以」二字，各本誤作「以其」，今依唐石經、十行本、俞皋集傳釋義本、李廉會通本乙正。○蘇軾嘗言春秋自有妙用，惟丘明識其用，微見端兆。愚於司城、司馬二條得之。蘇氏之論，破繩約之見也。愚之說杜，揣測之私也。來盟者何？前定也。不言及者，以國與之也。【補曰】疏曰：「重發傳者，不稱使，嫌異常故也。」

夏，曹伯來朝。

齊人歸公孫敖之喪。【補曰】大夫既卒皆書字，此猶稱敖者，喪初歸從卒例也。不言來歸者，魯因孟氏之請，乃受其喪。孔穎達謂「非有專使特來」是也，無專使則不接公矣。案：左傳：「齊人或爲孟氏謀，飾棺寘諸堂阜，於是卞人以告，敖之子難，猶毀以爲請，立于朝以待命。許之，取而殯之，齊人送之。」

六月辛丑朔，日有食之。鼓用牲于社。

單伯至自齊。【補曰】若是王臣，又不得言至。陸淳、劉敞已言之。大夫執則致，致則名，此其不名何也？據昭十四年意如至自晉稱名。天子之命大夫也。

晉郤缺帥師伐蔡。戊申，入蔡。【補曰】疏曰：「伐入兩舉者，伐而不卽入，故兩舉之。」趙匡以爲伐之不服而後入，所以兼惡蔡。許翰、高閌、張洽以爲言伐言入甚晉也。文烝案：與哀公伐邾、入邾同。

秋，齊人侵我西鄙。○【撰異曰】板本、左氏或脫「秋」字，唐石經及諸本本有。其曰鄙，遠之也。其遠之何也？不以難介我國也。介，猶近也。【補曰】王引之曰：「介，當爲『尒』，『尒』古『邇』字，形與『介』相似，故譌爲『介』。莊十八年傳『不使戎邇於我也』，注曰：『邇，猶近也。』音義云：『邇，一本作介。』十九年傳『不以難邇我國也』，音義亦云：『邇，本又作介，彼兩「介」字亦「尒」之譌。』」陸氏於三「介」字並音「界」，失之。疏曰：「重發傳者，以莊十九年三國伐我，今齊人獨來，嫌異，故重明之。」

季孫行父如晉。

冬十有一月，諸侯盟于扈。諸侯皆會而公獨不與，故恥而略之。【補曰】疏曰：「舊解『公獨不與』謂七年時，今以爲正謂此年。」文烝案：注云「不與」者，指此文言之，其意則承七年傳略之爲說，於彼誤以爲諱，故此以爲恥，其實非也。此不國別序者，亦從散辭例而略之。左傳曰：「尋新城之盟，且謀伐齊也。齊人賂晉侯，故不克而還。書曰『諸侯盟于扈』，無能爲也。」左氏得之，公自以有齊難不會耳。諸侯者，晉侯、宋公、衞侯、蔡侯、陳侯、鄭伯、許男、曹伯。

十有二月，齊人來歸子叔姬。【補曰】何休曰：「月者，閔録之，從無罪例。」其曰子叔姬，貴之也。【補曰】重發傳者，前是卒，此是出，嫌異也。其言來歸何也？【補曰】非問稱來歸，問何以不直言齊子叔姬來歸，而言齊人來歸之也。傳省「齊人」二字。父母之於子，雖有罪，猶欲其免也。凱曰：「書來歸，是見出之辭。有罪之

『能爲』下本有「故」字，王念孫云衍。

人，猶與貴稱。書之曰子者，蓋父母之恩，欲免罪也。【補曰】凱注非也。此釋稱齊人來歸之義，文意甚明。前稱齊人執之，是見與單伯同罪之辭，此稱齊人來歸之，是見齊免其罪之辭。父母之於子，欲其得免，故順而書之，不從諸直言來歸者例也。何休說公羊曰：「叔姬於文公爲姊妹，言父母者，時文公母在，明孝子當申母恩也。」通典引董仲舒春秋決獄曰：「春秋之義，父爲子隱。」謂此事也。范凱不審傳意，乃以稱子爲言，子是母姊妹之貴稱，豈論其有罪無罪乎？

齊侯侵我西鄙。遂伐曹，入其郛。郛，郭。【補曰】郭，外城也。疏曰：「公羊云：『郛者何？恢郭也。』此不發傳者，春秋惟有此事而已，非例所及，故略之。」文烝案：此亦上伐入兩舉之例，言郛以別於都。張大亨說是。

十有六年春，季孫行父會齊侯于陽穀，齊侯弗及盟。弗及者，內辭也。【補曰】言是言弗通例。及，與也。唐石經初刻直云「弗者」。行父失命矣，齊得內辭也。行父出會失辭，義無可納，故齊侯以正道拒而弗受。不盟由齊，故得內辭。【補曰】注非也。行父之會，左傳以爲公使請盟，齊侯不肯，則行父爲失命矣。行父非別有失命之事，齊不肯盟，卽是失命。臣失君命，君臣交恥，故不言齊侯不肯及盟，而得從內辭例。若曰行父已去，齊弗與盟，非不肯也。其實會陽穀下加言「弗及盟」，則其不肯及盟足見，特立文微而婉耳。

夏五月，公四不視朔。【補曰】言不者，可以然而不然之例。天子告朔于諸侯，諸侯受乎禰廟，禮也。每月天子以朔政班于諸侯，諸侯受而納之禰廟，告廟以羊。今公自二月不視朔，至于五月，是後視朔之禮遂廢，故子貢欲去其羊。【補曰】范注辭不別白。諸侯每月朔以特羊祭告禰廟，乃北面受朔政，受之卽是視之，亦曰聽朔。莊十八年傳又謂之朝朔，其實一也。自是遂行朝廟禮，則禰廟、王考廟、皇考廟三廟皆祭，此言受乎禰廟，而玉藻云「聽朔於大廟」，所聞異説，殆難强同。或者大廟最尊，禰廟最親，禮所通許乎？又覲禮侯氏釋幣于禰，文王世子其在軍則守於公禰，鄭君據曾子問文知是遷廟主載以行者，以爲親之故言禰。而書甘誓則謂之祖，或者祖、禰同義。苟非對文，皆得通稱乎？疑不敢質也。注末二句之誤，論於下。**公四不視朔，公不臣也。以公爲厭政以甚矣。**天子班朔而公不視，是不臣。【補曰】疏曰：「三朝記云『周衰，天子不班朔於天下』，彼據周末全不能班之，此時尚或班或不班。」文烝案：楊引三朝記卽大戴禮用兵之文，彼文云「夏桀、商紂不告朔於諸侯」，楊誤記也。傳言經書「公四不視朔」，明公失受朔禰廟之禮，是不臣也。不臣之惡，厭政所致。厭，倦也。直書其事，以爲公之倦政至此甚也。甚云者，不視朔而至四，連曠大典，是爲已甚。厭政甚卽不臣甚，史記其事而君子取其義也。不舉不朝廟者，何休曰：「受朔政乃朝，故以不視朔爲重。」何氏是也。或時公猶朝廟，亦未可知也。左氏、公羊解經皆以爲公有疾，大失經旨。趙匡曰：「十二公除文之外，無書不視朔者，豈皆無病？足知病不視朔，常事不書。」文烝以爲君不視朔，或因疾，或因有事，皆非過惡。史皆不書，不須書，且不勝書也。公羊又曰：「何言乎公有疾不視朔？自是公無疾不視朔也。然則曷爲不言公無疾不視朔？有疾猶可言也，無疾不可言也。」夫使公自此遂不視朔，則當書曰「二月，公初不視朔」，否則書「夏六月，公初不視朔」，或直言「初不視朔」，以見魯自此遂廢視朔之禮。春秋文有隱諱，而事皆從實，何不可言之有？不當以有疾見後之無疾，乃欲見其所必不能見也。公自二月至五月不視朔，則六月後還復視朔可知，宣公以後亦皆視朔可知，經文甚明，公羊自擾之耳。若然，論語記子貢欲去告朔之餼羊，而夫子有愛羊愛禮之論。彼文當定、哀時，既不告禰，豈復視朔乎？蓋自文四不視朔而宣、成、襄、昭或踵其失，至定、哀時加數，故子貢感而傷之。其實未嘗全廢不行，故雖廢禮之月，有司猶供餼羊，而夫子言我愛其禮也。范上注用公羊義，又以論語證成之，倍經反傳，而於論語亦失事實焉。自此後至定、哀，無故不視朔皆不書者，文始廢禮，後乃效尤，積習生常，恬不知怪。史既不記，經遂無文，要以從此一譏亦足見義矣。

六月戊辰，公子遂及齊侯盟于師丘。師丘，齊地。○【撰異曰】師丘，左氏作「郪丘」，公羊作「犀丘」。徐彥公羊疏曰：「正本作『菑丘』，故賈氏云公羊曰『菑丘』，穀梁曰『師丘』是也。」今左氏經作「郪」字。復行父之盟也。春，齊侯不與行父盟，故復使，遂脩之。【補曰】此盟內爲志，前命行父請盟明矣。左傳以爲納賂，故得盟。

秋八月辛未，夫人姜氏薨。僖公夫人。【補曰】文公母。

毀泉臺。【補曰】據左傳，泉宮之臺也。公羊謂郎莊公所築郎臺。何休曰：「築毀譏同，知例皆時。」喪不貳事，【補曰】王制有此文，鄭君曰：「貳之言二也。」貳事，緩喪也。喪事主哀，而復毀泉臺，是以喪爲緩。【補曰】李光地曰：「緩喪，猶云不專意於喪。」以文爲多失道矣。緩作主，躋僖公，四不視朔，毀泉臺之類。【補曰】緩喪則失道，注專解「多」字也。疏曰：「春秋爲尊親者諱，而舉其多失道者，仲尼之脩春秋所以示法，若罪皆諱，何以見其褒貶？故桓公弒逆之主，罪無遺漏，亦其比也。至於書經，文辭委曲，則亦是諱，何者？文實逆祀而云躋僖，文從後多不視朔，直言四不視朔而已。文稱毀泉臺則似嫌其奢泰，是亦臣子爲尊親諱之義也。然取二邑大室屋壞，不與扈盟，亦是失道。注不言之者，云云之類，足以包之也。」文烝案：疏論不視朔之事非也。不與扈盟，又非失道，說皆見前。自古爲之，今毀之，【補曰】既是緩喪，又是毀先祖之所爲，皆爲失道。不如勿處而已矣。若以夫人居之而薨者，但當莫處。【補曰】公羊同范，兼用左氏說。

楚人、秦人、巴人滅庸。【補曰】戴溪曰：「秦、楚相遠，其所以得伐庸者，由巴蜀以通道。」趙鵬飛曰：「楚至是西連巴秦，繞出周晉之後，中國諸侯在其掌握矣。」案：此葢在時例。

冬十有一月，宋人弑其君杵臼。泰曰：「傳稱人者，衆辭，衆之所同，則君過可知。」又曰：「稱國以弑其君，君惡甚矣，然則舉國重於書人也。」【補曰】宋昭公也。賈逵以爲稱人者，君惡及國人。其說得之。稱人之例，不必定因魯史之舊。左氏載續經哀十四年齊人弑其君壬于舒州，或據彼文以爲史有稱人之例，非也。彼上文書夏四月齊陳恆執其君寘于舒州，弑文蒙執，故略稱人，不可引以爲證也。此弑不日，史記說可信，前已論之。陳恆之弑，左傳曰六月甲午，史文承月下無日，知舊史弑亦有不日者。諸弑不日，似多取舊史成例，但齊簡公非不正，又難相通。或者諸弑皆日，特因陳恆略稱人，故亦略不日歟？疑不能明也。〇【撰異曰】杵，公羊作「處」。

十有七年春，晉人、衞人、陳人、鄭人伐宋。衞序陳上，葢主會者降之。【補曰】杜預曰：「自閔、僖以下終於春秋，陳侯常在衞侯上，今大夫會在衞下。傳不言陳公孫寧後至，則寧位非上卿故也。」與范異，范非也。案：左傳晉荀林父、衞孔達、陳公孫寧、鄭石楚皆大夫也，稱人者，或欲示討賊之義，故爲衆辭。國語稱趙宣子請師於靈公以伐宋，曰：「大者天地，其次君臣，所以爲明訓也。」乃發令于大廟，使旁告於諸侯，治兵振旅，鳴鍾鼓，以至于宋。是知晉本以討賊興師，特不成討耳。

夏四月癸亥，葬我小君聲姜。○【撰異曰】聲，公羊作「聖」。案：白虎通曰：「聖者，聲也。」

齊侯伐我西鄙。

六月癸未，公及齊侯盟于穀。【補曰】母喪十一月而盟，不去日也，與莊同。

諸侯會于扈。言諸侯者，義與上十五年同。【補曰】案：此亦略之爲散辭。左傳曰：「晉侯復合諸侯于扈，平宋也。」書曰「諸侯」，無功也。」平宋者，宋鮑新立，會以定之，與北杏同。杜預謂「傳言復合，則如上十五年會扈之諸侯」，明宋亦在矣。上伐不成討，故此會爲無功，於此略之，則言伐不嫌也。公亦以有齊難不與會。

秋，公至自穀。【補曰】離會致者，齊方虐我，危之也，危之故以地致。胡銓曰：「見扈之會，公弗與也。」高閌同。

冬，公子遂如齊。

十有八年春王二月丁丑，公薨于臺下。臺下，非正也。【補曰】疏曰：「僖是小寢，此則臺下，嫌異，故重發之。」

秦伯罃卒。【補曰】秦康公也。秦始書卒不日，又不葬。案：秦與魯本疏遠，至穆公始與中夏會盟，至康公歸襚來聘，情好漸親，故彼赴卒而我録以名也。文之六年，穆公卒，不應彼不來赴，蓋君子削之矣。所以削之者，蓋敗殽後以秦爲狄，故從夷狄不卒之例。至康公書卒，少進之。至惠公書日，又少進之，皆從夷狄例也。夷狄有少進之例。不言正不正，故康公實是秦世子，可以不日也。至若桓公以後不書名者，又別有義，於彼論之。史記十二諸侯年表以爲繆公葬殉以人，從死者百七十人，君子譏之，故不言卒。此必用公羊家舊說，與傳夷狄不卒之例少異，而以爲狄之則同，以人殉，亦狄道也。何休以罃爲繆公，妄也。不葬者，蓋亦君子去之，以爲夷狄故也。○【撰異曰】公羊昭五年注秦伯罃，稱名。徐彥疏曰：「文十八年經作『罃』字，今此作『罃』字者，誤也。寧知非彼誤者，正以文十八年秦伯罃卒之下賈氏云『穀梁傳云「秦伯偃不道」，公羊曰「罃」』，知公羊與左氏同，皆作『罃』字矣。」案：今穀梁亦作「罃」，不作「偃」，蓋誤。

夏五月戊戌，齊人弑其君商人。【補曰】齊懿公也。不以爲討賊而以爲弑君者，本非討賊。張洽所謂三年事之，一旦弑之。程端學以爲與晉殺大夫里克意同，春秋正名之義也。日者，大惡不正，前已見非，未成君可以日也。

六月癸酉，葬我君文公。

秋，公子遂、叔孫得臣如齊。【補曰】左傳曰：「惠公立故，且拜葬也。」是時公子遂見宣公於齊侯而請立之。使舉上客而不稱介，上客，聘主也。【補曰】介者，助也，副也，左右也。古者主有擯，客有介。士匄侵齊，傳稱歸命乎介；會于向，叔老爲介；宋享趙文子，叔向爲介；叔弓如滕，子服椒爲介。則言介者非獨聘矣。不正其同倫而相介，故列而數之也。禮大夫爲卿介，遂與得臣俱爲卿，是以同倫爲副使，故兩言之，明無差降。【補曰】說文曰：「倫，輩也。」此爲凡書如、及、會盟、用兵諸列數者發例，王臣亦從此例，惟列國則略之。徐彥引穀梁「相」下有「爲」字。○此弑立始謀也。黃澤曰：「說春秋當求事情，如公子遂、叔孫得臣如齊，兩卿如齊，雖桓公霸諸侯時魯亦未嘗如此，原其事情，雖爲賀惠公立，謝齊會葬，然亦是爲立宣公之地。自二卿如齊至明年六月齊人取濟西田，凡十三事，而八事皆爲齊，而子卒、夫人姜氏歸于齊、公卽位，皆遂之爲也。一歲之閒，書卿聘齊者六，此果何爲哉？如此推尋，則知是公子遂殺適立庶，急欲求齊以定公位，故冒喪娶齊女、棄濟西田，此所謂事情。」黄略本孫覺、吕本中、胡安國、洪咨夔、家鉉翁說。

冬十月，子卒。子赤也。諸侯在喪既葬之稱。【補曰】既葬，故不名。范云子赤，依公羊也。據左傳則名惡。又左傳公子遂殺惡及視，并殺叔彭生，公羊亦載殺彭生事。而彭生不書刺、不書卒者，何休曰：「舉弒君爲重。」案：何義固是，但當是魯史本已不書，君子不得增之也。何氏以春秋爲夫子博采諸國書而作，不以爲據魯史，故其說柔、溺之不卒爲無恩禮，杞伯姬之不卒爲無服，彭生之不卒爲舉重，其義未嘗不是，而不知皆策書之本然。**子卒不日，故也。**故，殺也。不稱殺，諱也。【補曰】觀其不日，則知有變故矣。此「故」固是弑，不得訓「故」爲「弑」。

夫人姜氏歸于齊。【補曰】左傳謂之出姜，又曰「魯人謂之哀姜」，其說曰「大歸也」。**惡宣公也，**姜氏，子赤之母，其子被殺，故大歸也。宣公亦文公之子，其母敬嬴，惡不奉姜氏。【補曰】疏曰：「注并言敬嬴者，欲明宣公晟敬嬴所生，則非惡敬嬴也。舊解宣公不使其母奉養姜氏，故言之，理亦通也。」文烝案：敬嬴，當作「頃熊」。**有不待貶絶而罪惡見者，**泰曰：「直書姜氏之歸，則宣公罪惡不貶而自見。」【補曰】貶絶，或貶或絶也，罪惡顯則直文可也。**有待貶絶而惡從之者，**齊小白以國氏之類是也。【補曰】罪惡隱則直文未可也。二句爲全經大例，不特出春秋於上者，省文也。公羊於昭元年傳亦曰：「春秋不待貶絶而罪惡見者，不貶絶以見罪惡也。貶絶然後罪惡見者，貶絶以見罪惡也。」孔廣森以爲此類皆讀經之要法。**姪娣者，不孤子之意也。**言其一人有子則共養。【補曰】或姪或娣有子，通夫人三人共養之。是不孤之。公羊曰：「姪者何？兄之子也。娣者何？女弟也。」**一人有子，三人緩帶，**共望其録。【補曰】疏曰：

「上文直云姪娣者，所以分別尊卑，明夫人須媵妾之意。下文總言三人緩帶者，欲見有子則喜樂之情均，貴賤之意等。今宣公爲人君，不尊養姜氏，非緩帶之謂也。緩帶者，優游之稱。」文烝案：傳言「三人」，謂夫人及其姪娣也。頃熊非姜氏姪娣，據左傳是文公二妃。春秋時，諸侯娶女不合九女之制，又有違禮再娶者，傳特依正禮言耳。右媵左媵，班次在適姪娣上，與夫人亦爲三人。又右媵亦有姪娣，左媵亦有姪娣，合之亦各爲三人。傳但以適姪娣與夫人爲三人者，略言之，足相包也。何休公羊注曰：「必以姪娣從者，欲使一人有子，二人喜也，所以防嫉妬，令重繼嗣也，因以備尊尊親親也。」孔廣森曰：「禮娣人無子當去，諸侯夫人雖無子，媵有子，適得不去，重黜尊也。易曰『得妾以其子』，此之謂也。」一曰就賢也。若並有子則就其賢，謂年同也。宣公不奉哀姜，非此之謂，故惡之。【補曰】疏曰：「宣以庶子簒立，非關就賢，范言宣不能奉養哀姜，則是非賢之事，故云非此之謂。」文烝案：「范云並有子者，謂夫人無子而姪娣等並有子也。左傳論天子諸侯立子之法曰：『太子死，有母弟則立之，無則立長，年鈞擇賢，義鈞則卜。』據此文，則凡無太子適子者皆準此制。『年鈞擇賢』即傳之『就賢』，故注依以爲說，此論立庶子之法也。文公太子適子並已被殺，故傳既明『緩帶』之義，又援『就賢』之文，以見宣之可惡。

季孫行父如齊。

莒弑其君庶其。

傳例曰：「稱國以弑其君，君惡甚矣。」【補曰】莒紀公也。疏曰：「注引傳例者，嫌小國無大夫，例不稱臣名，明弑逆事重，不從凡常無大夫之例也。舊解稱國者，謂惡於國人，并虐及卿大夫。稱人者，謂失心於民庶。此乃涉於賈逵之說。」文烝案：賈逵及劉歆、許淑、潁容說左氏，皆言君惡及國朝則稱國以弑，君惡及國人則稱人以弑，其說得之，蓋卽穀梁家舊義也。注引例在成十八年傳。不日者，莒從夷狄例，其卒皆不日，其弑亦皆不日，不論其正不正，與吳悉同也。夷狄惟子弑父必書日，元年傳所云是也。○左氏以爲莒大子僕弑君，襄三十一年以爲公子展輿弑君，劉敞極言其非。葉夢得曰：「左氏謂莒紀公多行無禮於國，犂比公虐。」其言是也，以爲僕與展輿之弑則妄矣。孟子曰：「吾於武成取二三策而已。」文烝案：左氏謂大子僕以寶玉來奔，宣公命與之邑，季文子使司寇出諸竟，亦是也。杜預以爲「未見公而文子出之，故來奔不書」。國語則謂公使僕人以書命文子，而里革更其書，流之於夷。大意不異。而上文亦謂僕弑紀公，又左氏文子之對、國語宣公、里革之書，並有弑君之語，是則魯人皆知莒世子弑君，史必書之，夫子必不革之矣，而豈可信哉？左氏浮誇，國語誣淫，洵韓、柳之特見。

春秋宣公經傳第六補注第十五

宣公，文公子，史記名倭。母頃熊。以匡王五年即位。

穀梁　范氏集解　鍾文烝詳補

元年春王正月，公卽位。繼故而言卽位，與聞乎故也。【補曰】疏曰：「重發傳者，桓簒成君，宣簒未踰年君，嫌異，故發之。」文烝案：宣不去王，故元年之王亦爲平文，宣與桓少異。簒成君與未成君，既如疏說。而桓與翬共行弑，宣但爲遂所立，趙鵬飛嘗言之，要以春秋既稱王治桓，則不嫌宣元之王無治宣之義，特立文有輕重之差耳。張洽曰：「宣十八年閒皆書王者，法已舉於前矣。天理不可以常亡，王法不可以久廢。」

公子遂如齊逆女。不譏喪娶者，不待貶絕而罪惡自見。桓三年傳曰：「逆女親者也，使大夫非正也。」【補曰】疏曰：「引彼傳例者，嫌譏喪娶，不責親迎，故引例以明之。」

三月，遂以夫人婦姜至自齊。【補曰】以者，不以者也。義在成十四年傳。其不言氏，喪未畢，故略之也。夫人不能以禮自固，故與有貶。【補曰】疏曰：「婚禮遲速，由於夫家，陽倡陰和，固是其禮，而責夫人者，一禮不備，貞女不從。夫人姜氏，若其不行，公得無喪娶之譏，夫人無苟從之咎，故責之。」文烝案：公羊謂譏公喪娶，故貶夫人，夫人與公一體。注依文四年傳。夫人與有貶而疏申之，與公羊微異。其曰婦，緣姑言之之辭也。【補曰】疏曰：「重言此者，嫌喪娶辭略，并明不與陳人之婦同。」文烝案：何休說公羊曰：「有姑當以婦禮至，無姑當以夫人禮至，故分別言之。」高閌曰：「見頃熊姜也而姑之也。」遂之挈，【補曰】疏曰：「挈者，謂去氏族而直書名。」徐邈以挈爲舉，非也。」文烝案：挈實是舉，舉而直言之耳。由上致之也。上，謂宣公。【補曰】謂君稱臣名以告廟，朱子疑此類是史官所書如此。

夏，季孫行父如齊。【補曰】左傳曰：「如齊納賂以請會。」

晉放其大夫胥甲父于衞。放，猶屏也。屏，除。【補曰】放者，棄置於此，不得他適，與屏義相近。所以異於奔者，杜預釋例曰：「奔者，迫窘而去，逃死四鄰，不以禮出也。放者，受罪黜免，宥之以遠也。」稱國以放，放無罪也。【補曰】君放之也，與殺同例。

公會齊侯于平州。平州，齊地。離會，故不致。【補曰】左傳曰：「會于平州，以定公位。」

公子遂如齊。【補曰】左傳曰：「如齊拜成。」杜預曰：「謝得會。」

六月，齊人取濟西田。【補曰】何休曰：「月者，惡內甚於以邾婁子益。」內不言取，言取，授之也，【補曰】明亦易辭。以是爲賂齊也。宣公弒立，賂齊以自輔，恥賂之，故書齊取。【補曰】注謂諱賂言取，用何休說，非也。經著授之之辭者，以是爲賂齊故也。凡受賂則言取，取郜大鼎，宋賂魯也；取濟西田，魯賂齊也。程子以爲齊受之以助不義，故書「取」是也。張洽曰：「桓誘鄭以許田，宣賂齊以濟西田，以利自固，前後一轍。使鄭莊、齊惠不貪其利，則桓、宜必不能自立矣。故春秋曰假，曰取，蔽罪鄭、齊。」張略本葉夢得説。顧奎光以爲鄭假齊取與魯取鼎同，亂賊所畏，不在强大而在無欲也。趙汸曰：「禮國亡大縣邑，公卿大夫士皆厭冠哭於大廟三日，君不舉此取田邑，所以必書於策。」趙本葉夢得説僖取濟西田。

秋，邾子來朝。

楚子、鄭人侵陳，遂侵宋。○【撰異曰】楚子，鄂本公羊作「楚人」，誤也。遂，繼事也。【補曰】重發傳者，楚是夷狄，又有與國，嫌義例有異故也。

晉趙盾帥師救陳。【補曰】此卽下棐林之師也，實未救陳。言救者，致其志，説見下。善救陳也。【補曰】重發傳者，疏曰：「陳近楚屬晉，嫌救非善，故釋之。又救之者爲善，所以駁鄭之過也。」

宋公、陳侯、衛侯、曹伯會晉師于棐林，伐鄭。棐林，鄭地。○【撰異曰】棐，公羊作「斐」。列數諸侯而會晉趙盾，大趙盾之事也。大其衛中國攘夷狄。其曰師何也？據言會晉師，不言會晉趙盾。以其大之也。以諸侯大趙盾之事，故言師。師者，衆大之辭。【補曰】疏曰：「齊侯救邢，惡不及事，楚子滅蔡，滅非其罪，晉、宋侵鄭，失匍匐之義，故皆貶之而稱師。今此稱師以大之者，所謂春秋美惡不嫌同辭也。」文烝案：傳言「以其大之」者，謂以此文欲大趙盾之事，承上言之也。注言諸侯大之，非也。疏論救邢亦非也。公羊以爲不言趙盾者，「君不會大夫之辭」，既稱師以大之，則公羊所云之義亦在其中。趙鵬飛曰：「權以與其功，正以定其分，權正並用而春秋之法存乎其閒，非聖人不能脩也。」于棐林，地而後伐鄭，疑辭也。此其地何？則著其美也。泰曰：「夫救災恤患，其道宜速，而方云會于棐林，然後伐鄭，狀似伐鄭有疑，須會乃定。曰：非也。欲美趙盾之功，故詳録其會地」。【補曰】傳義泰未得之。王引之曰：「『鄭』字衍文，桓十五年傳曰『地而後伐，疑辭也』，此傳卽承前傳言之，『伐』下不當有『鄭』字。」文烝案：王説是也。傳先言「于棐林」者，出經文也。又言「地而後伐，疑辭」者，泛論春秋之例也。又言「此其地何？則著其美」者，言此之以棐林地則非疑辭，乃特明救陳之師所至之地，所以著其美，與上善救陳之義相爲終始也。孔穎達曰：「陳在宋南，楚先侵陳，去陳乃侵宋也。陳既被侵，方始告晉，晉人起師救陳，楚又移師侵宋，晉師比至於鄭，楚師既已去矣，故諸國會于棐林，同共伐鄭。棐林，鄭地。明晉始至鄭，不得與楚相遇，故竟無戰事。言救陳者，致其意耳。」孔説足與此傳相發。趙匡駁傳誤矣。

冬，晉趙穿帥師侵崇。【補曰】崇者，附秦小國。當從左傳。○【撰異曰】崇，左氏字亦作「密」，公羊作「柳」。趙坦曰：「周禮縫人注『柳之言聚』，尚書大傳注『柳，聚也』。齊人語。廣雅：『崇，聚也。』此必齊人讀『崇』爲『柳』。」

晉人、宋人伐鄭。伐鄭，所以救宋也。時楚、鄭侵宋。【補曰】疏曰：「經不言救宋者，以上有楚子、鄭人侵陳遂侵宋之文，今云晉人、宋人伐鄭，明救宋可知。」文烝案：楚、鄭侵宋之師早已去矣，以是時晉與宋共伐鄭，故言所以救宋也。經自不得有救文，與狄人伐衞所以救齊相類。」

二年春王二月壬子，宋華元帥師及鄭公子歸生帥師戰于大棘，宋師敗績，獲宋華元。大棘，宋地。○【撰異曰】孔穎達左氏正義曰：「此華元、歸生及哀二年趙鞅、罕達，客主各言帥師者，皆是將尊師衆，故並具其文。或於『歸生』之下無『帥師』之字，脱耳。」獲者，不與之辭也。華元得衆甚賢，故不與鄭獲之。【補曰】疏曰：「注言得衆，故不與獲，然則晉侯失民亦言獲者，晉侯雖失衆，諸侯無相獲之道，故亦不與秦獲也。徐邈云：『獲是不與之辭，與者當稱得也。定九年「得寶玉大弓」是也』。弓玉與人不類，徐言非也。」文烝案：「不與之辭，施於兵獲則爲通例，凡書「獲」，蓋多因史文之舊，而其義則或以「不與獲」爲義，或以「引取之」爲義。傳於此發「不與」之例，謂書「獲」即見「不與」之義，不可更求「與之」之文以解傳，猶於麟言「引取之」，亦謂書「獲」即見「引取之」之義，不須更求「直取非引」之文以解傳也。戰所得俘，本當言獲，言獲即是不與。麟至既以「狩」爲文，狩所得獸，亦本當言獲，言獲即是引取之。寶玉、大弓，國之重器，器物之類，本當言得，失而復得，又當言得。「獲」與「得」訓釋雖同，而用字各不相假，皆史例之舊也。左傳例凡獲器用曰得，得用焉曰獲。姚鼐以爲器用者其器可用，用焉者謂人民走獸之屬能自動用其身，異於器之待人而爲用也。陸淳纂例「用力禽之曰獲，非用力禽之曰得」，與左氏亦兼通也。易曰：「田獲三狐，得黄矢。」獲、得連文而各别。又曰「王用出征，獲匪其醜」，「公用射隼于高墉之上，獲之，无不利」，「田獲三品」，「得金矢」，「得黄金」，「君子得輿」，「或繫之牛，行人之得」，「失得勿恤」，「无喪无得」，「億喪貝，七日得」，「或得其桷」，「得其資斧」，「婦喪其茀，七日得」，此類皆與春秋相符，足知古人用字之例矣。隨有求得，隨有獲，得其大首，獲明夷之心，皆兩爻相承而異其文。得主、得朋、得女妻、得士夫、得友、得臣、得妾、得童僕、得敵，此類又自爲一例，難以俘獲比之。言盡其衆以救其將也。先言敗績而後言獲，知華元得衆心，軍敗而後見獲。晉與秦戰于韓，未言敗績而君已獲，知晉侯不得衆心明矣。以三軍敵華元，【補曰】「敵」當爲「救」，轉寫誤也。此承救其將言之。三軍謂宋師，宋爵稱公，得準元侯方伯之制，故言三軍也。或云三軍者，當時言軍之通稱，故子曰「三軍可奪帥」，子路曰「子行三軍」。華元雖獲，不病矣。何休曰：「書獲，皆生獲也，如欲不病華元，當有變文。」鄭君釋之曰：「將帥見獲，師敗可知，不當復書『師敗績』。此兩書之者，明宋師懼華元見獲，皆竭力以救之，無柰不勝敵耳。華元有賢行，得衆如是，雖師敗身獲，適明其美，不傷賢行。今兩書敗獲，非變文如何？」【補曰】敗獲兩書，常例也，非變文也。凡師敗者，或君將，或大夫將。君傷言君敗，重君也；大夫傷則於師敗中包之，别於君也。若被獲，則無論君大夫，皆書敗書獲。獲既重於傷，而敗亦不可不書也。韓戰師敗君獲而不言敗，傳云「失民」，明特爲變文矣。既有彼變文，故此文有盡其衆以救其將之意，有不病華元之意，比類相較，其義自顯，豈謂非常例乎？鄭說無以折何氏，而劉敞疑之，抑殊不察。

秦師伐晉。

夏，晉人、宋人、衛人、陳人侵鄭。

秋九月乙丑，晉趙盾弑其君夷皋。【補曰】晉靈公。○【撰異曰】皋，公羊作「獋」。穿弑也，穿，趙盾從父昆弟。盾不弑，而曰盾弑何也？以罪盾也。其以罪盾何也？曰靈公朝諸大夫，【補曰】朝者，公羊以爲使諸大夫皆内朝也。其下文云趙盾已朝而出，與諸大夫立於朝，則外朝矣。而暴彈之，暴，殘暴。【補曰】廣雅曰：「暴，猝也。」此如「已孤暴貴」、「滩水暴益」之「暴」，謂出其不意，猝彈之也。左氏、公羊皆謂從臺上彈之。觀其辟丸也。【補曰】說文：「丸，圜也。傾側而轉者。」公羊曰「是樂而已矣」，謂以是爲笑樂。趙盾入諫，不聽，【補曰】左氏、公羊又有殺膳宰事，因此事入諫。出亡至於郊，禮三諫不聽則去，待放於竟三年，君賜之環則還，賜之玦則往。必三年者，古疑獄三年而後斷。易曰「係用徽纆，寘于叢棘，〔一〕三歲不得，凶」是也。自嫌有罪當誅，故三年不敢去。【補曰】左氏、公羊謂靈公召盾飲食，將殺之，盾乃出也。注首四句，疏謂本公羊、荀卿書。趙穿弒公而後反趙盾。招使還。史狐書賊曰：「趙盾弒公。」史，國史，掌書記事。狐，其名。【補曰】董狐也，晉史所書如是。左傳乃曰「趙盾弒其君」，公羊則直同經文，皆誤，趙汸言之矣。趙又云此與魯史諱內惡不同，劉敞論此事則以諱惡爲仲尼新意。文烝以爲列國之史，諸侯制也，魯史王禮也。隱、閔、子般、子惡之弒，舊史本書薨卒，君子從而立不地不日之法也。以吾說求之，乃可解劉知幾之惑。盾曰：「天乎！天乎！予無罪。告天言己無弒君之罪。孰爲盾而忍弒其君者乎？」迴己易他，誰作盾而當忍弒君者乎？【補曰】王念孫曰：「注非也。爲，猶謂也，言誰謂盾而忍弒其君也。公羊曰『誰謂吾弒君者乎』是其證。古書『爲』字或與『謂』同義，二字可互用。」史狐曰：「子爲正卿，入諫不聽，出亡不遠，君弒，反不討賊則志同，志同穿也。志同則書重，非子而誰？」盾是正卿，又賢，故言重。【補曰】傳明晉本以盾弒赴，不以穿。葉夢得曰：「左氏傳史不傳經，故雖得於三言，而莫知春秋之義，正在於志同則書重，乃略而不言。」故書之曰晉趙盾弒其君夷皋者，過在下也。鄭嗣曰：「成十八年晉弒其君州蒲，傳曰『稱國以弒其君，君惡甚矣』。然則稱臣以弒，罪在臣下也。趙盾弒其君，不言罪而曰過者，言非盾親弒，有不討賊之過。」【補曰】言故書之者，明史從赴書。盾弒而君子仍之，上言以罪盾，此言過在下，互辭。曰：於盾也見忠臣之至，於許世子止見孝子之至。邵曰：「盾以亡不出竟，反不討賊，受弒君之罪，忠不至故也。止以父病不知嘗藥，受弒父之罪，孝

〔一〕「係」原作「繼」，「寘」原作「示」，據中華書局影印清阮元重刻宋版十三經注疏本周易正義改。

不至故也。」【補曰】曰者，目經意也。疏曰：「春秋必加弒於此二人者，所以見忠孝之至故也。忠孝不至則加惡名，欲使忠臣覩之，不敢惜力，孝子見之，所以盡心，是將來之遠防也。盾與止加弒是同，而許悼書葬，晉靈不書葬者，止失嘗藥之罪輕，故書葬以赦止，盾不討賊之罪重，故不書晉侯葬，明盾罪不可原也。」文烝案：晉從弒君不葬之例，許仍存史文。蘇轍曰：「言忠臣之至、孝子之至者，所以爲教也，非以爲法也。孟子言以不義取之於民者猶禦也，充類至義之盡也。充類至義之盡而名之曰禦則可，以禦誅之則不可，故春秋以弒君責之，非以弒君誅之也。」

冬十月乙亥，天王崩。匡王也。【補曰】史記襄王子頃王壬臣，世本名巨，頃王子匡王班。范注贅王室事，自女栗後，文十四年春頃王崩不志，至此乃志。

三年春王正月，郊。牛之口傷。之口，緩辭也。傷自牛作也。牛自傷口，非備災之道不至也，故以「緩辭」言之。【補曰】公羊亦云「緩」。疏曰：「舊解范別例云言『之』凡三十五，范既總爲例，則言『之』者並是緩辭，傳於執衛侯云『言之，緩辭也』，則其餘不發者亦緩可知耳。」文烝案：下句申上「緩」意也，傷自牛作，非人所能，不得責人不敬，故爲緩辭，與成七年「緩辭」同意。此牛不須免，見成七年注。

改卜牛，牛死，乃不郊。事之變也。牛無故自傷其口，易牛改卜復死，乃廢郊禮，此事之變異。【補曰】後牛又自死，非人所能，謂之變而已。乃者，亡乎人之辭也。譏宣公不恭致天變。【補曰】注解「亡乎人」非也，說見僖三十一年。疏曰：「重發傳者，嫌牛死于卜郊不從異也，不言免牛而云不郊者，牛死不行免牛之禮，故直言不郊也。」

文烝案：所改卜之牛即公羊及郊特牲所謂稷牲、稷牛也。此牛又死若傷，不得又有牛，則不郊矣。公羊曰：「曷爲不復卜？養牲養二卜，帝牲不吉，則扳稷牲而卜之。帝牲在于滌三月，於稷者唯具是視。」公羊之意以初時十月繫牲於滌宫，帝牲稷牲並繫，十月、十一月、十二月共有三月。今因帝牲有災，謂之不吉，則改卜稷牲爲帝牲，帝牲還是在滌之牲，其稷牲但須視其體具所以爲可，若再有牲變，則無復有牛可爲帝牲，當止不郊，故再變不復卜也。但改卜之稷牲何以決其必吉？啖助以爲不吉則亦不郊，或恐此卜但示有其事，不復細論，蓋因前此十月繫牲時二牲已皆卜而得吉故歟？郊特牲曰：「帝牛不吉，以爲稷牛，帝牛必在滌三月，稷牛唯具。」孔穎達曰：「爲，猶用也。用稷牛而爲帝牛，其祭稷之牛，臨時别取用。」此皆與公羊同，知穀梁意亦不異。

猶三望。【補曰】前牛傷，後牛死，並在正月，皆不可知其在某日。三望是上辛與否？抑或非用辛？無以言之。屬上「天王崩」而書郊之變，同於他文。不譏卜郊牛者，董仲舒曰：「春秋之義，國有大喪者止宗廟之祭而不止郊祭，不敢以父母之喪廢事天地之禮也。父母之喪，至哀痛悲苦也，尚不敢廢郊也，孰足以廢郊者？故其在禮亦曰喪者不祭，唯祭天爲越紼而行事。」又曰：「春秋譏喪祭不譏喪郊。」杜預曰：「王崩未葬而郊者，不以王事廢天事。」又引「曾子問：『天子崩未殯，五祀不行，既殯而祭。』自啟至於反哭，五祀之祭不行，已葬而祭。」文烝案：杜意又有與舊異者，謂君薨既祔，作主以後，宗廟四時常祭亦得行，不用三年不祭之説。杜非也。

葬匡王。【補曰】蒙上月。

楚子伐陸渾戎。○【撰異曰】左氏「戎」上有「之」字。公羊作「伐賁渾戎」。音義：「賁音奔。」案：古「陸」字與

「睦」通。説文「𡒄」，古文「睦」，與「賁」相似。

夏，楚人侵鄭。

秋，赤狄侵齊。【補曰】自此赤狄四見，白狄三見。孔穎達曰：「謂之赤、白，其義未聞，蓋其俗尚赤衣、白衣也。」文烝案：以左傳、國語、吕氏春秋、杜氏後序引汲冢紀年考之，莊三十二年狄伐邢、僖三十三年晉人敗狄于箕，皆白狄也。閔二年狄人衞、僖二十四年狄伐鄭、文七年狄侵我西鄙，皆赤狄也。經皆通言不別，至此別之者，亦北燕，從史文之例。何休以爲「進稱赤」，非也。

宋師圍曹。

冬十月丙戌，鄭伯蘭卒。

葬鄭穆公。【補曰】蓋不蒙月，在時葬正例。

四年春王正月，公及齊侯平莒及郯。莒人不肯。【補曰】莒大於郯，故以莒及。王葆説是。爾雅曰：「肯，可也。」月者，從平例。及者，内爲志焉爾。【補曰】重發傳者，嫌平不入例也。平者，成也。【補曰】重發傳者，以内平外，嫌有異也。不肯者，可以肯也。凱曰：「君子不念舊惡，況爲大國所和乎？」【補曰】平例稱人，故不肯平者亦稱人，與輸平同。

公伐莒，取向。向，莒邑。伐猶可，取向甚矣。以義兵討不平，未若不用兵以義使平者也，故曰猶可也。

【補曰】注非也。直言伐者，容有義兵，所以爲可。今加言取向，言伐又言取，則貪其利而已，所以爲甚。隱四年引舊傳曰「言伐言取，所惡也」，傳以凡諸義兵爲可，而曰猶者，諸侯未賜弓矢，不專征伐，雖較善，已非大平法。莒人辭，不受治也。乘義取邑，所以不服。【補曰】治，討也。不受治，卽上不肯平也。言平人國而取其邑，則不肯平者轉有辭。伐莒，義兵也。討不釋怨。【補曰】義兵者，假義以爲兵名，是亦義也。案：孟子曰「春秋無義戰」，趙岐注曰：「春秋所載戰伐之事，無應王義者也。」章指又曰：「征伐誅討，不自王命，故曰無義戰也。」然則孟子所謂義，非卽傳所謂義。」又曰：「彼善於此則有之矣，善則傳所謂義耳。」取向，非也，乘義而爲利也。【補曰】義利渾言則通，析言則別，易文言傳。左傳並曰「利者，義之和也」，國語曰「義者，利之足也」，墨子經曰「義，利也，二者通也」，論語「君子喻於義，小人喻於利」，大學言「以義爲利」，孟、荀並言先義後利，則二者別也。董仲舒言「義養心，利養體」。至朱子以天理人欲爲說，意尤切至。「天理」字本樂記，乃程伯子所以得不傳之學者矣。齊桓伐楚，韓非謂其義於名而利於實，宣公乘義爲利，幷其所假之義而失之，與凡伐取者同，故還從所惡常例。不致者，從例也。

秦伯稻卒。【補曰】秦共公。

夏六月乙酉，鄭公子歸生弒其君夷。【補曰】鄭幽公，後改爲靈公。左傳以爲公子宋弒君，歸生從之者耳。李廉據後十年鄭改葬謚時，斲子家之棺而逐其族，疑實歸生弒。

赤狄侵齊。

秋，公如齊。

公至自齊。

冬，楚子伐鄭。【補曰】上年侵，下年又伐，明此非討賊矣。

五年春，公如齊。

夏，公至自齊。

秋九月，齊高固來逆子叔姬。【補曰】月者，爲下卒。○【攈異曰】左氏此處無「子」字。段玉裁曰：「後人據傳妄删經字耳。其實傳是省文。」諸侯之嫁子於大夫，主大夫以與之。婚禮主人設几筵于廟以待迎者，諸侯大夫尊卑不敵，故使大夫爲之主。來者，接内也，不正其接内，故不與夫婦之稱也。來者，謂高固。高固，齊之大夫，而今與君接婚姻之禮，故不言逆女。【補曰】此注視莒慶傳爲詳。「來者」一句誤。疏曰：「重發傳者，莒慶，小國之大夫；高固，齊之尊卿；而娶公之同母姊妹，嫌待之禮殊，故發傳明其不異也。徐邈云，傳言『吾子』，是宣公女也，理亦通耳。」文烝案：徐非也。孔穎達據公孫茲如牟，知高固亦因來聘而自逆。

叔孫得臣卒。【補曰】疏曰：「不日則惡可知矣。何休云，知公子遂欲弑君而匿情不言，未審范亦然以否。」

冬，齊高固及子叔姬來。及者，及吾子叔姬也。爲使來者，不使得歸之意也。高固受使來聘而與婦俱歸，故書「及」以明非禮。莊二十七年冬杞伯姬來，僖二十八年秋杞伯姬來，皆不言所及，是使得歸之意。【補曰】疏曰：「經既言『及子叔姬』，傳何須更言『及吾子叔姬也』？以方欲解『及』爲非禮，故上張其文也。」「濼之會去『及』

爲非禮，此書「及」爲非禮者，公與夫人之行須言「及」，以別尊卑。陽穀之會言「公及夫人姜氏」，而濼之會以夫人之伉不言「及」，故知去「及」爲非禮。今叔姬歸寧當以「獨來」爲文，高固奉命宜云「來聘」，經總之言「來」，故知書「及」爲非禮。」

文烝案：凡內女書「來」者，皆不使得歸也，此必以爲使來，明其不使得歸者，彼皆是諸侯夫人直來，則非禮可知。子叔姬爲大夫妻，大夫妻有歲一歸宗之禮，直言「來」，嫌使得歸，故總言之以見義。本以其隨夫偕來，譏其非禮，故傳順經意釋之也。其實大夫妻歲歸宗惟同國則可，嫁他國者亦不得無事歸宗，與夫人同。就使叔姬獨來，經直書曰齊高叔姬來，亦是不使得歸之意，傳例所謂婦人既嫁不踰竟也，特此處未暇論耳。范注失之。○左傳曰：「反馬也。」說亦可通於傳。反馬不親行，此因聘親自反馬也。杜預曰：「禮送女留其送馬，謙不敢自安，三月廟見，遣使反馬。」孔穎達曰：「謙不敢自安者，若被出棄，將乘之以歸也。」

楚人伐鄭。

六年春，晉趙盾、衞孫免侵陳。此帥師也，其不言帥師何也？據元年趙盾帥師救陳言帥師也。【補曰】元年稱帥師救陳，此亦帥師可知，疏得之。不正其敗前事，故不與帥師也。元年救而今更侵之。【補曰】元年救陳下，四國君會晉趙盾，變文書曰會晉師，是與趙盾以帥師之明文也。前變文與帥師，此變文不與帥師，其文相對，明經意不正其敗前事矣。

夏四月。

秋八月，螽。

冬十月。

七年春，衛侯使孫良夫來盟。來盟者，前定也。不言及者，以國與之。不言其人，亦以國與之。不日，前定之盟不日。【補曰】疏曰：「重發傳者，宋華孫不稱使，此則稱使，嫌異，故重發之。言不日者，據及荀庚盟之屬有日也。」文烝案：「不言其人」二句，僖三年、成三年傳俱有之，乃釋成三年及荀庚盟之屬，注詳成三年。此不日又不月者，左傳曰「始通，且謀會晉」，蓋以公得會晉自此始，故不月以異之歟？首句「者」字，各本脱，今依唐石經及余仁仲萬卷堂經注本、吕本中集解本、俞皋集傳釋義本補正。余本存者，自宣公起，何煌校出。

夏，公會齊侯伐萊。

秋，公至自伐萊。

大旱。【補曰】竟九月雩不得雨，故不言大雩爲災，故不言不雨。

冬，公會晉侯、宋公、衛侯、鄭伯、曹伯于黑壤。黑壤，某地。【補曰】當云晉地，即昭二十五年之黄父。

八年春，公至自會。

夏六月，公子遂如齊，至黃乃復。蓋有疾而還。黃，齊地。【補曰】公羊曰：「有疾也。」注當去「蓋」字。乃者，亡乎人之辭也。鄭嗣曰：「大夫受命而出，雖死，以尸將事。今遂以疾而還，失禮違命，故曰亡乎人。言魯使不得其人也。」【補曰】注解「亡乎人」非也，說見僖三十一年。重發傳者，前是天災，此是有疾，其事異也。復者，事畢也，不專公命也。遂以疾反，而加「事畢」之文者，是不使遂專命還。【補曰】事畢，謂至國，下云「反命」是也。此與公孫敖同義。上注「以尸將事」之義宜說於此。

辛巳，有事于大廟。【補曰】此蓋禴也，諸侯禴或犆或祫，此禴于大廟，祫與否無以言之。何休曰：「書有事者，爲不去樂張本。」鄭君禘祫志曰：「說者以爲有事謂禘，爲仲遂卒張本，故略之言有事耳。」何、鄭意皆得之。鄭所引說者，謂左氏說，彼傳無禘文，言禘非也。國之大事，在祀與戎，古者稱祀戎皆曰有事，故言有事也。日者，不去樂，失禮例當日。下又有「壬午繹」，須此起之。此祭雖無失禮亦當日，仲遂本不卒者，卒之不當日明矣。仲遂卒于垂。祭于大廟之日而知仲遂卒。垂，齊地。爲若反命而後卒也。先書復，後言卒，使若遂已反命于君而後卒于垂。【補曰】垂是齊地，遂卒在辛巳前，今以君聞卒之日爲其卒日者，見臣子之義，與公孫嬰齊同意。又因遂卒本不當日也，不移卒文於辛巳祭前者，本不當卒，若先出卒文，雖疏之，未足見意。此公子也，其曰仲何也？疏之也。僖十六年傳曰：「大夫不言公子公孫，疏之也。」【補曰】疏曰：「遂見疏而去公子，經不可單稱遂卒，以遂於後以仲爲氏，故稱仲遂卒也。」文烝案：大夫卒不可直名者，嫌是不命大夫，若無侅、俠之等也。遂之身已以仲爲氏，劉炫以爲受賜，得之。疏言遂於後以仲爲氏，非也。何爲疏之也？是不卒者也。遂與宣公共弒子赤。【補曰】是弒君賊，不當書卒者。不疏則無用見其不卒也。若書公子，則與正卒者同，故去公子以見之。則其卒之何也？據公子𦙶不書卒。以譏乎宣也。其譏乎宣何也？聞大夫之喪則去樂卒事。去籥萬，卒祭事，言今不然。【補曰】去樂者，凡有聲無聲之屬悉去之也，今不去樂卒事，故卒仲遂以譏宣。但宣雖去樂卒事而壬午猶繹，非禮，當先書去樂卒事以明正，繼書壬午猶繹以示譏，仍不得不卒仲遂，其理易見，故傳不具言耳。何休曰：「禮大夫死，爲廢一時之祭；有事於廟而聞之者，去樂卒事；卒事而聞之者，廢繹。」文烝案：傳言「是不卒者也」，以譏乎宣也。昭十四年傳曰：「意如惡，然而致見君臣之禮也。」兩傳意同。李光地說下「猶繹」曰：「檀弓載仲尼言卿卒不繹，則遂之功罪姑無論矣。韓子詩云春秋書王法，不誅其人身，此類是也。」文烝案：劉敞亦云春秋之設辭也，非其人之謂也，蓋其道之謂也。

壬午，猶繹。【補曰】各本此經下衍「萬入去籥」四字，今依唐石經、十行本刪正。猶者，可以已之辭也。【補曰】疏見文六年。繹者，祭之旦日之享賓也。【補曰】疏曰：「旦日，猶明日也。謂之繹者，繹陳昨日之禮。」文烝案：公羊曰：「祭之明日也。」爾雅曰：「又祭也。」何休以爲繹繼昨日事。孫炎以爲祭之明日，尋繹復祭也。享賓者，賓尸，謂以尸爲賓而享之。天子諸侯曰繹，以祭之明日；卿大夫曰賓尸，與祭同日。繹亦是賓尸，異其名耳，故傳以「享賓」解「繹」也。何休曰：「殷曰肜，周曰繹。繹者，據今日道昨日；肜者，據昨日道今日。祭必有尸者，節神也。禮天子以卿爲尸，諸侯以大夫爲尸，卿大夫以下以孫爲尸。」

萬入，去籥。萬，舞名。籥，管也。【補曰】此本杜預。萬入籥入，與諸書入者異也。去，徹也，藏也。訓「藏」字或作「弆」，後人別之耳。鄭君周禮注曰：「去樂藏之也。」又引此而曰「萬言入則去者不入，藏之可知。」鄭言藏是也，言不入非也。籥卽在萬中，昭十五年「籥入」、「去樂」，不可言「樂不入」明矣。以其爲之變，譏之也。內舞去籥，惡其聲聞，此爲卿變於常禮，是知其不可而爲之。【補曰】公羊曰：「萬者何？干舞也。籥者何？籥舞也。其言萬入去籥何？去其有聲者，廢其無聲者，存其心焉爾。存其心焉爾者何？知其不可而爲之也。」何休曰：「干，謂楯也，能爲人扞難而不使害人，故聖王貴之以爲武樂。萬者，其篇名。武王以萬人服天下，民樂之，故名之云爾。籥，所吹以節舞也。吹籥而舞，文樂之長。去其有聲者，不欲令人聞之也。廢，置也。置者，不去也，齊人語。」文烝案：傳文簡略，須以公羊證明之。何氏解「萬」字不合古義。詩曰：「方將萬舞。」毛傳曰：「以干羽爲萬舞。」陳奐曰：「樂記『羽籥干戚，樂之器也』，干舞有干與戚，羽舞有羽與籥，羽舞亦曰籥舞。干舞爲武舞，以舞大武，羽籥舞爲文舞，以舞大夏。曰萬者，又兼二舞以爲名也。」韓詩傳：「萬，大舞也，以干羽舞，故爲大舞。」逸周書世俘：「籥人奏武，王入進萬。」孔晁注曰：「武以干羽爲萬舞。」春秋言「萬入去籥」，明萬必有籥。左傳：「考仲子之宮，將萬焉。公問羽數于衆仲。」明萬必有羽。孔穎達引異義公羊說「樂萬舞以鴻羽，取其勁輕，一擧千里」，又引韓詩說「以夷狄大鳥羽」，則萬舞有羽，古無異說。萬舞或可省言干，故公羊謂萬爲干舞，雖專言干舞，不謂萬無羽籥，故異義所載公羊說以萬爲羽，正與傳相補備。何休以爲萬取武王以萬人服天下之義，不爲羽籥舞之兼號。鄭君詩箋以萬爲干舞，籥翟乃爲籥舞。誤矣。夏小正傳曰「萬也者，干戚舞也」，蓋亦誤。陳疏申明毛義，詳確可據，自呂祖謙發其端矣。夏小正、商頌皆有萬，而何休以爲起武王者，本春秋說文。蓋以小正未足據，商頌則宋襄公時詩也。郊特牲以「朱干、設錫，冕而舞大武」爲諸侯之僭禮，則侯國之祭本無干舞。祭統稱成王、康王賜魯大嘗、禘，「朱干玉戚以舞大武，八佾以舞大夏，此天子之樂也」。明魯不與他國同。郝懿行爾雅義疏說籥，據詩傳、說文、禮注、左傳四語，陳疏所無，以意裨足之。

風俗通、廣雅、詩音義諸文，以爲吹籥短於笛而三孔，舞籥長於笛而六孔，或七孔。趙汸曰：「禮樂者，先王大典，其節文之末，皆精義所存，諸侯不得妄有損益。王制變禮易樂者爲不從，不從者君流，故猶繹之失，去樂之得，史皆書之，以謹亡失之漸。」文烝案：此所謂周禮在魯而君子尤重之也。○夫子於魯之禮樂蓋兢兢焉，入大廟則每事問。告顏淵爲邦則述魯之舊法，斯春秋之志也。皇侃說論語行夏之時，謂祭祀田獵播種也。乘殷之路，謂郊乘素車也。服周之冕，謂郊廟用衮冕也。樂則韶舞，謂郊禘大賓，備四代之樂，從虞氏始也。「郊禘大賓」四字增訂。

戊子，夫人熊氏薨。宣公妾母。【補曰】何休以爲卽僖所娶楚女。宣爲僖之妾子，乖異難據。孔廣森謂楚以熊爲氏，芈爲姓，或其公族屈氏、鬬氏之屬可更以熊爲姓。○【撰異曰】熊，左氏作「嬴」。

晉師、白狄伐秦。

楚人滅舒、鄝。【補曰】羣舒也。左傳曰：「楚子疆之，及滑汭。盟吴、越而還。」洪咨夔曰：「循江而下，以及於淮，與吴、越接壤也。」案：此在時例。○【撰異曰】鄝，本又作「蓼」，左氏、公羊作「蓼」。

秋七月甲子，日有食之，既。

冬十月己丑，葬我小君頃熊。文夫人姜氏大歸于齊，故宣公立己妾母爲夫人，君以夫人禮卒葬之，故主書者不得不以爲夫人，義與成風同。【補曰】疏曰：「成風再貶，自外妾母不譏者，從一譏故也。」文烝案：注首二語本鄭君駁異義說，見通典。凡適母被廢則妾母得爲夫人也，此不可通於穀梁，前論之。左傳曰：「葬敬嬴。旱，無麻，始用葛茀。」○【撰異曰】頃熊，左氏作「敬嬴」。案：頃、敬古通用。說苑以南宮敬叔爲頃叔。趙匡謂「頃」是惡謚，追尊不應加惡謚。非也。

雨，不克葬。葬既有日，不爲雨止，禮也。雨，不克葬，喪不以制也。徐邈曰：「案經文是己丑之日葬，喪既出而遇雨，若未及己丑而卻期，無爲逆書此日葬。禮喪事有進無退，又士喪禮有潦車載蓑笠，則人君之張設，固兼備矣。禮先遷柩於廟，其明昧爽而引，既及葬日之晨，則祖行遣奠之禮設矣。故雖雨猶終事，不敢停柩久次。」【補曰】疏曰：「舊解案禮庶人縣封，葬不爲雨止，明天子諸侯不觸雨而行。傳言不爲雨止者，謂不得止葬事而更卜遠日。喪不以制者，謂不得臨雨而制喪事，豈有諸侯執紼者五百人觸雨而行哉？是徐邈之說，理之不通。今案：傳文云「喪不以制」，是喪事不以禮制，上文「不爲雨止」禮也，明爲雨止則非禮可知，安得云傳意葬爲雨止乎？又且范引徐注不言其非，何爲述范義而違之？未及己丑而卻期者，謂雨之與葬皆是己丑之日也，若未及己丑之日而遇雨，其葬期有卻者，何爲逆書己丑日葬也？」孔廣森曰：「穀梁之說謂既發引至於堩，不可因雨而乖有進無退之義，又非可若日食止柩道右以須明復，故有潦車之載，蓑笠之備。若其在廟祖遣，柩猶未行，雨霑服失容，自當却改期日。」此孔氏因徐注、楊疏而加詳，又略本王制、正義之說，以通合左傳、王制之文也。今案：左傳曰：「雨，不克葬，禮也。禮，卜葬先遠日，辟不懷也。」王制曰：「庶人縣封，葬不爲雨止。」鄭君曰：「縣封當爲縣窆，雖雨猶葬，以其禮儀少。」孔穎達正義又引許慎異義公羊說「卿大夫臣賤，不能以雨止」。左氏說則與王制同，以爲此皆謂已發在路及葬也。又引鄭君釋廢疾「雖庶人葬爲雨止」，以爲此謂在廟未發也。其人君無論在廟在路，及葬皆爲雨止，故公羊說「雨不克葬」，謂天子諸侯也。左氏說「卜葬先遠日，辟不懷也」，惟穀梁說「葬既有日，不爲雨止」，許慎以爲非也。正義又云「鄭無駮」，與許同。許引論語云「死葬之以禮」，以爲以雨而葬是不行禮。何休注亦同。孔廣森欲通之於穀梁，乃取徐邈說，指已發在路，不別人君人臣。又據王制文謂士以上皆爲雨止，則庶人雖未發亦不止，皆不合先儒所論。孔又别爲説曰，昔魏葬惠王，雪及牛目，有司請弛期，襄王弗許，而惠子託爲欒水齧王季墓事以説之，可知雨不克葬爲禮，是則以大雪比甚雨，亦先儒所未言。竊嘗論之，王制、左氏説「庶人不爲雨止」，公羊説「兼及卿大夫」，其言已岐異矣。王制下文言「喪不貳事」，亦屬庶人，而穀梁此年傳「不爲雨止」、文十六年傳「喪不貳事」，皆言人君之禮，則知王制爲記述之疏謬，而左氏、公羊皆未可用，許慎、何休、鄭君、孔穎達及穀梁舊解皆失之也。雨有甚不甚，葬有未發已發之别，傳但大概言之，謂葬既卜得日，於禮無止，止則以爲非制耳。徐注、楊疏、孔廣森亦皆失之也。

庚寅，日中而克葬。【補曰】何休曰：「别朝莫者，明見日乃葬也。」文烝案：日中者，時加午也。而，緩辭也，足乎日之辭也。【補曰】疏曰：「與定十五年『日下稷，乃克葬』二文相對爲緩急。」文烝案：公羊曰：「而者何？難也。乃者何？難也。曷爲或言而或言乃，乃難乎而也。」公羊意與傳同。時加於午，視日下稷爲早，是以其足乎日而爲緩辭也。緩亦是難，視彼爲緩耳。

城平陽。【補曰】杜預釋例曰：「此東平陽也。」杜以左氏哀二十七年傳之平陽爲西平陽。

楚師伐陳。【補曰】僖之篇楚兩稱師，一以公以之，一以敗也。自此後始有師。

九年春王正月，公如齊。有母之喪而行朝會，非禮。【補曰】孔廣森曰：「月者，正月也。」文烝案：疏引往月危往之例，以爲此朝書月即是非禮之異文，不知正月書月者非必在危例。襄公母以四年七月薨，其冬公如晉不月，明書月不以其非禮，非禮易見，無假於月也。禮庶子爲後，爲其母緦，今以爲夫人，則不用此制。禮服問有「近臣從服唯君所服」之語。

公至自齊。

夏，仲孫蔑如京師。【補曰】仲孫蔑，公孫敖孫孟獻子也。蔑父文伯，名穀，其叔父惠叔，名難。左傳是春「王使來徵聘」。

齊侯伐萊。

秋，取根牟。【補曰】疏曰：「當爲國名。」案：杜預以爲東夷國，故疏從之。滅夷狄例時，説亦可通。但穀梁此處無傳，則非國也。取邑例時，當是取邑。諸取國及邑不出主名者，孔廣森曰：「蓋微者取之。」如孔説，則皆是内稱人之文，與入杞、伐邾同，與取濟西田異，未敢定也。

八月，滕子卒。【補曰】滕昭公。

九月，晉侯、宋公、衛侯、鄭伯、曹伯會于扈。【補曰】月者，爲下卒日。

晉荀林父帥師伐陳。

辛酉，晉侯黑臀卒于扈。【補曰】晉成公也。公羊曰：「扈者何？晉之邑也。」案：扈本鄭地，不知何時入晉。

其地，於外也。外，謂國都之外，諸侯卒於路寢則不地。【補曰】國都之外及竟外，皆外也，注專指此文，但以國都之外解「外」字，非傳意也。地以地名，不地以會者，成十三年傳曰「公大夫在會曰會」，徐邈謂内君大夫在焉者也。此會公不在，故不言卒于會，傳雖無説，以彼傳推之，或當然也。公羊以爲「未出其地，故不言會」。「未出其地」，即傳所謂「未踰竟」，孫覺從之，説亦可通。其日，未踰竟也。傳例曰：「諸侯正卒則日，不正則不日。」舊説踰竟亦不日，然則諸侯不正而與已踰竟無以别之矣。案：襄七年鄭伯卒于操、此年晉侯卒于扈，文正與襄二十六年許男卒于楚同，恐後人謂操、扈是國，故於疑似之際，每爲發傳曰「未踰竟也」。【補曰】此注甚錯謬。傳言在外未踰竟者當書日，與在竟外者不同，明書日爲未踰竟之通例，不以正不正論也。在竟外而卒，苟非明書其所卒之國，則正不正悉不日，傳舉此以見彼。而舊説因謂踰竟不日，大概得之，説詳成十三年。此不葬者，疏曰「蓋魯不會」。

冬十月癸酉，衛侯鄭卒。【補曰】衛成公也。不葬者，殺其母弟叔武失德，亦篡立之比也。前無見文，故去葬以明之。

宋人圍滕。

楚子伐鄭。○【撰異曰】子，各本誤作「人」。今依唐石經、十行本改正。

晉郤缺帥師救鄭。

陳殺其大夫泄冶。【補曰】大戴禮保傅、賈子書、韓詩外傳皆曰「靈公殺泄冶，而鄧元去陳以族從」。不書鄧元出奔者，史本無之。○【撰異曰】泄，左氏作「洩」，唐石經公、穀亦皆作「洩」，避諱改也。稱國以殺其大夫，殺無罪也。【補曰】重發傳者，泄冶忠賢，異於申侯，將詳其事，故復發文。泄冶之無罪如何？陳靈公通于夏徵舒之家，【補曰】傍淫曰通。謂徵舒母夏姬，鄭穆公女，御叔妻也。公孫寧、儀行父亦通于其家，二人陳大夫。【補或衣其衣，或衷其襦，衷者，襦在衷也。【補曰】此「于」字各本脱，今依唐石經、余本、俞皋集傳釋義本補正。「在衷」或作「在裏」。說文曰：「衷，裏褻衣。」「襦，短衣也。」釋名有反閉襦，有單襦，有要襦。杜預曰：「衷，懷也。」以相戲於朝。泄冶聞之，入諫曰：「使國人聞之則猶可，使仁人聞之則不可。」【補曰】仁人，愛君者也。公卿宣淫，可令聞乎？君愧於泄冶，不能用其言而殺之。【補曰】孔子稱比干爲仁，泄冶庶幾近之。王肅家語載孔子語謂泄冶不得同比干，引詩板篇與左傳文同，皆不足據也。何休說公羊言「泄冶有罪」，似用左傳，其作膏肓，則以爲無罪，蓋以左傳究不可用。

春秋宣公經傳第六補注第十六

穀梁　范氏集解　鍾文烝詳補

十年春，公如齊。

公至自齊。

齊人歸我濟西田。○【撰異曰】公羊、唐石經磨改及鄂本「西」下有「之」字，誤衍也。公娶齊，齊由以爲兄弟，反之，齊由以婚族，故還魯田。爾雅釋親曰：「婦之黨爲婚兄弟。」【補曰】公羊僖二十五年何休注曰：「宋、魯之閒，名結婚姻爲兄弟。」爾雅釋親婚姻章曰：「壻之父爲姻，婦之父爲婚。父之黨爲宗族，母與妻之黨爲兄弟。婦之父母，壻之父母相謂爲婚姻。兩壻相謂爲亞。婦之黨爲婚兄弟，壻之黨爲姻兄弟。」郭璞注曰：「古者皆謂婚姻爲兄弟。」釋親題章凡四：曰宗族，曰母黨，曰妻黨，曰婚姻，通言之皆族也。尚書歐陽、夏侯説、禮戴説九族者謂父族四：父之姓，五屬之内也，父女昆弟適人有子也，身女昆弟適人有子也，身女子子適人有子也；母族三：母之父母也，母之昆弟也，母之女昆弟適人有子也；妻族二：妻之父也，妻之母也。竊以司徒族黨之名，皆取聚義。小雅「兄弟昏姻」之句並顯親情，各得通稱，非無意矣。不言來，【補曰】據郥、讙、龜陰田言來。公如齊受之也。【補曰】受者，受於齊侯也。諸言來者，皆專使接公之文。此田公如齊受之，公至自齊，而齊人歸之，其歸或無專使接公，不得言來。或雖有專使，而以公之親受爲重，於此可略，亦不須言來。趙匡難此傳，非也。「濟西田」上加言「我」者，亦以公如齊受之，則齊人未歸之前，此田已屬我，故特加「我」於歸時，以與不言來之義相爲接足。傳釋「不言來」，則此意亦兼見。公羊以爲言「我」者，未絶於我，齊已言取之，其實未之齊。何休曰：「齊已言語許取之，其人民貢賦尚屬於魯。不言來者，明不從齊來。」如公羊、何氏之義，則書「取」既爲虛文，書「歸」亦非實事，劉敞駮之是矣。

夏四月丙辰，日有食之。

己巳，齊侯元卒。傳例曰：「言日不言朔，食晦日，則此丙辰晦之日也。己巳在晦日之下，五月之上，推尋義例，當是閏月矣。文六年傳曰『閏月』者，附月之餘日，言閏承前月而受其餘日，故書閏月之日繫前月之下。蓋史策常法，文有定例，閏有常體，無嫌不明，故不復每月發傳。哀五年公羊傳曰『閏月不書，此何以書』？推此言之，則春秋固有在閏月而不冠以閏者矣。至於閏不告月，猶朝于廟，閏月葬齊景公，不正其閏，無以言其事，故書見變禮。」【補曰】徐邈謂日食是三月晦日，經冠以四月耳。見隱三年，范非也。其論書閏不書閏之義則得之。

齊崔氏出奔衛。氏者，舉族而出之之辭也。何休曰：「氏者，譏世卿也，卽稱氏爲舉族而出，尹氏卒寧可復以爲舉族死乎？」鄭君釋之曰：「云舉族死，是何妖問甚乎？舉族而出之之辭者，固譏世卿也，崔杼以世卿專權，齊人惡其族，令出奔，既不欲其身反，又不欲國立其宗後，故孔子順而書之曰『崔氏出奔衛』，若其舉族盡去之爾。」【補曰】舉，盡也。公羊之義不可通於傳。傳無譏世卿義，直謂舉族出耳。蓋崔氏在位者不止一人，今並去國，經辭尚簡，不可悉書，則書崔氏而已。此自不得以尹氏爲比。左傳以爲崔杼，趙鵬飛考校時代，疑其非杼，爲附會之說。家鉉翁亦云。

公如齊。【補曰】左傳曰：「奔喪。」杜預曰：「公親奔喪，非禮也。公出朝會奔喪會葬，皆書如，不言其事，史之常也。」趙汸曰：「宣之事齊恭矣，而莫甚於奔其喪。」黄仲炎曰：「宣以不義得國，舉千乘之魯，唯齊是聽，孟子所謂人役者也」。文烝案：此蒙上月，所以危之，與成十年同。

五月，公至自齊。【補曰】致亦月者，亦危之，非但爲下弑日，成十一年亦同此往月致月有懼之例。

癸巳，陳夏徵舒弑其君平國。

六月，宋師伐滕。月者，蓋爲下齊惠公葬速起。【補曰】疏曰：「宋師伐滕，外事也。歸父如齊，又不當月。諸侯時葬，正也，月葬，故也。今上有齊逐崔氏之文，又非五月而葬，明書月爲葬惠公。」文烝案：注「速」字可删去，疏「又非」句亦當删。

公孫歸父如齊。【補曰】歸父，遂之子子家。

葬齊惠公。【補曰】上年不會晉葬，於齊則卿往，以事晉者事齊矣。

晉人、宋人、衛人、曹人伐鄭。

秋，天王使王季子來聘。其曰王季，王子也。【補曰】王子已爲大夫，而未受采邑，無氏，又不得以季繫王子，故繫於王。王季，猶言周季也。左傳謂之「劉康公」，杜預曰：「其後食采於劉。」其曰子，尊之也。子者，人之貴稱。【補曰】公羊曰：「其稱王季子何？貴也。其貴柰何？母弟也。」公羊說是也。貴卽尊也，爲大夫故字，以母弟而爲大夫，故尊之加言「子」。尊之言子，猶諸侯之弟來我，舉其貴者言弟也。一言弟，一不言弟者，天子之尊其弟兄，尤不得以屬通也。聘，問也。【補曰】重釋聘者，王季子尊，故備文。又王聘終於此也。

公孫歸父帥師伐邾，取繹。○【撰異曰】繹，公羊作「蘱」。案：左傳文十三年「邾遷于繹」。此所取孔穎達以爲別有繹邑，近在邾都旁。或當作「蘱」爲是。

大水。

季孫行父如齊。【補曰】左傳曰：「初聘于齊。」杜預曰：「齊侯初即位。」

冬，公孫歸父如齊。【補曰】左傳曰：「伐邾故也。」杜預曰：「魯侵小，恐爲齊所討，故往謝。」

齊侯使國佐來聘。【補曰】孔廣森曰：「未踰年而稱侯以使者，既於王見居喪之正法，其餘即悉因其廢禮之實，以刺譏當世矣。」

饑。【補曰】傳例：「二穀不升謂之饑。」言饑，蓋包饉與康矣。此饑由秋大水也。莊七年秋，大水，無麥苗，周之秋苗可更種，惟無麥耳。冬不至饑，故彼冬無饑文。餘諸水旱、螟螽之等，雖傷二穀以上，不至於無，或偶無一穀，冬皆不至饑也。饑例時。○【撰異曰】本或作「飢」。案：「飢」者，假借字。

楚子伐鄭。

十有一年春王正月。

夏，楚子、陳侯、鄭伯盟于夷陵。夷陵，齊地。【補曰】杜預曰：「辰陵，陳地。」文烝案：陳未葬而稱侯，陳靈、蔡靈之葬與他例不同，則陳成、蔡平之稱侯亦與他例不同也。外盟不日，此又不月者，以楚遂主盟，故略之甚，猶盟齊、盟鹿上之意也。○【撰異曰】夷，左氏、公羊作「辰」。

公孫歸父會齊人伐莒。

秋，晉侯會狄于欑函。欑函，狄地。【補曰】左傳言：「郤成子求成於衆狄，衆狄疾赤狄之役，遂服於晉。會于欑函，衆狄服也。」蓋此會乃晉所以翦赤狄之羽翼，爲十五年滅之之地。不言及，外狄也。所以異之於諸夏。【補曰】黄池之會書晉侯及吴子者，言及之文也。彼會若魯不與，當書晉侯及吴子會于黄池，吴不得從列數之例，以殊會爲外，以書尊及卑爲進。今不言晉侯及狄會，明是外之，猶吴之殊會矣。此義施於會，不施於盟，不得以衛人及狄盟爲難。黄池又進吴稱子，則別有義也。傳「也」字，各本脱，今依唐石經、余本、吕本中集解本、俞臯集傳釋義本、李廉會通本補正。

冬十月，楚人殺陳夏徵舒。變楚子言人者，弑君之賊，若曰人人所得殺也。其月，謹之。【補曰】人人得殺者，即是衆辭，從殺有罪例也。孔穎達曰：「不稱大夫者，諸放殺及執他國之臣皆不言某國大夫，以人臣卑賤故也。」文烝案：凡殺他國君亦不稱君，皆例耳。疏曰：「其月謹之者，不能自討，藉楚之力，禍害必深，故書月爲謹之。」文烝案：下有丁亥，此亦當月。此入而殺也。其不言入何也？據入國乃得殺。【補曰】繫陳而不地，明是殺之於陳。左傳亦曰「入陳，殺夏徵舒」。外徵舒於陳也。【補曰】晉人執衛侯不言入衛，曰不外王命於衛；楚人殺陳夏徵舒不先言入陳，曰外徵舒於陳，觀此兩義，信所謂師受，而知非以其心意議矣。故春秋之微也，惟傳顯之；春秋約而不速，惟傳使人優柔求之。其外徵舒於陳何也？據徵舒陳大夫不應外。明楚之討有罪也。雍曰：「經若書楚子入陳殺夏徵舒者，則入者内不受，是無以表徵舒之悖逆，楚子之得正。」【補曰】討得其罪，不可不明其義，此即論語請討齊陳恆之意，與下各自爲義也。公羊以爲貶楚子稱人，「不與外討」，又以爲「雖内討亦不與」，「諸侯之義，不得專討」，「實與而文不與」，是不達事理之言，當以下傳所云「猶可」者爲定論也。傳於城楚丘云不與齊侯專封，解經書城而不書衞遷之意，書城仍非譏也。文既不與，何由知其實與？趙匡曰：「凡春秋得變之正，皆變文以許之，乃是文與，何得云不與乎？」

丁亥，楚子入陳。入者，内弗受也。日入，惡入者也。【補曰】重發傳者，嫌討賊無罪也。何用弗受也？【補曰】據討賊可受。不使夷狄爲中國也。楚子入陳，納淫亂之人，執國威柄，制其君臣，傎倒上下，錯亂邪正，是以夷狄爲中國。【補曰】注非也。夷狄，謂楚也。爲，治也，治亦討也。以夷狄治中國而討罪，不可以訓，故於此還從弗受常例，若不使得然。苟非夷狄，則須有特異之文以當入文矣。此與下事又不相涉，下事下自見義。六經奥論曰：「穀梁解經，大氐在於尊王室，抑外夷，明賞罰，此三條備之。」

納公孫寧、儀行父于陳。○【撰異曰】寧，公羊作「甯」。納者，内弗受也。【補曰】重發傳者，彼納君，此納大夫，嫌異故也。輔人之不能民而討猶可，雍曰：「輔相鄰國有不能治民者而討其罪人則可，而曰猶可者，明鄰國之君無輔相之道。」【補曰】注言不能治民，其理是，其説非也。「能」讀爲「柔遠能邇」之「能」。鄭君詩箋曰：「能，猶伽也。」「伽」與「如」通，謂伽順也。不能民者，不順民也。王念孫曰：「書言『不能厥家人』，左傳言『入而能民』、『不能其民』、『不能其大夫』、『不能外内』，公羊言『不能乎母』並同義。」文烝案：人之不順民者，謂繼世之君未順乎民者也。言爲他國討賊之道若但以之輔人則猶可，若如下所云「入人以制人」則不可也。「猶」字義當如注說。孔穎達王制正義曰：「魯無弓矢之賜，陳恆弑君，孔子請討之者，春秋之時，見鄰國簒逆亦得專征伐。」此足與傳相證。入人之國，制人之上下，使不得其君臣之道不可。二人與君昏淫當絶，而楚强納之，是制人之上下。【補曰】上下卽君臣，制之則不得其道矣。疏曰：「糜信云：『二子不繫陳者，以其淫亂，明絶之也。』或當上有入陳之文，下云『于陳』，故省文耳，無義例。」文烝案：糜氏非也，疏是也。陸湻聞於師曰：「討徵舒，正也，故書曰『人』，許其行義也。入人之國，又納淫亂之臣，邪也，故明書其辟，以示非正也。春秋之義，彰善癉惡，纖介無遺，指事原情，瑕瑜不掩，斯之謂也。」張洽曰：「聖人予善之弘，待人之公，先旌其討賊之義，然後著其入陳，且納亂臣之罪，游、夏不能與者也。」程端學以爲視其所以者，當觀其所由，書殺於前，書入與納於後，其由來者顯矣。〇案：莊王入陳縣陳，因申叔時言復封陳，此左傳所載也。史記陳世家曰：「孔子讀史記，至楚復陳，曰：『賢哉楚莊王！輕千乘之國而重一言。』」王肅家語因之。夫使此言果夫子之言，何以經文絶無所見？經但言入，不言滅，於縣陳、封陳之曲折，無以言之也。司馬遷所謂「孔子讀史記」者，乃當時公羊家謬說，所謂求周史記，得百二十國寶書者也，以爲春秋不專據魯史記者也。卽此以觀，益知其言不足信。大氏秦穆、楚莊，春秋以爲夷狄而略之，皆未嘗賢之，亦不以霸待之。自二國日强，競相追美，左氏、公羊附和成說，孟子亦因時俗之論，稱秦穆之霸，而於百里奚、孫叔敖皆樂道焉，遂滋後人之紛紜矣。風俗通及趙鵬飛、家鉉翁、趙汸皆嘗論之，學者當據穀梁二伯之文，以明春秋專家之學。

十有二年春，葬陳靈公。傳例曰：「失德不葬，君弑，賊不討不葬，以罪下也。日卒時葬，正也。」靈公淫夏姬，殺泄冶，臣子不能討賊，踰三年然後葬，而日卒時葬何邪？」泰曰：「楚已討之矣，臣子雖欲討之，無所討也，故君子卽而恕之，以申臣子之恩。稱國以殺大夫，則靈公之惡不嫌不明，書葬以表討賊，不言靈公無罪也。踰三年而後葬，則國亂居可知矣。非日月小有前卻，則書時不嫌。」【補曰】注「楚已討之」三句本公羊。疏曰：「未五月謂之前，過五月謂之卻。言葬有前卻，則書月以見故，今三年始葬，非是小有前卻，故書時不嫌也」。文烝案：書月見故者，雖適五月亦書，疏非也。此注「踰三年而」以下當改云「文承上事則有故居可知矣」，故書時不嫌，亦鄭莊公不日之例也。劉敞曰：「既葬而後乃討賊，賊雖已討，葬猶不追書也，閔公是已。討賊雖遲而葬，在討賊之後則葬得書，陳靈公是已。凡君弑賊不討不敢葬，父弑讐不復不敢葬，不敢葬則亦不敢除其服，是故寢苦枕戈，志必復而後已。」此誠不討不書葬之義也，所以春秋有其賊未討，雖久弗葬而弗非也。

楚子圍鄭。

夏六月乙卯，晉荀林父帥師及楚子戰于邲，晉師敗績。邲，鄭地。【補曰】韓非、淮南子並曰楚莊王勝晉於河、雍之閒。雍卽灉也。疏曰：「徐邈云：『先林父者，内晉而外楚。』」文烝案：此晉荀林父救鄭之師也。左氏、公羊同。左氏以爲晉聞鄭及楚平，乃濟河而戰，故不得以救鄭書。高澍然曰：「若書救鄭及楚戰，似楚圍未撤，鄭守未下，晉以戰爲救，皆非事實矣。」績，功也。【補曰】爾雅同。又曰：「功、績，成也。」墨子經曰：「功利民也。」孔廣森曰：「敗績猶周禮言師不功。」功，事也。【補曰】轉相訓。爾雅曰：「績，事也。」日，其事敗也。【補曰】疏曰：「舊解此戰事書日者，爲敗之故也。特於此發之者，二國兵衆，不同小國之戰，故特發之。徐邈云：『於此發傳者，深閔中國大敗於彊楚也。』

今以「曰」爲語辭，亦足通也。但舊解爲「日月」之「日」，疑不敢質，故皆存耳。」」文烝案：徐説是也。「曰」當音「聿」。左傳例「曰大崩、曰敗績」。

秋七月。

冬十有二月戊寅，楚子滅蕭。【補曰】傳以蕭爲微國。滅例中國日，卑國月。此在月例日者，蓋以蕭近宋之國，楚莊夷狄之盛，故進而詳之。疏引徐邈云：「蕭君有賢德，故書日。」文烝案：徐説以晉滅潞氏推之，但此無以其君歸之文，未必於君身取義。

晉人、宋人、衛人、曹人同盟于清丘。清丘，衛地。【補曰】案：左傳晉原穀、宋華椒、衛孔達皆大夫也，稱人者，蓋以晉師新敗，霸業已衰，故略之。既著同外楚文，則無嫌爲卑者。

宋師伐陳。○【撰異曰】徐彦公羊疏曰：「宋師伐陳者，案諸家經皆有此文，唯賈氏注者闕此一經，疑脱耳。」

衛人救陳。【補曰】疏曰：「此不言善者，衛、宋同盟外楚，今反救陳，不足可善，故傳不釋。」文烝案：此是傳略不具耳。經論其大義，不屑屑論之。衛人救陳，楚人救衛，楚公子貞帥師救鄭，皆善也。趙孟何曰「讀春秋者不可於細事上求」是矣。

十有三年春，齊師伐莒。○【撰異曰】公羊作「伐衛」。汪克寬曰：「前後無齊、衛交怨之事。」

夏，楚子伐宋。【補曰】自九年以來，連書楚子凡八事。莊王會盟征伐，皆身親之。李光地曰：「見中國政在大夫，宜其不競於楚。」

秋，螽。

冬，晉殺其大夫先穀。○【撰異曰】穀，一本作「穀」。唐石經磨改作「穀」，左氏、公羊作「穀」。

十有四年春，衞殺其大夫孔達。

夏五月壬申，曹伯壽卒。

晉侯伐鄭。

秋九月，楚子圍宋。【補曰】疏曰：「徐邈云：『圍例時，此圍久，故書月以惡之。』」文烝案：月或爲下葬。

葬曹文公。

冬，公孫歸父會齊侯于穀。

十有五年春，公孫歸父會楚子于宋。【補曰】地以宋者，與僖二十七年同說。高澍然曰：「僖會盟于薄，復會盟于宋，歸父復會于宋，宋東北與魯接壤，懼楚師及己，故先納款。」

夏五月，宋人及楚人平。【補曰】月者，例也。平之正例，内外皆月。○【撰異曰】陳岳春秋折衷曰：「左、穀

『宋人及楚平』，公羊作『及楚人平。』」案：左、穀皆作「及楚人平」，陳氏誤。平者，成也。【補曰】疏曰：「重發傳者，嫌外內異也。」案：當云此無內文，嫌有異。善其量力而反義也。各自知力不能相制，反共和之義。【補曰】小國事六國，大國比小國，義也。人者，衆辭也。平稱衆，上下欲之也。【補曰】上下，謂君及臣民。左氏賈逵注曰：「善其與衆同欲。」謝湜曰：「宋見圍凡九月，外無隻輪匹馬之援，內有析骸易子之變，宋人知怨之不可以結也，故請和於楚以求平。楚人知忿之不可以恃也，故受宋之和而與之平。二國之平，衆所同欲也。」外平不道，【補曰】不道者，經例因史例也。以吾人之存焉道之也。吾人，謂大夫歸父。【補曰】此猶外釋不志，以公之與之盟目之。

六月癸卯，晉師滅赤狄潞氏，以潞子嬰兒歸。○【撰異曰】「潞」字，國語或無「水」。滅國有三術：術，猶道也。中國謹日，卑國月，夷狄不日。卑國，謂附庸之屬。襄六年傳曰「中國日，卑國月，夷狄時」，此謂三術。【補曰】疏曰：「中國日者，衛滅邢之類是。卑國月者，無侅入極、齊侯滅萊之類是。夷狄不日者，楚滅江黃、吳滅州來之類是。此不云夷狄時而云不日者，方釋潞子嬰兒書日之意，故云不日。」文烝案：傳特發例於此者，因變例以明正例，此論經例耳，舊史則皆日也。疏論滅萊非也。萊本夷狄，非正例。滅州來當改爲滅巢。其曰，潞子嬰兒賢也。【補曰】「曰」字當爲「日月」之「日」，謂以賢故進書日也。進之當從卑國例月，而日者，爲以其君歸，從沈、許、頓、胡例也。既日之，故亦名之，與四君同。若夔滅在時例，則夔子不名矣。若然，書名者與書日之文相足，書日爲賢則書名非絶之，乃與常例異也。疏曰：「書日以表其賢，書名以見滅國，所謂善惡兩擧。」其說未是。

秦人伐晉。

王札子殺召伯、毛伯。【補曰】被殺不名者，别於卒也。札子非大夫則名，大夫則字，皆常例。案：左傳時有召桓公、召戴公，此殺者，召戴公、毛伯衛也。王札子者，當上之辭也。【補曰】當上之辭者，謂不稱王人以殺，是以王命殺也。王札子猶言周札子，札子者，名也。左傳謂之王子捷，是羣王子也。王子未爲大夫則皆名，佞夫、瑕、猛、朝等皆同。殺召伯、毛伯，不言其何也？解經不言殺其大夫。【補曰】據凡稱人者，皆言其大夫。兩下相殺也。【補曰】兩下者，兩臣，兩臣相殺，不得爲衆，非衆辭不得稱人，故亦不得言其，言其則不辭。兩下相殺，不志乎春秋，此其志何也？矯王命以殺之，非忿怒相殺也，【補曰】詐稱曰矯，以非兩下忿怒，故志也。故曰以王命殺也。以王命殺，謂言王札子殺召伯、毛伯，是知以王命而殺之。【補曰】以王命殺，是之謂「當上」。以王命殺則何志焉？【補曰】以王命殺則是王殺也。左傳記晉殺胥童、齊殺高厚、莒殺意恢、楚殺郤宛之等，未嘗非矯君命，而經概從君殺之文，是其比也。但春秋多記列國殺大夫，而王殺此外不見，或以列國之殺爲專殺，而王殺則異歟？故又據以問。爲天下主者天也，【補曰】萬物本乎天。繼天者君也，【補曰】天之子取尊稱。君之所存者命也。【補曰】人之於人，以言受命。爲人臣而侵其君之命而用之是不臣也，爲人君而失其命是不君也，【補曰】君臣皆惡，至於矯殺，故不可不志。劉向說苑：「子夏曰：『春秋者，記君不君、臣不臣、父不父、子不子者也，此非一日之事也，有漸以至焉。』」君不君，臣不臣，此天下所以傾也。【補曰】政亡則國家從之，申足上意也。沈棐曰：「見天子之柄非獨不行於諸侯，而且不行於卿士矣。上下相夷，王室益衰，不可救止。」文烝案：荀子曰：「天地者，生之始也；禮義者，治之始也；君子者，禮義之始也。故天地生君子，君子理天地，君臣父子，兄弟夫婦，始則終，終則始，與天地同理，與萬世同久，夫是之謂大本。故喪祭、朝聘、師旅一也，貴賤、殺生、奪與一也，君君臣臣、父父子子、兄兄弟弟一也，農農士士、工工商商一也。」

秋，螽。

仲孫蔑會齊高固于無婁。無婁，杞邑。【補曰】依公羊字，即隱四年、昭五年之牟婁也。當云莒邑。○【撰異曰】無，公羊作「牟」。

初稅畝。【補曰】急就篇：「種樹收斂賦稅租。」顏師古曰：「斂財曰賦，斂穀曰稅，田稅曰租。」王應麟曰：「漢志稅以足食，賦以足兵。」文烝案：依丘甲三軍例，此亦當月。但國以民爲本，今改舊法，厚斂於民，內之大惡，較彼二事爲甚，故略不爲謹月文。若是國之常事，哀用田賦，亦同此也。初者，始也。【補曰】亦著爲令。古者什一，一夫一婦，佃田百畝，以共五口，父母妻子也。又受田十畝，以爲公田，公田在內，私田在外，此一夫一婦爲耕百一十畝。【補曰】孟子曰：「夏后氏五十而貢，殷人七十而助，周人百畝而徹，其實皆什一也。」何休曰：「以什與民，自取其一爲公田。」姚鼐曰：「一在什之外，凡傳記言十一而稅則一在十中，言什一而藉及徹則一在十外。」文烝案：漢高帝輕田租，十五而稅一。文、景以後，常三十而稅一，以爲定制。蓋郡縣之天下，其用較古爲儉，古者千里之畿，五等之國，其城郭宮室宗廟祭祀之禮，諸侯幣帛饔飧，百官有司，委曲煩多，必什一然後足用，自堯、舜已然矣。藉而不稅，藉此公田而收其入，言不稅民。【補曰】孟子曰：「助者，藉也。」疏曰：「徐邈曰：『藉，借也。謂借民力治公田，不稅民之私也』。范注以藉爲賦藉，理亦通。」文烝案：王制、孟子皆有此語。初稅畝，非正也。【補曰】言穀出過藉。古者三百步爲里，名曰井田，【補曰】六尺爲步，三百步者謂廣與長也。九章方田術依秦、漢之制，畝廣一步，長二百四十步。周制廣一步，長百步爲一畝；廣百步，長百步爲百畝；廣三百步，長三百步爲一里，九百畝。大戴禮王言亦曰「三百步而里」，里者，謂方里，故孟子曰「方里而井」，以上韓詩外傳盡同也。開方之數即積其里之方之數而乘之，如王制云「州方千里」，則其積百萬里矣。四海之内九州，斷長補短，方三千里則其積九百萬里矣。書臯陶謨「弼成五服，至于五千」，歐陽、夏侯説中國方五千里，則其積二千五百萬里矣。至於自此至彼，如傳云縣地若干里，某去某若干里者，但據一邊袤長，不計積方。又但據人跡屈曲，非計鳥路徑直，當分別觀之也。「井田」二字，於文皆象形，井謂之畫。「畫」字下亦象田四界，古者畫九州，畫井，其始也。八卦、六書，皆取畫名，又轉爲繪畫。九數之序則先方田，明井田爲萬法本，故易説曰「井，法也」。下文「井竈」之井，蓋因井田得名，易卦有井，指其物言之，易説訓法，本其始言之。説文字作「丼」，云：「八家一井，象構韓形，・，甖象也。〔一〕古者伯益初作井。」許氏以井竈爲本義，殆失之。伯益初作井，豈唐虞前無「井」字乎？井田者九百畝，公田居一，出除公田八十畝，餘八百二十畝，故井田之法，八家共一井，八百畝餘二十畝，家各二畝半爲廬舍。【補曰】孟子曰：「井九百畝，其中爲公田。八家皆私百畝，同養公田。」又曰：「詩云『雨我公田，遂及我私』。惟助爲有公田。由此觀之，雖周亦助也。」何休曰：「聖人制井田之法而口分之，一夫一婦，受田百畝，以養父母妻子。五口爲一家，公田十畝，廬舍二畝半，凡爲田一頃十二畝半。八家而九頃，共爲一井，故曰井田。廬舍在内，貴人也。公田次之，重公也。私田在外，賤私也。井田之義：一曰無泄地氣，二曰無費一家，三曰同風俗，四曰合巧拙，五曰通財貨。因井田以爲市，故俗語曰市井。多於五

五服即是九州，而方五千里，較之方三千里幾三倍何歟？或謂要荒二服，是蠻之地，甚寬，而周之陽、荆二州，悉爲要荒，他州亦時有之，終無以知其

〔一〕「・」原脱，據説文解字井部補。

辭也。孟子云「海內之地方千里者九」，與王制同。

口，名曰餘夫，餘夫以率受田二十五畝，十井共出兵車一乘。司空謹別田之高下善惡分爲三品：上田一歲一墾，中田二歲一墾，下田三歲一墾，肥饒不得獨樂，墝埆不得獨苦。故三年一換主易居，財均力平，兵車素定。」私田稼不善則非吏，非，責也。吏，田畯也。言吏急民，使不得營私田。【補曰】説文曰：「禾之秀實爲稼，莖節爲禾。」毛詩傳曰：「種之曰稼，斂之曰穡。」此稼謂禾稼也。田畯者，爾雅曰：「農夫也。」毛詩傳曰：「田大夫也。」公田稼不善則非民，民勤私也。【補曰】孟子曰：「公事畢，然後敢治私事。」初稅畝者，非公之去公田而履畝，十取一也，【補曰】疏曰：「何休云：『宣公無恩信於民，民不肯盡力治公田，故公家履踐案行，擇其善畝穀最好者稅取之。』故曰履畝。徐邈以爲除去公田之外又稅私田十之一也。傳稱『與民已悉』，則徐言是。」文烝案：徐説以爲什二，杜預亦以爲然。漢書五行志劉向云：「是時，民患上力役，解於公田。宣是時初稅畝，稅畝，就民田畝擇美者稅其什一。」與何説同，與杜、徐説異。姚鼐曰：「謂去公田之名，而通九百畝履畝十取一，是與民已悉。」孔廣森曰：「去公田而九家同井，每畝稅取其什之一，近貢法也。或以爲什二而稅，非也。論語言二者，是哀用田賦以後耳。」案：趙鵬飛、吕大圭説並同此。以公之與民爲已悉矣，悉，謂盡其力。【補曰】自古者三百步至此，申明上意。古者公田爲居，八家共居。【補曰】謂以二十畝爲八家廬舍也。詩曰：「中田有廬。」何休曰：「在田曰廬，在邑曰里。」案：上文「去公田」句當如劉、何、趙、吕、姚、孔之説，若不知公田實耕八十畝，則其義不明，故傳復言此。井竈葱韭盡取焉。損其廬舍，家作一園，以種五菜，外種楸桑，以備養生送死。【補曰】疏曰：「損，謂減損也。五菜者，世所謂五辛之菜。」文烝案：井所以汲，竈所以炊，皆養生所重，居之所急。葱韭之屬，宜種者多，舉以該其餘，當如注説。何休曰：「種穀不得種一穀，以備災害；田中不得有樹，以妨五穀。還廬舍種桑荻雜菜，畜五母雞，兩母豕，瓜果種疆畔，女尚蠶織，老者得衣帛焉，得食肉焉，死者得葬焉。」此二句又以發上未盡之意，故三稱古者。○何休又論在邑之事曰：「一里八十户，八家共一巷，中里爲校室，選其耆老有高德者名曰父老，其有辯護伉健者爲里正，皆受倍田，得乘馬吏民。春夏出田，秋冬入保城郭。田作之時，春，父老及里正旦開門，坐塾上，晏出後時者不得出，莫不持樵者不得入，五穀畢入，民皆居宅。里正趨緝績，男女同巷，相從夜績，至于夜中，故女功一月得四十五日作，從十月盡正月止。男女有所怨恨，相從而歌，飢者歌其食，勞者歌其事。男年六十、女年五十無子者，官衣食之，使之民間求詩，鄉移於邑，邑移于國，國以聞于天子，故王者不出牖户，盡知天下所苦，不下堂而知四方。十月事訖，父老教于校室，八歲者學小學，十五者學大學，其有秀者移于鄉學，鄉學之秀者移于庠，庠之秀者移于國學。學于小學，諸侯歲貢小學之秀者于天子，學于大學，其有秀者命曰進士，行同而能偶，别之以射，然後爵之。」

冬，蝝生。【補曰】爾雅曰：「蝝，蝮蜪。」説文、董仲舒説「蝗子也」，劉向亦謂蝗始生。何休曰：「始生曰蝝，大曰螽。」蝝，非災也。【補曰】此「非」字，「是非」之「非」也。言蝝不足爲災，例所不志也。公羊曰：「蝝生不書。」其曰蝝，非税畝之災也。凡春秋記災未有言生者，蝝之言緣也，緣宣公税畝，故生此災以責之。非，責也。【補曰】注説失之。言今所以志蝝者，責其以税畝貪利之惡，而致此蝝，則足爲災，故志之也。責者，經責之。公羊曰：「此何以書？幸之也。幸之者何？猶曰受之云爾。受之云爾者何？上變古易常，應是而有天災，其諸則宜於此焉變矣。」公羊意與傳合。傳上言「非災」，下言「非税畝之災」，文意與襄六年傳上言「非滅」，下言「非立異姓」云云正同。許翰曰：「觀乎災異則見政事，觀乎政事以知災異，是謂念用庶徵。」數語可與傳相發。

饑。【補曰】此饑由秋螽，螽不甚而饑矣。○【撰異曰】陸淳纂例曰：「公羊無此經。」案：今公羊有。

十有六年春王正月，晉人滅赤狄甲氏及留吁。甲氏、留吁，赤狄別種。晉既滅潞氏，今又并盡其餘邑也。滅夷狄時賢嬰兒，故滅其餘邑猶月。【補曰】疏曰：「非國而云滅者，甲氏、留吁，國之大邑，而晉盡有之，重其事，故云滅。留吁言及者，蓋小於甲氏。」文烝案：滅國獲君既日之，故滅邑月之。

夏，成周宣榭災。成周，東周，今之洛陽。宣榭，宣王之榭。爾雅曰：「室有東西廂曰廟，無東西廂有室曰寢，無室曰榭。」傳例曰：「國曰災，邑曰火。」【補曰】疏曰：「不言京師者，爾時成周非京師故也。公羊傳云：『宣謝者何？宣宮之謝也。』故范亦同之。」文烝案：何休曰：「宣王之廟不毀者，有中興之功。」孔廣森曰：「凡邑有宗廟先君之主曰都，成周者，周之下都，得有先王廟，若漢時原廟矣。」爾雅郭璞注曰：「榭卽今堂堭。」○【撰異曰】榭，本或作「謝」。公羊作「謝災」，左氏作「火」。周災不志也，【補曰】疏曰：「徐邈所據本云『周災至』，注云『重王室也』。今徧檢范本，並有『不』字，則不得解與徐同。」文烝案：疏「至」字乃「志」之誤，謂徐本無「不」字耳，徐本是也。外災不志，而宋爲王者後則志，周災則志，皆是經例因史例也。徐云「重王室」，其義允當，蓋范本誤衍「不」字也。劉敞曰：「宋災猶志，況周災乎？所駁雖是，失之不考。」其曰宣榭何也？【補曰】據外災皆不別所燒。以樂器之所藏目之也。移風易俗，莫善於樂，是故貴其器。【補曰】公羊曰：「何言乎成周宣謝災？樂器藏焉爾。」何休曰：「宣王中興，所作樂器。」文烝案：周詩既備，而其器用張陳，周官具焉，宣王承亂更作之。今存石鼓十，形如鼓耳，非樂器，然亦宣王作器之證矣。陳倉石鼓始見於劉昭引三秦䢵，或謂秦文公物，亦近之。然鼓文「鼎䵼𦣞串䵼」五字固籀文也。

秋，郯伯姬來歸。爲夫家所遣。【補曰】傳例「反曰來歸」，在成五年。左傳曰「出也」，公羊曰「大歸曰來歸」。何休曰：「嫁不書者，爲媵也；來歸書者，後爲嫡也；死不卒者，已棄有更適人之道，或時爲大夫妻，故不得待以初也。棄歸例，有罪時，無罪月。」文烝案：何氏於紀叔姬以爲其後爲嫡，於此亦言後爲嫡，其實媵不得爲嫡也。鄭君曰：「女君卒，貴妾繼室攝其事耳，不得復立爲夫人。」杜預說左氏亦曰「夫人薨，不更聘，必以姪娣媵繼室」。繼室者，攝治內事，猶不得稱夫人，故謂之繼室也。啖助曰：「不書嫁而書出，或嫁時夫未爲君也。」此即賈逵適世子之說，劉敞亦云。

冬，大有年。五穀大熟爲大有年。

十有七年春王正月庚子，許男錫我卒。

丁未，蔡侯申卒。【補曰】莊侯甲午之子。甲午卒不書。

夏，葬許昭公。

葬蔡文公。

六月癸卯，日有食之。【補曰】徐彥引顏安樂公羊說以爲十四日日食。孔廣森曰：「案：史記漢文帝二年亦十二月晦日食，陰陽之異，容有非可理度意測者，但傳無明文，未知顏氏所本。」

己未，公會晉侯、衞侯、曹伯、邾子同盟于斷道。己未亦閏月之日。斷道，晉地。【補曰】非閏也。說見隱三年日食。同者，有同也，同外楚也。【補曰】重發傳也。疏曰：「不於清丘發傳者，清丘魯不會，故重舉於此以包之，幷包下蟲牢、馬陵、蒲、戚、柯陵、虛朾之類。」

秋，公至自會。

冬十有一月壬午，公弟叔肸卒。【補曰】叔肸，謚曰惠伯，見杜預釋例世族譜，蓋據世本。凡公子不爲大夫者不卒，時重肸賢，隆其恩禮，比之大夫，爲之謚，遂立叔氏，故史得記卒也。不言公之弟者，以賢舉，不從緩辭例。其曰公弟叔肸，賢之也。【補曰】賢之，故稱弟，又不爲緩辭，又加字。其賢之何也？宣弑而非之也，宣公殺子赤，叔肸非責之。非之則胡爲不去也？曰兄弟也。何去而之？言無所至。與之財，則曰我足矣，宣公與之財物，則言自足以距之。【補曰】室家治生之道，亡求有，有求多，今曰我足，雖是距辭，亦所謂古之沈冥，常內足於懷。織屨而食，織屨賣以易食。終身不食宣公之食。【補曰】下「食」謂禄也，秩也。江永曰：「食與禄，通言之則同，分言之，有田者爲禄，無田者授之粟爲食。周禮司士『以功詔禄，以久奠食』是也。食亦名秩，左傳惠王奪子禽祝跪與詹父田，而收膳夫石速之秩，明散官無田有秩也。」文烝案：叔肸不食宣公禄秩，又合於伯夷、叔齊之用心，何休引論語曰「篤信好學，守死善道，危邦不入，亂邦不居，天下有道則見，無道則隱」。劉敞引論語「作者七人，不降其志，不辱其身，身中清，廢中權」。君子以是爲通恩也，以取貴乎春秋。泰曰：「宣公弑逆，故其禄不可受。兄弟無絕道，故雖非而不去。論情可以明親親，言義足以厲不軌。書曰公弟，不亦宜乎？」【補曰】以是爲通恩者謂不去也。疏曰：「衛侯之弟專去君，傳云『合於春秋』，此不去君云『取貴於春秋』者，易稱『君子之道，或出或處，或默或語』，專以衛侯惡而難親，恐罪及己，故棄之而去，使君無殺臣之惡，兄無害弟之愆，故得合於春秋。此叔肸以君有大逆，不可受其禄食，又是孔懷之親，不忍奮飛，使君臣之節兩通，兄弟之情俱暢，故取貴於春秋。叔肸書字專直稱名者，叔肸内可以明親親，外足以厲不軌，比專也賢乎遠矣，故貴之稱字。專雖合於春秋，無大善可應，故直書名而已。」

十有八年春，晉侯、衛世子臧伐齊。

公伐杞。【補曰】不致者，惡事也。

夏四月。

秋七月，邾人戕繒子于繒。【補曰】賈逵曰：「邾使大夫往殘賊之。」文烝案：稱人者，亦從衆辭例。言戕則見邾惡，非見繒罪，可知衆辭無所嫌也。執用日，戕月，非必爲下卒日。○【撰異曰】此二「繒」字或作「鄫」。戕，猶殘也。棁，殺也。棁，謂捶打殘賊而殺。地于繒，惡其臣子不能距難。【補曰】言猶者，義相近。詩鄭箋直言「戕，殘也」，是以爲本訓。公羊曰：「殘賊而殺之也。」「棁」字舊從手，今改從木。説文曰：「棓，棁也。」「棁，木杖也。」字林亦云「木杖」。廣雅曰：「棓、棁，杖也。」顔師古急就篇注曰：「棁，小棓也。今俗呼爲袖棁，言可藏於懷袖之中也。」後漢書禰衡傳曰：「手持三尺棁杖。」説文「木杖」，或作「大杖」，蓋誤也。杖爲棁，杖之亦爲棁，猶言言授之縶以縶其馬，其義相因。邾人杖殺繒子，此殘之實。音義曰：「棁，或作撲，普木反。」亦通。注「打」字亦當從木，説文曰「撞也」，宅耕切。棓、棒、朾、打，皆正俗字。地于繒者，明在國都，楚子虔誘蔡侯般殺之于申則不於國都也。不名者，趙汸以爲繒子卒不志於魯，此特以戕死録，故不名。

甲戌，楚子吕卒。商臣子莊王。【補曰】楚始書卒，楚卒皆日，皆不葬，義見成十四年注。○【撰異曰】吕，左氏公羊作「旅」。案：漢書律曆志曰：「吕以旅陽宣氣。」又曰：「吕，旅也。」説文从肉旅聲之「膂」與「吕」爲一字。夷狄不卒，【補曰】疏曰：「據自此以前吴、楚君也。」文烝案：自此以前，莒君亦不卒，秦穆公亦不卒，疑惟吴爲史所本無。卒，少進也。【補曰】明莒、吴皆同例，秦亦然也。卒而不日，【補曰】疏曰：「據吴諸君也。」文烝案：莒卒亦皆不日，滕始亦不日，秦始亦不日，皆夷狄之。莒卒因史之舊，疑其餘不然。日少進也。【補曰】明滕與秦皆同例也。滕、秦始不日終日，莒、吴始終不日，楚始終日，此其異也。夷狄所以有少進例者，能脩政刑，行事中夏，不得不漸進之。日而不言正，不正，簡之也。中國君日卒，正也。不日，不正也。今進夷狄，直舉其日，而不論正之與不正。【補曰】簡，略也。亦明滕與秦皆同例也。略之者，既別於中國，亦因其政俗異宜，難以周禮責。如楚國之舉，恆在少者，晉叔向以棄疾爲居常矣。此傳爲滕、秦、楚、莒、吴五國書卒者發通例，傳文之簡而有條如此。

公孫歸父如晉。

冬十月壬戌，公薨于路寢。路寢，正寢也。【補曰】疏曰：「重發傳者，莊據始，故發之。宣篡弑有嫌，成承所嫌之下，故各發傳。」文烝案：路寢唯此三文，故傳備釋，成篇較略，此最略。傳「路寢」二字各本脱，今依唐石經、余本、吕本中集解本補正。

歸父還自晉。【補曰】疏曰：「大夫執則致，歸父非執而書其還者，爲出奔張本也。直名不氏者，凡致者由上致之，故例名，今不書歸父之氏，明有致命之義也。」文烝案：遂卒以言仲爲疏，慶父來以直言仲孫爲疏，知此還非以直名爲疏者。此還爲奔而書，事在奔例，無取疏義，明當從常文言公孫。特以文在還自晉之上，事未畢而若畢，得有致命之義而去氏也。各本此經下衍「至檉遂奔齊」五字，今依唐石經、十行本删正。還者，事未畢也。自晉，事畢也。【補曰】疏曰：「復發傳者，嫌君臣異也。」文烝案：事畢者，至國之辭，以明其本欲至國而中路被逐，傳重發以起下也。范於「事未畢也」下注曰「莊八年秋師還是也」，八字贅甚滯甚，今删。全書删注，唯此一處。與人之子守其父之殯，人之子，謂歸父子也。言成公與歸父子共守宣公殯。捐殯而奔其父之使者，是亦奔父也。捐，棄也。奔，猶逐也。言成公棄父之殯，逐父之使。使，謂歸父也，父命未反而己逐之，是與親奔父無異。【補曰】喪不貳事，況於逐父之使。孟莊子猶不改父之臣，況於國君。以其緩喪不孝，謂之奔父，春秋之意也。「亦」各本誤作「以」，今依唐石經、余本、胡安國傳、俞皋集傳釋義本、程端學本義、李廉會通本改正。

至檉，遂奔齊。杜預曰：「檉，魯竟外，故不言出。」【補曰】即文七年例云「在外也」。○【撰異曰】檉，左氏作「笙」。遂，繼事也。【補曰】疏曰：「重發遂例者，嫌出奔不得同於繼事也。」文烝案：歸父奔不譏日，異於公孫敖者，以從繼事例則不得日，傳并見此意也。必從繼事例者，明惡成公逐之，既惡成公，即知其不惡歸父。左傳臧宣叔曰：「當其時不能治也，後之人何罪？」此定論矣。高澍然曰：「書遂著鬨亂而奔之迹，非若敖奔莒之前定也。」

春秋成公經傳第七補注第十七成公，宣公子，史記名黑肱，母蓋穆姜也。

以定王十七年卽位。

穀梁　范氏集解　鍾文烝詳補

元年春王正月，公卽位。

二月辛酉，葬我君宣公。

無冰。【補曰】疏曰：「何休、徐邈並云此年無冰者，由季孫行父專權而委任之所致，范意不同。」文烝案：何氏引尚書曰「舒恆燠若」，又引易京房傳曰「當寒而温，倒賞也」。范意見桓十四年注，大致亦主洪範，但不指實耳。終時無冰則志，此未終時而言無冰何也？言終寒時無冰當志之耳，今方建丑之月，是寒時未終。【補曰】桓十四年傳曰「無冰時」。終無冰矣，加之寒之辭也。周二月，建丑之月，夏之十二月也。此月既是常寒之月，於寒之中又加甚常年，過此無冰，終無復冰矣。【補曰】疏曰：「終無冰矣，謂過此時無冰則終無冰也。加之寒之辭，謂於此月書者，以此月是常寒之月，加甚之辭，故麋信、徐邈亦云『十二月最爲寒盛之時，故特於此月書之』是也。」文烝案：詩豳風：「一之日觱發。」毛傳曰：「風寒，謂待風乃寒。」又「二之日栗冽」，毛曰：「寒氣，謂無風亦寒。」明周之二月，其寒加甚他月，是月無冰則終無冰矣。麋、徐及疏皆是，范別言「加甚常年」，失之。疏申注亦不用其説也。無冰爲恆燠，桓十四年傳明文也。疏又曰：「襄二十八年春無冰書時，則是終寒時，故不發傳。此在二月下三月上，故特發之。桓十四年無冰在正月下者，舊解正月自爲公會鄭伯，不爲無冰，或當月卻而節前，則周正月亦是常寒之月。」文烝案：舊解是。

三月，作丘甲。周禮：「九夫爲井，四井爲邑，四邑爲丘，丘十六井。」甲，鎧也。【補曰】不言井邑言丘者，賦法起於丘也。疏曰：「徐邈云：『甲有伎巧，非凡民能作，而强使作之，故書月以譏之。』」文烝案：稅畝田賦皆不月，而舍中軍亦月，則此月非譏，當依何休以爲重録之，傳所謂謹也。作，爲也。【補曰】疏曰：「復發傳者，文同事異，不可以一例該之故也。范別例云：『作』例有六，直云『作』者三。僖公主丘甲、三軍。云新作者亦三：延廄、南門、雉門。」文烝案：延廄安得云作？范因左氏杜預説，誤以入例耳。丘爲甲也。使一丘之民皆作甲。【補曰】謂農民，公羊曰「丘使」。丘甲，國之事也，【補曰】此「丘」字蓋衍文，或是「作」字。丘作甲，非正也。【補曰】桓六年傳曰：「脩教明諭，國道也。平而脩戎事，非正也」。彼以國道言，此以國之事言，其意相類。丘作甲之爲非正何也？古者立國家，百官具，農工皆有職以事上，【補曰】謂農官、工官也。官者，民之長。古者有四民：【補曰】以下申足上意。有士民，學習道藝者。【補曰】疏曰：「何休云：『德能居位曰士。』范以居位則不得謂之民，故云『學習道藝。』」文烝案：處士賓者可爲公士，其事相因。有商民，通四方之貨者。有農民，播殖耕稼者。有工民。巧心勞手以成器物者。【補曰】因官及民，因農工及士商，備言之也。劉向説苑引春秋傳曰「四民均則王道興，而百姓寧」，傳無此文，當是外傳及章句説傳語。今本説苑脱「傳」字。漢書注引樂元語曰：「四民常均。」凡四民皆有官焉，士民者處士，若公士以上則官也。商農工之官，據周禮亦皆公士大夫也。考工記曰「坐而論道謂之王公，作而行之謂之士大夫；審曲面埶，以飭五材，以辨民器，謂之百工；通四方之珍異以資之謂之商旅；飭力以長地財謂之農夫；治絲麻以成之謂之婦功。」此所謂國有六職。夫甲非人人之所能爲也，各有業也。【補曰】能爲甲者工耳。考工記函人爲甲，又有鮑人。周禮槀人職曰「齎其工曰饗工」，此工官工民爲甲之事。孔穎達曰：「使一丘農民皆作甲，以農爲工，失其本業。」丘作甲，非正也。【補曰】重言以結上文。不言初者，旋罷之。左傳曰：「爲齊難故。」孔穎達曰：「備齊難暫爲之耳。」

夏，臧孫許及晉侯盟于赤棘。赤棘，晉地。【補曰】許辰之子臧宣叔。疏曰：「不日者，蓋謀爲鞌戰，歸我汶陽之田，至八年渝前約，故略之也。」文烝案：既不日又不月者，蓋略之甚。

秋，王師敗績于貿戎。貿戎，地。【補曰】疏曰：「不書月者，何休云：『深正之，使若不戰。』范雖不解，蓋不言晉敗及戰，故亦略其日月。」文烝案：王師敗績，異於諸侯，故直書時而已，不嫌與夷狄見敗同例。○【撰異曰】貿，左氏作「茅」，段玉裁曰：「史記、漢書皆作『貿』，古音同也。」不言戰，莫之敢敵也。【補曰】昔夏啟與有扈氏戰，書稱大戰于甘，紀實之辭也。春秋別起例以明義，蓋亦魯策書所據之周禮，君子因之。荀子曰「王者有誅而無戰」是也。不言敗之者，亦明莫敢敵。此公羊義。爲尊者，諱敵不諱敗；諱敵，使莫二也。不諱敗，容有過否？【補曰】以自敗爲文，但不言敗之者耳。不諱言敗，劉絢曰：「聖人立法垂後，示之以意而已。一書王師敗績于貿戎，而尊王之義，與王自取敗之道咸得而見矣。」李光地曰：「戰而勝猶恥也，戰之恥甚於敗，故諱戰也。」爲親者，諱敗不諱敵；諱敗，惜其毀折也。不諱敵，諸侯有列國。【補曰】有所不諱而後所諱顯，若全沒其實，亦不得謂之諱。劉敞謂諱其義，非諱其實。高澍然以爲「文諱而實不諱，未嘗有一語矯誣」是也。尊尊親親之義也。尊則無敵，親則保全。尊謂王，親謂魯。【補曰】案：盧仝詩曰：「孔子父母魯，諱魯不諱周。」此韓子所譏五傳束高閣者矣。春秋不以親親害尊尊，而亦不奪人所私，故曰伯母叔母疏衰，踊不絶地，姑姊妹之大功，踊絶於地。如知此者，由文矣哉！由文矣哉！踊申其情，敗掩其辱，尊不可干，示有私恩而已矣。然則孰敗之？晉也。【補曰】此與戎伐凡伯相似。貿戎者，戎之種而屬晉，實爲晉地，時晉之貿戎人敗王師於其地，不可言王師敗績于晉，故言「于貿戎」也。傳不言貶晉而戎之者，從伐凡伯傳可知。公羊曰：「孰敗之？蓋晉敗之，或曰貿戎敗之。」不知貿戎卽晉，傳聞不審也。左傳謂晉侯平戎于王。劉康公背盟欺晉，徼戎而伐之，敗績于徐吾氏。事或有之。僖二十二年晉及秦遷陸渾之戎于伊川，昭九年晉率陰戎伐潁，二十一年晉帥九州之戎納王。戎事涉周者，皆晉爲之也。

冬十月。季孫行父禿，晉郤克眇，衛孫良夫跛，曹公子手僂，【補曰】禿，無髮也。眇，小目也。跛，蹇也，謂曲脛。僂，尪也，謂曲脊。此文「眇」、「跛」字當互易。郤克之跛見左傳、國語，范注下年傳以郤克爲跛，沈文何引穀梁云「晉郤克跛，衛孫良夫眇」，自唐定本始誤，而楊氏作疏因之，陸德明亦誤。下句之次同誤。同時而聘於齊。【補曰】公羊曰：「晉郤克與臧孫許同時而聘於齊。」何休曰：「不書，恥之。」齊使禿者御禿者，使眇者御眇者，使跛者御跛者，使僂者御僂者。御，音迓。迓，迎也。【補曰】注本爾雅文。孔廣森曰：「迓，迎護賓者也。聘禮記卿大夫迓，大夫士迓，士皆有迓。」蕭同姪子處臺上而笑之。蕭，國也。同，姓也。姪子，字也。其母更嫁齊惠公，生頃公。宣十二年，楚人滅蕭，故隨其母在齊。【補曰】蕭同姪子卽頃公母，范非也，論於下年。蒼頡篇曰：「笑，營弄也。」聞於客，客不説而去，相與立胥閭而語。移日不解，胥閭，門名。【補曰】疏曰：「卽周禮二十五家也。」文烝案：説文：「閭，里門也。」又引周禮「五比爲閭」。何休曰：「閭，當道門。解，散也。」齊人有知之者，曰：「齊之患必自此始矣。」穀梁子作傳，皆釋經以言義，未有無其文而横發傳者。甯疑經「冬十月」下云「季孫行父如齊」，脱此六字。【補曰】范説又非也。此傳當與下「其日或日」相連，誤跳在此，蓋以傳合經者誤之耳。范以傳稱季孫聘於齊，經無爲不書其事，但經書如齊，不當録月，二家經皆無之，自以何休説爲長。或當以季孫不説而去，聘事不成，故史無如齊之文。其事亦未審在何年也。○公羊以爲郤克跛，臧孫許眇，同時而聘于齊。左傳、國語但謂齊婦人笑郤子，最近事情。穀梁下傳亦但云「敖郤獻子」，與左傳、國語同。然則此傳云云，姑廣異聞耳，原不深信也。陸淳以街談巷議皆之，豈爲善讀傳乎？先儒既有解説，今亦聊説之而附以所見。

二年春，齊侯伐我北鄙。【補曰】左傳曰：「圍龍。三日，取之。」

夏四月丙戌，衛孫良夫帥師及齊師戰于新築，衛師敗績。新築，衛地。【補曰】時齊非桓公主盟時矣，直從以主及客之常例，不須以微齊起之，與莊二十八年異。

六月癸酉，季孫行父、臧孫許、叔孫僑如、公孫嬰齊帥師會晉郤克、衛孫良夫、曹公子手及齊侯戰于鞌，齊師敗績。鞌，齊地。【補曰】僑如，得臣子叔孫宣伯。公孫嬰齊，叔肸子子叔聲伯也。疏曰：「徐邈云：『四大夫不舉重者，惡魯猥遣四大夫用兵，亦以譏之也。然則諸國用兵亦應猥遣，何以不具書之？蓋是用兵重事，故詳內也。」文烝案：外大夫無帥師文者，從內可知，內帥師總在嬰齊下者，亦從可知。六年仲孫蔑、叔孫僑如帥師，襄十年楚公子貞、鄭公孫輒帥師之等，皆此例。客言及者，由內及之。內言戰，亦與桓十三年同。○【撰異曰】僑，本又作「喬」。手，左氏作「首」，公羊一作「午」。其日，或曰日其戰也，或曰日其悉也。悉，謂魯四大夫時悉在戰也，明二者皆當日。【補曰】疏曰：「若是疑戰，雖四大夫在亦不得日，傳幷見此意耳。」曹無大夫，【補曰】疏曰：「復發傳者，前爲崇覊，今爲戰，故重發之。」其曰公子何也？【補曰】略名之當言曹手，不當言氏，傳曰「公子之重視大夫」。以吾之四大夫在焉，舉其貴者也。不欲令內衆大夫與外卑者共行戰。【補曰】公子之重視大夫，是貴也。

秋七月，齊侯使國佐如師。己酉，及國佐盟于爰婁。【補曰】春秋事同而辭異，如僖、文之書不雨，屈完、國佐之盟，其最著者也。此二盟，劉絢、胡安國、張洽以爲王道曲直之繩墨。○【撰異曰】公羊傳覆舉經句「及」下有「齊」字，孔廣森疑公羊經作「齊國佐」。爰，左氏、公羊作「袁」。𥨊去國五百里，爰婁去國五十里。國，齊國也。【補曰】謂國都。顧炎武日知録曰：「穀梁傳『古者三百步爲里』，今以三百六十步爲里，而尺又大於古三之一強，今之六十二里弱，遂當古之百里。穀梁傳『𥨊去國五百里』，今自歷城至臨淄僅三百三十里。左傳『黄人謂自郢及我九百里』，今自江陵至光州僅七百里。郳子謂吴二千里，不三月不至，今自蘇州至鄒縣僅一千五百里。孟子『不遠千里而來，千里而見王』，今自鄒至齊至梁亦不過五六百里。又謂舜卒鳴條，文王生岐周，相去千有餘里，今自安邑至岐山亦不過八百里。史記張儀説魏王言『從鄭至梁二百餘里』，今自鄭州至開封僅一百四十里。戚夫人歌『相離三千里，當誰使告汝』，貢禹上書言『自痛去家三千里』，今自琅邪至長安亦但二千餘里。趙則二千里而近。」壹戰緜地五百里，【補曰】壹，各本作

司馬法六尺爲步，今以五尺爲步，顧説則亦以六尺計。「而尺又大」二句，依沈彤曰

知錄校本。顧氏又云：「二寸者，今之六分有半，今量最大於古，權次之，度又次之。」

「一」，今依唐石經、十行本改。焚雍門之茨，雍門，齊城門。茨，蓋也。【補曰】釋名曰「屋以草蓋曰茨」，即考工記所謂葺屋。侵車東至海。侵車，侵伐之車。言時侵齊，過乃至海。【補曰】三句言自鞌進師之事。君子聞之曰：「夫甚甚之辭焉，鄭嗣曰：「君子聞戰于鞌，乃盟于爰婁，焚雍門之茨。侵車至海，言因齊之敗逼之甚。」【補曰】劉瓛孝經注曰：「夫，猶凡也。」師及國門又至海，甚之又甚也，君子以爲上言鞌，下言爰婁，師文在中，凡有甚之又甚之辭焉。齊有以取之也。」齊之有以取之何也？敗衛師于新築，侵我北鄙，【補曰】以伐爲侵，通言之。敖郤獻子，謂笑其跛。【補曰】爾雅曰：「敖，傲也。」古通用。王逸楚辭注：「侮慢曰傲。」不舉禿眇僂者，明前傳姑載之，此記其實。齊有以取之也。【補曰】明上二事皆譏文，又笑跛非禮。爰婁在師之外。言師已逼其國。【補曰】疏曰：「爰婁去齊五十里，今在師之外，明晉師已逼到其國。師，謂晉師。」文烝案：即經「師」字也。師退至爰婁而盟，傳將述其事，先以此句起之，兼爲盟召陵見例。郤克曰：「反魯、衛之侵地，以紀侯之甗來，甗，玉甑。齊滅紀，故得其寶。【補曰】左傳曰「紀甗」，傳及公羊曰「紀侯之甗」，汲冢紀年曰「紀公之甗」。何休以爲紀之甗邑，其土肥饒。或說「甗，玉甑」。杜、范皆云玉甑。說文曰：「甗，甑也。一穿。」〔一〕鄭衆考工記注曰：「甗，無底甑。」段玉裁曰：「蓋甑七穿而小，甗一穿而大。」以蕭同姪子之母爲質，齊侯與姪子同母異父昆弟，不欲斥言齊侯之母，故言「蕭同姪子之母」也，兼欲姪子笑。【補曰】案：此及下文兩言蕭同姪子之母，「之母」二字，皆衍文也。左傳作「蕭同叔子」，以爲是齊侯之母。杜預曰：「同叔，蕭君之字，齊侯外祖父。子，女也。難斥言其母，故遠言之。」公羊則作「蕭同姪子」，云是「齊君之母」。何休

〔一〕「一穿」，中華書局影印覆刻宋本「一」下有「曰」字。

曰：「蕭同，國名。姪子者，蕭同君姪娣之子，嫁與齊，生頃公。」史記齊世家作「蕭桐叔子」，晉世家作「蕭桐姪子」，並以爲是齊君母。此傳文當與公羊同，蓋蕭君名同，其姪娣所生女嫁齊而生頃公，故謂之蕭同姪子，卽前處臺上笑客者也。范不能以二傳、史記考正此傳衍字而曲爲之説，必不可通。**使耕者皆東其畝，**欲以利其戎車於驅侵易。【補曰】詩小雅言疆理天下之制曰「南東其畝」，毛傳曰：「或南或東。」案：畝所以有南東者，周禮遂人：「凡治野，夫閒有遂，遂上有徑。十夫有溝，溝上有畛。百夫有洫，洫上有涂。千夫有澮，澮上有道。萬夫有川，川上有路，以達于畿。」夫閒，兩夫之閒也。十夫以上，二十夫至二萬夫之閒也。此與考工記匠人之田首三夫及井閒、成閒、同閒、兩山之閒，其法各異，而阡陌之名，因之以生。凡畫畝必以川爲準，川東流者，川橫路亦橫，於是澮縱道縱，洫橫涂橫，溝縱畛縱，遂橫徑橫，則其畎縱而畝必東陳，風俗通云「南北曰阡，東西曰陌」是也。若川南北流者，自外至內，其縱橫一一相反，則其畎橫而畝必南陳，風俗通云「河東以東西爲阡，南北爲陌」是也。天下之川，大勢皆東流，河東之川獨南流，至大伾河又北流。齊之境內，必多南畝，今晉欲使盡東其畝，左氏所謂「無顧土宜」，卽下傳所謂「土齊也」。此皆程瑶田之説也。顧棟高曰：「齊與晉本遼遠，自景公滅潞，收狄遺土，於是晉地跨有東昌、曹、濮之境，與齊接壤，鞌之戰遂平行以入齊都。郤克欲使齊盡東其畝以利戎車者，以地逼近故也。」**然後與子盟。」國佐曰：「反魯、衞之侵地，以紀侯之甗來，則諾，以蕭同姪子之母爲質，則是齊侯之母也。齊侯之母猶晉君之母也，晉君之母猶齊侯之母也。**言齊同也。**使耕者盡東其畝，則是終土齊也，**凱曰：「利其戎車侵伐易則是以齊爲土。」【補曰】何休曰：「則晉悉以齊爲土地。」俞樾讀從周禮大司徒「土其地」、與瑞「土地」之「土」，以爲「土」者「度」之借字。度齊，猶國語云「規東夏」。**不**

可。不可，謂若不許己言。【補曰】王引之曰：「范以左傳云『晉人不可』，賓媚人曰『子又不許。請收合餘燼，背城借一』，故以『不可』爲『不許己言』，不知此傳『不可』二字與『則諾』相對爲文，謂郤克之後，二說不可行也。」公羊曰：「與我紀侯之甗，請諾。反魯、衛之侵地，請諾。使耕者東畝，是則土齊也」，曰「不可」。「蕭同姪子者，齊君之母也，齊君之母猶晉君之母也」，曰「不可」。何注上曰「不可」云：「則晉悉以齊爲土地，是不可行。」注下曰「不可」云：「言至尊不可爲質。」彼文曰「不可」與「請諾」相對，猶此文「不可」與「則諾」相對也，當如何氏公羊注作解。若以爲不許己言，則文義下屬「請壹戰」句，上文「以蕭同姪子之母爲質」云云，遂成不了語矣。公羊上曰「不可」，今本脱，徐疏引一本有之。下曰「不可」，今脱「曰」字，後漢書注引有之。請壹戰，壹戰不克，請再，【補曰】二「壹」字亦依唐石經、十行本改。再不克，請三，三不克，請四，四不克，請五，【補曰】疏曰：「齊爲晉所敗，兵臨城下，然則敗軍之將不可以語勇，驚弦之鳥不可以應弓，所以更能五戰者，齊是大國，邑竟既寬，收拾餘燼，足當諸國之師，故請以五也。」五不克，舉國而授，【補曰】舉，盡也。以上皆師中語。於是而與之盟。【補曰】云於是者，謂退至爰婁。胡安國曰：「天下莫大於理，而强有力不與焉，亦可謂深切著明矣。」

八月壬午，宋公鮑卒。

庚寅，衛侯速卒。○【撰異曰】速，公羊作「遬」。

取汶陽田。【補曰】晉使齊還魯侵地，魯取之也。

冬，楚師、鄭師侵衛。【補曰】陳傅良曰：「此楚公子嬰齊也。其稱師何？楚猶未書大夫將也。」文烝案：是時楚共初立，嬰齊語於衆曰君弱。高澍然以爲楚政下逮之始，於是下文始具大夫氏名。而六年伐鄭亦具氏名矣。

十有一月，公會楚公子嬰齊于蜀。蜀，某地。【補曰】當云魯地，左傳甚明，杜注則在宣十八年傳。案：左傳「楚師侵衛，遂侵我師于蜀」，「侵及陽橋」，杜預曰：「公賂之而退，故不書侵。」張應昌本毛奇齡說，以爲史諱之，謂至春秋之終方書吴伐我。疑張說是也。楚僭王，其公子稱王子，家鉉翁謂春秋削之書公子。竊以魯春秋有周禮焉，史之舊也。月者，爲下盟日或危之。楚無大夫，【補曰】疏曰：「重發之者，屈完當齊桓非正例，得臣、宜申、萩不氏，今稱公子，故重發之。」文烝案：疏言「當齊桓」，公羊語也，當改云「成爲大夫」。其曰公子何也？嬰齊亢也。泰曰：「莊二十二年丙申，及齊高傒盟；文二年乙巳，及晉處父盟；傳曰不言公，高傒、處父亢也。此傳會嬰齊書公以明亢何乎？蓋言高傒、處父亢禮敵公，書公則内恥也。嬰齊初雖驕慢，終自降替，故于會則書公，以顯嬰齊之驕亢。于盟則稱人，以表嬰齊之服罪。然則向之驕亢，足以表其無禮，不足以病公，則書公可也。」【補曰】疏曰：「重發亢義者，與高傒、處父又皆異，故各發之。」文烝案：楚嬰齊者，夷狄無大夫之文也。楚公子嬰齊者，中國有大夫之文也。嬰齊亢禮敵公，若書以夷狄之辭，則公之恥辱益甚，故從中國例，而傳明之也。注論書公義得之，但謂嬰齊終自降替，表其服罪，則由誤解下傳文。說見下。

丙申，公及楚人、秦人、宋人、陳人、衛人、鄭人、齊人、曹人、邾人、薛人、繒人盟于蜀。齊在鄭下，蓋時王所黜。【補曰】杜預依左傳以爲「齊非卿」，杜是也，范非也。○【攷異曰】徐彦公羊疏曰：「亦有一本無齊人者，脱也。」陸湻纂例本「齊人」下有「許人」，云「公羊無齊人，左氏無許人」。楚其稱人何也？恠楚向稱公子，今稱人。

於是而後公得其所也。【補曰】於是衆國大夫咸在，得從翟泉、澶淵以公會人之例，不以氏名見，是得其所也。案，左傳楚公子嬰齊、秦右大夫說、宋華元、陳公孫寧、衛孫良夫、鄭公子去疾，六國皆得有氏名者也。會與盟同月則地會不地盟，【補曰】溴梁是也。雞澤戊寅盟亦其類。又或地盟不地會，如新城及雞澤己未盟略不言者，方明此不宜地盟，故專舉不地盟之例。不同月則地會地盟，此其地會地盟何也？以公得其所，申其事也。公得其所，謂楚稱人。申其事，謂地會地盟。今之屈，向之驕也。【補曰】言今之屈而稱人者，即向之驕亢敵公者也。驕卽亢也。一驕一屈，即此一人之身，故宜申其事以詳之。屈者，謂經有屈文，非是嬰齊真能自屈，嬰齊何爲至盟而忽屈乎？向，或作「鄉」、作「曏」，上注同。書公及者，以尊及卑，以內及外，從常例也。上言公會，則無嫌於內爲志，故此可從常例。趙汸曰「蒙會文言及」，得之。不致者，會夷狄與溴、宋同。又外皆無君，與翟泉、澶淵同。

三年春王正月，公會晉侯、宋公、衛侯、曹伯伐鄭。宋、衛未葬，而自同於正君，故書公侯以譏之。

【補曰】月者，爲下葬日。

辛亥，葬衛穆公。【補曰】危之者，從晉文公例。下宋葬亦同也。衛宣公但月者，五月而葬，時事或較愈。

二月，公至自伐鄭。【補曰】月者，爲下災日。

甲子，新宮災，三日哭。新宮者，禰宮也。謂宣公廟也。三年喪畢，宣公神主新入廟，故謂之新宮。

【補曰】注後三句本杜預。吕本中、崔子方以爲「當時之辭」是也，然非傳義，傳以新宮爲禰宮之常稱，不專以其新入廟。

三日哭，哀也。【補曰】何休曰：「痛傷鬼神無所依歸，故君臣素縞哭之。」其哀，禮也。宫廟，親之神靈所憑居，而遇災，故以哀哭爲禮。【補曰】公羊同，注本杜預也。檀弓曰：「有焚其先人之室則三日哭，故曰新宫火亦三日哭。」左傳記鄭災，「三日哭，國不市」。迫近不敢稱謚，恭也。迫近，言親禰也，桓、僖遠祖則稱謚。【補曰】迫，偪也。注「遠祖」指哀篇也。莊公丹楹刻桷，傳曰「斥言桓宫以惡莊也」，明此爲恭辭。其辭恭且哀，以成公爲無譏矣。【補曰】其辭，經之辭也。既盡其恭，又詳録其哀哭，是以爲無譏。

乙亥，葬宋文公。【補曰】左傳曰「始厚葬用殉」。吕氏春秋曰：「宋未亡而東冢扫。」高誘曰：「文公冢也。」

夏，公如晉。

鄭公子去疾帥師伐許。

公至自晉。

秋，叔孫僑如帥師圍棘。【補曰】公羊曰：「棘者何？汶陽之不服邑也。」與左傳同。大氏此等處，穀梁多略也。莊二年伐於餘丘，傳言「病公子以譏公」，此圍棘及後圍費、圍鄆、圍郈亦其例矣。伐人邑與圍内邑不同，而非國言伐，非國言圍，皆是内事，取類不異。

大雩。

晉郤克、衛孫良夫伐廧咎如。【補曰】杜預曰：「赤狄别種。」○【撰異曰】牆，左氏作「廧」。案：「牆」與「廧」一字。公羊作「將」。

冬十有一月，晉侯使荀庚來聘。衛侯使孫良夫來聘。【補曰】月者，爲下盟日。丙午，及荀庚盟。丁未，及孫良夫盟。其日，公也。【補曰】來盟不日，聘而盟則日。來者，接公之文，聘而盟亦承上「來」文，明皆公盟也，明皆非齊高傒、晉處父之比，非諱也。傳特以書日，明爲公者。疏曰：「以上文聘既接公，下言及則公文未顯，嫌不得再煩尊者，恐盟時無公，故傳云『公』以釋之。」案：疏説固可通，但未知經承「來」文，本自足以顯公，而傳之以書日爲説者，乃就一邊言也。經所以不言公及者，下文云「以國與之」是也。以其既足顯公，故得以不書公爲義，與來盟同。來聘而求盟，【補曰】彼來聘，因求盟也，此所以别於前定。不言及者，以國與之也。不言其人，亦以國與之也。徐邈曰：「不言及，謂凡書來盟者也，若宣七年衛孫良夫來盟是也。以國與之，謂舉國爲主，故直書外來爾。此先聘而後盟，故不言來盟，總言及而不復著其人，亦是舉國之辭。不言求，兩欲之也。【補曰】疏曰：「來聘是他求，言及，我欲也，是兩國同欲之文，非獨求之稱。」文烝案：及之固是我欲，而非以書及爲欲。凡聘而盟言及，及者尊卑内外之辭，朝而盟亦然，皆與凡内爲志言及者異例。

鄭伐許。鄭從楚而伐衛之喪，又叛諸侯之盟，故狄之。【補曰】疏曰：「叛諸侯之盟者，舊解以爲上文背晉，爲諸侯所伐是也。不於前年伐喪貶者，其罪不積，不足以成惡。鄭既伐喪背盟，一年之中，再加兵於許，故於此夷狄之。」文烝案：賈逵説左氏曰：「鄭，小國，與大國争諸侯，仍伐許。不稱將帥，夷狄之，刺無知也。」何休説公羊曰：「謂之鄭者，惡鄭襄公與楚同心，數侵伐諸夏，自此之後，中國盟會無已，兵革數起，夷狄比周爲黨，故夷狄之。」賈言「仍伐」，何言「數侵伐」，楊言「一年再加兵」，程子、胡安國皆用其説，得經旨矣。

四年春，宋公使華元來聘。

三月壬申，鄭伯堅卒。○【撰異曰】公羊舊有二本，或作「堅」，或作「臤」。徐彦公羊疏曰：「鄭伯臤卒者，左氏作「堅」字，穀梁作「賢」字，今定本亦作「堅」字。」案：今穀梁不作「賢」。惠棟曰：「「公羊「臤」、穀梁「賢」一字也。說文「臤」，古文以爲「賢」字，漢碑有「親臤」、「優臤」，卽「賢」字。」又玉篇糸部引成公四年鄭伯絙卒，古千、古兩二切。陸淳纂例「堅」，公羊作「姫」，段玉裁謂玉篇「絙」乃「𦀚」之譌，从糸臣聲，卽「緊」字。竊疑纂例「姫」亦「𦀚」之譌矣。

杞伯來朝。

夏四月甲寅，臧孫許卒。

公如晉。

葬鄭襄公。

秋，公至自晉。

冬，城鄆。【補曰】杜預曰：「公欲叛晉，故城而爲備。」左傳以爲晉侯見公不敬，公至自晉，欲叛晉。故杜云爾也。孔穎達曰：「釋例土地名魯有二鄆，文十二年城諸及鄆，杜云此東鄆，莒、魯所争者。成十六年傳晉人執季文子，公待于鄆，杜云此西鄆，昭公所出居者。然則此爲欲叛晉，故城當西鄆也。」

鄭伯伐許。喪未踰年，自同於正君，亦譏之。【補曰】推傳例，諸侯在喪未葬、或葬而未踰年，凡會盟侵伐皆以稱子爲正，而稱子亦猶有譏，公侯伯子男當無異例也。鄭之子儀，被弒無謚，左傳始終稱鄭子。國語楚范無宇亦謂之鄭子，當時不以爲君也，知伯有子稱明矣。董仲舒説此以爲父伐人喪，子以喪伐人，春秋以其無子恩，不復稱子，謂之鄭伯，以辱之。

五年春王正月，杞叔姬來歸。【補曰】何休曰：「始歸不書，與郯伯姬同。」文烝案：齊子叔姬、郯伯姬蓋皆夫未爲君時歸之，此杞桓公夫人也。僖三十一年杞伯姬來求婦，或者是歟？又疑以禮不備，略其歸矣。文十二年之子叔姬是許嫁之女，左傳誤以爲絶於杞，杜預乃謂杞桓公立其娣爲夫人，孔穎達以爲娣亦字叔者，周之法積叔也。其説皆不足據。婦人之義，嫁曰歸，反曰來歸。【補曰】隱二年解「歸」。此解「來歸」，故各見之。疏曰：「范氏云出女例凡三：齊人來歸子叔姬一也，郯伯姬來歸二也，此杞叔姬來歸三也。又別引文十八年夫人姜氏歸于齊爲例。」文烝案：何休曰：「婦人有七棄、五不娶、三不去。嘗更三年喪不去，不忘恩也；賤娶貴不去，不背德也；有所受，無所歸，不去，不窮窮也。喪婦長女不娶，無教戒也；世有惡疾不娶，棄於天也；世有刑人不娶，棄於人也；亂家女不娶，類不正也；逆家女不娶，廢人倫也。無子棄，絶世也；淫泆棄，亂類也；不事舅姑棄，悖德也；口舌棄，離親也；盜竊棄，反義也；嫉妒棄，亂家也；惡疾棄，不可奉宗廟也。」大戴禮本命有「前貧賤，後富貴」「不去」句，無「賤取貴」句。

喪婦，或作「喪父」，宜考。

仲孫蔑如宋。

夏，叔孫僑如會晉荀首于穀。穀，齊地。○【撰異曰】首，公羊作「秀」。

梁山崩。梁山，晉之望也。不言晉者，名山大澤，不以封也。許慎曰：「山者陽位，君之象也，象君權壞。」【補曰】

注首句爾雅文。不繫晉者，言梁山則爲晉山可知。注以王制說之，非是。沙鹿亦不繫國，沙非名山也。沙直言沙，梁加言山者，文不連鹿，不可單言梁，猶書禹貢或言荆，或言荆山，皆屬文之宜，荀子所謂累而成文。不日何也？據僖十四年秋八月辛卯沙鹿崩書日。高者有崩道也。【補曰】非同山足之林，仍從外災時例。有崩道則何以書也？【補曰】疑若非變異。曰梁山崩，壅遏河，三日不流，【補曰】言壅河害大，故書。公羊曰：「大也。」壅者，遏也。「遏」，衍字，下同。漢書五行志引此作「廱河」，公羊作「壅河」，並無「遏」字。晉君召伯尊而問焉。【補曰】左傳、國語、韓詩外傳皆作「伯宗」。伯尊來，遇輦者，【補曰】輦者，輓輦者。左傳曰「重人」，國語曰「大車當道而覆」。輦者不辟，使車右下而鞭之。凡車將在左，御在中，有力之人在右，所以備非常。【補曰】凡驂乘有車右，有御者，范言「將」是專謂兵車，有右，非也。兵車之制，若是君與元帥則皆居中，而御者在左，與乘車及他兵車不同，亦不可概云將左御中也。此「車」，傳車也。詩音義以「車」曰「傳」，以「馬」曰「遽」。輦者曰：「所以鞭我者，其取道遠矣。」所用鞭我之閒，行道則可遠。【補曰】韓詩外傳「取」作「趣」。伯尊下車而問焉，以其言有理，知非凡人。【補曰】下車敬之。曰：「子有聞乎？」【補曰】稱子，崇之。對曰：「梁山崩，壅遏河，三日不流。」伯尊曰：「君爲此召我也，爲之柰何？」輦者曰：「天有山，天崩之，【補曰】左傳、國語曰「山有朽壤而崩」。天有河，天壅之，雖召伯尊如之何？」伯尊由忠問焉。用忠誠之心問之。【補曰】由，古通以爲「猶」字，訓「用」非也。「忠問」，猶論語云「忠告」。輦者曰：「君親素縞，帥羣臣而哭之，素衣縞冠，凶服也。所以凶服者，山川國之鎮也，山崩川塞示哀窮。【補曰】周禮司服「大札大荒大烖素服」，鄭君曰：「君臣素服縞冠，若晉伯宗哭梁山之崩。」或以素縞之文俱爲冠。案：閒傳「大祥素縞麻衣」，鄭君曰：「素縞者，玉藻所云『縞冠素紕，既祥之冠。』」檀弓注又以縞冠當素服。左傳、國語曰「國主山川」，又伯陽父曰「國必依山川」。既而祠焉，斯流矣。」【補曰】流者，王充以爲水盛土散也。素縞而祠，示有人事耳。知天之變，盡人之常，輦者之言，所以爲善。伯尊至，君問之曰：「梁山崩，壅遏河，三日不流，爲之柰何？」伯尊曰：「君親素縞，帥羣臣而哭之，既而祠焉，斯流矣。」孔子聞之曰：「伯尊其無績乎！攘善也。」績，功也。攘，盜也。取輦者之言而行之，非己之功也。績，或作「續」，謂無繼嗣。【補曰】爾雅：「績，事也，業也，功也，成也。」又「續，績繼也。」「績」與「緝」通，故與「續」亦得同訓。此傳若作「續」而訓「功」，則文義不順。韓詩外傳述此事略與傳同，其字作「無後」，明傳義自謂繼嗣，績、續之字，得兩通也。以其事考之，左傳晉殺伯尊，其子州犂奔楚，在夫子生前，其後州犂仕楚見殺，又其後伯氏之族出，州犂之孫嚭仕吳，最後又仕越，似皆未可爲無後之證。以其理斷之，如疏引舊說云「伯尊蔽賢罪深，故被戮絶嗣，子夏雖匿聖人之論，能播教於西河，其罪既輕，故直喪明而已」。楊氏以爲天道冥昧，非人所知，徒争罪之輕重，妄說受罪淺深，恐非聖賢之旨也。然則夫子言此者，蓋猶孟子云「不祥之實，蔽賢者當之」，此惡之之辭，非億之之辭，而被戮喪明等事，皆可無論矣。夫無後之爲大罰，人所知也；輦者之言之善而攘之者之爲大惡，人所忽也；正猶作俑象人，數典忘祖，亦皆人所忽，而皆謂之無後也。古書之文，參伍深思則了。

秋，大水。

冬十有一月己酉，天王崩。定王。【補曰】史記名瑜，匡王弟。國語注作「榆」，又作「揄」。○【撰異曰】「有」

字各本脱，今依唐石經補正。

十有二月己丑，公會晉侯、齊侯、宋公、衛侯、鄭伯、曹伯、邾子、杞伯同盟于蟲牢。蟲牢，鄭地。【補曰】後魯、衛侵宋渝盟不見有晉師，故還從書日常例。程子曰：「天王崩而會盟不廢，見其皆不臣。」本孫復説，胡安國同。

六年春王正月，公至自會。【補曰】孔廣森曰：「月者，正月也。」

二月辛巳，立武宫。舊説曰武公之宫廟毁已久矣，故傳曰不宜立也。禮記明堂位曰：「魯公之廟，文世室也，武公之廟，武世室也。」言世室則不毁也，則義與此違。【補曰】疏曰：「禮記，周末之書，以其廟不廢，故謂之世室耳。」孔廣森曰：「不云武世室者，立毁廟猶可言也，擬天子不可言也，春秋以其可辭書之。」文烝案：史記真公濞弟武公敖。立者，不宜立也。【補曰】重發傳者，嫌與立君異也。公羊同。蕭楚曰：「起而置之之謂立。」文烝案：左傳季文子以鞌之功立武宫。何休曰：「臧孫許伐齊有功，故立武宫。」

取鄟。【補曰】内諱滅，謂之取，皆以易辭書。公羊昭四年傳得之。諱者，經例因史例也。鄟，國也。【補曰】此獨釋鄟之爲國，明取根牟、取邿皆邑而非國也。滅例卑國月，此取亦蒙上二月，下良夫侵宋乃三月事，左傳有明文。取繒亦月，入極亦蒙上月，皆與此一例。至取根牟、取邿皆時，知自從取邑常例。

衛孫良夫帥師侵宋。

夏六月，邾子來朝。【補曰】月者，爲下卒日。

公孫嬰齊如晉。

壬申，鄭伯費卒。【補曰】鄭悼公也。不葬者，疏曰：「魯不會。」

秋，仲孫蔑、叔孫僑如帥師侵宋。

楚公子嬰齊帥師伐鄭。

冬，季孫行父如晉。

晉欒書帥師救鄭。○【撰異曰】公羊作「侵鄭」。董仲舒所謂楚與中國俠而擊之。汪克寬曰：「明年，楚復伐鄭，諸侯又救鄭，則非侵明矣。」

七年春王正月，鼷鼠食郊牛角。不言免牛者，以方改卜郊，吉否未可知。【補曰】范意以免牛者不郊之謂也，時方改卜後牛，後牛既定則當卜郊，郊或得吉，亦未可知，故此不言免牛，以其實不免也。不於宣三年「傷口」作注者，此下有「免牛」文，而彼文無之，故說於此也。疏未得其解。而孔穎達以爲前牛亦免，從下免省文，誤矣。說文曰：「鼷，小鼠也。」爾雅舊注曰：「色黑而小有毒。」博物志曰：「或謂之耳鼠。」玉篇曰：「食人及鳥獸皆不痛，今之甘口鼠也。」何休曰：「鼷鼠，鼠中之微者。」漢書五行志、京房易傳曰：「祭天不慎，厥妖鼷鼠齧郊牛角。」「劉向以爲近青祥，亦牛旤也」。羅願曰：「牛繫於牢，設楅衡以制其角，故鼷得食之。」各本此經下衍「改卜牛，鼷鼠又食其角，乃免牛」十二字。今依唐石經、十行本删正。不言日，急辭也。辭中促急不容之。【補曰】不言日，當爲「不言之」，謂牛角之閒無「之」字，異於郊牛之口也。注「之」字亦誤「日」，今改正。下注同。疏不知傳與注「日」字皆誤，其説難通。過有司也。【補曰】欲顯有司之過，故爲急辭。過，謂不敬。過有司即過君也。哀元年傳曰「志不敬也」，與此互相備。郊牛日展觓角而知傷，展道盡矣，其所以備災之道不盡也。有司展察牛而即知傷，是展察之道盡，不能防災禦患，致使牛傷，故不書之，以顯有司之過。觓，球球然，角貌。【補曰】疏曰：「展，省察也，言日日皆省察牛之觩角。」文烝案：祭義曰：「朔月月半，君巡牲。」説文曰：「觓，角皃。」今詩或作「捄」，爲假借字。或作「觩」，爲誤字。此觓角，角繭栗也，詩之「犉牡捄角」則角握若尺矣。備災之道不盡，不敬之過也，三句申過有司之意。

改卜牛，鼷鼠又食其角。又，有，繼之辭也。前已食，故曰繼。其，緩辭也。【補曰】凡言「其」者，皆緩辭，與言「之」同意。曰亡乎人矣，非人之所能也，【補曰】曰者，目經意也，非人所能，所以謂之亡乎人。孟子曰「非人之所能爲也，天也」，又曰「莫之爲而爲者，天也」。音義曰：「『能』亦作『耐』。」所以免有司之過也。至此復食，乃知國無賢君。天災之爾，非有司之過也，故言其以赦之。【補曰】注失其理。五經異義公羊説：「鼷鼠，神物，食牛角，咎在有司，又食，咎在人君。」范説正同。尋傳意，實不如此。備災之道不盡，謂之不敬，猶大室屋壞，由於不脩，亦謂之不敬也。不敬者，人之所爲，故直言牛角爲急辭，所以過有司也。既改卜牛，備災必盡，重復被食，非人所能，不敬之罪，無所可責，故言其角爲緩辭，所以免有司之過也。宣三年言之口爲緩辭，後牛又死，但謂之事之變，亦此意耳。過有司即過君，有司免過，君亦可知。公羊家及范解語涉禨祥，文徒支贅，不可用也。何休曰：「不重言牛獨重言鼠者，言角牛可知。後食牛者，未必故鼠，故重言鼠。」

乃免牛。乃者，亡乎人之辭也。免牲者，爲之緇衣纁裳，有司玄端，奉送至于南郊。免牛亦然。【補曰】疏曰：「重發傳者，此再食乃免牛，嫌與他例別，故重發之。」免牲不曰不郊，免牛亦然。郊者用牲，今言免牲，則不郊顯矣。若言免牛，亦不郊，而經復書不郊者，蓋爲三望起爾，言時既不郊，而猶三望，明失禮。【補曰】杜預下注曰：「書不郊，閒有事。」疏曰：「春免牛，夏乃三望，故備言之。」文烝案：二句文體與襄十二年傳伐國不言圍邑四句同。

吴伐郯。【補曰】左傳載季文子之言謂「中國不振旅，蠻夷入伐而莫之或恤」，是即春秋之義。周世自小雅盡廢，四夷交侵，幽王隕焉。入春秋，即以會戎危公，垂四十年而楚見，又百年而吴見，君子治之，無所不盡其辭，故其於二國或同焉，或異焉，或外焉，或進焉，當以前後傳文比而觀之。○楚與吴、越代興，或謂與後世遼、金、元相似。今案：楚，荆州之夷也；吴、越，楊州之夷也，古所謂夷狄，九州之内者也；漢以來所謂夷狄，九州之外者也。由九州而四海，由四海而四荒四極，浸推浸遠，大運爲之，春秋之事，何可同也？雖然，有中國大一統之王則有春秋外夷狄之義，時異事異；名分不異，故春秋道名分，百世以俟聖人而不惑者也。

夏五月，曹伯來朝。【補曰】月者，爲下三望起。

不郊，猶三望。【補曰】言猶者，皆可以已。此在五月，尤非禮，正月再有牲變，已不郊矣。忽於五月行望禮，不知當時情事若何。

秋，楚公子嬰齊帥師伐鄭。

公會晉侯、齊侯、宋公、衛侯、曹伯、莒子、邾子、杞伯救鄭。○【撰異曰】陸淳纂例曰：「左氏『晉侯』下有『齊侯』。」案：今三家皆有。

八月戊辰，同盟于馬陵。馬陵，衛地。

公至自會。【補曰】此二事偶則以後事致之例。

吳入州來。州來，楚地。【補曰】林之奇曰：「楚人禦吳以江，故用舟師，吳人撓楚以淮，故用車戰。前此吳自徐伐巢，淮西也；今入州來，淮北也。吳、楚争淮，自此始，自雞甫之師一敗而吳得州來，滅巢及鍾離矣。是則亡郢始於失淮。」○【撰異曰】陸淳纂例曰：「公、穀皆作『州萊』。」案：今皆不作「萊」。

冬，大雩。雩，不月而時，非之也。【補曰】亦通秋言之，雩以月爲正，謂八月、九月。冬無爲雩也。【補曰】申上意也。疏曰：「八月、九月雩之正，不雩則不及事，故月以明之。既過此節，秋不書旱，則冬無爲雩也。」文烝案：秋不書旱，冬固不須雩，秋若書旱，其災已成，冬雩亦無及，故曰冬無爲雩也。此年蓋竟九月雩不得雨，而不爲災，言旱則不可言雩，則又嫌得雨，本當言不雨以明之，因冬初又雩而得雨，冬言雩，而其曲折盡見，故秋末不須言不雨也。若然，昭二十五年、定七年並是兩雩，而前雩無所嫌者，以其同在一月一時，與此異也。秋既無災，冬亦無爲雩，故從時例，所以非之。

衛孫林父出奔晉。

八年春，晉侯使韓穿來言汶陽之田，歸之于齊。晉爲盟主，齊還事晉，故使魯還二年齊所反之田。【補曰】此本杜預而詳之。聘禮曰「若有言則以束帛如享禮」。其記曰「束帛加書以將命」，鄭君引此經爲證，并引告糴乞師。于齊，緩辭也，【補曰】似句首脱一「之」字，或省耳。疏曰：「『之』爲緩辭，自是常例，于齊之理未明，故特釋之。」疏非也。「田」上加「之」亦緩辭，不言，從可知。傳文簡略，往往如此。不使盡我也。若曰爲之請歸，不使晉制命于我。【補曰】盡者，唯其所命也。七年之中，一與一奪，晉之盡我，乃我之恥，故爲緩辭，婉其文不使盡，此申上句意也。不使盡我，猶莊八年不使齊師加威於郕矣。取汶陽田不加「之」，濟西、龜陰、漷東、沂西諸言田皆不加「之」，歸之于京師與歸于京師異義，明此經二「之」字非苟然者。趙鵬飛以爲春秋書法未有若是之詳且婉者，其説近是。因以見春秋辭句，緩急之閒，一字不可損益也。公羊不達此旨，但解「來言」爲内辭。聘禮明載「有言」之文，無關春秋新意，新意乃在緩辭耳。范言「爲之請歸」，既涉公羊之見，而孔廣森溺於公羊，反謂穀梁圈囿於辭例，非辭例何以觀春秋哉？竊以爲春秋、論語皆不與他書同，春秋，夫子之手筆也，片言隻字，自然入妙焉。論語，夫子之口説也，發聲送句，渾然畢肖焉。

晉欒書帥師侵蔡。

公孫嬰齊如莒。

宋公使華元來聘。

夏，宋公使公孫壽來納幣。婚禮不稱主人，宋公無主婚者，自命之，故稱使。納幣不書，書者賢伯姬，故盡其事。【補曰】案：紀履緰來逆女不稱使者，譏不親迎，傳有明文。今此納幣，本卿之事，稱使自是常文。此注本杜預，而杜本公羊，顯與傳違，宜删去「婚禮」四句。其言賢伯姬，亦似是而非，納幣與來媵爲類，當依來媵傳言以伯姬之不得其所，故盡其事，不當依致女卒災傳言賢伯姬也。疏曰：「書納幣三：莊公以非禮書，公子遂以喪録，此爲賢伯姬。」文烝案：舊史凡納幣皆書，君子有書有不書，以其所不書著其所書也。

晉殺其大夫趙同、趙括。

秋七月，天子使召伯來錫公命。【補曰】何休曰：「月者，例也，爲魯喜録之。」○【撰異曰】錫，左氏作「賜」。韓滉强説之，以爲正書「錫」，不正書「賜」。而陸佃爾雅新義乃以「錫」爲仁，「賜」爲義，其解尤鑿。段玉裁曰「賜」乃「錫」之譌字。左傳曰「召桓公來賜公命」，以「賜」訓「錫」。凡經作「錫」，傳作「賜」，文元年傳「毛伯衛來賜公命」，俗本改彼傳之「賜」爲「錫」者亦非也。案：陸淳纂例惟云公羊作「錫」，葉夢得傳唯云穀梁作「錫」，皆誤。禮有受命，無來錫命，錫命，非正也。【補曰】疏曰：「重發傳者，文踰年而賜，成八年乃賜，嫌異，故重發之。」曰天子何也？曰見一稱也。天王、天子，王者之通稱。自此以上，未有言天子者，今言天子，是更見一稱。【補曰】注首二句本杜預，其意則是，而未盡傳義。公羊曰：「元年春王正月，正也。」其餘皆通矣。此杜氏通稱之説也。穀梁亦謂是通稱，而以桓、文、成三錫命共有三稱，故於此言見一稱，即此一稱包前二文，明王與天王亦是各見一稱也。易乾鑿度及孟喜、京房説王爲美行之稱，天子爲爵號。左氏賈逵説畿内稱王，諸夏稱天王，夷狄稱天子，皆於春秋無所當。汪克寬曰：「書洪範云『天子作民父母，以爲天下王』，故立政周公稱成王曰『告嗣天子王矣』，王與天子兼言之。儀禮覲禮王與天子更互言之。左傳宰孔賜齊侯胙，富辛、石張請城成周，皆稱天子，答者亦曰天子，則信乎其爲通稱矣。」文烝案：詩小雅言「王于出征，以佐天子」，亦是兼且互也。惟周禮一書專言王，其與大戴禮朝事儀同文者，行人、司儀，皆以天子爲王。而典命一句亦言天子，其他則司弓矢、校人各一言天子，而司弓矢與考工記同文。司服一言天王，而與昏義同文。又世子之文甚多，無言大子者，而諸子職與燕義同文則否。覲於世子之一言大子也，王之三言天子，一言天王也，而今之成文可見者四焉。又職方之文全同周書，唯「公方五百里」至「男方百里」等句，其義可疑者，周書無之，直作「公侯伯子男」五字而已，是知周禮一書實有采集傳記者。小則依用，大則彌縫，其河閒獻王毛生之倫乎？

冬十月癸卯，杞叔姬卒。杜預曰：「前五年來歸者。女既適人，雖見出棄，猶以成人之禮書之。終爲杞伯所葬，故稱杞叔姬。」【補曰】注非也。杞叔姬不更適人，吾爲之變，故史録其卒。録卒自宜繫杞，左氏文十二年傳云「不言杞，絶也」，失之。

晉侯使士燮來聘。

叔孫僑如會晉士燮、齊人、邾人伐郯。【補曰】據左傳晉以郯事吴故也。高澍然以爲爲吴通道。吴通晉之道二：一由宋彭城，十八年左傳曰「毒諸侯而懼吴、晉」是也；一由郯道莒，是年左傳「晉侯使申公巫臣如吴假道於莒」是也。

衛人來媵。杜預曰：「古者諸侯娶嫡夫人及左右媵，各有姪娣，皆同姓之國，國三人，凡九女，所以廣繼嗣。魯將嫁伯姬于宋，故衛來媵。」【補曰】杜注大略本公羊也。何休曰：「言來媵者，禮君不求媵，諸侯自媵。夫人媵例時。」媵，淺事也，不志，此其志何也？【補曰】凡内女將歸而他國來媵者，史皆書之，君子以爲淺事，削而不志。以伯姬之不得其所，故盡其事也。不得其所，謂災死也。江熙曰：「共公之葬由伯姬，則共公是失德者也。傷伯姬賢而嫁不得其所。」【補曰】此當依范說，以爲災死。言以伯姬之不得其所者，即襄三十年傳云「隱卒災也」。以伯姬卒災可隱，故盡其事。謂獨仍舊文，存其事也。言盡者，謂備其本末，納幣、三媵、歸宋，一事之本末也。常不志，特志，曰盡；常略，特不略，曰詳，皆即公羊所謂録也。伯姬者，春秋之賢女，賢而卒災，故尤可隱，推極經義，賢意自見。言不得所，不須復言賢，故傳不言也。江熙以爲伯姬配失德之君即是不得所之事，於理亦通，而傳於此無是意也。共公失德不葬，十五年傳文其失德即謂不答伯姬，於彼傳論之，疏以江爲無所據，非也。

九年春王正月，杞伯來逆叔姬之喪以歸。【補曰】以者，不以者也。傳曰：夫無逆出妻之喪而爲之也。【補曰】疏曰：「叔姬既犯七出之愆，反歸父母之國，恩已絕矣。杞伯今復逆出妻之喪而違禮傷教，言其不合爲而爲之，是以書而記之，以見非。徐邈云『爲』猶『葬』也，言夫無逆出妻之喪而葬，理亦通矣。但范不訓『爲』爲『葬』也。」俞樾曰：「徐乃目言其事耳，非訓『爲』爲『葬』，『爲』當訓『治』，謂不當治其喪。」

公會晉侯、齊侯、宋公、衞侯、鄭伯、曹伯、莒子、杞伯同盟于蒲。蒲，衞地。【補曰】不日者，爲此秋執鄭伯以伐鄭，渝盟不信。祝柯盟爲惡之，亦略同。

公至自會。

二月，伯姬歸于宋。逆者非卿，故不書。【補曰】劉向列女傳曰：「伯姬者，魯宣公女，成公妹也。其母曰繆姜。」文烝案：伯姬不稱子，則非同母。

夏，季孫行父如宋致女。致敕戒之言於女。【補曰】注以「致」爲致命，與劉向列女傳同，而其言太略，義不了也。說具於下。致者，不致者也。【補曰】重發傳者，嫌與致妾母異也。婦人在家制於父，既嫁制於夫，如宋致女，是以我盡之也。刺已嫁而猶以父制盡之。【補曰】此解致者不致之意。盡，如八年「盡我」之「盡」，已嫁宋而魯致之，是以我盡之。不正，【補曰】以我盡之，故曰不正。故不與內稱也。內稱，謂稱使。【補曰】如者，內稱使之文，注甚謬。疏强爲之說，不可通也。內稱，謂稱伯姬，不稱伯姬而稱女，是不與內稱。傳意言致，故言女，非禮之常，異其文耳，非譏魯，亦非貶伯姬也。疏引徐邈言「伯姬責小禮違大節」，非是，惟言稱女則得之。又以不稱夫人爲說，外夫人安得稱夫人乎？父母之於子，雖爲諸侯夫人，猶曰吾伯姬，此內稱之義也。來逆稱叔姬，不稱女，曰不與夫婦之稱，致稱女，不稱伯姬，曰不與內稱，文可互明，義各有當。逆者微，故致女。【補曰】此論致女之由也，先儒說致女互有不同。何休曰：「古者婦人三月而後廟見稱婦，擇日而祭於禰，成婦之義也。父母使大夫操禮而致之，必三月者，取一時足以別貞信，貞信著然後成婦禮。」又孔穎達曾子問正義曰：「如鄭義則從天子以下至於士皆當夕成昏，舅姑沒者，三月廟見，故成九年如宋致女，鄭云致之使孝，非是始致於夫婦。隱八年陳鍼子譏鄭公子忽先配而後祖，鄭以祖爲祖道之祭，應先爲祖道然後配合也。若賈、服之義，大夫以上，無問舅姑在否，皆三月見祖廟之後乃始成昏，故譏鄭公子忽先爲配匹乃見祖廟，故服虔注云如宋致女謂成昏也。」又杜預曰：「女嫁三月，又使大夫隨加聘問，謂之致女。所以致成婦禮，篤昏姻之好。」又左傳桓三年冬，齊仲年來聘，致夫人也。杜預曰：「古者女出嫁，又使大夫隨加聘問，存謙敬，序殷勤也。在魯而出則曰致女，在他國而來則總曰聘。」統觀諸説，賈、服、何、杜以致女爲致之使成夫婦，鄭以致女爲致之使孝。經不言致伯姬而言致女，言女者，正明其未成婦，則言致者，必是致以成之，賈、服、何、杜是也，鄭非也。但賈、服、何、杜以爲女嫁三月必有致女之禮，與左傳桓三年致夫人之文極合，而此傳云「逆者微，故致女」，又上文重發例云「致者，不致者也」，則左傳及賈、服、何、杜説皆未可用。明大夫以上之禮，雖至三月廟見始成昏，而要無致女之事也。劉向列女傳曰：「宋恭公不親迎伯姬，迫於父母之命而行，既入宋，三月廟見，當行夫婦之道，伯姬以恭公不親迎，故不肯聽命。宋人告魯，魯使大夫季文子如宋致命於伯姬。」疏引徐邈曰：「宋公不親迎，故伯姬未順爲夫婦，故父母使卿致伯姬使成夫婦之禮，以其責小禮違大節，故傳曰不與内稱，謂不稱夫人而稱女。」劉子政用穀梁家舊説，而徐注因之，大意皆是。劉以致命當經「致」字，爲范所本，但以用致夫人之致例之，或是致之於宋之廟也。伯姬始嫁，彼自告至，至此因伯姬不肯廟見成夫婦，故我使人致之。鄭君坊記注引此經，而曰：「是時宋共公不親迎，恐其有違而致之。」彼上文云「壻親迎，舅姑承子以授壻，恐事之違」。謂恐此女於昏事乖違，不親夫以孝舅姑也。如鄭此注，則不但以爲致之使孝，又不謂致女是常禮，是亦可與傳義相證也。詳其事，賢伯姬也。【補曰】詳者，謂言致女，不直言如宋也。魯變禮，故爲不正。伯姬守禮，故爲賢。前後文來媵皆國之常事，經盡其事，既以不得其所取義，此文致女非常事，乃足見伯姬之爲人，故經詳其事，則取義於賢伯姬。而傳與卒災傳同文也。

晉人來媵。媵，淺事也，不志，此其志何也？【補曰】凡内女已歸而他國來媵者，君子亦以爲淺事不志。以伯姬之不得其所，故盡其事也。【補曰】重發傳者，此在歸後，嫌有㚖也。

秋七月丙子，齊侯無野卒。

晉人執鄭伯。【補曰】晉侯稱人者，鄭有罪。

晉欒書帥師伐鄭。不言戰，以鄭伯也。欒書以鄭伯伐鄭，君臣無戰道。【補曰】傳以是役也，欒書以鄭伯伐鄭，而鄭與晉戰，戰重於伐，而書伐不書戰，故發其義。左傳無以鄭伯伐鄭而鄭與晉戰之事。爲尊者諱恥，不使臣敵君，王師敗績于貿戎是也。【補曰】當云如王師敗績之屬，下二句注皆同。爲賢者諱過，爲齊桓諱滅項是也。爲親者諱疾。雍曰：「欒書以鄭伯伐鄭，不言戰是也。鄭，兄弟之國，故謂之親，君臣交兵，病莫大焉，故爲之諱。【補曰】疏曰：「三者之外，尚有爲魯諱敗之事，不言者，因爲同姓諱疾，則文亦包魯可知。聖人有作，親疏一也。今乃以同姓爲別者，春秋之意，因親及疏，故仲尼書經，内外有別，既内外別，則親疏尊卑見矣。」文烝案：又有爲祖諱之事，亦於諱疾中包之，三句不特出，春秋者省文，公羊閔元年傳有此三語，皆無下一字。尊尊、賢賢、親親，春秋之大義也。孝經曰：「要君者無上，非聖人者無法，非孝者無親，此大亂之道也。」孟子曰：「天下有達尊三：爵一，齒一，德一。」其意並與春秋相表裏。啖助曰：「諱者，非隱其惡，蓋諱避之，避其名而遜其辭，以示尊敬。」

冬十有一月，葬齊頃公。

楚公子嬰齊帥師伐莒。【補曰】卓爾康曰：「楚兵未有至沂上者，今越淮、泗而伐莒，蓋爲備吴也，得莒則足以制鄭。」庚申，莒潰。其日，【補曰】凡潰，史皆日，君子略之。莒雖夷狄，猶中國也。莒雖有夷狄之行，猶是中國。【補曰】昭五年傳直以莒爲狄，與此互相明。案：左傳成風、叔孫婼皆以邾爲夷，仲尼學官於郯子，曰天子失官，學在四夷。」郳、郯之爲夷，皆莒之類也。左傳又言「杞用夷禮」，杞卽東夷，則似傳之言陿矣。晉侯以傅陽子歸謂之夷俘，本非夷，晉諱之耳，與諸國又不同。傳此二句，所以起下文，言彼固夷狄而中國者也，而今乃如下所云乎？大夫潰莒而之楚，是以叛其上爲事也。臣以叛君爲事，明君臣無道。【補曰】之，適也。大夫潰於莒而適楚師，是不能事其君上，而以叛爲事也。傳以叛上乃中國之大惡，故指而言之，若極論其理，則夷狄亦不得矣。左傳無大夫叛上之事，傳自有所受，與上一條同。各本皆作「知其上」。案：注云「臣以叛君爲事」，疏曰「莒帥衆民叛君從楚」。又僖四年疏云「莒潰書曰，惡大夫之叛」，傳文作「叛」明矣。「叛」與「知」字左畔相似，故誤爲「知」，今特改正。又疏曰：「范別例云，凡潰者有四，發傳有三，僖四年蔡潰，傳曰『潰之爲言，上下不相得』，文三年沈潰從例，可知此莒潰雖同，是不相得，但與君臣不和自潰散小異，故發傳。昭二十九年，鄆潰，彼鄆是邑，與國殊，故重發傳。」惡之，故謹而日之也。潰例月，甚之，故日。【補曰】二句結上文「其日」二字，猶紀侯來朝，上云「朝時，此其月何也？」下云「惡之，故謹而月之也」。公侵宋，上云「侵時，此其月何也？」下云「惡之，故謹而月之」。戊寅大夫宗婦覿，己酉邾人執繒子，並云「惡之，故謹而日之也」，亦略相似也。戰國策安陵君曰：「吾先君成侯，受詔襄王以守此地也，手受大府之憲。憲之上篇曰：『子弑父，臣弑君，有常不赦。國雖大赦，降城亡子不得與焉。』」此得春秋之義矣。疏曰：「上言莒猶中國，故日，下言惡之，故日，明若莒非中國，雖惡不得日也。」案：疏誤以「猶中國」句爲正解日義，是不審傳之文勢。又謂夷狄雖惡不得日，於文似合，於理實乖。傳言莒猶中國，以見莒之罪耳，豈謂以其猶中國故得日哉？夫春秋之視莒，介乎中國夷狄之閒者也，君臣父子之義，無閒於中國夷狄者也。楚，夷狄也，而未嘗無父子也，故世子弑君，謹而日之也。莒，夷狄而中國也，而未嘗無君臣也，故大夫叛上，謹而日之也。樊遲問仁，子曰「居處恭，執事敬，與人忠，雖之夷狄，不可棄也。」人心之不可不存也，猶人倫之不可不正也，皆不以中國夷狄而有異，此聖人之大訓也。

楚人入鄆。【補曰】疏曰：「魯雖有鄆，此鄆非魯也，當從左氏爲莒邑。大都以名通，故不繫莒。」文烝案：此即文十二年之鄆，時屬莒耳。稱人者，嬰齊在莒，別以偏師入鄆，非嬰齊移師，不得爲繼事辭也。方苞、高澍然、葉酉説是。

秦人、白狄伐晉。

鄭人圍許。

城中城。城中城者，非外民也。譏公不務德政，恃城以自固，不復能衛其人民。【補曰】中者，中外之中，魯都非魯邑也。城之者，脩舊而又益之，若遷都之爲者也。中城而益則取之郛，古者天子諸侯城郭俱有定制，其居民則國中及郊，有六鄉三鄉，郊外曰野，有六遂三遂，皆吾民也。今公違魯舊制，以郛益城，城外之民將悉外之，故書以非之。非，責也。凡內書城皆是益城，皆有責其外民之意，此文尤足顯義，故傳特發之。范注既不了，劉敞、葉夢得遂詆傳失，尤非也。趙汸曰：「成城中城而後襄城西郛，定城中城而後哀城西郛。」

春秋成公經傳第七補注第十八

穀梁　范氏集解　鍾文烝詳補

十年春，衛侯之弟黑背帥師侵鄭。【補曰】稱弟，見其親且貴，不論其有罪無罪，異於奔殺。疏引范答薄駮及其自爲説皆謂黑背以有賢行稱弟，非也。

夏四月，五卜郊，不從，乃不郊。夏四月，不時也。郊時極於三月。五卜，强也。【補曰】疏曰：「知其不可而强爲之。」文烝案：四月書五卜者，蓋十一月下辛卽卜，至三月下辛爲五卜，至此四月上辛而不郊也。或四月下辛又卜，爲第五卜，卽於是日決意不郊，因亦不復行免牲之禮。傳以爲强，後説似長。凡卜免牲不吉則不免，如後説，則不卜而不免也。「強」或作「彊」。乃者，亡乎人之辭也。【補曰】疏曰：「不時，亡乎人。重發傳者，嫌五卜與四卜異也。」文烝案：公羊曰：「其言乃不郊何？不免牲，故言乃不郊也。」哀元年傳曰：「卜免牲者，不吉則否。」此因卜免不吉，故不行免牲之禮也。其牲繫而待，六月上甲，然後左右之，亦見哀元年傳。彼注曰：「未左右時，監門者養之。」孔穎達曰：「不以其禮免，直使歸其本牧。」

五月，公會晉侯、齊侯、宋公、衛侯、曹伯伐鄭。【補曰】月者，蓋爲下卒日。不致者，蓋晉侯有疾，不成伐。左傳以爲在會者是晉世子州蒲，啖助、劉敞辯之。

齊人來媵。媵伯姬也。異姓來媵，非禮。【補曰】左傳例凡諸侯嫁女，同姓媵之。異姓則否。鄭君以爲納女於天子，稱備百姓，則得有異姓。又毛詩傳云「諸侯一取九女，二國媵之」，公羊同。謂三國來媵，非禮。何休以爲唯天子取十二女也。若然，此非禮有二，但經意則以伯姬之不得其所，故盡其事，非以非禮書也。致女齊媵，俱非禮，非賢之，非以其不得所，無容獨存史文。

丙午，晉侯獳卒。【補曰】晉景公。案：左傳：「秋，公如晉。晉人止公，使送葬。冬，葬晉景公。公送葬，諸侯莫在。魯人辱之，故不書，諱之也。」然則晉景不葬，乃仍魯史之舊。

秋七月，公如晉。【補曰】杜預曰：「親弔非禮。」文烝案：晉人止公，冬而會葬，會葬又非禮。說見襄三十一年。親弔喪則奔喪之比也。往反皆月，與宣奔齊喪同義。

冬十月。〇【撰異曰】公羊無此三字。唐石經誤衍。段玉裁曰：「禮記中庸正義云，成十年不書冬十月，賈、服有說，則左經亦當無之。」

十有一年春王三月，公至自晉。【補曰】月者，從奔齊喪之例，又與會淮同，非但爲下盟日。

晉侯使郤犨來聘。〇【撰異曰】犨，公羊作「州」，後同。亦或作「犫」。

己丑，及郤犨盟。

夏，季孫行父如晉。

秋，叔孫僑如如齊。【補曰】下十四年有逆女文，此如齊，蓋納幣也。納幣得禮，則直言如此，君子略其文，從恆事不志之例也。莊之納幣以二十二年冬至二十四年夏而逆女；文之納幣以二年冬至四年夏而逆婦姜；今此納幣在十一年秋，而十三年七月以前公不在國，故至十四年秋始逆女也。左氏於此但言「聘于齊，以脩前好」，殆失其實。杜預因不見納幣事，則以爲經文闕絶，宜無怪焉。

冬十月。

十有二年春，周公出奔晉。【補曰】周公，名楚。不月者，從外大夫例。周有入無出，鄭嗣曰：「王者無外，故無出也。宗廟宫室有定所，或卽位失其常處，反常書入，內宗廟也。昭二十六年，天王入于成周是。」【補曰】疏曰：「言周者，總君臣言之。注直據天子者，以王者出入俱有成文。」其曰出，上下一見之也。鄭嗣曰：「上謂僖二十四年天王出居于鄭，下謂今周公出奔，上下皆一見之。」【補曰】上始言出居，至敬王言居不言出；下始言出奔，至王子瑕、王子朝言奔不言出，故曰一見之，文意與外內寮一疑之同。許翰、李廉頗得其解。言其上下之道，無以存也。【補曰】申上意也。出者，失天下之文，君不君，臣不臣，其道無以存此天下。上雖失之，下孰敢有之？今上下皆失之矣。上雖有不君之失，臣下莫敢效不臣之過，今復云周公之出，則上下皆有失矣。君而不君，臣而不臣，是無以存乎世，言周之所以衰。【補曰】疏曰：「僖二十四年傳曰『雖失天下，莫敢有也』，此云『上雖失之，下孰敢有之』，注觀經立說，故二處不同。」文烝案：注義非也。「上雖失之」二句卽承前傳言之。上雖失天下，臣下莫敢有之，既不敢有天下，則猶能爲天子守天下。傳所謂「大夫國體」，孟子所謂天位與共，於是乎見。今上下各見出文，明上既失之，下亦不能守之矣。周之衰也，由上下皆失之，故各一見以明義。其義既明，故後此遂從平文也。○傳解兩「出」字，總僖、成、襄、昭五文以爲説，其爲春秋本意，決然無疑。左氏、公羊亦知天子無出，自周無出，王者無外，而於其言出，則莫能明其説，乃沾沾然就一事求之，宜其膠滯瑣屑而終不能通也。穀梁之得，二家之失，大都如此。

夏，公會晉侯、衛侯于瑣澤。 瑣澤，某地。【補曰】當云地闕。不致者，蓋此會無足善。左傳晉、楚爲成，故會。○【撰異曰】瑣，公羊作「沙」。案：定七年齊、衛之盟，左氏經作「沙」，傳作「瑣」。

秋，晉人敗狄于交剛。 交剛，某地。【補曰】亦當云地闕。言敗不言晉師，與箕同。**中國與夷狄不言戰，皆曰敗之。** 不使夷狄敵中國。【補曰】此發中國敗夷狄通例也。案：隱十年傳曰「內不言戰，舉其大者」，然則凡中國敗夷狄直言敗，乃從內直言敗外之例，范解失之。范見元年傳有「諱敵」之言而不審其文義，故一誤以爲外不敵內，再誤以爲夷狄不敵中國。如注説則外敗內何以直言戰？夷狄敗中國何以言戰言敗？莘、雞甫何以爲變例乎？**夷狄不日。**【補曰】此又發中國敗夷狄及夷狄相敗通例也。凡日以敗之者，成敗之也，不日以敗之者，直舉其勝者言也。結日列陳曰戰，故書戰皆日，不日者，謂之疑戰。至於中國敗夷狄，不須爲結日列陳之文，夷狄相敗，又不知結日列陳，一則槩書以疑戰之文，一則其事本是疑戰，皆不言戰，亦皆不得日，惟長岸言戰，然亦以疑戰而不日也。箕、交剛、婁林、長岸、檇李又皆不月以略之，惟大原蒙上月。疏曰：「不於箕役發傳者，以再敗狄師甚之，故發於此。」

冬十月。

十有三年春，晉侯使郤錡來乞師。【補曰】杜預曰：「將伐秦。」乞，重辭也。【補曰】疏曰：「重發傳者，公子遂内之始，此外之初，故發之。」古之人重師，故以乞言之也。【補曰】疏曰：「言古之人者，徐邈以爲引古以刺今。」文烝案：古者，春秋前也，策書之文，實因乎古，而君子取之，與定十五年傳云「喪急故以奔言之」同意。呂本中曰：「春秋之世，霸主之令小國，其強大恣横，有甚於平世天子之令諸侯者，而猶以乞師爲名，則是先王之禮意猶有髣髴存者，惜乎其君臣上下不能襲其號以求其意也。」

三月，公如京師。公如京師不月，月，非如也。時實會晉伐秦過京師也。公行出竟，有危則月，朝覲京師，理無危懼，故不月。【補曰】仍史文書月，明其本非如。非如而曰如，不叛京師也。因其過朝，故正其文，使若本自往。【補曰】不叛者，明不敢過也。案：公羊曰「不敢過天子也」，桓六年傳曰「諸侯不以過相朝也」，二傳互相明諸侯不以過相朝，故州公不得言朝，諸侯不敢過天子，故公得言如，此亦諸侯盡朝。左傳曰「公及諸侯朝王」。

夏五月，公自京師，遂會晉侯、齊侯、宋公、衛侯、鄭伯、曹伯、邾人、滕人伐秦。【補曰】何休曰：「閒無事復出公者，善公繫行。」公羊以不敢過天子爲繫行。繫者，何休曰：「猶更造之意也。」左傳有劉子、成子，公親在行，史必備録。經不書者，王沿謂嫌若實受王命也。又左傳稱「戰于麻隧，秦師敗績」，賈逵曰：「晉直秦曲，無辭不得，敵有辭，故不書戰。」杜預駁其説。文烝謂是略之，不欲以一秦敵九國君卿，故書伐而已。月者，爲下卒起。〇【撰異曰】

唐石經左氏、穀梁皆作「公至自京師」，「至」字皆衍字也。余仁仲本、各本悉無「至」字。徐彦公羊疏曰：「『公』下『自』上有「至」字者，衍文。」齊侯，各本脱，今依唐石經、余本補正。**言受命，不敢叛周也。**使若既朝王，而王命己使伐秦。叛周，謂專征伐。【補曰】疏曰：「傳於公子遂已言不敢叛京師，此重發傳者，嫌君臣異例。」文烝案：上以「非如」之辭見義，此及公子遂二文皆以「繼事」辭見義，三者皆同意。高閌説此曰：「其辭若志敬而實志不敬，此春秋微辭。」

曹伯廬卒于師。【補曰】疏曰：「不日卒者，蓋非嫡子爲君故也。又僖四年注云『新臣卒于楚，故不日耳』，則此不日者或當爲卒于秦故也。若然，襄二十六年八月壬午許男甯卒于楚，注云『許男卒于楚，則在外已顯矣。』日卒明其正，二注不同者，以無正文。二理俱通，故爲兩解。或亦新臣非嫡子，不須兩解，理足可通耳。」文烝案：傳例在外日者爲其未踰竟，則知在竟外者例皆不日矣。在外未踰竟日者，晉侯黑臀、鄭伯髡原、宋公佐是也；在竟外不日者，許男新臣、曹伯廬、曹伯負芻、杞伯成是也。許男甯例當不日，而書日者，以其明言卒于楚，非若新臣不地及于師于會之不言國，故還從正卒書日之常例。蔡侯東國亦明言卒于楚，而不書日者，本非正嗣，雖在己國都内亦不日也。然則在外未踰竟者正不正皆日，在竟外而文不顯者正不正皆不日，在竟外而文顯者正則日，不正則不日，與常例同。若夫惡之而時卒者，悉不論其正與不正，在國内國外，竟内竟外。但新臣又不入此例耳，凡此中國諸侯書卒之别也。〇【撰異曰】廬，左氏本亦作「盧」。

傳曰：閔之也。【補曰】閔其不卒於常所故地。**公大夫在師曰師，在會曰會。**【補曰】疏曰：「諸侯或從會，或從伐，皆閔其在外而死，故云卒于師于會也。卒于師則此曹伯廬及曹伯負芻是也，卒于會則杞伯成是也。許男新臣亦卒于師，彼以内桓師，故不書于師也。大夫之卒，例所不書，而與公同例者，舊解以爲春秋緣大夫之心，非謂外大夫書卒于師。

若然，傳不得云大夫，且經無其事，傳因類發例者，其數不少，卽饑云饉康之等，此雖無經，何爲不得也？又會大夫單伯之徒亦書會諸侯，若使卒于師，固當書之，故知傳謂公及大夫二者皆然也。」疏又引徐邈注以爲「公及大夫所會諸侯，在師言師，在會言會。」文烝案：疏解「公大夫」三字，如前說則公指外諸侯，大夫兼指外內大夫；如後注則皆指內，後注是也。內大夫所會諸侯，未有言卒于師卒于會者，適無其事也。兩「在」字正指公大夫，徐注辭不別白。

秋七月，公至自伐秦。【補曰】後事小於先事，不以先事致者，孫復以爲「本非朝京師，故不以京師致」是也。鄭玉曰：「上書『如京師』，明春秋以朝王爲重，使不違於禮而世道有所防。下書『至自伐秦』，明諸侯爲伐秦而出使，不失其實，而後人有所考。」文烝案：此實未滿二時月者，遠用兵而反，故危之，亦從往月致月有懼之例。

冬，葬曹宣公。葬時，正也。【補曰】疏曰：「嫌卒于師，失正葬，故重發之。」文烝案：此非重發也，乃因卒文有異，特發以明例。書時所以爲正者，葬是彼國臣子之事，彼國自有史書詳其月日，魯史記之但當書時而已，此蓋經之新例。

十有四年春王正月，莒子朱卒。徐邈曰：「傳稱『莒雖夷狄，猶中國也』，言莒本中國，末世衰弱，遂行夷禮。葬皆稱謚，而莒君無謚，謚以公配。而吳、楚稱王，所以終春秋亦不得書葬。」【補曰】此莒渠丘公也。至此始卒者，從夷狄少進之例，蓋經例也。莒卒皆不日，與吳同例。左氏載續經哀十四年，莒子狂卒，文承五月下，亦不日，則不日者史例也。莒卒又皆不葬，與楚、吳同例，莒子狂亦不葬，則不葬者亦史例也。吳之不日，當爲經例，莒小而吳大，莒不朝魯而吳聘魯，莒爲讐而吳爲昏，魯史之例必不同吳於莒，故知吳當日也。楚、吳之不葬，當並爲史例，莒號夷而楚、吳號嫌，吳號嫌而又夷，魯史之法，周禮所在，故知楚、吳當本不葬也，吳、楚稱王，故不葬。公羊及禮坊記皆有其說。

夏，衞孫林父自晉歸于衞。【補曰】嘗爲大夫，不言復歸者，據左傳晉侯使郤犨送林父而見之。衞侯欲辭，因其夫人定姜之請乃始見而復之，是歸時猶未復其位，故不言復也。凡復國中者，皆是復其位。

秋，叔孫僑如如齊逆女。泰曰：「親迎例時，大夫逆皆譏月以譏之。下云九月僑如以夫人婦姜氏至自齊，一事不二譏，故此可以不月也。宣元年公子遂如齊逆女，亦以時逆而月致，義與此同。」【補曰】疏曰：「彼雖文承正月下，正月自爲即位發文。」

鄭公子喜帥師伐許。

九月，僑如以夫人婦姜氏至自齊。大夫不以夫人，以夫人，非正也，刺不親迎也。【補曰】疏曰：「公子翬如齊逆女，傳曰『不言翬之以來何也？公親受之於齊侯也』，然則公不親受宜言以夫人至，而曰非正者，逆女親者也，使大夫非正也。非正而以夫人至，故刺之。不發於宣公逆女者，宣以喪娶，故略夫人而不氏，一事不二譏，故省其文。成非喪娶，嫌無罪，故傳明之。」僑如之摯，由上致之也。【補曰】疏曰：「重發摯義者，非喪娶嫌異，故重明之。」

冬十月庚寅，衞侯臧卒。

秦伯卒。【補曰】秦桓公也。秦卒自此不名，以後葬矣，至哀三年日卒矣。公羊昭五年傳曰：「何以不名？秦者夷也，匿嫡之名也。其名何？嫡得之也。」何休曰：「嫡子生不以名，令於四竟擇勇猛者而立之，獨罃、稻以嫡得立之。」案：傳言滕用狄道，世子無名，不正者名，公羊移其事於秦，而説又岐異。史記秦本紀悉據秦史，絶無斯言，明公羊未可用。而疏引徐邈説曰：「秦伯不名，用狄道也」，非傳意也。傳於宿男之不名，以爲未能同盟，薛伯、杞子亦當同義。疏謂「秦之不名，蓋同彼傳」，即左氏未同盟之例，此説是矣。但秦康公、共公俱未同盟，而罃、稻並名者，時秦與山東諸侯漸親，故轉從同盟例也。秦桓公之大夫嘗盟于蜀，而桓公不得名者，時秦與山東諸侯漸疏，其盟亦非魯意，故還從未同盟例也。景公以後，宴處西陲，赴告僅通，冠裳不接，蓋其勢埒於齊，其交合於楚，而其疏遠自外，同於戎翟，并復同盟諸侯之比，故終春秋遂不名也。至若傳所謂秦之爲狄，自殽戰始者，非指其名不名也。少進書卒不書日，又少進書日，乃是狄之從滕、楚、莒、吳之例。○春秋不名者五，國未同盟一義也，用狄道又一義也，左氏得其一，公羊得其一，所聞皆不備。

十有五年春王二月，葬衛定公。

三月乙巳，仲嬰齊卒。此公孫也，其曰仲何也？此蓋仲遂之子，據實公孫。【補曰】歸父弟也，謚曰昭子。公羊以爲公孫嬰齊，爲兄後，故以王父字爲氏，此不得其説而強爲之辭。何休説之曰「未見於經爲公孫嬰齊，今爲大夫，死見於經爲仲嬰齊」，此注有可取焉。子由父疏之也。雍曰：「父有弑君之罪，故不得言公子，父不言公子，則子不得稱公孫，是見疏之罪由父故。」【補曰】嬰齊非有罪也，爲欲接足前篇之義，疏父以及子，若卒歸父亦同之矣。遂身以仲爲氏，故疏其父子，則皆稱之。成公時有兩公孫嬰齊，六年如晉，八年如莒，左傳皆以爲子叔聲伯，即十七年卒者。二年戰窜，左傳不言其人，何休以此嬰齊爲未見經，則彼亦當是伯聲。竊以古經簡質，若書歸父之弟，當必從同不別，此卒若不疏之，則亦從同不別，不可以後世史家之學求之。家鉉翁以爲此一經舊史必書公孫也。

癸丑，公會晉侯、衛侯、鄭伯、曹伯、宋世子成、齊國佐、邾人同盟于戚。【補曰】下有「執」，不如蒲、祝、柯去日者，稱侯斥執，其惡已顯，不假去日，故還從書日常例，與淏梁同。○【撰異曰】成，公羊作「戌」，音恤。亦或作「成」。

晉侯執曹伯歸于京師。○【撰異曰】公羊「歸」下有「之」字，唐石經及板本誤衍也。以晉侯而斥執曹伯，惡晉侯也。僖二十八年，晉人執衛侯歸之于京師，此伯討之文也。今以侯執伯，明執之不以其罪。【補曰】疏曰：「重發傳者，此執歸于京師，嫌晉無罪，故重明之。」文烝案：左傳謂曹伯殺大子而自立，黃仲炎云未必然，程端學以爲附會，恐當從之。公羊但云公子喜時讓國，而左傳下年曹人請晉，雖重子臧，亦未嘗不義曹君也。不言之，急辭也，斷在晉侯也。明晉之私。

【補曰】辭中促迫不容之。

公至自會。

夏六月，宋公固卒。

楚子伐鄭。

秋八月庚辰，葬宋共公。【補曰】顧炎武曰：「春秋葬皆用柔日，惟此是剛日，其如頃熊、定公雨不克葬，遲至明日者歟？」月卒日葬，非葬者也。宋共公正立，卒當書日，葬無甚危，則當録月。今反常違例，故知不葬者也。然則共公之不宜書葬，昏亂故。【補曰】案：中國諸侯，若立非正嗣而葬則甚危，又不如齊小白之不正前見，則亦月卒日葬矣。而云月卒日葬非葬者，蓋以共公卒本宜日葬，本不宜日，二事俱違例，如注所云也。紀伯姬、叔姬亦是月卒日葬，與例相違，傳云「閔紀之亡」，不嫌是非葬者，內女書葬，明是特録，不若諸侯書葬爲常文。月卒日葬與宋共姬不同，則知是閔紀之亡矣。傳言共公，非宜書葬，則共公爲失德甚明。注言昏亂，而隱三年徐邈注解此文云伯姬賢而不答，以是爲共公失德之實，徐說蓋是也。共公不親逆女，又不使卿，共姬以上九年二月嫁，至是纔七年，而是年三月宋世子成出會諸侯，成必非共姬所生，成已立爲世子，若早知共姬必無子者，其不見答，從可知矣。史記宋世家以成爲共公少子。何休亦曰「共公卒，子幼」，蓋皆誤以爲共姬所生，當是公羊家說、徐氏之言，當本穀梁家舊說，極合事情。此其言葬何也？以其葬共姬，不可不葬共公也。葬共姬則其不可不葬共公何也？夫人之義不踰君也，【補曰】子氏去葬，爲共君不葬也，共公不去葬，爲其夫人葬也，因合葬之法，明夫婦之義。爲賢者崇也。賢崇伯姬，故書共公葬。【補曰】崇伯姬之賢，使得達其不踰君之義，若共公未嘗失德。然紀伯姬、叔姬書葬，不葬紀侯者，紀侯大去，非我所葬，與此異也。

宋華元出奔晉。

宋華元自晉歸于宋。【補曰】不省文復出宋華元者，史常文也，鄭良霄再見則略之矣。不言復者，乍奔卽歸，位本未絶也。據左傳華元至河上而反，李光地、高澍然以爲已入晉竟，言奔者，不必定抵其都也。明亦從有奉之例。

宋殺其大夫山。【補曰】左傳稱其人曰蕩澤、曰子山，則山者蕩澤之字也。不氏又不名者，左傳稱蕩澤爲司馬，

在祖之位也。此與僖二十五年皆稱國以殺並是無罪之文。而彼直云大夫，此言山者，蓋因上書宋華元，下書宋魚石，此

文在中，不可空言大夫，無以相別，故上下文書名姓，則此略書字，與文八年同義。

宋魚石出奔楚。

冬十有一月，叔孫僑如會晉士燮、齊高無咎、宋華元、衛孫林父、鄭公子鰍、邾人會吳于鍾離。【補日】鍾離，楚邑。何休日：「月者，危錄之，諸侯既委任大夫，復命交接夷狄。」會又會，外之也。再晉會，殊外夷狄。【補日】注順衍傳語，甚無發明。當時吳實序末，宜稱邾人、吳人，今因不欲稱吳人，故殊會，是外之也。不言及吳者，與檟函同，與黃池異。會者外爲主，不嫌以吳爲主，與王世子同者，上有會文也。疏日：「重發傳者，檟函表中國之辭，鍾離明内外之稱，故兩發之。」文烝案：公羊日：「春秋内其國而外諸夏，内諸夏而外夷狄。」

許遷于葉。【補日】葉，楚地。遷者，猶得其國家以往者也。其地，許復見也。【補日】重發傳者，許遷皆不月，故發傳於始，以明與凡遷同。

十有六年春王正月，雨，木冰。雨而木冰也，雨著木成冰。【補日】朱子日：「上溫故雨而不雪，下冷故著木而冰。」公羊同。　志異也。　穀梁說日：「雨木冰者，木介，甲胄，兵之象。」【補日】疏日：「劉向云『冰者陰之盛，木者少陽，卿大夫之象。此是人將有害，則陰氣脅木，木先寒，得雨而冰也。是時叔孫僑如出奔，公子偃誅死。一日，時晉執季孫行父，執公，此執辱之異也。或日，今之長老名木冰爲木介。介者，甲也，兵象也。是歲晉有鄢陵之戰，楚王傷目

而敗。」徐邈云：「五行以木爲介。介，甲也。木者少陽之精，幼君大臣之象，冰者凝陰，兵之象，今冰脅木，君臣將見執之異。根枝折者，象禍害速至也。」文烝案：范注與劉向或説同，徐注兼用何休語。公羊於諸異皆曰記異也。傳唯此一見。周人之書，體例高簡，不屑屑也。左傳亦如此。傳曰：根枝折。【補曰】惠士奇曰：「言折乃草妖也，後世以封條雪爲雨木冰，非也。」

夏四月辛未，滕子卒。【補曰】滕文公也。滕卒至此始書日，以後名且葬矣。滕之不名者正，名者不正，然則日正、不日不正之例不施於滕明矣。楚卒書日，傳曰「日少進也」，滕用狄道，故從少進之例。本亦不言正不正，特其用狄道，即於名不名見之，故以名不名別之耳。或後來舍其狄道，亦所不論矣。

鄭公子喜帥師侵宋。

六月丙寅朔，日有食之。

晉侯使欒黶來乞師。將與鄭、楚戰。【補曰】乞師者，將伐鄭也。伐鄭而楚子救之，遇於鄢陵，此左傳之明文，當從杜注爲是。孔穎達曰：「時欒黶未爲卿，得名見經者，襄二十九年鄭公孫段，杜云『蓋以攝卿行』，此亦當以攝卿故書。」

甲午晦，晉侯及楚子、鄭伯戰于鄢陵。楚子、鄭師敗績。鄢陵，鄭地。【補曰】鄢陵與鄢異地。服虔注此云「鄭之東南地」。日事遇晦曰晦，【補曰】與僖十五年同，説詳彼。四體偏斷曰敗，此其敗則目也。此言敗者，目傷故。【補曰】疏曰：「手足偏斷尚謂之敗，目在首，重於手足，故亦爲敗也。」文烝案：此明楚子所以得言敗。

楚不言師，【補曰】據凡戰稱君者，其敗皆稱師。君重於師也。【補曰】君敗則師可知，舉君爲重也。敗之訓有異，敗之例從同，此亦在敗例，故爲舉重。韓戰師敗君獲，不言師敗，故爲失民。公羊解彼經云「君獲不言師敗績」，何休亦以爲舉重，葢失之。尋傳言「君重於師」，明大夫則重與師等，苟爲將見傷而師敗，當仍以師爲重也。春秋一句之中，一字而含兩訓者，逆婦姜于齊，夫婦之婦也，亦姑婦之婦也；楚子、鄭師敗績，傷目之敗也，亦大崩之敗也。兩句之中，一字而兼兩讀者，殺其君某，長言讀之殺也，及其大夫某，又承上句爲短言讀之殺也，公羊云春秋「伐者爲客」「伐者爲主」，亦殺字之例也。

楚殺其大夫公子側。

秋，公會晉侯、齊侯、衞侯、宋華元、邾人于沙隨，不見公。沙隨，宋地。不見公者，可以見公也。可以見公而不見公，譏在諸侯也。【補曰】疏曰：「不見公，是晉侯之意，諸侯既無解釋之者，卽是同不與公相見，故以諸侯總之。」文烝案：經意若譏在公而不譏諸侯，則言不之文當以公主之，當承上「公」字直書曰不見諸侯，或承公而言弗，又當曰弗遇矣。據左傳，僑如通於穆姜，欲去季、孟，公將會晉伐鄭，姜使逐二子。公請反而聽命，姜怒，公子偃、公子鉏趨過，指之曰「是皆君也」。公申守而後行，遂不及鄢陵戰。晉郤犨取貨於僑如，訴公於晉侯，晉侯不見公。

公至自會。【補曰】不與會而致者，內無惡。

公會尹子，晉侯、齊國佐、邾人伐鄭。尹子，王卿士，子爵。【補曰】此本杜預。卿士者，天子之上大夫孔穎達詩正義謂若曾子、閔子，非也。

也，杜以子爲爵，其説可從。蘇子國於温，温滅而奔，稱温子，後稱蘇子，子必是爵，明尹子、單子、劉子之等皆爵也。此與詩言「聚子内史」不同。彼以「子」配氏，是卿大夫尊稱之常，通乎列國。其上下文或字或直氏，皆取便文通稱，明與此異矣。周畿内有子爵，陸淳以爲因殷制。案：鄭君説殷爵三等，公、侯、伯也，異畿内謂之子。又答張逸云，微子、箕子實是畿内采地之爵，非畿外治民之君。汪克寬曰：「伐秦不書劉子、成子者，所以削其請王師而書，因行朝王之慢也。伐鄭洊書尹子、單子者，所以彰其瀆王臣之失也。夫苟伐秦書劉、成，則爲朝王請命，而伐秦爲善矣，伐鄭不書尹、單，則無抉王臣之罪，而討貳抑楚不爲過矣。聖人筆削，豈不深切著明哉？

曹伯歸自京師。不言所歸，歸之善者也。【補曰】不言歸于曹以爲最善也。孫復曰：「歸自京師者，天子赦之之辭也。」高澍然曰：「觀衛侯鄭亦歸于京師，不書自，則知彼釋於晉，而此釋於王也。」高説略本蕭楚、趙鵬飛。不言復，與衛侯鄭同。出入不名，以爲不失其國也。【補曰】順善文而盈之。高澍然曰：「釋於晉則未入國，猶失位之侯，故名。釋於王不待復國，已成之爲君，故不名。」歸爲善，謂直言歸而不言其國，即曹伯歸自京師不言于曹是。【補曰】此亦兼包鄭世子忽復歸于鄭、曹伯襄復歸于曹、衛侯鄭歸于衛，言所歸不言自某。自某歸次之。若蔡季自陳歸于蔡、衛侯鄭自楚復歸于衛是。【補曰】言自某又言所歸也，歸與復歸一例，此注是也。疏曰：「傳詳發例於此者，以歸文與常例異，故分別之。」

九月，晉人執季孫行父，舍之于苕丘。行父，魯執政卿，其身執則危及國，故謹而月之，録所憂也。苕丘，晉地。【補曰】桓十一年注以爲執大夫無罪者月。疏曰：「晉執季孫意如、叔孫婼二文皆承月下，月不爲執發，故知此獨爲危而謹月。一解：意如及婼亦是危也。」文烝案：何休以爲凡執例時，此月者，痛傷忠臣，不得其所。據左傳，郤犨聽僑如之言，故執行父。○【撰異曰】苕，公羊作「招」。**執者不舍，**據昭二十三年晉人執我行人叔孫婼不言舍。【補曰】當據執季孫意如言以歸。**而舍，公所也。**今言舍者，以公在苕丘故也。公在苕丘而言舍者，明不得致也。若既不致，復不言舍，則無以見其舍。【補曰】舍者，寘也。左氏載續經曰：「齊陳恆執其君，寘于舒州。」左傳曰：「晉人以宋五大夫在彭城者歸，寘諸瓠丘。」言之亦緩辭。杜預以爲言舍之，「明不以歸」，其義亦得兼見。何休曰：「不稱行人者，在君側，非出使。」杜預亦曰「非使人」。劉敞曰：「從公也。」**執者致，**據昭二十四年婼至自晉。【補曰】亦當兼據意如。**而不致，公在也。**在，在苕丘也。見舍于苕丘，還國則與公俱。不得致者，重在公。**何其執而辭也？**問何故書執季孫行父而言舍之復不致之辭邪？**猶存公也。**時行父雖爲晉所執，猶欲存公之所在，故不致行父。又言舍之，皆所以見公在苕丘。**存，意公亦存焉，**問存舍之不致之意，便可知公所在乎？【補曰】焉，各本誤作「也」。今依楊疏、唐石經、余本、俞臯集傳釋義本改正。**公存也。**但存此二事，即知公在苕丘。【補曰】疏曰：「舊解舍是一事，于苕丘是二事，今以爲舍于苕丘及不致爲二事。」文烝案：傳謂公還至苕丘，而左傳曰「公還，待於鄆。」鄆者，魯西邑，當是先在苕丘，後待鄆也。

冬十月乙亥，叔孫僑如出奔齊。徐邈曰：「案襄二十三年，臧孫紇出奔齊，傳曰『其日，正臧紇之出也。』禮大夫去，君掃其宗廟，不絶其祀。身雖出奔而君遇之不失正，故詳而日之，明有恩義也。」【補曰】范注彼傳云「正其有罪」，得之。徐似誤解「正」字以爲遇之不失正，范引之似謂既正其罪，兼明恩義。如其說，則慶父、歸父皆不絶祀，何以不日乎？

十有二月乙丑，季孫行父及晉郤犨盟于扈。【補曰】行父非致，故不挈執。不致者，義在上傳。

公至自會。無二事，會則致會，伐則致伐。上無會事，當言至自伐鄭，而言「至自會」，甯所未詳。鄭君曰：「伐而致會，於伐事不成。」【補曰】李廉曰：「春秋不以本事致者，唯此伐鄭致會，襄十八年圍齊致伐。」文烝案：圍齊實伐也。

乙酉，刺公子偃。【補曰】杜預曰：「公庶弟。」大夫日卒，正也。【補曰】重發傳者，嫌刺與卒異也。先刺後名，殺無罪也。僖二十八年，公子買戍衞。不卒戍，刺之。是有罪者必先列其罪。【補曰】此猶外之稱國以殺也。偃但爲穆姜所指，不與謀，故無罪。杜預以鉏得不殺，臆度偃亦與謀，非也。疏引徐邈云「偃爲僑如所譖」，亦非也。

十有七年春，衞北宮括帥師侵鄭。○【撰異曰】括，公羊作「結」。張洽曰：「誤。」

夏，公會尹子、單子、晉侯、齊侯、宋公、衞侯、曹伯、邾人伐鄭。

六月乙酉，同盟于柯陵。柯陵，鄭地。【補曰】此爾雅所謂「陵莫大於加陵」。淮南子作「嘉陵」。柯陵之盟，謀復伐鄭也。【補曰】案：左傳曰：「尋戚之盟也。」戚盟有鄭，則此盟鄭亦與矣。而傳云「盟謀復伐」者，晉強盟鄭，鄭未肯從，當其盟時，已有伐意，故此冬復伐鄭也。此與後文京城北同，而與戲盟則異，戲盟鄭已服也。戲盟不嫌同辭者，其下有楚伐鄭文，非謀復伐可知，故不嫌也。

秋，公至自會。不日，至自伐鄭也，【補曰】疏曰：「言公至自會者，經之常也。今傳起違例之問者，定四年，楚弱而爲諸侯所侵，侵訖而盟，以盟爲大事，故云至自會。鄭自鄢陵戰後不助中國，二年之閒，三度興兵，以伐爲重，盟爲輕，故決其以伐鄭致。僖四年傳云『大伐楚』，不以會致，而以伐致，是其事也。」文烝案：盟後復伐鄭，當以伐致，襄十一年事是其明文。傳據彼文以問，不當如疏取僖四年事爲説。疏説固可通，然非傳意。公不周乎伐鄭也。周，信也。公逼諸侯爲此盟爾，意不欲更伐鄭。【補曰】明以公不欲復伐鄭，故雖盟後實復伐，而從盟不復伐則以會致之例，乃轉同於偶事致後之常例也。何以知公之不周乎伐鄭？以其以會致也。【補曰】知，見也。反覆言之。何以知其盟復伐鄭也？以其後會之人盡盟者也。後會，謂冬公會單子等是。【補曰】疏曰：「案：後會齊侯不出，而云後會之人盡盟者，以今時身在，後遣大夫從師，故亦得云盡盟。」文烝案：二句又申上傳。不周乎伐鄭則何爲日也？據無伐鄭意而強盟。盟不由忠，不當日也。言公之不背柯陵之盟也。舍己從人，遂伐鄭。【補曰】二句又以足上未盡之意。

齊高無咎出奔莒。

九月辛丑，用郊。【補曰】何休曰：「日者，明用辛例不郊則不日。」案：失禮祭祀例亦日。夏之始可以承春，以秋之末承春之始蓋不可矣。郊春事也。僖三十一年夏四月，四卜郊，不從。傳曰「四月，不時」，今言可者，方明秋末之不可，故以是爲猶可也。【補曰】春分爲建卯月之中氣，乃在四月，故言可承春。下言承春之始者，郊事起正月，欲甚言秋末之不可，故追遠言之。蓋者，發語辭。九月用郊，用者，不宜用也。【補曰】重發傳者，嫌與用致夫人異也。公羊同。何休曰：「周之九月，夏之七月，天氣上升，地氣下降，又非郊時，故加用之。」李瑾曰：「猶用牲于社，因史文也。」宮室不設不可以祭，衣服不脩不可以祭，車馬器械不備不可以祭，有司一人不備其職不可以祭。【補曰】疏曰：「論用郊而陳宮室者，禮有五經，莫重於祭，祭之盛者，莫大於郊，傳意欲見嚴父然後至其天，『家國備然後祭享，故具說宮室、祭服、車馬、官司之等，明神非徒享味而已，何得九月始用郊乎？徐邈云：『宮室，謂郊之齋宮，衣服、車馬、器械亦謂郊之所用，言一事闕則不可祭，何得九月用郊？』理亦通也。」文烝案：徐說大概得之。齋宮者，路寢之室也。衣服，謂皮弁以聽祭，報祭則被袞戴冕，璪十有二旒。車馬器械，謂素車大路，旂十有二旒，龍章而設日月，器用陶匏，疏布幂，蒲越稾秸，大圭不琢之屬。說文曰：「有所盛曰器，無所盛曰械。」有司之職謂凡所擇所戒者皆是，先於澤宮擇可與祭祀者，又於庫門内戒百官，大廟戒百姓。百姓者，親屬也。此言祭事重大，不得輕易用之。祭者，薦其時也，薦其敬也，薦其美也，非享味也。【補曰】承上言祭之正也。時，謂春時。敬者，言其心志。美者，言其禮物。享，食也，如享國、享禄之「享」。又言祭之義主薦，此三者非徒享味之謂，今曰用之而已，是徒以爲享味也。哀元年傳曰：「郊，享道也，貴其時，大其禮。」自宮室以下，皆取古書賊文，亦通於他祭。○薦其美，藝文類聚、初學記、太平御覽並引作「薦其義」，王念孫曰：「作『美』則與『非享味』之意不合，當作『義』爲是。」文烝案：祭統言小物備，美物備，陰陽之物備。此美之說也。又言唯賢者能盡祭之義，盡其道，端其義。其志厚者其義章，其義章者其祭也敬。此義之說也。但義不可言薦，石經以下皆作「美」，未可以他書改本書也。美者，禮物之備，傳次時與敬言之，不得謂與享味爲一。祭統曰：「賢者之祭也，致其誠信，與其忠敬，奉之以物，道之以禮，安之以樂，參之以時，明薦之而已矣，不求其爲。」誠信、忠敬，皆敬也。物，禮，卽美也。時，卽傳之「時」也。明薦，卽傳之「薦」也。

晉侯使荀罃來乞師。將伐鄭。【補曰】此本杜預。○【撰異曰】陸淳纂例曰：「罃，公羊作『嬰』。」案：今公羊不作「嬰」。

冬，公會單子、晉侯、宋公、衞侯、曹伯、齊人、邾人伐鄭。言公不背柯陵之盟也。

十有一月，公至自伐鄭。【補曰】何休曰：「月者，方正下壬申，故月之。」

壬申，公孫嬰齊卒于貍蜃。貍蜃，魯地也。【補曰】杜預注及釋例皆曰闕。又稱舊説魯地也。○【撰異曰】蜃，左氏作「脤」，公羊作「軫」。徐彦公羊疏曰：「正本作『貍辰』字。」十一月無壬申，壬申乃十月也。【補曰】下書丁巳朔，知壬申在十月。杜預長曆曰：「公羊、穀梁及諸儒皆以爲十月十五日。」致公而後録，臣子之義也。嬰齊實以十月壬申日卒，而公以十一月還，先致公而後録其卒，故壬申在十一月下也。嬰齊從公伐鄭，致公然後伐鄭之事畢，須公事畢然後書臣卒，先君後臣之義也。【補曰】言臣子者，連言子耳。注説固得之，亦以恤死恩禮宜自公出也。其地，未踰竟也。【補曰】在外未踰竟也。此與敖遂異，故發之。

十有二月丁巳朔，日有食之。

邾子貜且卒。【補曰】邾定公也。范答薄氏謂連上日食之日，定公正。當如范説。推此則瑣正鑢篨不正，日不日皆與大國同例。孔廣森曰：「同日二事，日食在上者，先天道，次人事。」

晉殺其大夫郤錡、郤犨、郤至。自禍於是起矣。厲公見殺之禍。【補曰】自禍，禍由自取也。國語曰：「殺三郤而尸諸朝，納其室以分婦人，於是乎國人不蠲，遂弑諸翼也。」此傳與崔杼弑君傳文意略相似。此云「自禍於是起矣」，彼云「莊公失言，淫于崔氏」，蓋明二君之弑，君子所傷，要亦聖門相承説經語也。陸賈新語曰：「昔晉厲、齊莊、楚靈、宋襄秉大國之權，杖衆民之威，軍師横出，陵轢諸侯，外驕敵國，内剋百姓。鄰國之讐結於外，臣下之怨積於内，而欲建金石之功，終傳不絶之世，豈不難哉？故宋襄死於泓水之戰，三君弑於臣子之手，皆輕用師而尚威力以至於斯，故春秋重而書之，嗟歎而傷之。是三君皆強其威而失國，急其刑而自賊，斯乃去事之戒，來事之師也。」董仲舒繁露曰：「春秋記天下之得失，而見所以然之故。甚幽而明，無傳而著，不可不察也。」又曰：「孔子曰：『吾因其行事而加乎王心焉。』以爲見之空言，不如載之行事之博深切明。故子貢、閔子、公肩子言其切而爲國家資也。其爲切而至於殺君亡國，奔走不得保社稷，其所以然，是皆不明於道，不覽於春秋也。故衞子夏言，有國家者不可不學春秋，不學春秋則無以見前後旁側之危，則不知國之大柄，君之重任也。故或脅窮失國，揜殺於位，一朝至爾。」陸生、董生所述論，其由來者舊矣，皆可與傳意相發，故備著之。

楚人滅舒庸。【補曰】亦羣舒也。在時例。

十有八年春王正月，晉殺其大夫胥童。【補曰】據左傳，欒書、荀偃殺之，非君殺也。經辭從同，不别月者，爲下弑日。左傳在上年閏月乙卯晦，蓋據他國史也，魯曆當爲正月乙卯朔。

庚申，晉弑其君州蒲。【補曰】晉厲公也。何休以庚申爲二月日，非也。正月乙卯朔，庚申乃月六日也。左傳是月甲申晦。○【撰異曰】州蒲當爲「州滿」字之誤也。孔穎達曰：「漢末有汝南應劭作舊君諱議云『昔者周穆王名滿，晉厲公名州滿，又有王孫滿，是同名不諱。則此爲州滿，或爲州蒲，誤耳。今定本作「滿」。」稱國以弑其君，君惡甚矣。【補曰】疏曰：「於此發傳者，以州蒲二年之閒殺四大夫，故於此發，惡例也。」文烝案：傳發例於此者，莒、吴、薛是夷狄小國，可以晉包之。又晉禍起於殺大夫，則明是大夫弑之，而特不稱大夫，以見義。經既相承，傳亦承前傳也。左傳稱欒書、荀偃既殺胥童，遂弑厲公。春秋稱國以弑，以爲厲公之自禍雖微，書偃亦將被弑，所謂國人不竭者也。孟子曰：「無罪而殺士則大夫可以去，無罪而戮民則士可以徙。」厲公一朝殺三卿，晉之諸臣可以盡去，苟不能去，必弑其君矣。孟子又論貴戚之卿曰：「君有大過則諫，反覆之而不聽則易位。」此所謂有伊尹之志則可者，晉無伊尹其人，亦必弑其君矣。此其爲君之自禍，豈非惡之甚哉？張洽述所聞於朱子，頗及大過易位之說，而不言書、偃，非其人，則其義未密。又曰：「厲公昵用小人，殺戮無辜，舉朝諸卿，不保首領。悼公逐不臣者七人，而不誅書、偃，非里克、甯喜之比故也。」斯平情之論也。○傳及左傳皆有君惡君無道之義，傳發稱國之例。而劉、賈、許、潁爲左氏注，申成其意，并解稱人，最爲可據。文十八年已論之。胡瑗之徒乃以傳及左傳之言爲害教，此未深思也。夫既以弑君書，則臣之大惡已見，臣惡已見，則君惡亦安可不論？杜預注謂「衆所共絶」，釋例謂「羣下絶望」，是謂路人。孔穎達謂「懲創將來之君」，兩見其義，非赦弑君之人以爲無罪，其言皆甚明了。後世如宋昱、隋廣、梁温、金亮之惡，其臣民有不可一日堪者，豈可因其被弑而遂不論其惡哉？且春秋書弑二十六，皆外之五等君耳。内君卽不言弑，若周爲天下共主，則既無弑事而亦無書理，故魯不言弑，謂之王禮也。至若孟子言「聞誅一夫紂，未聞弑君」，荀子亦言「桀、紂無天下而湯、武不弑君」，此本專爲湯、武言之，然亦據春秋辯别君惡之義，推而究之，葢所謂充類至義之盡。

齊殺其大夫國佐。

公如晉。

夏，楚子、鄭伯伐宋。

宋魚石復入于彭城。彭城，宋邑。魚石十五年奔楚，經稱復入者，明前奔時入彭城以叛也。今楚取彭城以封魚石，故言復入。【補曰】注非也。復者，復中國也，復其位之辭也。入者，內弗受也，惡辭也。內弗受而言復者，案左傳楚、鄭同伐彭城，納魚石，以三百乘戍之，是所謂復者楚復其位也。范乃謂前奔時入彭城以叛，於左傳既無證驗，又違傳之明例矣。彭城不繫宋者，不須再出宋也，不如公孫寧、儀行父言納者，彼欲分別楚子善惡，故大夫亦得言納，此則自從平文，又彼納于陳，是抵國都，此未得入宋都也。若然，既無楚納文，宜言自楚復入，以彰楚之有奉。而不言者，蘇轍曰「言伐宋則自楚也」，王貫道曰「伐重於有奉也」，趙汸曰「言故則不言所自也」。文烝案：前既有奔楚文，此又承楚子伐宋，自楚明矣。故曰春秋貴於省文。又曰春秋謹嚴，又曰文簡而有法，唯春秋可當也。不言以叛者，楚納之，非彼以之。趙汸、趙鵬飛說近是。

公至自晉。

晉侯使士匄來聘。○【撰異曰】匄，本又作「丐」。案：「丐」者，俗字。

秋，杞伯來朝。

八月，邾子來朝。【補曰】月者，爲下薨日。

築鹿囿。築牆爲鹿地之苑。【補曰】疏曰：「知非爲鹿築囿。而以鹿爲地名者，案郎囿既是地名，則此鹿亦當是地名。」疏是也。不言築囿于鹿，與築臺于郎異者，囿皆以地爲名也。疏又曰：「何休、徐邈皆云天子囿方百里，公侯方十里，伯方七里，子男方五里。言魯先有囿，今復築之，故書以示譏，則郎及蛇淵亦是譏也。案：毛詩傳云『囿者，天子百里，諸侯四十里』，與何、徐二説別者，詩傳蓋據孟子稱文王囿七十里，寡人四十里，故約之云然耳。未審何、徐據何爲説。」文烝案：魯有囿而又爲，公羊義也。毛詩傳曰：「囿所以域養禽獸也。」説文曰：「苑有垣也。」字林以爲有垣曰苑，無垣曰囿，與説文異。築不志，此其志何也？【補曰】築或爲虞之，或非虞之，非虞之則不志，如築館之屬，常例皆不志也。不志者，經例因史例也。山林藪澤之利所以與民共也，虞之，非正也。【補曰】疏曰：「築微已發例，復發之者，彼築邑置官司以虞之，此直築囿以虞之，囿邑既殊，俱是虞之，非正，故再起傳例。」

己丑，公薨于路寢。路寢，正也。男子不絶婦人之手，以齊終也。【補曰】復發之者，説見宣十八年。

冬，楚人、鄭人侵宋。

晉侯使士魴來乞師。【補曰】杜預曰：「將救宋。」疏曰：「范別例云乞師不釋者三，從例可知也。乞例有六，乞師五，乞盟一。」〇【撰異曰】魴，公羊作「彭」。後同。

十有二月，仲孫蔑會晉侯、宋公、衛侯、邾子、齊崔杼同盟于虚朾。虚朾，某地。【補曰】當云地闕。何休曰：「不日者，或喪盟略。」文烝案：先君未葬，嗣君又未卽位，左傳謂「孟獻子請於諸侯，先歸會葬」，言略是也。

丁未，葬我君成公。

春秋襄公經傳第八補注第十九

襄公，成公子，史記名午。母定姒。以簡王十四年即位，時年四歲。

穀梁　范氏集解　鍾文烝詳補

元年春王正月，公即位。繼正即位，正也。【補曰】疏曰：「襄是定姒之子，嫌非正，故重明之。」案：此疏與閔元年疏異，此疏是。

仲孫蔑會晉欒黶、宋華元、衛甯殖、曹人、莒人、邾人、滕人、薛人圍宋彭城。【補曰】滕、薛微於莒、邾，又微者則杞、小邾也。自襄以後，諸侯之事，四國君臣鮮不從役，故夫子曰「孟公綽不可以爲滕薛大夫」，言國小而政煩也。繫彭城於宋者，不與魚石正也。魚石得罪於宋，成十五年奔楚，十八年復入于彭城。然則彭城已屬魚石，今猶繫宋者，崇君抑叛臣也。【補曰】注言彭城屬魚石，其說未盡。左傳曰「非宋地」，公羊曰「楚取彭城以封魚石」，又曰「楚已取之矣」。然則彭城地屬魚石即是屬楚，所以言非宋地也。左傳曰「追書」，明舊史本無「宋」字，與哀三年圍戚同例，君子一增之，一仍之也。李光地曰：「圍宋彭城者，主晉之辭也，善晉義也。圍戚者，主衛之辭也，誅衛志也。晉義善則宋華元無惡矣，衛志惡則齊國夏無善矣。」李氏說此二經皆非正義，但經意自足兼見耳。程公說曰：「宋，中國之望也，齊、晉之伯，可稱者三君，未嘗不加意於宋。桓之興，首會北杏，以平宋亂，會鄄以求其服，急於得宋如此。既得則爲之伐附庸之郳，鄰怨之鄭，求以懷宋。諸侯之望既歸而始霸之烈以定，桓没，宋襄欲踵霸，諸侯從之，而圖霸失其道。晉文之興亦急於恤宋，悼之興亦急於救宋，出穀戍，釋宋圍，執曹伯，畀宋人，於是成一戰之霸；師台谷，退楚兵，討魚石，從宋人，於是成三駕之功，足驗當時大勢矣。」

夏，晉韓厥帥師伐鄭。○【撰異曰】厥，公羊作「屈」。徐彦曰：「左傳、穀梁『屈』作『厥』字也。」

仲孫蔑會齊崔杼、曹人、邾人、杞人次于鄫。鄫，鄭地。「鄫」或爲「合」。【補曰】左傳曰：「東諸侯之師次于鄫，以待晉師。」○【撰異曰】鄫，公羊作「合」，與穀梁或本同。徐彦曰：「左氏『合』作『鄫』字也。」段玉裁曰：「此鄫非姒姓國，故穀梁此『鄫』不作糸旁『繒』字，蓋其字本作『會』會、合音義皆通，一寫作『鄶』，再寫譌『鄫』耳。」杜注：「鄫，鄭地，在陳留襄邑縣東南。」可知「鄫」乃「鄶」之誤。古者鄭國處於留，鄭伯寄孥與賄於虢、鄶，以取其國，而遷鄭焉而野留。孟康曰：「留，鄭邑也，後爲陳所幷，故曰陳留。此所次蓋鄭東鄙錯於宋竟者，古爲鄶地，故名之鄶。」左氏音義：「僖十四年鄫始見，音似陵反，以後不爲音，唯此鄫音才陵反，恐本是古外反，淺人改之也。」文烝案：説文：「佮，古文會。」一切經音義：「會，古文佮。」同。疑穀梁或本及公羊皆是「佮」字。

秋，楚公子壬夫帥師侵宋。

九月辛酉，天王崩。【補曰】史記名洩，定王子。

邾子來朝。

冬，衞侯使公孫剽來聘。

晉侯使荀罃來聘。冬者，十月初也。王崩，赴未至，皆未聞喪，故各得行朝聘之禮。【補曰】此本杜預。杜以辛酉爲九月十五日，左傳謂此朝聘爲禮，故杜解之如此。若依孫復、胡安國不臣之説，以左、杜爲不然，於經義亦自無礙。桓十五年，邾人、牟人、葛人已見夷狄之文，其餘皆從平文可矣。疏及孔穎達並引曾子問曰：「諸侯相見，揖讓入門，不得終禮，廢者幾。孔子曰：『六，天子崩，大廟火，日食，后夫人之喪，雨霑服失容則廢。』」○【撰異曰】罃，唐石經作「嬰」，後二年、三年同。嚴可均曰：「嬰，當作『甖』。」張參、顏傳經五經文字云：「『罃』與『甖』同，見春秋傳。説文有『罌』字，隸變爲『甖』，明此當爲『甖』也。」

二年春王正月，葬簡王。

鄭師伐宋。

夏五月庚寅，夫人姜氏薨。【補曰】成公夫人也。公羊不辯宣、成二夫人，何休遂亂其姑婦。

六月庚辰，鄭伯睔卒。【補曰】鄭成公也。不葬者，蓋魯不會。○【撰異曰】辰，各本誤作「寅」，今依唐石經、十行本改正。音義：「睔，古困反。」漢書古今人表作「綸」，師古曰：「綸，音工頑反。」

晉師、宋師、衞甯殖侵鄭。其曰衞甯殖，如是而稱于前事也。初衞侯速卒，鄭人侵之，故舉甯殖之報，以明稱其前事。不書晉、宋之將，以慢其伐人之喪。【補曰】爾雅曰：「稱，好也。」漢書注曰：「稱，宜也。」好亦宜也。

國語注曰：「稱，副也。」疏曰：「稱師者罪重，稱名者罪輕。」文烝案：傳言此者，明衞從舊史紀實文，晉、宋皆變文，改舊史也。晉、宋在衞上，則無嫌爲將卑師衆之常辭，晉主兵而宋、衞皆非君將，晉雖卑者，將亦宜序上，宋則不得以卑者先衞大夫。觀後十六年伐許書衞甯殖、宋人，知當時自有一定之次，史從而書之也。

秋七月，仲孫蔑會晉荀罃、宋華元、衞孫林父、曹人、邾人于戚。【補曰】月者，爲下葬日。

己丑，葬我小君齊姜。齊，謚。

叔孫豹如宋。【補曰】豹亦得臣子，僑如弟穆叔也，亦稱叔孫穆子。

冬，仲孫蔑會晉荀罃、齊崔杼、宋華元、衞孫林父、曹人、邾人、滕人、薛人、小邾人于戚，遂城虎牢。【補曰】内外皆大夫言遂，與季孫宿入鄆自是不同。會本爲城出，又霸國之事，與内異例。若言中國焉，内鄭也。虎牢，鄭邑。鄭服罪内之，故爲之城。不繫虎牢於鄭者，如中國之邑也。僖二年城楚丘，傳曰：「楚丘者何？衞之邑。國曰城，此邑也。其曰城何？封衞也。」然則非魯邑皆不言城。中國，猶國中也。【補曰】外城邑志者，以其爲國都，皆不繫國。虎牢非鄭都，亦從其例，故曰「若言中國焉」。注以内鄭爲諸侯内之，非也。内，謂春秋之文，若言國中之邑，是内之。所以内之者，據左傳諸侯城虎牢以偪鄭，鄭人乃成，於是盟雞澤，聘魯，會戚，救陳，如鄬之會，侵蔡，會邢丘，於是楚伐鄭，歷歷書之，以皆是鄭服之事，故此特爲内鄭文也。注言鄭服罪，故爲之城，是謂鄭服在城前，非事實也。公羊曰：「虎牢者何？鄭之邑也。其言城之何？取之也。」杜預說左傳曰：「虎牢，舊鄭邑，今屬晉。」其義皆得通於此。

楚殺其大夫公子申。

三年春，楚公子嬰齊帥師伐吴。

公如晉。【補曰】母喪十月左右而朝亦非禮。高閌曰：「禮童子侯不朝王，不可以成人之禮接也，其可以朝伯國乎？」

夏四月壬戌，公及晉侯盟于長樗。晉侯出其國都，與公盟於外地。【補曰】此本杜預也。孔穎達曰：「蓋近城之地，盟訖還入晉。」

公至自晉。【補曰】不以長樗致者，何休曰：「上盟不于都，嫌如晉不得入。」杜預曰：「本非會。」吕本中曰：「本謀如晉，以如爲重。」文烝案：此亦後事小則以先事致之例。

六月，公會單子、晉侯、宋公、衞侯、鄭伯、莒子、邾子、齊世子光。己未，同盟于雞澤。雞澤，地也。【補曰】當云晉地。國語作「雞丘」。此王喪二十二月而命會。同者，有同也，同外楚也。【補曰】疏曰：「復發傳者，楚人轉盛，中國外之彌甚，故更發之。後文戲及京城北、重丘之等亦其義也。」

陳侯使袁僑如會。如會，外乎會也，外乎會者，明本非會内也，諸侯已會乃至耳。於會受命也。【補曰】疏曰：「單伯會伐宋，傳云『會事之成也』，踐土之盟，陳侯如會，傳云『外乎會也，於會受命也』。是二文互以相通。踐土亦是事成乃至，伐宋亦外乎會也。三處發傳者，單伯内大夫，陳侯諸侯，袁僑爲君所使，嫌有異，故重發之。」

戊寅，叔孫豹及諸侯之大夫及陳袁僑盟。及以及，與之也。諸侯在會而大夫又盟，是大夫執國之權，亢君之禮。陳君不會，袁僑受使來盟，袁僑之盟，得其義也。通言叔孫豹及諸侯之大夫則無以表袁僑之得禮，故再言及，明獨與袁僑，不與諸侯之大夫。【補曰】凡盟言及者，內爲志之文。今上言公會，足見外爲主，故於叔孫豹還從以內及外之例，無所嫌也。王世子則及以會，吳則會又會，陳袁僑則及以及，吳子則會以及，殊文相似，殊義不同。諸侯以爲可與則與之，【補曰】諸侯當親與盟。不可與則釋之。【補曰】不與盟可矣，亦不當使大夫。諸侯盟，又大夫相與私盟，【補曰】疏曰：「此亦應受君命，而謂之私者，對君盟，非臣事，故謂之私。」是大夫張也。【補曰】王引之曰：「『張』當爲『彊』，楊疏『彊』字凡三見，則疏所據本作『彊』。音義於定六年傳始爲『張』字作音，則此亦不作『張』。」文烝案：孫復尊王發微曰：「大夫彊，諸侯始失政。」用此傳文也。呂本中、張洽、家鉉翁、俞皋所見已作「張」。故雞澤之會，諸侯始失正矣，大夫執國權。【補曰】正，亦「政」字也。大夫執國權者，論語所謂「禮樂征伐自大夫出也」。大夫之專禮樂征伐萌於晉文、襄，而成於晉悼。李廉以爲陳侯如會不再盟，今再盟袁僑，亦悼公所以不及文公。曰袁僑，異之也。釋不但總言及諸侯之大夫，而復別言袁僑者，是異袁僑之得禮。【補曰】異，卽公羊之「殊」也。疏曰：「陳侯不在，故與袁僑得盟諸侯。大夫君在私盟，故謂之彊。」文烝案：此又申再言「及」爲「與之」之意。復出陳者，屬文之宜。何休以爲「善得陳國」，似非也。

秋，公至自會。○【撰異曰】會，各本誤作「晉」，今依唐石經改正。

冬，晉荀罃帥師伐許。

四年春王三月己酉，陳侯午卒。【補曰】午與襄公名同，不諱。胡安國以爲猶莊篇書同盟、僖篇書戊申、定篇書宋仲幾，從其質也。

夏，叔孫豹如晉。

秋七月戊子，夫人姒氏薨。成公夫人，襄公母也。姒，杞姓。【補曰】當云襄公妾母。何休以弋爲莒姓，本公羊下年傳「莒出」之説。莒，己姓，非弋也。杞、繒皆姒姓，此姒氏或繒女歟？孔廣森説公羊謂弋即是姒，當爲鄫女。○【撰異曰】姒，公羊作「弋」，下同。徐彥曰：「左氏經作『姒氏』字，聲勢。」與此同。

葬陳成公。

八月辛亥，葬我小君定姒。定，謚。【補曰】許翰曰：「左傳季文子本不欲以夫人禮葬，此葬速，蓋禮略也。」高閌曰：「距薨纔二十三日。」

冬，公如晉。【補曰】非禮。與宣同。

陳人圍頓。

五年春，公至自晉。

夏，鄭伯使公子發來聘。

叔孫豹、繒世子巫如晉。外不言如，而言如，【補曰】重起例者，此與内俱往也。爲我事往也。外相如不書，爲魯事往，故同於内。【補曰】疏曰：「徐邈取左氏爲説，云爲我事往者，謂請繒於晉，以助己出賦也。」文烝案：徐説得傳意。傳言繒世子爲魯將屬其國，與魯大夫並往晉，故同諸内而言如也。左傳上四年冬，公如晉，請屬鄫，晉侯許之。至此穆叔覿鄫大子于晉，以成屬鄫，皆確然可據。惟下年莒人滅繒則與魯屬繒事無涉，乃左氏之誤耳。左氏知屬繒事，不知滅繒，公羊知滅繒事，不知屬繒，皆以如晉及莒滅二文牽連爲一，皆誤也。左氏解此云「言比諸魯大夫也」，比諸魯大夫，其意有二，不言及是比，言如亦是比，惟可不言及，故可言如，是其意實一也。杜預經下注云：「比魯大夫，故書巫如晉。」傳下注云：「豹與巫俱受命於魯，故經不書及，比之魯大夫。」○繒自有世子，不宜立異姓爲後，此又文外之意。

仲孫蔑、衞孫林父會吴于善稻。善稻，吴地。【補曰】依杜當云地闕。不言會衞孫林父者，會者外爲主之文，左傳稱「晉將爲吴合諸侯，使魯、衞先會吴，且告會期」，則是魯、衞並受晉命，衞非爲主者，故不得言會衞也。又晉之諸會，魯班當在宋下衞上，此亦晉事，即亦不得言會衞也。前後諸文殊會吴者，上皆有會晉文，晉爲主而殊吴也。此但言會吴，吴爲主也。不言及衞孫林父者，吴或會以及矣。未聞及以會，及以會乃特尊王世子之文，非可施於吴也。杜預曰：「魯、衞俱受命於晉，故不言及。」此未盡其義也。○【撰異曰】稻，左氏作「道」。吴謂善伊謂稻緩，【補曰】段玉裁曰：「謂善爲伊者，古合韵也。説文沛國謂稻曰稬，从禾耎聲。謂稻爲緩，即其理也。緩，古亦讀如暖。」號從中國，名從主人。夷狄所號地形及物類當從中國言之，以教殊俗，故不言伊緩，而言善稻。人名當從其本俗言。【補曰】此發經辭之例，以明伊緩稱善稻之意也。號，謂地號、物號，公羊所謂地物從中國也。名，謂國名、人名，公羊所謂邑人名從主人也。中國謂魯主人者，對魯言之，不專指夷狄。桓二年傳言「物從中國」，此言號者，彼釋大鼎義，專是物號，此則兼包地物之號也。此專是地號而不言地從中國，明包地物言之也。桓二年傳言「名從主人」，乃釋大鼎稱郜之義。名者國名，此經無從主人之文亦并言之者，明欲發明全例，兼國名、人名爲說也。前釋國名、物號之文，此通舉地號、物號、國名、人名之例，意指各異，故兩處發傳也。公羊文在昭元年，其言「邑人名」，邑卽國也，范此注大略本何休，然以主人專屬夷狄，不以中國爲魯，又不言國名，則皆誤也。楊疏以越稱於越解名從主人，可補注闕。但專謂於越之名是從主人而不知越名亦從主人，亦終未得傳旨也。荀子作正名之篇曰：「散名之加於萬物者則從諸夏之成俗曲期，遠方異俗之鄉則因之而爲通。」義與此相近。

秋，大雩。

楚殺其大夫公子壬夫。○【撰異曰】顏師古匡謬正俗以爲「壬」本是「王」字。非也。

公會晉侯、宋公、陳侯、衛侯、鄭伯、曹伯、莒子、邾子、滕子、薛伯、齊世子光、吳人、繒人于戚。繒以外甥爲子，曾夷狄之不若，故序吳下。所以不復殊外吳者，以其數會中國故。【補曰】公羊曰：「吳何以稱人？吳、鄫人云則不辭。」何休曰：「方以吳抑鄫，國在人上，不以順辭，故進吳稱人。所以抑鄫者，夷狄尚知父死子繼，以甚鄫。不使鄫稱國者，鄫不如夷狄，故不得與夷狄同文。」文烝案：不辭者，不成文也。何注爲范說所本，而不如何之明暢。其謂吳數會中國，故不殊外，實爲大謬。前後諸外吳文皆爲不欲稱吳人，故會而又會，吳既稱人，何外之有？何氏以吳抑鄫之說，雖於公羊無所見，必是公羊家舊義。此傳於下年滅繒，有別之而不別之言，明經文實有豫抑之義，何說可依用也。但此文亦本魯史之舊，非夫子特易吳、鄫之班。左傳曰：「穆叔以屬鄫爲不利，使鄫大夫聽命於會。」杜預曰：「傳言鄫人，所以見於戚會。」左、杜之言，深得其實。鄫於諸晉會皆不與，此時新爲魯屬，其大夫轉得列會，明晉許魯還鄫，使附會末，而班諸吳下也。史紀其實而經取其義，此春秋述作之大常，非必有所改易，然後可以見義也。前此齊之盟，有楚人、鄭人，楚無以國舉者，故稱人序上，無他義，吳則前後諸會皆爲外文，故此文自足顯抑鄫之義，若無前後諸文則不得也。魯之屬鄫，是夏始成，至秋卽以爲不利，當時事情未可知，或叔孫聞鄫將立異姓爲後，慮其內亂歟？范注言外甥，外甥卽外孫，說見下年。左傳曰：「九月丙午，盟于戚。」陳傅良曰：「吳初與諸侯盟不書盟，爲晉諱也。」吳、晉之盟，春秋終諱之。

公至自會。【補曰】會夷狄而致者，上文吳稱人，故致也。楚稱人不致者，楚之稱人，自其常文，又主會，異於吳。

冬，戍陳。【補曰】杜預曰：「備楚。」何休曰：「戍例時。」內辭也。不言諸侯，是魯戍之。【補曰】內辭猶專辭，謂諸侯共以師戍之，而經以魯獨往戍，辭書也。所以爲內辭者，侯伯救患，備豫不虞，得禮之正，合義之公，春秋與城楚丘、歸粟等皆同之於內事，無須列序諸侯。定五年傳所云「義邇也」，疏亦引彼傳以難注，范誤甚矣。

楚公子貞帥師伐陳。

公會晉侯、宋公、衞侯、鄭伯、曹伯、莒子、邾子、滕子、薛伯、齊世子光救陳。○【撰異曰】左氏無莒子、邾子、滕子、薛伯。段玉裁曰：「公、穀皆有此四國，不容徐彥、陸德明不記其異同，疑唐石經脫文貽誤也。」案：陸淳纂例明云左氏無莒、邾、滕、薛四國，段所未見。

十有二月，公至自救陳。【補曰】月者，爲下卒日。善救陳也。楚人伐陳，公能救中國而攘夷狄，故善之。善之謂以救陳致。【補曰】疏曰：「善文於『公至』下言之者，春秋主善以內，故於書『公至』下重發。」文烝案：注謂以救陳致是善，則與凡救言善不同，疏又曲爲之説。夫傳始本與經別行，後來以傳合經者乃以此句附「公至」下，實非傳意。此與諸言善者同義，當在諸侯救陳下也。重發傳者，戍而被伐，嫌救非善，故重明之。「公至」是常文，不須釋。

辛未，季孫行父卒。

六年春王三月壬午，杞伯姑容卒。【補曰】僖二十三年書杞子卒。案：左傳繼成公即位者即姑容也，自此終於春秋皆名。或日或不日，皆書葬，或時或月，悉與大國同例，蓋襄、昭以下，時事之不同於前，即諸小國可見也。

夏，宋華弱來奔。○【撰異曰】陸淳纂例曰：「『弱』，公羊作『溺』。」案：今公羊不作「溺」。

秋，葬杞桓公。

滕子來朝。

莒人滅繒。非滅也。非以兵滅。中國日，卑國月，夷狄時。【補曰】疏曰：「重發傳者，非兵滅，故重明之。」繒，中國也，而時，【補曰】此亦大概言之耳，若細別言之，當是卑國在月例。非滅也。【補曰】言以其如上所云，故足明非滅。家有既亡，國有既滅，滅，猶亡。亡，猶滅。家立異姓爲後則亡，國立異姓爲嗣則滅。既，盡也。【補曰】此言有非滅而得言滅者也。俞樾曰：「此『既』字不當訓『盡』。家立異姓，其家未亡而實已亡；國立異姓，其國未滅而實已滅。昭四年，魯取繒，自此至昭四年之繒乃已滅之繒也。」文烝案：家言亡、國言滅者，對文析言之，渾言則同，梁亡是也。**滅而不自知，由别之而不别也。**鄫不達滅亡之義，故國滅而不知。【補曰】疏曰：「言鄫所以滅者，立嗣須分别同異姓，而鄫不别也。舊解云『别』猶『識』也，言鄫君唯識知國須立後，不能識知異姓之不得立。」文烝案：疏載舊解與注意合。别之而不别，猶易文言傳云辯之不早辯。彼言被弒而不自知者所由，此言見滅而不自知者所由，其事相類，其情亦同。隱四年於翬豫貶之文，言傳之義也。上年於鄫豫抑之，此傳之義也。觀此傳，則上經之爲抑鄫亦明矣。**莒人滅鄫，非滅也。**【補曰】又覆説，以起下文。**非立異姓以莅祭祀，滅亡之道也。**莒是鄫甥，立以爲後，非其族類，神不歆其祀，故言滅。【補曰】非者，責也，如「非税畝之災」之「非」字。所以非滅而言滅者，責其立異姓以奉宗廟，乃滅亡之道，故言滅也。鄫，姒姓；莒，己姓。管子曰「有者異姓，滅也」，蓋古昔遺言矣。傳説滅并説亡者，承上家、國之文，連言之也。董仲舒曰：「諸侯父子兄弟不宜立而立者，春秋視其國與宜立之君無以異也，此皆在可以然之域也。至於鄫取後乎莒，以之爲同居，目曰莒人滅鄫，此不在可以然之域也。」案：公羊上年傳曰：「其取後乎莒奈何？莒女有爲鄫夫人者，蓋欲立其出也。」何休曰：「時莒女嫁爲鄫後夫人，夫人無男有女，還嫁之於莒，有外孫，鄫子愛後夫人，而無子，欲立其外孫，又以巫爲鄫前夫人襄公母姊妹之子，俱莒外孫，故傳謂之舅出。」依何説，頗爲迂曲。王引之謂「傳文本是鄫女有爲莒夫人者，轉寫互誤也」，若然，鄫女之子於鄫子爲外孫，於巫爲出，魯定姒亦鄫女，故襄公於巫亦爲出，巫於襄則爲舅，事情既合，而於公羊本文亦明白通貫矣。范以外孫爲甥者，毛詩傳云「外孫曰甥」，謂父之外孫爲吾甥，又吾之外孫爲子之甥，以上見下而爲稱，故左傳外孫之子爲彌甥，姊妹之孫爲從孫甥，皆有甥稱也。莒爲鄫甥，蓋穀梁家舊説，而范因之也。甥之稱又有以下見上者，爾雅「姑之子爲甥」，謂子之姑之子爲吾甥，又吾之姑之子爲吾父之甥也，舅之子、妻之昆弟、姊妹之夫亦皆爲甥，説亦同也。經書滅者，謂繒至此廢巫立外孫。不言繒亡與梁亡同文者，孔廣森據公羊上年傳云：「莒將滅之，以爲立外孫者，實莒脅鄫人使然，故春秋歸惡莒人也。左氏於此不言立異姓爲後，其傳曰『莒人滅鄫，鄫恃賂也』，杜預以爲『鄫有貢賦之賂在魯，恃之而慢莒，故滅之。』蓋繒、莒皆無史書，左氏不得其事，因見簡牘所載上四年冬有邾人、莒人伐鄫，臧紇救鄫，侵邾，敗於狐駘之事，五年有屬鄫、還鄫之事，其事又書於經，故於滅鄫一經但據上事推測，意其爲恃賂耳。由其不受經於聖門，故有此失，不如穀梁、公羊。」家鉉翁以爲大條貫數十，皆由洙泗高弟親聞之聖人矣。「非」字各本脱，今依唐石經、陸淳集傳辨疑、余本、俞臯集傳釋義本補正。十行本空一字。

冬，叔孫豹如邾。

季孫宿如晉。宿，行父子。【補曰】季武子也。許翰曰：「魯既世卿，而大夫無復三年喪，哀典廢於下矣。」張大亨曰：「季孫宿、仲孫速、仲孫羯，皆所謂以喪從利者。」

十有二月，齊侯滅萊。【補曰】左傳稱萊爲裔夷，其地卽禹貢青州之萊夷也。滅在時例，月者，蓋以萊爲齊之同姓，故謹其文，與楚人滅夔相對爲詳略也。楚之誘蔡誘戎則文異，齊之滅萊、楚之滅夔則文異，夷夏之辭，必不相假。

七年春，郯子來朝。

夏四月，三卜郊不從，乃免牲。夏四月，不時也。三卜，禮也。【補曰】疏曰：「三卜是禮，而書者，爲不從及不時故也。」文烝案：四月必不止三卜，三卜者當是正月下辛，前有牲變，已改卜牛，以正月下辛爲初卜，故言三卜也。若使卜從而郊，則當先書正月牲變，次書四月某日郊，與哀元年同文。今既不郊，則牲變可略，以卜不從爲重，非如再有牲變者須備言也，言四月、言三卜則牲變亦足見矣。或謂僖三十一年書「四月免牲」、成十年及下十一年書「四月不郊」，何以此獨爲牲變？曰非牲變則必非三卜，魯無十二月下辛不卜之理也。乃者，亡乎人之辭也。【補曰】不時亡乎人。復發傳者，三卜是禮，嫌有異也。

小邾子來朝。

城費。【補曰】費，季氏邑。

秋，季孫宿如衞。

八月，螽。

冬十月，衞侯使孫林父來聘。

壬戌，及孫林父盟。

楚公子貞帥師圍陳。

十有二月，公會晉侯、宋公、陳侯、衞侯、曹伯、莒子、邾子于鄬。鄬，鄭地。【補曰】孔穎達曰：「楚既圍陳，而陳侯亦列於會者，當是圍之不密，故得出會求救也。」文烝案：五年救陳，左傳曰「會于城棣以救之」，此年傳曰「會于鄬以救之」，二地皆鄭地，二事亦不異也。會城棣無陳侯，故書救陳。不於救陳上録地者，善之，不得從疑辭例也。會鄬有陳侯，文承「圍」下，其爲救陳可知，故不須言救。既不言救，自當録地，其實亦善之也。杜預曰：「陳侯逃歸，不成救，故不書救。」非也。此救無功，自於下文鄭弒陳逃及不書公至見之，此時無所譏也。月者，爲下卒日。○【撰異曰】鄢，本又作「隖」。

鄭伯髡原如會，○【撰異曰】髡，本又作「郡」，或作「頵」。原，左氏作「頑」。徐彥公羊疏曰：「正本作『頑』字，亦有一本作『原』字，非也。」未見諸侯。丙戌，卒于操。操，鄭地。【補曰】公羊曰：「操者何？鄭之邑也。」○【撰異曰】操，左氏作「鄵」。趙坦曰：「說文無『鄵』字。」未見諸侯，其曰如會何也？【補曰】據未至會。致其志也。【補曰】此亦所謂春秋成人之美也。何休曰：「鄭伯欲與中國，意未達而見弒，故養遂而致之，所以達賢者之心。」禮諸侯不生名，此其生名何也？【補曰】不生名者，經例因史例也。卒之名也。卒之名則何爲加之如會之上？見以如會卒也。【補曰】明由如會至死。若卒不以如會，當名之於卒，如曹伯終生不蒙使文。其見以如會卒何也？【補曰】疑如會，何至死？鄭伯將會中國，其臣欲從楚，不勝其臣，弒而死。【補曰】是所謂以如會卒，其事與公羊同，與左傳異。弒則左氏、公羊皆云爾，而傳意以卒名加上，便可見弒，發義尤精。大氏春秋意嚴辭深，其微其約，固有如此者。然則何以不改卒爲弒也？曰此當時承赴之文，即是當時事實，公羊所謂信史不革者也。文既不革，斯義有所取，如下傳云云矣。其不言弒何也？不使夷狄之民加乎中國之君也。邵曰：「以其臣欲從楚，故謂夷狄之民，不欲使夷狄之臣得弒中國之君，故去弒而言卒，使若正卒然。」【補曰】此猶莊四年不使小人加乎君子、宣十一年不使夷狄爲中國。胡安國以爲聖人存天理，抑人欲之意。家鉉翁曰：「中國之大夫而目之爲夷狄之民，其誅斥之典斷自洙泗，穀梁子必有所受。」其地，於外也。其日，未踰竟也。【補曰】重發傳者，此被弒，嫌異故也。日卒，時葬，正也。【補曰】疏曰：「葬在八年，此處發之者，以鄭伯被弑而同正卒，既同正卒宜同正葬，故連言也。重發正卒傳者，今被弑而同正卒，嫌與他例異，故明之。」

陳侯逃歸。以其去諸侯，故逃之也。鄭伯欲從中國而罹其凶禍，諸侯莫有討心，於是懼而去之，背華即夷，故書逃以抑之。【補曰】此傳與鄭伯逃歸不盟傳同。注解「去諸侯」爲背華即夷，與彼注所謂專己背衆亦同。但此則指實言之也。注首「鄭伯」以下四句用何休義。陳之逃不必因鄭之弑，似宜删去。傳重發之者，鄭與諸侯行會禮而去，會而不盟，陳亦與諸侯行會禮而去，而此會直會而已，嫌有異，故發以同之。不致者，鄭伯見弑，陳侯又去，此會不足善，故不致。

八年春王正月，公如晉。【補曰】汪克寬曰：「襄嗣位甫八年，三朝於晉，自宣公媚齊之外，春秋事霸之禮未有若是其勤也。」孔廣森曰：「月者，正月也。」案：疏曰：「鄭伯歸晉受禍，陳侯畏楚逃歸，明晉不足恃，而公往朝，危之道也，故書月。」疏説亦可通也。孫復、胡銓以爲鄬之會不致，自會如晉。

夏，葬鄭僖公。

鄭人侵蔡，獲蔡公子濕。獲者，不與之辭。侵者，所以服不義，無相獲之道。○【撰異曰】濕，本又作「隰」，左氏、公羊作「燮」。徐彦曰：「穀梁作『公子濕』。」案：説文：「燮，讀若溼。」人，微者也，侵，淺事也。【補曰】重發傳者，彼爲追發，此爲獲發也。而獲公子，公子病矣。【補曰】以公子之貴，因淺事而爲微者所獲。經以爲病，與華元不病文相顧。疏引徐邈云：「公子病，不任爲將帥，故獲之。」大誤。

季孫宿會晉侯、鄭伯、齊人、宋人、衛人、邾人于邢丘。邢丘，地。【補曰】當云晉地，見左氏宣六年傳。故此處杜無注，甚矣范之疏也。見魯之失正也，【補曰】「正」亦「政」字，謂魯君。公在而大夫會也。【補曰】疏曰：「公在晉，未及告公，而大夫爲會，是失政。」文烝案：疏非也。會亦是公命。言公在而大夫會者，猶雞澤言諸侯盟，又大夫相與私盟，溴梁言諸侯會，而曰大夫盟，諸侯在而不曰諸侯之大夫，皆同意也。如是即爲失政，非必無君命。○左傳曰：「五月甲辰，會于邢丘，以命朝聘之數，使諸侯之大夫聽命。季孫宿、齊高厚、宋向戌、衛甯殖、邾大夫會之。鄭伯獻捷于會，故親聽命。大夫不書，尊晉侯也。」杜預以爲晉悼難勞諸侯，故使大夫聽命。胡安國據穀梁義以爲朝聘事之大者，重煩諸侯，而使大夫聽命，無乃以姑息愛人，而不由德。李廉曰：「此條左氏得其事，胡氏得其義。論其事，則不欲煩諸侯者，晉侯之美意也；論其義，則不可委大夫者，春秋之深意也。」李說是也。高厚、向戌、甯殖稱人，胡氏以爲謹其始，故貶之。

公至自晉。

莒人伐我東鄙。【補曰】左傳曰：「以疆鄫田。」蓋以滅鄫爲真滅而誤。

秋九月，大雩。

冬，楚公子貞帥師伐鄭。

晉侯使士匄來聘。

九年春，宋災。○【撰異曰】災，公羊作「火」。徐彥曰：「左傳、穀梁作『宋災』。」外災不志，此其志何也？故宋也。故，猶先也，孔子之先宋人。【補曰】疏曰：「徐邈云，春秋王魯，以周爲王後，以宋爲故也。此公羊黜周王魯之説，故范不從之。」文烝案：此卽桓二年傳所云「孔子故宋」，言以故國視宋也。莊十一年傳及此傳皆以外災不志發義，而彼言王者之後，此言故宋者，兩傳之意互相備也。魯史本以宋爲王者後，特志災異，君子存而不削，又因以著故宋之義，明經中包此二旨，故與彼傳各見之也。春秋之義，尊周親魯而故宋，夫子以爲魯事既婉爲諱矣，則於宋諱祖之遇難可也，孔父不稱名，而其後四殺大夫，因皆沒其名姓是也。魯事既詳爲録矣，則於宋詳災異之變宜也，志大水，志石鷁，志兩螽，志災是也。此實君子不忘故國之意，所以桓二年及此年兩處發傳也。後人疑春秋非孔氏一家之書，趙鵬飛已辯之，而徐仙民輒引何休新周故宋王魯之説以解此之故宋，其亦怪矣。○案：故宋之説，聖門所傳，而公羊家及諸讖緯誤以爲新周故宋而黜杞，又增造其義，以爲春秋承周文而反之質。自淮南子已云殷變夏，周變殷，春秋變周，後人沿用附益之，與論語、禮運中庸杞、宋不足徵之言、從周之言、子貢答公孫朝文武之道無所不學之言，皆相背戾。漢孝、成時，梅福上言宜封孔子世以爲殷後，援穀梁在祖位之文，證孔子故殷後不直引故宋爲證，或當時穀梁家説故宋之義已爲公羊之學所亂歟？然猶有「爲祖諱」一語，亦不取證，蓋梅子真隨意指稱也。

夏，季孫宿如晉。

五月辛酉，夫人姜氏薨。成公母。【補曰】宣公夫人。

秋八月癸未，葬我小君穆姜。【補曰】劉向列女傳「繆姜」字同。公羊云：「聽惠而行亂，故謚曰繆。」案：穆、繆通用，如劉説則義異也。古書多以秦繆公謚爲惡謚，而秦詛楚文曰「昔我先君穆公」，其字从㬎从禾。

冬，公會晉侯、宋公、衛侯、曹伯、莒子、邾子、滕子、薛伯、杞伯、小邾子、齊世子光伐鄭。【補曰】汪克寬曰：「齊桓之時在於服楚，晉文之時在於勝楚，晉悼之時在於敝楚，故數伐鄭而不與楚戰，使楚疲於奔命而莫能争也。」汪申胡安國説。○【攈異曰】杞伯，各本脱，今依唐石經補正。

十有二月己亥，同盟于戲。戲，鄭地。不異言鄭，善得鄭也。【補曰】疏曰：「舊解以伐鄭之文在上，即同盟于戲，明鄭在可知，故不異言也。鄭心服同盟，故以爲善。又一解謂會伐無鄭伯之文，今不序，是不異言也。所以不異言者，善得鄭也，心服受盟，比之舊同好然。」文烝案：柯陵、京城北，與此文同事異，故此傳特明之。彼兩處鄭亦受盟，未能得鄭，故其盟爲謀復伐鄭，文雖與此同，而其下文皆復書伐鄭，亦足明之矣。此則下書楚伐，見鄭之已服於晉也，傳於此獨以不異言鄭爲義，宜善會之。左傳曰「鄭服也。」不致，恥不能據鄭也。戲盟還而楚伐鄭，故恥不能終有鄭。【補曰】恥者，經恥之。王念孫曰：「方言、廣雅並曰：『據，定也。』史記白起傳『趙軍長平以按據上黨民』，『按據』猶安定也。」文烝案：傳言不能定鄭者，下年會柤無鄭伯，鄭伐宋而諸侯又伐鄭，是諸侯雖已得鄭而不能定鄭也。注以戲盟還而楚伐鄭爲説，楚伐則是服晉之驗，非不能定也。

楚子伐鄭。

十年春，公會晉侯、宋公、衛侯、曹伯、莒子、邾子、滕子、薛伯、杞伯、小邾子、齊世子光會吴于柤。柤，楚地。【補曰】此本杜預也。京相璠曰：「宋地，去傅陽八十里。」京得之。哀六年之柤則楚地耳。會又會，外之也。五年會于戚不殊會，今殊會吳者，復夷狄故。【補曰】注非也，說見上五年。疏曰：「重發傳者，戚不殊，今又殊之，故復發傳。」

夏五月甲午，遂滅傅陽。○【撰異曰】傅，左氏、公羊作「偪」，國語同。徐彦曰：「左氏經作『偪』字，音夫目反。一音『逼近』之『逼』。」案：漢書古今人表作「福陽」，地理志及續漢志皆作「傅陽」。王莽改漢縣曰「輔陽」。遂，直遂也。【補曰】疏曰：「言遂直遂也者，遂是繼事之辭，不須云日，今加甲午，與凡遂異，故傳言之。」其曰遂何也？不以中國從夷狄也。言時實吳會諸侯滅傅陽，恥以中國之君從夷狄之役，故加甲午，使若改日諸侯自滅傅陽。滅皋國月，此日，蓋爲遂耳。【補曰】「其曰遂」三字當爲「其日」二字，「遂」字轉寫誤衍，日、曰形近易誤。滅潞傳「日」亦誤「曰」。戰邲傳疏存兩說，明二字自昔相亂也。此承上言遂，直是遂耳，不應復加日，加日則非直遂之辭，故公孫敖、歸父之奔言日則不言遂，言遂則不言日，此其例也。今所以加日遂上者，爲晉與吳共滅國，不欲以中國從夷狄，故仍史文之舊，特存其日。下傳云「無善事則異之」，明從異事之文，小變繼事之例也。七年傳云「不使夷狄之民加乎中國之君」，語意亦同也。諸侯遂救許、諸侯遂圍許，閒有他事，文不相接，無妨爲繼事。甲午遂滅傅陽，文相接，而加日乃轉爲異事，郎此見春秋辭句離合之閒，皆文章之極筆矣。據左傳滅傅陽無與於吳，汪克寬曰：「傅陽國及柤地皆在沛縣，乃吳入北方之要衝，會吳于柤，蓋謀滅傅陽而通吳也。」汪說甚合情事，是知吳、晉共滅無可疑者，左氏固時有疏失耳。「何」下「也」字，各本脱，今依唐石經、余本、俞臯集傳釋義本補正。

公至自會。【補曰】會猶可致，滅則不可致，故與後事小則以先事致者同。會夷狄不致，惡事不致，夷狄不致，恥與同，惡事不致，恥有惡。【補曰】疏曰：「夷狄不致，蜀之盟是；惡事不致，稷之會是。」文烝案：桓無致會，引稷會，非也。當引侵宋及伐邾、取須句之屬。此其致何也？會吴、會夷狄也。滅傅陽，惡事也，據不應致。存中國也。以中國之君從夷狄之主，而滅人之邑也。此卽夷狄爾，是無中國也，故加甲午。使若改日，諸侯自滅傅陽爾，不以諸侯從夷狄也。滅中國雖惡事，自諸侯之一眚爾，從夷狄而滅人則中國不復存矣。【補曰】注「邑」字當作「國」。所説不得傳意，傳謂既會夷狄，又是惡事，而猶致者，特爲存中國之文，使若未嘗會吴，未嘗滅傅陽，此經之變例，致其所不當致以見義也。下文乃復論遂事加日之義，又以鄭之言如會，陳之耆逃，合此言之。中國有善事則幷焉，若中國有善事，則不復言會諸侯，改日遂滅傅陽。如僖四年，諸侯侵蔡，蔡潰，遂伐楚，是幷焉。無善事則異之，存之也。諸侯會吴於柤，甲午遂滅傅陽，是則若會與遂異人。【補曰】言上所書者，亦是存中國。汲鄭伯，汲猶引也。鄭伯髡原爲臣所弒而不書弒，此引而致於善事。【補曰】引者，蓋謂未見而致其志。王引之曰：「汲，疑當爲『没』，形相似而誤。没者，終也，古謂以壽終爲得没，不以壽終爲不没。鄭伯實弒，書卒，使若令終得没者然，故謂之没鄭伯。没鄭伯者，卒鄭伯也。卒亦終也。曲禮曰『壽考曰卒』，卒猶没也。」逃歸陳侯，鄭之會，陳侯不會，以其爲楚，故言逃歸。【補曰】當云「陳侯在會」，「不」字誤。致柤之會，存中國也。【補曰】言三事皆是存中國。疏曰：「傳於此見存中國之文者，雞澤之會，諸侯失政，從此之後，日益陵遲，又會夷狄之人以滅中國，惡事之甚，故書公至以存之。僖二十六年，公至自伐齊，傳云『危之』，此云『存之』者，彼尚未陵遲，故直云『危之』，公此時微弱之甚，故云『存中國』也。」文烝案：疏專論公至，不數遂事陳、鄭諸文，非也。又以諸侯失政爲説，不知諸侯失政與此各自爲義，此論夷夏之故，非論君臣之事，不須牽合也。悼公之時，楚既日强，吴復驟盛中國，自此遂衰，故君子書經時有存中國之意，而傳明之也。夷狄與中國交争諸侯，則因而存中國，迨後晉、楚共率諸侯盟于宋，無侵伐八年，則又因而善之，足見聖人之情矣。春秋隨事而爲義，左傳楚沈尹戌曰「古者天子守在四夷，天子卑，守在諸侯。諸侯守在四鄰，諸侯卑，守在四竟。」當時晉主夏盟，安得四夷爲守？但能弭兵息民，亦足多也。若不能則守在諸侯，中國固不可不存也，此經世之志，王道之要也。

楚公子貞、鄭公孫輒帥師伐宋。

晉師伐秦。

秋，莒人伐我東鄙。

公會晉侯、宋公、衞侯、曹伯、莒子、邾子、齊世子光、滕子、薛伯、杞伯、小邾子伐鄭。齊世子光序滕、薛之上，蓋驕蹇。【補曰】此本公羊，非也。左傳曰：「齊崔杼使大子光先至于師，故長於滕。」杜預曰：「先至爲盟主所尊，故在滕上。」

冬，盜殺鄭公子斐、公子發、公孫輒。【補曰】盜，賤也。義在昭二十年傳。諸書盜，蓋皆士也。○【撰異曰】斐，左氏作「騑」。陸淳曰：「據字子駟，宜爲『騑』。」案：國語稱駟騑。稱盜以殺大夫，弗以上下道，惡上也。兩下相殺，不志乎春秋，惡鄭伯不能脩政刑，致盜殺大夫也。以上下道，當言鄭人殺其大夫。【補曰】書大夫者，以上道之文也。書人爲衆辭者，以下道之文也。稱盜以殺大夫，盜雖下，而别於凡下之文。大夫雖上，而無上文，明以至微賤之輩而禍及國體，事異凡常，是所以惡上。「惡上」之「上」當如范注以爲君也。注首二句引傳例，非也，宜删去。兩臣謂之兩下，如王札子殺召伯、毛伯是也。稱人稱盜則大夫爲上，皆非兩下之文矣。疏曰：「於此發例者，盜殺大夫初起於此也。」文烝案：以哀四年傳校此傳，疑傳當疊一「道」字。「下道」謂稱道。○程子、胡安國以爲失卿職，故不稱大夫。張洽又謂斐者從夷之人，弑君之賊，發輒惟斐是從，惡積而不可掩，鄭不能討而盜得殺之，所謂上慢下暴而致寇至盜之招也，故不稱殺大夫。王葆、胡銓等略同。文烝以爲皆求之過當，春秋所未暇論。

戍鄭虎牢。不稱其人，則魯戍也，猶戍陳。【補曰】亦文若魯獨戍耳，注非也。左傳以爲脩其城而置戍，蓋亦以備楚。其曰鄭虎牢，決鄭乎虎牢也。二年，鄭去楚而從中國，故城虎牢不言鄭，使與中國無異，自爾已來，數反覆，無從善之意，故繫之於鄭，決絶而棄外。【補曰】注非也。決，猶決日、義決，不日而月之決，辨嫌之謂也。上城不繫鄭，嫌遂不得爲鄭地，故此決之，傳當云「決鄭地乎虎牢」，省一「地」字耳。必爲決文者，以後年兩伐鄭，終能得鄭，其地仍屬鄭也。左傳曰：「非鄭地也，言將歸焉。」公羊曰：「諸侯已取之矣，曷爲繫之鄭？諸侯莫之主有，故反繫之鄭。」戴祖啟曰：「邑已失而仍繫之其國者，宋彭城、鄭虎牢也，如但曰圍彭城，則爲君討臣之義隱矣，如但曰戍虎牢，則爲鄭拒楚之義隱矣。」

楚公子貞帥師救鄭。

公至自伐鄭。【補曰】許翰曰：「書楚救鄭而致公，知諸侯之避楚也。」

十有一年春王正月，作三軍。【補曰】何休曰：「月者，重録之。」作，爲也。【補曰】疏見成元年。古者天子六師，諸侯一軍。周禮、司馬法曰：「萬有二千五百人爲軍，王六軍，大國三軍，次國二軍，小國一軍。其將皆命卿。二千五百人爲師。」然則此言天子六師，凡萬有五千人，大國三軍，則三萬七千五百人，諸侯制踰天子，非義也。總云諸侯一軍，又非制也。昭五年經曰「舍中軍」，傳曰「貴復正也」。然則魯有二軍，今云作三軍，增置中軍爾。魯爲次國，於此爲明。【補曰】疏曰：「魯本周公之後，地方七百里，而云次國者，據春秋時言之。」文烝案：傳與周禮非異也，師非二千五百人也，魯非次國也。諸侯一軍，「一」當爲「二」，此轉寫之誤。舍中軍，復爲二軍，傳以爲正，則「一」爲誤字明矣。三略曰：「諸侯二師，方伯三師。」此言最可據，二師卽二軍，三師卽三軍也。國語叔孫穆子之言曰：「天子作師，公帥之，以征不德。元侯作師，卿帥之，以承天子。諸侯有卿無軍，帥教衞以贊元侯，自伯、子、男有大夫無卿，帥賦以從諸侯。」韋昭解「諸侯無軍」曰「無三軍」，傳言「諸侯二軍」與三略同，卽國語之「諸侯無軍」也。二軍之上有三軍，則國語之元侯、三略之方伯是也。二軍之下有一軍，則國語之伯、子、男是也。左傳曰：「成國不過半天子之軍，周爲六軍，諸侯之大者，三軍可也。」於大國云可者，言已過其制，此卽元侯、方伯三軍之證。魯僖公之頌曰「公徒三萬」，三萬者，二軍之人數，此諸侯二軍之證。左傳又稱「王命曲沃伯以一軍爲晉侯」，此伯、子、男一軍之證。依公羊大國稱侯，小國稱伯子男，是大國二軍，小國一軍也。傳既不言元侯、方伯之制，又不言小國一軍者，但言二軍，足見三軍之非，且切魯舊制以爲說，故略不具文也。若然，周禮所以與傳及國語、三略異者，周禮以元侯、方伯亦爲諸侯而謂之大國，故於大國二軍則謂之次國也。二千五百人爲師，五師爲軍，而下言二軍上言六師者，師有二千五百人之師，有通稱兵衆之師。通稱之師，師卽是軍，互以成文，其義不異。惠棟曰：「詩瞻彼洛矣『以作六師』、棫樸『六師及之』，毛傳並云『天子六軍』。鄭志趙商問棫樸詩及常武詩云『整我六師，不稱六軍而稱六師，不達其意。」答曰『師者，衆之通名，故人多云焉，欲著其大數，則乃稱軍耳。』」又臨孝存引詩「六師」之文以難周禮，鄭答之云『軍者，兵之大名，軍禮重言，軍爲其大悉，故春秋之兵雖有累萬之衆，皆稱師』。詩云『六師』卽六軍也。」惠引鄭君之言以解此傳，最得其旨也。凡軍以乘爲數，天子六軍，兵車三千乘，故詩采芑曰「其車三千」。三軍者千五百乘，二軍者千乘，一軍者五百乘。每一乘甲士十人，步卒十五人也。魯頌言「公徒三萬」者，又有重車二百乘，凡步卒五千人，故言三萬也。○或曰白虎通引穀梁傳曰「天子有六軍，諸侯上國三軍，次國二軍，下國一軍」，與今本不同，其文亦可據邪？曰此文「上國」以下十字乃淺人依周禮妄增之，非白虎元文。觀其下文云「諸侯所以一軍者何？諸侯蕃屏之臣也，任兵革之重，距一方之難，故得有一軍。」是知東漢時相承穀梁之本實作「諸侯一軍」矣。曰然則傳云「一軍」非誤字，言諸侯一軍，明小國無軍也。諸侯一軍者，卽國語所謂「諸侯有卿無軍，帥教衞以贊元侯也」，小國無軍者，卽國語所謂「伯子男有大夫無卿，帥賦以從諸侯也」。韋昭以爲伯子男無天子之命卿，引王制小國二卿皆命於其君，明王制本無誤脫，鄭君注未允也。小國無軍，此曹、虞諸國所以無師也。小國無天子之命卿，此曹、莒諸國所以無大夫也。若此，豈不一以貫之邪？曰此說不可用也。諸侯裁一軍，何以舍中軍爲二軍，傳謂之復正乎？曹、莒不得有天子命大夫則不得有名姓，將謂魯及齊、晉、宋、衞、陳、蔡、鄭之書名姓者，皆爲天子命大夫，何以傳獨於内外書字各一人謂之天子命大夫乎？如依莊元年范注謂貢士京師受命者稱字，就其國命之者稱名，何以知當時必行貢士之制？又且單伯世卿，何以云貢士乎？反覆思之，「一軍」必爲誤字，國語必不可泥。王制上文小國有上中下三卿，必當依鄭注以爲二卿之文有誤脫。而小國無師無大夫，還當如前卷之解也。**作三軍，非正也。**補曰此事當時蓋著爲令。不言初者，以後有舍文。不須加初，足知爲常令。

夏四月，四卜郊不從，乃不郊。夏四月，不時也。四卜，非禮也。【補曰】疏曰：「上三卜爲禮而非時，此卜違禮，非禮亦非時，故重發傳不行免牲之禮，與成十年同。」

鄭公孫舍之帥師侵宋。

公會晉侯、宋公、衛侯、曹伯、齊世子光、莒子、邾子、滕子、薛伯、杞伯、小邾子伐鄭。【補曰】左傳曰：「齊大子光、宋向戌先至于鄭。」杜預曰：「光至復在莒子之先，故晉悼亦進之。」

秋七月己未，同盟于京城北。盟謀更共伐鄭。京城北，鄭地。【補曰】此與戲異，與柯陵同，故注卽用彼傳語。鄭雖受盟，猶不堅服，晉雖盟鄭，實謀共伐，故下復伐也。又左傳此盟載書祇言十二國，啖助據之謂鄭不與。○【撰異曰】京，左氏作「亳」，徐彦公羊疏曰：「穀梁與此同，左氏經作『亳城北』，服氏之經亦作『京城北』，乃與此傳同文也。」案：「亳」字誤。

公至自伐鄭。不以後致，【補曰】據偶事，當致後。盟後復伐鄭也。傳例曰：「已伐而盟復伐者則以伐致，盟不復伐者則以會致，此言不以後致，謂會在伐後。」【補曰】注末二語可删，引例在後十九年傳。疏曰：「成十七年夏，公會尹子云云伐鄭。乙酉，同盟于柯陵。與此正同。彼云『至自會』，此云『至自伐鄭』，致文不同者，案彼伐鄭同盟于柯陵，爲公不周於伐鄭，以會事爲大，故以會致。此時鄭從楚，楚彊，諸侯畏之，故以伐爲大事，又盟後重更伐鄭，故以伐致也。」文烝案：盟後復伐，則以伐致，此一例也，疏據僖四年、六年之屬，後事小則以先事致，又一例也。傳但言盟後復伐一例者，此以復伐而致伐，與下蕭魚以不復伐而致會相對爲義，此之致伐本不取大伐鄭之義也。疏說固可通，然非此傳解經之意。

楚子、鄭伯伐宋。

公會晉侯、宋公、衛侯、曹伯、齊世子光、莒子、邾子、滕子、薛伯、杞伯、小邾子伐鄭。【補曰】杜預曰：「晉遂尊光。」

會于蕭魚。蕭魚，鄭地。【補曰】公羊曰：「此伐鄭也，其言會于蕭魚何？蓋鄭與會爾。」何休曰：「中國以鄭故，三年之中五起兵，至是乃服，其後無干戈之患二十餘年，故喜而詳録其會，起得鄭爲重。」劉敞曰：「鄭伯如會歟？宜以如會書。乞盟歟？宜以乞盟書。今一皆没之，獨稱會何哉？曰春秋嘉善矜不能而成人之美，悼公之服鄭也有道，其信義著於諸侯非一日之積，此善之可嘉者也。鄭伯之欲從中國也亦非一日之積，逼於楚之彊而未果，此不能之可矜者也。然則晉之取鄭、鄭之下晉，不始於會蕭魚之日，其信已在前矣。至其會也，諸侯以小息，中國以小安，是乃有貴乎約信者也。其義不言而諭，不盟而壹，故略其文以見其實，蓋春秋成人之美之意也。

公至自會。伐而後會，不以伐鄭致，【補曰】疏曰：「傳例曰二事偶則以後事致，此云公至自會，正是其常，而云不以伐鄭致者，以鄭從楚，伐之尤難，故當以伐爲大事。」得鄭伯之辭也。鄭與會而服中國，喜之，故以會致。【補曰】言得鄭伯者，明上會有鄭，自此遂不復伐，既是盟不復伐，則以會致之例，而後事不小於先事，又是偶事致後之例也。高閌曰：「春秋以變文見義，屢書盟而不信則以不書盟爲誠，屢書伐而無功則以不致伐爲美。」李廉曰：「厲公三伐，終以伐致，悼公三伐，終以會致，春秋之立文精矣。」文烝案：公羊得意致會，不得意致伐之例，於此則通。

楚人執鄭行人良霄。○【撰異曰】霄，十行本獨此作「宵」。張洽、程端學所見同。**行人者，挈國之辭也。**行人是傳國之辭命者。【補曰】疏曰：「舊解挈猶傳也，行人傳國使命，故云挈國之辭。或以挈爲舉，謂傳舉國命之辭，理亦通耳。」文烝案：注、疏皆非也。辭者經之辭，挈者舉也。舉而直言之，若祝吁之挈遂之挈是也。舉又訓盡，若所謂以國與之是也。凡言行人，皆施於執，而外曰某行人，內亦曰我行人，與齊人執單伯諸文不同，是行人者舉國之辭也。左傳曰「書曰『行人』，言使人也」，行人爲使人之稱，使事至重，一國安危所繫，故使能造命，可爲大夫，使不辱命，則可謂士，舉國之辭，此其義也。疏又曰：「行人之文有六，發傳者三：此曰『挈國之辭也』；晉人執衛行人石買，傳曰『稱行人，怨接於上也』，楚人執陳行人干徵師，傳曰『稱人以執大夫，執有罪也。稱行人，怨接於上也』，是其文互相通也。傳舉三者，則晉人執我行人叔孫婼、晉人執宋行人樂祁犂、齊人執衛行人北宮結亦然也。然則稱人以執，執有罪，稱行人怨接於上，明君與臣兩失之也。執大夫稱人，又有二義：齊人執鄭詹，傳曰『人者，衆辭也』。以人執，與之辭也」；宋人執鄭祭仲，傳曰『宋人者，宋公也。貶之也』；齊人執陳袁濤塗，傳曰『齊人者，齊侯也。不正其踰國而執也』；是有二也。凡執大夫，惟齊慶封、陳公子招特爲變文，餘皆稱人，未有稱公侯以執者。若被執者有罪，則稱人以見罪，若執人者有罪，亦稱人以見惡。經辭雖有常例，傳則分而別之，所謂善惡不嫌同辭，不可以一槩求之矣。」文烝又案：黄道周説「自此至三十年殺良霄，二十年中，鄭大夫皆特書名氏，蓋深喜鄭之一意中國，而鄭大夫之得會於諸侯也」。此説極合經旨。鄭之絶楚，自執良霄始，故終良霄之身，皆特文以見義。傳於諸鄭事曰内鄭、曰恥不能據鄭、曰決鄭，最後曰得鄭伯，明君子於晉、鄭之故，深致其意，則黄氏此義可推而知也。若然，稱人、稱行人，鄭君臣仍爲有罪者，鄭既一意中國，而復使人往楚，則是自取執辱，故當罪鄭而不當罪楚，非謂鄭從晉有罪也。

冬，秦人伐晉。【補曰】何休曰：「爲楚救鄭。」案：左傳曰「秦庶長鮑、庶長武帥師伐晉以救鄭」，不言救者，晉伐鄭而終得鄭，故與晉得伐，不以善辭施秦，與上年書楚救異義。

十有二年春王三月，莒人伐我東鄙，圍邰。蓋攻守之害深，故以危録其月。○【撰異曰】三月，板本、公羊或作「正月」，誤也。邰，本又作「台」。陸淳纂例曰：「左氏皆作『台』。」案：今公羊幷下亦皆作「台」。伐國不言圍邑，舉重也。伐國重，圍邑輕，舉重可以包輕。取邑不書，圍安足書也。不足書而今書，蓋爲下事起。

季孫宿帥師救邰，遂入鄆。鄆，莒邑。遂，繼事也。【補曰】疏曰：「重發傳者，此不受命，嫌與常例不同也。」受命而救邰，不受命而入鄆，【補曰】大夫之事皆君命，言季孫宿帥師救邰，是受命之常文也，若入鄆亦受命，則其事非如京師、如晉之比，當依盟衡雍、盟暴之例，各爲一事。再出季孫宿帥師，不當爲繼事辭，明此實不受命矣。公羊大夫無遂事之説，蓋因此經之義推之。惡季孫宿也。【補曰】惡其不受命，言「遂」即是惡之也。入本是惡事，與救相反，但此處未暇論之。公羊莊十九年傳曰：「聘禮，大夫受命不受辭，出竟有可以安社稷利國家者，則專之可也。」胡安國引其文以爲邰在邦域之中而專行之，非有無君之心者不敢爲也。趙儀吉曰：「漢律有矯詔害矯詔不害，故劉向曰國有危而不專救者不忠，國無危而擅生事者不臣。」

夏，晉侯使士魴來聘。○【撰異曰】公羊此處徐彦疏曰：「考諸正本，皆作『士魴』字，若作『士彭』者，誤矣。」

秋九月，吴子乘卒。【補曰】吴壽夢也。吴始書卒，少進之也。吴卒皆不日皆不葬，義亦見成十四年注。左傳服虔注曰：「壽夢，發聲，吴蠻夷言多發聲，數語共成一言，壽夢一言也。經言乘，傳言壽夢，欲使學者知之也。」錢大昕曰：「壽，讀如疇，與乘爲雙聲。夢，古音莫登切，與乘爲叠韻。孫炎制反切，蓋萌芽於此。」案：錢氏此説本顧炎武音論，因沈括、鄭樵説，徧考二聲合一之字，信矣。但傳稱名從主人，而經書「乘」不書「壽夢」，則知「壽夢」者吴之本言，其赴上國乃改言「乘」，故史承而書之也。

冬，楚公子貞帥師侵宋。

公如晉。

十有三年春，公至自晉。

夏，取邿。【補曰】疏曰：「當從左氏爲國。」案：左傳未必是也，此當是取邑，故時齊有邿，見左氏十八年傳。○【撰異曰】邿，公羊作「詩」。徐彦曰：「正本皆作『邿』字，有作『詩』字者，誤。」

秋九月庚辰，楚子審卒。共王。【補曰】國語共王名作箴字，箴、審聲近通用。周禮「十羽爲審」，爾雅作「箴」。

冬，城防。【補曰】防，卽隱九年會地，臧氏邑。

十有四年春王正月，季孫宿、叔老會晉士匄、齊人、宋人、衞人、鄭公孫蠆、曹人、莒人、邾人、滕人、薛人、杞人、小邾人會吴于向。向，鄭地。【補曰】叔老，公孫嬰齊子子叔齊子也。晉以外獨鄭書名氏者，喜其得列中國之會，特顯之也。左傳齊、宋、衞之大夫爲崔杼、華閱、北宮括，不没其名氏，則無以顯鄭，故序鄭上稱人也。此及伐秦之公孫蠆、會澶淵之良霄、城杞之公孫段最爲難通。前引黄道周説獨得之，愚因以知蕭魚得鄭伯之義，直至終良霄之身方盡其意，蓋晉悼濟河而復霸，楚不能争，鄭得所庇，春秋深美之也。左傳以齊、宋、衞之不書爲惰，以衞之書於伐秦爲攝，趙匡既明其不然，張大亨則謂非卿而列於卿上，其誤甚矣。向者，左傳十一年諸侯伐鄭師于向，卽此地。黄汝成以爲此漢志沛國之向，今鳳陽府懷遠縣地。中國會吴，往往就之於淮上也，與江永説同。疏曰：「何休云：『月者，危刺諸侯委任大夫，交會蠻夷，臣日以强，三年之後，君若贅流然。』范雖不注，或以二卿遠會蠻夷，危之故月。從何説，理亦通耳。」〇【撰異曰】蠆，公羊作「蠆」，下皆同。

二月乙未朔，日有食之。

夏四月，叔孫豹會晉荀偃、齊人、宋人、衞北宫括、鄭公孫蠆、曹人、莒人、邾人、滕人、薛人、杞人、小邾人伐秦。【補曰】左傳齊、宋、衞之將皆上會人也，不書齊、宋之將以顯鄭將，與上會同義。衞於上會亦書人，此從常文者，蓋與前衞甯殖侵鄭相對見義。衞侵鄭獨出名氏，故衞與鄭同伐秦亦並出名氏，明以報怨之師爲協力之舉，深爲鄭喜也。傳前獨解衞甯殖之文，則此義亦足見矣。月者，爲下奔日。○【撰異曰】徐彦公羊疏曰：「舊本作『荀偃』，若作『荀罃』者，誤。括，公羊作『結』。」

己未，衞侯出奔齊。諸侯出奔例月，衎結怨於民，自棄於位，君弒而歸，與知逆謀，故出入皆日，以著其惡。【補曰】疏曰：「九月乙亥公孫于齊，亦日者，亦是明公之惡，或是内事詳録，不可以外例凖之。衞侯以惡甚而書日，所以不名者，以其不失國也。出不名，以見得國，歸書名，以明其惡。一解衞侯出奔不名者，既書日以見罪惡甚，故不復名也。理亦通耳。」文烝案：舊史大國君奔皆書日，君子皆略之從月例。左傳二十年甯惠子曰「吾得罪於君，名藏在諸侯之策，曰『孫林父、甯殖出其君』」，是列國史文也。魯史之法，以爲臣逐其君不可以訓，苟獲免於見弒，皆以婉辭書奔，於内之奔則曰孫焉，及至弒君大變，則外直文而内諱焉。此蓋皆周公舊制，關盛衰以垂法，蓋曰可言者言之，不可言則諱，於諸侯之事可諱則諱，而魯史悉凖其制也。記言魯有王禮，傳言魯春秋有周禮，其事不可備知。而内無弒君，外無逐君，異於諸國所記則較然著明，劉敞以此二者爲夫子新意，斯不然矣。○【撰異曰】公羊作「衞侯衎」，陸淳纂例唯云「左氏無『衎』字」。

莒人侵我東鄙。

秋，楚公子貞帥師伐吴。

冬，季孫宿會晉士匄、宋華閲、衞孫林父、鄭公孫蠆、莒人、邾人于戚。【補曰】左傳曰：「謀定衞也。」春會夏伐，特顯鄭大夫，則冬會從常文。二十六年會澶淵，特顯鄭大夫，則二十七年會宋從常文。戴溪曰：「一年之閒，大夫三會，習見其事，以爲當然，遂踵而行之，不以爲怪。」

十有五年春，宋公使向戌來聘。

二月己亥，及向戌盟于劉。【補曰】案：何休通不説地名，杜預於此亦無注，而釋例魯地名有之。孔穎達曰：「蓋魯城外之近地。」○高閌以爲「于劉」二字因下有「劉夏」誤增。鑿空甚矣。薛伯卒築臺于薛，亦將致疑乎？趙與權則又牽合之。

劉夏逆王后于齊。劉，采地。夏，名。書名則非卿也。天子無外，所命則成，故不言逆女。【補曰】此皆本杜預。劉者，王季子之采地。夏以名書，與石尚同，則是天子之士蓋劉氏之支子也。左傳謂劉夏爲官師，與上年傳之劉定公自是異人，杜預合爲一人，不足據。公羊見後有劉子，而不知其委曲，遂以劉夏爲天子之大夫，其稱劉爲以邑氏，非也。天子之中下大夫亦不名，而注但云非卿，又失之。不言逆女，亦當兼略之及無外二義，以其過我而已，故略之也。左傳「官師從單靖公逆王后于齊」，杜預曰：「劉夏獨過魯告昏，故不書單子。」傳又曰：「卿不行，非禮也。」杜曰：「天子不親昏，使上卿逆而公監之，故曰卿不行，非禮。」過我，故志之也。【補曰】此猶外相如、王姬歸，皆以過我志。公羊亦同。以過我志，可以略文，傳并見此意。何休曰：「明魯當共送迎之禮。」孔廣森曰：「外逆女見左傳者，莊十八年原莊公逆王后于陳，宣六年召桓公逆王后于齊，並不書。」

夏，齊侯伐我北鄙，圍成。【補曰】圍成書者，亦爲下事起。成，孟氏邑。

公救成，至遇。至遇而齊師已退也。遇，魯地。【補曰】公羊以爲不敢進，杜預從之，范不取。崔子方曰：「若畏齊不敢進，當書次，不當書至。」案：崔氏以郎、成之例推之是也。不致者，竟内兵也。

季孫宿、叔孫豹帥師城成郛。郛，郭。【補曰】此杜預傳下注。○【撰異曰】陸湻纂例曰：「成，公羊作『郕』。」案：今公羊不作「郕」。

秋八月丁巳，日有食之。

邾人伐我南鄙。

冬十有一月癸亥，晉侯周卒。【補曰】周者，襄公之曾孫，其父祖皆不爲君，書日則周亦正也。以左傳晉事推論之，蓋厲被弒無嗣，成、景之族皆先散處他國，又不宜迎爲君，惟周雖出在京師而獨宜爲君，故得爲正耳。欒書諸郤至於厲公已有奉孫周之言，是其宜立明矣。周有兄，不可立，左氏又明言之。○【撰異曰】周，公羊一本作「雕」。

十有六年春王正月，葬晉悼公。【補曰】前此晉襄三月而葬，悼以後皆三月。

三月，公會晉侯、宋公、衛侯、鄭伯、曹伯、莒子、邾子、薛伯、杞伯、小邾子于湨梁。湨梁，地。【補曰】晉地也。湨水有大隄梁，爾雅所謂「梁莫大於湨梁」。月者，爲下盟日。○【撰異曰】湨，公羊或作「狊」。

戊寅，大夫盟。【補曰】下執二君不去盟。日者，於執言以歸，晉惡不嫌不顯，故此可不去日，與戚盟同也。蒲、祝柯下執無變文，故去盟日以見惡。湨梁之會，諸侯失正矣。【補曰】亦「政」字也。此承雞澤傳言，至此遂失政也。雞澤、邢丘、湨梁三傳文相貫。諸侯會而曰大夫盟，正在大夫也。【補曰】亦「政」字。此句包雞澤言之。

公羊言「信在大夫」，獨據此經，與傳微異。**諸侯在而不曰諸侯之大夫，大夫不臣也。**【補曰】不臣，故不繫於君，此專解本經也。若書諸侯之大夫，則當書魯卿名氏而言及矣。政既在大夫，大夫又不臣，以見諸侯遂失政。盧仝曰：「三桓逐魯，六卿分晉，其所由來者漸。」項安世曰：「書公會諸侯，晉大夫盟于扈，猶有諸侯也。書大夫盟，言自是無諸侯也。」○左傳曰：「晉侯與諸侯宴于温，使諸大夫舞，曰：『歌詩必類！』齊高厚之詩不類。荀偃怒，且曰：『諸侯有異志矣！』使諸大夫盟高厚，高厚逃歸。於是，叔孫豹、晉荀偃、宋向戌、衛甯殖、鄭公孫蠆、小邾之大夫盟曰：『同討不庭』。」杜預「會」下注曰：「不書高厚，逃歸故也。」「盟」下注曰：「諸大夫本欲盟高厚，高厚逃歸，故遂自共盟。」案：左、杜所言，當得事實。杜又曰：「雞澤會重序諸侯，今此閒無異事，即上諸侯大夫可知。」杜以賈服用穀梁、公羊，乃爲此説以改之，殊爲未允。君目臣凡之文，魯卿仍見名氏，非苟從簡略者，若無他義，何爲省文乎？

晉人執莒子、邾子以歸。【補曰】疏曰：「諸侯不得私相治，執之以歸，非禮明矣。」文烝案：何休曰：「録以歸者，甚惡晉。以者，不以者也。言執又言以，惡之可知。惡晉不斥晉侯者，明莒、邾有罪。」

齊侯伐我北鄙。

夏，公至自會。【補曰】王貫道曰：「書至於齊伐後，見諸侯之會未散而齊已抗矣。」

五月甲子，地震。【補曰】孔廣森曰：「自是迄哀公，地比四動，皆季氏專强之象。」

叔老會鄭伯、晉荀偃、衛甯殖、宋人伐許。【補曰】許翰曰：「晉卿主兵，而先鄭伯者，臣不可過君也。」張洽曰：「垂斂之後晉士穀，伐許之後晉荀偃，當時名分尚明，皆因其事實而書之爾。」○【撰異曰】徐彦公羊疏曰：「正本作

『荀偃』，若有作『荀鬶』者，誤矣。」

秋，齊侯伐我北鄙，圍成。【補曰】此年圍成，下年圍桃、圍防，亦並書者，疏曰：「爲十八年諸侯同圍之地。」○【撰異曰】陸湻纂例曰：「成，公羊作『郕』。」案：今唯左氏作「郕」，音成。

大雩。

冬，叔孫豹如晉。

十有七年春王二月庚午，邾子瞷卒。【補曰】邾宣公也。以後葬矣。○【撰異曰】二月，唐石經公羊、初刻作「三月」。瞷，左氏作「牼」。案：从閒从肩及从幵从巠之字聲轉得通。孟子注：「瞷，視也。」士昏禮注引「瞷良人」作「見」，或作「覸」。「齊成覸」或作「成覵」，又作「成荆」。考工記「頎脰」，注：「故書『頎』，或作『牼』。」鄭司農云：「牼，讀爲『鬜頭無髮』之鬜。」

宋人伐陳。

夏，衞石買帥師伐曹。

秋，齊侯伐我北鄙，圍桃。○【撰異曰】桃，公羊作「洮」。

齊高厚帥師伐我北鄙，圍防。○【撰異曰】左氏直云「高厚」，無「齊」字。段玉裁曰：「以傳考之，此與上『齊侯伐我北鄙，圍桃』，非有二事，唐石經不誤。」案：段從左氏，恐非經例。

九月，大雩。

宋華臣出奔陳。

冬，邾人伐我南鄙。

春秋襄公經傳第八補注第二十

穀梁　范氏集解　鍾文烝詳補

十有八年春，白狄來。不言朝，不能行朝禮。【補曰】此本公羊、杜預，與介葛盧同。直言白狄，更劣於介，白狄子不得以名通。

夏，晉人執衛行人石買。稱行人，怨接於上也。怨其君而執其使，稱行人，明使人爾，罪在上也。【補曰】怨接於上者，公羊云「以其事執」是也。疏曰：「稱人以執，是執有罪。范云使人者，明罪在君上，非謂罪晉也。」文烝案：范用左傳也。稱人執有罪，昭八年傳文也。此發行人例，與襄十一年傳互相備。疏云「嫌晉與楚異，故重發」，非也。

秋，齊侯伐我北鄙。【補曰】許翰曰：「齊人四年之閒五伐鄙而四圍邑，又從邾、莒以助其虐，諸侯之陵暴，未有若是者也。」胡安國曰：「齊環背盟棄好，陵虐神主，肆其暴橫，數伐鄰國，觀加兵於魯則可見矣。」○【撰異曰】左氏、公羊皆作「齊師」，左傳曰「齊侯」。

冬十月，公會晉侯、宋公、衛侯、鄭伯、曹伯、莒子、邾子、滕子、薛伯、杞伯、小邾子，同圍齊。【補曰】月者，爲下卒起，或順病文而盈之。非圍而曰圍，據實伐。【補曰】疏曰：「知非圍者，以下十九年致伐不致圍。」文烝案：公羊釋「致伐」曰「未圍齊也」，注以「曰圍」斷句，非也，當讀至下「齊」字爲句。齊有大焉，亦有病焉。齊若無罪，諸侯豈得同病之乎？【補曰】注非也。「齊」字當上屬。「有大焉」者，謂有大齊之辭；「有病焉」者，謂有病齊之辭，皆謂經之立文也。言所以非圍而謂之圍齊者，是所以大齊，其實亦所以病齊也。非大而足同與？齊非大國，諸侯豈足同共圍之與？【補曰】注又非也。此申上「有大」意也。言若非以大齊之辭稱圍，則何足言同歟？方欲言同爲特文，故大之言圍也。若言同伐齊，則不可矣。傳「與」字各本誤作「焉」，涉上二句而誤，今依音義、楊疏、唐石經、余本改正。諸侯同罪之也，亦病矣。諸侯同罪大國，是不量力，必爲大國所讐，則亦病矣。【補曰】注又非也。此申上「有病」意也。如上所云，所以大齊者，爲欲言同故耳，非實欲大齊也。言同者，以明諸侯同罪之，許翰曰「言得罪於天下也」是也。夫齊亦一國，今乃爲天下所同罪，則齊亦病矣，故曰有大齊之辭，亦有病齊之辭也。經之此文，專以書同見義，伐齊而書同，猶外楚而書同，皆爲特筆。既書同以見其義，則宜書圍以盈其辭，此傳六句，曲盡經旨，特以文義深奥，故自注疏以來，莫能通其説，惟王引之説此大概近是，今取其説而增改焉。王氏又引僖六年傳「病鄭也，著鄭伯之罪也」，以爲文義略與此同，亦足匡范之失。公羊曰：「未圍齊則其言圍齊何？抑齊也。曷爲抑齊？爲其亟伐也。」與傳意亦相近。

曹伯負芻卒于師。閔之也。【補曰】重發例，故省「傳曰」之文。

楚公子午帥師伐鄭。

十有九年春王正月，諸侯盟于祝柯。前年同圍齊之諸侯也。祝柯，齊地。【補曰】注上句本杜預。齊不與盟，與諸鄭事異也。下年盟澶淵始有齊。左傳又謂是年十一月，齊、晉盟于大隧。○【撰異曰】柯，公羊作「阿」。

晉人執邾子。【補曰】晉侯稱人者，邾有罪。

公至自伐齊。春秋之義，已伐而盟復伐者，則以伐致。京城北之類是。盟不復伐者，則以會致。會于蕭魚之類是。祝柯之盟，盟復伐齊與？怪不以會致。【補曰】常例二事偶亦當以後事致，傳不言者，伐齊自是大事，不嫌當致會，故據京城北、蕭魚之例以問。曰非也。不復伐齊。【補曰】下文獨衞伐齊耳。士匄還師，又不成伐。然則何爲以伐致也？曰與人同事，或執其君，或取其地。同與邾圍齊而晉執其君，魯取其地，此與盟後復伐無異。【補曰】明以有執君取地之事，故雖盟後實不復伐，而從盟復伐則以伐致之例，乃又合於後事小則以先事致之例也。此與柯陵致會適相反，彼當致伐而致會，此當致會而致伐也。疏曰：「據此傳文，事實在邾，不關於齊，而以伐齊致者，以明既盟之後，執君取地，與盟後復伐無異，故託事以見意，罪晉執君，惡魯取地也。」劉敞曰：「脅人之君而制其國，介人之威而私其利，晉、魯之惡甚焉，交譏之。」謝湜曰：「以義討齊之暴，復以不義侵邾之疆，以亂繼亂而已。」黄震曰：「晉救魯可也，動天下之兵以執邾子，而取邾田以歸魯，不可也，未足以服齊也。」文烝案：諸執諸侯稱人以執者，較稱爵斥執爲愈，其實亦非全與之，傳於此見之矣。惟晉文執衞侯爲合義，則别有善文。

取邾田，自漷水。以漷水爲界。【補曰】此本杜預也。哀篇直言漷，此加言「水」者，文無所連，單言自漷則意未足，與梁山相似。書禹貢或言灃，或言灃水，史文之常也。軋辭也。軋，委曲。隨漷水，言取邾田之多。【補曰】疏曰：「公羊以爲漷水移入邾界，魯隨而有之。今云軋辭者，謂經言自漷水者，委曲之辭也。一解言取邾田委曲隨漷水爲界之辭，言其多也。」其不日，惡盟也。【補曰】盟不日者，惡之也。疏曰：「謂執君取地。」文烝案：平丘之會曰「其日」，善是盟也，與此文相對。此於執君取地後追論盟之不日以見惡，彼於陳、蔡歸國後又追論盟之謹日以明善，其意一也。惡之則不日，猶渝盟不日。

季孫宿如晉。

葬曹成公。

夏，衛孫林父帥師伐齊。【補曰】衛之舊君在齊，而伐齊非爲舊君也，猶衛之亡父在戚，而圍戚非爲亡父也，父子之變大矣，故別取義，君臣之變多矣，故爲平文。穀梁、公羊皆無説焉，孰謂二家之學鑿空哉？

秋七月辛卯，齊侯環卒。○【撰異曰】環，公羊作「瑗」。徐彦曰：「左氏、穀梁作『環』字也。」

晉士匄帥師侵齊至穀，聞齊侯卒，乃還。還者，事未畢之辭也。【補曰】疏曰：「重發傳者，嫌外内異也。」受命而誅，生死無所加其怒，不伐喪，善之也。【補曰】受君命而誅其人，於我無所加其怒，生則誅之，死則已，此正禮也。不伐齊喪，合禮，詳録之，乃以善之。善之則何爲未畢也？君不尸小事，臣不專大名，善則稱君，過則稱己，則民作讓矣。【補曰】坊記子云：「善則稱君，過則稱己，則民作忠。」董仲舒曰：「春秋君不名惡，臣不名善。」士匄外專君命，故非之也。【補曰】專命，即專大名，失善則稱君之義，故以未畢之辭責之。疏曰：「何休廢疾云：『君子不求備於一人，士匄不伐喪，純善矣。』何以復責其專大功也。鄭君釋之曰：『士匄不伐喪則善矣，然於善則稱君，禮仍未備，故言乃還，不言乃復，作未畢之辭。還者致辭，復者反命。」案如鄭意，以乃還爲惡，乃復爲善，則公子遂至黄乃復又爲惡之者。彼以遂違君命而反，故加畢事之文，欲見臣不専君命，與此意少異。此既善不伐喪，又爲事畢之辭，則是純善士匄，故以未畢之辭言之。」文烝案：鄭以還爲致辭，不可曉。還者將至國而未至也，乃者亡乎人之辭，説見僖三十一年。**然則爲士匄者宜柰何？宜墠帷而歸命乎介。**除地爲墠，於墠張帷，反命於介，介歸告君，君命乃還，不敢專也。【補曰】聘禮説聘使習儀事云，爲壝壇畫階，帷其北，無宫。公孫歸父至檉，聞君薨，家遣，左氏、公羊皆言墠帷復命於介。劉敞曰：「止師而請之，君曰可，而後止，不可，則復之，期可而後止。」劉以爲未入齊地宜如此，至穀入齊地宜還。今案：至穀入齊地則宜退至晉竟而請焉。還者，反而在路也，即含斯義。

八月丙辰，仲孫蔑卒。

齊殺其大夫高厚。

鄭殺其大夫公子嘉。○【撰異曰】嘉，公羊作「喜」。徐彦曰：「左氏、穀梁作『公子嘉』也。」

冬，葬齊靈公。【補曰】晉士匄不成侵，齊之臣子免於危懼，故從時葬正例，善晉而幸齊也。

城西郛。【補曰】杜預曰：「魯西郭。」左傳「懼齊也」。

叔孫豹會晉士匄于柯。柯，地。【補曰】此柯當云衞地。

城武城。【補曰】左傳：「穆叔歸曰：『齊猶未也，不可以不懼。』乃城武城。」杜預曰：「泰山南武城縣。」案：此即論語子游爲武城宰，得澹臺滅明，孟子稱曾子居武城者也。又謂之南武城，史記仲尼弟子傳「曾參，南武城人。澹臺滅明，武城人」，實一地，文有詳略也。其後謂之南城，田齊世家「齊威王曰：『吾臣有檀子者，使守南城，則楚人不敢爲寇』」是也。漢書地理志作「南成」，屬東海郡，續漢志作「南城」，屬泰山郡，至晉志乃復作「南武城」，與杜氏此注同。羊祜傳及宋、齊、隋志仍作「南城」，又與哀十四年傳注同，未知何者爲正也。武城即南武城，亦即南城，顧炎武考之甚詳，其故城在今沂州府費縣西南八十里石門山下。大戴禮盧辯注以曾子爲魯之南武城人，子羽爲魯之東武城人，不足據。史記平原君傳「封於東武城」，非魯地也。

二十年春王正月辛亥，仲孫速會莒人盟于向。向，莒邑。○【撰異曰】速，公羊作「遬」，後同。【補曰】速，蔑之子孟莊子。

夏六月庚申，公會晉侯、齊侯、宋公、衛侯、鄭伯、曹伯、莒子、邾子、滕子、薛伯、杞伯、小邾子盟于澶淵。澶淵，衛地。【補曰】下魯伐邾渝盟，非晉意，故從書日常例。魯渝邾盟太速者皆日，此亦從例。

秋，公至自會。

仲孫速帥師伐邾。

蔡殺其大夫公子濕。○【撰異曰】濕，又作「隰」，左氏、公羊作「燮」。

蔡公子履出奔楚。

陳侯之弟光出奔楚。○【撰異曰】光，左氏作「黄」，後同。案：説文「炗，从火在人上，古文作炗。」「黄，从炗聲。」古書「光」與「廣」通，又與「桄」、「横」通。「廣」、「横」皆黄聲。諸侯之尊，弟兄不得以屬通。【補曰】重發傳者，奔而稱弟，辭同義異，故重舉不以屬通之例。其弟云者，親之也，親而奔之，惡也。顯書弟，明其親也。親而奔逐之，所以惡陳侯。【補曰】疏曰：「鄭釋廢疾亦云『惡陳侯』。」

叔老如齊。

冬十月丙辰朔，日有食之。

季孫宿如宋。

二十有一年春王正月，公如晉。【補曰】孔廣森曰：「月者，正月也。」

邾庶其以漆、閭丘來奔。【補曰】黄震曰：「襄如晉而庶其以漆、閭丘來，昭如晉而牟夷以牟婁、防、茲來，昭在乾侯而黑肱以濫來，三叛皆季孫受之，爲逋逃淵藪者也。」吕大圭曰：「非公命不書，自宣、成以來書之，政在大夫也。」○【撰異曰】漆，左氏或作「淶」。以者，不以者也。凱曰：「人臣無專禄以邑叛之道。」【補曰】疏曰：「重發傳者，此非用兵之以故。」來奔者不言出，舉其接我者也。【補曰】重發傳者，此以地來，嫌有異也。漆、閭丘不言及，小大敵也。【補曰】君子於言無所苟，此與昭五年言「及」者相對也。昭五年傳解「以」、解「來奔」、解「及」又稱莒無大夫，重地而目其人，此亦應與彼同。傳不於此言之者，以邾界我，邾快之來奔，直奔不以地來，亦目而書之，故不於此言重地。所以容彼二文，亦緣邾小於莒，盟會皆在莒下。言莒無大夫，則邾可知也。公羊曰「邾婁無大夫」，左傳於莒挈邾庶其、莒牟夷、邾黑肱皆曰非卿，曰賤。賈、服諸儒解之以爲邾、莒無命卿，並合傳旨矣。若然，莒之來奔，以重地而目之，邾之來奔，有地無地皆得目者，邾與魯最爲密邇，魯視之不與莒同。史書邾事較莒宜詳，經皆因其舊也。公羊說畀我、快之奔曰「以近書」，蓋謂邾近魯。嚴顏舊說，未可用也，此叛也，說在昭三十一年傳。

夏，公至自晉。

秋，晉欒盈出奔楚。

九月庚戌朔，日有食之。

冬十月庚辰朔，日有食之。【補曰】疏曰：「此年與二十四年皆頻月日食，據今曆法，無頻食之理，但古或有之，故漢書高祖本紀亦有頻食。」文烝案：漢書高帝紀三年冬十月甲戌晦，日有食之；十一月癸卯晦，日有食之；文帝紀三年冬十月丁酉晦，日有食之；十一月丁卯晦，日有食之。五行志同。劉炫以來，疑此事者多矣。求諸日月交會之術，則自漢至今，諸曆家皆以百七十三日有奇爲限，必不得頻月食，若謂古篆隸之遞變，簡縑紙之迭代，傳寫致誤，則不應二十四年及漢初其誤不約而同，且古書何一非傳寫者，辭亦遁矣。若謂如陳侯鮑卒，一事兩日，而疑以傳疑，則又不類。夫甲戌己丑，史本從赴，日有食之，乃據所見，於經或可兩存，於史不容一誤，即或誤視氛珥，豈得遂筆諸書？又不應似食真食，頻月爲常，而襄公及漢初之史，同歸誤視，且古之治曆者，合朔之差，則由平朔，交食之道，無容不知，史必不以不食爲食，而君子脩春秋，既正其朔，亦必不於不食之食而不之正也。石介曰：「天道至遠，不可得知，後世執推步之術，案交會之度而求之難矣，予以斯言爲信。」○謂後月之食爲氛珥相侵，此王夫之說，猶金履祥以尹氏卒爲鄭尹氏。卓爾康謂桓公甲戌年正月己丑，史偶倒其文，皆穿鑿無稽之言也。汪曰楨語予，日食於古爲災變，無推算之術，故有誤視者，愚以爲不然。漢書天文志以日食爲大變，月食星逆爲小變，言曆紀推月食，與熒惑、太白之逆亡異，足知曆所可推者，不害其爲變也。通典載鄭小同議所稱春秋昭三十一年十二月辛亥朔日蝕，晉史墨以庚午之日日始有謫，自庚午至辛亥四十二日，日蝕之兆形於前，此爲古有明法，是確據也。小同答以黄帝、顓頊、夏、殷、周、魯六曆皆無推日蝕法，但有考課疏密，是則沈約宋曆志所謂六家曆皆六國及秦時人所造，孔穎達書正義所謂古真曆遭戰國及秦而亡，六曆皆秦、漢之際假託者也。曾子問論諸侯旅見天子諸侯相見入門廢禮之事，日食居一，又有當祭而日食之文，是則劉、邵所謂聖人垂制，不爲變豫廢者也。曾子問又云「日有食之，不知其已之遲數」，又云「安知其不見星也」，是又聖人慎重之意，雖有其術而弗論，亦所謂知其不可知也。

曹伯來朝。

公會晉侯、齊侯、宋公、衛侯、鄭伯、曹伯、莒子、邾子于商任。商任，某地。【補曰】當云「地闕」。

左傳曰：「錮欒氏也。」

庚子，孔子生。【補曰】左氏無此文。今本公羊多「十有一月」四字。唐石經以下皆然。據陸氏音義，知公羊亦無「十有一月」，其有者，乃别本之誤也。上有十月庚辰朔，則庚子者十月二十一日。疏曰：「史記世家云襄公二十二年生者，馬遷之言與經典不同者非一也。」疏又以此文爲傳所録，唐石經穀梁、公羊經傳不可分。段玉裁曰：「要爲作傳者所記非經語，馬端臨以爲經，非是。」文烝案：傳始本與經别行，豈得於「小大敵也」之下突接此句，不爲傳體而爲經體乎？又豈得無月有日乎？公羊之傳亦不得爾。此蓋弟子既受經於聖人，退而教授，附記於經，以標顯一家之制作。穀梁子作傳時，所據經已有此句。公羊之經，出於口授，即是此本，惟左氏別有傳授，故其經無此句，而獲麟後則有續經三年事也。續經終孔丘卒，稱名，恆稱也。此附記孔子生，稱子，貴稱也。凡王朝列國之臣，自列士大夫以上通以子爲貴稱，大夫以上又稱夫子，故書雒誥曰「予旦以多子越御事」，士相見禮曰「某也夫子之賤私」，春秋列國所稱，見於內外傳、論語、曲禮檀弓、孟子者，皆如此。而魯、衞、齊、晉、鄭之上下大夫，其生既以子連氏，其没則多以子配氏謚。孔子以魯司寇而稱子，又稱夫子，猶此例也。孔門弟子面稱其師，或曰子，或曰夫子，其私論之或言自生民以來未有夫子，或言未有盛於孔子，其追記師言，或稱子，或稱孔子，皆從大夫之貴稱。此與聘禮之某子爲他國大夫之稱，鄉飲禮、射禮、大射儀之某子爲作酬及比耦之稱，士相見禮之某子爲述命之稱，聘禮記、士昏禮、特牲禮之某子爲告神之稱，并諸稱吾子稱子者，皆不同而同也。唯論語、檀弓稱二三子、稱三子者，本是君稱羣臣、羣臣相稱之辭，而師稱羣弟子、平敵相稱，皆用之。又陳亢於伯魚、子貢，桀溺於子路，子路於丈人，平敵皆面稱子，此等通學士以下並爲例之小變，於是七十子以來，學者所師，皆稱某子，學者亦稱某子。於是孟子以來，專以夫子爲尊敬之稱，而平敵以下面稱通曰子，幾與爾女無別，世遂以子爲男子之通稱，而馬融因誤注論語首句矣。〇何休曰：「時歲在己卯。」徐彥曰：「何氏自有長曆，不得以左氏難之。」王引之曰：「何氏精於讖緯，讖緯多用殷曆甲寅元。漢世說春秋獲麟至漢興年數有謂二百七十五歲者，後漢虞恭等所謂歲在乙未，則漢興元年又上二百七十五歲，歲在庚申，則孔子獲麟是也。有謂百六十二歲者，則後漢馮光、陳晃之說也。由虞恭等庚申之說上推之七十一歲，至襄二十一年，歲在己酉，據太初元年丙子，殷曆以爲甲寅，則庚申爲戊戌，己酉爲丁亥，與此注不

自欒共子、石祁子始見。

此與稱小子不同。

如穀梁子、尸子、沈子皆是。

合。由馮光、陳晃獲麟至漢興百六十二歲之說推之，漢興元年，漢志以爲甲午，殷曆爲壬申，上百六十二歲至獲麟，歲在壬子，爲庚寅。又上七十一歲至襄二十一年，歲在辛丑，則爲己卯，故此注曰歲在己卯也。孔廣森曰：「周十月，夏八月，日在壽星之次，與斗柄同位。先儒言夫子生時，帝車南指，此日加午之驗也，於今禄命術得己卯、癸酉、庚子、壬午，應四極之位。」文烝謹案：孟子曰由文王至於孔子五百有餘歲，證以鄭君緯候之學，文王以西伯受命，入戊午蔀二十九年，其明年改元，數至魯惠公末年，三百六十歲，又加以隱元年，至此百七十一歲，則自文王受命至孔子生，凡五百三十一歲也。左傳稱禽父事康王，而史記魯世家伯禽以下有年數，考公四年、煬公六年、幽公十四年、魏公五十年、厲公三十七年、獻公三十二年、真公三十年、武公九年、懿公九年、伯御十一年、孝公二十七年、惠公四十六年，十二諸侯年表起共和元年，以爲卽真公之十五年，而武公凡十年。劉歆三統曆乃謂伯禽四十六年。成王元年命伯禽，至春秋三百八十六年，其引世家，則煬公六十年、獻公五十年、武公二年，此張衡等所謂歆欲以合春秋，橫斷年數，損夏益周。考之表、紀，差謬數百者矣。

二十有二年春王正月，公至自會。【補曰】孔廣森曰：「月者，正月也。」

夏四月。

秋七月辛酉，叔老卒。

冬，公會晉侯、齊侯、宋公、衛侯、鄭伯、曹伯、莒子、邾子、滕子、薛伯、杞伯、小邾子于沙隨。【補曰】左傳曰：「復錮欒氏也。」時欒盈在齊。○【撰異曰】左氏無「滕子」。

公至自會。

楚殺其大夫公子追舒。

二十有三年春王二月癸酉朔，日有食之。

三月己巳，杞伯匄卒。

夏，邾畀我來奔。【補曰】賈逵、杜預以爲庶其之黨。○【撰異曰】畀，公羊作「鼻」。案：說文：「鼻，引氣自畀也。從自畀。」

葬杞孝公。

陳殺其大夫慶虎及慶寅。稱國以殺，罪累上也。【補曰】重發傳者，無訟君之事，而亦有及文，嫌異故也。及慶寅，慶寅累也。【補曰】重發傳者，二慶同族，嫌又與箕鄭父異也。

陳侯之弟光自楚歸于陳。光反稱弟，言歸無罪明矣。【補曰】不言復者，弟者親貴之稱，苟有位，無絕理。

晉欒盈復入于晉，入于曲沃。曲沃，晉地。【補曰】疏曰：「欒盈先入曲沃，後復入晉，故云復入也。後入曲沃，不云復入者，兵敗奔曲沃已有復入文，故直云入曲沃，不再言復入。」文烝案：左傳稱「欒盈帥曲沃之甲，因魏獻子以晝入絳」，公羊謂「欒盈將入晉，晉人不納，由乎曲沃而入」，此疏所據也。其實盈由曲沃入晉，經但記入晉耳，其先之入於曲沃，經所不論也。以復中國之辭言之者，盈帥甲入絳，篡大夫位，與復其位者同，下殺著「弗有」之文，非晉復其位可知，故不嫌也。不言自楚自齊者，二國無奉，盈潛至，啖、趙是也。兵敗奔曲沃，直言入于曲沃，不言以叛者，亦以下殺著「弗有」之文，則叛可知。春秋謹嚴，語無贅設。何休曰：「篡大夫位例時。」

秋，齊侯伐衛，遂伐晉。

八月，叔孫豹帥師救晉，次于雍渝。雍渝，晉地。【補曰】月者，爲下卒日。○【撰異曰】陸淳纂例本作「雍俞」，云左氏作「榆」，穀梁作「渝」。案：今公羊亦作「渝」，國語亦同。或作「雝俞」。言救後次，非救也。惡其不遂君命而專止次，故先通君命而後言次，尊君抑臣之義。鄭嗣曰：「次，止也。凡先書救而後言次，皆非救也。僖元年，齊師、宋師、曹師次于聶北救邢，此師本欲止聶北，遥爲之援爾。隨其本意而書，故先言次而後言救。豹本受君命救晉，中道不能，故先言救而後言次。若鄭伯未見諸侯而曰如會，致其本意。」【補曰】非救重發傳者，聶北先言次，此後言次，嫌異也。鄭嗣以聶北爲本欲遥爲之援，又以此文亦爲遂其意，皆非也。公羊曰：「曷爲先言救而後言次？先通君命也。」此解最明白。此文本當從莊三年次郎、三十年次成之例，特以郎、成是君將，故直言次而不言救，明不得與聶北遂其意者同。此是臣將，臣受命救晉而不能救，不可以其不能救而廢所受之命，故先言救以明公命，後言次以明豹之不能救也。傳於聶北既言非救，又言遂齊侯之意，此直言非救，不言遂其意，明與公羊義同也。曹伯襄之言復，傳曰通王命；公孫敖之言如、言復，傳曰不廢君命，不專君命；公子遂之言復，傳曰不專公命；彼數傳屢言之，則此可知也。何休曰：「惡其不遂君命而專止次，故先通君命言救。」范注本之。救爲通君命，則次爲惡豹自明。

己卯，仲孫速卒。

冬十月乙亥，臧孫紇出奔邾。【補曰】紇，許之子臧武仲。左氏二十二年傳「臧武仲如晉」，服虔曰：「武仲非卿，故不書。」然則書奔不必皆卿也，非卿書氏者，紇本有氏，而史書臧孫，非例所卒，則書氏無所嫌，故仍史文也。其日，正臧孫紇之出也。正其有罪。蘧伯玉曰：【補曰】蘧伯玉，衞大夫，名瑗，謚成子。當夫子脩春秋時，年近百歲，論語記其使人來。蔡邕所謂蘧瑗保生也。「不以道事其君者，其出乎？」必不見容。【補曰】臧武仲不善處季孟之閒，至於出奔，故伯玉爲推本之論，以爲武仲不能以道事君，斯其所以出乎。左傳載仲尼曰：「知之難也。有臧武仲之知，而不容於魯國，抑有由也。作不順而施不恕也。」夫子論其事，伯玉論其理，皆以武仲之知，一時推重，至目之爲聖人，故聖賢互有評論也。論語又曰：「臧武仲以防求爲後於魯，雖曰不要君，吾不信也。」則又論其奔後事也。或謂伯玉平日汎論不指武仲，如禮器引君子之人達耳，此殆不然。案：論語稱所謂大臣者，以道事君，不可則止，言止則有去國之義，故夫子嘗去魯矣，伯玉亦再從近關出矣。專之去則合乎春秋矣，出奔亦何害於道哉？

晉人殺欒盈。惡之，弗有也。不言殺其大夫，是不有之以爲大夫。【補曰】經惡之爲弗有辭也。稱人者，衆辭例。

齊侯襲莒。輕行掩其不備曰襲。【補曰】左傳例，輕曰襲。傳稱齊侯還自晉不入，遂襲莒。孔穎達曰：「經不言遂者，聞有他事故也。僖六年遂救許、二十八年遂圍許亦聞有他事。而言遂者，公皆親在，事不待告，故遠承上事言遂。此書齊事，雖告稱遂襲莒，亦不可書遂，爲聞有數事，與前文隔絕故也。」文烝案：隔絕既多，又伐晉已言遂，不可復書遂也。

二十有四年春，叔孫豹如晉。

仲孫羯帥師侵齊。【補曰】羯，速之子孟孝伯。○【撰異曰】羯，公羊作「偈」，又作「褐」，亦或作「羯」。後同，

夏，楚子伐吴。

秋七月甲子朔，日有食之，既。

齊崔杼帥師伐莒。

大水。【補曰】案：大水例時，此及上伐皆不蒙月也。水災成於七月，故在七月下八月上，以此知夏秋書大水者，不必四月至六月、七月至九月矣。若大旱則必至六月、九月雩不得雨而後書，與水異也。

八月癸巳朔，日有食之。

公會晉侯、宋公、衞侯、鄭伯、曹伯、莒子、邾子、滕子、薛伯、杞伯、小邾子于夷儀。【補曰】夷儀，衞地。左傳曰：「將以伐齊，水，不克。」許翰曰：「知水災非特魯也。」○【撰異曰】夷，公羊作「陳」。後同。徐彦曰：「左氏與穀梁作『夷儀』。」

冬，楚子、蔡侯、陳侯、許男伐鄭。

公至自會。

陳鍼宜咎出奔楚。○【撰異曰】鍼，公羊作「咸」，亦或作「鍼」。唐石經作「鍼」。

叔孫豹如京師。【補曰】左傳曰：「齊人城郟。穆叔如周聘，且賀城。」齊城郟者，國語云：「穀、雒鬭，將毀王宮。」是城之由也。蓋此年水患特甚。

大饑。【補曰】大饑，由七月大水。五穀不升爲大饑，升，成也。【補曰】明此大饑之文與有年、大有年相反，即莊二十八年之大無麥禾也。彼有諱文耳。一穀不升謂之嗛，嗛，不足貌。【補曰】韓詩外傳作「鎌」，廣雅作「歉」。文選注引劉兆注曰：「慊，不足也。」二穀不升謂之饑，三穀不升謂之饉，【補曰】爾雅、毛詩傳並云「穀不熟爲饑，蔬不熟爲饉。」蔬不熟者，既無穀又無蔬也。雖與此異，亦謂饉深於饑。四穀不升謂之康，康，虛。【補曰】廣雅作「歔」，韓詩外傳作「荒」。爾雅云「果不熟爲荒」，亦謂轉益深。管子有「比歲歉」、「比歲飢」、「比歲荒」之語。五穀不升謂之大侵。侵，傷。【補曰】疏曰：「大侵者，大饑之異名也。」文烝案：傳首一語，正解本文已足，復舉一穀以上，次第言之，嗛則公羊所云「一災不書，以其不足書也。」饉與康甚於饑，而愈於大饑，經以饑包之，非不書也。傳以經書凶年之事終於此，故明其統例。何休云「有死傷曰大饑，無死傷曰饑」，義得兼通。疏引徐邈云「有死者曰大饑，無死者曰大餓」，則不足據也。墨子「不升」並作「不收」，其名饉也，旱也，凶也，餽也，饑也，文更乖異。旱不得爲一名，饉不得淺於饑。大侵之禮，【補曰】此下於經外記舊典。君食不兼味，【補曰】君，謂天子諸侯也。曲禮曰：「歲凶年穀不登，君膳不祭肺。」鄭君曰：「禮食殺牲則祭先，有虞氏以首，夏后氏以心，殷人以肝，周人以肺。不祭肺則不殺也。天子食日少牢，朔月大牢，諸侯食日特牲，朔月少牢。」白虎通曰：「一穀不升徹鶉鷃，二穀不升徹鳧鴈，三穀不升徹雉兔，四穀不升損囿獸，五穀不升不備三牲。」臺榭不塗，塗，堊飾。【補曰】爾雅：「闍者，謂之臺。」李巡曰：「積土爲之，有木者謂之榭。」

李曰：「臺上有屋，此樹與堂塗不同。」韓外傳「塗」作「飾」。弛侯，弛，廢也。侯，射侯也。廢侯，不燕射。【補曰】疏曰：「注獨舉燕射，其實大射、賓射亦不行也。或以爲燕射一侯，禮最省，故舉之以明餘者亦不爲耳。」案：韓外傳無此句。廷道不除，廷內道路不脩除。【補曰】韓外傳「廷道」作「道路」。曲禮曰：「馳道不除。」鄭君曰：「除，治也。」不治道爲妨民取蔬食也。」百官布而不制，官職脩列，不可闕廢，不更有造作。【補曰】韓外傳「布」作「補」。鬼神禱而不祀，周書曰：「大荒有禱無祀。」【補曰】韓外傳「祀」作「祠」。曲禮曰：「祭事不縣。」雜記孔子曰：「凶年祀以下牲。」此皆禱禮，通名爲祭祀耳。注所引糴匡文，「祀」今作「祭」。此大侵之禮也。【補曰】毛詩傳曰：「歲凶年穀不登則趣馬不秣，師氏弛其兵，馳道不除，祭祀不縣，膳夫徹膳，左右布而不脩，大夫不食粱，士飲酒不樂。」賈子曰：「歲凶穀不登，臺扉不塗，樹徹干侯，馬不食穀，馳道不除，食減膳，饗祭有闕。」二文與傳及曲禮、韓詩外傳皆略同。

二十有五年春，齊崔杼帥師伐我北鄙。

夏五月乙亥，齊崔杼弒其君光。【補曰】齊莊公。莊公失言，淫于崔氏。放言將淫崔氏，爲此見弒也。邵曰：「淫，過也。言莊公言語失漏，有過於崔子，而崔子弒之，故傳載其致弒之由，以明崔杼之罪甚。」【補曰】邵所云「有過」，猶言得罪也。案：左傳崔杼娶東郭姜，莊公通焉，驟如崔氏，以崔子之冠賜人。曰：「不爲崔子，其無冠乎？」注前說據通姜事，邵說據賜冠事，其實當兼取爲說。失言於崔杼，一事也，淫通崔杼之妻，又一事也，傳以莊之無道，經歷書之，惟此兩事，其惡未著，故特發傳，成十七年論之詳矣。莊不從甚惡例稱國者，禍不從殺大夫而起，非莒、吳、薛、夷狄小國，則治大夫者從詳。

公會晉侯、宋公、衛侯、鄭伯、曹伯、莒子、邾子、滕子、薛伯、杞伯、小邾子于夷儀。【補曰】案：左傳曰：「伐齊，以報朝歌之役。齊人以莊公說，使隰鉏請成。慶封如師，男女以班。賂晉侯以宗器、樂器。晉侯許之。」此與文十五年盟扈相似，不從散辭之例略之者，初爲會時，但謀報怨，未聞弑君，事實與扈盟不同，故從常文也。至於既聞弑後，不能討賊，晉與諸侯之罪固無可辭，但此等之義，文外自見，文中所未暇論。晉本非以討賊徵會，則無爲於會而譏之，故會夷儀以報怨，不譏不討。齊會澶淵以救災，不譏不討。蔡會郛以尋盟，不譏不討。莒皆以弑事與會事本不相涉，得與常會一例也。澶淵以善事而有變文加文，明其若非善事則與夷儀、郭同也。文十五年盟扈則本以討齊出，十七年會扈則定宋新君於伐後，其伐亦本以討宋出，故皆略之爲散辭。桓二年會稷則又直爲成宋亂出，故深誅其心，加言以成宋亂也。程端學嘗曰：「春秋者，即此事而論此事之義者也，未嘗因此事而論他事之善惡也。」此言大概是也。此不書伐齊者，杜預曰：「齊人逆服，兵不加。」杜是也。或又以言伐則嫌予晉討賊，故没其文也。

六月壬子，鄭公孫舍之帥師入陳。

秋八月己巳，諸侯同盟于重丘。會夷儀之諸侯也。重丘，齊地。【補曰】此本杜預。杜以爲齊亦同盟。孔穎達引二十八年傳齊陳文子曰：「重丘之盟，未可忘也。」文烝案：上既不言伐齊，則此并没之矣。

公至自會。

衛侯入于夷儀。夷儀，本邢地，衛滅邢而爲衛邑。【補曰】此本杜預也。孔穎達曰：「邢遷于夷儀，衛滅邢，還名夷儀。」文烝案：十六年以來書衞侯皆爲剽，此則衎也，從其故稱而書入，則無所嫌。不名者，後復歸名，故此略之。未得國都，故不言復也。此事蒙上月，與入櫟同。

楚屈建帥師滅舒鳩。【補曰】此在時例。徐取舒、楚滅舒鄝、舒庸、舒鳩，皆偃姓夷國。

冬，鄭公孫夏帥師伐陳。【補曰】此亦一歲再伐，與成三年伐許同。彼既狄之，故此從平文矣。若齊之侵伐我，則一從平文，内伐亦然。○【撰異曰】夏，公羊作「蠆」。徐彥曰：「公孫蠆云云，亦有一本作『公孫蠆』字者。」

十有二月，吳子謁伐楚，門于巢，卒。【補曰】吳諸樊也。○【撰異曰】謁，左氏作「遏」。徐彥公羊疏曰：「吳子遏者，亦有一本作『謁』字者。」以伐楚之事，門于巢卒也。所以攻巢之門者，爲其伐楚之事故也，然則伐楚經巢。【補曰】攻門曰門。于巢者，外乎楚也。若但言伐楚卒而不言于巢者，則卒在楚也，言于巢則不在楚。門于巢，乃伐楚也。先攻巢，然後楚乃可得伐。【補曰】疏曰：「舊解，巢，楚竟上之小國，有表裏之援，故先攻之然後楚可得伐。或以爲楚邑，非也。徐邈亦云『巢，偃姓之國』是也。」文烝案：巢即文十二年楚所圍者。諸侯不生名，取卒之名加之伐楚之上者，見以伐楚卒也。【補曰】明由伐楚至死。其見以伐楚卒何也？據伐楚惡事，無緣致本意。【補曰】此非致其志，注非也。問此者，疑伐楚亦不至死。古者大國過小邑，【補曰】謂以師過狀，若侵伐者。小邑必飾城而請罪，禮也。飾城者，脩守備，請罪，問所以爲闕致師之意。【補曰】飾城請罪則無攻門之事。吳子謁伐楚，至巢，入其門，【補曰】左傳曰「門焉」，公羊曰「入門乎巢」，皆謂攻之。公羊又申之曰「入巢之門」，則謂攻入之，傳意亦同也。言巢不飾城請罪。門人射吳子，有矢創，反舍而卒。【補曰】舍，止息之處，是所謂以伐楚卒。蘇轍曰：「言卒不言滅者，死而非獲也。」即左傳、杜預說。古者雖有文事，必有武備，【補曰】言古者諸侯相見，軍衛不徹，況以伐楚之事、攻巢之門本非文事，可無備乎？君親爲飛矢所中，是其無備明矣。非巢之不飾城而請罪，非吳子之自輕也。非，責。【補曰】自輕，謂攻門無備也。經意責巢，尤責吳子。

二十有六年春王二月辛卯，衛甯喜弒其君剽。【補曰】史記謂之「殤公」，漢書古今人表有「衛殤公焱」。剽、焱聲相近，作「焱」者誤。此不正，【補曰】疏曰：「剽元年稱公孫，知不正。」其曰何也？殖也立之，喜也君之，正也。父立以爲君，則子宜君之，以明正也。【補曰】此解書「日」義，非解「君」字。里克殺卓亦日「弒君」，明不必父之所立始當奉以爲君，但父立而奉爲君者，雖不正亦正，故不去日，別於凡弒不正者，君臣之義父子之道備矣。劉敞言微言大義，而程子曰：「春秋大義數十，炳如日星，乃易見也。唯其微辭隱義，時措從宜者，爲難知也。」今案：此條稱君爲大義，書日爲微文，下二條書叛爲大義，書日又爲微文，非傳何以知之？

衛孫林父入于戚以叛。【補曰】非自外入，無所謂復也。以者，不以者也，義在昭二十一年傳。凡言叛者，皆據有邑土，猶後世之言反。孔穎達論之甚明。又與「潰」略同。公羊曰：「潰者何？下叛上也。國曰潰，邑曰叛。」是也。此處無傳。不言叛直叛者，非直叛也。左傳曰「以戚如晉」，是以戚出奔晉。胡銓曰：「書叛者，叛衎也。書弒君者，君剽也。春秋原情定罪，故兩君之也。」張自超曰：「書叛於剽甫弒衎未歸之閒，則林父向日逐君之罪并著。」何休曰：「叛例時。」

甲午，衛侯衎復歸于衛。〇【撰異曰】衎，本亦作「衎」。日歸，見知弒也。書喜弒君，衎可言歸，衎實與弒，故録日以見之。書日所以知其與弒者，言辛卯弒君，甲午便歸，是待弒而入，故得速也。【補曰】王符潛夫論曰：「春秋之義，責知誅率。」此類是也。此傳及上傳專發日義，聖門相承説也。舊史大國君奔歸入者皆書日，左氏載續經「哀十六年春王正月己卯，衛世子蒯聵自戚入于衛」亦其類也。疏曰：「傳例歸爲善，復歸則居其兩端，今喜既弒君，衎可言歸，但以與弒，故從平文云復歸。書名，因以見惡耳。不言入，以明歸罪於甯喜也。」文烝案：左傳曰「甲午，衛侯入」，疑舊史本言「入」，春秋改言「復歸」者，與突歸于鄭同義。歸者易辭，彼則祭仲易其事，此則甯喜易其事也。但突歸之非善辭易明，衛侯衎之復歸則嫌與善辭相亂，無以見其知弒，故與出奔皆仍史文，存日所以明其非善也。彼言歸而此言復歸者，突本未有國，衛侯則舊有國也。書衎者，失國常文也。疏多誤解，引善辭之例是一誤；謂復歸小劣於歸，乃同公羊，是二誤；專以書名爲見惡，而不知謹日爲正義，違戾本傳，是三誤。

夏，晉侯使荀吴來聘。

公會晉人、鄭良霄、宋人、曹人于澶淵。【補曰】依左傳，晉人者，趙武也。宋人者，向戌也。公不會大夫，經例宜稱人以會，鄭良霄獨仍舊史稱名氏者，明欲爲異文特顯之。序向戌上者，蓋時以其先至於會，進班在上，左傳以爲向戌後至也。又或謂宋人非卿，非卿故稱人，序鄭下，此説與蜀盟齊人同，亦可通也。不致者，時晉助孫氏以討衛，本是惡事，又外皆無君，故没至文，與翟泉、蜀之盟同。

秋，宋公殺其世子痤。〇【撰異曰】痤，左氏、公羊作「痤」。程端學曰：「公羊作『痤』。」案：今公羊不作「痤」。

呂本中曰：「穀作『座』，程蓋誤。」

晉人執衛甯喜。【補曰】左傳曰：「於是衛侯會之，晉人執甯喜、北宫遺，使女齊以先歸。」公羊曰：「不以其罪執之。」

八月壬午，許男甯卒于楚。宣九年九月辛酉，晉侯黑臀卒于扈，傳曰「其日，未踰竟也」。此乃在楚，何以日邪？隱三年八月庚辰，宋公和卒，傳曰「日卒，正也。」許男卒于楚，則在外已顯，日卒，明其正。【補曰】此因朝于楚而卒也。疏曰：「案：薄氏駁云，此自發例於大國，不關於小國，其小國或詳或略，許男書日，未必正也。范答云，春秋稱世子，固有非正，周之襄王、晉之恭子、曹伯射姑亦是其例。貜且之卒，連於日食之下，何以知其不日？然則范之此答，據何文得知？又周之襄王與恭子何以爲別？又薄氏之駁，不問射姑，而范答探意太過者，案左氏，襄王是惠后之子，明襄王是嫡也，故文八年書八月戊申天王崩。恭世子是獻公烝父妾而生，僖五年被殺不日，故知雖世子仍非嫡也。薄氏之意，見射姑稱世子而卒不書日，故駁云『發例於大國』，小國自從詳略，故范以射姑非正答之。據陳侯款，僖七年寧毋之會亦言世子，至僖二十八年書卒之上亦不日，明稱世子亦有非正也。捷菑既貶則貜且是正，故知貜且之卒蒙上日食之文可知。襄王正，恭子不正，而亦引以爲例者，欲明襄王正而稱世子，申生不正亦稱世子，據此言之，明有不正而稱世子者。」文烝案：申生、款稱世子，皆正也，申生自在殺例，款當在惡之之例，惟射姑似非正。

冬，楚子、蔡侯、陳侯伐鄭。

葬許靈公。

二十有七年春，齊侯使慶封來聘。

夏，叔孫豹會晉趙武、楚屈建、蔡公孫歸生、衛石惡、陳孔奐、鄭良霄、許人、曹人于宋。【補曰】晉、楚弭兵，會盟之善者，義在後傳。杜預曰：「案傳會者十四國，齊、秦不交相見，邾、滕爲私屬，皆不與盟。宋爲主人，地於宋，則與盟可知，故經唯序九國大夫。楚先晉歃，而書先晉，貴信也。陳於晉會，常在衞上，孔奐非上卿，故在石惡下。」孔穎達曰：「爲盟而爲此會，故不盟者會亦不序。」文烝案：晉先楚者，史文之常，不論其信否，君子仍史之舊。○【撰異曰】奐，公羊作「瑗」。

衛殺其大夫甯喜。稱國以殺，罪累上也。【補曰】重發傳者，與里克同，與元晅、陽處父等不同，將發其義，故備其文。甯喜弑君，其以累上之辭言之何也？嘗爲大夫，與之涉公事矣。鄭嗣曰：「若獻公以喜有弑君之罪而殺之，則不宜既入以爲大夫而復殺之，明以他故。」【補曰】疏曰：「徐邈云：『涉，猶歷也。』」文烝案：公事，公家事也。此亦所謂殺之不以其罪。甯喜由君弑君，而不以弑君之罪罪之者，惡獻公也。獻公卽衎也。鄭嗣曰：「書甯喜弑其君，則喜之罪不嫌不明，今若不言喜之無罪而死，則獻公之惡不彰。」【補曰】由君弑君，謂由衎弑剽。

衛侯之弟專出奔晉。○【撰異曰】專，左氏、公羊作「鱄」。專，喜之徒也。專之爲喜之徒何也？己雖急納其兄，與人之臣謀弑其君，是亦弑君者也。【補曰】故曰喜之徒。專其曰弟何也？據稱弟，則無罪。專有是信者，【補曰】言專之奔，乃有信者也，故稱弟。君賂不入乎喜而殺喜，是君不直乎喜也，故出奔晉，言君本使專與喜爲約納君，許以寵賂，今反殺之，獻公使專失信，故稱弟見獻公之惡也。【補曰】直，亦信也。古書於尾生直躬，或稱直，或稱信，是信、直同義也。專承君命，以賂約喜，君賂不入而反殺之，是君使專失信乎喜，故出奔晉也。三句申上專有是信之意，范注末二句似是而非。織絇邯鄲，【補曰】邯鄲，晉地。疏引麋信云：「絇者，著屨爲之頭，卽儀禮『絇繶純』是也。」文烝案：鄭君曰：「絇之言拘也，以爲行戒，狀如刀衣鼻，在屨頭。」郝懿行曰：「織絲爲之。」終身不言衛。恥失信。【補曰】二句幷言其奔後事以足文意。專之去，合乎春秋。何休曰：「甯喜本弑君之家，獻公過而殺之，小負也。專以君之小負自絕，非大義也，何以合乎春秋？」鄭君釋之曰：「甯喜雖弑君之家，本專與約納獻公爾，公由喜得入，已與喜以君臣從事矣。春秋撥亂重盟約，今獻公背之而殺忠于己者，是獻公惡而難親也。獻公既惡而難親，專又與喜爲黨，懼禍將及，君子見幾而作，不俟終日。微子去紂，孔子以爲三仁，專之去衛，其心若此，合于春秋，不亦宜乎？」【補曰】案：上言專以守信而奔，故得稱弟，正解經文已畢。此又言其去國之深得事宜，合乎春秋之義也。專雖守信，終爲喜徒，嫌其雖著弟文，不得以去爲善，故明專之去實是善也。但較叔肸則不如之，故一兼稱字，一直稱名，一云取貴，一云合也。鄭君比之微子，李廉以爲過美，而其說大概近是。宣十七年疏云「專之去，使君無殺臣之惡，兄無害弟之愆」，斯言不易矣。陳光出奔，傳曰「其弟云者，親之也。親而奔之，惡也」。此不言者，言專有信，言專合乎春秋，則擧親以惡衛侯可知。上傳已云惡獻公，故此不言也。

秋七月辛巳，豹及諸侯之大夫盟于宋。【補曰】左傳曰：「盟于宋西門之外。」湨梁之會，諸侯在而不曰諸侯之大夫，大夫不臣也，晉趙武恥之。【補曰】疏曰：「趙武恥大夫不臣。」豹云者，恭也。不犨氏姓。【補曰】從大夫書至，由上見犨之例，明其恭於君。諸侯不在而曰諸侯之大夫，大夫臣也，【補曰】若不欲爲大夫臣之辭，則當不言諸侯而不出豹。凡春秋之義，多以兩文相對而見，傳合溴梁言之，特顯此意。其臣恭也，【補曰】當云「臣且恭」，省一「且」字耳。溴梁不臣，不復論其恭不恭。晉趙武爲之會也。【補曰】之會，是會也。是會主於弭兵，趙武實倡其議，臣恭之美，職是之故，觀後會澶淵傳，見此傳言外不盡之意。朱子之説大學，所謂「咏歎淫液，其味深長」者也。案：左傳宋向戌欲弭諸侯之兵以爲名，而前二十五年趙文子語穆叔先有此意，足與傳相證也。葉夢得謂穀梁知其義而不知其事，未爲善讀傳者。又謂左氏得其事而不盡其義，公羊既不知事，又不知義，則皆信也。趙鵬飛曰：「夷夏交歡，諸侯用寧，其功大矣，不可謂權出大夫而卑之也。權正不並用，仁義不兩立。權足以濟時，君子捨其正；仁足以安天下，君子不責其義。」文烝案：書及者，以内及外之文。不嫌是内爲志者，上言會，明晉爲主可知。○國語曰：「是行也，以藩爲軍，攀輦即利而舍，候遮扞衛不行。」韋昭曰：「藩，籬落也。言不設壘壁。攀，引也。輦，輦車也。即，就也。言人引車就水草便利之地而舍之。候，候望。遮，遮罔。晝則候遮，夜則扞衛。扞衛謂羅闉，〔一〕狗附也。張羅闉，去壘五十步而陳，周軍之前後左右，彍弩注矢以譙何，謂之羅闉。又二十人爲曹輩，去壘三百步，畜犬其中，或視前後，或視左右，〔二〕謂之狗附。皆昏而設，明而罷。候遮二十人居狗附處，以視聽候望，明而設，昏而罷。不行者，不設之。」文烝案：晉語記此，以明晉之有信，楚不敢謀，蓋亦齊桓不以兵車之意，又可見他會盟之大槩。

〔一〕「扞衛」原脱，據國語晉語八韋昭注補。
〔二〕「或視左右」，原脱「或視」二字；據國語晉語八韋昭注補。

冬十有二月乙亥朔，日有食之。

二十有八年春，無冰。【補曰】何休曰：「豹、羯爲政之所致。」

夏，衞石惡出奔晉。

邾子來朝。

秋八月，大雩。

仲孫羯如晉。

冬，齊慶封來奔。

十有一月，公如楚。【補曰】何休曰：「如楚皆月者，危公朝夷狄也。」

十有二月甲寅，天王崩。靈王。【補曰】史記名泄心。簡王子。泄，葢當作「世」，故國語注作「大心」，猶「樂大心」作「樂世心」，彼「世」亦或作「泄」也。案：左傳記葬靈王在下年五月「公至」後，傳言「鄭上卿有事，使印段如周」，又昭三十年傳鄭游吉對晉人曰：「靈王之喪，我先君簡公在楚，我先大夫印段實往，敝邑之少卿也」。是時鄭有卿往會葬，則魯亦必有會者，魯既會葬，則知傳及公羊謂以不志葬爲正者信矣。公孫敖弔喪，若不奔莒，或當不書。毛詩序稱季孫行父請命于周在僖公時，左傳成二年稱臧宣叔如晉乞師，而經無行父如京師、許如晉之文，似卿出竟亦或有不書者，以此知平、桓、惠、定、靈五王之葬，雖有卿往，亦不得以不書爲疑也。至五王之獨得以不志葬示義者，傳無明文，以其時考之，平、桓之崩則春秋之初也，惠之崩則齊霸之盛也，定之崩則春秋之中也，靈之崩則夷夏之弭兵也，不志葬之義，獨在五王，其以此歟？

乙未，楚子昭卒。【補曰】楚康王也。史記、論衡康王名作「招」字。何休曰：「乙未與甲寅相去四十二日，蓋閏月也。」文烝案：下年五月有庚午，左傳有二月癸卯，若此有閏則不得合，故陳厚耀、顧棟高皆疑之，今姑從何氏。

二十有九年春王正月，公在楚。閔公也。閔公爲楚所制，故存録。【補曰】傳例曰：「存公故也，在昭三十年傳。」公羊曰：「正月以存君也。」何休曰：「正月歲終而復始，臣子喜其君父與歲終而復始，執贄存之，故言在。在晉不書，在楚書者，惡襄公久在夷狄，爲臣子危録之。」疏以爲成、襄、昭適晉並踰年，不言在，親倚之情，比之國內。孫復曰：「公在中國猶可，在夷狄則甚矣。」文烝案：左傳公於是有親襚之事，四月又有送葬之事，陳侯、鄭伯、許男皆與焉。

夏五月，公至自楚。【補曰】案：至自楚亦皆月，亦危之，又皆危其久，此往月致月有懼之例。喜之也。凱曰：「遠之蠻國，喜得全歸。」致君者，殆其往而喜其反，殆，危。此致君之意義也。【補曰】疏曰：「於此發之者，以公遠之荆蠻，故傳特發之，明中國亦同也。」

庚午，衞侯衎卒。

閽弑吴子餘祭。【補曰】卽戴吴也。不日者，卒例也。吴與莒弑各一，皆不日，其例皆同。○【撰異曰】弑，左氏音義作「殺」，申志反。閽，門者也，寺人也。【補曰】門者，守門者也。易說卦傳曰：「艮爲閽寺。」疏曰：「以主門晨昏開閉謂之閽，以是奄豎之屬，故又謂之寺人也。」文烝案：祭統曰：「閽者，守門之賤者也，古者不使刑人守門。」鄭君曰：「古者，謂夏、殷時，明周制守門以刑人。」音義曰：「寺，本又作『侍』。」不稱名姓，閽不得齊於人。【補曰】疏曰：「人稟二儀之氣，須五常之性備然後爲人，閽者虧形絕嗣，無陰陽之會，故不復齊於人也。」不稱其君，閽不得君其君也。【補曰】何休曰：「不言其君者，公家不畜，士庶不友，放之遠地，欲去聽所之，故不繫國。不繫國，故不言其君。」禮：君不使無恥，無恥，不知臧否。不近刑人，【補曰】公羊同。曲禮曰：「刑人不在君側。」不狎敵，不邇怨，【補曰】疏曰：「言爲人君之道，外不得狎敵，內不得近怨，何者？吳謁以狎敵蒙禍，餘祭以邇怨害身，故不可狎敵邇怨也。」文烝案：傳意重在不近刑人，不邇怨。賤人非所貴也，【補曰】疏曰：「卑賤之人無高德者，不可猝貴。」貴人非所刑也，【補曰】曲禮曰：「刑不上大夫。」鄭君曰：「不與賢者犯法，其犯法則在八議，輕重不在刑書。」刑人非所近也。【補曰】公羊曰：「近刑人則輕死之道。」鄭君曲禮注曰：「爲怨恨爲害也。」舉至賤而加之吳子，吳子近刑人也。【補曰】疏曰：「謂經舉而加之，譏其近刑人也。」文烝案：不近則何由得弒，故知吳子近之。劉賁對策曰：「春秋譏其疏遠賢士，昵近刑人是也。」閽弒吳子餘祭，仇之也。怨仇餘祭，故弒之。【補曰】疏曰：「范以國君不仇匹夫，犯罪則誅之，故知是閽怨。」文烝案：此言吳子邇怨也，近刑人與邇怨一也。

仲孫羯會晉荀盈、齊高止、宋華定、衞世叔儀、鄭公孫段、曹人、莒人、邾人、滕人、薛人、小邾人城杞。【補曰】據左傳公孫段於良霄死後乃命爲卿，此不言鄭人，又不直言鄭段，明是特顯之。杜預曰：「蓋以攝卿行。」或未然也。昭元年左傳言「城淳于」，明非緣陵故都，蓋遷而後城之，故直言城杞也。不言遷者，略之也。杜預謂湻于本州國都，州公亡國，杞幷之。○【撰異曰】儀，公羊作「齊」。徐彥曰：「左氏經作『大叔儀』。」段玉裁曰：「今左經作『世叔儀』。」昭三十二年有「世叔申」，哀十一年有「世叔齊」，則此作「世叔」無疑，左傳乃皆作「大叔」耳。齊者，儀之曾孫，申之子，公羊誤也。左氏無郲人。**古者天子封諸侯，其地足以容其民，**【補曰】地，謂四竟之內。王制曰：「量地以制邑，度地以居民，地邑民居必參相得也。」鄭君曰：「得，猶足也。」**其民足以滿城，**【補曰】城，謂都城，始封必城其國都。**以自守也。**【補曰】言守，明宜稍稍補完之。**杞危而不能自守，**【補曰】謂時遷國湻于，脩其城而有所益，亦自守之事，杞不能也。**故諸侯之大夫相帥以城之，此變之正也。**諸侯微弱，政由大夫，大夫能同恤災危，故曰變之正。【補曰】盟首戴時，政在諸侯，故變之正指諸侯；城杞時，政在大夫，故變之正又指大夫。觀傳所言，知春秋之義，因時而殊矣。左傳曰：「晉平公，杞出也，故治杞。」

晉侯使士鞅來聘。

杞子來盟。杞復稱子，蓋時王所黜。

吳子使札來聘。杜預曰：「吳子，餘祭。既遣札聘上國而後死。札以六月到魯，未聞喪也。不稱公子，其禮未同於上國。」【補曰】杜以爲不蒙上月，據左傳閽弑在五月，城杞在六月也，然則聘例書時明矣。高澍然申杜曰：「書來，據已至魯言；書使，據在彼國言也。」賈逵、服虔皆以爲夷末新卽位，使來通聘，與杜異。杜謂「禮未同上國」，故不稱公子，非也。此與楚萩、秦術並是夷狄，得有大夫之文，非有異例。傳所云「成尊於上也」，稱吳子與楚、秦義異，稱札與楚、秦義同。**吳其稱子何也？善使延陵季子，故進之也。**【補曰】檀弓孔子曰：「延陵季子，吳之習於禮者也。」吳所使得其人，故進稱子。家鉉翁曰：「荆人來聘，楚人使宜申來獻捷，春秋皆從君臣同辭之例，久而後書。楚子使萩，君臣俱見，今吴使始至，書君書大夫，爲其能使賢，故貴之。」家氏説是。此聘與荆人文相當，若非善其所使，當書吴人來聘也。秦伯使術，楚子使萩，不爲善所使者，秦稱伯，自是常文，楚於文公時本進稱子，故與此異也。如傳説，吴子即實夷末，此子必非喪稱，當與齊頃公同例矣。札者，壽夢之少子，其長子諸樊，次戴吴，次句餘，次札，故曰季子。謂之延陵季子者，公羊以爲季子讓國於闔廬，去之延陵。史記曰「季札封於延陵，故號曰延陵季子。」左傳載札讓國事在諸樊時，稱之爲延州來季子，鄭君以爲延陵即延州來。服虔以爲延者，延陵，州來，邑名。季子讓王位，居延陵爲大夫，食邑州來。杜預曰：「延州來，季札邑。」又曰：「本封延陵，後復封州來。」釋例又以「延州來」三字共爲一邑，不知其處。司馬貞疑釋例誤也。身賢，賢也，使賢，亦賢也。【補曰】能使賢則亦賢矣，故有可進之理，所謂欲知其君，視其所使。延陵季子之賢，尊君也。以季札之賢，吴子得進稱子，是尊君也。【補曰】又緣札之賢，有尊君之心，故如其意而進稱子，此别爲一義。其名，成尊於上也。春秋賢者不名，而札名者，許夷狄不一而足，唯成吴之尊稱，直稱吴，則不得有大夫。【補曰】疏曰：「上，謂君上。」文烝案：傳言略名札者，爲欲成吴子之尊稱，略名之，取足稱使耳。札自從萩、術之例，無爲再進稱氏也。范用公羊，未得其解。○公羊謂季子讓國，故賢之，獨孤及譏其以讓階禍。劉絢、胡安國、張洽遂謂春秋貶之，皆非經義。

秋七月，葬衛獻公。【補曰】不如成公去葬者，剽弑而入，前有明文故。○【撰異曰】左氏、公羊作秋九月。

齊高止出奔北燕。其曰北燕，從史文也。南燕，姞姓，在鄭、衛之閒。北燕，姬姓，在晉之北，史曰北燕，據時然，故不改也。傳所言解，時但有言燕者。【補曰】疏曰：「傳言從史文者，明時有直言燕者，而仲尼從史文也。」文烝案：經例國名皆從主人，此書齊事，則齊爲主人，但當時齊之稱燕，實直稱燕，不稱北燕，經以北燕書，不在名從主人之例，乃在從史文之例，故傳特明之也。史所以書北燕者，蓋別於南燕之直言燕，或以詳録加「北」，無義例。左氏載續經「哀十五年，齊高無丕出奔北燕」，是北燕從史文之證也。名從主人，亦是史文，既有從主人之義，不須言從史文，故於不從主人者言之也。孟子論春秋曰「其文則史」，傳曰「從史文」，語意相似，明穀梁子與孟子其學同出聖門也。傳之釋經，皆直述所受於師語，北燕從史文，聖門相承之説如此。公羊經師，習聞其説，而不得其解，遂於齊高偃納北燕伯之傳謬爲怪説，以附合夫子信史之言，此其展轉失真，最爲乖剌，而劉知幾遂肆筆議經矣。

冬，仲孫羯如晉。

三十年春王正月，楚子使薳罷來聘。聘例時，此聘月之何也？泰曰：「桓二年，宋督弑其君與夷，傳曰書王以『正與夷之卒』，然則義有所明，皆須王以正之。書王必上繫於春，下統于月，此書王，以治蔡般弑父之罪爾，非以録薳罷之聘。【補曰】泰説稱王最得之，以弑與夷爲比則小誤也。稱王治魯桓，足知諸弑君者並準此義，無須一一備文。與夷之弑，特以其爲春月第一事故耳。至於弑父自立，尤爲莫大之變，應須復顯王文，故特存王月於聘，以表斯旨。孟子曰：「世衰道微，子弑其父者有之，春秋天子之事，成春秋而賊子懼，此之謂也。」因此又知舊史於諸聘或皆具月矣。楚商臣弑父，其年本有王月，許止書弑，而無王月，明其實不弑，所以別之。○【撰異曰】罷，公羊作「頗」，一作「跛」。後同。

夏四月，蔡世子般弑其君固。【補曰】固之被弑，爲其淫而不父。○【撰異曰】般，本或作「班」，左氏亦同。其不日，子奪父政，是謂夷之。比之夷狄，故不日也。丁未，楚世子商臣弑其君，傳曰「日髡之卒」，所以謹商臣之弑也。楚公子比弑其君，傳曰「不日」，比不弑，般弑不日，而曰夷之何也？徐乾曰：「凡中國君正卒，皆書日以録之，夷狄君卒，皆不日以略之，所以别中國與夷狄。夷狄弑君而日者，閔其爲惡之甚，謹而録之。中國君卒例日，不以弑與不弑也。至于卒而不日者，乃所以略之，與夷狄同例。」【補曰】夷之者，孟子稱「父子相夷」，趙岐注載一説釋爲夷狄，是當時常語也。疏引鄭君釋廢疾曰：「商臣弑父，日之，嫌夷狄無禮，罪輕也。今蔡中國而又弑父，故不日之，若夷狄不足責然。公羊云『若不疾，乃疾之』，推以況此，則無怪然。」文烝案：鄭説卽徐注所本，於理可通。今思之，楚世子商臣與公子比兩文相對爲義，商臣弑日則爲謹之，比弑不日則不弑也。蔡世子般與許世子止兩文相對爲義，般弑不日則爲夷之，止弑日則不弑也，其義互相易。

五月甲午，宋災。伯姬卒。【補曰】此災董仲舒、何休以爲伯姬守節憂傷之所生。案：齊災以甚志則書大災。左傳曰：「宋大災。」經不書大者，下有伯姬卒，則大可知，故省文也。服虔曰：「不書大，非災大及人，伯姬坐而待之耳。」非也。○【撰異曰】左氏作「宋伯姬」。陸淳曰：「衍文也。」取卒之日加之災上者，見以災卒也。【補曰】明死災也。疏曰：「外災例時，今因伯姬災卒，進日在上。」其見以災卒柰何？【補曰】疑君母不宜死災。伯姬之舍失火，【補曰】夜失火。左右曰：「夫人少辟火乎？」伯姬曰：「婦人之義，傅母不在，宵不下堂。」宵，夜。【補曰】傅母，蓋所以傅相其德行。漢書音義曰：「婦人年五十無子者爲傅。」左右又曰：「夫人少辟火乎？」【補曰】固請。伯姬曰：「婦人之義，保母不在，宵不下堂。」【補曰】保母，蓋所以保安其身體。古者后夫人有傅姆，則保母卽姆也。鄭君昏禮注曰：「姆者，婦人年五十無子，出而不復嫁，能以婦道教人者也。」案：傅母、保母，皆女未嫁時所置，女嫁隨女同行。伯姬時年六十左右，傅母、保母當已九十左右，皆未必存。何休說公羊「婦人夜出」句爲有事宗廟，亦與避火無涉，然則伯姬言此者，蓋自以身爲寡婦，昏夜之時，不欲下堂出門，又不欲明言其故，因時傅母、保母皆已前没，故假廟中之禮以拒左右。推其心，則胡瑗、孫覺謂之婦人之伯夷，劉敞以爲求仁得仁者也。論其理，則卽程子所謂餓死事極小，失節事極大者也。左傳說此事以爲待姆，公羊以爲傅至母未至，當皆傳聞之誤，所謂道聽涂說者歟？公羊之「傅」卽傅母也，公羊之「母」卽左傳「姆」字，卽保母也。何休注誤。遂逮乎火而死。【補曰】卒不下堂也，是所謂以災卒。婦人以貞爲行者也，【補曰】劉向列女傳宋鮑女宗曰：「婦人以專一爲貞。」班昭女誡引女憲曰：「得意一人，是謂永畢；失意一人，是謂永訖。」伯姬之婦道盡矣。【補曰】疏曰：「共公卒雖日久，伯姬能守夫在之貞，故曰婦道盡。」文烝案：伯姬遇災，猶能守義，平時有貞行可知矣。行貞則婦道盡。〇予妻沈印齡論此傳曰：「婦人雖無外事，然亦有百行，雖有百行，而貞爲之本，故列女傳有母儀、賢明、仁智、貞順、節義、辯通六目，而道則盡於貞矣。以敬姜之賢也，聖人直曰季氏之婦不淫矣，亦此義也。」予甚善是言，謂能通穀梁、國語、列女傳詩箋之意。夫自劉向作傳，孳孿外分六目，後漢書因有列女之篇，其序云「但搜次才行尤高秀者，不必專在一操」，史體固應爾，要其立言爲有弊矣。詳其事，賢伯姬也。【補曰】辭者，謂以卒日加災上也，賢其死正以賢其平時。孫覺曰：「伯夷之賢不見稱於孔子，則西山之餓夫耳；共姬之行不見列於春秋，則宋國之愚婦耳；爲伯夷、共姬，又何恨哉？亦信其志而已矣。」

天王殺其弟佞夫。【補曰】王弟亦王子，故名也，爲大夫則字，王季子是也。大夫雖殺亦字，召伯、毛伯是也。○【撰異曰】佞，公羊作「年」。案：「年」與「佞」聲近。佞，仁聲。季，从禾千聲。説文「仁」古文作「忎」，亦千聲。千，古讀若「仁」也。又説文「郱」讀若「寧」。傳曰：諸侯且不首惡，況於天子乎？【補曰】首惡，猶主惡，謂目君也，諸侯猶不爲首惡之文，況在天子？曲禮曰「君子不親惡」，蓋亦此意。疏曰：「嫌天子之殺弟異於諸侯，故以輕況重，舉重以明輕，是輕重之道並見矣。」君無忍親之義，天子諸侯所親者，唯長子母弟耳。【補曰】君兼天子、諸侯言之，天子、諸侯皆無忍於其親之義而親之。專以今王今公録者，獨此二人，何得無罪見殺乎？僖五年何休注曰：「春秋公子貫於先君，唯世子與母弟以今君録，親親也。」何不論王子、王世子、王母弟者，何注宣十年、十五年以爲天子不言子弟故也。準諸此傳，則天子、諸侯皆同。天王殺其弟佞夫，甚之也。【補曰】甚之者，甚其忍親，故直稱天王以首惡。

王子瑕奔晉。不言出，周無外。【補曰】此本杜預，即傳例所謂周有入無出。上下既一見出文，以後皆從正例。

秋七月，叔弓如宋。【補曰】叔弓，叔老子子叔、敬叔，亦稱敬子。月者，爲葬。

葬共姬。共姬從夫之謚。【補曰】此本杜預。杜又曰：「卿共葬事，禮過厚。」「傷伯姬之遇災，故使卿共葬。」鄭君説左傳曰：「『夫人之喪，士弔下大夫會葬，禮之正。』鄭意此是古制，晉文、襄之霸，因而不改也。內君夫人葬例日，外諸侯葬以時爲正，以此差之，則內女爲外夫人書葬者宜以月爲正。恩録之文，輕重不爽。○【撰異曰】「葬」下當有「宋」字，此脱也。左氏、公羊皆有「宋」字。外夫人不書葬，此其言葬何也？吾女也，卒災，故隱而葬之也。【補曰】

失國卒災，傳各備文者，月卒日葬，日卒月葬，事情各異也。春秋於宋共姬盡其事者五，詳其事者二，特崇之者一，隱之者一，一人之身，録之甚悉，經辭之繁而不殺無若此者，良以家人之義，利在女貞，夫婦之道，人倫所始，深著其賢，爲後世勸也。詩始周南、召南，春秋録伯姬，其意不異。

鄭良霄出奔許。自許入于鄭。【補曰】不復出鄭良霄者，略之。良霄亦篡大夫位。不言復入者，初奔位未絶。

鄭人殺良霄。【補曰】趙汸曰：「獲麟後史書陳宗豎自楚復入于陳，陳人殺之。不言殺宗豎者，省文也。鄭良霄事與陳宗豎同，而經書曰『鄭良霄出奔許，自許入于鄭，鄭人殺良霄』，文不省者，以大夫自外入國，與國人討而殺之各是一義，於經不得相蒙也。」劉侍讀嘗發此義，計夫子改正舊史若此者多。**不言大夫，惡之也。**【補曰】疏曰：「欒盈已發傳，重發之者，嫌與復入異故也。」

冬十月，葬蔡景公。不日卒而月葬，不葬者也。【補曰】案：中國諸侯若本非正嗣，而其葬有故，則亦不日卒而月葬矣。今云不日卒而月葬，是不葬者，傳專對許悼公爲説也。許悼日卒而時葬，明其本非弑，當書葬者也。蔡景不日卒而月葬，明其實是弑，所謂君弑賊不討不書葬者也。不得以他卒葬常例爲疑。**卒而葬之，不忍使父失民於子也。**鄭嗣曰：「夫葬者，臣子之事也，景公無子，不可謂無民，無民則景公有失於民，有民則罪歸於子，若不書葬，則嫌亦失民，故曰不忍使父失民於子。【補曰】春秋變史例而又自變其例者，皆義之精也，於魯閔之不葬、蔡景之葬見之。

晉人、齊人、宋人、衞人、鄭人、曹人、莒人、邾人、滕人、薛人、杞人、小邾人會于澶淵，宋災故。【補曰】此澶淵，王夫之、洪亮吉以爲宋地，洪引說文「澶淵水在宋」。○【撰異曰】鄂本、公羊無「莒人」，脱也。會不言其所爲，【補曰】史之通例。其曰宋災故何也？【補曰】問經何以特增史文，與稷成宋亂相似。不言災故則無以見其善也。【補曰】明與成宋亂各不同也。不言以救宋災者，以者内爲志之文，此會文無内大夫，故不言以。其曰人何也？救災以衆。【補曰】案：左傳晉趙武、齊公孫蠆、宋向戌、衞北宫佗、鄭罕虎皆以大夫稱人，明救災義主用衆，故爲衆辭也。救災大事，特著善文，無嫌於爲卑者，亦無嫌於略而貶之，故稱人即足顯其爲衆辭，因以示義也。左傳稱魯叔豹孫在會，以情事度之，魯必有大夫聽命，經不書者，方欲以衆辭一切稱人，而於文不得言魯人，又不得言叔孫豹會某人某人，同於人諸侯以人公之例。又不得直言會某人某人，同於盟齊内外皆卑者之文。以共姬本魯女，叔弓新往會葬，魯大夫與於救災，義在不疑，故遂移會文於下，全没魯文也。何救焉？更宋之所喪財也。償其所喪財，故雖不及災時而猶曰救災。【補曰】何休曰：「更，復也，如今俗名解浣衣復之爲更衣。」文烝案：周禮注：「更，償也。」即檀弓「庚」字。國語、漢書注：「更，續也。」周禮大行人「致禬以補諸侯之裁」，大戴禮同。左傳曰：「侯伯分災，禮也。」澶淵之會，中國不侵伐夷狄，夷狄不入中國，無侵伐八年，善之也，晉趙武、楚屈建之力也。【補曰】疏引徐邈云：「晉趙武、楚屈建感伯姬之節，故爲之息兵。」文烝案：伯姬事至葬已畢，公羊以此亦爲録伯姬，不可通於傳，息兵不相侵伐亦不得以澶淵之會爲指實。又此會無楚人，徐説非也。楊氏以「澶淵之會」句讀斷，謂傳特連言之，似得其解，而牽合左傳主相晉國於今八年之文，從二十五年爲始，亦非也。此傳八年，謂宋盟後八年也。言所以得優游暇豫爲此澶淵之會者，以此八年中，乃中國、夷狄息兵不用時也。但言中國不侵伐夷狄，夷狄不入中國，而中國、夷狄各不自相侵伐亦包之也。但言無侵伐，而滅入圍戰之事俱無尤可見也。全經十一卷，從未有三年之外不見中國夷狄滅入圍戰侵伐之事者，獨襄二十七年盟宋，以訖昭三年，絶無滅入圍戰侵伐之事。昭元年雖有取鄆、敗狄二事，而鄰近之爭，曠遠之役，固與諸滅入圍戰侵伐者異例。君子作春秋，愛民重衆而惡戰，習亂既久，則好始治，故於澶淵特見善者，乃善其不事兵戎，同恤災患，其事其時，前後僅見也，要之皆趙武、屈建弭兵通好之力。力，如論語「管仲之力」，周禮所謂「治功曰力」者。用是又可知宋盟乃春秋所貴，灼然著明。劉敞説彼經云：「宋之盟，中國不出，夷狄不入，玉帛之使，交乎天下，以尊周室，晉趙武、楚屈建之力也。」皆用傳語，甚卓識也。漢有孔氏聘辭之書，乃是會宋之時，宋以折俎享趙武之禮，孔子以其多文辭，特舉而用之，亦足見宋盟之事，夫子平日所致意也。左傳載宋子罕之言以宋盟去兵爲誣道，又引詩美子罕，非經義也。傳特發此數語者，以明君子書經，用意深遠，有文中之義，又有文外之文，前後相屬，彼此相明者也。齊召南解「無侵伐八年」得之，而謂此傳是二十七年錯簡，澶淵之會當爲宋之會，失其旨矣。董仲舒曰：「春秋論十二世之事法，布二百四十二年之中，相爲左右，以成文采，其居參錯，非襲古也。是故論春秋者，合而通之，緣而求之，伍其比，偶其類，覽其緒，著其贅，是以人道浹而王法立。」又曰：「不在經與在經無以異，有所見而經安受其贅也。」如董生之言，則知盟宋不言所爲，而會澶淵言所爲，誠聖者之文也。○劉敞以來説宋災，故牽合蔡事，似是而非。説見上二十五年。

三十有一年春王正月。

夏六月辛巳，公薨于楚宮。楚宮，非正也。楚宮，别宮名，非路寢。【補曰】與臺下又異，故重發之。何休曰：「公朝楚，好其宮，歸而作之，故名之云爾。」案：此卽左氏說。

秋九月癸巳，子野卒。襄公大子。【補曰】案：左傳胡女敬歸之子毀也。子卒日，正也。【補曰】疏曰：「嫌與子般同，故傳發之，以明昭之繼正。」

己亥，仲孫羯卒。

冬十月，滕子來會葬。書非禮。【補曰】杜預曰：「諸侯會葬，非禮。」文烝案：左傳稱先王之制，諸侯之喪士弔，下大夫送葬。自晉文、襄改制，君薨，下大夫弔，卿共葬事；夫人薨，士弔，下大夫送葬。所言當得其實也。公羊於此無傳。文元年叔服會葬，傳曰：「其言來會葬何？會葬禮也。」何休於此注曰：「與叔服同義。」又於文六年注曰：「禮諸侯薨，使大夫弔，自會葬。」又於定十五年注曰：「禮諸侯薨，有服者奔喪，無服者會葬。」五經異義許愼謹案：「公羊說，同盟諸侯薨，君會葬，其夫人薨，君又會葬，是其不違國政而常在路。周禮無諸侯會葬義，知不相會葬，從左氏義。」文烝案：此月者，蓋爲下葬日。

癸酉，葬我君襄公。

十月一月，莒人弑其君密州。【補曰】莒犂比公。段玉裁曰：「左傳云『書曰「莒人弑其君買朱鉏」』，於雙聲疊韻相合，疑左以莒語訓中國語也。」案：段說卽本服虔論乘壽夢之說，其說是也。莒言買朱鉏，赴魯改言密州。

春秋昭公經傳第九補注第二十一　昭公，襄公子公子裯也。母齊歸，敬歸之娣也。以景王四年卽位，時年二十。

穀梁　范氏集解　鍾文烝詳補

元年春王正月，公卽位。繼正卽位，正也。【補曰】疏見閔元年。

叔孫豹會晉趙武、楚公子圍、齊國弱、宋向戌、衞齊惡、陳公子招、蔡公孫歸生、鄭罕虎、許人、曹人于郭。【補曰】杜預曰：「傳稱讀舊書，則楚當先晉，而先書趙武者，亦取宋盟貴武之信，故尚之也。衞在陳、蔡上，先至於會。」文烝案：晉先楚者，史之舊，與宋同也。招是陳侯之弟，稱公子者，出會與諸國大夫列序，不可獨出弟文。崔子方得之，且因與八年稱弟合以見義，如彼傳所云也。盟折曰蔡叔，此曰陳公子招，文各異者，後有季則前有叔，後稱弟則前稱公子，各有所當，疑亦因史之舊也。郭，卽左氏「虢」字，古通用。杜預曰：「鄭地。」本東虢國也。左傳曰「三月甲辰盟」，經不書盟者，傳稱「讀舊書，加于牲上而已。」杜預曰：「不歃血，故不書盟也。」○【撰異曰】弱，公羊作「酌」。徐彥曰：「亦有作『國弱』者。」齊惡，公羊作「石惡」。陸淳曰：「誤也。」罕，公羊作「軒」。郭，左氏作「虢」，公羊作「漷」。

三月，取鄆。鄆，魯邑。言取者，叛戾不服。【補曰】此當依左傳爲莒邑。鄆本魯邑，後乃屬莒，莒、魯爭鄆已久，季武子救郈入鄆，未能得之，至是始取之。公羊曰：「運者何？内之邑也。其言取之何？不聽也。」「不聽」之文與圍棘同，皆謂其叛，此范所本。但公羊於下疆田云「與莒爲竟」，則亦謂其本是内邑，而叛屬莒耳，與左氏不異也。不書伐莒者，李廉曰：「書伐莒，是以討賊予魯也。」文烝案：月者，交争已久，幸而得取，故危録之。取爲易辭，月爲危録，此自無相妨。○【撰異曰】三月，各本誤作「二月」，今依唐石經改正。

夏，秦伯之弟鍼出奔晉。諸侯之尊，弟兄不得以屬通，其弟云者，親之也。親而奔之，惡也。【補曰】疏曰：「重發傳者，陳侯之弟稱歸爲無罪，鍼後無歸文，則罪之輕重不可知，故重發義，明與陳光同。」文烝案：傳或又以秦有狄文，嫌與諸夏異，故重發以明同也。

六月丁巳，邾子華卒。

晉荀吴帥師敗狄于大原。大原，地。【補曰】即定十三年之晉陽，爲唐叔始封地，舊説皆如此。據左傳鄭子産稱「臺駘能業其官，宣汾、洮，障大澤，以處大原，帝用嘉之，封諸汾川」，明晉陽亦名大原，故秦莊、襄王置爲大原郡，即今山西大原府是也。而宋翔鳳作小爾雅注，據小爾雅，高平謂之太原，及春秋説題辭云「高平曰太原。原，端也，平而有度。」書大傳釋「東原底平」云「大而高平者謂之太原」，以爲凡高平之地，皆得蒙大原之稱，不必專在晉陽。其論春秋「大原」及書禹貢「既修大原」、詩小雅「薄伐玁狁至于大原」、國語「宣王料民于大原」，以爲此諸文皆非秦、漢大原郡，皆當是漢志之安定郡高平縣等處，爲今甘肅平涼府固原等州。漢縣稱高平者，取高平曰大原之義也。文烝案：小雅、國語之大原，當是平涼，非晉陽，顧炎武已言之。春秋及禹貢之大原亦非晉陽，乃宋氏新説。宋以漢志、説文並稱安定有鹵縣，可證大原爲大鹵之説。而左傳稱「敗無終及羣狄」，無終爲今直隸遵化州玉田縣，由玉田至平涼就戰，視晉陽尤遠，是則可疑。若禹貢「大原」之文，上承梁岐，梁岐、大原皆雍州地，明壺口以西之功既畢，乃從壺口東治岳陽。宋説蓋是也。此不如箕、交剛言晉人者，蓋以羣狄勢盛，進而詳之，從正例也。然則此事宜蒙上月，亦不與箕、交剛同。○【撰異曰】原，左氏作「鹵」，蓋傳聞夷狄曰大鹵之説，因誤「原」爲「鹵」也。左傳亦曰「原」。徐彦公羊疏曰：「案：左氏作『大鹵』字，穀梁與此同。」傳曰：中國曰大原，夷狄曰大鹵，【補曰】此中國對夷狄言則不專指魯。公羊亦曰「此大鹵也。」又曰「原者何？上平曰原，下平曰隰。」説文釋安定鹵縣之「鹵」曰「東方謂之㡿，西方謂之鹵」，此「原」與「鹵」之義也。號從中國，名從主人。襄五年注詳矣。【補曰】此通説經例，中國對主人言則專指魯也。重釋例者，前是吴，今是狄，嫌異也。

秋，莒去疾自齊入于莒。【補曰】時者，例也。

莒展出奔吴。【補曰】疏曰：「展簒踰年，不稱爵者，徐邈云不爲内外所與也，不成君，故但書名。」文烝案：疏以展爲簒，依左傳也，實未必然。○【撰異曰】左氏作「莒展輿」，亦或無「輿」字。左傳曰：「莒展之不立。」

叔弓帥師疆鄆田。疆之爲言，猶竟也。爲之竟界。【補曰】亦義相近也。古讀「竟」亦如「疆」，毛詩傳曰：「疆，竟也。」是以「竟」爲本訓。公羊曰：「疆運田者何？與莒爲竟也。與莒爲竟則曷爲帥師而往？畏莒也。」劉敞曰：「疆之者何？溝封之也。」

葬邾悼公。【補曰】邾至此始書葬者，魯始會葬也。或前是史略小國，以爲常例。

冬十有一月己酉，楚子卷卒。【補曰】楚郟敖也。卷實弑，見下四年。書卒者，史從赴書卒，不可改也。孔廣森以爲春秋爲内諱也。楚，夷狄之國，公子圍親弑君之賊，而昭公屈節往朝，内恥之大者，故略其實，没其文。文烝案：先儒劉、葉、胡、陳、張等各有説孔氏改之，較爲近理，而亦失之鑿。深其文辭者固春秋也，書王法而不誅其人者亦春秋也，差若豪釐，繆以千里，朝夷狄卽爲恥，〔一〕遑計楚君何人哉？○【撰異曰】卷，左氏作「麇」。徐彦公羊疏曰：「左氏作『麇』字。」二小傳本亦有作「麇」字者。

楚公子比出奔晉。

二年春，晉侯使韓起來聘。

夏，叔弓如晉。

秋，鄭殺其大夫公孫黑。

冬，公如晉，至河乃復。乃者，亡乎人之辭，刺公弱劣，受制彊臣。【補曰】注以君弱臣强解「亡乎人」，非也，說見僖三十一年。言至河，不舉所至地。名者，亦所以大公，别於至黄乃復、至穀乃還等文。恥如晉，故著有疾也。公凡四如晉，季氏訴公於晉侯，使不見公，公懼不利于己，故公托至河有疾而反，以殺恥也。十二年傳曰「季氏不使遂乎晉」，與此傳互文以見義，然則十三年、二十一年如晉，與此義同。二十三年經曰：「至河，有疾，乃復。」是微有疾而

〔一〕「狄」原訛作「秋」，逕改。

反，嫌與上四如晉同，故明之。【補曰】恥如晉者，恥如晉不得入也。所以不得入，則季孫氏不使遂乎晉也，此下傳及十二年傳之文明，二十一年亦同，唯十三年季孫執於晉或小異也。范注言殺恥，殺恥乃二十三年之義，此及後三文但有恥義，無殺義也。恥者，經恥之，著者，經著之。范言公託有疾，又非也。言乃復所以得爲著有疾者，乃者，在天不在人之辭，故公子遂如齊，有疾而反，書至黄乃復，若非有疾則不得言乃。今此言至河乃復，與遂同文，是足著其有疾也。此傳及下十二年傳與左氏皆不合。左傳此年晉人辭公，爲公親弔少姜；十二年辭公，爲莒愬取郠，將治魯；十三年辭公，爲季孫既執，晉欲止公；十五年公如晉、十六年公至，左傳云「晉人止公」，統觀左氏諸文，亦足見晉之有憾，其始終無季氏訴公事，則由失舊好；二十一年辭公，爲將伐鮮虞。辭公之説，蓋實有之，所爲之事，或未可據。又五年公如晉，左傳以爲莒愬受牟夷，魯國雜史書爲季氏掩罪耳，大氏左傳記季氏事多不以實也。公羊曰「不敢進也」，何休曰：「時聞晉欲執之，不敢往。」孔廣森引穀梁下傳爲説。

季孫宿如晉。公如晉而不得入，季孫宿如晉而得入，惡季孫宿也。明晉之不見公，季孫宿之所爲。

三年春王正月丁未，滕子原卒。【補曰】自此滕皆有名者，諸君皆不正，或後舍狄道，正者亦以名通。○【撰異曰】原，公羊作「泉」。陸淳所見唐石經磨改及板本皆同。徐彦曰：「左氏、穀梁作『原』字。」案：説文「泉，水原也」，「原，水泉本也」。泉本作「穴」，象形字。原，从泉出厂，古籀从三泉。

夏，叔弓如滕。

五月，葬滕成公。【補曰】滕至此始書葬，蓋亦所謂少進。杜預曰：「卿共小國之葬，禮過厚。葬襄公，滕子來會，故魯厚報之。」

秋，小邾子來朝。

八月，大雩。

冬，大雨雹。

北燕伯款出奔齊。【補曰】稱名，蓋有罪。其曰北燕，從史文也。【補曰】疏曰：「前高止之奔，欲明從史文，今北燕伯出奔，嫌自名之，故重曰從史文，舉此二者以明例，故於後不釋。」文烝案：前事自齊言之，此事自燕言之，燕自稱其國亦直稱燕，不稱北燕，故復明之也。

四年春王正月，大雨雪。雪，或爲「雹」。【補曰】以大志，非是不時，無取於月。此月，知以月爲例也。僖十年冬無月，當是歷月矣。大雨雹皆不月，知亦非例。○【撰異曰】雪，左氏作「雹」，與穀梁或本同，今本公羊作「雪」，自音義、唐石經以下皆同。徐彦公羊疏曰：「案正本皆作『雹』字，左氏經亦作『雹』字，故賈氏云穀梁作『大雨雪』，今此若有作『雪』字者，誤也。」據徐説則公羊作「雹」，陸德明所見已誤矣。

夏，楚子、蔡侯、陳侯、鄭伯、許男、徐子、滕子、頓子、胡子、沈子、小邾子、宋世子佐、淮夷會于申。楚靈王始合諸侯也。【補曰】此本杜預。申，楚地，本中國。孔穎達曰：「釋例班序譜稱『齊桓既没，宋、楚爭盟，起僖十八年，盡二十七年。陳與蔡凡三會，在蔡上。楚合諸侯，蔡與陳凡六會，其五在陳上』。莊十六年注云陳國小，每盟會皆在衛下，齊桓進之，遂班在衛上。然則陳實小於蔡、衛，桓公進陳班耳。楚以大小爲序，不進陳班，故蔡多在陳上。」文烝案：淮夷不殊會，又下伐吴不言及，異於殺者，何休以爲楚子主會，不殊其類，所以順楚而病中國。

楚人執徐子。稱人以執，執有罪。【補曰】疏曰：「僖二十一年雩之會執宋公不言楚，此言楚人執徐子者，彼不與夷狄執中國，此時楚彊，徐又夷也。不言歸者，蓋在會而執，尋亦釋之，故不言所歸也。」〇【撰異曰】楚人，板本、公羊或作「楚子」，誤。唐石經、鄂本、十行本亦作「人」。

秋七月，楚子、蔡侯、陳侯、許男、頓子、胡子、沈子、淮夷伐吴。衆國之君，傾衆悉力，以伐彊敵，内外之害重，故謹而月之。定四年侵楚亦月，此其例也。【補曰】疏曰：「舊解凡日月之例多施於内，不加於外，而云謹而月之者，以四夷之盛，吴、楚最甚，從此以後，中國微弱，禍害既重，書亦宜詳，故注幷引定四年三月侵楚爲證，猶莊六年子突王者之師挫於諸侯，僖十五年齊桓霸者之兵屈於伐厲，故亦書月，是其義也。徐邈云『伐不月而書月者，爲滅厲書』，理亦通也。内外之害者，内謂吴，外謂衆國。」文烝案：杜預曰：「因申會以伐吴。不言諸侯者，鄭、徐、滕、小邾、宋不在故也。」張大亨曰：「諸侯畏楚之强，守宋之盟而從楚，然猶不能致魯、衛、曹、邾，至伐吴，則諸侯皆去，所從惟楚之屬耳，人心向背可知。」執齊慶封殺之。【補曰】依常例，當如上執徐子，再出楚人。此入而殺，其不言入何也？慶封封乎吴鍾離。言時殺慶封，自于鍾離，實不入吴。【補曰】左傳以爲朱方，公羊以爲防。慶封自魯奔吴，不書者，何休曰：「已絶於齊，在魯不復爲大夫，賤故不復録之。」文烝謂史所本無。其不言伐鍾離何也？不與吴封也。慶封其以齊氏何也？據已絶于齊。【補曰】吴封之，當言吴慶封。爲齊討也。【補曰】楚本爲齊討，故繫之齊，明其實有弒君之罪。靈王使人以慶封令於軍中曰：「有若齊慶封弒其君者乎？」謂與崔杼共弒莊公光。慶封曰：「子一息，我亦且一言，【補曰】息，休止也。曰有若楚公子圍弒其兄之子而代之爲君者乎？」【補曰】楚靈蓋已改名虔，此舉其本名也。疏曰：「元年卷卒不云弒者，蓋密弒之，託以疾卒。楚無良史，告不以實，故春秋從而書之。傳因慶封之對以起其事，則篡弒之罪亦足以見也。」洪咨夔論左傳曰：「學者固當信經舍傳，而竟以傳爲誣，亦未敢斷。穀梁楚圍弒君，與左傳同，則其事自在人耳目，蓋楚諱其事，以疾卒赴，魯史無從而改，春秋無從而革也。」文烝案：此等皆穀梁密於公羊之處，劉知幾於卷卒一經譏短公羊，無所發明也。軍人粲然皆笑。粲然，盛笑貌。慶封弒其君而不以弒君之罪罪之者，慶封不爲靈王服也，傳例曰：「稱人以殺大夫，爲殺有罪，」今殺慶封，經不稱人，故曰不以弒君之罪罪之。」【補曰】依宣十一年例，既當出楚人，又當直言殺齊慶封也。葉酉以爲慶封被執後楚始有殺之之意，若不書執，但曰殺齊慶封，則語勢直急，似真爲討慶封伐吴矣。不與楚討也。【補曰】不足服人，故不與討。春秋之義，用貴治賤，用賢治不肖，不以亂治亂也。【補曰】貴且賢則人服矣，特稱春秋之義，所以是非二百四十二年之中者也。賈誼上疏曰：「古者聖王，制爲等列，内有公卿大夫士，外有公侯伯子男，然後有官師小吏，延及庶人，等級分明，而天子加焉，故其尊不可及也。」此貴賤之説也。論語曰中人以上、中人以下，又言上知下愚，又上下之閒有次有又次，漢書人表以聖人、仁人、智人、愚人分九等，此賢不肖之説也。說文曰：「不似其先，故曰不肖也。」方言：「肖，法也。」廣雅：「肖，類也。」貴治賤以位，賢治不肖以德，以亂治亂，則以暴易暴之謂，猶孟子言以燕伐燕也。夫以燕伐燕而猶可以行仁政，此不得已之辭耳，豈所以爲治？孔子曰：「懷惡而討，雖死不服，其斯之謂與？」【補曰】懷惡而討，卽上以亂治亂也。公羊十一年傳曰：「懷惡而討不義，君子不予。」何休以爲内懷利國之心而外託討賊，與此傳意異。此傳曰以亂曰懷惡，皆指靈有弑君之罪而言耳。疏曰：「上云春秋之義，足以見罪。又稱孔子曰者，靈王，夷狄之君，欲行伯者之事，嫌於得善，故引春秋以明之，復言孔子以正之。」

遂滅厲。○【撰異曰】厲，左氏作「賴」。徐彦公羊疏曰：「有作『賴』字者。」孔廣森曰：「古字厲、賴通，論語『厲己』，鄭讀爲『賴』。漢武紀『祖厲河』，李斐曰：『音嗟賴。』左氏僖十五年作『厲』，此作『賴』。又桓十三年傳有賴人，皆寫者異耳。杜預云『義陽隨縣北有厲鄉』，水經注曰『亦云賴鄉』。」遂，繼事也。【補曰】重發傳者，楚莊得鄭而已，今靈王兼統七國，夷狄之盛，儕於霸主，嫌稱遂別有義例，故復明之。

九月，取繒。【補曰】疏曰：「襄六年，莒人滅繒，以繒立莒公子爲後，故以滅言之。其實非滅，故今魯得取之。不云滅而云取者，徐邈云諱，故以易言之。」文烝案：徐本公羊，得之。或諱言入則是變例。

冬十有二月乙卯，叔孫豹卒。

五年春王正月，舍中軍。【補曰】舍，去也。何休曰：「月者，善録之。」案：此與丘甲三軍並是謹月而意異。

貴復正也。魯次國，舊二軍，襄十一年立三軍，今毁之，故曰復正。【補曰】凡諸侯非受命爲伯者，大國二軍，小國一軍，魯大國，故二軍。左氏哀十一年傳季氏稱左師，孟氏稱右師，是知罷中軍爲左右二軍也。對作爲文，故亦不言初，皆省文也。此事亦著爲令。孔廣森說公羊曰：「季氏專魯國，然後舍中軍，陽虎專季氏，然後從祀先公。而春秋書之壹若國之典制者，稱其美，不稱其惡，臣子之義也，重其禮，不重其事，制作之意也。」文烝案：穀梁兩傳全同，明皆不須細論其事，孔氏得之。抑凡魯國禮樂刑法政俗之變，春秋書之，直其文而仍婉也，諱其義而不盡也，蓋多有因史法之舊者。明堂位曰：「魯王禮也，禮樂刑法政俗未嘗相變也。」言史法則然也。

楚殺其大夫屈申。

公如晉。

夏，莒牟夷以牟婁及防茲來奔。以者，不以者也。來奔者，不言出。以其方向内也。【補曰】注足傳意，卽接我之謂以與來奔。重發傳者，疏曰：「庶其以邑來而不言及，此言及，故各發傳也。」及防、茲，以大及小也。【補曰】重發傳者，嫌與内城異也。杜預以防、茲爲二邑。莒無大夫，其曰牟夷何也？以地來也。【補曰】以下各本衍「其」字，今依唐石經刪正。以地來則何以書也？重地也。竊地之罪重，故不得不録其人。【補曰】重地者，兼重魯得地，胡安國、高閌所謂接我以利而我入其利，兩譏之也。疏曰：「此傳獨言重地者，舉其中以包上下。」文烝案：邾庶其、黑肱不言重地，所以顧畀我、快之文，莒牟夷獨言重地，又以包邾庶其、黑肱之文，此等皆穀梁簡於左氏、公羊之處。蕭穎士欲爲編年之書，於穀梁師其簡，而不知者乃謂其大體寂寥也。

秋七月，公至自晉。【補曰】月者，蓋滿二時也。如晉未知何月，若是二月末，則未滿，當爲下敗師日，故月。

戊辰，叔弓帥師敗莒師于賁泉。賁泉，魯地。○【撰異曰】賁，左氏作「蚡」，公羊作「濆」。徐彥曰：「左氏作『蚡』字，穀梁作『賁泉』字。」狄人謂賁泉失台，【補曰】狄卽莒也。段玉裁曰：「據楊疏字，則『失台』當本作『矢胎』，謂賁爲矢者，卽今俗語謂糞爲矢也。」號從中國，名從主人。【補曰】重釋例者，前是狄，今是莒，嫌異也。

秦伯卒。

冬，楚子、蔡侯、陳侯、許男、頓子、沈子、徐人、越人伐吴。【補曰】徐得稱人者，楚主兵，從其類而人之。越與徐略同，故亦稱人。楚也、徐也、越也，皆夷且僭也，楚子爲主，則彼皆小國，不論其夷與僭。若論其夷與僭而不稱人，則當殊之。殊爲外文，外徐、越，則内楚之文而可乎？上會淮夷不殊不稱人者，淮夷又非徐、越比矣。不稱於越人者，自越言之曰於越，自楚言之曰越，皆所謂名從主人。

六年春王正月，杞伯益姑卒。【補曰】疏曰：「不日者，蓋非正。」

葬秦景公。【補曰】秦至此始書葬，亦所謂少進歟？

夏，季孫宿如晉。

葬杞文公。

宋華合比出奔衛。

秋九月，大雩。

楚薳罷帥師伐吴。○【撰異曰】徐彦公羊疏曰：「薳頗，左氏、穀梁作『薳罷』字。」

冬，叔弓如楚。○【撰異曰】徐彦公羊疏曰：「亦有一本云『叔弓如齊』者，誤。」

齊侯伐北燕。

七年春王正月，暨齊平。平者，成也。【補曰】重發傳者，此言暨，嫌有異也。暨，猶暨暨也。【補曰】公羊同。公羊、爾雅又曰：「及、暨，與也。」以疊字釋單字，毛詩傳多有此例。疊字者，物之貌。孔穎達詩正義引爾雅序篇云：「釋詁、釋言通古今之字，古與今異言也。釋訓言形貌也。」暨者不得已也。【補曰】申上句。公羊亦同。爾雅又曰：「暨，不及也。」以外及内曰暨。【補曰】又申上。以外及内，不可立文，故變文言暨。陸淳聞於師者得之。黄仲炎引書「女義暨和」、「及高宗」、「及祖甲」、「及我周文王」，以爲「暨，猶及也。」豈足論春秋之文乎？傳三語發經通例，此是齊求魯而及魯，左傳以爲齊求燕，誤矣。傳例平稱衆，暨某平及某平云者，猶言魯人暨某人平。魯人及某人平也，文不得稱魯人，故外亦不稱人。趙鵬飛得之。

三月，公如楚。

叔孫婼如齊莅盟。【補曰】婼，豹之子叔孫昭子。○【撰異曰】婼，公羊作「舍」。後同。莅，位也。内之前定之辭謂之莅，外之前定之辭謂之來。【補曰】疏曰：「重發傳者，嫌公如楚，恐婼非是君命，故發之，明婼亦受命。」

夏四月甲辰朔，日有食之。

秋八月戊辰，衛侯惡卒。鄉曰衛齊惡，在元年。【補曰】鄉，亦作「鄕」。八年同。今曰衛侯惡，此何爲君臣同名也？【補曰】疑臣當辟君名。君子不奪人名，不奪人親之所名，重其所以來也，王父名子也。不奪人名，謂親之所名，明臣雖欲改，君不當聽也。君不聽臣易名者，欲使人重父命也。父受名于王父，王父卒則稱王父之命名之。【補曰】劉敞曰：「穀梁蓋言臣之子不敢與世子同名，有生在世子前，王父名之者則亦不改也。以言衛齊惡，蓋王父名之爾，說者不曉，乃謂唯王父名子，王父卒，則稱王父命名之，是則不可。」文烝案：此特發傳者，蓋夫子嘗論其義，相承說之。鄭君曲禮注曰：「春秋不非也。」唐石經初刻「君子不奪人名。不奪人名者，不奪人親之所名也」，較今本多六字。嚴可均曰：「尋范意，當從初刻爲是。」

九月，公至自楚。

冬十有一月癸未，季孫宿卒。

十有二月癸亥，葬衛襄公。【補曰】危之者，何休曰：「世子輒有惡疾，不早廢之，臨死乃命臣下廢之。自下廢上，鮮不爲亂，故危録之。」

八年春，陳侯之弟招殺陳世子偃師。鄉曰陳公子招，在元年。今曰陳侯之弟招何也？曰盡其親，所以惡招也。盡其親，謂既稱公子，又稱弟招。先君之子，今君之母弟。兩下相殺，不志乎春秋，此其志何也？【補曰】重發例者，彼重王命，此重世子，故並舉以發端。世子云者，唯君之貳也，云可以重之，存焉，志之也。【補曰】重發傳者，前明會王世子特尊之文，此明殺諸侯世子得志之義也。疏曰：「楚公子棄疾殺公子比，比不繫楚，此世子偃師繫陳者，體國重，故繫國言之。公子繫君，故不繫國也。」文烝案：言陳世子不言其者，非君殺，不得爲緩辭。諸侯之尊，弟兄不得以屬通，其弟云者，親之也。【補曰】重發傳者，前是奔，此是殺世子，事不同也。弟兄，各本誤作「兄弟」，今依唐石經、余本、吕本中集解本乙正。親而殺之，惡也。惡招。【補曰】若解爲惡陳侯，以其寵任而不能制，説亦可通，然文義不順，當是申上惡招也。

夏四月辛丑，陳侯溺卒。【補曰】案：左傳「陳哀公元妃生世子偃師，二妃生公子留，下妃生公子勝。二妃嬖，留有寵，屬諸司徒招與公子過。哀公有廢疾，招、過殺偃師而立留。哀公縊。」杜預曰：「憂恚自殺也。」

叔弓如晉。

楚人執陳行人干徵師殺之。干，姓。徵師，名。稱人以執大夫，執有罪也。【補曰】所謂以衆辭與之，其例亦通於執諸侯。稱行人，怨接於上也。【補曰】疏曰：「重發傳者，嫌楚殺爲甚，恐其無罪，故發傳以同之。」

陳公子留出奔鄭。【補曰】案：左傳「干徵師赴于楚，且告有立君，公子勝愬之于楚，楚人執徵師殺之。留奔鄭。」不曰陳留者，杜預、蘇轍、張大亨曰：「未成爲君。」葉夢得曰：「不與其得成君。」高閌曰：「曰世子、曰公子，别嫡庶也。」李光地曰：「目世子殺於上，則著公子奔於下也。」高澍然曰：「三公子經書各異，招目弟，過目大夫，則知留爲奪嫡之公子矣。留奔於殺徵師後，又知留之奔懼楚，非懼招，招之殺世子立留，非自立矣。」

秋，蒐于紅。紅，魯地。【補曰】疏曰：「蒐狩書時，其例有八：狩有三，狩郎、狩郜、西狩也；蒐有五：蒐紅、大蒐比蒲者三，大蒐昌閒也。狩言公，此不云公者，狩則主爲游戲，故言公，蒐是國家常禮，故例不言公也。」文烝案：楊疏元文并王守河陽亦入狩例，誤同左氏、公羊說，非也，今刪去。四時之田，秋曰蒐，冬曰狩，皆因田獵習武事，而狩以田爲主，非公亦得言狩，故須言公。蒐與大蒐之志於史者，以習兵爲主，國之常禮，不嫌其非公，故不須言公也。大閱不言公，亦與蒐同。○【撰異曰】蒐，公羊或作「廋」。**正也。**常事不書，而此書者，以後比年大蒐失禮，因此以見正。【補曰】疏曰：「范例云，凡蒐狩書者，皆譏也。蒐紅正而書者，明比年大蒐失禮，故因以此正見不正，是范意以秋蒐得禮，欲見以正刺不正，故書之。范例又云，器械有常，故不云大，言大者，則器械過常。」文烝案：蒐與狩，同而異者也。其同於狩者，蓋每歲行之，下傳云云是也。其異於狩者，蓋當略如何休說，以爲比年蒐、五年大蒐也。言大者，下十一年注謂「人衆器械，有踰常禮」是也。此以正見不正者，謂以此秋時之正，明後失秋時之爲不正，非謂言大不正也。但正文至此始見，而後又不見正文者，竊意魯自舍中軍後，季氏專國，兵事益重，史始志蒐志大蒐，君子因存其最始之正者，而於後唯譏不正也。**因蒐狩以習用武事，禮之大者也。**【補曰】書大傳曰：「戰鬬不可不習，故於蒐狩以閑之也。閑之者，貫之也，貫之者，習之也。」傳先言禮之大，以起下言舊典。公羊桓六年傳曰「大閱者何？簡車也」，此年傳曰「蒐者何？簡徒也」，下十一年傳曰「大蒐者何？簡車徒也。」簡徒者，何休所謂比年簡徒，謂之蒐也。簡車者，所謂三年簡車，謂之大閱也。簡車徒者，所謂五年大簡車徒，謂之大蒐也。今本公羊桓六年及此年傳各衍一字，王引之考正之如此也。公羊三處又皆曰「何以書？

蓋以罕書也」，然則公羊之意，以爲經書蒐與大蒐非蒐狩之蒐歟？今案：傳於大閱曰平而脩戎事，非正也。謂大閱之禮，當因四時田獵行之，明蒐與大蒐之禮必於秋蒐行之矣。彼傳以平而脩戎事爲非正，此傳曰「因蒐狩以習用武事，禮之大者」，其意正互相發。但彼則解爲閱兵車，此下云云則專論其與狩同者，而簡徒、大簡車徒之義有所未備耳。何氏比年、三年、五年之説雖無明證，而大概近是。左傳説此以爲大蒐，且云「自根牟至于商、衛，革車千乘」，明是大簡車徒，而非簡徒，疑是他年事誤在此矣。呂祖謙謂春秋時之蒐有二：有因時而蒐，有因事而蒐。因事者如晉蒐于被廬之類。文烝以爲因事者亦當因時。**艾蘭以爲防，**蘭，香草也。防，爲田之大限。【補曰】艾，卽「刈」字。**置旃以爲轅門，**旃，旌旗之名。周禮「通帛爲旃。」轅門，卬車以其轅表門。【補曰】立旃竿爲門之兩旁，其門蓋南開，並爲二門，用四旃，説見詩疋義。謂之轅門者，陳奂曰：「立旃竿爲門，如設轅在兩旁，非謂更以轅表門。」**以葛覆質以爲槷，**質，椹也。槷，門中臬。葛，或爲褐。【補曰】疏曰：「褐毛布。徐邈亦云『恐傷馬足，故以毛布覆之』。」文烝案：臬卽「闑」字也。陳奂曰：「質者，侯中的，卽正也。正方二尺，四邊以木爲榦，是謂之椹質。今以椹質爲門中闑，則闑高二尺。」**流旁握，御轚者不得入，**流旁握，謂車兩轊頭各去門邊容握。握，四寸也。轚，挂也。挂則不得入門。【補曰】疏曰：「徐邈云：『流，至也。』門之廣狹，足令車通。至車兩軸，去門之旁邊四寸。或以流爲旒。」陳奂曰：「流，行也。謂車輪行也。旁，門旁也。車行至門，兩輪之軹去門旁四寸。」音義及詩音義引劉兆注曰：「　，絓也。」與范同。音義又曰「本或作『擊』。」**車軌塵，**塵不出轍。【補曰】王念孫曰：「軌者，循也。謂後車循前車之塵，不得旁出也。」賈子曰：「『緣法循理謂之軌』，史記天官書言『軌道謂循道也』。」文烝案：曲禮明言塵不出軌，王説非也。**馬候蹄，**發足相應，遲疾相投。【補曰】疏曰：「舊解四蹄皆發，後足躡前足而相伺候。」齊召南以爲四馬步驟如一，卽詩所謂「我馬既同」，毛傳言「田獵齊足」是也。搾禽旅，搾取衆禽。【補曰】疏曰：「禮云不掩羣者，謂不得不分別大小，一羣盡取之。今雖掩衆禽在田，則簡其麛卵之流而放之，射訖則釋，其面傷之徒不獻。」御者不失其馳，然後射者能中。不失馳騁之節。【補曰】姚鼐曰：「不失其馳者，五馭之逐禽左也。古者取禽，必引車右旋，逐其後，自左射，若御者詭遇則所獲禽必面傷踐毛，謂之不能中。」文烝案：姚説是也。詩秦風「公曰左之，舍拔則獲」，鄭君以爲從禽之左射之。賈公彦周禮保氏疏曰：「逐禽左者，謂御驅逆之車，逆驅禽獸，使左當人君以射之，人君自左射，故毛傳云『自左膘而射之，達於右腢爲上殺』是也。」又詩小雅曰「不失其馳，舍矢如破」，王引之曰：「如破，而破也。舍矢而破，言中之速，正與舍拔則獲同意。」過防弗逐，不從奔之道也。戰不逐奔之義。面傷不獻，嫌誅降。不成禽不獻。惡虐幼少。禽雖多，天子取三十焉，其餘與士衆，以習射於射宮，取三十以共乾豆、賓客、君之庖，射宮、澤宮。【補曰】鄭君詩箋曰：「三十者，每禽三十也。」射義曰：「天子將祭，必先習射於澤。澤者，所以擇士也。已射於澤，而後射於射宮。」射而中，田不得禽，則得禽，田得禽而射不中，則不得禽，【補曰】疏曰：「舊解以爲射宮之内，還射死禽，中則取之，故以重傷爲難。論語稱射不主皮，則射皮不射禽也。」是以知古之貴仁義而賤勇力也。射以不争爲仁，揖讓爲義。【補曰】墨子經曰：「勇志之所以敢也，力形之所以奮也。」案：此對文爲訓也。毛詩傳曰：「田者，大艾草以爲防，或舍其中，褐纏旃以爲門，裘纏質以爲槸，閒容握，驅而入，擊則不得入。左者之左，右者之右，然後焚而射焉。天子發然後諸侯發，諸侯發然後大夫士發。天子發，抗大綏，諸侯發，抗小綏，獻禽於其下，故戰不出頃，田不出防，不逐奔走，古之道也。」又曰：「一曰乾豆，二曰賓客，三曰充君之庖。故自左膘而射之，達于右腢爲上殺，射右耳本次之，射左髀達于右䯚爲下殺。面傷不獻，踐毛不獻，不成禽不獻。禽雖多，擇取三十焉，其餘以與大夫士，以習射於澤宮。田雖得禽，射不中，不得取禽。田雖不得禽，射中則得取禽。古者以辭讓取，不以勇力取。」

陳人殺其大夫公子過。【補曰】案：左傳招歸罪於過而殺之。

大雩。

冬十月壬午，楚師滅陳。執陳公子招，放之于越。殺陳孔奐。【補曰】楚放殺他國之人，故招、奐並繫國。疏論奐亦然。孔穎達曰：「不言殺陳大夫者，殺他國之臣例不書爵。宣十一年殺夏徵舒是其類。」〇【撰異曰】奐，公羊作「瑗」。徐彦曰：「左傳、穀梁作『奐』。」惡楚子也。惡其滅人之國，放有罪之人，反殺無辜之臣，故實是楚子而言師。【補曰】疏曰：「九年叔弓會楚子于陳，知滅陳亦是楚子，但爲惡之，故貶稱師也。不貶稱人而言師者，以楚恃彊滅國，著其用大衆。」劉敞曰：「此楚子也，乘人之亂，滅人之國，執人之賊，殺人之臣，稱爵則疑於伯，稱人則疑於討，滅重矣，故壹見之於師也。」

葬陳哀公。不與楚滅，閔之也。滅國不葬，閔楚夷狄以無道滅之，故書葬，以存陳。【補曰】此注不了。不與楚滅與閔之二者，皆釋書葬義，既以不與楚滅而變滅國不葬之例，又閔哀公身死國亡，徒爲楚所葬，故志葬也。此葬是楚子葬之，義無可疑，公羊及左氏賈服説皆以爲楚葬哀公。杜預曰：「魯往會，故書。」非也。史本以楚葬書，上滅陳本稱楚子，執放殺葬，皆承楚子文，君子改言楚師，執放殺葬皆承楚師文也。此與齊侯葬紀伯姬有異。彼上文改史没齊侯滅紀之文，并不言齊師齊人，故於葬言齊侯。黎錞、齊履謙等已論之矣。閔之，各本誤作「閔公」，今依唐石經、余本、劉敞權衡、孫覺經解、吕本中集解本、張洽集註改正。

九年春，叔弓會楚子于陳。

許遷于夷。以自遷爲文，而地者，許復見也。夷，許地。徐邈曰：「許十八年又遷于白羽，許比遷徙，所都無常，居處淺薄。如一邑之移，故略而不月，不得從國遷常例。【補曰】夷，楚地。

夏四月，陳火。【補曰】劉敞以爲是時楚子在陳，彼告而我弔，故書。劉以諸書外災皆爲弔。○【攈異曰】火，左氏作「災」。徐彦公羊疏曰：「左氏作『災』字，穀梁與此同。」國曰災，【補曰】謂内外諸災。邑曰火。【補曰】謂此陳火，災與火一也，别事大小耳。火不志，此何以志？【補曰】不志者，經例因史例也。閔陳而存之也。陳已滅矣猶書火者，不與楚滅也，不可以方全國，故不云災。何休曰：「月者，閔之。」【補曰】范引上「不與楚滅」本漢書五行志劉向説，其實未當。閔陳者，閔陳之亡，與上閔之同，而所從言之則異。閔哀公，故書葬，閔陳而欲存之，故書火。書葬者，變滅國不葬之例，兼有不與楚滅之意。書火者，變邑火不志之例，專是閔陳而存之也。閔陳與閔紀同義，存陳與存遂同文。不去月者，亦是閔而存之，又與紀伯姬、叔姬日葬相似。公羊曰「存陳」，亦與傳同。何休解爲天意欲存之。劉敞曰：「此自聖人欲存之，故録爾，安知天意？」

秋，仲孫貜如齊。【補曰】貜，孟僖子也。左傳曰：「如齊殷聘。」郝懿行曰：「七年叔孫莅盟，蓋以聘往，至是聞一年，合於殷相聘之制。」

冬，築郎囿。

十年春王正月。

夏，齊欒施來奔。○【撰異曰】齊，公羊作「晉」，王葆曰：「誤」。張洽亦曰：「非也。」

秋七月，季孫意如、叔弓、仲孫貜帥師伐莒。【補曰】意如，宿之孫季平子也。意如父悼子，名紇。左傳曰：「平子伐莒取郠。」陳傅良曰：「舍中軍矣，曷爲書三卿帥師？四分公室，叔弓爲意如貳也。」文烝案：月者，爲下卒日。○【撰異曰】意，公羊作「隱」，後同。案：少儀注：「隱，意也。」聲轉字通。史記「蘇意」，漢紀作「蘇隱」。

戊子，晉侯彪卒。

九月，叔孫婼如晉。月者，爲葬晉平公起。

葬晉平公。

十有二月甲子，宋公成卒。不書冬，甯所未詳。【補曰】昭之世不得爲遠，此自與夏五傳疑異，以壬申失其所繫之義推之，蓋必有説矣。何休曰：「去冬者，蓋昭公取吴孟子之年，故貶之。」孔廣森曰：「坊記云『魯春秋去夫人之姓曰吴』，謂書夫人至自吴，不書姬氏是不脩春秋文如是，君子脩而削之矣。蓋事在是冬十月或十一月，不存其事，故亦不存其月。若移冬於十有二月之上，則諱意不顯，故去冬也。此公羊師説相承，必有所受。」○【撰異曰】成，公羊作「戌」。

案：何休元年下注：「戌、惡，皆與君同名。」音義曰：「讀左傳者音城，何云向戌與君同名，則宜音恤。」

十有一年春王二月，叔弓如宋。【補曰】月者，爲葬。○【撰異曰】二月，公羊作「正月」。

葬宋平公。晉獻公以殺世子申生，故不書葬，宋平公殺世子痤而書葬，何乎？何休曰：「痤有罪故也。」痤之罪甯所未聞。鄭莊公殺弟而書葬，以段不弟也，何氏將以理例推之。然則段不弟也故不書弟，痤若不子，亦不應書世子，書世子則痤之罪非不子明矣。【補曰】疏曰：「申生賢孝，遇讒而死，故黜獻公之葬。痤雖無不子之文，微有小罪，故不黜平公之葬。若然，范云未聞者，不直取何休之説故也。何氏直謂痤有罪，如鄭段之比。」

夏四月丁巳，楚子虔誘蔡侯般殺之于申。【補曰】説文曰：「羑，相訹呼也。从厶羑。誘，或从言秀。」左傳曰：「曲沃伯誘晉小子侯殺之。」又曰：「誘祭仲而執之。」何休曰：「使不自知而死，故加誘。」○【撰異曰】虔，本或作「乾」。陸湻所見作「乾」。何爲名之也？據諸侯不生名。【補曰】謂虔。夷狄之君誘中國之君而殺之，故謹而名之也。稱時、稱月、稱日、稱地，謹之也。蔡侯般，弒父之賊，此人倫之所不容，王誅之所必加。禮凡在官者殺無赦，豈得惡楚子殺般乎？若謂夷狄之君不得行禮于中國者，理既不通，事又不然。宣十一年楚人殺陳夏徵舒，不言人，傳曰「明楚之討有罪也」，似若上下違反，不兩立之説。嘗試論之曰：夫罰不及嗣，先王之令典，懷惡而討，丈夫之醜行，楚虔滅人之國，殺人之子，伐不以罪亦已明矣，莊王之討徵舒則異於是矣。凡罰當其理，雖夷必申，苟違斯道，雖華必抑，故莊王得爲伯討，齊侯不得滅紀，趙盾救陳則稱師以大之，靈王誘蔡則書名以惡之，所以情理俱暢，善惡兩顯，豈直惡夷狄之君討中國之亂哉？夫楚靈王之殺蔡般亦猶晉惠之戮里克，雖伐弑逆之國，誅有罪之人，不獲討賊之美而有累謹之名者，良有以也。【補曰】疏曰：「兩立之説，謂兩理皆立之説。又解謂兩事立説。或以爲「不」字下讀，云不兩立之説，謂事不得兩立，恐非也。伐弑逆之國，謂蔡；誅有罪之人，謂里克；累，謂晉惠，彼傳罪累上是也；謹，謂楚靈，此傳謹之是也。」文烝案：楚靈内懷利心而外託討賊，已於「誘」字見義，不待煩言也。至於謹名以爲特文，又謹時、謹月、謹日、謹地以盈其文，則全以夷狄之誘殺中國起義，不專以誘殺起義，若中國誘殺中國，無爲謹之又謹如是也。中國誘殺夷狄更可知也，夷狄誘殺夷狄則戎蠻子尤有明文也。傳之釋經，平淡精審，注竟欲亂華夷之別，謬矣。莊王入陳，傳亦曰「不使夷狄爲中國」，注不知引彼傳以明同，反引殺徵舒傳以明異，何邪？誘殺雖託討名，其實既謂之誘，不得復謂之討。公羊言「誘討」，而傳不言討，與殺徵舒、殺慶封傳不同，此傳義所以爲密也。殺慶封傳言「不與楚討」，謂其以賊討賊，此處在所不論也。

楚公子棄疾帥師圍蔡。○【撰異曰】棄，左氏或作「弃」。後同。

五月甲申，夫人歸氏薨。昭公母胡女。歸，姓。【補曰】襄公妾敬歸之娣也。孔廣森曰：「左傳會于沙隨之歲，襄公始生，公羊於成十六年傳猶言公幼。襄之娶定在即位以後，而襄夫人經絶不見者，似本未有正嫡云。」文烝案：此即孔穎達之意。

大蒐于比蒲。夏而言蒐，蓋用秋蒐之禮。八年秋蒐于紅，傳曰「正也」。此月大蒐，人衆器械有踰常禮，時有小君之喪，不譏喪蒐者，重守國之衛，安不忘危？【補曰】比蒲，魯地。疏曰：「注引傳者，引正以譏不正。」文烝案：據左傳晉叔向之言則喪蒐又非禮，經意亦足兼見，范何以決其不譏乎？齊履謙曰：「穀梁於毀泉臺曰『喪不貳事』，貳事，緩喪也。左氏於大蒐比蒲曰『君有大喪，國不廢蒐。有三年之喪，而無一日之慼』，二傳相發明。」汪克寬曰：「君有喪，既葬卒哭，而服王事，大夫士有喪，既葬卒哭，弁經帶，從金革之事，惡有小君之喪未葬而不廢講武常事乎？」

仲孫貜會邾子盟于祲祥。祲祥，地也。【補曰】當云地闕。不日者，或與虛打同歟？何休曰：「蓋諱喪盟。」○【撰異曰】祲祥，公羊作「侵羊」。徐彥曰：「穀梁傳作『侵祥』字。服氏注引者直作『祥』字，無『侵』字，皆是所見異也。」段玉裁曰：「據音義，穀同左作『祲祥』，而徐彥引穀上字作『侵』，服引穀但有『祥』一字，可見古本不同至多，音義不能盡載也。」文烝案：杜預釋例：「祲祥、祥，二名。」意左氏經爲「祲祥」，傳爲「祥」歟？

秋，季孫意如會晉韓起、齊國弱、宋華亥、衞北宮佗、鄭罕虎、曹人、杞人于厥憖。厥憖，地也。【補曰】亦當云地闕。○【撰異曰】弱，公羊作「酌」。罕，作「軒」。厥憖，作「屈銀」。徐彥曰：「齊國酌者，賈氏作『酌』字，與此同。服氏及穀梁皆作『齊國弱』字也。屈銀，左氏、穀梁作『厥憖』字。」

九月己亥，葬我小君齊歸。齊，謚。

冬十有一月丁酉，楚師滅蔡，執蔡世子友以歸，用之。僖十九年「邾人執鄫子用之」，傳曰「用之者，叩其鼻以衈社」，惡之故，謹而日之。【補曰】注引「衈社」之文，非也。左傳曰：「用隱大子于岡山。」杜預曰：「殺以祭山。」公羊曰：「用之防。」又申之曰：「蓋以築防。」何休曰：「持其足以頭築防，皆不以爲祭社。」疏曰：「滅中國當日，用人亦當日，皆傳例也。注嫌用之，不得蒙日，故特言之。」○【撰異曰】友，左氏、公羊作「有」。案：荀子曰：「友者，所以相有也。」

此子也，諸侯在喪稱子。其曰世子何也？【補曰】見以又見用，宜稱蔡子友。不與楚殺也。一事注乎志，所以惡楚子也。一事輒注而志之也。何休曰：「卽不與楚殺，當貶楚爾，何故反貶蔡稱世子邪？」鄭君釋之曰：「滅蔡者，楚子也，而稱師，固已貶矣。楚子思啟封疆而貪蔡，誘殺蔡侯般，冬而滅蔡殺友，惡其淫放其志，殺一國二君，以取其國，故變子言世子，使若不得其君終。【補曰】三句相屬爲義，下二句倒文，猶曰所以惡楚子一事注乎志也，一事猶一役也。楚有事於蔡，由誘殺而圍而滅，非再舉也。注，屬也。范云「注而志之」卽鄭云「淫放其志」是也。疏曰：「經稱棄疾圍蔡、鄭，知是楚子者以棄疾若貶，當云楚人，不當稱師。又傳云『惡楚子』，明非棄疾矣。然則惡楚子變文云世子者，以楚四年之中滅兩國，殺二君，自謂得志，若遂其凶暴，是表中國之衰，申夷狄之彊，故抑之，使若不得其君也。世子父沒仍得稱世子，母弟兄死不得稱弟者，世子繼體之名，父雖沒，若意有所見則亦得稱之。弟者對兄，兄沒則寵名棄矣，故不得稱弟也。」文烝案：凡言以其君歸者，傳云猶愈乎執，此以「以歸」連文，又加執者，稱世子不稱子，因以別之，兼見囚繫之，如啖助說也。公羊以爲「未踰年君稱世子」者，誅君之子不立，不君靈公，故不成其子，與傳異也。師協曰：「春秋書滅國多矣，未有如此其暴者，詳其始末而記之。書誘、書殺、書圍、書執、書用，深惡之也。」師氏說有合經旨。王引之乃以爲傳之「注」當爲「詳」，「詳」字左旁草書與「氵」相似，右旁與「主」相似，故「詳」誤爲「注」。志者，記也。文烝案：傳論稱世子之義，不得以詳記爲說，王氏改字不可從。傳「注」字，依音義張具、之住二音爲是。

十有二年春，齊高偃帥師納北燕伯于陽。三年所奔齊者。高偃，傒玄孫，齊大夫也。陽，燕別邑。不言于燕，未得國都也。【補曰】此皆本杜預。言玄孫者，據世本也。左傳曰：「敬仲之曾孫鄅。」○【撰異曰】陸淳纂例曰：「左氏作『北燕伯款。』」案：今左氏無「款」字，蓋陸誤記傳文也。傳又以「陽」爲「唐」，説文：「啺，古文唐，从口易。」疑左氏經本作「啺」。納者，内不受也。【補曰】重發傳者，此稱帥師，嫌不同也。納稱帥師，義在哀二年傳。燕伯之不名何也？據義不可受，則應名以絶之。不以高偃挈燕伯也。邵曰：「公子遂以去公子爲挈，燕伯以書名爲挈者，臣宜書名，故須去公子乃爲挈。君不可名，而以臣名君者，不待去燕伯則爲挈也。是以目燕伯而不書名，所以不與高偃挈之。」【補曰】疏曰：「楚人圍陳納頓子，稱納而不名，衞侯入于夷儀亦不名，則不名乃是常事。而傳怪燕伯不名者，衞侯朔入于衞，傳曰『朔之名，惡也』，則諸侯有惡，出入皆名。北燕伯亦出入宜名，但不以高偃挈之，故直出書名而已。頓子不名者，爲楚微者所納，故亦不名。衞侯入于夷儀不名者，以復歸有名，故未入國，略而不名也。鄭伯突亦未入國書名者，以後不書復歸，故入櫟書名也。」文烝案：疏言「爲楚微者所納」，非也，當改云以楚人爲文。

三月壬申，鄭伯嘉卒。

夏，宋公使華定來聘。

公如晉，至河乃復。季孫氏不使遂乎晉也。【補曰】疏曰：「二年傳曰『惡季孫宿』，今此譖君之季孫是意如，故重明之。云季孫氏者，欲見其累世同惡。」

五月，葬鄭簡公。

楚殺其大夫成虎。○【撰異曰】虎，左氏作「熊」，公羊作「然」。徐彦曰：「左作氏『成熊』，穀梁作『成虔』字。」案：

今穀梁作「虎」，左氏經作「熊」。而傳中「成虎」字四見，與今穀梁合，徐疏「虔」字當由寫者避諱而誤耳。段玉裁以爲「然」與「熊」字之誤，「虔」與「然」聲之轉。楚靈王名虔，君臣同名，是以作「然」爲正，而「熊」、「虎」皆誤字。失之矣。

秋七月。

冬十月，公子慭出奔齊。【補曰】公子慭，子仲也。慭非卿，書奔，與臧孫紇同。紇日此不日，蓋史略之。○【撰異曰】慭，公羊作「整」。張洽曰：「字之誤也。」公羊亦或作「慭」。段玉裁曰：「左氏音義云『慭，一讀爲整』，非也。慭無整音。」

楚子伐徐。

晉伐鮮虞。其曰晉，狄之也。其狄之何也？【補曰】據霸國，非秦、鄭比。不正其與夷狄交伐中國，故狄稱之也。鮮虞，姬姓，白狄別種也。地居中山，故曰中國。夷狄，謂楚也。何休曰：「春秋多與夷狄並伐者何？以不狄也？」鄭君釋之曰：「晉不見因會以綏諸夏而伐同姓，貶之可也。狄之大重，晉爲厥慭之會，實謀救蔡，以八國之師而不能救，楚終滅蔡，今又伐徐，晉不糾合諸侯以遂前志，舍而伐鮮虞，是楚而不如也，故狄稱之焉。」厥慭之會，穀梁無傳，鄭君之說，似依左氏，甯所未詳，是穀梁意非。【補曰】注解鮮虞，本杜預，杜惟不言姬姓耳。疏曰：「麋信云『與夷狄交伐謂楚伐徐、晉伐鮮虞』是也。范意與麋信同。范云『甯所未詳，是穀梁意非』者，疑鄭以厥慭之會謀救蔡者作穀梁意也。若然，范答薄氏亦言楚滅陳、蔡，而晉不能救。棄盟背好，交相伐攻者，范意以晉不能救陳、蔡者，不據厥慭之會故也。」文烝案：范謂如鄭所言，則穀梁意非矣。以傳指楚伐徐，而鄭乃指楚圍蔡滅蔡，疑未可用，與答薄氏意自是不同，疏誤會范意而范又誤會鄭意也。鄭意亦謂傳指伐徐，特連圍蔡滅蔡言之以盡其義。晉合諸侯，不能救蔡，致爲楚滅，今楚又伐徐，晉并不能合諸侯，乃伐鮮虞，春秋不正其交伐，故上書楚子而此則狄晉，以明晉不如楚也。會厥憖不能救蔡，既據左傳文，亦本何氏意。觀公羊注可知此條「晉不見因會」二句亦是何氏自爲說，以釋狄晉之義，不復取義於伐徐，故鄭駁之以爲狄之大重也。文烝統觀何、鄭、糜、范諸説，鄭最爲近之，而亦終有未盡。今案：襄二十七年盟于宋，晉、楚弭兵，而三十年傳曰「無侵伐八年」，則明昭元年晉荀吴敗狄一事，經所不論，以其絶遼遠也。自後楚三伐吴、滅厲、滅陳、圍蔡、滅蔡、殺蔡二君，至此又伐徐，背盟用兵，暴横不道者皆楚也。晉未嘗一用兵，用兵於此焉始，舍楚不問，乃伐鮮虞，非有特文不足著義。以其與夷狄交伐，則亦夷狄而已矣，故曰不正其與夷狄交伐中國，故狄稱之也。中國兼陳、蔡、徐、鮮虞言之，成九年傳曰「莒雖夷狄，猶中國也」，徐亦其比也。鮮虞則地近而同姓也。傳連陳、蔡通謂之中國，要以晉不能伐楚而反與楚共伐人，大概言之也。弭兵則善之，用兵則狄之，取義之相因也。楚則生名之，晉則狄之，立文之相稱也。經既深微，傳亦簡淡，自來遂失其解，實則前後貫通。

十有三年春，叔弓帥師圍費。【補曰】趙匡曰：「凡內自圍者，皆叛邑。」陳傅良因之曰：「內不言叛，言圍皆叛也。」文烝案：是年圍費，左傳稱南蒯以費叛如齊，定十年圍郈，左傳稱侯犯以郈叛，而續經哀十五年春王正月，成叛，明是魯史書叛之文，則圍費、圍郈必先言叛可知矣。二十九年書鄆潰，以昭公居之，故變言潰，其實亦是叛。君子脩經，以鄆潰事關君身，不可不書。費、郈皆私邑，其叛由家臣，可爲魯諱。又以鄆不言潰，無以見其事，費、郈雖不言叛，猶存圍文，則未嘗無以見之，故鄆潰書，費叛郈叛不書。至若成三年圍棘、定六年圍鄆，則疑史本無叛文，昭、定兩圍成亦皆非叛。○馮景曰：「孔子不言禮樂征伐自陪臣出，而曰執國命者，禮樂征伐之事，必交乎四鄰，而國命不出竟。南蒯之徒，皆以家臣執國命者也，春秋賤而略之。故南蒯以費叛不書，書圍費；陽虎入于讙、陽關以叛不書，書盜竊；侯犯以郈叛不書，書圍郈；公山不狃帥費人以襲魯不書，書墮費；所謂微而顯。」

夏四月，楚公子比自晉歸于楚，弒其君虔于乾溪。乾溪，楚地。【補曰】虔，靈王也。疏曰：「左氏以爲楚子次于乾谿，公羊以爲作乾谿之臺，范從左氏也。」杜預説左氏曰：「靈王死在五月，又不在乾谿，楚人生失靈王，故本其始禍以赴之。」杜是也。史從赴書四月，書乾溪，不可改也。哀六年，不以陽生君荼，虔立比奔。得以比君虔者，胡銓以爲虔於比爲兄，居君位已十二年，雖使聲罪討之而代立，猶不免爲争國。胡安國以爲晉人以羈待比，固楚之亡公子也，楚又未嘗錮之，君臣之分猶在。二説皆是歸不言復者，被脅立不復大夫位。○【撰異曰】溪，左氏、公羊作「谿」。自晉，晉有奉焉爾。【補曰】疏曰：「重發傳者，楚比之歸，實歸非弒，嫌自亦非晉力，故復明之。」案：惠士奇據左傳叔向曰「去晉而不送」，以爲晉無有奉，非也。比久仕晉，安得無奉？不必送者多人始爲奉也。左氏賈逵説「諸稱自者，所自之國有力」，正用傳例。杜預據叔向語駁之，惠氏所本。歸而弒，不言歸，言歸，非弒也。傳例曰：「歸爲善，自某歸次之，然則弒君不得言歸，比不弒之一驗也。」【補曰】此下皆論比弒之非弒，而以不弒有四總結之。此先釋言歸義也。傳例曰：「以好曰歸，以惡曰入，齊陽生歸而弒其君，言入是也。」注未了。歸一事也，弒一事也，而遂言之，以比之歸弒，比不弒也。歸弒其事各異，自宜別書之，而今連言之，是比之歸遇君弒爾，比不弒之二驗也。【補曰】疏曰：

「齊小白入于齊，齊人取子糾殺之；齊陽生入于齊，齊陳乞弒其君荼。彼各異書，明知此亦宜別書之。」文烝案：五句釋言歸、言弒之義，經之正旨也。其歸也于楚，一事也；其弒也于乾溪，又一事也。經不再出「楚公子比」四字而連文言之，有似遂事之辭，與圍陳納頓之文同例，明以比之歸于楚而遥弒其君于乾溪也。注云比之歸遇君弒，其於遥弒之意未切，如注說則經宜於「弒」上加言楚人，故知非也。比歸遥弒，則不弒明矣，故曰比不弒也。時楚諸謀亂者召比歸楚，脅立爲王，靈王身在乾溪，衆叛於内，師潰於外，傍徨無歸，終於縊死。楚人之赴，本其始禍，故以比主弒而史因書之。或即以遥弒爲文，而君子因之，或本再出楚公子比，而君子損其文，未敢定焉。公羊以爲比之義宜乎放死不立，而立，故加弒，其說亦得之。傳言不弒，明爲王非比本心，但不若放死不立之爲善耳。「放死」句見殷敬順列子釋文，又引劉兆注曰：「放，至也。」今本公羊作「效死」，與繁露同。弒君者日，不日，比不弒也。據文元年丁未楚世子商臣弒其君髡日，此不日，比不弒之三驗也。

楚公子棄疾殺公子比。○【撰異曰】殺，公羊作「弒」。程端學曰：「案：經但書公子，不曰其君，不可言弒。」汪克寬亦云。段玉裁曰：「譌字也。」文烝案：公羊經傳凡下殺上之字皆用「弒」字，而此經弒公子比則師讀之譌也，二十五年傳昭公將弒季氏則轉寫之譌也。當上之辭也。當上之辭者，謂不稱人以殺，乃以君殺之也。稱人以殺，謂若衛人殺祝吁于濮是也。今比實不弒，故以君殺大夫之辭言之。【補曰】疏曰：「謂不稱人以殺，而云楚公子棄疾殺公子比，如王札子殺召伯、毛伯也。」討賊以當上之辭，殺非弒也。實有弒君之罪，則人人皆欲殺，宜稱人以殺之，今言楚公子棄疾殺公子比，明棄疾所殺，非弒君之人，比之不弒四驗也。比之不弒有四。上四事。取國者稱國以弒，若比欲取國而弒君者，當直云楚比弒其君虔，不應言公子也，若衛祝吁弒其君完、齊無知弒其君諸兒之類是也。【補曰】當直稱國而不直稱國，又於四事外見其不弒，傳意并下句事以明其不嫌也。楚公子棄疾殺公子比，比不嫌也。今棄疾殺之，又言殺公子比，不言弒其君，是比無欲爲君之嫌。【補曰】疏曰：「齊公子商人弒其君舍，雖未踰年稱君，是有言弒其君之理，故范決之。」春秋不以嫌代嫌，不以亂治亂之義。棄疾主其事，故嫌也。比實無弒君之罪，而主殺之者，是棄疾欲爲君之嫌。【補曰】疏曰：「春秋不以嫌代嫌者，謂比歸而遇弒，雖則無嫌，棄疾之意亦以比欲爲君之嫌而殺之，是棄疾以比爲嫌，棄疾殺比而自立亦是嫌也。今棄疾不以國氏者，不以嫌代嫌故也，若以嫌代嫌，當云楚棄疾殺公子比也，但由不以嫌代嫌，故存棄疾之氏耳。傳言棄疾主其事，故嫌也者，棄疾殺比，理實有嫌，但爲不以嫌代嫌，故經無其事。傳以棄疾，經無嫌文，故云棄疾主其事，故嫌也。主其事者，主殺比之事也。」

秋，公會劉子、晉侯、齊侯、宋公、衛侯、鄭伯、曹伯、莒子、邾子、滕子、薛伯、杞伯、小邾子于平丘。平丘，地也。【補曰】當云衛地。

八月甲戌，同盟于平丘。公不與盟。【補曰】與，卽豫、預字。○【撰異曰】陸湻纂例曰：「甲戌，穀梁作『庚戌』。」案：今不作「庚戌」。同者，有同也，同外楚也。【補曰】疏曰：「又重發傳者，平丘以下，中國微弱，外楚之事，盡於平丘，從此以後，不復能外，故發傳以終之。」程子曰：「楚棄疾立，諸侯懼之。」公不與盟者，可以與而不與，譏在公也。公以再如晉不得入，故不肯與盟。【補曰】注非也。既曰「不肯」，何云「不與」？鄭伯逃歸不盟，直言不盟，爲不肯盟之文，此言不與盟，明其不得與於盟，非不肯也。據左傳，既會之後，邾、莒愬於晉，晉侯不見，公使叔向辭魯，毋與盟，與沙隨不見公略相似。公羊釋「弗遇」曰「公不見要也」，釋「齊侯弗及盟」曰「不見與盟也」，釋「不見公」曰「公不見見也」，釋「公不與盟」曰「公不見與盟也」，明數者之事皆略相似。今此不書不見公者，公既列會，則盟有可與之理，乃因不能治國，啟釁邾、莒，致爲所愬，屏不得與，故以公主其文，而書不與盟。不譏諸侯，獨譏公也。其日，善是盟也。公不與盟，當從外盟不日，今日之，善其會盟，因楚有難，而反陳、蔡之君。【補曰】劉敞以爲是盟請命於天子，與滅繼絕，得與宋盟，俱比葵丘。葉夢得亦云。文烝案：上年狄晉矣，若依常例不日，無以見其善，故特日之。

晉人執季孫意如以歸。以公不與盟故。【補曰】依左傳，當言爲邾、莒執之。

公至自會。【補曰】吴澂曰：「公雖不與盟，已與會矣，故致。」

蔡侯廬歸于蔡。陳侯吴歸于陳。八年楚滅陳，十一年楚滅蔡，諸侯會而復之，故言歸。【補曰】傳例歸者，歸其所，此傳所謂，如失國辭然也。左傳例曰「復其位曰復歸」，與傳同。又曰「諸侯納之曰歸」，與傳異。范依左氏爲說，非也。傳以爲因會而歸，論其事耳，非釋歸也。此事在時例。○【撰異曰】廬，左氏葢當作「盧」，依二十年音義知之。

善其成之會而歸之，故謹而日之。二國獲復，此盟之功也，故於其歸，追述前盟。謹日之，意以美諸侯存亡繼絕，非謹陳、蔡歸國之日也。於盟則發謹日之美，於歸則論致美之義。【補曰】之會，是會也。何休曰：「時諸侯將征棄疾，棄疾乃封陳、蔡之君。」何氏說此事大概得之。左傳載平丘之會，晉甲車四千乘，其言或涉浮誇，而用衆當爲實事。意當日因楚有難，聲言伐楚，楚畏晉衆，遂封二國，以示公義，故上經有同外楚之文。而傳言成，是會而歸之也。左傳於楚封陳、蔡惟美平王，葢專據楚國史書而又失之浮誇也。何氏言征棄疾，亦非也。公羊於上經比之弑虔，歸罪棄疾，殺比之經，又誤作「弑」，以棄疾爲賊，以上會爲遂亂反陳、蔡。何氏以爲諸侯從陳、蔡之君言，還反不復討楚，楚亂遂成，其説皆不可用也。此未嘗有國也，使如失國辭然者，不與楚滅也。【補曰】稱爵稱名而言歸，是諸侯失國之辭。以失國辭言之，若其本有國，明不與夷狄滅中國，苟可以寄其意者卽寄之也。言歸不言復者，未嘗有國，不没其實。疏曰：「雖同失國之辭，實未嘗有國，故不得言復歸也。」文烝案：蔡稱侯在葬前，而其葬非他例可比，與夷陵、陳稱侯略同。

冬十月，葬蔡靈公。變之不葬有三：變之，謂改常禮。春秋之常，小國、夷狄不葬。【補曰】疏曰：「彼不赴，我不會，及小國與夷狄不書葬，舊史之常也。變之不葬，謂舊合書葬而仲尼改之。」文烝案：隱三年徐注及此注合之，義乃備。疏是也。失德不葬，無君道。弑君不葬，謂不討賊，如無臣子。滅國不葬，無臣子也。然且葬之，不與楚滅，且成諸侯之事也。蔡靈公弑逆無道，以致身死國滅，不宜書葬。書葬者，不令夷狄加乎中國，且成諸侯興滅繼絶之善，故葬之。【補曰】滅國復封，無危文者，文相接，從可知，與鄭莊公同也。隱大子乃未踰年君，故不志葬。廬者，隱大子之子也，然則公羊所云「有子則廟，廟則書葬」者，殆不然矣。

公如晉，至河乃復。

吴滅州來。【補曰】疏曰：「虞、虢之滅，由於夏陽之亡。州來，楚之大都，而吴滅之，令楚國稍弱，入郢之兆，由滅州來所致，故並書滅。」

十有四年春，意如至自晉。【補曰】大夫致例時。大夫執則致，致則名，【補曰】疏曰：「重發傳者，畢伯書字，意如則書名，嫌異故也。」文烝案：此不言由上致之者，省文。意如惡，【補曰】前譖訴君，後逐君，知其本惡。然而致見，君臣之禮也。大夫有罪則宜廢之，既不能廢，不得不盡爲君臣之恩，故曰見君臣之禮。【補曰】敬大臣，體羣臣，是之謂禮。上傳曰「失德不葬。然且葬之」，此傳曰「意如惡，然而致」，所謂春秋書王法，不誅其人身，至明至著。胡安國據左傳説之曰：「其始執之，爲乏邾、莒之供，其終歸之，爲土地猶大，所命能具。晉惟以利，故平丘之後，諸侯不合二十餘年，至於召陵又以賄敗。」高閌略同。黄震曰：「平丘之會，以威始之，以利終之。」文烝案：春秋善是會，不論此等之事，以其有益於論史，姑記之。

三月，曹伯滕卒。

夏四月。

秋，葬曹武公。

八月，莒子去疾卒。【補曰】莒著丘公。疏曰：「不正前已見，可以書日。今月者，莒行夷禮，本無嫡庶日不日之例。」文烝案：莒、吴卒皆月而已。

冬，莒殺其公子意恢。言公子而不言大夫，莒無大夫也。莒無大夫而曰公子意恢，【補曰】傳曰「公子之重視大夫」，言公子，是猶有大夫。意恢賢也。【補曰】賢之，故舉其貴者。曹、莒皆無大夫，其所以無大夫者，其義異也。曹叔振鐸，文王之子。武王封之于曹，在甸服之内，後削小爾。莒，已姓東夷，本微國。【補曰】疏曰：「總而言之則小國無大夫，就事而釋則曹、莒有異。」文烝案：傳意指莊二十六年曹殺其大夫言之，一則明言大夫而以不稱名姓，微見其無大夫；一則不言大夫，明見其無大夫。同是崇賢，書之各別，由其所以無大夫者其義有異，如注所云也。盟會之序，許、曹、莒、邾相次，君卒葬則曹與許爲類，大夫奔則莒與邾爲類，二國不同亦明矣。

十有五年春王正月，吴子夷末卒。【補曰】吴句餘也。服虔以句餘爲餘祭，非也。○【撰異曰】末，公羊作「眛」，音末。亦或作「末」。

二月癸酉，有事于武宫。籥入，叔弓卒，去樂卒事。【補曰】左傳曰「禘于武公」。案：魯禘無常月，此不行春祠犆祭之禮而行禘，言武宫，則明大廟及羣廟皆禘矣。事在武宫，故言武宫，爲下變禮張本，故略之言有事也。言籥入不言萬者，陳奐以爲但有羽籥，不用干戚，祭羣廟異於大廟也，唯大廟得用天子禮。文烝案：左傳禘襄公有萬，又稱考仲子之宫，將萬焉，公問羽數。彼兩言萬，蓋專指羽籥舞耳。孔穎達曰：「去樂者，鍾鼓管磬悉皆去之，非獨去籥舞。」何休曰：「日者，爲卒日。」君在祭樂之中，聞大夫之喪則去樂卒事，禮也。祭樂者，君在廟中祭作樂。【補曰】何休曰：「卒事，畢竟祭事。」孔廣森曰：「去樂者，哀也。卒事者，君事重也。」文烝案：傳明以得禮書也，以爲籥入而聞叔弓卒，皆與公羊同，與左傳言叔弓涖事異。君在祭樂之中，大夫有變，以聞可乎？變，謂死喪。【補曰】疏曰：「復問言禮意。」大夫，國體也，君之卿佐，是謂股肱，故曰國體。古之人重死，君命無所不通。死者不可復生，重莫大焉，是以君雖在祭樂之中，大夫死，以聞可也。【補曰】疏曰：「命，告也。」孔廣森曰：「非卿喪則不得以聞。檀弓「衞有大史曰柳莊，寢疾，公曰：『若疾革，雖當祭必告』。」明非有命則不敢告正，以大史非卿故也。」孔說視啖助、劉絢爲勝。

夏，蔡朝吳出奔鄭。朝吳，蔡大夫。○【撰異曰】朝，公羊作「昭」，無「出」字。徐彥曰：「左氏、穀梁皆言『朝吳出奔鄭』，今此作『昭吳』字，又不言『出』者，所見之文異。」

六月丁巳朔，日有食之。

秋，晉荀吳帥師伐鮮虞。

冬，公如晉。

十有六年春，齊侯伐徐。【補曰】李廉曰：「此齊景公争伯之始事。」

楚子誘戎蠻子殺之。楚子不名，戎蠻子非中國故。【補曰】即公羊所云「若不疾乃疾之也」。孔穎達曰：「戎是種號，蠻是國名，子爵也。」文烝案：言戎蠻猶言赤狄潞氏也。戎蠻子例不得名，楚亦不名，又不月、不日、不地者，略戎以別於蔡也。春秋詳略之例，如公之追齊、追戎，楚之誘蔡、誘戎，其最著者也。」○【撰異曰】蠻，公羊作「曼」。

夏，公至自晉。【補曰】以左傳推之，上如晉蓋十一月末，此至蓋四月初，實未滿二時，故不月。

秋八月己亥，晉侯夷卒。○【撰異曰】陸淳纂例曰：「亥，公羊作『丑』。」案：今公羊不作「丑」。

九月，大雩。

季孫意如如晉。

冬十月，葬晉昭公。○【撰異曰】陸淳纂例曰：「公羊作十有一月。」案：今公羊亦作「十月」。

十有七年春，小邾子來朝。

夏六月甲戌朔，日有食之。

秋，郯子來朝。

八月，晉荀吴帥師滅陸渾戎。滅夷狄時，潞子嬰兒賢則日。此月者，蓋亦有殊于常戎。【補曰】或當以陸渾戎處於伊川，在雒西南畿甸之地。重而詳之，故進從卑國例。案：左傳周本有伊、雒之戎，至僖二十二年，秦、晉又遷陸渾之戎於伊川也。洪咨夔以左傳事論之曰：「荀吴在春秋最善兵，敗狄則舍車崇卒，伐鮮虞則僞會而假道，滅陸渾則先用牲於雒，乘其不虞而從之，戰國孫、吴、廉、白之先導也。」○【撰異曰】左氏作「陸渾之戎」，公羊作「賁渾戎」。

冬，有星孛于大辰。【補曰】左傳載申須、梓慎、裨竈語，爲四國俱災之應，梓慎之占最詳，而申須言「彗所以除舊布新也，天事恆象」，其説近正。劉向以爲星傳曰：「『心，大火，〔一〕天王也。其前星，大子；後星，庶子也。』孛星加心，象天子適庶將分争也。其在諸侯，角、亢、氐，陳、鄭也；房、心，宋也。」文烝案：不月者，歷月也。一有一亡曰有。【補曰】前發孛義，此發有義，嫌星與蟲不同類也。于大辰者，濫于大辰也。劉向曰：「大辰者，大火也。」不曰孛于

〔一〕「大火」，漢書五行志下之下作「大星」。

大火而曰大辰者，謂濫于蒼龍之體，不獨加大火。【補曰】爾雅曰：「大辰，房、心、尾也。大火謂之大辰。」大火謂心也，又次名也。自氐五度，至尾九度，濫溢也。東官，蒼龍，心三星，房四星，角二星，亢四星，氐四星，尾九星，箕四星。左傳曰「有星孛于大辰，西及漢」，杜預曰：「夏之八月，辰星見在天漢西。今孛星出辰西，光芒東及天漢。」顧炎武曰：「有星孛入于北斗，不言所起，重在北斗也。有星孛于大辰，不言及漢，重不在漢也。」

楚人及吴戰于長岸。長岸，楚地。【補曰】左傳楚司馬子魚曰「我得上流」，杜預以爲「順江而下」，是吴以舟師泝江伐楚也。姜炳璋曰：「此大江水戰之始。」文烝案：何休曰：「不月者，略兩夷。」兩夷狄曰敗，夷狄不能結日成陳，故曰敗，於越敗吴于檇李是也。【補曰】凡戰以結日列陳爲常，夷狄不知結日列陳，不言日亦不言戰也，婁林、檇李是也。中國與夷狄亦曰敗。晉荀吴敗狄于大原是也。【補曰】中國之敗夷狄，舉其大者，言敗而已。既不言戰，又略舉其勝者言之，不爲結日列陳、成敗之之文，悉同之於疑戰，箕交剛、大原是也。楚人及吴戰于長岸，進楚子，故曰戰。【補曰】疏曰「邲之戰，楚言及在下，直在楚。今楚稱及而在上，與邲戰義反，嫌惡楚而善吴，故明之。吴以伯舉有辭，序上稱及以罪楚，彼時有蔡在也。今兩夷言戰，有違常例，二國曲直得失未分，故須起例以明之。」文烝案：疏失傳旨。依左傳，是役楚敗吴，獲餘皇，而吴旋敗楚取餘皇，終是吴敗楚也。楚爲吴所敗，非有獻武畟盈之事，若書吴敗楚師于長岸，是兩夷相敗之常文也。今欲進楚子，故變文言戰，以其序上言及，則得爲進，明外吴甚於外楚也。春秋外戰言及者皆是以主及客，而其例亦有變通，內晉而外秦，必以晉及秦；內晉而外楚，必以晉及楚；外楚而尤外吴，必以楚及吴。雖以客及主，亦無不可，此義蓋因由內及外之例而起春秋之權衡也。長岸本是楚主吴客，而楚之序上稱及，不以主客論，故既變敗言戰，則無以吴及楚之理，及得申其進楚之意。若以伯舉相例則大不然，彼時吴爲蔡以，乃是以蔡及楚，吴又初進稱子也。楚之有師，久同中國，言戰不稱師，又不加言楚師敗績者，兩夷相戰，事在時例，故略不具文也。疏以曲直得失爲言，所舉皆公羊義例，何以通乎。

十有八年春王三月，曹伯須卒。

夏五月壬午，宋、衞、陳、鄭災。其志，以同日也。其日，亦以同日也。【補曰】公羊曰：「記異也。異其同日而俱災也。」若非同日，當專志宋災，略其月日。公羊諸書災者皆云記災，唯此爲記異，疏引「劉向以爲宋、陳王者之後，衞、鄭，周之同姓。時景王老，劉子、單子事王猛，〔一〕召氏、尹氏事王子朝。朝，楚之出也。宋、衞、陳、鄭皆南附於楚，無尊周室之心。後三年崩，王室亂，故天災四國。若曰不救周，反從楚，廢世子，立不正，以害王室，明皆同罪。」〔二〕文烝案：劉説似有理，覼下傳所言，則天意未易知也。劉敞曰：「其序宋、衞、陳、鄭，春秋之正也。同德則尚爵，同爵則尚親，同親則尚齒。」或曰人有謂鄭子産曰：「某日有災。」【補曰】某日，卽指壬午日，人言壬午之日四國皆當有災，蓋以占侯之術知之。據左傳，其人是鄭裨竈，其言在上冬星孛時。言宋、衞、陳、鄭將同日火，若我用瓘斝玉瓚，鄭必不火。子産曰：「天者神，子惡知之？是人也。同日爲四國災也。」【補曰】四句皆子産語，非子

〔一〕「王猛」，漢書五行志上作「王子猛」。
〔二〕「辠」原作「辜」，據漢書五行志上改。

產答辭，乃既災之後，子產告此人之辭。言陰陽不測之謂神，天者神道，子之術何足知之？今是之變，皆由人事不滅，以致同日爲四國災耳。據左傳，上冬裨竈欲用瓘斝玉瓚禳火，子產弗與，今此災後，裨竈曰：「不用吾言，鄭又將火。」子大叔請用之。子產曰：「天道遠，人道邇，非所及也，何以知之。竈焉知天道？是亦多言矣，豈不或信？」遂不與，亦不復火。左氏所載與此傳雖有出入，而意則大同，其言在既災後亦可互證也。夫子產之言至矣，天猶人也，人者血脈流行而心在焉，天者大氣運轉而神在焉，人藏其心，不可測度，況之於天？陰陽不測，非神而何也？莊子言季真之莫爲，接子之或使，或使則實，莫爲則虛。今子產言神不可知是莫爲之說也，以人召災是或使之說也。既莫之爲，又或之使，天人相與，非實非虛，與晉輩者之告伯尊若合一契，而意尤著明。書稱「洚水警余，念用庶徵」，而荀子曰「唯聖人爲不求知天」，又論聖人之明於人事曰「夫是之謂知天」。楊子法言曰「史以天占人，聖人以人占天」，皆可發明斯理，春秋記災異，正是意耳。傳以公孫僑名氏不見於經，而師述他說有此數語，故特記之，明其知道，猶僖篇特稱管仲語矣。○唐德宗言「建中之亂，術士豫請城奉天，此蓋天命」。李泌曰「天命者，他人皆可言之，唯君相不可言，君相所以造命也。紂曰『我生不有命在天』，此商所以亡也。」夫以子產之博物也，李長源之好神也，而其言如此，謀國者可以思矣。張巡謂令狐潮未識人倫，焉知天道？則此義豈獨在君相哉？

六月，邾人入鄅。

秋，葬曹平公。

冬，許遷于白羽。白羽，許地。【補曰】當云楚地。

春秋昭公經傳第九補注第二十二

穀梁　范氏注解　鍾文烝詳補

十有九年春，宋公伐邾。

夏五月戊辰，許世子止弑其君買。日弑，正卒也。蔡世子般實弑父，故以比夷狄而不書日。止弑而日，知其不弑，止不弑則買正卒也。【補曰】注倒下傳文以明意。正卒則止不弑也，不弑而曰弑，責止也。責止不嘗藥。止曰：「我與夫弑者，不立乎其位，以與其弟虺。」止自責曰：「我與弑君之人同罪，於是致君位於弟。」【補曰】與夫弑，與聞乎弑。何休以爲許男斯代立，此云虺，未聞。哭泣，【補曰】有聲曰哭，無聲曰泣。歠飦粥，嗌不容粒。嗌，喉也。【補曰】厚曰飦，希曰粥。禮親喪三日後食飦飲粥。歠，飲也，食亦飲耳。嗌，咽也。咽、嗌雙聲，説文互相訓。喉亦訓咽也。哭泣過則哽而痛，故不容粒矣。孟子曰：「諸侯之禮，吾未之學也，雖然，吾嘗聞之矣。三年之喪，齋疏之服，飦粥之食，自天子達於庶人，三代共之。」又引孔子曰：「君薨，聽於冢宰，歠粥面深墨，即位而哭。」未踰年而死。【補曰】傷腎乾肝焦肺，毁甚以至死也。言未踰年，或死在葬前矣。劉敞説下葬謂以止之自討爲討之，亦得兼通。故君子即止自責而責之也。就其有自責心，故以備禮責之。【補曰】傳述其事，以申上責止之義。嘗論之，止自言與夫弑，於是當時謂之弑，而史亦書弑，書弑卽其事實矣。事實之文，不可革其義，則卽止自責而責之也。加損之文存乎辭，其義則上云「正卒」，下云「不使止爲弑父」是也。春秋屬辭比事，微而顯，志而晦，卽日弑時葬兩文可得其概。家鉉翁謂春秋多因舊史，此事則舊史得之傳聞，而夫子因以垂法，又書葬以別於趙盾。其言傳聞未是，而大致得之。歐陽脩乃謂盾、止並是真弑，以加弑爲過，三傳所同，而一概不信。趙鵬飛且以闢楊、墨比之，固哉不亦妄乎？

己卯，地震。

秋，齊高發帥師伐莒。

冬，葬許悼公。日卒時葬，不使止爲弑父也。【補曰】既正卒矣，葬而又正葬，以蔡般相較，則不弑自明。春下不特書王月，亦以異之於般，傳略之耳。曰：子既生，不免乎水火，母之罪也。【補曰】曰者，目經意也，通下二十一句。唐石經初刻「母」上有「父」字。案：韓子祭女挐女文曰「不免水火，父母之罪。」孫汝聽注引傳亦有「父」字。羈貫成童，不就師傅，父之罪也。羈貫，謂交午翦髮以爲飾。成童，八歲以上。【補曰】內則曰：「三月之末，擇日翦髮爲鬌，男角女羈。」鄭君曰：「鬌，所遺髮也。夾囟曰角，午達曰羈。」傳言羈不言角者，對文，男女異，散文，通也。詩曰「總角丱兮」，毛傳曰：「總角，聚兩髦。丱，幼穉也。」丱，當依唐石經作「卝」，說文以爲古「卵」字。傳之「貫」卽詩及說文之「卝」也。成童者，內則指十五以上，此亦當同。言自三月羈貫，至十五也。晉胥臣曰：「文益其質，故人生而學，非學不入，是故先王爲之節，八歲教小學，十五教大學。貴師重傅，事鈞所生，藥食先嘗，亦教所及矣。」內則云「十年出就

「格」訓「量度」本蒼頡篇。物有本末，量度之乃能知本，乃爲知之至，知之至則知止矣。致至言乎明也，格言乎擇也。乎，今本誤「于」。

外傳，學書記幼儀」，〔一〕卽教小學之傳。下云「成童舞象，學射御」，承上就傳而省其文，范氏未悟，故解成童爲八歲以上也。傳以後包前，記以前見後，各有當也。言師傅者，疊言之，單言則或曰傅，或曰師。孟子論君子不教子，朱子或問用徐氏說，引據此傳。

就師學問無方，心志不通，身之罪也。【補曰】學以聚之，問以辯之，中庸明善擇善之教，大學致知格物之義也。格，量度也。車若水說是學問無方，三十時也。內則「二十博學，三十博學無方」，鄭君曰：「方，猶常也。至此學無常，在志所好也。」文烝案：學有正業，二十學禮而始備，正業之外謂之博學，博而又博謂之無方，傳以學則必問，故兼言問。張洽集註引此作問。學記兩言「博學」，傳亦以後包前，謂自十五就師至三十也。學記曰教必有正業，謂詩禮樂也。毛詩傳曰「古者教以詩樂，誦之歌之弦之舞之」，卽內則云「十三學樂誦詩舞勺」是也。昏義曰：「夫禮始於冠，本於昏，重於喪祭，尊於朝聘，和於射鄉。」王制曰：「六禮：冠、昏、喪、祭、鄉、相見。」皆卽今儀禮十七篇，教學者所執以爲容，卽內則云「二十而冠，始學禮」是也。三者爲正業矣。心，思心也。今文尚書洪範曰「思心曰容。」志，意也。字从心之，心所之也。單言曰志，疊言曰心志。春秋説題辭曰：「恬澹爲心，思慮爲志，恬澹之心，不思而得。」此乃管子所謂「心以藏心」，心之中又有心，非傳所指也，通謂由之而知其道也。論語曰：「吾十有五而志乎學，三十而立，四十而不惑，五十而知天命。」此則所謂下學而上達，聖人之通也。志乎學卽是志於道，志於道而後適道，適道而後立，立而後不惑焉，知天命焉，謂之聞道。夫道之大小，隨人者也，自聖人而下，七十達者及諸賢士大夫各有所立，則各有所聞之道，無論中行狂狷，皆謂之通矣。〇辛酉歲，邵懿辰詒書言高堂生所傳禮卽夫子所述，別無闕逸，予韙其說。子入大廟，每事問，諸侯喪禮，

〔一〕「記」原作「計」，據中華書局影印清阮元重刻宋版十三經注疏本改。

孟子未學，通在學問無方中也。讀書謂之學，聞道謂之通。楊雄以通天地爲伎，通天地人爲儒，周子則曰誠立賢也，明通聖也。朱子以論語説之，故通卽不惑，而不惑由於立，故論語又曰「古之學者爲己，今之學者爲人。」新序、墨子對齊王解此二句曰「古之學者，得一善言，附於其身，今之學者，得一善言，務以悦人，言過而行不及」，此論學之大要也。論語又曰「六十而耳順，七十而從心所欲，不踰矩」，此心謂恬澹之心也，五十以學猶學也，至是則化而神焉。**心志既通，而名譽不聞，友之罪也。**【補曰】名，聲名也。譽，稱美也，單言曰譽，疊言曰名譽。論語曰「四十、五十而無聞焉」，言無可聞也。此則有可聞而不聞，故罪在友矣。荀子稱孔子曰：「入而行不脩，身之罪也；出而名不章，友之過也。」曲禮曰：「僚友稱其弟也，執友稱其仁也，交遊稱其信也。」中庸、孟子並言「信乎朋友，然後獲乎上。」朋友者，同師同志，其情親於相見相問相揖相趨，言友以該朋。**名譽既聞，有司不舉，有司之罪也。**【補曰】古者選舉之法，依王制，鄉論秀士，升之司徒，曰選士；司徒又論其秀者，升之學，曰俊士；又免其征傜，曰造士；大樂正又論其秀者告於王，升諸司馬，曰進士；司馬又論其賢者告於王，而定其論。自造士以下皆鄉人也，造士以上則王大子。王子，羣后之大子，卿大夫元士之適子，國之俊選皆與焉。周禮鄉大夫：「三年則大比，興賢者能者，鄉老及鄉大夫以禮禮賓之。獻書于王。」射義及書大傳：「諸侯三年貢士於天子。」**有司舉之，王者不用，王者之過也。**不敢罪上，故言過。【補曰】自「子既生」至此，當是古書成文，皆以爲士者言也。天子之元子猶士也。**許世子止不知嘗藥，累及許君也。**許君不授子以師傅，使不識嘗藥之義，故累及之。【補曰】傳言經意如此，師説相承云云也。古者以嘗藥爲教，賈子稱湯之言曰「藥食嘗於卑，然後至於貴，教也。」是其義也。上傳但述止之自責，未顯不嘗藥之文，此特顯之。左傳以爲飲止之藥。古者藥皆由醫，

學之才教。邵子義理之外有物理之學，又有性命之學。邵子則曰「學以入事爲大」，即楊子之意。依魯論語「五十以學」四字爲句。

未有不爲醫而用藥製方是左之者誤也。公羊言「止進藥而藥殺」，而董仲舒說公羊以爲不嘗藥，繁露言之甚明，則知公羊所云「進藥」者謂其不嘗而遽進之，與此傳同，與左氏異也。凡金、玉、土、石、草、木、菜、果、蟲、魚、鳥、獸之類可以祛邪養正者，總謂之藥，見王冰素問注。子事父所以必嘗藥者，曲禮曰「君有疾飲藥，臣先嘗之；親有疾飲藥，子先嘗之」，鄭君曰：「嘗，度其所堪。」文王世子載世子之記曰「疾之藥，必親嘗之」，鄭君曰：「試毒味也。」此二注正義無說。案：素問五常政大論岐伯曰：「能毒者以厚藥，不勝毒者以薄藥。」王冰曰：「謂氣味厚薄者也。」鄭解周禮「毒藥」以爲藥之辛苦者。林億等校正素問引甲乙經：「胃厚色黑大骨肉肥者皆勝毒，其瘦而薄胃者皆不勝毒。」凡此卽禮記注意也。五常政大論下文論「病有久新，方有大小，有毒無毒，服之皆有約。下品大毒，治病十去其六；中品常毒，治病十去其七；上品小毒，治病十去其八；上中下品無毒，治病十去其九；皆至約而止。以五穀、五肉、五果、五菜，隨五藏宜者食養，以盡其餘病，餘病不盡，復如前四約治之，必無使過。」觀岐伯此論，足明醫之用藥亦於毒者爲尤慎也。夫治療之道，物齊之宜，官有專書，事參祕術，常人所不習，聖人有不知。至於醫既定方則不得以未達不嘗爲說，藥之氣味與夫人之體質固較然易明矣。臣子之於君父，無所不盡其心。禮有爲君嘗羞之文，有火孰先君子之說，況藥者扁、倉之所難言也，是故先王重焉。許君之疾，左傳以爲瘧，未知是否。張洽曰：「姑以瘧言之，今之治瘧，以砒煆而餌之多愈，然煆不得法則反殺人，悼公之死必此類。」張說大概近是。今以爲許君體不勝毒，醫用厚藥，止不嘗而遽進之，遂以藥卒也。卒由飲藥，故傳聞之誤則以爲止之藥也。止初不知此禮，後乃知之而哀痛自責。推原其事，許君不得無咎，此春秋文外之意也。傳「止」字各本脫，今依唐石經、胡安國傳、呂本中集解本、張洽集註、家鉉翁詳說、李廉會通本補正。

二十年春王正月。

夏，曹公孫會自夢出奔宋。【補曰】夢，曹邑。○【撰異曰】夢，本或作「蔑」，左氏、公羊作「鄸」。趙坦曰：「說文無「鄸」字。」自夢者，專乎夢也。能專制夢。曹無大夫，【補曰】重發傳者，前是戰，今是奔也。其曰公孫何也？【補曰】略名之常言曹會。言其以貴取之而不以叛也。會以公孫之貴而得夢，既而不以之叛，明曹君無道，致令其奔，非會之罪，故書公孫以善之。【補曰】傳文「以叛」即謂入于戚以叛之屬，若書「入于夢以叛」則不言出奔矣。書自夢者，著其能以而不以，傳釋公孫兼見此意。劉敞曰：「春秋之時，臣能專其邑，無不畔其國者；能使其衆，無不要其君者；臧武仲之智可謂智矣。然猶據防以求爲後於魯，是以孔子譏之，以爲其罪當與不孝非聖者均也。不孝則無親，非聖則無法，要君則無上，三者皆大亂之道也，故深察公孫歸父之至檉奔齊，公孫會之自夢奔宋也，其賢於臧武仲遠矣。」

秋，盜殺衞侯之兄輒。○【撰異曰】輒，左氏作「縶」。音義「輒」如字，或云音近「縶」。陸淳曰：「衞侯之孫名輒，故宜爲縶。」盜，賤也。【補曰】卿爲大夫，非卿爲卑者，曰盜者，賤辭，又下於卑者，蓋士也。春秋有三盜，此發通例也。左傳謂齊豹爲衞司寇，則豹非士，傳又言奪之，明是時已奪官。陳傅良說是。其曰兄，母兄也。【補曰】與弟同。目衞侯，衞侯累也。凱曰：「諸侯之尊，弟兄不得以屬通，經不書衞公子而斥言衞侯之兄者，惡其不能保護其兄，乃爲盜所殺，故稱至賤殺至貴。」【補曰】若不欲累衞侯，當書盜殺衞公子輒。然則何爲不爲君也？嫡兄宜爲君。曰有天疾者不得入乎宗廟。【補曰】天疾，惡疾。何休說惡疾者謂瘖、聾、盲、癘、禿、跛、傴，不逮人倫之屬也。左傳曰：「孟非人也，將不列於宗。」孔廣森説公羊曰：「春秋記事，皆爲後王示法，常辭立適以長，而有衛侯之兄，所以起其問，發其義，卽知適長子有惡疾，亦有廢道。苟非惡疾亦必無廢道，經變之制，靡不包舉矣。」輒者何也？曰兩足不能相過，【補曰】以其疾爲名。臧琳曰：「玉篇、廣韻、五經文字、類篇皆無『能』字，疑『能』字衍。」齊謂之綦，【補曰】音義引劉兆云：「綦，連併也。」文烝案：廣雅曰：「綦，蹇也。」書大傳曰：「禹其跳，湯扁。其跳者，踦也。」王念孫以爲「其」卽「綦」字。廣雅「踦」亦訓「蹇」。楚謂之踂，【補曰】音義：「踂，女輒反。」劉兆云：「聚合不解也。」臧琳曰：「此字當作『踙』，从足从取，故劉以聚合訓之。玉篇、廣韻、五經文字皆从耴，與音義同。集韻从取，遵須切，類篇亦从取，皆與音義異。」文烝案：廣雅曰：「聚，蹇也。」王念孫以爲「聚」者「踂」之誤，或「輒」之誤。文烝以爲「踙」从取而訓聚，廣雅直作「聚」字，卽「踙」字也。禮「升階足不相過謂之聚足」，意相似。衛謂之輒。【補曰】音義：「輒，本亦作『縶』。」劉兆云：「如見絆縶也。」

冬十月，宋華亥、向寧、華定出奔陳。徐邈曰：「月者，蓋三卿同出，爲禍害重也。君以臣爲體，民以君爲命，凡爲憂者大，害民處甚，春秋皆變常文而示所謹，非徒足以見時事之實，亦知安危監戒云耳。」【補曰】疏曰：「宋萬以一人而謹月者，見宋不討賊，致令得奔。弟辰以五大夫而不月者，辰爲仲佗所彊，元無去意，爲患輕也。」○【撰異曰】寧，公羊作「甯」，後同。

十有一月辛卯，蔡侯廬卒。○【撰異曰】廬，左氏作「盧」，亦或作「廬」。

二十有一年春王三月，葬蔡平公。○【撰異曰】三月，板本、公羊或作「二月」，誤。唐石經、鄂本、十行本亦作「三月」。呂本中曰：「穀梁作『正月』。」案：呂蓋誤。

夏，晉侯使士鞅來聘。【補曰】自此後無書來聘者。

宋華亥、向寧、華定自陳入于宋南里以叛。○【釋異曰】叛，公羊作「畔」。自陳，陳有奉焉爾。【補曰】疏曰：「叛而加自，自實有力，嫌其言叛不由外納力，故復發傳。」入者，内弗受也。【補曰】疏曰：「嫌與入邑異例，故明同弗受。」文烝案：自外入言叛，位不復可知。其曰宋南里，宋之南鄙也。【補曰】宋之南鄙，謂宋南鄙之里也，里者，邑居之名。爾雅曰：「里，邑也。」毛詩傳、廣雅曰：「里，居也。」周禮「五家爲鄰，五鄰爲里」，以五鄰必同居，故亦取其名，此南里，汎指南鄙之里，非一地之專名，故「南」上復言「宋」，非若凡地名不須繫國也。高澍然曰：「不繫國，疑於據邑，而華、向逼君都城之罪不著；不書南里，疑得全宋，而宋分國以守之，勢亦不著。」徐彦公羊疏曰：「左氏、穀梁皆作『南里』字，而賈氏云穀梁曰『南鄙』，蓋所見異也。」案：此疏不足據。南鄙既是傳文，經必不得作『鄙』字，賈逵爲左氏經作注，或但引穀梁經字，或并引用傳義，此當是引用南鄙之義，而徐彦誤以爲引經字也。左傳稱「華氏居盧門，以南里畔」，孔廣森據呂氏春秋楚莊王圍宋九月，宋公告病，爲却四十里而舍於盧門之闔。以爲盧門去宋城四十里。以者，不以者也。【補曰】疏曰：「嫌異於竊地，故復發例同之。」叛，直叛也。言不作亂。【補曰】疏曰：「作亂若欒盈、良霄。」文烝案：注、疏皆非也。叛與作亂何以異乎？良霄本不據邑，故無叛文，欒盈亦不言以叛者，其文別有所見也。傳言「叛，直叛」者，謂此之書叛，直是叛耳，不出奔他國，宋辰、晉趙鞅皆云直叛，亦此意也。若衛孫林父之書叛，則左傳以爲出奔晉矣。邾庶其、莒牟夷、邾黑肱之叛，則以來奔書矣。

秋七月壬午朔，日有食之。

八月乙亥，叔輒卒。叔弓之子。【補曰】子叔伯張。○【撰異曰】輒，公羊作「痤」。徐彥曰：「左氏、穀梁作「叔輒」。」

冬，蔡侯東出奔楚【補曰】何休曰：「大國奔例月，此時者，惡背中國而與楚，故略之。」案：公羊經雖是「朱」字，然何說亦可通於此。○【撰異曰】東，左氏、公羊作「朱」。徐彥公羊疏曰：「左氏與此同。穀梁作『蔡侯東』。」杜諤引集義及呂大圭並謂朱無歸入卒葬之文，奔卒當爲一人。顧棟高曰：「史記十二諸侯年表是年書『東國奔楚』。」東者，東國也。【補曰】言此之東卽後二十三年之東國也。聖門傳此經本闕一字，雖知其別無義例，而莫敢增益其字，故因就釋之，是師說如此也。此既釋東爲東國，明後定、哀之篇仲孫忌卽仲孫何忌、魏多卽魏曼多，皆與此同，故不復發傳也。左傳衞祝佗述踐土載書稱晉重耳爲晉重，國語曹僖負羈稱叔振鐸爲先君叔振，是古人二字作名，或時但稱其一，知經無此例者。經例名從主人，言無所苟，前後不得異也。且晉重、叔振之文亦殊可疑。夫子之母名徵在，言在不稱徵則非名矣，言徵不稱在則非名矣。何爲謂之東也？【補曰】上既言東卽東國，故遂以東言之，猶莊二十四年言「何爲名也」，上十一年言「何爲名之也」，非問何以去「國」字。王父誘而殺焉，楚子虔誘蔡侯般殺之于申。父執而用焉，執蔡世子友以歸用之是也。【補曰】杜預說左氏東國者，友之子，廬之弟。若作朱，則廬之子矣。奔而又奔之。曰東，惡之而貶之也。奔既罪矣，又奔讐國，惡莫大焉。【補曰】惡其奔而又奔之，故貶而書名，猶桓十一年云曰「突，賤之也」。凡諸侯出奔名者，皆惡其有罪而貶之。鄭伯突、衞侯朔、北燕伯款、莒子庚輿、邾子益五者，皆貶也，非以去國字爲貶。

讐謂蔡之於楚平猶魯之於齊桓也，魯與齊桓盟會可也，娶仇人子弟則不可矣；蔡從楚可也，奔而又奔之則不可矣。楚雖封蔡，猶爲讐國，宋襄雖立齊孝，猶以伐喪而謂之惡，意亦相類。

公如晉，至河乃復。

二十有二年春，齊侯伐莒。

宋華亥、向寧、華定自宋南里出奔楚。自宋南里者，專也。專制南里。【補曰】專辭與公孫會同，不嫌者，前有以文，故傳亦不具言，但重發自例。高澍然曰：「左傳有赭丘之戰，南里之圍，不書而書三叛之奔，其義與彭城書圍不書寘魚石互證自明。彼義繫於扼楚，故重在圍，而魚石之究竟可略也。此義繫於失賊，故重在奔，而諸侯之圍戰可略也。

大蒐于昌閒。【補曰】昌閒，魯地。○【撰異曰】蒐，公羊或作「廋」。閒，公羊作「姦」。穀梁音義「一音簡」。秋而曰蒐，此春也，其曰蒐何也？以蒐事也。【補曰】疏曰：「蒐紅見正，譏不正，比蒲蒐在夏，近秋之初，尚可以蒐，此春蒐不可之甚，故發傳。」文烝疑周禮、左傳、爾雅之春蒐，周之末失也。春事蒐，秋乃獮矣。

夏四月乙丑，天王崩。【補曰】史記名貴。靈王子。

六月，叔鞅如京師。叔鞅，叔弓子。月者，亦爲葬景王起。【補曰】鞅，穆伯也。

葬景王。天子志崩不志葬，志葬，危不得以禮葬也。【補曰】左傳「丁巳葬」。疏曰：「不書日者，傳言日之甚矣，其不葬之辭也，恐其甚之不明，故曰以起之。今下言「王室亂」，則甚之可知，故省文也。」

王室亂。【補曰】室者，家之通稱，三王家天下，故言家。董仲舒言「立爲天子者天予是家」，此其義。王室，猶周家也。詩曰「王室如燬」，亦謂殷家。騶虞箴曰「用不恢于夏家」。〔一〕洪咨夔引書大誥曰：「亦惟在王宮邦君室。」**亂之爲言，事未有所成也。**尹氏立子朝，劉氏、單氏立王猛，俱未定也。【補曰】王猛事自在下文，與此無涉。左傳是年載子朝事，於尹氏無與，注皆非也。傳爲「亂」字作訓，是明經之通例。事未有所成，即桓二年傳云「不成事之辭也」。以此經言之，時子朝欲篡王猛之位而未成事者，子朝之事如左傳所載是也。是年事未成，至下年而成，故此言亂而彼言立，文相對也。猛之謚曰悼王，知是時周人立猛爲王，猛已定位矣。其位雖定，實亦不正，故名而以國氏。究以已踐王位，其事不可不書，故備書居入也。○左傳曰：「叔鞅至自京師，言王室之亂也。」而胡安國、趙汸等遂推之陳火、梁亡以爲皆不由告命，今未敢從。

劉子、單子以王猛居于皇。皇，地。【補曰】當云周地。左傳劉獻公摯以上四月戊辰卒，單穆公旗立其庶子伯蚠即此劉子，則亦在喪，與定三年邾子同例矣。伯蚠即卷，左傳又謂之劉狄。**以者，不以者也。**【補曰】疏曰：「復發傳者，劉、單，王之重卿，猛，王之庶子，以貴制庶，嫌其義別，起例以詳之也。」**王猛，嫌也。**直言王猛不言王子，是有當國之嫌。【補曰】疏曰：「春秋以王爲國，若言齊、晉。」劉炫曰：「以王當國，如莒展以名繫國也。」文烝案：二說是也。經多以「王」字代周，王人、王師之屬皆是。國風「有王」，與衛、鄭等並爲國名，知是史文之舊。言居者，不正已明，不嫌是

〔一〕「騶」原作「周」，據中華書局影印清阮元重刻宋版十三經注疏本改。

居其所。

秋，劉子、單子以王猛入于王城。【補曰】公羊曰：「王城者何？西周也。成周者何？東周也。」漢書地理志曰：「河南，故郟、鄏地，是爲王城。雒陽，周公遷殷民，是爲成周。」不月者，疏以爲王猛雖則非正，事異諸侯，故不月。以者，不以者也。【補曰】重發傳者，嫌居入異也。入者，內弗受也。猛非正也。【補曰】重發傳者，嫌與諸侯異例也。此與後文天王入于成周不同，雖並以入爲文，而一稱天王，一以國氏，則其義自足見。王城即京師，是時王城爲京師，至敬王入于成周以後，成周爲京師。皆不言入于京師者，孫復曰：「周自天子言之則曰王城、成周，諸侯言之則曰京師。」趙汸曰：「凡王者之都，自諸侯言，曰京師，不敢斥其地也。自王者言，則以地舉，曰王城、曰成周，王者不自稱京師也。諸侯城王都，亦以地舉，曰城成周，王者有遷都之義，故城築當以地舉也。」趙意此等皆從史例，其說並得之。自諸侯言、自王者言異其稱，史亦用名從主人之例也。

冬十月，王子猛卒。【補曰】不日者，未成君。此不卒者也，未成君也。【補曰】此非魯之子，又嫌不當書卒者。其曰卒，失嫌也。猛本有當國之嫌，其卒則失嫌，故録之。【補曰】注非也。以猛繫國者，嫌文也；稱王子猛者，失嫌之文也。既卒則得爲失文，今欲見失嫌之文，故特録卒也。祝吁、無知以挈爲失嫌，此於文不可直挈，故加王子，從其常稱，其爲失嫌一也。胡瑗、孫復等皆以此王子爲在喪稱子之子，是不然，若使猛非嫌而稱子，則當在上居皇時，又宜從既葬不名之例，又不宜稱卒。

十有二月癸酉朔，日有食之。【補曰】江永曰：「居皇書六月，而左傳在秋七月戊寅；入王城書秋，而傳在冬十月丁巳，猛卒書冬十月，而傳在十一月乙酉。又此年末有閏，明年春王正月爲壬寅朔，則經之十二月癸酉朔日食郎傳之閏月，是周曆、魯曆置閏有不同矣。續經哀十六年春王正月己卯，衛世子蒯聵自戚入于衛，推之是二十九日。夏四月己丑孔子卒，推之是十日。而傳載蒯聵事在上年末之閏月，蓋衛曆也。」文烝案：左傳月日參差者甚多，江氏此論明確，他處則難盡通矣。杜預所見汲冢紀年記晉事起自殤叔，皆用夏正建寅月爲歲首，以其説推左傳晉事之差，亦或合或否。宋取長葛，經冬傳秋，齊弑舍差兩月，齊靈公卒差兩月一日，凡此類，今槩不論。

二十有三年春王正月，叔孫婼如晉。【補曰】月者，爲下卒日。○【撰異曰】徐彥公羊疏曰：「叔孫舍者，左氏、穀梁作『婼』字。」

癸丑，叔鞅卒。

晉人執我行人叔孫婼。【補曰】案：左傳武城人取邾師，邾愬晉也。

晉人圍郊。郊，周邑也。【補曰】杜預曰：「討子朝也。」劉敞曰：「稱晉人，惡其微也。」葉夢得曰：「籍談、荀躒書人，貶也。」

夏六月，蔡侯東國卒于楚。不日，在外也。以罪出奔，又奔讐國，故不葬。【補曰】蔡悼侯也。奔君得言卒者，蓋二三年閒蔡不別立君歟？不日者，蓋以其不正，文言卒于楚，則在外已明矣。疏曰：「傳例諸侯時卒，惡之，今東國奔讐得書月者，書其卒于楚，則惡已明矣。諸侯之奔，例不書卒，今東國上書奔楚，下書卒于楚，見其奔讐國而死，惡之可知，故不如蔡侯肸書時也。又諸侯不卒，則已卒宜有葬，故注復論不葬之義。」

秋七月，莒子庚輿來奔。【補曰】莒共公也。稱名，蓋亦有罪。月者，爲下敗師日。

戊辰，吳敗頓、胡、沈、蔡、陳、許之師于雞甫。胡子髡、沈子盈滅。雞甫，楚地。國雖存，君死曰滅。【補曰】此本杜預也。頓、胡、沈，序蔡上者，孔穎達謂皆其君自將，君在臣上，各自以大小序也。何休曰：「不稱國出師者，賤略之。言之師者，辟許獨稱師上五國稱國之嫌。」案：此即所謂緩辭也。胡子、沈子例不記卒，與繒子同。繒被用被戕不名，義主於用之戕之者耳。見滅則不可不名，以其君歸非夷狄，亦不可不名，故髡也、盈也、嘉也、牂也、豹也皆名也。以歸名者，傳云絶之，則見滅名當爲賢之矣。各本此經下衍「獲陳夏齧」四字，今依唐石經、十行本删正。○【撰異曰】甫，左氏、公羊作「父」。盈，本亦作「逞」，左氏作「逞」。案：史記「欒盈」亦作「欒逞」也。公羊作「楹」。中國不言敗，此其言敗何也？據宣十二年晉荀林父及楚子戰于邲，晉師敗績，不言楚敗晉師。【補曰】此注贅。中國不敗，胡子髡、沈子盈其滅乎？其言敗，釋其滅也。若師不敗，則君無由滅也，賢胡、沈之君死社稷。【補曰】此義與荆敗蔡全同。傳備文者，一獲一滅也。注言「若師不敗，則君無由滅」，非傳意也。傳言若不直言敗而言戰，則當先言胡子、沈子及吳戰，而後言師敗績，以中國之君親與夷狄，戰何以見滅乎？是其恥深，於文不可也。注言「死社稷」，又非也。國未亡，不得言死社稷，當依公羊言「死於位」也。以爲賢而釋之，又非也。此亦爲中國殺恥，故釋之，賢意自在文外。

獲陳夏齧。獲者，非與之辭也，賢夏齧雖獲不病，以其得衆也，義與華元同。【補曰】疏曰：「此與華元文雖不同，明賢之義不別，故重發傳。齊國書文同義同，故無傳也。」上下之稱也。君死曰滅，臣得曰獲，君臣之稱。【補曰】

左傳曰：「君臣之辭也。」公羊曰：「其言滅獲何？別君臣也。君死於位曰滅，生得曰獲，大夫生死皆曰獲。」胡安國曰：「書其敗，不以國分而以君大夫爲序，書其死，不以事同而以君臣爲別，皆所以辨上下、定民志。」

天王居于狄泉。敬王辟子朝。狄泉，周地。【補曰】注首句本杜預，即下所書是也。史記曰「敬王居澤」，左傳亦曰「王師在澤邑」，賈逵曰：「即狄泉也。」始王也，其曰天王，因其居而王之也。天子踰年即位稱王，敬王踰年而出，故曰始王。雖不在國行即位之禮，王者以天下爲家，故居于狄泉稱王。【補曰】注皆非也。傳言始王者，據左傳，猛卒後，「敬王即位，館于子旅氏」，則敬王之定位爲王前此矣。但前此經未有王文，至此始王之也。又言其曰天王，因其居而王之者，申上意也。前此朝雖與王爭王，不辟朝，無事可記，故無王文。至此尹氏立朝，王居狄泉以辟之，其事當書於策，本以辟朝而書，故因對朝而王之，所以至此始王之也。公羊以未三年稱天王爲著有天子，其言稱王著有天子，亦謂對朝而正其王稱，其以未三年爲義則不可通於傳。許翰、葉夢得並以爲春秋之法，踰年書王，豈有三年然後稱王者？其説近是，文九年論之矣。敬王者，史記名匄，漢書古今人表以爲悼王兄，此説是也。左傳稱景王大子壽早卒，下文子朝書立爲不正，傳及公羊並言猛不正，不言敬王不正，又未聞周別有正當立者，則敬王乃當時正嗣，以兄繼弟者也。史記以猛爲長子，賈逵、韋昭、杜預並以敬王爲猛之母弟，殆皆失之。夫使敬王亦不正，則春秋必有異文，雖以其終爲天下共主，不可斥言其名，書爲王匄，亦必不遽成其爲王也。

尹氏立王子朝。隱四年，衛人立晉。傳曰：「稱人以立，得衆也。」此言尹氏立，明唯尹氏欲立之。【補曰】不稱尹子者，蓋其後尹氏奔楚，天王因削其爵，絶其位，故不得以爵稱，又不得稱名，則稱尹氏而已。立者，不宜立者也。

【補曰】疏曰：「重發傳者，衞、晉得衆，子朝失衆，不同故也。」朝之不名何也？據晉之名惡，今朝亦惡，怪不直名而言王子。別嫌乎尹氏之朝也。若但言尹氏立朝，則嫌朝是尹氏之子，故言王子以別之。【補曰】疏曰：「衰亂之世，何所不爲？繒立異姓，周亦致疑，疑而須別，故不曰立朝。」文烝案：注疏皆非也。傳意以爲衞人立晉人者衆辭，故晉直名無所嫌，今以尹氏爲文，若言尹氏立朝，則嫌以朝繫尹氏，故加言王子以別之。別嫌乎尹氏之朝，猶曰不以尹氏挈朝也。北燕伯辟挈文而不名，此書名猶不爲挈者，立自宜以名録，不直名則非挈也。傳言別嫌，猶公羊所謂辟嫌。特發義者，明朝實惡，例當直名，經本當書立朝，與晉同也。後文尹氏等以朝奔楚，亦言王子，亦別嫌也。別嫌必言王子者，繫於先王之稱也，若然，前文劉、單以猛不正，國氏以明其嫌，朝亦不正，不言王朝者，土無二王，上已有天王，不得復有嫌也。其實上言天王之居，下言尹氏所立，非二王而何？未嘗沒其事也。至此言立者，前年欲篡立而未立，今則定立爲王以敵王，當時謂子朝爲西王，敬王爲東王，春秋所不忍言也。張自超曰：「書曰『天王居于狄泉，尹氏立王子朝』，則天位既定，而朝之爲篡分明可知，居狄泉爲朝之黨所逐亦分明可知。」

八月乙未，地震。

冬，公如晉，至河，公有疾，乃復。【補曰】何休曰：「舉公者，重疾也，子之所慎。齊戰疾。」文烝案：墨子曰：「聖人惡疾病，不惡危難。」言有，亦一有一亡之例，易以疾愈爲有喜。○【撰異曰】左氏直云「有疾」，無「公」字。疾不志，此其志何也？【補曰】四如晉，著有疾，皆不言疾，故據以問。釋不得入乎晉也。【補曰】前此無疾而著有疾，恥之也；今此實有疾而志之，則釋之也。公羊曰：「殺恥也。」殺亦釋也。左傳但言「爲叔孫故如晉，有疾而復」，不言諸文同異之義，彼書往往然矣。董仲舒曰：「晉惡而不可親，公往而不敢至，人情耳。君子何恥而稱公有疾也？」曰：「惡無故自來。君子不恥，内省不疚，何憂何懼？」是已。今春秋恥之者，昭公有以取之也。臣陵其君始於文，而甚於昭公。受亂陵夷，而無懼惕之心，囂囂然輕計妄討，犯大禮而取同姓，接不義而重自輕也。人之言曰：『國家治則四鄰賀，國家亂則四鄰散。』是故季孫專其位而大國莫之正，出走八年，死乃得歸，身亡子危，困之至也。君子不恥其困而恥其所以窮。」董言「子危」謂定公也，公羊家說如此。

二十有四年春王二月丙戌，仲孫貜卒。

婼至自晉。○【撰異曰】公羊作「叔孫舍」。徐疏有說而何氏無注，疑何本傳寫誤多一字。劉敞以來，多誤從之。

吕本中以爲原父能知他人之鑿而不自知其鑿也。

大夫執則致，致則挈，由上致之也。上，謂宗廟也。致臣于廟則直名而已，所謂君前臣名。【補曰】疏曰：「重發傳者，單伯、意如有罪，婼無罪，故各發之。」傳釋與意如有異辭者，亦

以意如訴公於晉而婼無罪也。宣元年注「上謂宣公」，此云宗廟者，釋有二家：一云：禮夫人三月始見宗廟，遂與僑如之致，由君而已，故知上爲宣公、成公。意如與婼被執而反，理當告廟，故知上謂宗廟也。又一釋：二者互文相通，見廟之時，君稱臣名以告，則二者皆當書名，此云宗廟，亦是昭公告之。彼云宣公，亦是宣、成告宗廟明矣。

夏五月乙未朔，日有食之。

秋八月，大雩。

丁酉，杞伯郁釐卒。○【撰異曰】郁，公羊作「鬱」。徐彦曰：「左氏、穀梁作『郁釐』字。」今正本亦有作「郁」字者。

冬，吳滅巢。

葬杞平公。

二十有五年春，叔孫婼如宋。

夏，叔倪會晉趙鞅、宋樂大心、衞北宫喜、鄭游吉、曹人、邾人、滕人、薛人、小邾人于黄父。【補曰】叔倪，叔鞅子。黄父，晉地。一名黑壤。○【撰異曰】倪，左氏作「詣」，後同。大心，公羊作「世心」，後同。徐彦公羊疏曰：「叔倪者，穀梁與此同。左氏經賈注者作『叔詣』字。」

有鸜鵒來巢。劉向曰：「去穴而巢，此陰居陽位，臣逐君之象也。」【補曰】漢書五行志：「劉以爲有蜚有蜮不言來者，氣所生，所謂眚也，有鸜鵒言來者，氣所致，所謂祥也。」劉又謂：「鸜鵒白羽，旱之祥也。穴居而好水，黑色，爲主急之應也。」何休曰：「鸜鵒猶權欲。」趙汸曰：「今鸜鵒在處有之，實自春秋所書始，乃地氣推遷使然，中國治亂之候也。宋治平閒，邵子居洛陽，聞杜鵑聲，曰：『洛陽舊無杜鵑，今始至矣。』或問何也？曰：『天下將治，地氣自北而南；將亂，自南而北。今南方地氣至矣，禽鳥飛類得氣之先者也。』春秋書六鷁退飛，鸜鵒來巢，氣使之也，蓋先王所以觀天下之妖祥者非一端。周禮在魯，故時史於鸜鵒始至猶能謹而書之，說者多弗察也。」○【撰異曰】鸜，本又作「鸛」，音「權」。公羊作「鸛」。左氏或作「鴝」，與說文同。說文「鴿」之或字作「雊」。一有一亡曰有。【補曰】疏曰：「重發傳者，飛鳥與蜚蜮異也。」來者，來中國也。鸜鵒不渡濟，非中國之禽，故曰來。【補曰】五經異義載穀梁、公羊家舊説，皆以爲鸜鵒夷狄之鳥，今來中國。鄭君駁之，以爲春秋言來者甚多，非皆從狄夷來也。從魯疆外而至則言來，鸜鵒本濟西穴處，今踰濟而東耳。孔廣森説公羊曰：「中國，國中也。」文烝案：如孔氏説則鄭義得通於二傳。鄭據考工記，故云爾。疏曰：「蜚蜮不言來者，不見所從也。」鸜鵒穴者而曰巢，或曰增之也。加「增」言巢爾，其實不巢也。雍曰：「凡春秋記災異未有妄加之文，或説非也。【補曰】爾雅曰：「增，益也。」鸜鵒實來巢，而史不言巢，君子增益史文，以著其異，故穴者而曰巢也。言或曰者，師疑之，不正言也。所以得增益者，據運斗樞言，鸜鵒來，巢于榆，榆木之上不爲穴而爲巢，衆人所見，聖人所知，故足成之也。注既不得其解，而惠士奇引鳥以山爲卑而曾巢其上之説。曾巢，卽「增巢」，其字亦或作「增」，要非傳所謂「增」矣。公羊曰：「宜穴又巢。」文烝妻沈印齡在郡城東恆見鸜鵒穴於薺莢木，其近地多榆。顏師古乃謂此鳥不皆穴處。童品又以爲假鵲巢以生子，能飛卽羣棲於木，未聞穴居於地。是並不知「穴」字之義，所宜訂正。鴝也、鸜鵒也，皆書。海鳥曰爰居，止於魯東門之外三日，不書者，蓋因展禽言不記於策。李廉謂魯以爲瑞。非也。

秋七月上辛，大雩；季辛，又雩。【補曰】疏曰：「凡八月、九月雩則書月，以見正；七月雩者皆書時，以見非正。此亦書月者，以一月再雩故。」案：疏得之，於文不得云秋上辛也。雩得雨曰雩，前雩不得雨言雩者，以有「又雩」之文無所嫌，又雩則雨。季者，有中之辭也。不言中辛，中辛無事。【補曰】雩例本不日，故以上季爲文，舉日不舉辰也。雩小於郊，亦以別之。郊用上辛而卜日，例當録日，不與雩同。又，有繼之辭也。緣有上辛大雩，故言「又」也。【補曰】言又，故省「大」文。重發傳者，嫌與又食角異例也。

九月乙亥，公孫于齊。【補曰】伐季氏而敗，遂出奔也。夫人奔月，公日者，詳略之差。〇【撰異曰】乙亥，左氏、公羊作「己亥」。孫之爲言猶孫也，諱奔也。【補曰】疏曰：「復發傳者，前發例於夫人，今發例於公，明其同義，以別尊卑之辭詳略也。」

次于陽州。【補曰】此經各本誤跳在傳「孫」之上，今依唐石經、十行本移正。〇【撰異曰】陽，公羊作「揚」，亦作「楊」。次，止也。陽州，齊竟上之地，未敢直前，故止竟也。【補曰】重發傳者，此非用兵之次，嫌異故也。注本杜預。杜云「齊、魯竟上邑」，范删「魯」字。案：左傳襄三十一年，齊閭丘嬰帥師伐陽州，則彼時地屬魯；定八年，公侵齊，門于陽州，則其後屬齊。疑是時已爲齊竟矣。

齊侯唁公于野井。弔失國曰唁。【補曰】何休曰：「弔亡國曰唁，弔死曰弔，弔喪主曰傷，弔所執紼曰綼。」文烝案：「唁」與「言」古同聲。爾雅曰：「訊，言也。」廣雅曰：「言，訊問也。」唁公不得入於魯也。野井，齊地。齊侯來唁公，公逆之，往至野井。【補曰】注亦本杜預，依左傳也。傳曰：「齊侯將唁公于平陰，公先至于野井。」唁辭，公羊詳之。又稱「以遇禮相見」。

冬十月戊辰，叔孫婼卒。【補曰】昭公出後，季孫不別立君，惟以上卿攝行公事。卿卒禮數、列國會葬之屬，皆如公在國時，史亦據舊所應書者書於策，蓋魯無情而有名，於是可見，而史法亦不與他國同矣。若其涉公者，容有君子加損之辭，而大體亦因史文。家鉉翁、趙汸之論，殆未可用。

十有一月己亥，宋公佐卒于曲棘。曲棘，宋地。【補曰】公羊曰：「曲棘者何？宋之邑也。」與操扈同。邡公也。邡，當爲「訪」。訪，謀也。言宋公所以卒于曲棘者，欲謀納公。【補曰】左傳曰：「爲公故如晉」，公羊曰「憂内也。」注：「訪，謀。」爾雅文。

十有二月，齊侯取鄆。取鄆以居公。【補曰】此本杜預，卽傳及公羊所云「爲公取之」。鄆者，汶陽田也。何休曰：「月者，善録齊侯。」取，易辭也。内不言取，以其爲公取之，故易言之也。【補曰】疏曰：「昭公，失國之君，忠臣喜公得邑，故以易辭言之。宣元年齊人取濟西田，傳曰『内不言取，言取，授之也，以是爲賂齊也。』不言易辭者，魯人不得已而賂之，取雖易而我難之，故直云授之，其實亦易辭也。」

二十有六年春王正月，葬宋元公。

三月，公至自齊，居于鄆。【補曰】何休曰：「月者，閔公失國居運，後不復月者，始録可知。」公次于陽州。其曰至自齊何也？據公但至陽州，未至齊。以齊侯之見公，可以言至自齊也。齊侯唁公于野井，以親見齊侯爲重，故可言至自齊。【補曰】疏曰：「幷明後乾侯之致不見晉侯。」居于鄆者，公在外也。若但言公至自齊而不言居于鄆，則嫌公得歸國，欲明公實在外，故言居于鄆。【補曰】左傳於下年亦曰「言在外也」。鄆言居者，鄆屬公，爲竟内地。左傳曰：「言魯地也。」傳例曰：「居者，居其所也。」二十年，衞侯避亂如死鳥，齊侯曰：「猶在竟内，則衞君也。」鄭伯入櫟、衞侯入夷儀皆言入，此言居者，汪克寬以爲内辭。文烝案：鄭、衞别有君，魯無二君也。至自齊，道義不外公也。至自齊者，臣子喜君父得反致宗廟之辭爾。今君雖在外，猶以在國之禮録之，是崇君之道。【補曰】道義，謂春秋之義。襄二十九年言「意義」，此言「道義」，皆疊言以足句也。居鄆本魯史舊文，書至，蓋春秋新意，傳上文先釋至自齊，次釋居于鄆。以「至」文乃君子所加，經意所重，故復論之。高澍然説近是。

夏，公圍成。成，孟氏邑。○【撰異曰】陸淳纂例曰：「成，公羊作『郕』。」案：今公羊不作「郕」。非國不言圍，所以言圍者，以大公也。崇大其事。【補曰】言經所以言圍者，著其以一邑之細而親自合圍大公之事也。大公之事，則公爲甚病，而經之病公亦見，是君子所取義也。定十二年傳直言「圍成，大公也」，猶隱二年傳曰「會戎，危公也」，其文意甚相似，皆明君子之取義如此也。圍棘、圍費、圍鄆、圍郈皆不發傳，明從伐於餘丘推例可知。公親圍成，事尤異常，故特發傳。病不待言，言大則病可知，故特言大也。左傳稱「齊侯使公子鉏帥師從公。齊師圍成，師及齊師戰于炊鼻」，則此與定公圍成截然不同。所以得與彼同文且同義者，公之以齊師，推校上下，自是可知。至於君臣交兵，不可得書，祇可書公圍。既書公圍，則義之所取亦如此而止也。若然，傳不發不言戰之義者，成九年，晉欒書以鄭伯伐鄭，鄭與晉戰。傳曰「不言戰，以鄭伯也」，又發例曰「爲親者諱疾」，彼有明文，此可從略也。不致者，猶從竟内兵例，亦所謂不外公。

秋，公會齊侯、莒子、邾子、杞伯盟于鄟陵。鄟陵，某地。【補曰】當云地闕。不日者，齊謀納公而不果，從渝盟例也。既不日又不月者，蓋以公在外異之。○【撰異曰】鄟，板本、公羊或作「剸」。唐石經、蜀大字本亦不誤。

公至自會，居于鄆。公在外也，【補曰】復發傳者，此至自會而言居也。至自會，道義不外公也。

【補曰】疏曰：「復發傳者，自齊爲虚，至自會爲實，文嫌有異，故發之。」文烝案：書「至」，皆新增之文，嫌與至自齊異，故復發之。後不論書至義者，從可知。

九月庚申，楚子居卒。【補曰】楚平王也。圍改名虔，棄疾改名居，四名並書，所謂名從主人。五經異義公羊説譏二名，謂二字作名，若魏曼多。左氏説二名者，楚公子棄疾卽位之後改爲熊居，是爲二名。文烝案：楚昭王名軫，而左傳稱大子壬，則亦改名也。穀梁之意當與左氏説同。七年傳言「王父名子，重其所以來」，明改名非禮矣。曲禮曰：「君子已孤不更名。」是春秋之義。

冬十月，天王入于成周。【補曰】何休曰：「月者，爲天下喜録王者反正位。」周有入無出也。始卽位，非其所，今得還復，據宗廟是內，故可言入。若卽位在廟，則王者無外，不言出。【補曰】疏曰：「重發傳者，彼明上下一見出文，此明天王之身入也。」文烝案：此入非是內弗受常例，與王猛異，傳欲見此意，故發之。公羊曰：「其言入何？不嫌也。」以文稱天王，與凡入不同明矣。杜預曰：「子朝餘黨多在王城，敬王畏之，徙都成周。」此三十二年左傳注也。左傳是年十一月癸酉，王入于成周。甲戌，盟于襄宮。十二月癸未，王入于莊宮。杜預曰：「莊宮在王城。」汪克寬曰：「蓋敬王畏子朝黨入王城而弗居，遂定都成周也。」李廉以爲三十二年城成周乃徙都。案：杜預但云「成周狹小，故請城之」，似非彼時始徙都。

尹氏、召伯、毛伯以王子朝奔楚。○【撰異曰】徐彦公羊疏曰：「尹氏、召伯，穀梁與此同。左氏『召伯』作『召氏』。」案：左氏經亦作「召伯」，傳則云「召氏之族。」杜注「召伯當言召氏」，以爲經誤。徐氏所見，豈當時有依杜以改經者邪？遠矣，非也。雍曰：「奔簒君之賊，其責遠矣。」【補曰】疏以爲刺諸侯。文烝案：注疏皆不了。此因子朝終事之文以明春秋文外之意，謂自此後，諸侯無桓、文之君，春秋責之，其意遠也。前此，莊、僖不志崩，有失天下之道，而齊桓興焉，襄言出，有失天下之道，而晉文興焉，卒賴其力，王室卑而復尊。至於頃不志崩，周公言出，晉霸未替，猶有所望。今者猛、朝争簒，澤邑寄居，弱類莊、僖，禍侔子帶，一入一奔，皆非晉力。大亂既定，霸者不興，於是周遂陵夷，故所責爲遠也。國語曰：「景王崩，王室大亂。及定王，王室遂卑。」定王者，貞王也。世本：敬王後爲貞王、元王。史記先元王，後定王。義通於此。奔，直奔也。【補曰】言書奔者，直是奔耳。朝已立爲王，春秋始終不以爲王，故發傳以明之。若襄王之奔鄭則書曰出居矣，昭公之出奔齊則書曰孫矣。孫覺曰：「子朝之惡當誅絶，猶不曰出者，周無出，不以子朝之惡而亂春秋之大義也。」

二十有七年春，公如齊。自鄆行。【補曰】此本杜預。

公至自齊，居于鄆。公在外也。【補曰】疏曰：「重起例者，前會而至，今如而至，至而亦言居，嫌異義，故重言之。」

夏四月，吳弒其君僚。【補曰】吳州于。

楚殺其大夫郄宛。○【撰異曰】郄，當作「郤」，左氏、公羊作「郤」。

秋，晉士鞅、宋樂祁犂、衛北宮喜、曹人、邾人、滕人會于扈。【補曰】左傳曰：「令戍周，且謀納公也。」

冬十月，曹伯午卒。

邾快來奔。徐邈曰：「自此已前，邾庶其、畀我並來奔，今邾快又至，三叛之人俱以魯爲主。邾、魯鄰國，而聚其逋逃，爲過之甚，故悉書之，以示譏也。小國無大夫，故但舉名而略其氏。」【補曰】注末二語贅。畀我、快無邑，非叛，注數之爲三叛，非也。

公如齊。

公至自齊，居于鄆。

二十有八年春王三月，葬曹悼公。【補曰】何休曰：「月者，爲下出也。」

公如晉，次于乾侯。不得入于晉。乾侯，晉地。【補曰】孫齊下言所次，内事詳也。言如又言所次，亦詳之也。何休曰：「月者，閔公内爲强臣所逐，外如晉不見答。後不月者，録始可知。」公在外也。【補曰】重發傳者，前謂至下言居，此謂如下言次也，次亦是止，省文可知。至而言居者，魯地故也。孫而言次、如而言次者，非魯地故也。

夏四月丙戌，鄭伯寧卒。○【撰異曰】寧，公羊作「甯」。

六月，葬鄭定公。

秋七月癸巳，滕子寧卒。○【撰異曰】寧，公羊作「甯」。

冬，葬滕悼公。

二十有九年春，公至自乾侯，居于鄆。以乾侯致，不得見晉侯故。【補曰】此本杜預也。何休曰：「不致以晉者，不見容于晉，未至晉。」

齊侯使高張來唁公。【補曰】何休曰：「言來者，居運從國内辭。不月者，例時也。」唁公不得入於魯也。【補曰】疏曰：「復發傳者，前齊侯唁公于野井，野井，齊地。今高張唁公于鄆，鄆是魯地。唁有遠近，人有尊卑，君臣同文，故重發例。魯地而言唁不得入魯者，謂不得入魯國都。」

公如晉，次于乾侯。

夏四月庚子，叔倪卒。季孫意如曰：「叔倪無病而死，此皆無公也，是天命也，非我罪也。」言叔倪欲納公，無病而死，此皆天命使魯無君爾，魯公之出，非我罪。【補曰】皆者，皆宋公佐，疏引前傳加公是也。左傳齊梁丘據曰：「宋元公爲魯君如晉，卒於曲棘，叔孫昭子求納其君，無疾而死。」與此文正同，但以叔倪爲叔孫婼耳。左傳固非無據，而觀婼之家臣助季氏逐公，婼不罪焉，以是推之，豈有無病祈死之事？當以穀梁爲正矣。注以上言「無病死」，下言「無公」，故加「欲納公」三字，以顯傳意，此最得解。而王引之欲改讀「無公」爲「譕公」，與前「加公」爲一意。據集韻，「謨」古作「譕」，以爲「無」者「譕」之借字。爾雅：「謨，謀也。」其説於文義殊滯。〇叔倪納公事不知若何，今無可考。凡古書事有相類者皆當時記載之異，鄭毁游氏廟一事也，而或以爲葬，或以爲冤；晉城成周一事也，而或以爲冬，或以爲春，左傳兼采之；晉獻公寢不寐一事也，而或以爲伐翟相，國語據之，或以爲伐虞郭，公羊據之；魯大夫欲納君暴死一事也，而或以爲叔孫氏，左傳據之，或以爲叔氏，穀梁據之。

秋七月。

冬十月，鄆潰。【補曰】公羊曰：「邑不言潰，此其言潰何？郛之也。曷爲郛之？君存焉爾。」何休曰：「昭公居之，故從國言潰。不言國之言郛之者，公失國也。」孔穎達曰：「公既如晉，必留人守鄆，鄆人潰散而叛公，使公不得更來。」潰之爲言，上下不相得也。【補曰】疏曰：「重發起例者，上下不相得之罪。邑與國同，故詳之。一解：鄆不伐而自潰，與常例異，故重發之。」文烝案：邑叛而從國文，爲變例，故重發傳以明同。上下不相得則惡矣，亦譏公也。公既出奔，不能改德脩行，居鄆小邑，復使潰亂，德之不建，如此之甚。【補曰】言亦者，諸書國潰，皆見其國之惡，爲譏文。疏曰：「嫌自潰，不責公也。」汪克寬曰：「或謂意如誘其民使潰，然亦由昭失民既久，故若是也。」昭公出奔，民如釋重負。傳明昭公有過，非但季氏之罪。【補曰】言昭素不得於民，出則民喜之，若負擔重物者初得息肩然。此申上譏公意，蓋師說云爾。或共公、康公、景公、平公之時，魯人相傳有是言矣。

三十年春王正月，公在乾侯。【補曰】言在者，皆承上。在楚承如，此承次，後儒有謂帝在房州，宜書居。不宜書在者，不知此義也。葉夢得又引易文言傳居上位而不驕，在下位而不憂。亦無足取。中國不存公，存公故也。中國，猶國中也。【補曰】爾雅曰：「在，存也。」疏曰：「范例云，在有四，言在，非所在也。」文烝案：傳明經通例也。國中不存公者，凡居竟內則無存文，二十七年、二十八年不言在鄆是也。二十六年不言在齊，鄆已屬公也。二十九年不言在乾侯，猶有鄆也。成、襄、昭如晉，皆不書在，晉亦從國中例也。存公故也者，歲首既有存文，則知其有變，故異於平時。書在乾侯，明其失鄆而寄於他國，無所歸也。書在楚，明其遠朝夷狄，不得歸也。若專就此經言，則國中謂鄆，故謂鄆潰不得入。○後世唐中宗之事書帝在房州者，非也。昭公雖出，猶公也，故每歲存之也。中宗既廢，王也，非帝也。非帝言帝，無年而爲有年，非實也。皇后武氏稱帝紀年，紀帝而存王，又非名也。竊謂脩唐史者，宜於帝周之中每寓存唐之意。四月陳火，正堪取法，公在乾侯，不可同條，明乎此，可以言春秋名實之際矣。

夏六月庚辰，晉侯去疾卒。

秋八月，葬晉頃公。【補曰】汪克寬曰：「是時公在晉地，不弔其喪不送其葬者，晉不受公，公亦淹恤在外，不能備其禮也。」

冬十有二月，吴滅徐。滅夷狄時，月者，爲下奔起。【補曰】疏曰：「案：滅中國日，出奔月，輕於滅。滅夷狄時，奔何得更月？范荅薄氏云，國不滅而出，以月爲例，國滅而出，出重於滅，滅夷狄雖時，猶加以月。然則温子國滅而出奔，何以不月？有義而然。弦子之奔，文承八月之下，温子奔在正月之後，何知不月？傳於弦子滅言不日微國，微國則例月，例月則不關於君出，君出之重不大於滅國。范云出重於滅者，言既滅其國，君不死難，比之常奔恆滅則爲重矣。滅在月例者，君出不復加日，明滅重矣。」文烝案：此注蓋合經意。疏云云者，多不明白，以弦滅爲在月例亦誤。凡滅在月例者，以其君歸則日之，沈、許、頓、胡是也。君奔則併於月文，譚是也。温蒙上月，與譚同也。滅在時例者，以其君歸則無加文，夔是也。君奔則月之，此文是也。弦滅不得蒙上月，奔則得蒙之也。國滅君不能死，以歸者尤重於奔。夔所以無加文者，蓋以奔既録月，則獲宜謹日，而其事本在時例，不欲苟爲特筆之文，故自從其常例也。潞子書日，傳以爲賢明，不從獲起義，乃是特爲變文矣。

徐子章羽奔楚。奔而名者，有罪惡也。【補曰】疏曰：「注於譚子云『蓋無罪』。蓋者，疑辭。今此章羽不疑者，名義多見傳，故從正例而不疑也。」啖助曰：「徐子名者，初已自服吴子，吴子唁而送之，非能自奔也。」劉絢曰：「力不能勝而奔者，義未絶也。章羽已服吴，而後奔楚，則既降矣，故名以著其絶。」○【撰異曰】羽，公羊作「禹」。唐石經、左氏與此同。岳本則作「禹」。左傳皆作「禹」。

三十有一年春王正月，公在乾侯。

季孫意如會晉荀櫟于適歷。適歷，晉地。○【撰異曰】櫟，舊作「躒」。左氏作「躒」，下同。公羊又作「躒」、作「濼」。

夏四月丁巳，薛伯穀卒。【補曰】莊三十一年書薛伯卒，至此復來赴。書名則同盟情親也，書日則正也，書葬而時則亦正也，皆與大國同例，終於春秋。

晉侯使荀櫟唁公于乾侯。唁公不得入於魯也。【補曰】疏曰：「復發傳者，今在晉地，晉將納公，公有可入之理，故重明之。」曰既爲君言之矣。不可者，意如也。言己已告魯求納君，唯意如不肯。【補曰】上言意如會櫟，此言櫟唁，知是意如不肯納君明矣。意如逐君，未有見文，於此微見之，傳卽以唁辭明之。左傳所載，似曲爲意如解免者，蓋魯人護季氏之辭，非實録也。

秋，葬薛獻公。

冬，黑肱以濫來奔。○【撰異曰】肱，公羊作「弓」。案：鄉射禮注今文「弓」爲「肱」。易家有馯臂子弓。亦「肱」也。其不言邾黑肱何也？據襄二十一年邾庶其以漆、閭丘來奔言邾。【補曰】當依何休云「據讀言邾」。孔廣森以爲「春秋口授，恐久而失實，故文雖無邾，師法自連邾讀之，因以起其義也。」别乎邾也。邾以濫邑封黑肱，故别之若國。【補曰】公羊以爲黑肱之先人叔術讓國不受，惟受五分之一，即濫是也。服虔長義曰：「邾本附庸三十里耳，而言五分之，爲六里國也。」孔廣森曰：「建國制地，要取開方，方三十者，其積九百，五分之一猶有百八十里，何言六里乎？」文烝案：百八十里之積爲方十三里而有餘，設稱三十分之一爲方五里而有餘，可謂之方一里乎？其不言濫子何也？據既别之爲國，則應書其爵。非天子所封也。【補曰】雖是邾之别封，終不得爵命於天子，明非濫子也，猶夫邾大夫也。來奔，内不言叛也。【補曰】此言凡竊邑來奔者皆叛也，若奔他國，即當云黑肱入于濫以叛，邾庶其亦當云入于漆以叛，莒牟夷亦當云入于牟婁以叛。今有以文無叛文者，爲其來奔内，書其以地接我爲重，兼爲内諱也。不發傳於庶其、牟夷者，彼處一人據二邑、三邑，此惟一邑，彼若書叛，亦當但書一邑，故就此一邑者明之，以包前二文也。杜預曰：「以邑出書叛，適魯而言來奔，内外之辭。」劉歆、賈逵説「三叛人以地來奔，不書叛謂不能專也」。釋例駁之。杜氏頗合傳義，亦以襄二十六年衛孫林父入于戚以叛。左傳云「以戚如晉」，足明竊邑而奔他國者皆書叛矣。書叛則不書出奔，書來奔則不書叛，而書以之文則同，是春秋之義也。疏不得傳旨，以爲黑肱不繫邾，嫌其專地，不責叛罪，故重發傳以明例。此傳是初發，何云重乎？

十有二月辛亥朔，日有食之。

三十有二年春王正月，公在乾侯。【補曰】趙鵬飛曰：「三年之閒，歲首皆書公在，存公所以誅季氏也。而左氏各爲之説，鑿矣。謂左氏專信國史而不附會，殆不然也。」案：葉夢得亦謂左氏妄。

取闞。【補曰】據左氏定元年傳，則闞者魯羣公墓所在。賈逵曰：「昭公得闞，季氏奪之。」杜預曰：「公別居乾侯，遣人誘闞而取之。」文烝案：此蓋不蒙上月，或如齊侯取鄆，不可以常例準。

夏，吳伐越。【補曰】不稱於越者，自吳言之也。與楚同。

秋七月。

冬，仲孫何忌會晉韓不信、齊高張、宋仲幾、衞大叔申、鄭國參、曹人、莒人、邾人、薛人、杞人、小邾人城成周。【補曰】何忌，貜之子孟懿子。二十七年戍周，此罷戍而城之。書城不書戍，僖十四年論之備矣。不言城京師，説亦見前。○【撰異曰】大，左氏、公羊作「世」。準之前後，文宜從「世」。左氏無「邾人」。天子微，諸侯不享覲。享，獻也。覲，見也。言天子微弱，四方諸侯不復貢獻，又無朝見之禮。天子之在者，惟祭與號，祭，謂郊上帝。號，謂稱王。【補曰】傳言此者，明時既以下都爲京師，而微弱之至不能增脩其城，亦所謂危而不能自守。故諸侯之大夫相帥以城之，此變之正也。【補曰】疏曰：「變之正，重復起傳者。平、桓之世，雖復禮樂出自諸侯，諸侯猶有享覲之心。襄王雖復出居，猶賴晉文之力，札子雖云矯殺，王威未甚屈辱。至於景王之崩，嫡庶交争，宋、衞外附，楚亦内侮，天子獨立成周，政教不行天下，諸侯無桓、文之伯，不能致力於京師，權柄委於臣手，故大夫相率而城之，比之正禮，而傳與城杞釋不異辭也。」文烝案：經與城杞同文，傳嫌其事迥別，故重顯此二句。謝湜曰：「當王室危弱之時，乃能從王命以安王室，善之大者。」吕本中曰：「周室雖微，諸侯猶勤之，先王之德澤猶有存焉者也。」

十有二月己未，公薨于乾侯。

春秋定公經傳第十補注第二十三

定公，亦襄公子，昭公弟公子宋也。以敬王十一年即位。

穀梁　范氏集解　鍾文烝詳補

元年春王三月。徐邈曰：「案傳定元年不書正月，言定無正也。然則改元即位在于此年，故不可以不書王，書王必有月以承之，故因其執月以表年首爾，不以謹仲幾也。」【補曰】凡執史皆書月，而此之仍史文書月者，其義不從執起，徐注是也。或疑執仲幾者適在正月，又此年或竟春無事，豈得無正？此皆文外巧辯，非所疑也。舊本「三月」二字退在下「晉人」上，以「王」字斷句，與桓元年同誤。今改正之，幷移下條徐注於此。公羊此年亦以「王」字斷句。孔廣森本改正。不言正月，定無正也。【補曰】言十二公惟定無正，隱雖十年無正，元年猶有之。定之無正何也？【補曰】據莊公有正月。昭公之終，非正終也；死在外故。定之始，非正始也。【補曰】始，謂即位。即位者，一國之始。定即位不在正月，是非正始，故無正。凡元年之正月，爲即位書也，莊雖不書即位，而正月實即位，故桓非正終而莊猶正始，是以有正月。昭無正終，故定無正始。【補曰】上言非，此言無，則此謂春秋之立文也。言春秋於昭、定終始之際因事見義。昭無正終之文，故定亦無正始之文，明後君當念先君，不得安然自正其位也。凡非繼正爲君者，有正月則以不書卽位爲義，言不忍卽位也；無正月則以不書正月爲義，言不敢同於正始也。不言卽位，喪在外也。【補曰】此又承上「定之始，非正始」言之。正月所以不卽位者，緣喪在外未殯也，明定實不卽位，故不言卽位，與莊、閔、僖不同，非謂此處有言卽位之理也。傳申言此者，因以見卽位之文，史所本無，君子更爲去正月以著義。

晉人執宋仲幾于京師。晉執人於尊者之側而不以歸京師，故但言其執，不書所歸。【補曰】此本杜預也。疏曰：「薄氏駮云，仲幾之罪，自當委之王吏，非晉人所執，故傳云『不正其執人於尊者之所也』，譏執不譏無所歸。晉執曹、衞在他處，並可言歸，若晉人執仲幾于京師，復何得言歸于京師？若如此論，何以通乎？范答云，晉城成周，宋不卽役，晉爲監功之主，因而執之。此自晉人之事，安得委之王吏？傳當以執人於尊者之所而不以歸於王之有司，故譏之，非言其不可以執晉執曹、衞之君。各於其國而並不書國者，以其歸于京師故也。今執仲幾，不書所歸，唯舉其地者，此晉自治之效，若使歸于京師，與執諸侯同，是君臣無別也。今直以執在京師，不可言歸，此義猶自未通。上言城成周，序仲幾於會，此言歸于京師，其言足證天王居于狄泉，在畿內而別處。若上言城成周，下稱晉人執宋仲幾歸于京師，具見執之異處而歸天子。今晉人於尊者之側而執人以歸，自治於國，故春秋不與其專執地於京師。」文烝案：此條左傳與經違異，杜作注又自異其傳而語殊不安，范用杜而力申之，皆飾說也。今備錄以見其失，當以薄叔玄義爲長。○【撰異曰】此「幾」，公羊或作「機」。此大夫，【補曰】文承上城，足明其爲晉大夫。「此」字下各本衍「其」字，今依唐石經、呂本中集解本、張洽集註、俞皋集傳釋義本删正。其曰人何也？微之也。【補曰】疏曰：「大夫當稱名，而大夫相執無稱名之例，因此見義，明大夫相執不書，書則微之，見伯討失所，故傳云云，非謂大夫相執得見於經。」何爲微之？不正其執人於尊者之所也，【補曰】疏曰：「仲幾雖逆命，當歸王之有司，今晉大夫執人於尊者之側，故地于京師以見尊，稱人以見微。」不與大夫之伯討也。【補曰】疏曰：「諸侯執人，稱侯以執者非伯討，稱人以執者爲伯討，今此稱人，非伯討者，伯討宜施諸侯，若大夫則不得也。」李廉曰：「此條以事言之則以王事討有罪，以義言之則大夫專執人於王側而不歸之王吏，故春秋亦不與以伯討。」文烝案：公羊謂仲幾不衰城，與左傳同。衰，謂差次受功。

夏六月癸亥，公之喪至自乾侯。戊辰，公卽位。【補曰】左傳曰「夏，叔孫成子逆公之喪于乾侯。喪及壞隤，公子宋先入，從公者皆自壞隤反。六月癸亥」云云。殯然後卽位也。周人殯于西階之上。【補曰】丁卯殯，然後戊辰卽位。此句解經已了，下文反覆申明之。定無正，見無以正也。【補曰】無以正者，正月不卽位，是無以正。踰年不言卽位，是有故公也，謂昭公在外故。【補曰】故，猶舊也。正月不卽位則不言公卽位，而公之稱猶屬故公，故書曰「公之喪」也。此解上「公」字。蘇轍得其意。言卽位，是無故公也。【補曰】文公、成公等正月言公卽位，所謂公者，非復故公矣。此戊辰之文與彼相當，解下「公」字也。卽位，授受之道也，先君見授，後君乃受，故須棺在殯乃言卽位。【補曰】位者，先君所授，後君所受，起下四句意也。注非也。此自通凡卽位者言。先君無正終則後君無正始也，【補曰】申上「踰年不言卽位」二句。先君有正終則後君有正始也。【補曰】申上言「卽位」二句。戊辰，公卽位，謹之也。【補曰】謂謹日。公羊曰：「卽位不日，此何以日？錄乎內也。」定之卽位，不可不察也。【補曰】疏曰：「卽位雖同而時義有別，理有所見，見必有意，故曰不可不察。」公卽位何以日也？據未有日者。戊辰之日，然後卽位也。【補曰】言其遲緩，失正月卽位時。癸亥，公之喪至自乾侯，何爲戊辰之日然後卽位也？癸亥去戊辰六日，怪不卽位。正君乎國然後卽位也。諸侯五日而殯，今以君始死之禮治之，故須殯而後言卽位。【補曰】君，先君也。「正君乎國」卽下引沈子「正棺楹閒」語，是其事也，以明卽位必於殯。沈子曰：「正棺乎兩楹之閒然後卽位也。」兩楹之閒，南面之君聽治之處。【補曰】何休曰：「正棺者，象既小斂夷于堂。昭公死於外，不得以君臣禮治其喪，故示盡始死之禮。禮始死于北墉下，浴於中霤，飯含於牖下，小斂於户內，夷於兩楹之閒，大斂於阼階，殯於西階之上，祖於庭，葬於墓。奪孝子之恩，動以遠也。禮天子五日小斂，七日大斂。諸侯三日小斂，五日大斂。卿大夫二日小斂，三日大斂。夷而絰，殯而成服，故戊辰然後卽位。」文烝案：上傳言殯然後卽位，謂五日殯而成服也，而此言正棺兩楹之閒，以三日夷而絰爲節者，蓋沈子大概言之耳。鄭君以爲正棺卽殯，故雜記注曰：「凡柩自外來者，正棺於兩楹之閒，尸亦俟之於此，皆因殯焉。殯必於兩楹之閒者，以其死不於室而自外來，留之於中，不忍遠也。」孔廣森曰：「周人殯於西階之上，殷人殯於兩楹之閒，魯有王禮，辟時天子，故多雜殷法。檀弓曰『殷朝而殯於祖』，而左氏説『魯喪殯廟』，卽殷法也。」鄭禮注及孔説俱有理，故並述焉。書顧命成王以四月乙丑崩于路寢，大保逆子釗，不言逆王。至大斂之明日癸酉，布設既畢，將授册命，始稱「王麻冕黼裳，由賓階隮」。及受册命畢，乃稱「王出在應門之內」。白虎通以爲既殯而卽繼體之位也。然則殯而卽位者，天子亦然，明魯他公皆然。但他公既有殯後卽位之禮，又有元年正月卽位之事，定公值事之變，葉夢得謂「以喪次之嗣位，遂正朝廟之君位」，是其異也。杜預釋例曰：「昭公喪在外，踰年乃入，故因五日改殯之節，國史用元年卽位之禮，因以此年爲元年。」其説是也。公羊曰：「癸亥公之喪至自乾侯，則曷爲以戊辰之日然後卽位？正棺於兩楹之閒，然後卽位。子沈子曰：『定君乎國，然後卽位。』」與此文互異。俞樾語予，彼「定」字亦當讀爲「正」，書堯典「定四時」，史記作「正」。國語「正卒伍」，漢書作「定」，二字古多通用也。公羊與穀梁文雖互異，義實相同。古經師口授，但求大旨之無乖，不斤斤於字句閒。如此何休既失「定」字之讀，孔廣森尤不然矣。內之大事，日。【補曰】如公夫人薨葬之屬。即位，君之大事也，其不日何也？【補曰】問凡正月即位者何以不謹？以年決者不以日決也。【補曰】元年即位，必在三朝月正元日，著自帝典。言正月，足明其爲朔矣。本非日事，不須遇朔言朔。此則其日何也？【補曰】怪獨謹此。著之也。欲有所見。何著焉？踰年即位，厲也。厲，危也。公喪在外，踰年六月，乃得即位，危，故日之。【補曰】不謹日則無以見其危。於厲之中又有義焉，先君未殯則後君不得即位。【補曰】於此危文，又因見義。義者，下文所云是。焉，或作「也」。未殯，雖有天子之命猶不敢，況臨諸臣乎？以輕喻重也。雖爲天子所召，不敢背殯而往，況君喪未殯而行即位之禮以臨諸臣乎？周人有喪，魯人有喪，【補曰】疏曰：「並有喪。」周人弔，魯人不弔。周人曰：「固吾臣也，使人可也。」魯人曰：「吾君也，親之者也，使大夫則不可也。」故周人弔，魯人不弔。【補曰】弔喪必諸侯自親之，以有父喪未殯，故不弔。疏曰：「既殯君，乃奔喪也。先殯其父，後奔天子喪者，亦是不奪人之親，門外之治義斷恩，門內之治恩掩義。至如伯禽越紼赴金革之重，不拘此例。」文烝案：傳以魯人述魯事，不知其當何王何公，觀此傳，則知經所書大夫弔者非禮，又因知會葬亦當親往。而經所書葬，或大夫，或卑者，皆非禮矣。五經異義公羊說「天王喪，赴者至，諸侯哭，雖有父母之喪，越紼而行事，葬畢乃還」。左氏說「王喪，赴者至，諸侯既哭，問故，遂服斬衰，使上卿弔，上卿會葬。」經書叔孫得臣如京師葬襄王以爲得禮，許慎謹案，易下邳傳其容說。諸侯在千里內皆奔喪，千里外不奔喪，若同姓，千里外猶奔喪，親親也。容説爲近禮。以其下成、康爲未久也。周道尚明，無愧于不往。【補曰】鄭君詩箋曰：「下，猶後也。」成、康，周道之盛，左傳曰「成王靖四方，康王息民」。君，至尊也，去父之殯而往弔猶不敢，況未殯而臨諸臣乎？【補曰】定公爲昭公弟，以弟繼兄，猶以子繼父，其義不異也。自「周人有喪」至此，又申上「未殯」四句意，前篇言春秋之義不以親親害尊尊，義斷恩也。此言君雖至尊，不敢去父殯而往弔，恩掩義也。○考諸喪服傳，於父、於天子、於君、妻於夫、妾於君，皆曰至尊也，於祖父母、於曾祖父母亦曰至尊也。於母對至尊言，曰私尊也，於妻曰至親也。凡尊親之理，以是而推。

秋七月癸巳，葬我君昭公。【補曰】左傳「季孫葬昭公於墓道南。孔子之爲司寇也，溝而合諸墓」。方苞以爲昭亦書葬，則隱、閔之不葬非舊，史以葬不成禮而不書明矣。

九月，大雩。雩月，雩之正也。【補曰】重釋例者，將詳論雩道，故重釋以發端。秋大雩，非正也。冬大雩，非正也。秋大雩之爲非正何也？冬，禾稼既成，猶雩，則非禮可知。秋，禾稼始苗，嫌當須雨，故問也。【補曰】「雩」字下「之」字上各本又衍「雩」字，今依唐石經、余本、張洽集注、俞皋集傳釋義本删正。毛澤未盡，人力未竭，未可以雩也。邵曰：「凡地之所生謂之毛。」公羊傳曰「錫之不毛之地」是也。言秋百穀之潤澤未盡也，人力未盡謂耕耘之功未畢。【補曰】明凡書秋者，皆七月。雩月，雩之正也。月之爲雩之正何也？其時窮，人力盡，然後雩，雩之正也。何謂其時窮人力盡？是月不雨則無及矣，是年不艾則無食矣，是謂其時窮人力盡也。【補曰】艾，穫也。疏曰：「是月不雨則無及者，謂八月求雨，雩而得之，則書雩，明有所及故也。是月雩，不必有雨，而曰無及者，人情之意，欲其有得，故以兩月請。是年不艾則無食者，指謂九月之雩，雩而得雨。是年有食，雩不得雨則書旱，旱則一歲無食，故曰是年。傳於仲秋言月，季秋言年，年月之情，以表遠近，深淺之辭也。雩之必待其時窮人力盡何也？雩者爲旱求者也，求者請也，古之人重請。何重乎請？人之所以爲人者，讓也，【補曰】人無禮，無以立，禮之行，以辭讓也。請道去讓也，則是舍其所以爲人也，是以重之。【補曰】舍，釋也，去也，除也，置也。案：此與乞爲重辭，求爲得不得未可知之辭，義皆相貫。程子不爲妻求封，或問今人陳乞恩例以爲本分，曰：「只爲而今道慣乞字。」因問陳乞封父祖如何？曰：「此事體又別讀，傳宜知此意。」焉請哉？請乎應上公。【補曰】疏曰：「魯與天子同雩上帝，上帝既雩，及百辟卿士，有益於民者，故言請乎應上公。天尊不敢指斥，故請其屬神也。」古之神人有應上公者，通乎陰陽，【補曰】生通陰陽，歿而爲神，謂之神人也。物曰怪，人曰神，相似而異。風俗通引傳曰：「神者，申也。怪者，疑也。」「申」即「信」字，明無可疑。君親帥諸大夫，道之而以請焉。道之，謂君必爲先也。其禱辭曰：「方今大旱，野無生稼，寡人當死，百姓何謗。不敢煩民請命，願撫萬民，以身塞無狀，禱亦請也。」此即請辭也。【補曰】案：成七年疏曰：「鄭釋廢疾去冬及春夏。案：春秋説、考異郵三時唯有禱禮，無雩祭之事，唯四月龍星見始有常雩耳，故因載其禱請山川辭」云云。與此注七句同。唯「大旱」作「天旱」，「何謗」作「何依」。此疏曰：「考異郵説僖公三時不雨，禱于山川，以六過自責。」又曰：「方今大旱，野無生稼」。此注所云，其禱辭或亦用之，故引以明之耳。夫請者非可詒託而往也，必親之者也，是以重之。詒託，猶假寄。【補曰】再言是以重之者，前通論請道之重，此專指君親請禱之重。案：傳惟言八月、九月爲雩之正，不言孟夏之雩者，龍見常祀，非是旱雩。經無書六月雩者，故傳亦不及也。疏曰：「聖人重請，請必爲民。民之本務，在於春夏。春夏祈穀，必先嚴其犧牲，具其器物，謹脩其禮，冀精誠有感，故一時盡力，專心求請。求請不得失時，時在孟夏之節，是月有雨，先種得成茂實，後種更生，故重其時。時過以往，至於八月、九月，乃是脩雩之節也。」

立煬宮。煬宮，伯禽子廟。毁已久。【補曰】案：史記魯公伯禽子考公酋，考公弟煬公熙。立者，不宜立者也。【補曰】疏曰：「重發傳者，此不日，與武宮異，故發之。范例宮廟有五，文有詳略，見功有輕重，丹楹功少，故書時，刻桷功重，故録月。范答薄氏云，考宮書月，比丹楹爲重。武宮書日者，范云始築之事，煬宮不日，比武宮爲輕。此例以宮言之也，立廟之例以立言之，在不宜立中，不宜立例有四。」文烝案：左傳：「昭公出，故季平子禱于煬公。九月，立煬宮。」

冬十月，損霜殺菽。建酉之月，損霜殺菽，非常之災。【補曰】此本杜預也。何休曰：「菽，大豆。氾勝之種植書曰『大豆保歲易爲宜』。廣雅『小豆别名荅也』。劉向以爲周十月，今八月，消卦爲觀，陰氣未至，君位而殺，誅罰不由君出，在臣下之象也。」○【撰異曰】菽，左氏又作「叔」。陸淳纂例本作「叔」，云公羊作「菽」。未可以殺而殺，舉重；舉殺豆則殺草可知。可殺而不殺，舉輕；不殺草則不殺菽亦顯，僖三十三年損霜不殺草是也。【補曰】重發傳者，各有所主也。其曰菽，舉重也。【補曰】申言以結之。疏曰：「損霜二文不同，故范特爲一例。」文烝案：傳釋二文甚明，公羊皆謂之記異。此是災菽，而以異書，以爲異大乎災，何休遂以爲獨殺菽，不殺他物。杜譔引集義曰「誤也」。

二年春王正月。

夏五月壬辰，雉門及兩觀災。雉門，公宮之南門。兩觀，闕也。【補曰】此本杜預也。明堂位說魯制曰「庫門，天子皋門；雉門，天子應門」。鄭君曰：「言如天子之制也。天子五門：皋、庫、雉、應、路，魯有庫、雉、路，則諸侯三門與？」此經「雉門」即桓三年傳之「闕門」，謂之闕門者，以此門兩旁有兩觀故也。爾雅曰：「觀，謂之闕。」孫炎曰：「宮門雙闕。」雙闕即兩觀也，兩觀亦即周禮、左傳之「象魏」，以其中央闕然爲道，而其上縣法象，狀巍巍然高大，使萬民觀之，故曰闕，曰象魏，曰觀也。亦即禮記之「臺門」、左傳之「門臺」，葢兩邊築闍爲基，基上起屋謂之臺門，亦曰門臺也。公羊載子家駒對昭公，以魯兩觀爲僭天子禮。何休曰：「禮天子諸侯臺門，天子外闕兩觀，諸侯內闕一觀。準此言之，魯雉門旣如天子制，而兩觀又直僭天子也。」何氏說此經以爲雉門兩觀皆天子之制，定公不去其失，故天災之。疏引劉向云：「雉門，天子之門，今魯過制，故致天災。」說與何同。劉雖不言兩觀爲僭，當亦不異公羊也。○劉敞以爲天子亦三門，戴震申之謂天子有皋、應、路，諸侯有庫、雉、路。皋門，天子之外門；庫門，諸侯之外門；應門，天子之中門；雉門，諸侯之中門。異其名，殊其等，門數則同，皆三朝，皆三門也。其不曰雉門災及兩觀何也？據先書雉門，則應言雉門災及兩觀。鄭嗣曰：「據災實從雉門起，應言雉門災及兩觀。」災自兩觀始也，不以尊者親災也。始災者，兩觀也。鄭嗣曰：「今以災在兩觀下，使若兩觀始災者，不以雉門親災。」【補曰】公羊曰：「主災者，兩觀也。」何休曰：「時災從兩觀起。」又曰：「兩觀微也，不以微及大也。」何休曰：「門爲其主，觀爲其飾，故微也。」先言雉門，尊尊也。欲言兩觀災及雉門，則卑不可以及尊，災不從雉門起，故不得言雉門災及兩觀。兩觀始災，故災在兩觀下也。鄭嗣曰：「欲以兩觀親災，則經宜言兩觀災及雉門。雉門尊，兩觀卑，卑不可以及尊，故不得不先言雉門而後言兩觀。欲令兩觀始災，故災在兩觀下爾。」【補曰】注三引鄭嗣，以存異説，范意則與何休同也。劉勰曰：「春秋辯理，一字見義，五石六鷁，以詳略成文，雉門兩觀，以先後顯旨，其婉章志晦，諒以邃矣。尚書則覽文如詭而尋理即暢，春秋則觀辭立曉而訪義方隱，此聖人之殊致，表裏之異體者也。」

秋，楚人伐吴。

冬十月，新作雉門及兩觀。【補曰】月者，重其作。何休曰：「月者，久也。當即脩之，如諸侯禮。」言新，有舊也。作，爲也，有加其度也。【補曰】疏曰：「重發傳者，此災而更脩，嫌與作南門異，故發傳以同之。」此不正，其以尊者親之何也？不正，謂更廣大之，不合法度也。據當諱，而以雉門親新作之下。雖不正也，於美猶可也。改舊雖不合正，脩飾美好之事，差可以雉門親之。

三年春王正月，公如晉，至河乃復。【補曰】左氏賈逵注曰：「刺緩朝見辭失所，不諱，罪己。」劉炫謂「公以六月即位，此年便往，於事未爲緩，晉何以辭之？此後更無謝罪之處，明年會次依常，乃復之意，不可縣知。」劉説是也。但其事不可知，其義則亦當以恥之爲義，從著有疾之例也。孔廣森曰：「月者，正月也。」疏曰：「昭公四如晉，并有疾爲五，皆不月，公不入晉則無危也。昭即位二年而脩朝禮，乃爲季氏所譖，使不得入，公無危懼之意，猶數數脩朝於晉，晉雖不受朝，公無危懼之理。今定立三年，始朝於晉，晉責其緩慢，不受其朝，公懼而反，非必季氏所譖，公有負於晉而心内畏慴，故危録之。」文烝案：昭既無危文，何以危定乎？疏説紆蔓而鑿，孔説爲允。

三月辛卯，邾子穿卒。○【撰異曰】三月，左氏及唐石經公羊磨改作「二月」。徐彦曰：「公羊、穀梁皆作『三月』，左氏作『二月』，未知孰正。」

夏四月。

秋，葬邾莊公。

冬，仲孫何忌及邾子盟于拔。拔，地名。【補曰】當云地闕。邾本子爵，而喪未踰年亦稱子，辭窮則同也。不日者，哀元年何忌伐邾渝盟，與昧同義也。既不日又不月者，蓋以昧是公盟，此是大夫盟，故特異之。○【撰異曰】拔，公羊作「枝」。

四年春王二月癸巳，陳侯吴卒。

三月，公會劉子、晉侯、宋公、蔡侯、衛侯、陳子、鄭伯、許男、曹伯、莒子、邾子、頓子、胡子、滕子、薛伯、杞伯、小邾子、齊國夏于召陵，侵楚。【補曰】地而後侵，疑辭也，與襄同。滕班在頓、胡下，與昭四年異。月者，義見昭四年注。

夏四月庚辰，蔡公孫姓帥師滅沈，以沈子嘉歸，殺之。【補曰】凡書以歸者，不殺之也，殺則書殺。若君死於其位則但書滅國，舉滅爲重也。滅卑國例月，此日者，爲以其君歸，後文許、頓、胡三國亦同也。曹、邾書入，故或曰或不日。○【撰異曰】姓，左氏又作「生」。公羊「姓」上有「歸」字，後並同。段玉裁曰：「歸姓卽歸生也。」音義三「姓」字皆音「生」，一音如字。

五月，公及諸侯盟于臯鼬。召陵會劉子諸侯，總言之也。臯鼬，地名。不日者，後楚伐蔡不能救故。【補曰】此當云鄭地。注首二句本杜預。齊國夏亦包在內。陸淳、劉敞說非也。○【撰異曰】臯鼬，公羊作「浩油」。陸淳纂例：「公羊作『浩由』。」案：鹽鐵論作「誥鼬」。一事而再會，公志於後會也。後，志疑也。公畏强楚，疑於侵之，故復者更謀也。【補曰】疏曰：「案：傳例地而伐，疑辭。今經言會于召陵，侵楚。則疑於前會，不關於後。而云『志於後會。後，志疑』者，楚當時爲吳所困，削弱易可得志。今一會之中，十有九國，衆力之彊，足以服楚，不敢深入，淺侵郊竟，則責諸侯之疑居然可曉。公疑於楚强，是謂無勇，故會盟二文並見，魯公外內之疑兩顯。」文烝案：傳解經加言公及也，凡前目後凡之文，言諸侯之大夫則內別出大夫名氏，言諸侯則內不別出公，此通例也。僖之篇盟薄、盟宋皆言公會諸侯，其上無公，是後至之文。今此上既言公會，又言公及，一事也而再出公，與後至書會之文不異，是明公志於後會矣。公實不後而志於後者，其志有所疑，謂楚不可侵也。上地而後侵，見晉之疑，此復出公，見公之疑，內外互見，明會盟皆不足善。其後晉不救蔡，致使請救於吳，晉無能甚矣。以王臣之重十八國之衆而從渝盟不日之例，則春秋之意不可見乎？書及者，上言公會，明外爲主，故此從以內及外常文也。陳則通曰：「自幽以後，伯主之大盟皆書會，天下有伯而諸侯始合也。至臯鼬書及，天下無伯而諸侯始散也。」陳說亦得兼通。鹽鐵論曰：「春秋存君在楚，誥鼬之會書公，殆夷狄也。」彼意謂侵楚有危，爲公危録，葢用公羊家舊說，與傳異也。傳「一事」二字各本誤作「後」一字，涉下二句而誤，義不可通。今依唐石經、余本、俞臯集傳釋義本改正。

杞伯成卒于會。○【撰異曰】成，公羊作「戊」，或又作「戍」。音恤。

六月，葬陳惠公。

許遷于容城。【補曰】容城，楚地。

秋七月，公至自會。【補曰】此二事偶則以後事致之例，實亦未滿二時。月者，何休曰：「爲下劉卷卒。」

劉卷卒。劉，采地。【補曰】此注贅。劉敞曰：「何以不言爵？畿内之君也。不世爵，故不與爵稱也。王者之制，内諸侯禄，外諸侯嗣，於經未有以言之，觀乎劉卷卒則可信矣，故生稱爵，其禄也。卒稱名，從正也。葬稱公，主人之事也。」文烝案：劉云大夫不世爵，内諸侯禄，外諸侯嗣，皆王制文，與公羊言「大夫不得世，世卿非禮」合。左氏説卿大夫皆世父禄，賢則世位。官有世功，則有官族。左氏義爲備。傳云「寰内諸侯也，非列土諸侯」，故卒不言爵，所以相別。趙匡得之。此不卒而卒者，賢之也。寰内諸侯也，非列土諸侯，此何以卒也？天子畿内大夫有采地者謂之寰内諸侯，非列土之諸侯，雖賢猶不當卒。【補曰】書禹貢説虞夏之制「五百里侯服，百里采，二百里男邦，三百里諸侯」。胡渭曰：「男始言邦，則王官唯得以本爵，自君其采邑，而不敢稱邦可知。」天王崩，爲諸侯主也。昭二十二年景王崩嘗以賓主之禮相接，能爲諸侯主，所以爲賢。【補曰】疏曰：「傳又云『爲諸侯主』，故書卒，則書卒不關其賢」，而范例云『非列土諸侯而書卒者，賢之也』。賢之一文而義當兩用，上言不卒而得書卒之意，下言賢猶不當卒，以其爲諸侯主，明賢之義，故得書卒。反覆二事，皆是爲賢，故例復云賢之。」文烝案：史書卒者，彼來赴也，彼來赴者，以其嘗爲我主也，故君子取其義而傳明之也。王崩爲主者，前此多有，其卒皆不赴魯，今此會盟相接，近在本年，情尤親，故赴也。不日者，卒之已是加録，不復須日，故略去舊文，與王子虎同也。尹氏亦爲主而日者，甫爲主而卽卒，恩痛尤深，故不去日也。傳於尹氏曰「於天子之崩，爲魯主」，於此曰「天王崩，爲諸侯主」，互文而同義。公羊於尹氏曰「天王崩，諸侯之主」，於此曰「我主之」，亦互文而同義。公羊於此不言王崩者，省文也。何休、孔廣森遂滋異解。

葬杞悼公。

楚人圍蔡。

晉士鞅、衞孔圄帥師伐鮮虞。【補曰】昭十二年狄晉，此承楚圍蔡，從平文，猶襄二十五年鄭公孫夏伐陳，亦是狄鄭之後爲平文也。蘇轍曰：「晉雖棄諸侯而蔡未有國滅之禍，輕重異也。」文烝案：前篇狄晉，其義深遠，但以滅不滅較輕重，非經意。○【撰異曰】圄，公羊作「圉」。虞，公羊或作「吳」。案：古讀「虞」若「吳」。

葬劉文公。【補曰】疏曰：「葬之者，明亦爲賢之，有采地，比之畿外諸侯，故書葬。」文烝案：以賢録葬，異之於尹氏、王子虎，或尹氏、王子虎魯不會，史所本無。

冬十有一月庚午，蔡侯以吳子及楚人戰于伯舉，楚師敗績。【補曰】吳、楚交兵，楚主吳客，反以吳及楚者，吳爲蔡，以順蔡侯之文。吳初進稱子，又順進文也。此戰楚囊瓦帥師，不稱及楚囊瓦帥師戰，又不稱及楚師戰，但略稱楚人。敗乃稱師，下出奔乃見囊瓦名氏，皆從城濮例者，皆順及文也。順之者，盈之也。後有存楚文，則此不嫌抑楚，或謂長岸以來，楚復以書人爲例，非也。伯舉，楚地。○【撰異曰】伯，左氏作「柏」，古通用。舉，公羊作「莒」。陸淳纂例唯云：「公羊作『伯莒』。」吳其稱子何也？【補曰】何休曰：「據滅徐稱國。」以蔡侯之以之，舉其貴者也。貴，謂子也。【補曰】李廉曰：「宋以四國，公以楚師，傳皆曰以者不以云云。此曰舉其貴，則又變不以之例，蓋所以雖同而事則異。覩於吳進書爵，則無譏矣。春秋所以不可一槩論也。」案：此說與家鉉翁同。蔡侯之以之則其舉貴者何也？【補曰】據公會吳伐齊不舉貴者。吳信中國而攘夷狄，吳進矣。【補曰】攘，卻也。能憂中國，善行可進，故因蔡侯之以之則舉其貴。其信中國而攘夷狄奈何？子胥父誅于楚也。子胥父，伍奢也，爲楚平王所殺。【補曰】子胥伍員誅討也。責讓殺戮皆言誅。挾弓持矢而干闔廬，見不以禮曰干，欲因闔廬復父之讐。【補曰】注本何休。何又曰：「挾弓者，懷格意也。」闔廬卽光。闔廬曰：「大之甚，勇之甚，子胥匹夫，乃欲復讐於國君，其孝甚大，其心甚勇。爲是欲興師而伐楚。」子胥諫曰：「臣聞之，君不爲匹夫興師，【補曰】何休曰：「必須因事者，其義可得，因公託私，若以匹夫興師討諸侯，則不免爲亂。」且事君猶事父也，虧君之義，復父之讐，臣弗爲也。」【補曰】君爲匹夫興師，是虧君義，言輕君而重父也。於是止。蔡昭公朝於楚，有美裘，正是日，囊瓦求之，正是日，謂昭公始朝楚之日。【補曰】正，當也。昭公不與。爲是拘昭公於南郢。南郢，楚都。數年然後得歸，歸乃用事乎漢。用事者，禱漢水神。【補曰】公羊曰：「用事乎河。」傳聞誤。曰：「苟諸侯有欲伐楚者，寡人請爲前列焉。」【補曰】老子曰：「侯王自謂孤寡不穀，此其以賤爲本邪非乎？」又曰：「人之所惡，惟孤寡不穀，而王公以爲稱。」楚人聞之而怒，爲是興師而伐蔡，蔡請救于吳。子胥曰：「蔡非有罪，楚無道也，君若有憂中國之心則若此時可矣。」【補曰】何休曰：「猶曰若是時可與師矣。激發初欲興師意。」爲是興師而伐楚。【補曰】何休曰：「不書與子胥俱者，舉君爲重。」文烝案：公羊曰：「父不受誅，子復讐可也。」疏曰：「傳稱子胥云『虧君之義，復父之讐』，未論子胥是非。公羊、左氏論難紛然，賈逵、服虔共相教授，戴宏、何休亦有脣齒。其於此傳開端，似同公羊，及其結終，不言子胥之善，夫資父事君，尊之非異，重服之情，理宜共均，既以天性之重降於義合之輕，故忠臣出自孝子，孝子必稱忠臣。今子胥因一體之重，忽元首之分，以父被誅，而痛纏骨髓，得耿介之孝，失忠義之道，而忠孝不得並存。傳不善子胥者，兩端之間，論忠臣則傷孝子之恩，論孝子則失忠臣之義，春秋科量至理，尊君卑臣，子胥有罪明矣。君者臣之天，天無二日，土無二王，子胥藉吴國之兵，戮楚王之尸，可謂失矣。雖得壯士之偏節，失純臣之大道。傳舉見其爲，不言其義，蓋吴子爲蔡討楚，申中國，屈夷狄，非直申子胥之情，不嫌子胥得善也。」何以不言救也？據實救蔡。【補曰】伐楚所以救蔡也。救，大也。夷狄漸進，未同於中國。【補曰】疏曰：「案：狄救齊亦是善事，而得書救者，狄雖書救，未得稱人，許夷狄不使頓備也。今吴既進稱子，復書曰救，便與中國齊蹤，故不與救。若書救，當言吴子救蔡，蔡侯以吴子及楚人戰于伯舉。」文烝案：不書其救而書蔡侯之以，仍不沒其救之實也。舉其貴以進之，又不言救以抑之，猶宜十一年明楚之討有罪，又不使夷狄爲中國，皆經世之深意也。

楚囊瓦出奔鄭。知見伐由己，故懼而出奔。【補曰】輟戰而奔，見其逃軍，與先蔑同義。言出者，從伯舉去，猶楚竟也。杜預、京相璠輿地之學，自當別爲一家，而某地屬某國，則治經者宜知。

庚辰，吴入楚。○【撰異曰】楚，左氏作「郢」。案：凡入國皆書國，獨此以楚都地名書。劉知幾曰：「豈左氏之本獨爲謬歟？」陸淳曰：「誤也。」汪克寬曰：「恐因昭三十一年傳『吴其入郢』之文而誤也。左傳於後十五年亦曰『吴之入楚』也，則當作『楚』。」日入，易無楚也。【補曰】傳例日入，惡入者也。此文去子從狄稱，惡入可知。不假具日，故知日入，易無楚也。易無楚者，壞宗廟，徙陳器，撻平王之墓。鄭嗣曰：「陳器，樂縣也。」禮諸侯軒縣。言吳人壞楚宗廟，徙其樂器，鞭其君之尸，楚無能亢御之者，若曰無人也。【補曰】周禮小胥鄭衆注曰：「軒縣三面，其形曲。」鄭君曰：「去南面，辟王也。」何以不言滅也？據宗廟既毀，樂器已徙，則是滅也。欲存楚也。【補曰】書入見其滅，但書入又欲見其不滅。其欲存楚柰何？昭王之軍敗而逃，【補曰】昭王自郢西涉睢也。父老送之。曰：「寡人不肖，亡先君之邑。【補曰】邑，國也，散文通。左傳楚鬭廉曰：「日虞四邑之至。」杜預曰：「四邑，隨、絞、州、蓼也。」邑，亦國也。」父老反矣，何憂無君？寡人且用此入海矣。」【補曰】且，將也。司馬彪莊子注曰：「凡言入者，皆居於州島之上與其曲限中也。」案：此陸贄所謂楚昭以善言復國也，故勸德宗不吝改過，以言謝天下，卒使遠近感奮，用定唐之多難。父老曰：「有君如此，其賢也。」【補曰】此者，指上語。以衆不如吳，以必死不如楚，雍曰：「吳勝而驕，楚敗而奮。」【補曰】案：吳闔廬時，孫武典兵，仁義機權，其法詳備。而楚父老二語足以勝之，可以識用兵之本，故淮南子曰「百人之必死，賢於萬人之必北」，又曰「兵之所以强者必死也，民之所以必死者義也」。相與擊之，一夜而三敗吳人，復立。楚復立也。【補曰】因楚能存，故欲存楚。賈子曰：「楚昭王當房而立，愀然有寒色，曰『寡人朝飢時，酒二酟，重裘而立，猶憯然有寒氣，將柰我元元之百姓何？』是日也，出府之裘以衣寒者，出倉之粟以振飢者。居二年，闔閭襲郢，昭王奔隨，諸當房之賜者請還致死於寇。闔閭一夕而五徙臥，不能賴楚，曳師而去。昭王乃復。」何以謂之吳也？據戰稱子。狄之也。何謂狄之也？君居其君之寢而妻其君之妻，大夫居

王念孫曰：「酟與䚳同。說文：『䚳，

小觶也。」廣雅：「卮也」。」白虎此説無宋樊。

其大夫之寢而妻其大夫之妻，蓋有欲妻楚王之母者，【補曰】王母，伯嬴也。闔閭盡妻後宮，次至伯嬴，伯嬴持刃拒之。劉向列女傳載其事。蓋者，承上語辭。不正。乘敗人之績而深爲利，居人之國，故反其狄道也。【補曰】公羊同。左傳亦有其事。秦穆爲晉所敗，亂人子女之教，無男女之別，秦所以爲狄也。吳入楚，君妻君妻，大夫妻大夫妻，吳所以反狄也。白虎通論周代五霸，秦穆、吳闔閭並列，春秋於二君但有狄文，何霸之足云？

五年春王三月辛亥朔，日有食之。○【撰異曰】三月，公羊作「正月」。段玉裁曰：「蓋誤字。」案：陸淳纂例所據已誤。

夏，歸粟于蔡。蔡侯比年在楚，又爲楚所圍饑，故諸侯歸之粟。【補曰】此本杜預。杜無「侯比」以下六字，當删之。末句杜作「魯歸」，杜誤也。粟者，禾實也，粟實曰米。諸侯無粟，諸侯相歸粟，正也。【補曰】周禮大司徒：「大荒大札，則令邦國移民通財。」鄭君曰：「移民辟災就賤，其有守不可移者則輸之穀，春秋歸粟于蔡是也。」孰歸之？諸侯也。【補曰】蓋魯亦在內。不言歸之者，專辭也。不言歸之者，主名若獨是魯也。【補曰】雖魯不在亦然。義邇也。言此是邇近之事，故不足具列諸侯。【補曰】注非也。義，謂公義。邇者，引而近之。言此是諸侯公義之舉，春秋引而近之，比諸内事，猶次陘内桓師，深美之也。此申上句幷通前篇三事辭言之。

於越入吳。舊説：於越，夷言也。春秋即其所以自稱者書之，見其不能慕中國，故以本俗名自通。【補曰】此記越事也。逸周書王會有於越，明其國本自稱於越，與楚、吳稱之異。前自楚、吳言之，故曰越，此自越言之，故曰於越，皆從主人也。陳岳、劉敞、戴溪、李廉、汪克寬説近是。越人皆無月日，皆略之。

六月丙申，季孫意如卒。傳例曰：「大夫不日卒，惡也。」意如逐昭公而日卒者，明定之得立，由于意如，春秋因定之不惡而書日以示譏，亦猶公子翬非桓之罪人，故於桓不貶。【補曰】此本鄭君釋廢疾，見隱元年疏，其説非也。定固不以意如爲罪人，而書日以卒，非欲見此意也。翬不去公子，固明桓不以爲罪人。而翬弑君，意如逐君，翬不書卒，意如書日以卒，非所以爲比也。如其説，則叔孫得臣，宣亦不以爲罪人，何以不書日？明書日之意，不論其君之以爲罪否也。書日自是常例，所以從常例者，前書意如會荀櫟，荀櫟唁公，則逐君事已有所見，不嫌得無惡，故此得仍史文，從常例也。叔孫得臣與聞乎弑君，而其惡未有所見，故須去日以著之。公子益師、俠之惡亦無所見，無侅之惡又不止入極，恐其不明，故皆去日。公子牙之惡亦無所見，而從常例書日者，彼順下諱文，其諱者，亦以其有所見也。左傳曰：「六月，季平子行東野。還，未至。丙申，卒于房。」不書于房從貍蜃例者，行東野非公家之事，史本不地也。

秋七月壬子，叔孫不敢卒。【補曰】不敢，婼之子叔孫成子。

冬，晉士鞅帥師圍鮮虞。

六年春王正月癸亥，鄭游速帥師滅許，以許男斯歸。【補曰】陳則通曰：「紀恃魯而誤於魯，黄恃齊而誤於齊，許恃楚而誤於楚，可爲恃人而人不足恃者之戒。」○【撰異曰】速，公羊作「遬」。後同。

二月，公侵鄭。【補曰】陳傅良曰：「自宣之季年，凡伐不言公，魯無君將者八十年矣。至是而書侵鄭，則以公山不狃、侯犯、陽虎之專也，故曰政逮於大夫四世矣，故夫三桓之子孫微矣。」趙鵬飛曰：「魯自舍中軍後，軍皆隸三家，公無一旅之衆。今意如死，定公復自將侵鄭。其後侵齊、會晉師、圍成皆以師行。」黄仲炎曰：「蓋三家之謀使其君親將也。」文烝案：月者，危之。危之者，以晉初失鄭也。

公至自侵鄭。

夏，季孫斯、仲孫何忌如晉。【補曰】斯，意如子季桓子。

秋，晉人執宋行人樂祁犂。

冬，城中城。城中城者，三家張也。大夫稱家。三家，季孫、叔孫、仲孫也。三家侈張，故公懼而脩內城，譏公不務德政，恃城以自固。或曰非外民也。【補曰】或説謂與成九年同義。

季孫斯、仲孫忌帥師圍鄆。仲孫何忌而曰仲孫忌，甯所未詳。公羊傳曰：「譏二名。」【補曰】此注舊在上「如晉」下，其首句之文云仲孫忌，而曰仲孫何忌，轉寫錯誤，妄改耳。今移正之。范引公羊非也。唐虞有咎繇，許慎言文、武賢臣有散宜生、蘇忿生，經必不譏二名，又必不於一人一事譏之。或謂如「夏五」傳疑之例，又非也。地名、人名不得假以示闕疑之義，且同時之人，非隱、桓遠日比也。此蓋聖門相傳二尺四寸之策本少一字，莫敢增益，與蔡侯東正同，前已論之矣。杜預曰：「鄆貳於齊。」〇【撰異曰】徐彦公羊疏曰：「仲孫忌，古本無『何』字，有者誤也。穀梁及賈經皆無『何』字。又哀十三年經云『晉魏多率師侵衞』，傳亦云『譏二名』，以此言之，則此經無『何』明矣。而賈氏云『公羊曰「仲孫何忌」者，蓋誤。」」段玉裁曰：「定六年夏曰仲孫何忌，冬則曰仲孫忌。哀七年曰魏曼多，十三年則曰魏多，故公羊釋之。今本左、穀經定六年冬仲孫忌皆不誤，哀十三年皆有「曼」字，蓋誤衍也。」文烝案：唐石經穀梁此處又衍「何」字，猶音義載桓十四年夏五有衍「月」字者，皆寫者之不慎。

七年春王正月。

夏四月。

秋，齊侯、鄭伯盟于鹹。【補曰】鹹，衛地。陳傅良曰：「石門志諸侯之合也，鹹志諸侯之判也。」文烝案：外盟不日，此又不月者，自此而沙、曲濮凡三盟，皆諸侯叛晉之事，故皆略之甚，從邢、鹿上、夷陵、衛人及狄盟之例也。

齊人執衛行人北宫結以侵衛。以，重辭也。【補曰】重發傳者，嫌君臣異也。衛人，重北宫結。齊以衛重結，故執以侵之，若楚執宋公以伐宋。凡言以，皆非所宜以。

齊侯、衛侯盟于沙。沙，地。【補曰】當云衛地。○【撰異曰】公羊作「沙澤」，與成十二年同。左氏彼經傳皆曰「瑣澤」，此傳曰「瑣」。

大雩。【補曰】下有「九月，大雩」，雖言雩，不嫌已得雨。

齊國夏帥師伐我西鄙。

九月，大雩。【補曰】明至此乃得雨也。若此雩猶不得雨，則兩大雩皆不書，當如宣七年書「秋大旱」矣。

冬十月。

八年春王正月，公侵齊。

公至自侵齊。

二月，公侵齊。未得志故。【補曰】此本杜預。

三月，公至自侵齊。公如，往時致月，危致也。往月致時，危往也。往月致月，惡之也。【補曰】此發往月致時之通例，因重明往時致月、往月致月之例也，知是特發往月致時例者。案：左氏賈逵注曰：「還至不月，爲曹伯卒月。」賈明於穀梁，必用穀梁家之義，明此年兩侵兩致皆是往月致時之例，而傳特發之。凡公如、某公至在正月者，例皆書月，苟非危之，則書月猶書時。此正月一侵一致，侵自以月爲義，致自以時爲義，不足疑也。莊二十三年通説往時致月、往月致月之例，未著往月致時之文，則此傳之爲往月致時特發例，尤足明也。傳以此二侵在一時之閒，往致四文，皆相承接，有異凡常，故特發以明例。莊二十三年傳曰「致月，故也。往月致月，有懼焉爾」，危致即故，惡之即有懼，重説之以見一經全例。又錯其文於上下者，危往甚於危致，惡之又甚於危往，故次第言之。二侵皆爲危者，以晉初失齊也。

曹伯露卒。

夏，齊國夏帥師伐我西鄙。【補曰】許翰曰：「宣以後，用兵則侵多而伐少，被兵則伐多而侵少。」文烝案：自此後不言某鄙矣。

公會晉師于瓦。瓦，衛地也。【補曰】此晉士鞅救我之師，公逆會之也。不以善辭書救我者，杜預以爲齊師已去，未入竟也。不言公會晉士鞅者，公不會大夫，又不如嬰齊後有屈文也，不從包來之例。言公會晉人者，兵會非好會也，此與趙盾稱師同而不同。杜謂曰：「若言晉士鞅，則無以見其帥師。」高澍然曰：「使書晉救，似齊師因救而解；使書會晉士鞅，似期會而非因救我。必如是而後見事實也。」宣元年趙盾救陳亦未逮救而書者，不書則不知棐林之晉師爲救陳而至，以四國同會，無適主也。此言公會，則知爲救我，雖不言救而救已明也。彼書四國會于棐林，雖言救而未逮救亦明也。

公至自瓦。【補曰】凡會大夫皆不致，此致者，兵會非好會，重其事，故從離會危致之例，以地致也。危之者，晉新失諸侯，是其事危。

秋七月戊辰，陳侯柳卒。

晉士鞅帥師侵鄭，遂侵衞。【補曰】兩事葢並受命，直爲繼事辭，不從公子遂盟暴之例，轉與季孫宿入鄆同文，明外與內異例也。沈棐曰：「定、哀之閒，晉不足以主盟，征伐四起，交亂天下，國君弱於大夫，齊、晉夷於魯、衞。」○【撰異曰】公羊作「趙鞅」。

葬曹靖公。○【撰異曰】靖，公羊作「竫」，亦或作「靖」。案：說文：「竫，亭安也。」「靖，立竫也。」

九月，葬陳懷公。

季孫斯、仲孫何忌帥師侵衞。

冬，衞侯、鄭伯盟于曲濮。曲濮，衞地。

從祀先公。貴復正也。文公逆祀，今還順。【補曰】公羊曰：「從祀者何？順祀也。」葉夢得曰：「古者謂從爲順，横爲逆。」何休曰：「不書禘者，後祫亦順，非獨禘也。言祀者，無已長久之辭。不言僖公者，閔公亦得其順。」何氏訓「祀」與説文同。以先公專屬閔、僖未是。先公者，統辭也。服虔曰：「自躋僖公以來，昭穆皆逆。」賈公彦周禮冢人疏以爲兄弟别昭穆。既躋僖，則於後諸公昭穆皆亂也。趙汸曰：「前言躋則後爲降，後言從則前爲逆，互文見義。」文烝案：左傳曰：「冬十月，順祀先公而祈焉。辛卯，禘于僖公。」杜預謂於僖廟行順祀。此於傳文不合，又無其理也。順祀者，禘於大廟，正閔、僖之昭穆，時僖廟雖不毁，實在毁數，故閔從穆班，則僖在昭而文在穆矣。大廟之外又禘於宣、成、襄、昭四親廟，各更其昭穆，而世室及煬宫、武宫、桓宫、僖宫當皆各禘焉，傳獨舉僖公。又似與順祀異日，皆所未喻。杜以辛卯爲十月二日，若順祀在前，不應魯祭乃用剛日。又此事在曲濮盟後，或左傳月日都未可據也。○凡祭宗廟，筮日爲重，而春秋或月或時焉，則謂春秋不以時月日爲例者，妄矣。當定之世而不日不月焉，則謂策書久遠遺落，不與近同者，又妄矣。「從祀」下連「盗」文，明陽虎爲之，此陳師道、王沿、杜諤等説。

盗竊寶玉大弓。【補曰】季氏之宰陽虎竊於季氏家，見下傳。**寶玉者，封圭也。**始封之圭。【補曰】詩言宣王命申伯曰：「錫爾介圭，以作爾寶。」毛傳曰：「寶，瑞也。」案：周禮有六瑞：王執鎮圭，公執桓圭，侯執信圭，伯執躬圭，子執穀璧，男執蒲璧，六者皆爲瑞，皆當謂之寶玉。此寶玉爲魯封圭，其是信圭與否，無以言之。或成王褒大魯國，特用桓圭，或魯得用天子禮亦爲鎮圭也。鄭君詩箋云：「圭長尺二寸謂之介。非諸侯之圭，故以爲寶。」其解「寶」字與毛異義。鄭以爾雅云：「珪大尺二寸謂之玠」，即詩「介」字，乃是王之鎮圭，韓奕之介圭，爲韓之所貢，故改毛義。如鄭言，則惟鎮圭稱寶玉矣。凡瑞玉，鎮圭長尺二寸，桓圭九寸，信圭、躬圭皆七寸，穀璧、蒲璧皆五寸。鄭君周禮注曰：「瑞，符信也。」何休說公羊曰：「謂之寶者，世世保用之辭。」大弓者，武王之戎弓也。是武王征伐之弓。【補曰】明堂位曰：「越棘、大弓，天子之戎器也。」何休曰：「言大者，力千斤。」杜預曰：「寶玉，夏后氏之璜。大弓，封父之繁弱。」案：此本劉歆以來左氏說。據衛祝佗言魯分器也。周公受賜，藏之魯。周公受賜於周，藏之魯者，欲世世子孫無忘周德也。【補曰】鄭君說周公居攝五年，營雒作召誥，大保以庶邦冢君出取幣，復入錫周公。其時以王命賜寶玉大弓。非其所以與人而與人謂之亡，亡，失也。【補曰】疏曰：「經言饑、大饑，而康饉無例應之，今因盜而發亡例，經亦無應之。或說非其所以與人謂之亡，梁伯可以應其義。」文烝案：如疏前解，當以有或二言贈賻二事爲比也。非其所取而取之謂之盜。【補曰】案：何休曰：「不言取而言竊者，正名也。定公從季孫、假馬。孔子曰『君之於臣，有取無假』，而君臣之義立。」疑此謂之盜當爲謂之竊，涉後哀四年傳而誤。假馬事見韓詩外傳、新序。○家鉉翁曰：「此一事自常情而觀，必以家臣執大夫，賤人謀國，爲事之最重而當書矣。」

九年春王正月。

夏四月戊申，鄭伯蠆卒。○【撰異曰】蠆，公羊作「蠆」。

得寶玉大弓。杜預曰：「弓、玉，國之分器也。得之足以爲榮，失之足以爲辱，故重而書之。」【補曰】杜意本公羊也。左傳例獲器用曰得。劉敞曰：「向曰竊者，失之也。失得相對，言得所以見失也。」其不地何也？【補曰】疏曰：「據獲宋華元等皆蒙上戰地。」寶玉大弓，在家則羞，不目，羞也。國之大寶，在家則羞也，況陪臣專之乎？恥甚而不目其地。【補曰】注非也。家者，季氏之家，季氏專魯，取寶玉大弓藏於家，陽虎從而竊之，經以國寶在季氏家爲羞，故不目言所從竊之地也。上問不地，本謂文無可蒙，此三句乃論上竊不地之意，非論得之之地。下文云「堤下」者，又別自起義也。何休説公羊謂季氏逐昭公後，取寶玉藏於其家，虎拘季孫，奪其寶玉。其事與左傳不同。惡得之？惡，於何也。【補曰】小爾雅曰：「惡乎，於何也。」公羊、檀弓注並同。宋翔鳳曰：「於何合言爲惡，或言惡，或言惡乎，言有長短緩急。」得之堤下。【補曰】玉篇引劉兆注曰：「堤，緣邊也。」文烝案：「堤」本作「隄」。説文：「防，隄也。」「隄，唐也。」玉篇：「隄，塘也，橋也。」爾雅曰：「隄謂之梁。」李巡曰：「隄，防也，障也。」然則隄者，積土高爲之，以障外水，其名亦通於橋梁也。言得之堤下，則非陽虎所歸矣。」或曰陽虎以解衆也。【補曰】疏曰：「或曰之義，以爲得非魯力也。陽虎竊國重寶，非其所用，畏衆之討，送納歸君，故書而記之。」文烝案：如疏説，「解」當爲「解説」之義，或是解散衆人之追。又或承「堤下」説讀爲「解墮」之「解」，謂虎置之堤下以怠追者也。依左傳，虎歸弓玉後魯乃討虎。孫復曰：「不曰盜歸者，盜微賤，不可再見也。」

六月，葬鄭獻公。

秋，齊侯、衛侯次于五氏。五氏，晉地。【補曰】畏晉也。

秦伯卒。【補曰】上無月，則時卒也，疑康公、共公、桓公、景公亦皆在時卒例，與楚及莒、吳皆不同。

冬，葬秦哀公。

十年春王三月，及齊平。平前八年再侵齊之怨。【補曰】此本杜預。

夏，公會齊侯于頰谷。【補曰】頰谷，蓋齊地。○【撰異曰】頰，左氏作「夾」。下同。

公至自頰谷。離會不致，雍曰：「二國會曰離。各是其所是，非其所非。然則所是之是未必是，所非之非未必非。未必非者不能非人之真非，未必是者不能是人之真是，是非紛錯則未有是，是非不同故曰離，離則善惡無在，善惡無在則不足致之于宗廟。【補曰】史本書至，君子以爲不足致。何爲致也？危之也。【補曰】例當致者，以謹月爲危，例不致者，以致爲危。危之則以地致何也？【補曰】據猶當言會。爲危之也。【補曰】危之，若其不成會。其危柰何？曰頰谷之會，孔子相焉。【補曰】相，相會儀。時重孔子知禮，蓋使攝卿以行。如論語「賓退復命」亦是攝上擯，賈公彦謂與此同。知者，慮義者行，春秋之會，此爲最善。案：史記世家孔子由中都宰爲司空，又爲司寇。而戰國策春陽君云「陽虎之難，孔子逃於衞」，明上年虎亂既平，乃反魯而仕也。左傳、孟子、檀弓皆言孔子爲司寇。兩君就壇，兩相相揖，將欲行盟會之禮。【補曰】公羊莊十三年何休注曰：「土基三尺、土階三等曰壇。會必有壇者，爲升降揖讓，稱先君以相接，所以長其敬。揖者，推手。」齊人鼓譟而起，欲以執魯君，羣呼曰譟。孔子歷階而上，不盡一等，而視歸乎齊侯，階，會壇之階。【補曰】歷階，謂左右足相過，不連步，急於上也。檀弓曰：「杜蕢入寢，歷階而升。」燕禮記作「栗」字，云「凡栗階不過二等」，謂惟上二等，足各一發，其下猶連步。此會壇之階未知同異。曰：「兩君合好，夷狄之民何爲來爲？」命司馬止之。兩君合會，以結親好，而齊人欲執魯君，此無禮之甚，故謂之夷狄之民。司馬，主兵之官，使禦止之。【補曰】夷狄之民，據左傳謂萊人也。上文鼓譟者卽萊兵。下「爲」字，語辭。司馬，掌軍大夫也。周禮小司馬之下有軍司馬、輿司馬、行司馬。晉之中軍司馬曰元司馬，上軍司馬曰輿司馬。齊侯逡巡而謝曰：「寡人之過也。」【補曰】廣雅曰：「逡巡，卻退也。」退而屬其二三大夫曰：「夫人率其君與之行古人之道，二三子獨率我而入夷狄之俗，何爲？」屬，語也。夫人謂孔子也。齊人欲執魯君，是夷狄之行。【補曰】王念孫曰：「屬，會也，聚也。孟子曰『乃屬其耆老而告之』，呂氏春秋曰『於是屬諸大夫而告之』，趙岐、高誘注並曰：『屬，會也。』屬而後語，『屬』非語也。」文烝案：爾雅曰：「率，自也」。自者，從也。又說文：「𨔞，先道也。」玉篇：「衛，導也。」字並通。行古道，謂動必以禮。入夷狄之俗，謂以裔謀夏，以夷亂華也。罷會。齊人使優施舞於魯君之幕下。優，俳。施，其名也。幕，帳。欲嗤笑魯君。【補曰】國語晉獻公之優曰施，此同名也。左傳虢、齊並有史嚚，鄭、衛並有行人子羽，又衛有祝佗，晏子春秋齊亦有之，復有行人子羽，蓋古人官職同者，名字或相因矣。陸賈新語載此事作「優旃」，亦與史記楚優同名也。周禮注曰：「在旁曰帷，在上曰幕，皆以布爲之。四合象宮室曰幄幕，幄中坐上承塵曰帟，皆以繒爲之。」新語又曰：「傲戲欲候魯君之隙以執定公。」孔子曰：「笑君者，罪當死。」【補曰】急就篇曰：「倡優俳笑，笑者戲謔。」使司馬行法焉，首足異門而出。【補曰】後人或疑此事，謂爲已甚。非也。魯爲齊弱已久，時見萊兵既卻，復使優施害公，戲笑而舞，意不在舞。與史記項莊舞劍相似，陸生所謂候隙也。夫子先事誅之，隱折强鄰奸惡之謀，明正匹夫熒惑之罪，不如是則先王無刑罰而聖人將率其君爲宋襄公矣。張九成嘗謂孔子卻萊人，戮侏儒，比之大禹、周公盛矣哉。文烝以爲聖人之事，固非一端，故曰焉用殺，又曰刑罰中，曰軍旅未學，又曰我戰則克。齊人來歸鄆、讙、龜陰之田者，蓋爲此也。何休曰：「齊侯自頰谷歸，謂晏子曰：『寡人獲過於魯侯，如之何？」晏子曰：「君子謝過以質，小人謝過以文，齊嘗侵魯四邑，請皆還之。」【補曰】杜預曰：「三邑皆汶陽田。」文烝案：鄆、讙，二邑名。「田」字專繫龜陰，龜山北之田也，三者皆在汶水北。徐彥以賈服意分別田邑是也，其曲解何注「四邑」非也。徐以爲注出晏子春秋及家語、孔子世家，今檢新語亦云「四邑」，殆諸書誤耳。　蓋者，辜較之辭。胡安國本劉敞說，謂仲尼一言威重於三軍，亦順於理而已矣，故天下莫大於理，而强衆不與焉。因是以見雖有文事，必有武備，孔子於頰谷之會見之矣。【補曰】古者武備之設，不以文事而廢，傳言因是，可以見古者之法，而孔子之有備亦於此會見之也。案：此會雖危，因孔子而無危。還從危文，與唐、穀、瓦、黃不別者，下有歸田文，則此之危而獲安昭然可見，不嫌與唐、穀、瓦、黃相同，故可書至也。○此傳與左氏有同有異，而文事武備之説正所謂行古人之道者，其陳義甚大，其述事獨真也。文王以文治，武王以武功，夫子學文、武之道曰「如有用我者，吾其爲東周乎」。此楊子法言所謂「魯作東周」，即莊子所謂「行周於魯」。論語東周謂東方之周。鄭注以爲據時成周非其義，而俗儒增飾爲王魯之説，又失之。

晉趙鞅帥師圍衛。

齊人來歸鄆、讙、龜陰之田。○【撰異曰】説文邑部引春秋傳「齊人來歸鄆」，此「之」字衍文，涉上傳誤衍也。左氏、公羊皆無「之」。

叔孫州仇、仲孫何忌帥師圍郈。郈，叔孫氏邑。【補曰】州仇，不敢子叔孫武叔。

秋，叔孫州仇、仲孫何忌帥師圍郈。○【撰異曰】此郈，公羊作「費」。徐彥曰：「左氏、穀梁此『費』字皆爲『郈』。但公羊正本作『費』字，與二家異。賈氏不云『公羊曰費者』，蓋文不備，或所見異也。」陸淳曰：「公羊誤也。」

宋樂大心出奔曹。〇【撰異曰】公羊此「世心」，徐彦疏曰：「『世』字亦有作『泄』字者，故賈氏言焉。」左氏、穀梁作「大」字。」

宋公子地出奔陳。〇【撰異曰】地，公羊作「池」，下同。

冬，齊侯、衛侯、鄭游速會于安甫。安甫，地名。【補曰】當云地闕。〇【撰異曰】公羊作「會于鞌」。徐彦曰：「左氏、穀梁作『安甫』，賈氏不云『公羊曰鞌者』，亦是文不備。穀梁經『甫』亦有作『浦』字者。」陸淳纂例曰：「公羊作『鞌父』。」

叔孫州仇如齊。

宋公之弟辰暨宋仲佗、石彄出奔陳。辰爲佗所强，故曰暨。【補曰】傳例曰：「以外及内曰暨。」言暨則以佗、彄爲主，故仲佗上復加宋。〇【撰異曰】左氏直作「暨仲佗」。

十有一年春，宋公之弟辰，【補曰】各本此經下衍「及仲佗、石彄、公子地自陳入于蕭以叛」十五字，傳文又衍「宋公之弟辰」五字，今並依唐石經、十行本删正。未失其弟也。言辰未有失其爲弟之道，故書弟以罪宋公。【補曰】未失其弟，故爲親之之辭，并解上也。

及仲佗、石彄、公子地以尊及卑也。【補曰】上言暨，明非辰志，故此仍從以尊及卑之常例，不嫌也。重發傳者，上言暨故也。

自陳。陳有奉焉爾。

入于蕭以叛。蕭，宋邑。【補曰】本蕭國，楚所滅。入者，内弗受也。以者，不以者也。叛，直叛也。【補曰】疏曰："案：辰以前年出奔，離骨肉之義。今歲入邑，有叛國之罪，失弟之道，彰於經文。而曰未失何也？公不能制御彊臣，以撫其弟，而使二卿脅以外奔，故著暨以表彊辭。稱弟以見無罪，罪在仲、石亦可知矣。今而入國，兩子之情，非辰之意，書及以辨尊卑，言弟以顯無失。然則自陳之力，力由二卿，入蕭之叛，專歸仲、石，故重發例以明無罪。"文烝案：疏說非也。辰固未失弟道，而入邑以叛，安得無罪？辰及佗、彄、地無優劣也。傳以辰未失弟道，嫌言自、言入、言以、言叛，與他處有異，故皆重發例以同之。劉敞引表記"事君可貴可賤，可富可貧，可生可殺，而不可使爲亂"，此得其旨。叛則位不復可知，故不言復入也。"不以"下各本脫"者"字，今依呂本中集解本、張洽集註補正。

夏四月。

秋，宋樂大心自曹入于蕭。入蕭從叛人，叛可知，故不書叛。【補曰】此本杜預注，亦即何休注說也。春秋謹嚴，此類最著。

冬，及鄭平。平六年侵鄭之怨。傳例曰："盟不日者，渝盟惡之也，取夫詳略之義。"則平不月者，亦有惡矣，蓋不能相結以信。【補曰】注首句本杜預，其說不月義非也。平者，以道成也，且下有"莅盟"，豈不能結信乎？此與上年"及齊平"相承相對。彼平而公會，既從正例月，此平而大夫盟，不可無以別之，故特略之矣。昭七年"暨齊平"亦大夫莅盟，而月，足明不月爲變例。若左氏載續經哀十五年"及齊平"，文承"冬"下，則史以齊、魯事屢見，故略之耳。鹽鐵論曰："孔子仕於魯，前仕三月，及齊平，後仕三月，及鄭平，務以德安近而綏遠。當此之時，魯無敵國之難、鄰境之患。」案：桓寬言前仕三月，後仕三月，猶公羊於歸田、墮費兩傳兩言「行乎季孫，三月不違也」。齊既服義，魯復無患，所謂齊一變至於魯，魯一變至於道，蓋此時之言也。國家閒暇則專意内治，故又曰「聽訟吾猶人也，必也使無訟乎」，此自説司寇之官，亦足知春秋之志也。○凡不和而訟，無施而可，故事大比小，親仁善鄰，亦無訟之道也。皃善訟，飲食必訟，訟者亂之所起，外内無訟則大平功成矣。此所謂定、哀之閒著治大平者也。春秋以平二國書而内治可推焉，論語以治一官言而王道可見焉。

叔還如鄭莅盟。【補曰】叔還，叔弓曾孫成子也。前定之盟不日，此與會頰谷文相當，會不月，故盟亦不月。又或與平同月。

十有二年春，薛伯定卒。【補曰】時卒者，惡之。

夏，葬薛襄公。

叔孫州仇帥師墮郈。【補曰】墮，壞也。啖助曰：「毁，全除之也。墮，但損之，令不周爾。」蕭楚曰：「壞而撤之曰毁，夷其險阻曰墮。」墮，猶取也。陪臣專强，違背公室，恃城爲固，是以叔孫墮其城，若新得之，故云墮猶取也。墮非訓取，言今但毁其城，則郈永屬己，若更取邑於他然。【補曰】疏曰：「傳言墮猶取也，即其訓矣。而注曰非者，何休難云，實取當言取，不言墮，墮實壞耳，無取於訓詁。鄭君如此釋之。」文烝案：范依釋廢疾爲注，非傳意也。傳專釋「墮郈」，乃承上十年兩圍郈言之。十年圍其邑而此年墮其城，明至此始取之也。左傳稱侯犯以郈叛，一再圍之，而駟赤設謀，納魯圍郈，侯犯奔齊，齊人致郈。其事並在十年秋，依此傳則彼時魯雖克郈，齊雖致郈，而郈猶兩屬，不專屬魯。今此墮壞其城，魯乃取之，故曰墮猶取也。言猶者，以事釋義，比之他言猶者則小異也。墮之本訓爲壞，世所共知，故不煩釋。至下墮費圍成，又因墮郈及之，其理易見，故不復發傳也。魯所以墮郈、費者，自爲城固數叛而起，注首四句可用，亦可依左氏、公羊以爲夫子、子路之謀也。

衛公孟彄帥師伐曹。

季孫斯、仲孫何忌帥師墮費。【補曰】王葆曰：「墮郈以一卿，墮費以二卿者，費强於郈也。」文烝案：季氏有費，猶衛孫氏之戚、晉趙氏之晉陽矣。

秋，大雩。

冬十月癸亥，公會齊侯盟于黃。【補曰】黃，齊地。○【撰異曰】齊，公羊作「晉」。張洽曰：「誤也。」

十有一月丙寅朔，日有食之。

公至自黃。【補曰】離會致者，齊景無信，猶危之。

十有二月，公圍成。【補曰】月者，危録之，異於昭。非國不言圍，圍成，大公也。以公之重而伐小邑則爲恥深矣，故大公之事而言圍，使若成是國然。【補曰】傳義已於昭篇論之，注非也。公實圍成，非伐成。成而言圍，卽爲大，非强使成同於國也。重發傳者，月與不月、致與不致，嫌有異也。左傳稱孟孫不肯墮成，公圍成，弗克。何休曰：「天子不親征下土，諸侯不親征叛邑。」傳「不」字各本脫，今依唐石經、余本、俞皋集傳釋義本補正。

公至自圍成。何以致？【補曰】據竟内兵不致，昭公圍成猶不致也。危之也。【補曰】時特告廟，危而書至，經因其危而危之。諸公唯定之行皆致。何危爾？邊乎齊也。邊，謂相接。【補曰】爾雅「邊，埀也。」與疆界衞圉同訓。説文曰：「埀，遠邊也。」國語曰：「思邊埀之小怨。」玉藻：「邊邑。」鄭君曰：「謂九州之外。」是邊之言遠也。遠乎此則近乎彼，故轉其義而爲近。史記高祖本紀「齊邊楚」，文穎曰：「邊，近也。」是即范注「相接」之訓，猶言瀕河傍海也。成在魯北竟，爲魯之遠埀，而接近乎齊，與竟外兵不異，故危之矣。

十有三年春，齊侯次于垂葭。【補曰】垂葭，衞地。亦畏晉。○【撰異曰】「齊侯」下當有「衞侯」，此脱也，左氏、公羊皆有「衞侯」。葭，公羊作「瑕」。

夏，築蛇淵囿。蛇淵，地名。

大蒐于比蒲。【補曰】李光地以爲是年春郊後夫子去魯，築囿大蒐，皆夫子去後事。胡宏已有此義，李廉、季本皆以爲然。又論於後。○【撰異曰】蒐，公羊或作「廋」。

衞公孟彄帥師伐曹。

秋，晉趙鞅入于晉陽以叛。以者，不以者也。叛，直叛也。【補曰】重發傳者，非自外入，嫌異也。或又以其非自外入，故不釋入。疏曰：「趙鞅自入己邑，以其無君命，同于内弗受之文耳。」文烝案：孫林父亦同矣。

冬，晉荀寅、士吉射入于朝歌以叛。【補曰】朝歌，晉人謂之舊衞。胡安國以爲晉至是諸侯叛於外，大夫叛於内。又以左傳事論之曰「晉卿始禍，緣衛貢也。樂祁見執，獻楊楯也。蔡侯從吴，荀寅貨也。昭公弗納，荀躒賂也。晉自是不復能主盟矣，故爲國以義不以利。〇【撰異曰】公羊作「及士吉射」。

晉趙鞅歸于晉。此叛也，其以歸言之何也？據叛惡而歸善。貴其以地反也。【補曰】以地反則非叛矣，叛則惡之，故上言入。非叛則貴之，故此言歸。若言入于晉，是仍叛也。吕本中曰：「不言入，不以叛入。」此説是。貴其以地反則是大利也。【補曰】疑若大其利。非大利也，許悔過也。【補曰】過而能改，善莫大焉，於是許之，故貴之矣。不言復歸者，非自外歸，位未絶。許悔過則何以言叛也？【補曰】能悔過者似不宜有叛君之事。以地正國也。地，謂晉陽也，蓋以晉陽之兵還正國也。公羊傳曰：「逐君側之惡人。」【補曰】鞅爲荀寅、士吉射所伐，奔保晉陽，其意欲以晉陽之兵還正國也。正國者，謂逐寅、吉射。公羊言以地正國，而説之如此。以地正國則何以言叛？據是善事。其入無君命也。凱曰：「專入晉陽，以興甲兵，故不得不言叛，實以驅惡而安君，則釋兵不得不言歸，春秋善惡必著之義。」【補曰】公羊亦云「無君命也」。聖人之論人亦多術矣，其粗者，趙鞅之惡亦善其可善；其精者，則士匄爲非而管仲猶有憾，所謂無可無不可者歟？可而有不可焉故無可，不可而有可焉故無不可，或嚴或寬，誰毀誰譽，裁自聖心，唯變所適。

薛弑其君比。【補曰】疏曰：「傳於剽弑發不正書日之問，則庶子爲君而被弑者當書月矣。於例時卒惡之，則薛比亦惡也。

十有四年春，衛公叔戌來奔。【補曰】段玉裁曰：「春秋宋公戌、向戌皆十二辰之『戌』也，衛公叔戌則『戍守』字，傷遇切。世本作『朱』，『朱』與『戍』音相近。」

晉趙陽出奔宋。○【撰異曰】晉，左氏作「衛」。徐彦公羊疏曰：「穀梁與此同。左氏作『衛趙陽』字也。」陸淳纂例唯云公羊作「晉」。汲古閣公羊誤作「晉趙鞅」。

二月辛巳，楚公子結、陳公孫佗人帥師滅頓，以頓子牂歸。【補曰】葉夢得曰：「不别以歸何國者，楚强且主兵可知。」○【撰異曰】二月，公羊、唐石經初刻及板本作「三月」。陳公孫，公羊作「陳公子」。牂，作「牄」，鄂本公羊作「搶」，蜀大字本作「愴」，皆誤也。徐彦曰：「左氏、穀梁皆作『頓子牂』字，賈氏不注，文不備。」

夏，衛北宫結來奔。

五月，於越敗吴于檇李。檇李，吴地。【補曰】當云越地。賈逵、杜預同。杜曰：「吴郡嘉興縣南醉李城。」國語曰：「句踐之地，北至于禦兒。」韋昭曰：「今嘉興禦兒鄉是也。」何休曰：「月者，爲下卒出。」○【撰異曰】檇，公羊作「醉」，又作「雋」。國語注或作「鄬」。

吴子光卒。【補曰】吴闔廬也。案：左傳：「靈姑浮以戈擊闔廬，闔廬傷將指，取其一屨。還卒於陘，去檇李七里。」杜預曰：「釋經所以不書滅。」趙汸曰：「吴、楚之君，雖卒於外不地，略夷狄。」案：哀六年左傳楚昭王救陳卒于城父亦不地也。

公會齊侯、衛侯于牽。牽，地。【補曰】當云衛地。○【撰異曰】牽，公羊作「堅」，又作「掔」。

公至自會。

秋，齊侯、宋公會于洮。【補曰】洮，曹地。

天王使石尚來歸脤。脤，祭肉。天子祭畢，以之賜同姓諸侯，親兄弟之國，與之共福。【補曰】注後三句本杜預，依周禮也。謝湜曰：「王受神福，賴諸侯所致，則宜與諸侯共之，故不曰賜而謂之歸。」黄道周曰：「歸脤而不舉月日何也？其來者遠矣。紀受者則不尊，紀賜者則不親，爲之紀時焉。」脤者何也？俎實也，祭肉也。【補曰】説文：「俎，從半肉，在且上。」禮所謂房俎也。俎實卽祭肉。生曰脤，熟曰膰。【補曰】公羊與此同。左氏説宜社之肉曰脤，爲其盛以蜃器。祭宗廟之肉曰膰。音義曰：「膰，本或作『燔』。」其辭石尚，士也。辭，猶書也。【補曰】上士或中士也。何休以爲上士。案：上士亦有采，則石亦以采氏矣。石尚者，石速、石張之後。石速爲惠王膳夫。周禮膳夫上士二人，中士四人，下士八人。何以知其士也？【補曰】問經文何以見之？天子之大夫不名，【補曰】大夫通上、中、下大夫言之。案：曲禮曰：「列國之大夫入天子之國曰某士。」左傳晉韓宣子聘周曰「晉士起」是也，故春秋天子之士則與列國之大夫皆名。石尚欲書春秋，欲著名于春秋。【補曰】春秋者，魯史記也，此卽左傳晉韓起所見之魯春秋，公羊所謂不脩春秋。石尚所以欲書者，蓋以其承周公典策之制，備有王禮，所謂天下資禮樂而周禮盡在魯者也。嘗竊論之，此傳言石尚欲書春秋，左傳言韓起見魯春秋，坊記、孟子皆言魯春秋，是夫子據魯史記脩經之明文也。公羊引不脩春秋，亦似謂魯史記也。而漢世諸公羊家及諸讖緯及何休説，並以爲夫子廣采諸國史記，特造此經，非因魯史記之舊。以爲使子夏等十四人求周史記，得百二十國寶書，刊而脩之，託新王受命於魯。司馬遷作史記亦言孔子西觀周室，論史記舊聞，興於魯而次春秋，約其辭文，去其煩重。又言因史記作春秋十二公，據魯親周故殷，蓋皆秦、漢閒齊、趙俗師之夸辭，而胡毋子都、董仲舒輩沿用之，斯王充所謂語增者歟？ 諫曰：「久矣，周之不行禮於魯也，請行賑。」【補曰】請王使已歸魯。 貴復正也。【補曰】經貴王能復正，與志會葬同，與聘異。疏曰：「自此以前，無失正之文，而曰貴復正者，天王不行禮於魯即是失正，今由石尚而歸賑美之，故曰貴復正也。」王樵曰：「書天王止此，所謂天子之在者惟祭與號。」

「親周」即「新周」，董仲舒書亦作「親」字。

衛世子蒯聵出奔宋。

衛公孟彄出奔鄭。

宋公之弟辰自蕭來奔。 稱弟猶未失爲弟之行。【補曰】前有以文，亦不嫌與自夢同言自不言以，非邾庶其等比也。

大蒐于比蒲。【補曰】疏曰：「此年無冬，蒐文承秋下，秋蒐則常事也。常事而書者，上年夏蒐失正，書正以明前不正，與書蒐紅意同。」文烝案：此年無冬，此蒐或在冬，亦未可知。左傳載蒯聵、彄事在秋辰奔以下，俱無傳。何休以爲五年大簡車徒謂之大蒐，故其注此云「譏亟也」。

邾子來會公。 會公于比蒲。【補曰】此本杜預也。在魯地，與蕭叔朝穀異，故言來，實非公會，故言會公，從沓、梁之例。 不地者，文承蒐下可知。

城莒父及霄。 無冬，甯所未詳。【補曰】杜預曰：「公叛晉助范氏，故懼而城二邑。」論語子夏爲莒父宰，閻若璩以爲莒父，魯之西鄙。子夏，衛人，去其家近，蓋或然矣。定之世不得援「夏五」傳疑之例。去冬者，時孔子去魯，已將二年，兆足以行而不行，傷定公季孫之不能有終也。廣韻引尸子、漢書律曆志並云：「冬，終也。」説文：「冬，从仌夂聲。夂，古文終也。」曆十年無正而元年有正，正曆之始也。定十三年有冬而末年無冬，惡定之不終也。壬中失其所繫，其取義亦猶是也。不於明年去冬者，定薨在夏故也。何休以爲是歲齊饋女樂，以閒孔子，定公聽季桓子受之，三日不朝，當坐淫，故貶之。歸女樂不書者，本以淫受之，故深諱其本。又三日不朝，孔子行，魯人皆知孔子所以去，附嫌近害，雖可書猶不書。孔廣森曰：「史記孔子世家，定公十四年，季桓子受齊女樂。子路曰：『夫子可以行矣。』孔子曰：『魯今且郊，如致膰乎大夫，則吾猶可以止。』云且郊者，謂明年春當郊，明女樂事實在是冬也。」文烝案：受女樂之後即郊，郊膰不至，孔子即行，事皆相接。而明年郊在五月，知女樂事不在是冬矣。史記十二諸侯年表、魯世家皆於定十二年書女樂去魯事，年表、衞世家皆於靈公三十八年書孔子來，當定之十三年。又孔子世家云「孔子之去魯凡十四歲而反乎魯」，江永據此諸文以爲女樂事在十二、十三冬春之閒，去魯在十三年春郊時，最得其實也。女樂事史本無之，何氏説皆不可用。而此年無冬，就孔子去魯事生義，則其來古矣。

十有五年春王正月，邾子來朝。【補曰】月者，爲下牲變起。

鼷鼠食郊牛，牛死，改卜牛。不言所食，食非一處，以至死。【補曰】公羊曰：「漫也。」何休曰：「偏食其身。」俞樾以爲「漫」即「曼」字。唐石經元本作「曼」。曼者，延也。初食雖止一處，而其傷曼延，不能知其初食處也。趙匡曰：「常怪鼷鼠食郊牛致死。上元二年，因避兵旅於會稽，時有水旱疫癘之苦，至明年而牛災，有小鼠能噬牛，纔傷皮膚，無有不死者。」不敬莫大焉。定公不敬最大，故天災最甚。【補曰】注不達傳意。下年「食角」，傳曰「志不敬也」；成七年「食角」，傳曰「過有司」，亦是志不敬也。不敬，謂備災之道不盡，此以其偏食，故曰不敬莫大。牛災也，廟壞也，烝也，嘗也，諸言不敬，皆同義，並指實事，不涉空言。

二月辛丑，楚子滅胡，以胡子豹歸。

夏五月辛亥，郊。譏不時也。【補曰】正月改卜牛，不可知其在某日，若使正月上辛，本不當郊。而上辛前或其後，至下辛前，忽有改卜牛事，或正月上辛本當郊，而上辛前有改卜牛事，於是而卜郊，則除前年十二月下辛之卜不計，正月下辛爲初卜，二月下辛二卜，三月下辛三卜，四月下辛四卜，而後從也。若改卜牛在正月下辛後，則無正月一卜，凡三卜而後從也。傳言夏始，猶可承春，此五月不可明矣。

壬申，公薨于高寢。高寢，非正也。高寢，宮名。【補曰】此本杜預也。疏曰：「重發傳者，高者大名，嫌是路寢之流，故明之。」文烝案：劉向說苑以爲諸侯正寢有三：曰高寢，曰左路寢，曰右路寢。高寢在中，但高寢專爲始封君之寢，繼體君世世不可居之，繼體君惟居二路寢耳。路寢有二者，子不居父寢故也。此論寢制頗有理，張尚瑗取之，或穀梁家相傳說歟？

鄭罕達帥師伐宋。○【撰異曰】罕，公羊作「軒」。後同。

齊侯、衛侯次于渠蒢。渠蒢，地也。【補曰】當云地闕。左傳曰：「謀救宋也。」杜預曰：「不果救，故書次。」○【撰異曰】渠蒢，公羊作「蘧篨」。板本或作「蘧篨」。徐彦曰：「左氏作『蘧挐』字。賈氏無說，文不備也。」陸淳纂例曰：「渠，左氏作「蘧」。」案：今左氏經與穀梁同，左傳作「蘧挐」。

邾子來奔喪。【補曰】杜預曰：「諸侯奔喪，非禮。」公羊曰：「其言來奔喪何？奔喪非禮也。」何休以爲邾、婁與魯無服，故以非禮書。何氏非也。諸侯相弔，當使士或下大夫，從左氏說爲允。此蓋在時例，不蒙月。喪急，故以奔言之。【補曰】疏曰：「奔喪之制，日行百里，故傳言急，所以申匍匐之情也。」文烝案：經諸言奔者，皆是逃避而去，奔訓走，是急辭。喪事以急遽爲主，故謂之奔。檀弓曰：「喪事欲其縱縱爾。」縱縱者，趣事急遽貌。奔喪禮曰：「日行百里，不以夜行，唯父母之喪見星而行，見星而舍。」夫古者師日行三十里，吉行五十里，而奔五服之喪者皆行百里，是喪事貴急之一端。以其事急，故禮謂之奔。而策書因之，君子取之，此與解乞師義正同也。傳曰：「古之人重死，故議弔含襚賵不及事。」又書奔喪，皆明喪事尚急，其意一也。

秋七月壬申，弋氏卒。○【撰異曰】弋，左氏、公羊作「姒」，下同。徐彥曰：「穀梁作『弋氏』字。」案：襄公母，左、穀作「姒」，公作「弋」。哀公母，左、公作「姒」，穀作「弋」。妾辭也，不言夫人薨。【補曰】既得書，明非妾矣，而其辭猶爲妾辭。哀公之母也。【補曰】哀母，定公妾也。成風以來，妾子爲君母，皆爲夫人。弋氏是哀之母，其歿不可不書，特以未葬，未踰年稱子，未稱公，故不言薨，又不言夫人。公羊是矣。

八月庚辰朔，日有食之。

九月，滕子來會葬。邾、滕，魯之屬國。近則來奔喪，遠則來會葬，於長帥之喪同之王者，書非禮。【補曰】疏曰：「范答薄氏云屬國非私屬，五國爲屬，屬有長，曹、滕、二邾世屬服事我，故謂之屬。」文烝案：此月者，蓋亦爲下葬日。

丁巳，葬我君定公，雨，不克葬。葬既有日，不爲雨止，禮也。雨不克葬，喪不以制也。

宣八年注詳矣。【補曰】疏曰：「重發傳者，頃熊，夫人，今此人君，嫌禮異，故明之。」

戊午，日下稷，乃克葬。稷，昃也。下昃，謂晡時。【補曰】何休曰：「昃，日西也。下昃，蓋晡時。」文烝案：稷，即「昃」字，於六書爲假借。易象傳孟喜本「日中則稷」，諸家皆作「昃」。書中候握河紀漢碑太玄有「日稷」「大稷」語。晡時者，時加申也。史記天官書曰：「日昳至餔，餔至下餔。」「餔」即「晡」字。漢書天文志皆作「晡」。五行志有「晡時」、「日下晡時」，素問亦有「下晡」，然則下昃者，下晡，申時末也。又疑日昳謂之日中昃，晡時謂之日下昃。○【撰異曰】稷，左氏、公羊作「昃」。

乃，急辭也，【補曰】錢儀吉引夏小正傳説乃瓜曰乃者急瓜之辭。不足乎日之辭也。【補曰】時加於申，是不足乎日，故爲急辭，所謂乃難乎而也。疏曰：「范例云克例有六，克段弗克納。不克葬者二，而克葬乃克葬也。」

辛巳，葬定弋。【補曰】君母録葬，明是小君，猶未踰年，故亦爲妾辭也。此皆史文之舊也。陳壽祺曰：「不夫人不小君者，哀未君，不及尊其母也。且定之適夫人不見於經，容其時尚存，故尊不加於妾母也。」孔廣森曰：「辛巳距戊午二十三日，蓋定公七虞卒哭既畢，然後啟禮也。」文烝案：上書八月庚辰朔，而九月有辛巳，蓋與襄二十八年乙未同例。不如葬齊景公著其不正者，蓋喪服以年計者不數閏，以月計者兼數閏，故依常例立文歟？數閏不數閏之説見鄭志答趙商。

冬，城漆。【補曰】杜預曰：「邾庶其邑。」

春秋哀公經傳第十一補注第二十四

哀公，定公子。史記名將，世本名蔣。母定弋。以敬王二十六年卽位。閻若璩曰：「哀公見存，焉得有謚？必後人以例改繫也。」汲冢紀年稱魏哀王爲今王，史記紀武帝題今上本紀，孔子當日必稱今公。」

穀梁　范氏集解　鍾文烝詳補

元年春王正月，公卽位。

楚子、陳侯、隨侯、許男圍蔡。隨久不見者，衰微也。稱侯者，本爵俱侯，土地見侵削，故微爾。定六年鄭滅許，今復見者，自復也。【補曰】疏曰：「隨自僖二十年以來更不見經，衰微不能自通於盟會也。」文烝案：杜預曰：「隨世服於楚，不通中國。吳之入楚，昭王奔隨，隨人免之，卒復楚國。楚人德之，使列於諸侯，故得見經。定六年，鄭滅許，此復見者，蓋楚封之。」杜說最可據，范本何休非也。

鼷鼠食郊牛角，改卜牛。○【撰異曰】左氏、公羊無「角」字。案：疏引范例云書郊有九，其所數九事，則遺去成十年五卜不數，又以定十五年及此年之食牛合爲一事。云定公、哀公並有牲變，不言所食處，不敬莫大，二罪不異，并爲一物。又分出上年、今年之辛亥郊、辛巳郊各爲一事，兩年爲三事，舛誤實甚。後人據此疏遂疑此年穀梁之經亦無

「角」字矣。孫志祖曰：「范誤據左、公羊也。」

夏四月辛巳，郊。【補曰】高閌曰：「兩年連書，知魯郊歲一行之。」此該郊之變而道之也。該，備也。春秋書郊終於此，故於此備説郊之變。變，謂郊非其時，或牲被災害。【補曰】此，此經文也。食牛角，四月郊，備郊之變也。傳「郊」字各本脱，今依唐石經、余本、吕本中集解本、俞皐集傳釋義本、李廉會通本補正。於變之中又有言焉。於災變之中又有可善而言者。【補曰】春秋書郊事皆郊之變也，而惟此最爲可言。食角愈於偏食，食角得郊，愈於口傷。及成七年之食角，四月郊愈於五月、九月，又愈於四月免牲不郊，此三句爲一傳綱領。鼷鼠食郊牛角，改卜牛，志不敬也。郊牛日展，觓角而知，傷展道盡矣。展道雖盡，所以備災之道不盡，譏哀公不敬，故致天變。【補曰】先出經上二句也。志不敬，猶成七年傳云「過有司」，謂所以備災之道不盡也。成七年言「展道盡」，又言「備災之道不盡」，此但直言「展道盡」者，此處欲明變中有可言之義，故省其文，乃文章之體也。注皆失之。郊，自正月至于三月，郊之時也。夏四月郊，不時也。【補曰】次出經下二句也。僖三十一年、成十年、襄七年、十一年四月並廢郊，不與此同。此郊或三卜而從，或二卜而從，皆未可知。五月郊，不時也。【補曰】謂定十五年。夏之始可以承春，【補曰】雖不時而猶可。以秋之末承春之始，蓋不可矣。闓曰：「不時之中，有差劇也。」夏始承春，方秋之末，猶爲可也。【補曰】五月以後俱不可，而成十七年之九月爲甚。傳「矣」字或作「也」。九月用郊。用者，不宜用者也。在成十七年。【補曰】以其甚不可，故加「用」文，申上意也。郊三卜，禮也。以十二月下辛卜正月上辛，如不從，則以正月下辛卜二月上辛，如不從，則以二月下辛卜三月上辛，所謂三卜也。鄭嗣曰：「謂卜一辛而三也，求吉之道三，故曰禮也。」【補曰】此三卜，謂襄七年四月三卜也。范言正禮，直用下文語。鄭嗣非也，卜一辛而三，顯與傳背。求吉之道三，公羊文。四卜，非禮也。僖三十一年、襄十一年皆四卜。五卜，强也。成十年五卜。【補曰】「强」或作「彊」。卜免牲者，吉則免之，【補曰】僖三十一年、襄七年是也。不吉則否。【補曰】成十年、襄十一年皆直言不郊，不言免牲，是也。牛傷不言傷之者，傷自牛作也，故其辭緩。宣三年，郊牛之口傷，以牛自傷，故加之，言緩辭。【補曰】此明傷不自牛作則宜爲急辭矣。此年及成七年言郊牛角，皆不加言之，是急辭也。全曰牲，傷曰牛，未牲曰牛，其牛一也，其所以爲牛者異。已卜日成牲而傷之曰牛，未卜日未成牲之牛，二者不同。【補曰】卜牛既定既稱牲，注依左傳卜日始稱牲，非也。此通解言牲、言牛十三文。有變而不郊，故卜免牛也。【補曰】免牛者，成七年是也，時因後牛又有變。已牛矣，其尚卜免之何也？災傷不復以郊，怪復卜免之。【補曰】已以傷而稱牛，疑不若牲，須卜免。禮與其亡也寧有，於禮有卜之與無卜，寧當有卜。嘗置之上帝矣，故卜而後免之，不敢專也。嘗置之滌宫，名之爲上帝牲矣，故不敢擅施也。【補曰】吕氏春秋注、荀子注並云：「置，猶委也。」左傳注云：「委，屬也。」俞樾取其訓，以爲范解增字太多。上帝，天也。王曰天王，以天稱君也。天曰上帝，以君稱天也。此言牛與牲，名異而實同，故皆須卜。卜之不吉則如之何？不免。【補曰】經無不免牛事，故特明之，言與不吉不免牲同。安置之？繫而待六月上甲始庀牲，然後左右之。庀，具也。待具後牲，然後左右前牛，在我用之，不復須卜，已有新牲故也。周禮曰：「司門掌授管鍵，以啟閉國門。」祭祀之牛牲繫焉，然則未左右時監門者養之。【補曰】此承不免牛言之，亦兼說不免牲。子之所言者，牲之變也，而曰我一該郊之變而道之何也？【補曰】疏曰：「子者，弟子問穀梁子之辭。」文烝案：言子、言我，設言弟子問夫子也。論語弟子稱夫子皆曰子我者，弟子述夫子自我之意。我以六月上甲始庀牲，十月上甲始繫牲，【補曰】疏曰：「我以六月者，穀梁子答辭。」文烝案：我者，我魯，亦夫子自我也。具牲者先取牛於牧，擇其毛而卜之，吉則養之。十月而繫諸滌宮，芻之三月，至正月而郊，是爲在滌三月。春秋緯謂滌爲三牢，牢各主一月也。其牲，帝牲、稷牲各一，帝牲有變則易稷牲爲帝牲。說見宣三年。十一月、十二月牲雖有變，不道也。牲有變則改卜牛，以不妨郊事，故不言其變。【補曰】十二月不道牲變者，經既無其事，傳亦大概言之。若十二月下辛已卜郊，而下辛後正月前有牲變，又不得以二月、三月郊，又不以三月免牲，則亦當道之，從正月牲變例矣。待正月然後言牲之變，此乃所以該郊。至郊時然後言其變，重其妨郊也。十一、二月不道，自前可知也。至正月然後道，則二月、三月亦可知也。此所以該郊，言其變道盡。【補曰】牲變在正月，雖在下辛前，已無十二月一卜，假令卜不遽從，至於三卜，卜尚合禮，郊則踰春，我當以其不時記郊，然後言其牲變。言牲變爲言郊而起，是所以該郊也。以此觀之，襄七年必有牲變，以其不郊，故不言明矣。定十五年與此同例，宣三年、成七年則在再有牲變之例，與此異也。注言二月、三月可知者，謂若二月、三月有牲變，踰春而郊，記其郊必言其變，以經既無其事，故傳亦不言也。傳論正月牲變，但據初時帝牲，若十二月下辛卜郊之前帝牲已有變，改卜稷牲爲帝牲，而正月上辛之前後又有牲變，則不得又有牛，不須又卜郊，經當書之，從再有牲變之例，此亦可推而知也。郊，享道也。貴其時，大其禮。其養牲雖小，不備可也。享者，飲食之道。牲有變則改卜牛，郊日已逼，庀繫之禮，雖小不備，合時得禮，用之可也。【補曰】此上說春秋所記郊之變，其義已盡，此復論郊道之正也。享謂飲食，飲食者，禮之所始，人之所以相接，聖人推生以事死，又推祖以至天，一以人道接之，從而爲之差等，故曰「郊，享道也。」時，春時也。禮者，前篇云「薦其敬，薦其美」是也。注言郊日已逼，謂猶及二月、三月郊者，牲變在二月下辛前，皆得有其事矣。庀繫釋「養」字，非上文之庀繫也。劉向說上宜興禮樂曰：「爲其俎豆管弦之閒小不備，因是絶而不爲，是去小不備而就大不備，惑莫甚焉。」其言本此傳，可以推明傳旨。

子不志三月卜郊何也？三月，謂十二月、正月、二月也。【補曰】此下復論春月郊否不志之義。三月卜郊謂所卜正月、二月、三月之郊，或從或不從，或郊或不郊也。問春月郊否，何以悉不志？志，各本誤作「忘」，今依唐石經、余本、吕本中集解本、張洽集註、俞臯集傳釋義本改正。

郊，自正月至于三月，郊之時也。有變乃志，常事不書。【補曰】覆說前文，明春郊得時，故不志。或三月免牲而不郊，因亦不志。若正月、二月有牲變，而二月、三月得郊，亦不志。又不言牲變，同於常年，其以三月免牲亦如之。

我以十二月下辛卜正月上辛，如不從，則以正月下辛卜二月上辛，如不從，則以二月下辛卜三月上辛，如不從，則不郊矣。意欲郊而卜不吉，故曰不從。郊必用上辛者，取其新潔莫先也。【補曰】言下旬卜者，亦大概言之，若使中旬末爲辛而下旬無辛，則以中旬末卜矣。卜必皆前期十日者，周禮大宰職曰：「祀五帝，前期十日帥執事而卜日。」鄭君曰：「十日，容散齊七日，致齊三日。」是其義也。其卜辭當依曲禮，旬之外，曰遠某日。以今月下辛卜來月上辛，實爲旬有一日，是旬之外日也。卜至三而止者，公羊曰「求吉之道三」，曲禮亦曰「卜筮不過三」。王肅謂禮以三爲成也。必以春三月卜者，子月有報本之義，寅月有祈穀之義，丑月在其閒，郊非春不可，故因以爲三卜之節。何偃不達禮意，乃以三春皆郊之說證成晉詔膚淺之譏，其誣傳甚焉。何休說公羊以爲正月者歲首，上辛猶始新，皆取其首先之意。范略本之。三卜不從則不郊，謂三月免牲也。傳以祭期卜法，上皆未言，故具述之，申足上意。○嘗論春秋書郊九事而已，錯綜而不可紊，簡質而多所包，所謂化工之文也。其中脈絡盡在於傳，要須悉心推之耳。若左氏、公羊及其注、疏，或有可相補備者，文烝既盡取之矣。今更記其異說於此：左氏、杜、孔之意，禮不卜常祀而卜其牲與日，牛卜日曰牲，謂卜牛既吉未稱牲，卜得吉日乃稱爲牲，但當卜牲與日，不當卜可祀與否。魯諸卜郊書於經者，皆卜可祀與否，故皆爲非禮。四月四卜者，三月每旬一卜，四月上旬更一卜。四月五卜者，三月三卜，四月又二卜。四月三卜者，三月二卜，四月又一卜。郊日用辛，不必上辛，其月以三月爲正，若四月猶在啟蟄中氣內，未過春分，則亦可郊。襄之三卜，春分既耕而後卜郊，故孟獻子譏之。正月牛再有變，猶當更卜牛，郊不可廢，不郊爲非禮。公羊之意，書卜皆是卜日，天子之郊不卜，魯郊非禮故卜，卜吉則郊，不吉則止。求吉之道三，三卜爲禮，四卜爲非禮。定之五月郊爲三卜之運。運，轉也。郊之正禮用正月上辛，徐彥以爲襄之三卜在四月，亦是不時。何休以爲魯郊轉卜春三正，三王之郊一用夏正，春秋之義，當用周正。三卜吉凶必有相奇者，可以決疑，故求吉必三卜。定五月郊者，已卜春三正不吉，復轉卜夏三月，周五月，得二吉。文烝以爲禮莫重於祭，祭莫大於郊，廣采異聞，可資博物。至於圜丘一祭，用冬至不用辛日，周官以外，不見他書，而考大司樂章，與漢孝文時竇公所獻書同。竇公本魏文侯樂人，其來已古。自史記封禪書約引其文，以爲南郊，而鄭君則分郊丘爲二。彌縫羣經，世所依用，此不復論焉。

秋，齊侯、衛侯伐晉。【補曰】許翰曰：「楚得專封，王道盡矣。晉受衆伐，霸統亡矣。春秋之變，至是而窮。」陳傅良曰：「春秋之初，諸侯無王者，齊、鄭、宋、魯、衛爲之也。春秋之季，諸侯無伯者，亦齊、鄭、宋、魯、衛爲之也。」

[一]「二吉」或作「一吉」。

[二]史記引周官：「冬日至，祀天於南郊。夏日至，祭地祇。」

又似以丘爲邾，今姑從鄭說。

冬，仲孫何忌帥師伐邾。【補曰】趙鵬飛曰：「定公之世，撫邾爲厚，邾亦事魯爲勤。哀即位而即伐邾，七年之閒，虐之無所不至，諸大夫之意也。」

二年春王二月，季孫斯、叔孫州仇、仲孫何忌帥師伐邾，取漷東田。【補曰】月者，爲下盟日。各本此經下衍「及沂西田」四字，傳文又衍「取漷東田」四字，今並依唐石經、十行本删正。漷東，未盡也。及沂西田。沂西，未盡也。漷、沂，皆水名。邵曰：「以其言東、西，則知其未盡也。」【補曰】於此兩言未盡，明前文濟西、汶陽及龜陰亦同也。此與襄十九年「自漷水」爲軋辭正相對，故於此發傳。

癸巳，叔孫州仇、仲孫何忌及邾子盟于句繹。句繹，邾地。【補曰】據左氏續經十四年，則小邾地也。後三年州仇、何忌圍邾，六年何忌伐邾，七年公入邾渝盟，肆虐莫此爲甚。不去盟日者，事近且著，無待去日而見，故還依常例，不與眛、拔同也。上取二邑亦從時例，與文七年異文，即此意。三人伐而二人盟，何也？各盟其得也。季孫不得田，故不與盟。胡安國曰：「莫强乎季孫，何獨無得？季氏四分公室有其二。昭公伐意如，叔孫氏救意如，而昭公孫陽虎囚桓子，孟孫氏救桓子而陽虎奔，今得邾田，蓋季氏以歸二家而不取也。」胡本王沿說。

夏四月丙子，衛侯元卒。

滕子來朝。

晉趙鞅帥師納衛世子蒯聵于戚。鄭君曰：「蒯聵欲殺母，靈公廢之。」是也。若君薨有反國之道，當稱子某，如齊子糾也。今稱世子如君存，是春秋不與蒯聵得反立明矣。江熙曰：「鄭世子忽反正有明文，子糾但於公子爲貴，非世子也。」【補曰】鄭説固非，江亦失之。鄭昭公前稱鄭忽，後稱鄭世子忽，相對爲義，與蒯聵不同。蒯聵稱世子，自是策書常文。納者，内弗受也。【補曰】重發傳者，納父於子之邑，嫌無弗受之義也。帥師而後納者，有伐也。【補曰】納稱帥師，明有伐事，君將言伐，大夫則以帥師當伐文，經辭簡省從可知。何用弗受也？以輒不受也。甯不達此義。江熙曰：「齊景公廢世子，世子還國書篡。若靈公廢蒯聵立輒，則蒯聵不得復稱曩日世子也。稱蒯聵爲世子，則靈公不命輒審矣。此矛楯之喻也。然則從王父之言，傳似失矣。經云納衛世子，鄭世子忽復歸于鄭，稱世子，明正也，明正則拒之者非邪。」【補曰】此連下作注皆非也。齊陽生與子糾同皆正，皆非世子。陽生取國于荼，故以國氏，其與荼又非父子也。靈公自命輒，蒯聵自可稱世子，何相妨乎？傳謂輒有不受父之義，故内弗受之例，同於常文，注誤會傳意，謂輒有不受父之事，而經因明其可以拒父，不思甚矣。晉伐衛喪，蒯聵以詐謀入戚，不聞輒用師相禦，觀左傳所載，固不得云拒父也。公羊下年傳始有「距」字，其事卽指圍戚，亦不指此年也。拒父之非，人皆知之，乃因公羊曼姑可拒之謬説，而云拒之者非邪？依違其辭，又可哂也。以輒不受父之命，受之王父也。【補曰】此申上也。兩「受」字與上下文「受」字異。左傳夫人因公子郢言立輒，蓋稱靈公之命以令於國，是受命王父也。公羊曼姑受靈公命之説，臆測不可用。信父而辭王父，則是不尊王父也。其弗受，以尊王父也。【補曰】又申上也。若辭王父之命，避不爲君，志在申父，則以親親害尊尊，非重本尊統之義，故春秋弗受者，明有尊也。傳以子不受父，其事異常，故反覆申言之。公羊下年傳曰：「輒之義可以立乎？曰：可。不以父命辭王父命，以王父命辭父命。」何休以爲輒不可以拒父而可以立，但非義之高者，其說當矣。○孟子論瞽瞍殺人一章，朱子據以斷蒯聵事，竊謂義隨事變，有異有同，輒可以爲舜，而衛之諸臣不得爲臯陶，輒而能逃，義之盡也，衛之諸臣而擅以甲兵伐蒯聵則大罪也，是故衛之諸臣，其義至立輒而止。

秋八月甲戌，晉趙鞅帥師及鄭罕達帥師戰于鐵，鄭師敗績。鐵，衛地。【補曰】杜預曰：「在戚城南。」案：此文全似大棘戰。李廉曰：「夷晉於列國矣。」○【撰異曰】鐵，公羊作「栗」，亦作「秩」。徐彥曰：「及鄭軒達戰于鐵者，諸家之經『軒達』之下皆有『帥師』，唯服引經者無，與諸家異。于鐵者，三家同。有作『栗』字者，誤也。今定本作『栗』字。」

冬十月，葬衛靈公。七月葬，蒯聵之亂故也。【補曰】上下有爭國事，無危文者，從鄭莊公例。

十有一月，蔡遷于州來。【補曰】爾雅、淮南有州黎丘，卽州來也，鹽鐵論云「孔子飢於黎丘」。案論語「在陳絕糧」，孔安國曰：「吳伐陳，陳亂，故乏食。」是後六年事也。其地與故蔡都接，故曰從我於陳、蔡。孟子亦曰「戹於陳、蔡之閒」，後人遂以黎丘目蔡矣。

蔡殺其大夫公子駟。

三年春，齊國夏、衛石曼姑帥師圍戚。此衛事也。【補曰】戚不繫衛者，主衛之辭，足見其爲衛事。此經文首尾相明，自然之妙。李光地嘗發此義。其先國夏何也？子不圍父也。不繫戚於衛者，子不有父也。江熙曰：「子圍父者，爲人倫之道絕，故以齊首之。國夏首兵，則應言衛戚，今不言者，辟子有父也。子有父者，戚繫衛則爲大夫屬于衛。」【補曰】公羊以爲曼姑之義可以爲輒距蒯聵，此拒父之説也，謂可拒非也。子不可圍父，故不從邾人、鄭人、宋人、齊人之例，子不可有父，故不從宋彭城之例，此論語不爲衛君之意也。兄弟交讓，無怨則以爲賢且仁，子與父爭國則爲之深正其義。明父雖不父，子不可不子，父雖以戚事晉，子終當以衛事父，既不能舍國而逃，以從其父則亦已矣。柰何以兵圍之哉？公羊亦謂父有子，子不得有父，乃發其義於上文納世子之經，而與衛侯入于夷儀並以不言入于衛爲説，足知其流傳之誤。而左氏於此但曰「齊、衛圍戚，求援于中山」，絶不一言其義，則論語爲何説乎？明左氏有考史之功，無受經之事矣。○案：左氏考史之功，自僖、文以後尤爲該備詳密，如此文「齊、衛圍戚，求援于中山」，自足見當時情事。時晉之荀寅、士吉射與趙鞅爲敵，搆兵不已，齊、衛及魯、宋、鄭、鮮虞皆助士氏、荀氏，而齊、衛救之尤力。左氏詳載其事始於定十四年會牽之謀，終於哀五年荀、士之奔齊，本末具備。此年圍戚亦其事也，趙鞅居蒯聵於戚，以爲晉援則戚已屬晉矣，齊、衛圍戚乃是伐晉以救其叛人，因鮮虞嘗與伐晉，故仍求其爲援，論其本謀，固非衛圍父而齊助之。左氏序事，實有條理，但蒯聵實在戚，齊視之則晉之援也爲我寇者也，衛視之則父也。齊圍戚則可曰我以敵晉，衛圍戚則是圍父而已矣。君子作春秋，正名定分，論其義之大，不論其事之細。策書舊文本書曰「齊國夏、衛石曼姑帥師圍戚」；以其事而論，則是救晉之叛人以敵晉也，齊主兵而衛從焉者也；以其義而論，則是以子圍父也，衛主兵而齊從焉者也。衛主齊從則此事乃爲衛事，以齊首兵之義由此而生，戚不繫衛之義由此而起，文仍舊史之文而義非舊史之義矣。此所謂其義則丘竊取之者，固不必奮筆改易而後謂之竊取也。左傳此條何嘗不信而有徵？而要非經義所在，故惠士奇力辯圍戚之爲救范氏，以駁二千年相傳拒父之説。於左傳之理，上下皆貫，而不知其不可也。何休公羊注引論語文，而鄭君論語注亦引此經，論語不爲衞君之義，正是此經之義，學者明乎春秋事與義之分則可與言春秋矣。

夏四月甲午，地震。

五月辛卯，桓宮、僖宮災。【補曰】左傳：「孔子在陳，聞火，曰：『其桓、僖乎？』」杜預曰：「言桓、僖親盡而廟不毁，宜爲天所災。」服虔曰：「季氏出桓公，又爲僖公所立，故不毁其廟。」服説與漢書五行志同。公羊謂毁而復立。案：毁而復立，謂之不毁亦可也。桓、僖並災，廟必相接，疑其別立廟矣。言及則祖有尊卑，解經不言及僖。由我言之則一也。遠祖恩無差降如一，故不言及。【補曰】公羊亦曰：「何以不言及？敵也。」孔廣森曰：「自義率祖則大廟而外其尊同，自仁率親則高祖而上其疏等。」服虔説左氏曰：「俱在迭毁，故不言及也。」

季孫斯、叔孫州仇帥師城啟陽。稱帥師，有難。【補曰】此注贅。啟陽，魯邑，本鄅國也。杜預曰：「魯黨范氏，故懼晉，比年四城。」許翰曰：「鼠食、地震、廟災，變異之弗圖而取田城邑，兵役相繼，可謂不畏天命矣。中失而外鍵，本亡而末務，此魯之季世也。」○【撰異曰】啟，公羊作「開」。案：公羊經傳，孝景時始著竹帛，故辟諱改之。傳所謂「恆事不志」，公羊則曰「常事」，又曰「常之母」，是辟孝文諱。

宋樂髡帥師伐曹。

秋七月丙子，季孫斯卒。【補曰】曾子問載夫子之言，衞靈公適魯，遭季桓子之喪，弔焉。哀公爲主，康子立於門右北面云云。案：是時靈公已卒，夫子又不得稱輒爲某公，又不得稱哀公、康子謚，春秋又不應不志衞侯來，蓋禮家於春秋事傳聞不審者，多又往往託諸夫子，不可不察。

蔡人放其大夫公孫獵于吴。宣元年，晉放其大夫胥甲父于衛。傳曰：「稱國以放，放無罪也。」然則稱人以放，放有罪也。【補曰】注是也。人者，衆辭。

冬十月癸卯，秦伯卒。【補曰】秦卒至此始書日者，從少進之例，非以正不正論也。敗殽後，秦爲夷狄，少進卒之，先於楚、莒、吴，又少進日之，同於楚，異於莒吴，以此見嬴、芈爲兩雄也。觀於春秋之末，可得戰國大勢，屢書於越，知越將强也。屢書鮮虞，知中山將盛也。書趙鞅歸晉，則三家分晉之局也。書陳乞弑君，則田氏盜齊之形也。書癸卯秦伯卒，則秦、楚從横角勝之漸也。

叔孫州仇、仲孫何忌帥師圍邾。

四年春王二月庚戌，盜弑蔡侯申。○【撰異曰】二月，公羊作「三月」。弑，左氏、公羊音義皆作「殺」。左氏申志反，公羊音試。申，與宣十七年文侯名同，陸德明、孔穎達皆疑高祖玄孫不容同名。段玉裁曰：此當從史記作「甲」字。」稱盜以弑君，不以上下道道也。以上下道道者，若衛祝吁弑其君完之類，是直稱盜不在人倫之序。【補曰】書其君者，以上道道之文也。或書衛祝吁、宋督，或書宋人、齊人，或書莒、晉者，皆以下道道之文也。稱盜以弑君，不得繫國，不得君其君，乃與刑人同文，不以上下道道。内其君而外弑者，不以弑道道也。襄七年，鄭伯將會中國，其臣欲從楚，不勝其臣，弑而死，不使夷狄之民加乎中國之君，故曰鄭伯髡原如會，未見諸侯。丙戌卒于操，是不以弑道道也。春秋有三盜：【補曰】並是士，爲賤辭，而其類有三。微殺大夫謂之盜，十三年冬，盜殺陳夏區夫是。

【補曰】當云如盜殺鄭公子斐之屬是。非所取而取之謂之盜，定八年，陽貨取寶玉大弓是。【補曰】左傳周公作誓命曰：「竊賄爲盜，盜器爲姦。」辟中國之正道以襲利謂之盜。卽殺蔡侯申者是，非微者也。【補曰】疏曰：「辟中國之正道，行同夷狄，不以禮義爲主，而徼幸以求名利，若齊豹殺公孟縶之類，故抑而書盜也。襲，掩也，謂求利之心不以禮義爲意。」文烝案：疏與注異說，然齊豹亦是微殺大夫，則疏非是而注得之。但注謂非微者則亦誤也。時蔡已遷于吳之州來，據左傳，是年蔡昭侯將朝于吳，諸大夫恐其又遷，公孫翩逐而射殺之。史記蔡世家以爲諸大夫令賊利殺之。傳云辟中國之正道以襲利，則此弑蓋吳意也。中國者，對吳之稱，事或然歟？

蔡公孫辰出奔吳。

葬秦惠公。

宋人執小邾子。【補曰】宋公稱人者，小邾有罪。

夏，蔡殺其大夫公孫姓、公孫霍。

晉人執戎蠻子赤歸于楚。【補曰】此執據左傳是士蔑請於趙鞅而執之，則晉人非是晉侯。以蠻子非中國，不入諸執例，故略稱人，與君執有罪同辭也。蠻子名者，有歸于楚文，若不名，則與凡歸于京師文全同。以蠻子非中國，無嫌於生名，故名以別其文也。公羊引子北宮子曰：「辟伯晉而京師楚也。」何休以爲此解稱名之意，深得其旨，但又加以迂曲漫衍之說則非也。張自超曰：「晉執曹伯曰畀宋人者，曹伯，晉之所欲得，非宋之所欲得也。執戎蠻子曰歸于楚者，戎蠻子，楚之所欲得，非晉之所欲得也。」高澍然曰：「不曰畀而曰歸，爲楚執也。且畀對人言，歸對國言也。」〇【撰異曰】

蠻，公羊作「曼」。徐彦曰：「左氏作『戎蠻子』也。」

城西郛。郛，郭也。【補曰】杜預曰：「魯西郛。」

六月辛丑，亳社災。殷都于亳，武王克紂而班列其社于諸侯，以爲亡國之戒。劉向曰：「災亳社，戒人君縱恣不能警戒之象。」○【撰異曰】亳，公羊作「蒲」。徐彦曰：「賈氏云公羊曰『蒲社也』者，蓋所見異。」文烝案：「蒲」即「亳」字，與僖二十一年盟薄同也。何氏所據本作「蒲」者，蓋「薄」字右旁脱其下半，遂誤爲「蒲」，而何注乃以爲先世亡國在魯竟，其説殊妄。亳社者，亳之社也。亳，亡國也，亳卽殷也，殷都于亳，故因謂之亳社。亡國之社以爲廟屏，戒也。立亳之社於廟之外以爲屏，蔽取其不得通天，人君瞻之而致戒心。【補曰】廟在雉門内之東，明亳社亦在東矣。周社則在西，所謂左宗廟右社稷。左傳説季氏執政曰「閒于兩社」，謂周社、亳社。吕氏春秋狐援曰：「殷之鼎陳於周之廷，其社蓋於周之屏。」其屋亡國之社，不得達上也。必爲之作屋，不使上通天也。緣有屋，故言災。【補曰】郊特牲曰：「喪國之社屋之，不受天陽也，薄社北牖，使陰明也。」公羊以爲揜其上而柴其下。汪克寬曰：「七年左傳云『以邾子益來獻于亳社』，則新脩亳社之屋可知。」文烝案：達上，十行本作「上達」，蓋誤倒。

秋八月甲寅，滕子結卒。

冬十有二月，葬蔡昭公。不書殺弒君之賊而昭公書葬，既謂之盜，若殺微賤小人，不足録之。【補曰】據左傳，翩弒後卽見殺，不書殺者，書葬則殺之可知，盜賤不足言殺也。

葬滕頃公。

五年春，城毗。【補曰】高士奇引汲冢紀年：「殷祖乙二年自耿遷于庇，八年城庇，至南庚三年遷于奄。」○【撰異曰】毗，公羊作「比」，又作「芘」，或作「庇」。

夏，齊侯伐宋。

晉趙鞅帥師伐衛。

秋九月癸酉，齊侯杵臼卒。○【撰異曰】杵，公羊作「處」。

冬，叔還如齊。

閏月，葬齊景公。不正其閏也。閏月，附月之餘日，喪事不數。【補曰】不正其數閏，故明言閏月，不如書楚子昭卒依常例。傳省一數字，注所用，文六年傳文也。洪咨夔曰：「三年之喪，二十五月再朞，若於再朞之中以閏數，則朞不再矣，是不能三年也。列國喪娶、喪會、喪師不能通喪者皆是，獨於此託閏月以著喪期之縮，禮壞不可盡紀，因事以正之。」文烝案：下有陽生、荼事，無危文者，亦從鄭莊公例。

六年春，城邾瑕。【補曰】邾瑕，魯邑。何休以爲取邾婁之葭邑，蓋失之。○【撰異曰】公羊作「邾婁葭」。

晉趙鞅帥師伐鮮虞。

吳伐陳。

夏，齊國夏及高張來奔。【補曰】言及者，以尊及卑，或是累也。國、高奔而荼弑，於是陳氏有齊，見國家不可一日無世臣。此許翰、洪咨夔、楊于庭説。

叔還會吴于柤。

秋七月庚寅，楚子軫卒。【補曰】楚昭王也。不地，説見定十四年。

齊陽生入于齊。

齊陳乞弑其君荼。不日，荼不正也。【補曰】此二事蓋蒙上月。荼，安孺子。○【撰異曰】荼，公羊作「舍」，音舒。案：古讀「舍」皆如此，予聲、余聲之字通。陸淳曰：「誤也。」陽生入而弑其君，以陳乞主之何也？【補曰】陽生不入則乞不弑，入而後乞弑焉，宜以陽生主之。不以陽生君荼也。【補曰】既用史文，則取此義。其不以陽生君荼何也？陽生正，荼不正。【補曰】新入者正，新立者不正，故不宜君之也。公羊亦曰「廢正而立不正」。晏子春秋曰：「淯于人納女于景公，生孺子荼，景公愛之。諸臣謀欲廢公子陽生而立荼，公以告晏子，晏子曰：「不可。夫以賤匹貴，國之害也，置子立少，亂之本也。夫陽生長而國人戴之，君其勿易。」」不正則其曰君何也？荼雖不正，已受命矣。已受命于景公而立，故可言君。【補曰】自非亡公子之本正者，皆有君臣之義。入者内不受也，【補曰】重發傳者，以正奪不正，嫌異故也。不，各本作「弗」，今依唐石經改。荼不正何用不受？以其受命，可以言不受也。先君已命立之，於義可以拒之。【補曰】二「不受」亦依唐石經改。陽生其以國氏何也？【補曰】據正。取國于荼也。何休曰：「即不使陽生以荼爲君，不當去公子，見當國也。」又穀梁以爲國氏者，取國于荼，齊小白又不取國于子糾，無乃近自相反乎？鄭君釋之曰：「陽生篡國，故不言公子。不使君荼，謂書陳乞弑君爾。荼與小白，其事相似，荼弑乃後立，小白立乃後殺。雖然，俱簒國而受國焉爾。傳曰齊小白入于齊，惡之也；陽生其以國氏何？取國于荼也，義適互相足，又何自反乎？子糾宜立而小白簒之，非受國于子糾則將誰乎？」【補曰】何既失之，鄭又非也。此與上不以陽生君荼各自爲義。荼以不正新立，故正者不宜君之。荼已受命，國實其國，故謂之取國于荼。不君之可，取其國不可，此經義之精而傳發之也。陽生事與小白不同，小白以不正殺正，正者實未有國；陽生以正弑不正，不正者實已有國。齊小白、齊陽生文同事異，其義亦異。傳一曰惡之，一曰取國，各順經意爲説，非自相反，亦不得以爲互相足。穀梁之文，圓轉無窮，鄭君猶惑焉，何怪劉敞、葉夢得之倫矣。王晳曰：「鄭氏經傳洽熟，獨出時輩，然其於春秋之意多不知聖人微旨，又性好穀梁，往往回護。」文烝以爲穀梁何事回護？鄭君於穀梁正患其不精耳，乃以回護爲病乎？

冬，仲孫何忌帥師伐邾。

宋向巢帥師伐曹。

七年春，宋皇瑗帥師侵鄭。

晉魏曼多帥師侵衛。

夏，公會吳于繒。【補曰】繒本繒國，魯所取。左傳曰：「盟于鄫衍。」不書盟者，杜預以爲「禮儀不典」。今以爲諱也。不致者，會夷狄又離會。○【撰異曰】繒，左氏、公羊作「鄫」。

秋，公伐邾。八月己酉，入邾。【補曰】入不言伐，並舉之惡內也，公羊失之。薛季宣曰：「伐邾本三家之謀，而公親之，不得已也。」文烝案：傳例曰：「日入，惡入者也。」以郲子益來。以者，不以者也。夫諸侯有罪，伯者雖執，猶以歸于京師，魯非霸主而擅相執獲，故日入以表惡之。【補曰】注末句當改云「故曰以者不以者也」。傳發例於此者，因内以見外。益之名，惡也。惡其不能死社稷。【補曰】荆以獻武歸。傳曰：「何爲絶之？獲也。」此曰惡也，互以見義。春秋有臨天下之言焉，徐乾曰：「臨者，撫有之也。王者無外，以天下爲家，盡其有也。」【補曰】疏曰：「謂若守于河陽，是内辭也，出居于鄭則爲外辭。」有臨一國之言焉，諸侯之臨國亦得有之，如王於天下。【補曰】謂若公居于鄆，地屬公，爲竟内。不言次鄆，未潰不言所在；公觀魚于棠，竟内不言如；晉侯卒于扈，未踰竟不言會；宋公見釋于薄，不言歸；明不當言公來也。疏但引卒于扈而曰以内外顯地，説不了。有臨一家之言焉。大夫臨家，猶諸侯臨國。【補曰】謂若天子之三公以下氏采爲家也。疏但舉毛伯、劉卷，亦漏略。其言來者，有外魯之辭焉。非己内有從外來者曰來。今魯侯身自以歸而曰來，是外之也。【補曰】言來，非臨一國之辭，是外之也。外之者，所以惡之，如不欲爲外辭，當如徐彦説云「以郲子益至自某」，或云還。○案：春秋於魯君臣未有外之如此者，時異事異而文異也。趙鵬飛曰：「説者曰定、哀多微辭，吾讀春秋，未見其微辭也，於此尤足證説者之謬。」趙説愚深取焉。杜預駁公羊曰：「制作之文，所以章往考來，情見乎辭。言高則旨遠，辭約則義微，此理之常，非隱之也。聖人包周身之防，既作之後，方復隱諱以避患，非所聞也。」

宋人圍曹。

冬，鄭駟弘帥師救曹。

八年春王正月，宋公入曹，以曹伯陽歸。【補曰】公羊曰：「曷爲不言其滅？諱同姓之滅也。何諱乎同姓之滅？力能救之而不救也。」何休曰：「不日者，深諱之。」文烝案：春秋之文，多殷勤致意於魯，哀篇尤甚焉。以諱爲說，當得經旨。鄭玉曰：「或謂滅者亡國之善辭，上下之同力。曹亡與虞同，故不書滅，言自滅也。」案：曹之與虞事既不同，書法亦異，難以例觀。或又以爲曹亡於春秋之終，夫子興滅繼絶之心不忍言滅，義失之巧。

吴伐我。【補曰】據左傳，吴師直造城下。雖造城下，猶應先言某鄙，再爲加文，從不以難邇國之例。今直言伐者，内無政事，外召兵戎，將不能守其國，故直文同魯於諸侯也。吴伐本爲前年入邾，前年有外魯之辭，此亦相因見義。傳發外辭義，則此可知也。董仲舒論哀篇事曰：「微國之君，卒葬之禮，録而辭繁。遠夷之君，内而不外。當此之時，魯無鄙彊，諸侯之伐哀者皆言我。」繁露之言，足明變文之義矣。何休曰：「不言鄙者，起圍魯也。不言圍者，諱使若伐而去。」文烝案：何説失之。言伐爲平文，非諱圍也。不言鄙爲直文，爲變文，非起其圍也。左傳亦不言圍，但以内外之文相準。伐衛，侵宋之等則當彼言鄙之文，入許、圍郕之等則當此不言鄙之文耳。左傳曰：「吴人盟而還。」不書盟，亦諱也。杜預所謂「恥吴夷」。

夏，齊人取讙及闡。宣元年傳曰：「内不言取，言取，授之也。以是爲賂齊。」此言取，蓋亦賂也。魯前年伐邾，以邾子益來。益，齊之甥也，畏齊，故賂之。【補曰】注皆是也。爲邾故賂齊，本公羊。益爲齊甥，依左傳。○【撰異曰】讙，漢書地理志應劭注引作「鄿」。闡，公羊作「僤」。下同。玉篇阜部作「鄲」，字林、廣韻並同。徐彦曰：「左氏、穀梁作『讙』、

「闡」字。」惡内也。【補曰】疏曰：「此傳與齊人取濟西田、齊侯取鄆不同者，以哀公犯齊陵邾而反喪邑，故言惡内。取是易辭，已有明文，而惡内之理未顯，故此特言之。」

歸邾子益于邾。畏齊故也。【補曰】不言邾子益歸，言歸之者，以魯主其事，内外異辭。張大亨以爲「畏强國而歸之，故變文書之」。非也。益之名，失國也。於王法當絶故。【補曰】重發傳者，以内歸之爲文，嫌與衛侯、鄭等異也。

秋七月。

冬十有二月癸亥，杞伯過卒。

齊人歸讙及闡。凱曰：「歸邾子，故亦還其賂。」【補曰】杜預曰：「不言來，命歸之，無旨使也。」文烝案：此亦無專使接公。

九年春王二月，葬杞僖公。

宋皇瑗帥師取鄭師于雍丘。雍丘，地也。【補曰】雍丘，宋地。左傳有明文。十三年取師不月，知此不蒙上月。何休曰：「疾略之。」○【撰異曰】陸淳纂例第十七篇用兵例引趙子曰：「不言帥師，闕文也。」而第三十六篇脱繆略、三十七篇三傳經文差繆略並無此條。今三家皆有「帥師」。取，易辭也。【補曰】與諸取同例。以師而易取，鄭病矣。以師之重而宋以易得之辭言之，則鄭師將劣矣。【補曰】以鄭師之重而令宋得以易辭言取，經以爲病，病其不戒備也。蕭楚、謝湜、高閌等説是。公羊曰：「其言取之何？易也。其易柰何？詐之也」。左傳例曰覆而敗之曰取某師，趙匡用左氏之意，又用啖助說。取以得爲義，謂凡悉俘之曰取，不但敗之。劉敞則謂覆而敗之，不遺一人之辭。戴溪又因謂取師獨哀篇兩見，蓋春秋末年，用師無復節制，以至大敗，見世變之愈下。文烝案：穀梁但言易辭，此是春秋著例，以易見病，明非取義於詐之、覆之。詐之、覆之經皆通言敗，故乘丘疑戰之等皆言敗；晉敗秦于殽，匹馬倚輪不反，亦言敗也。言敗者，易與不易皆得包之，故前此無取師文，今以宋、鄭互喪其師，近在五年內，特變敗而言取，别爲一例。其辭皆易辭，其義以病鄭病宋相對，故唯哀篇兩見也。戴氏節制之説，失其本恉，而考之又不詳。左傳昭二十三年，邾人城翼，還過武城，武城人取邾師。此左氏言取師之明文，若以鄭莊取載爲取三師，則固解經之誤耳。

夏，楚人伐陳。

秋，宋公伐鄭。

冬十月。

十年春王二月，邾子益來奔。【補曰】書名者有罪，亦所謂奔而又奔之也。何休曰：「月者，魯前獲而歸之，今來奔，明當尤加禮厚遇之。」文烝案：何氏非也。月者，以邾最近魯，故仍史文録月也。郳、邾皆月，皆别於他小國。

公會吴伐齊。

三月戊戌，齊侯陽生卒。【補曰】陽生雖正，然篡也，書日，蓋與小白同。據左傳，是弑也，不書弑，與楚子卷同。

夏，宋人伐鄭。

晉趙鞅帥師侵齊。

五月，公至自伐齊。傳例曰：「惡事不致，公會夷狄、伐齊之喪而致之何也？」莊六年，公至自伐衛，傳曰不致，則無用見公之惡事之成也。將宜從此之例。【補曰】伐時齊侯未卒，注當言會夷狄伐鄰近大國，又當引僖二十六年傳「危之」之例，無取於見惡事之成。月者，爲下葬。

葬齊悼公。【補曰】不去葬，蓋從鄭厲公例。

衛公孟彄自齊歸于衛。【補曰】言自齊者，左氏定十四年傳云「自鄭奔齊也」。史例不志，故經無文。不言復歸者，蓋雖歸不復其前日在國之位。

薛伯夷卒。○【撰異曰】夷，公羊作「寅」。

秋，葬薛惠公。

冬，楚公子結帥師伐陳。

吳救陳。【補曰】凡書救，皆善也。伯舉戰稱吳子，故不言救。今還稱吳，從其常文，不嫌同中國也。狄救齊後有進文，此但以書救爲善者，事各異也。據左傳，此救是延州來季子主之，不交兵而退。不書人，不書大夫名，例之常也。延州來季子，杜預謂是季札，蓋年九十餘。孫毓謂是札之子與孫也。趙汸曰：「救晉、救曹、救陳，春秋末世書救三事，可觀世變。其始伯主不能自立而諸侯救之，其繼中國無伯主可控告而諸侯自相救，其終中國不足以爲中國而夷狄救諸夏矣。」

十有一年春，齊國書帥師伐我。【補曰】據左傳，伐我及清，戰于郊，涉泗，是未造都城也。直言伐不言其鄙，明以魯之不國，特爲變文，足知吴伐我不言鄙者非爲圍矣。是役也，冉求帥左師，樊須爲右，實入齊軍。許翰論之曰：「以魯之微，搆怨大國，郊之戰，非其風俗禮義正勝則國幾亡，此仲尼之化也。」

夏，陳轅頗出奔鄭。○【撰異曰】轅，公羊作「袁」。

五月，公會吴伐齊。甲戌，齊國書帥師及吴戰于艾陵，齊師敗績，獲齊國書。與華元同義。艾陵，齊地。【補曰】常例戰不言伐，爲不欲以吴及齊，故戰上復言伐。若但書戰，則當言五月甲戌公會吴及齊國書云云，是雖從由内及之之常文，終是以吴及齊，於文不可也。伐戰兩舉，準諸例則爲惡吴而幷惡内，此役固可惡也。但雖伐戰兩舉，若使由内及之，猶當直言及齊國書戰，無由辟以吴及齊之文，故没公而以齊及吴。既從以華及夷、以主及客之常例，又無以外及内之嫌也。戰所以可没公者，内兵屬於吴，舉吴則公在可知。上書公會，不嫌戰無公。何休、杜預皆以爲魯與伐而不與戰，非也。趙汸謂以齊主之，從外辭。葉西謂没魯不書者，窮於辭。其説皆得之。若然，伯舉，吴爲蔡以，而不言伐楚，不以楚及吴者，楚非齊比，彼時又進吴稱子，故不同耳。不致者，會夷狄以伐鄰國，大惡也。前年從僖二十六年之例，再見自從常例。

秋七月辛酉，滕子虞母卒。

冬十有一月，葬滕隱公。

衞世叔齊出奔宋。【補曰】高閌曰：「春秋書内外大夫出奔五十有八，蓋君之股肱，治亂所寄，故重而書之。然春秋之末，何出奔之多也？是時政在大夫，各欲自專，始則相猜相忌，終乃相逐也。」○於是孔子以魯召，自衞反魯。論語讖曰：「自衞反魯，删詩、書，脩春秋。」

十有二年春，用田賦。古者九夫爲井，十六井爲丘。丘賦之法，因其田財，通共出馬一匹、牛三頭，今別其田及家財，各爲一賦。言用者，非所宜用。【補曰】注「丘賦」六句，杜預語也。賈逵曰：「田，一井也。周制：十六井賦戎馬一疋、牛三頭。一井之田而出十六井之賦也。」文烝案：賦與税異。賦者，賦其馬牛，賈、杜所同也。但杜意田爲一丘之田。田者，對乎家財之辭，既計一丘民之家資，令出一馬三牛，又計田之所收，更令出一馬三牛也。賈意田爲一井之田，田者對乎丘之辭，以一井之田而令出一丘一馬三牛之賦也。左傳孔子云「以丘亦足矣」，似賈得之。杜以昭四年傳鄭子産作丘賦，亦是於一丘家資之外別賦其田。在鄭謂之丘賦，在魯謂之田賦，其事不異，故既改服虔丘賦復古之説，又改賈逵田賦之説也，凡此皆左傳之學也。國語載孔子之言曰：「先王制土，藉田以力而砥其遠邇，賦里以入而量其有無，任力以夫而議其老幼。於是乎有鰥、寡、孤、疾，有軍旅之出則徵之，無則已。其歲，收田一井，出稯禾、秉芻、缶米，不是過也。」趙汸曰：「此與左傳自不同。」孔廣森解魯語，據異義、周禮説有軍旅之歲，一井九夫，百畝之賦，出禾二百四十斛，芻秉二百四十斤，釜米十六斗，以爲卽此田賦。昔伯禽征淮夷、徐戎，芻茭餱粮，郊遂峙之，田賦之法也。今魯用田賦者，是無軍旅之歲亦一切取之。此説國語之可通者也。公羊何休注曰：「田，謂一井之田。賦者，斂取其財物也。言用田賦者，若今漢家斂民錢以田爲率矣。」洪咨夔亦曰禹貢「厥賦」、「厥田」不同。周禮九賦，斂財賄非出於田，魯既有諸賦，復使出於田，是三農九穀之地亦斂其財賄也。此又於左傳、國語之外其説可通者也。古事無徵，羣言殽亂，今姑並記之。用田賦大惡，甚於丘甲三軍，故略不録月，與稅畝同意。左傳曰「春王正月用田賦」，知舊史當有月。古者公田什一，用田賦，非正也。古者五口之家，受田百畝，爲官田十畝，是爲私得其什，而官稅其一，故曰什一。周謂之徹，殷謂之助，夏謂之貢，其實一也，皆通法也。今乃棄中平之法而田財並賦，言其賦民甚矣。【補曰】宣十五年傳云「古者什一，藉而不稅」，此言「古者公田什一」，公田卽藉也。異其文者，彼論稅，此論賦。彼當言不稅，此不可言不賦也。言非正者，明用田賦爲什二也。用者，不宜用也。此不言初者，蓋亦不以爲常令。左氏七年、十三年傳稱魯賦於吳八百乘，此足明用田賦之故。何休所謂哀公外慕彊吳，空盡國儲。○訾謂魯於是時匱乏極矣，而傳釋經義以什一爲説，左傳記孔子之言云「以丘亦足」。又論語：「哀公問於有若曰：『年饑，用不足，如之何？』有若對曰：『盍徹乎？』曰：『二，吾猶不足，如之何其徹也？』對曰：『百姓足，君孰與不足？百姓不足，君孰與足？』」此三文者，其意若一。呂本中以爲君子爲政，民力屈，財用竭，則反其本。譬諸療病者，先實元氣，乃攻其病也。左氏載續經十四年冬饑則論語所記，蓋在其時歟？

夏五月甲辰，孟子卒。孟子者何也？昭公夫人也。【補曰】昭公夫人，吳之女，當時謂之孟子也。論語陳司敗曰：「君取於吳，爲同姓，謂之吳孟子。」賈逵曰：「言孟子，若言吳之長女。」杜預曰：「謂之孟子，若宋女。」孔廣森曰：「孟子者，貴母姊妹之稱。詩曰『齊子由歸』可證也。」文烝案：禮雜記曰：「夫人之不命於天子，自魯昭公始也。」其不言夫人何也？諱取同姓也。葬當書姓，諱故亦不書葬。【補曰】疏曰：「范據弋氏書葬也。范例夫人薨者十，卒者二，而書葬者十。」文烝案：傳以「諱取同姓」解「不言夫人」者，謂言夫人則當言某氏，不得諱言孟子，故不言夫人某氏，非謂有言夫人孟子之理也。既不言夫人某氏，故亦不得言薨，此與弋氏異。何休曰：「禮不娶同姓，買妾不知其姓則卜之，爲同宗共祖，亂人倫，與禽獸無別。」案：國語又曰：「懼不殖也，務和同也。」和者，以他平他也。左傳：「孔子與弔，適季氏，季氏不絻，放絰而拜。」

公會吳于橐皋。橐皋，某地。【補曰】當云楚地。左傳公使子貢辭盟。不致，與繒同。

秋，公會衛侯、宋皇瑗于鄖。鄖，某地。【補曰】當云吳地。左傳曰：「衛侯會吳于鄖。公及衛侯、宋皇瑗盟，而卒辭吳盟。」不書三國盟者，孔穎達曰：「魯自不書，仲尼亦從而不書之耳。」文烝案：不致者，宋公不在從離會例，與洮、向同。○【撰異曰】鄖，公羊作「運」。

宋向巢帥師伐鄭。

冬十有二月，螽。【補曰】劉向以爲春用田賦，冬而螽。十三年九月螽，十二月螽，比三螽，虐取於民之效也。文烝案：宣十五年蝝生，傳稱非税畝之災，劉取彼意也。比三螽猶不饑，至十四年冬，續經書饑，公羊解此曰「記異也」，左傳載夫子言「司曆過也」，蓋魯人所託。○【撰異曰】公羊此亦一作「螽」。

十有三年春，鄭罕達帥師取宋師于嵒。【補曰】嵒，鄭地。取，易辭也。以師而易取，宋病矣。【補曰】疏曰：「與上九年事正反，嫌宋爲人所報，非宋之病，故重發以同之。」家鉉翁以爲「先責宋，今責鄭，責在取師則兵端有不論矣」。文烝案：公羊曰：「其易柰何？詐反也。」言詐未盡其義，言反得之。天道好還，出爾反爾，與隱二年入向、入極同義也。春秋後，百有餘年而爲戰國，君子蓋豫見焉，故宋、鄭之特文與莒、魯之變例相爲終始，其戒明，其坊遠也。天下大亂，孔道不絶，自獲麟之明年，凡三百有一年而有文、景之盛，則兵禍盡而儒道興矣。依馮光、陳晃說則止百八十九年。

夏，許男成卒。【補曰】時卒，亦惡之。○【撰異曰】成，左氏或作「戌」。公羊作「戌」，亦或作「成」。案：戌，音恤。

公會晉侯及吴子于黃池。及者，書尊及卑也。黃池，某地。【補曰】當云鄭地。此地近濟水。疏曰：「凡言會者，皆外爲主，今言公會晉侯則晉侯爲主矣。會無二尊，故言及，以卑吴。」文烝案：疏說未盡。凡公會諸國，晉侯下皆無及文，豈會有二尊乎？爲吴以夷狄進稱子不可，遂從列數之文，與中國同例，故加及文，而注明其爲書尊及卑也。書尊及卑，亦進於前之殊會矣。黎錞曰：「經書及，皆内及外，尊及卑，中國及夷狄，此亦中國及夷狄也。」黃池之會，吴子進乎哉？遂子矣。進遂稱子。吴，夷狄之國也，祝髮文身，祝，斷也。文身，刻畫其身以爲文也。必自殘毁者，以辟蛟龍之害。【補曰】左傳曰：「吴髮短。」又曰：「大伯端委以治周禮，仲雍嗣之，斷髮文身，臝以爲飾。」杜預以爲仲雍效吴俗，權時制宜，以辟災害。孔穎達引漢書地理志「越人文身斷髮，以辟蛟龍之害」。應劭曰：「常在水中，以象龍子，故不見傷害。」欲因魯之禮，因晉之權，【補曰】魯秉周禮，晉爲伯，吴欲冠必因之者。疏曰：「恐臣子不肯變從，以魯禮天下共依，晉權諸侯所服故也。」而請冠端而襲，襲，衣。冠端，玄端。【補曰】疏曰：「吴俗祝髮文身，皮衣卉服，今請加冠於首，身服玄端，則衣冠上下共相掩襲。」文烝案：冠者，委貌冠。俞樾讀「端」字絕句，「而襲」下屬，以爲襲之言入也，如國語「使晉襲於爾門，小國襲焉，大國襲焉」之「襲」。其藉于成周以尊天王，藉，謂貢獻。【補曰】疏曰：「貢獻之物，著於藉録，以爲常職。」吴進矣。【補曰】申美之。吴，東方之大國也，累累致小國以會諸侯，以合乎中國，累累，猶數數也。【補曰】謂次序積之。吴能爲之，則不臣乎？吴進矣。言其臣也。【補曰】又申美之。自「吴夷狄之國」至此，皆申上「進乎哉」句。王，尊稱也。子，卑稱也。辭尊稱而居卑稱，以會乎諸侯，以尊天王。【補曰】子者，四夷之本爵。曲禮曰：「其在東夷、北狄、西戎、南蠻，雖大曰子。」楚子，其大者也。徐子、吴子、越子之等，其次也。弦子、夔子、舒子、宗子、蠻子、萊子、潞子、陸渾子、白狄子、戎子、肥子、鼓子、無終子之等，又其次也。左傳有驪戎男，國語亦謂之驪子。越范蠡曰「吾先君固周室之不成子」，既言不成子，則子爲爵稱甚明。史記孔子世家曰：「吴、楚之君自稱王，而春秋貶之曰子。」是前文諸所書楚子、吴子，皆貶從其本爵也。此傳云辭尊稱居卑稱，是吴於此會自稱本爵也。國語晉董褐對吴曰：「命圭有命，固曰吴伯，不曰吴王。」韋昭以爲「周禮『伯執躬圭』，吴本稱伯，故曰吴太伯。」又曰：「後武王追封爲吴伯，故曰吴太伯。」據此似吴爵是伯非子，但「太伯」之「伯」自當爲字，與仲雍、季歷同，不得爲爵也。國語董褐又言「君若無卑天子，而曰吴公，孤敢不順從君命。」吴王許諾。乃退就幕而會。吴公先歃，晉侯亞之。」又似此會吴稱公，不稱子。左傳此盟，吴、晉争先，卒先晉人。外傳又與之異，似皆未可據耳。自「王尊稱」至此，皆申上「遂子矣」句。吴王夫差曰：「好冠來。」【補曰】謂所新請得冠。夫差，光子。孔子曰：「大矣哉！夫差未能言冠而欲冠也。」不知冠有差等，唯欲好冠。【補曰】注非也。謂之好冠，是未能言此冠名，必請之，是欲冠。夫差慕中國，故大之也。五句又以足上「吳進」之意。戰國策謂夫差爲黃池之遇，以會爲遇，不足據。左傳曰「秋七月辛丑盟」，陳傅良曰：「盟不書者，吳、晉之盟，春秋終諱之，雖兩伯之辭，終不以吳、晉同主盟也。」又左傳會有單子，陳氏曰：「不書，不忍書也。」公羊解「稱子」曰「吳主會」，解「先晉」曰「不與夷狄主中國」，解「言及」曰「會兩伯之辭。重吳也」。又曰「吳在是則天下諸侯莫敢不至」。何休曰：「時吳敗齊臨菑，乘勝大會中國，齊、晉前驅，魯、衛驂乘，滕、薛俠轂而趨。」程端學曰：「晉主中國會盟百有餘年，自伯舉之戰，晉侯不見者二十四年，至此遂與吳會而魯從之，中國之衰，蠻夷之强極矣。」程略本孫復說。

楚公子申帥師伐陳。

於越入吳。【補曰】薛季宣曰：「吳子忘不共戴天之讐，爭中國諸侯於外，而越卒入吳，所謂無遠慮有近憂矣。」胡安國曰：「夫以力勝人者，人亦以力勝之矣，吳嘗破越，遂有輕楚之心，及其破楚，又有驕齊之志，既勝齊師，復與晉人爭長，自謂莫之敵也，而越已入其國都矣。吳侵中國而越滅之，越又不監而楚滅之，楚又不監而秦滅之，秦又不監而漢滅之。」曾子曰：「戒之戒之！出乎爾者，反乎爾。」老氏曰：「佳兵不祥之器。」其事好還，其言豈欺也哉？春秋初書於越入吳於伯舉之後，再書於越入吳於黃池之後，皆因事屬辭，垂戒後世，深切著明之義也。黃仲炎引魏李克對文侯：「吳所以亡者，數戰數勝，民疲主驕也。」文烝案：伯舉、黃池皆有「進吳」文，而皆書「越入」於下，文少事備，辭約指明，百代史家以是爲楷。〇又案：春秋於楚，先州之，後乃人之，後乃有君、有大夫、有師，猶以夷狄視之。於吳，皆國之，最後乃爵之。於越，始終國之。以三國皆夷俗，不可治以周禮，雖有賢君大夫，猶夷也。觀於屈原之書，不言孔子，而孟子稱陳良北學於干卽吳。中國，荀子以干、越、夷貉並言，蓋終周之世，南人隔絶華風焉。

秋，公至自會。吳進稱子，又會晉侯，故致也。【補曰】疏曰：「傳例會夷狄不致，致者，一以吳進稱子，二又爲公會晉侯。」文烝案：注雖兼言之，其意主於吳稱子也。若吳無進文，雖晉侯在不致。此致公，明越入時吳子未歸矣。

晉魏曼多帥師侵衛。○【撰異曰】公羊無「曼」字。段玉裁曰：「二經亦當然。」

葬許元公。

九月，螽。

冬十有一月，有星孛于東方。不書所孛之星而曰東方者，旦方見孛，衆星皆没故。【補曰】此公羊、杜預意也。公羊曰：「其言于東方何？見于旦也。」何休曰：「旦者，日方出時，宿不復見，故言東方，知爲旦。」董仲舒、劉向以爲不言宿名者，不加宿也。以辰乘日而出，亂氣蔽君明也。王應麟曰：「星孛東方在於越入吳之後，彗見西方在衛鞅入秦之前，天之示人著矣。」文烝案：王氏不言其占而言其理，最爲得之。三孛文各不同。又左氏載續經明年冬「有星孛」，不言所在，杜預曰：「史失之也。」今人惑於荒外新法，改九重之稱，增四七之宿，謂彗孛亦可以術推，實蕩且妄。張衡能作器候地震，而今不能，則術亦不精矣。夫日食之道甚著，聖人猶不憑術，況其他乎？堯言洚水警余，以災爲警，卒致太平，受嘉瑞，斯聖人之志事也。大戴禮誥志：「子曰：『古之治天下者必聖人。聖人有國則日月不食，星辰不隕，〔一〕勃海不運，〔二〕

〔一〕「隕」原脱，據大戴禮記誥志補。
〔二〕「勃」原作「孛」，據大戴禮記誥志改。

「閃」卽「淰」字。河不滿溢，川澤不竭，山不崩解，陵不施谷，〔一〕川浴不處，〔二〕深淵不涸。於時龍至不閃，〔三〕鳳降忘翼，蟄獸忘攫，〔四〕爪鳥忘距，蜂蠆不螫嬰兒，蟁蝱不食夭駒，雒出服，河出圖。」」

盜殺陳夏區夫。傳例曰：「微殺大夫謂之盜。」○【撰異曰】夏，公羊一本作「廉」。王引之曰：「廉，葢『廡』字之誤。古聲夏、廡相近。檀弓注以夏屋爲門廡。隸書『廉』作『廉』，與『廡』相似，故『廡』誤爲『廉』耳。」區，公羊作「彄」，一作「嫗」。

十有二月，螽。【補曰】許翰曰：「春秋書魯人事至用田賦，書魯天災至比年三螽，見其重賦害民，傷和致異，民力已窮，天命已去，君子之心於魯已矣。」洪咨夔曰：「星孛在衆星皆沒，大明將升之旦，未有烈於此時者也。螽於十三月之閒爲害者三，未有數於此時者也。」

十有四年春，西狩獲麟。杜預曰：「孔子曰：『文王既沒，文不在茲乎？』此制作之本旨。又曰『鳳鳥不至，河不出圖，吾已矣夫！』斯不王之明文矣。」夫關雎之化，王者之風，麟之趾，關雎之應也。然則斯麟之來歸於王德者矣。春

〔一〕「陵不施谷」，原脱「谷」字，據大戴禮記誥志補。
〔二〕「浴」原作「谷」，據大戴禮記誥志改。
〔三〕「閃」，大戴禮記誥志作「閉」，疑作「閉」是。
〔四〕「蟄」原作「鷙」，據大戴禮記誥志改。

秋之文，廣大悉備，義始於隱公，道終於獲麟。【補曰】疏曰：「聖人受命則有鳳鳥河圖之瑞，孔子言己無瑞應，道終不王。歸於王德者，謂由孔子有王德也。」文烝案：杜語見左傳序，「斯不王」以下皆無之，范用己意而失於分別也。麟者，太平之嘉應，帝王之極瑞，故以王德言之。麟實爲孔子至，傳下詳其說。爾雅曰：「麟，麕身，牛尾，一角。」何休曰：「一角而戴肉。」京房易傳曰：「麕身，牛尾，狼額，馬蹄。有五采，腹下黃。高丈二。」李光地曰：「石鷁猶書月日，此止書時，蓋欲始於春，終於春。」案：王應麟嘗言易始乾初九，終未濟上九，終始皆陽。此等姑存其說。○【撰異曰】論衡引公羊說稱春秋曰「西狩獲死驎」。案：何注亦曰「時得麟而死。」引取之也。言引取之，解經言獲也。傳例曰：「諸獲者皆不與也，今言獲麟，自爲孔子來魯，引而取之，亦不與魯之辭也。」【補曰】疏曰：「必使魯引取之者，天意若曰以夫子因魯史記而脩春秋故也。」文烝案：注、疏言魯引而取之、言不與魯，皆非也。麟瑞爲夫子脩春秋至，非爲魯至。今言魯獲麟，則是經之文辭，引而歸之於魯，以爲魯取之，如言「引其君以當道，引而進之」是也。此獲爲引取之之辭，則非不與之辭。其事既與他言獲者異，明其義亦不同也。引取之者，謙不敢當麟爲己出，乃善則稱君之恉，正以與魯不得云不與也。書稱鳳皇來儀，汲冢紀年言有麟，此經如下傳所云不可言麟來，不可言有麟，依左傳「少皞摯立，鳳鳥適至」及論語「鳳鳥不至」之文，或當直言麟至，爲欲引諸魯而取之，故不言至而言獲。獲者，通生死之稱，公羊家謂獲死麟，相傳以爲折其前左足而死也。注言麟自爲孔子來，疏言以夫子脩春秋故，此皆穀梁家舊說。五經異義載石渠議奏、尹更始、劉向、周慶、丁姓、王亥諸穀梁家皆以爲麟應孔子至。劉向說苑曰：「夫子行說七十諸侯，無定處，意欲使天下之民各得其所。而道不行，退而脩春秋，采豪毛之善，貶纖介之惡。人事浹，王道備，精和聖制，上通於天，而麟至，此天之知夫子也。」左氏諸家亦同此說。異義載左氏說以毛詩傳亦云「麟信而應」，禮、公羊則云「仁獸」。

爲麟生於火而游於土，中央軒轅大角之獸。孔子作春秋，春秋者，禮也，脩火德以致其子，故麟來而爲孔子瑞。鄭衆、賈逵、服虔、穎容等皆以爲孔子自衛反魯，考正禮樂，脩春秋，約以周禮。三年文成致麟，脩母致子之應。獨公羊諸家及諸讖緯并何休説以爲獲麟而作春秋，春秋乃因麟作。史記孔子世家、杜預注並依用之。而孔穎達引孔衍公羊傳本云：「今麟非常之獸，其爲非常之獸柰何？有王者則至，無王者則不至。然則孰爲而至？爲孔子之作春秋。」與何氏本絶異，是亦與穀梁、左氏諸家同矣。今以爲母子信禮之説，瑣碎未足深據，而麟鳳河圖之屬，實爲古聖嘉瑞。傳言引諸魯而取之，則明麟不爲魯來，不爲魯來則明爲孔子至。穀梁之微言簡語每多如此。左傳曰：「仲尼觀之，曰：『麟也。』然後取之。」公羊曰：「有以告者曰：『有麕而角者。』孔子曰：『孰爲來哉！孰爲來哉！』」是皆謂因孔子言乃知其爲麟，故韓子曰：「麟爲聖人出，聖人者必知麟。」張洽深取之，此不易之論也。夫麟既爲聖人出，而適出於脩春秋三年之後，遂以絶筆焉，於是七十之徒因以爲春秋文成所致。自後學者，相承用之。竊嘗推究而信其必然，未可任意哆口，以相訾議，而亦不必如胡安國之説也。**狩地不地，不狩也。**且實狩當言冬，不當言春。【補曰】注當云實狩當書月，以見非正。又當言公也。傳但略言之。**非狩而曰狩，大獲麟，故大其適也。**適，猶如也，之也。非狩而言狩，大得麟，故以大所如者名之也。【補曰】大所如而言西狩，言狩爲大，大由於實非狩，非狩由於言西，言西從濟西、河陽之例，又足見大也。公羊曰：「孰狩之？薪采者也。薪采者則微者也，曷爲以狩言之？大之也。曷爲大之？爲獲麟大之也。」左傳曰：「西狩于大野，叔孫氏之車子鉏商獲麟。」左氏直記事，亦言狩、言獲，順經言之耳。**其不言來，不外麟於中國也。其不言有，不使麟不恆於中國也。**雍曰：「中國者，蓋禮義之鄉，聖賢之宅。軌儀表於遐荒，道風扇於不朽。麒麟步郊，不爲暫有，鸞鳳栖林，非爲權來。雖時道喪，猶若不喪。雖麟一降，猶若有恆。鸜鵒非魯之常禽，蜚蜮非祥瑞之嘉蟲，故經書其有，以非常有，此所以取貴于中國，春秋之意義也。」【補曰】左氏賈潁注曰：「書稱『鳳皇來儀』，今麟不言來，非外麟也。」潁本於賈，賈兼通五家穀梁說，故據以爲注。又引虞書文，明春秋之辭不同他經也。此中國不專指魯，公羊謂鸜鵒非中國之禽，麟非中國之獸。孔廣森並以中國爲國中。彼是此非也。夫不外者，實外也，不使不恆者，實不恆也。在中國之外而不恆，故公羊謂之「記異」，要是以極遠之物而爲中國之瑞也。大氏麒麟、鳳皇、龍圖、龜書，於物爲靈，於聖人爲瑞。是故麟鳳之德也靈也，爲聖人至則瑞矣；圖書之神也靈也，爲聖人出則瑞矣。麟鳳生而在遠，猶圖書成而未出，不可以言瑞，言瑞必自聖人，而聖人必在中國。中國者，五政之所加，七賦之所養，以夏別裔，以華殊夷，自天下之生未之有改也，是故春秋貴焉。○王通中說曰：「春秋其以天道終乎？故止於獲麟。」案：此說與文成致麟之義足相發明。夫春秋之世，天道之變也；春秋之書，人道之至也；書成而麟至，則明天道變中有常，而天人之意合也。魯隱讓國而被弒無後，桓弒之而位定。文姜弒夫淫兄而令終，且子孫世國，季氏以盛。紀侯得民而滅，楚商臣弒父而强，衛宣姜以淫長世，宋共姬以貞播死，此皆衰周運數，適丁極變而然。夫子無位，顏子短命，亦由是也。春秋撥亂世反諸正，以仁施人，以義治我，以智辯理，以禮正名，皆所以立人道而卒之精和聖制，遂致麟祥，與包犧之河圖，舜、文之鳳鳥如出一軌，隱然有垂法百世之象，謂非天道可乎？南宮适問羿，羿不得其死，禹稷有天下而夫子不答，朱子以爲卽罕言命之意。竊謂胡安國引孟子「志壹則動氣，氣壹則動志」，天人感應，大略固如此矣。

曹大家以百集一體之義說左傳三變，李士謙引千變萬化之句證佛書五道，蓋亦有理。

律句四十韻

紀世當秦孝，談文妙柳州，其評爲峻厲，柳集報袁君陳秀才避師名書、答韋中立論師道書。於傳最殊尤。若究精微蘊，還須反覆求。柳集答元饒州論春秋書云：「反覆甚喜。」謂陸伯沖書也。善經經獨合，六藝論云：「穀梁善於經。」南宋鄭綺有穀梁合經論。辯理理何幽？法言云：「說理者莫辯乎春秋。」文心雕龍云：「春秋辯理。」聖代風蒸蔚，愚儒志紹搜。字難徵七録，阮孝緒七録云：「穀梁子，名俶，字元始。」他書則云名赤、名寘、名喜，而不記其字。道未喪千秋。體正辭逾切，三家之論穀梁最正，所謂善於經。文清旨自稠。荀崧謂「穀梁文清義約」，其實彌約彌密。孟荀符梗概，孟子同時，荀則弟子也。書多合。桓鄭證源流。觀桓譚新論、鄭君釋廢疾，知穀梁出公羊前。乘記弃陳克，史通引汲冢瑣語晉春秋書「鄭棄其師」，晉乘文也。明魯史舊文亦然，可與傳相證。論箴仕衛由。論語正名章末二句與隕石傳同。內儲韓子述，韓非子內儲說上載夫子解春秋「隕霜」語，即傳所本。新語陸生修。陸賈爲漢儒開先，新語中兩引傳文，又說宋襄、晉厲及煩谷事，並合傳義。又論衡引其說性道語。歷歷都相印，孜孜不暫休。專精終日夜，一覘廿淙陬。夙昔粗闚豹，蒐羅積汗牛。楊烏初受指，予年九歲、十歲受春秋三傳、國語等書於先君子。高鳳慣埋頭。東晉遺箋注，西京舊校讐。議宗甘露代，漢甘露元年，召五經名儒太子太傅蕭望之等大議殿中，平公羊、穀梁同異，各以經處是非。時公羊博士嚴彭祖、侍郎申輓、伊推、宋顯、許廣，穀梁議郎尹更始、待詔劉向、周慶、丁姓、中郎王亥，各五人，議三十餘事。蕭望之等十一人各以經義對，多從穀梁。名誌晧星儔。江公弟子榮廣、晧星公。梅福陳讜碩，梅明穀梁春秋，上書引傳明夫子爲殷後。劉賁對策優。策多引傳。旁推何杜冠，近莫澤汸侔。百籍皆蒭菲，羣疑幾盾矛。直從明越宋，上溯夏偕游。或者譏膚淺，晉元帝太興初詔語。宋大明二年，何偃議郊猶述之。茲焉定豫猶。壘原輸可發，鄭君發公羊墨守。歆實向之羞。劉向受穀梁春秋，其子歆治左氏，數以難向。五例三科競，杜預説左氏有三體、五例，何休著公羊文謚例有五始、三科、九旨、七等、六輔、二類、七缺。單詞隻義紬。真傳歸魯國，穀梁，魯學。先路導瑕丘。自瑕丘江公遞傳榮廣、蔡千秋、尹更始等。竊比崧扶墜，荀崧請立公羊、穀梁博士，而元帝但許立公羊。非同兆釋仇。晉劉兆以三傳互爲讐敵，著春秋調人七萬餘言，又兼解三傳。憑將孤詣苦，息彼衆人咻。口誦期詳熟，心通異矯揉。章分兼句解，隱索又深鉤。幡布時時拭，瓻醪疊疊投。殺青功甫竟，明白語無廋。勿使瑕藏璧，徐看粹集裘。意言書畢貫，摘駁弼全收。吳程秉有周易摘、尚書駁、論語弼。曲説芟燕郢，俄空歎夾鄒。浦陽懷渺渺，宋浦江鄭綺著穀梁合經論三萬言，康熙中，朱檢討彝尊於書賈舟中見一鈔本，未之買，深悔之。溧水悵悠悠。溧水王芝藻者，順治甲午舉人，著春秋類義折衷十六卷，專主穀梁，見四庫附存目。後來説穀梁者則有如鎮江柳氏等書，予俱未得見。周禘殘編撿，閔二年注謂禘祫通於諸侯，文二年注謂禘大祖不及親廟主，皆癸亥所定稾，未知有劉向五經通義語，乙丑秋乃檢得。唐郊贈簡詶。隱九年注，大唐郊祀録、太平御覽引傳云云。今年庚午秋，烏程汪教諭曰楨詒書見际，尤侯幽部韻會以上皆有「詶」字。多聞終有愧，絶學庶長留。老大無生計，窮愁甚拙謀。惟勤思問辨，曷閔疾貧憂？信矣公羊俗，本序。誠哉左氏浮。韓集進學解。未應嫌黨護，柳集陸文通先生墓表云「黨枯竹，護朽骨」，謂説三傳諸家也。是用作歌謳，

同治癸亥三月初稾，庚午臘月改定，將使同志之士知予爲此書之難也，加注附末，以當後序。嘉善鍾文烝伯壝甫。

翼日又以前詩未盡之意率成二首：

萬派千枝異，玆編自日星。墨朱塗乙編，兵火苦辛經。取善弘高密，鄭君兼取三家，無專注。傳疑慎考亭。朱子於春秋未爲書。兩賢不可作，誰踞竈觚聽。

詁傳焉知傳，河汾漫品題。三家須主一，魯學實先齊。驗決章條備，精詳歲月稽。參驗稽決，擇精語詳，予書要處。謂超文字相，亦妄聽之奚。門人沈善登讀予書，輒謂合於妙有空無之旨，語殊駭俗而會意深矣。

後二年，正副本俱成。予妻言曰：「書末殿以韻語，法言、漢書、説文自序例也。」竊亦爲四言體，仿金石録後序之意。

二十八年，積此篇帙，二百卅部，四庫春秋類著録及附存目二百三十三部。逐此詳密。君子用

心，終始若一。病起促書，宵與呵筆。惟我能知，非我弗悉。我學幼昭，陳傅良妻張令人、葉適銘墓謂與夫同志。我懷與弼。吳康齋集言與妻皆夢見孔子。志歟夢歟？亦勿深詰。惟記艱勤，以俟來日。

秀水沈印齡瑑華附記。時壬申三月既望也。